荥县旧志通编

白话卷

荥县地方志办公室　修
刘平中　纂

四川大学出版社

项目策划：舒　星
责任编辑：舒　星
责任校对：刘慧敏
封面设计：墨创文化
责任印制：王　炜

图书在版编目（CIP）数据

荣县旧志通编. 白话卷 / 荣县地方志办公室修 ; 刘平中纂. — 成都 : 四川大学出版社, 2020.9
ISBN 978-7-5690-3680-0

Ⅰ. ①荣… Ⅱ. ①荣… ②刘… Ⅲ. ①荣县—地方志 Ⅳ. ①K297.14

中国版本图书馆 CIP 数据核字（2020）第 019172 号

书名　荣县旧志通编（白话卷）
RONGXIAN JIUZHI TONGBIAN (BAIHUAJUAN)

编　　修	荣县地方志办公室
纂　　者	刘平中
出　　版	四川大学出版社
地　　址	成都市一环路南一段 24 号（610065）
发　　行	四川大学出版社
书　　号	ISBN 978-7-5690-3680-0
印前制作	内蒙古冉红文化传媒有限公司
印　　刷	成都市金雅迪彩色印刷有限公司
成品尺寸	210mm×290mm
插　　页	50
印　　张	32.25
字　　数	956 千字
版　　次	2020 年 11 月第 1 版
印　　次	2020 年 11 月第 1 次印刷
定　　价	600.00 元

◆ 读者邮购本书，请与本社发行科联系。
电话：(028)85408408/(028)85401670/
(028)86408023　邮政编码：610065
◆ 本社图书如有印装质量问题，请寄回出版社调换。
◆ 网址：http://press.scu.edu.cn

四川大学出版社
微信公众号

荣县旧志通释

白话卷

荣县行

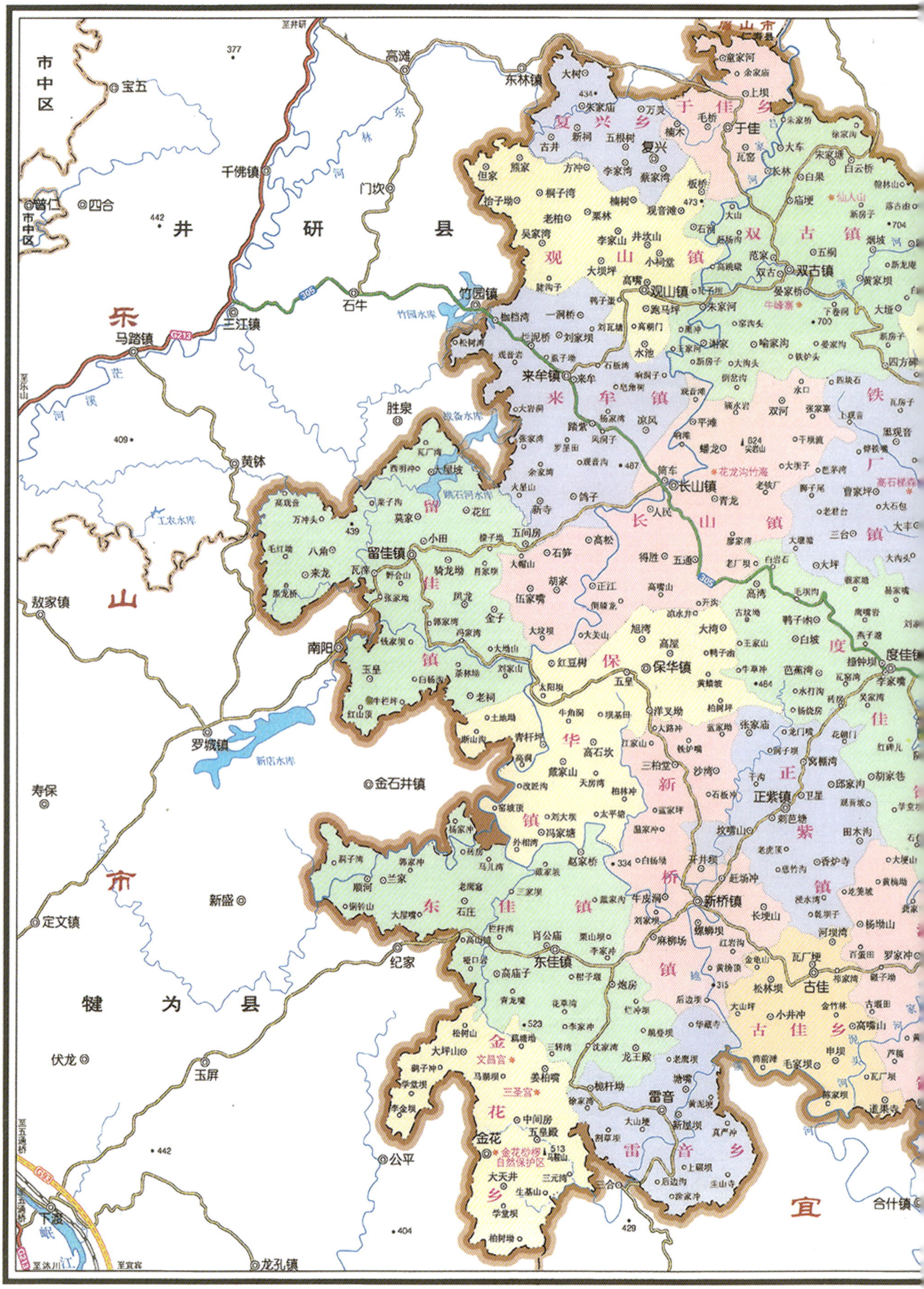

市中区
宝五
井研县
高滩
东林镇
千佛镇
门坎
普仁
四合
石牛
竹园镇
三江镇
马踏镇
乐山市
胜泉
黄钵
敖家镇
南阳
罗城镇
新店水库
金石井镇
寿保
新盛
定文镇
纪家
犍为县
伏龙
玉屏
公平
龙孔镇
下渡
复兴乡
于佳乡
于佳
双古镇
观山镇
观山镇
来牟镇
来牟镇
铁厂镇
长山镇
长山镇
留佳镇
留佳镇
保华镇
保华镇
度佳镇
华新镇
正紫镇
正紫镇
新桥镇
新桥镇
东佳镇
东佳镇
古佳乡
古佳
金花乡
金花
雷音乡
雷音
合什镇
眉山市
仁寿县
宜

区 划 图

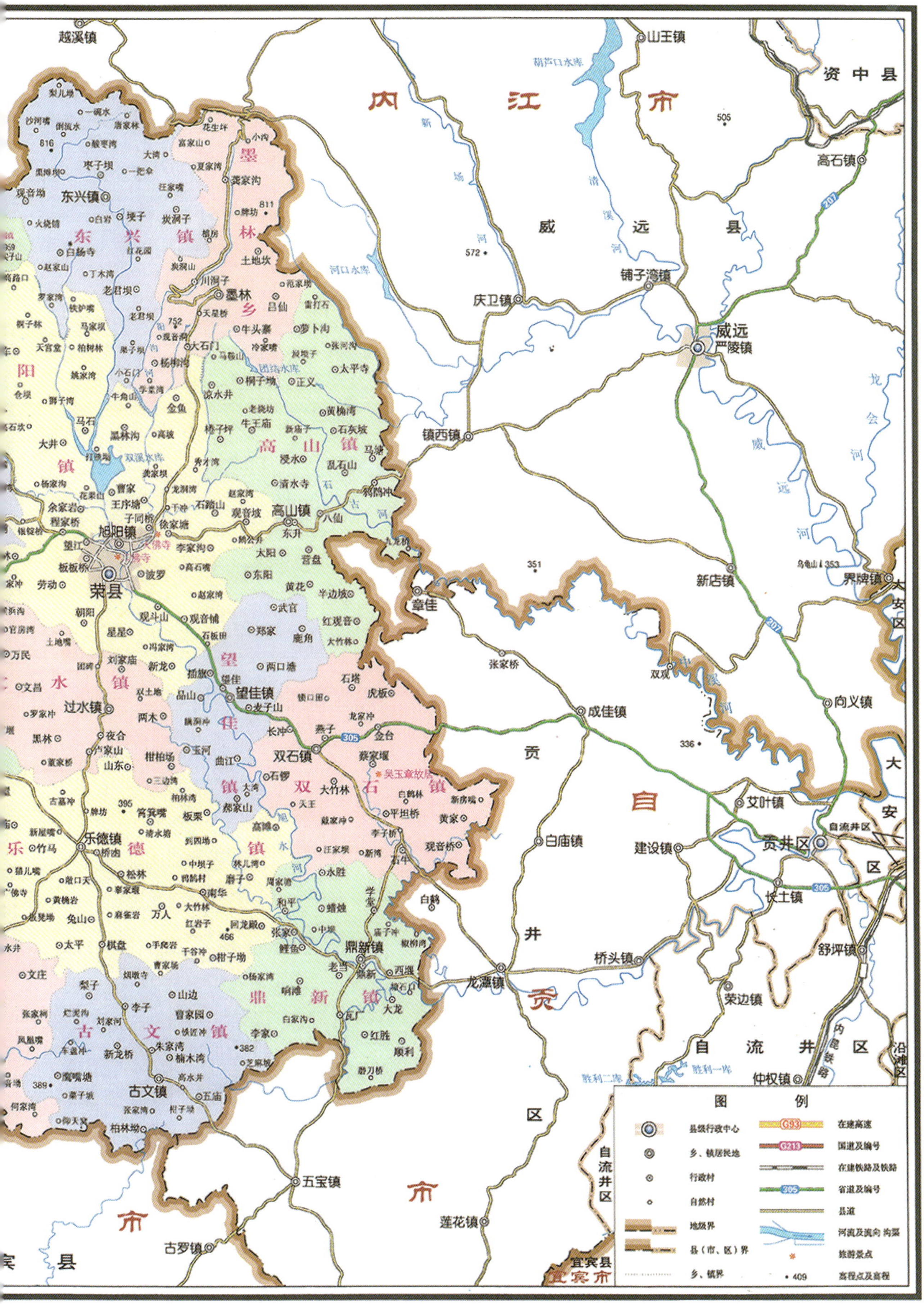

荣县民政局 成都地图出版社联合编制 2010年2月

历代建置区划

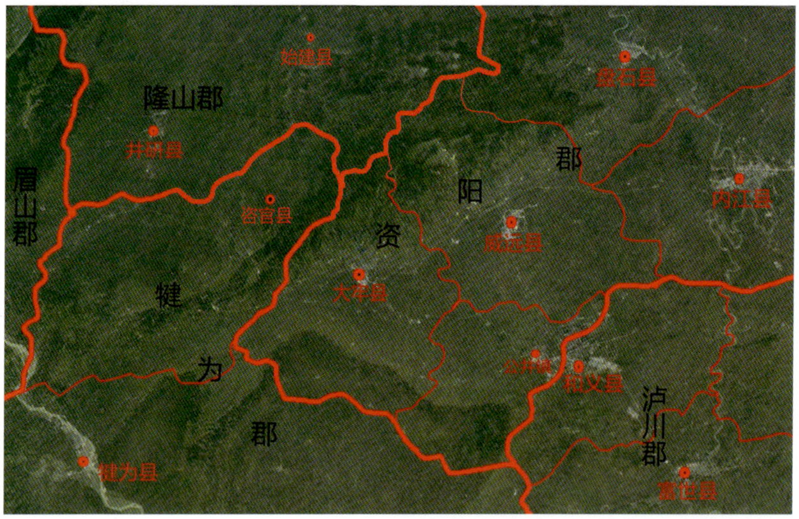

隋大牢县境

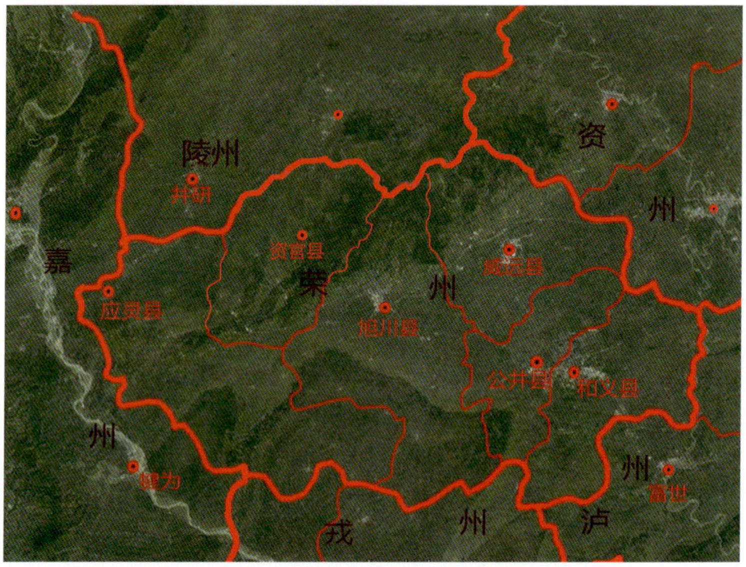

唐荣州辖地

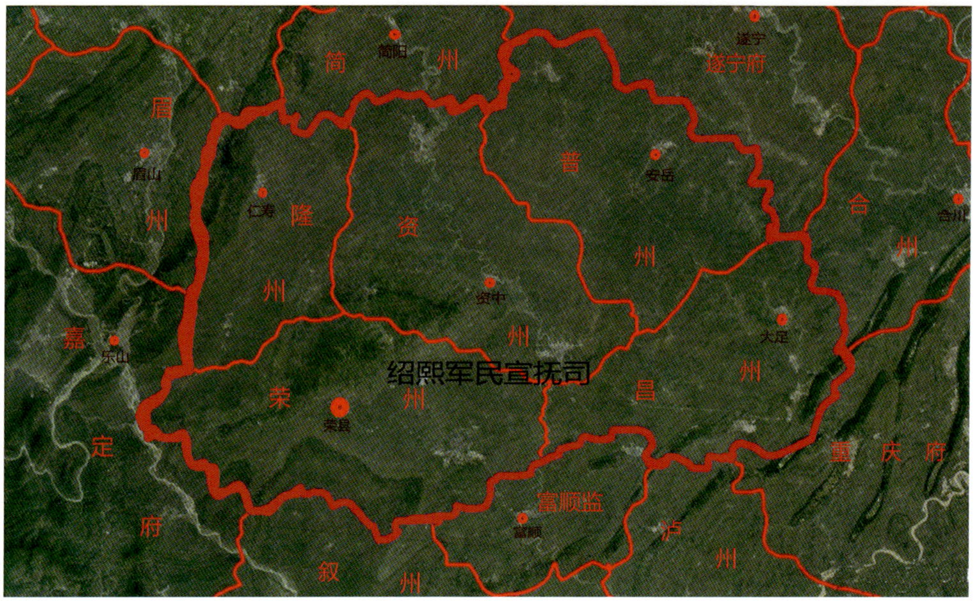

元绍熙军民宣抚司辖地

乾 隆

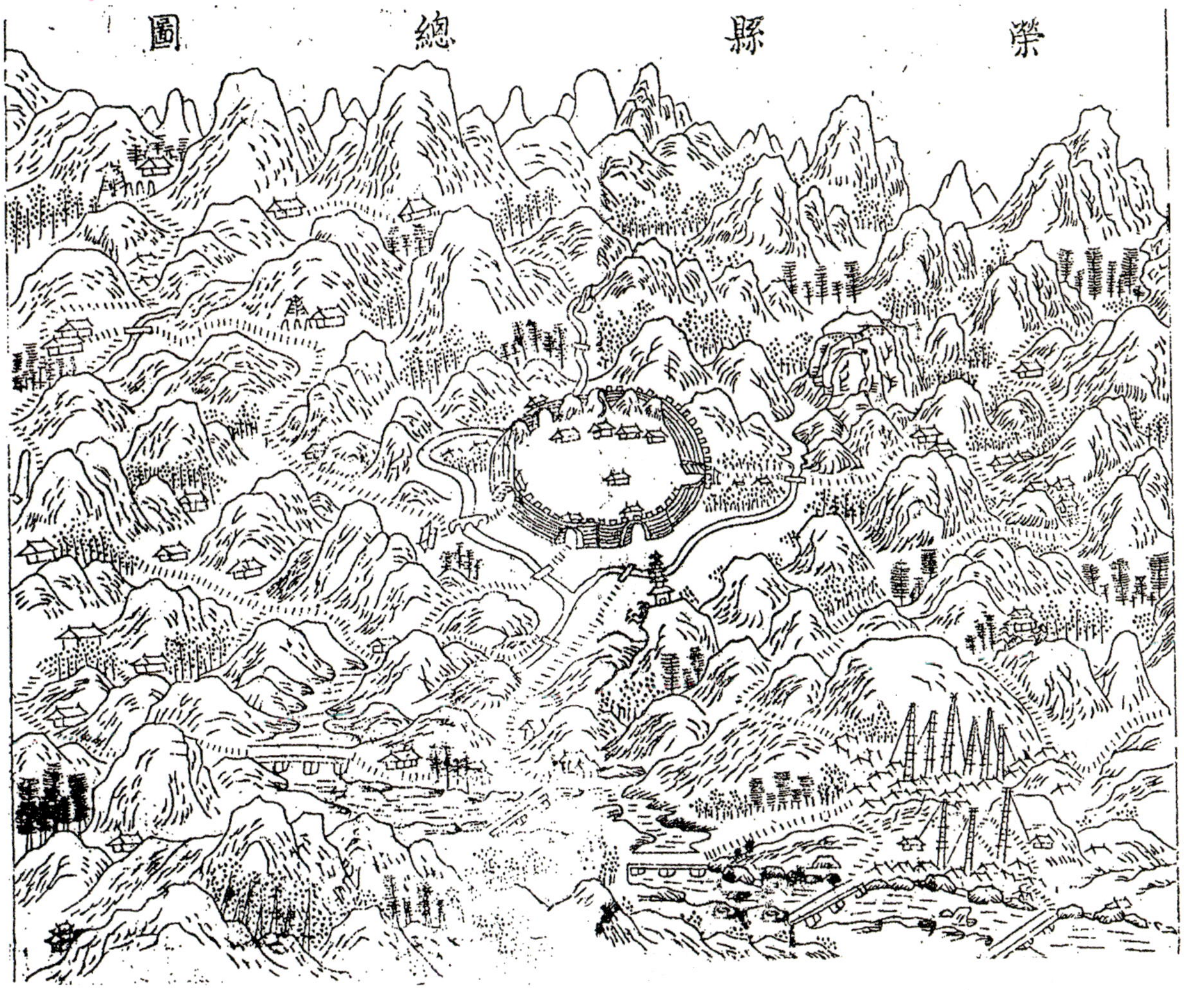

乾隆荣县总图

嘉庆

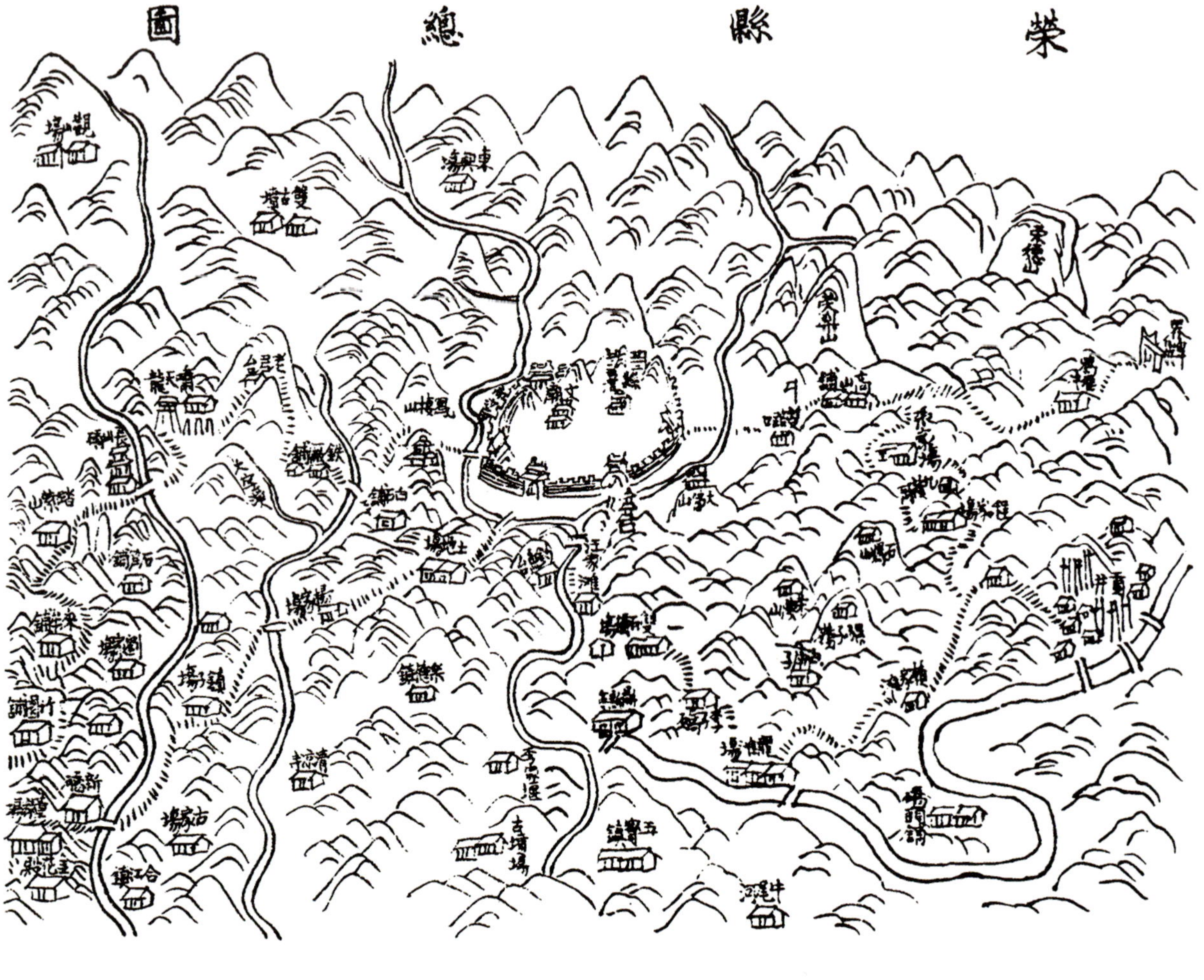

嘉庆荣县总图

嘉庆荣中十二景

凤鸣朝阳

龙湫夜月

榮德晴嵐

荣德晴岚

筠山夕照

筠山夕照

嘉庆荣中十二景

凤鸣朝阳

龙湫夜月

荣德晴岚

筠山夕照

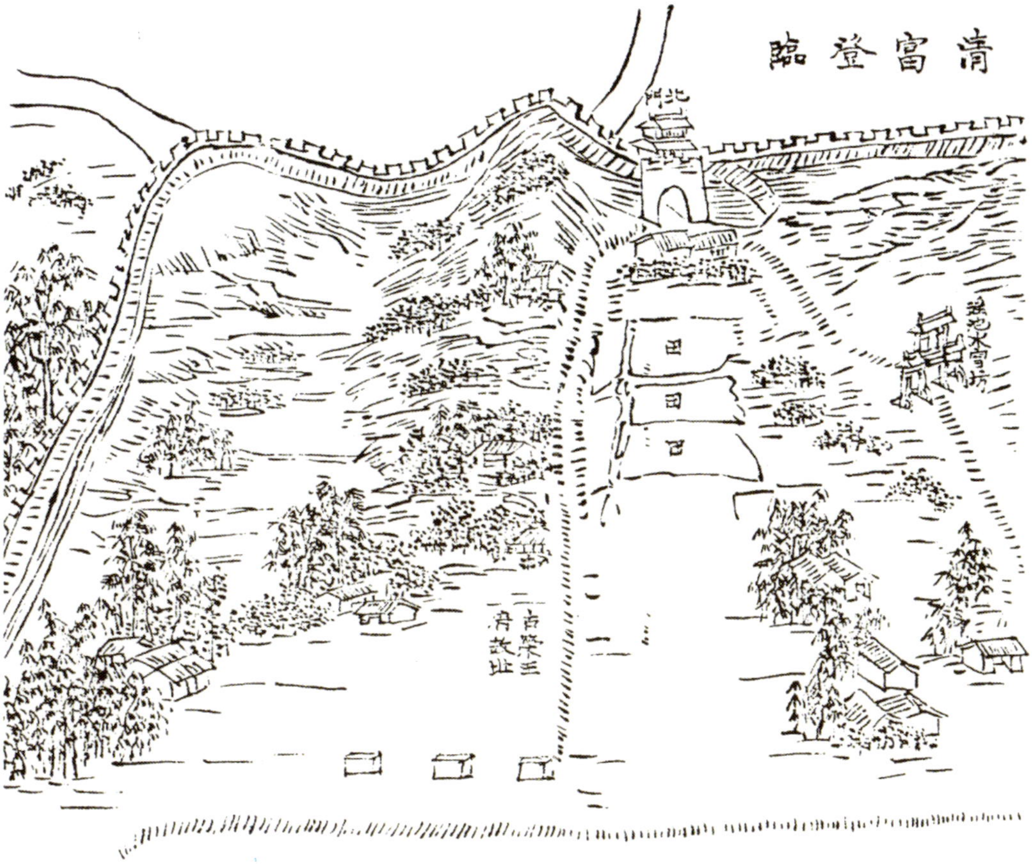

清富登临

啸台游赏

万景岑楼

双溪书阁

龙头插笔

翠壁凌霄

渔矶垂钓

石笋排空

光绪

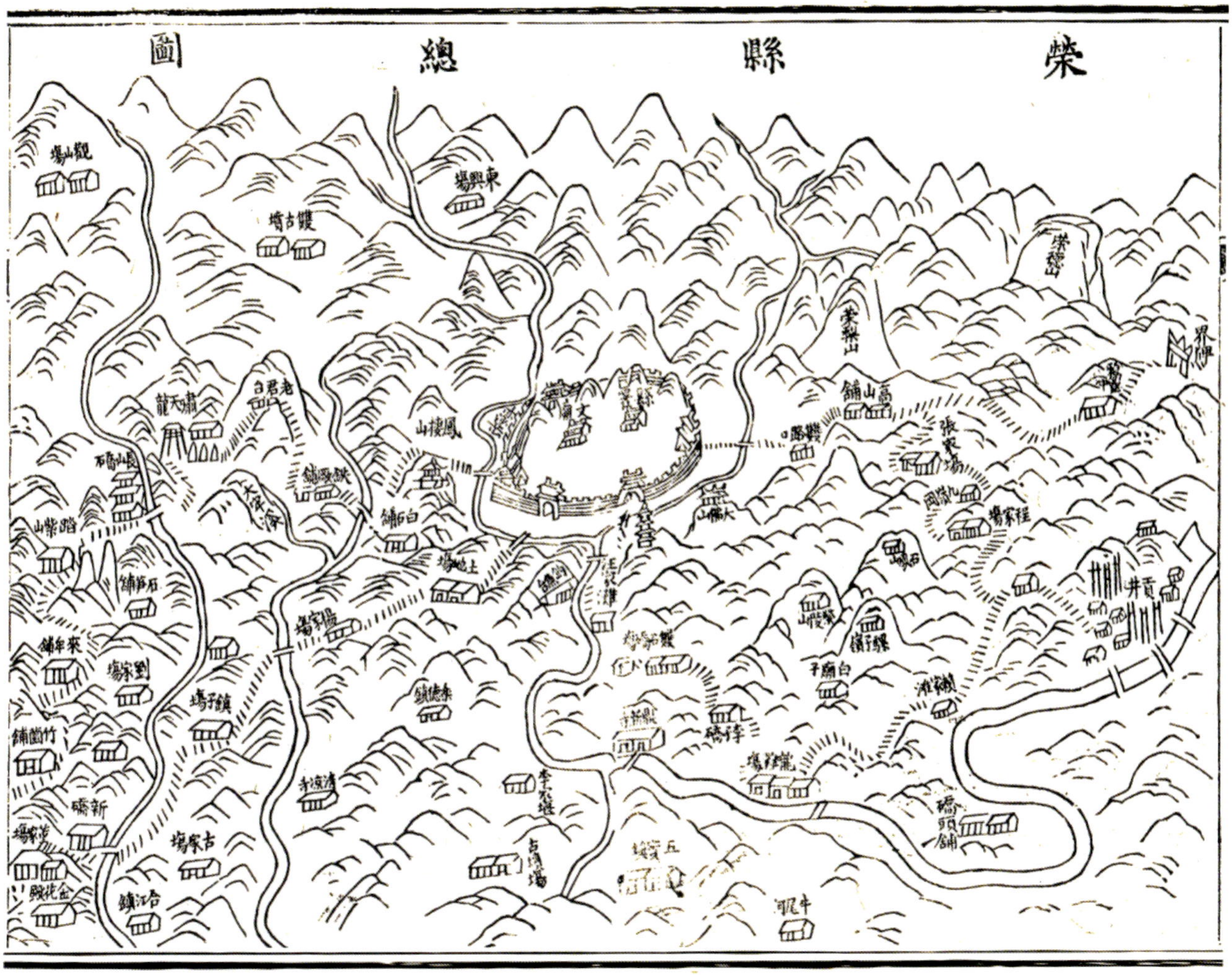

光绪荣县总图

历代建置区划

荣城图

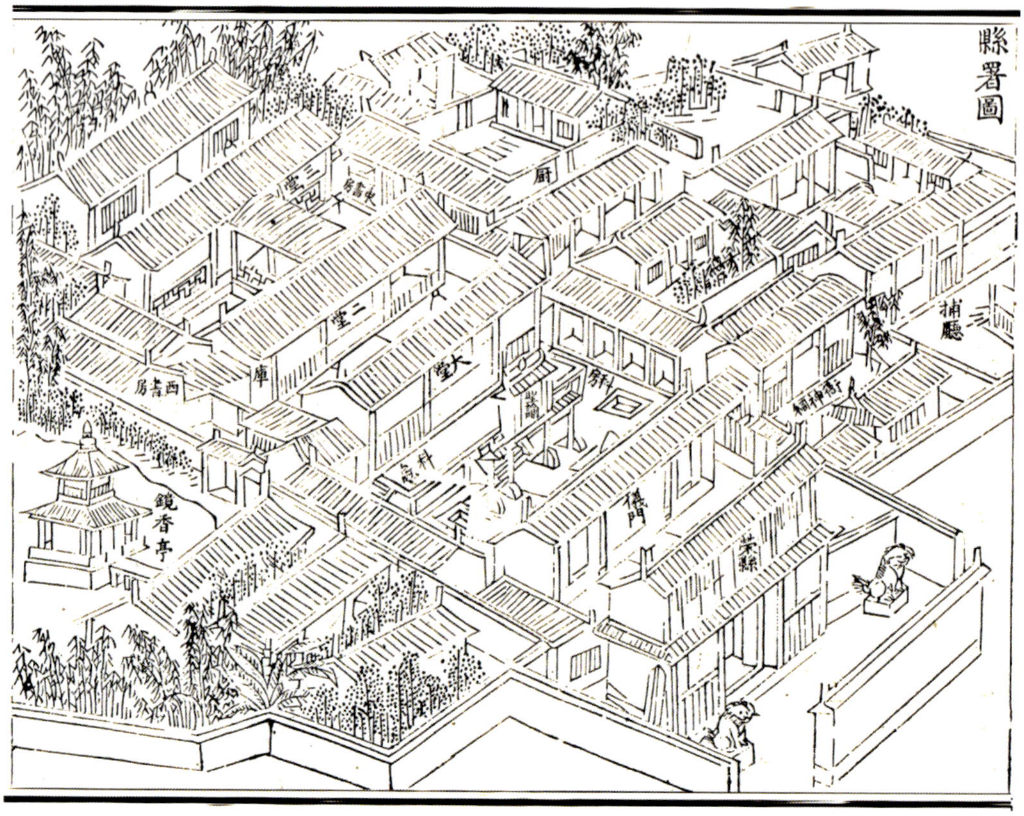

县署图

文庙图

考棚图

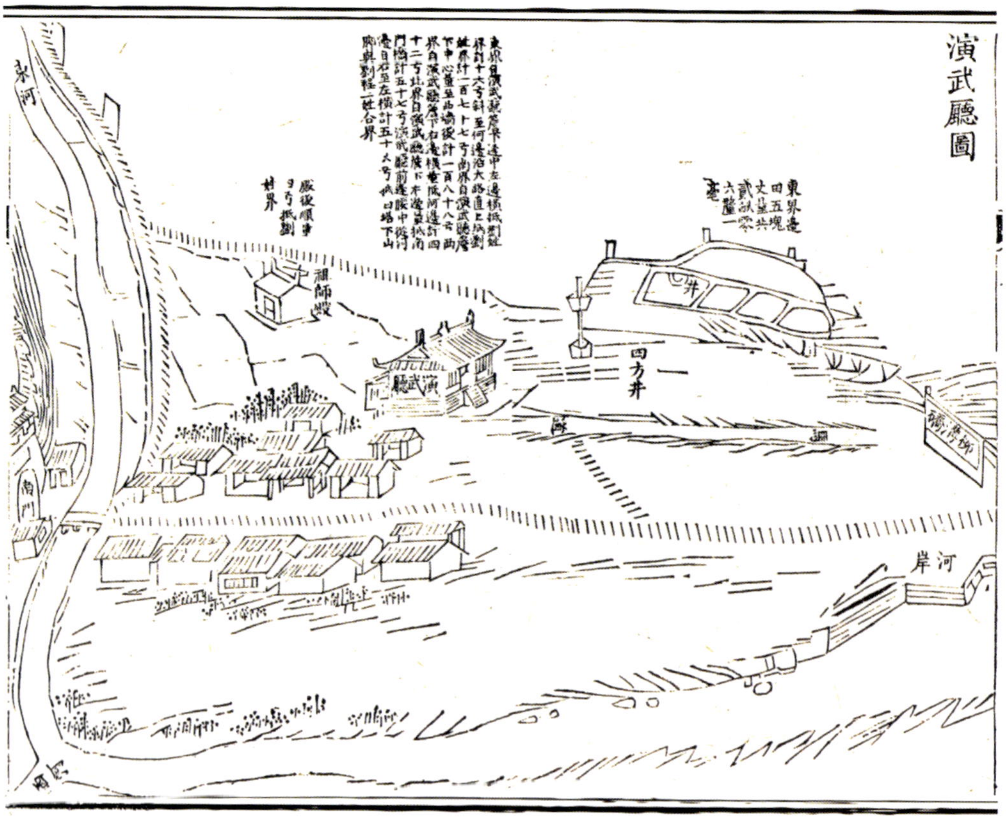

演武厅图

凤鸣书院图

桂林书院图

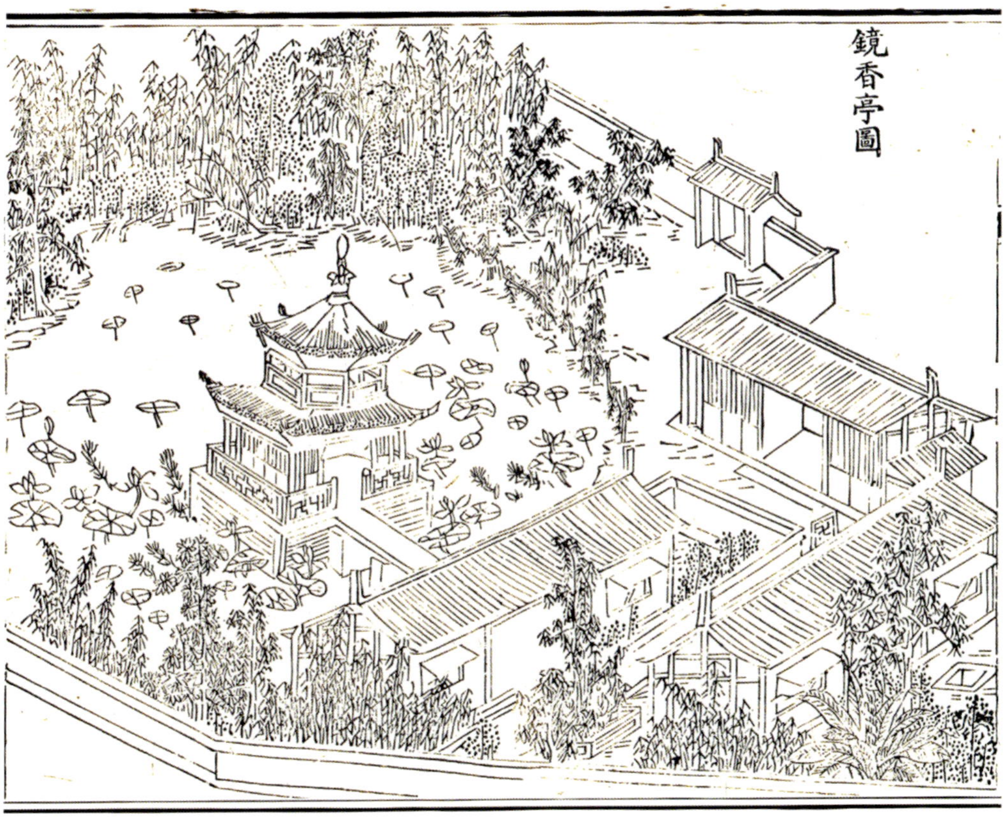

镜香亭图

民国

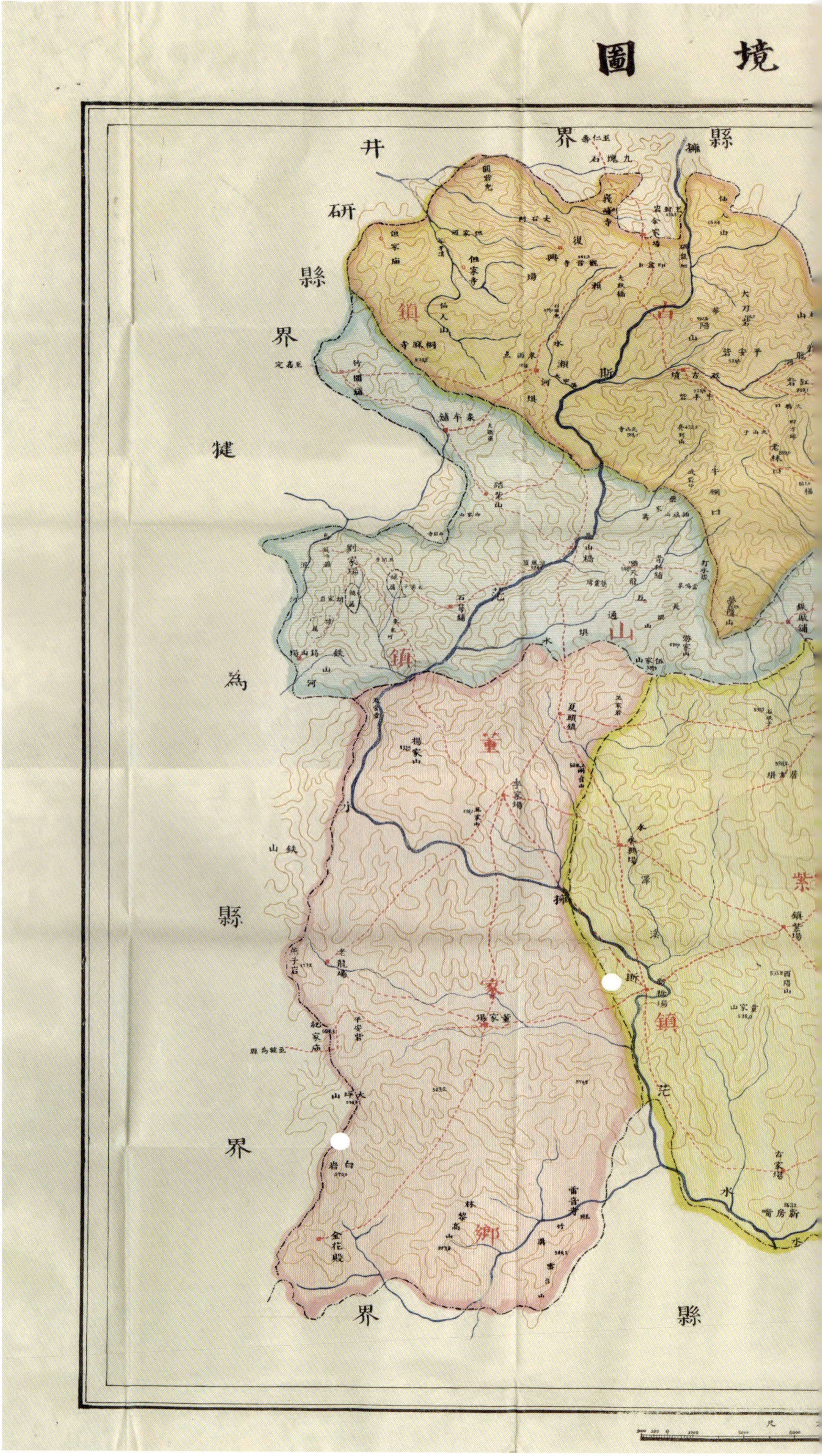

民国荣县全境图（1928年）

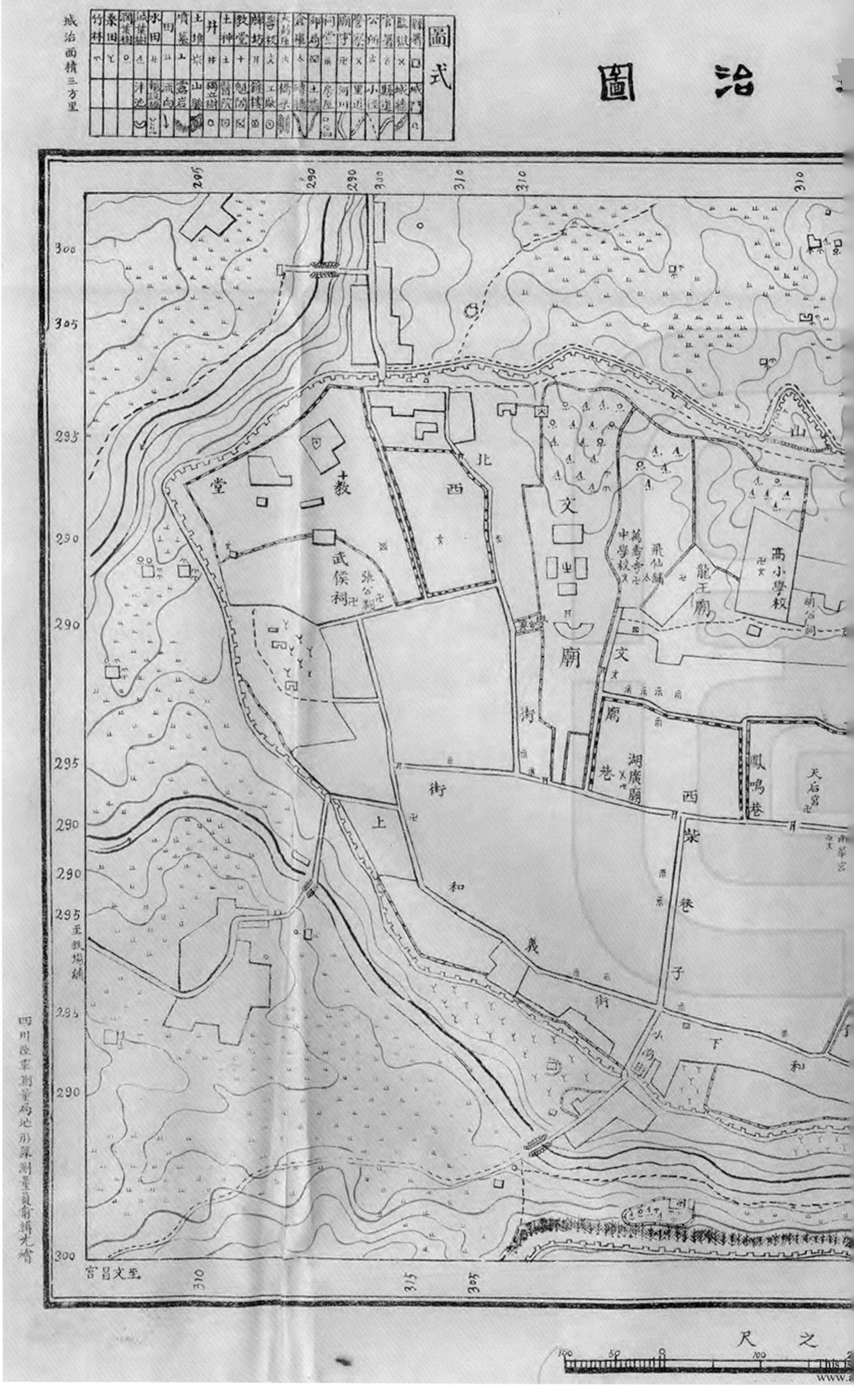
治圖
圖式
城治面積三方里
竹林
桑田
水田
井
土神
教堂
牌坊
學校
廟宇
公所
官署
監獄
縣署
沣池
流向
山
醫院
土壘
房屋
河川
里道
小徑
縣道
城牆
城門
教堂
武侯祠
北
西
文
廟
街
萬壽寺
中學校
飛仙舖
龍王廟
高小學校
文
廟
巷
湖廣廟
鳳鳴巷
天后宮
西
街
上
和
義
街
崇
巷
子
下
和
山
至鐵場舖
至文昌宮
尺之

民国荣县城治图（1928年）

历代建置区划

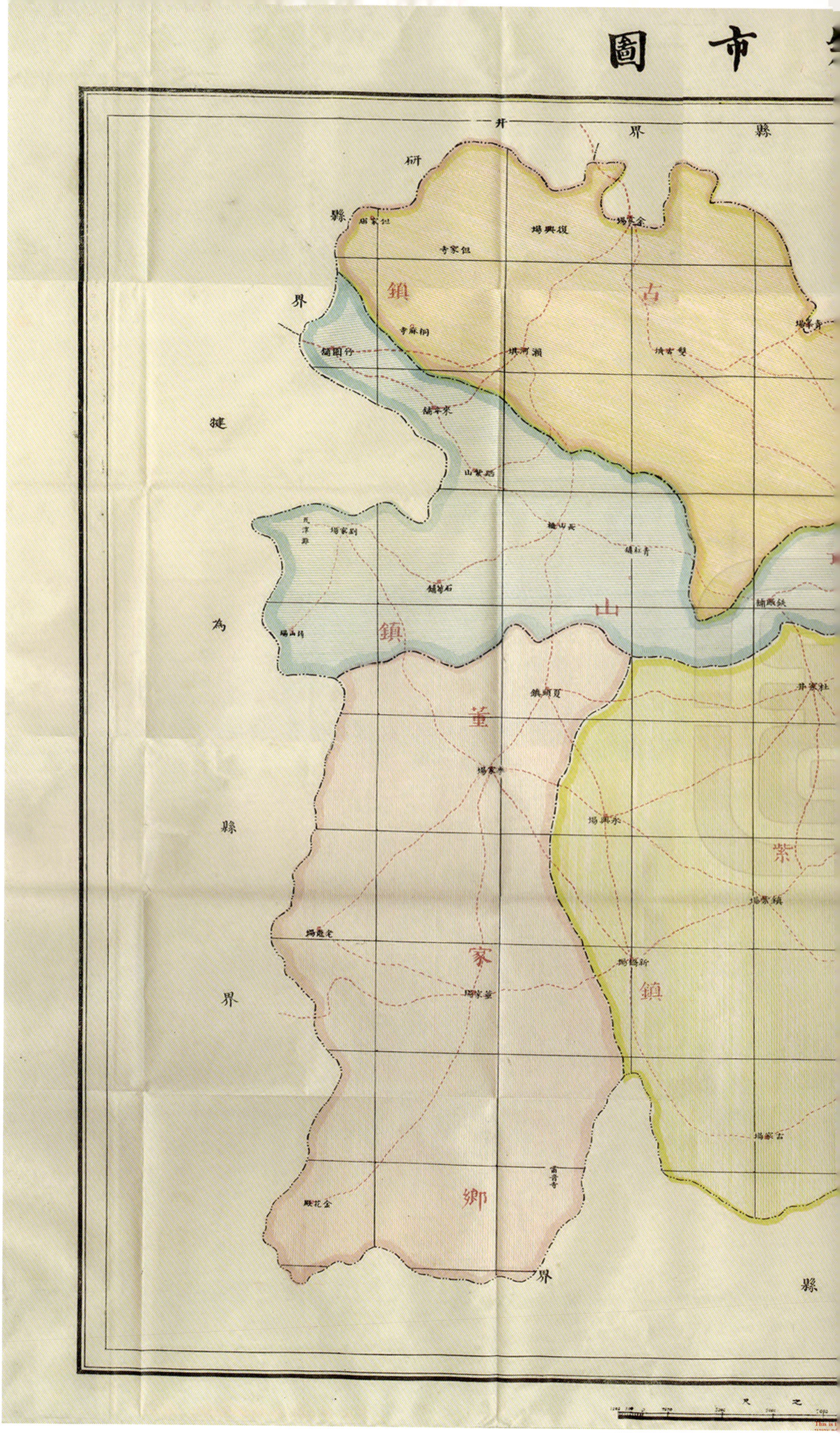
圖市
井界縣
研縣界
犍為縣界
界
縣
古鎮
山鎮
董家鄉
紫鎮

民国荣县乡市图（1928年）

山脈圖

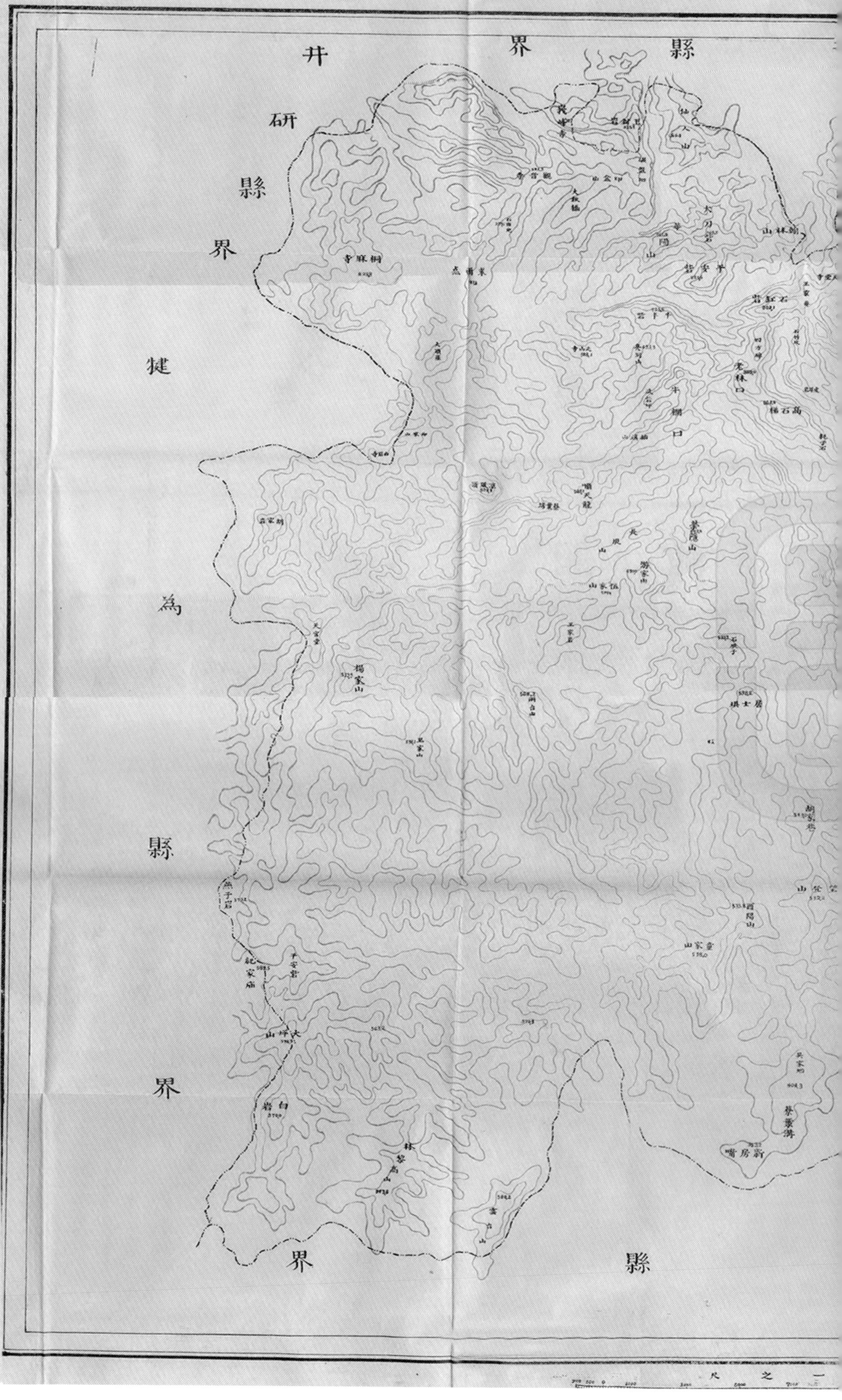

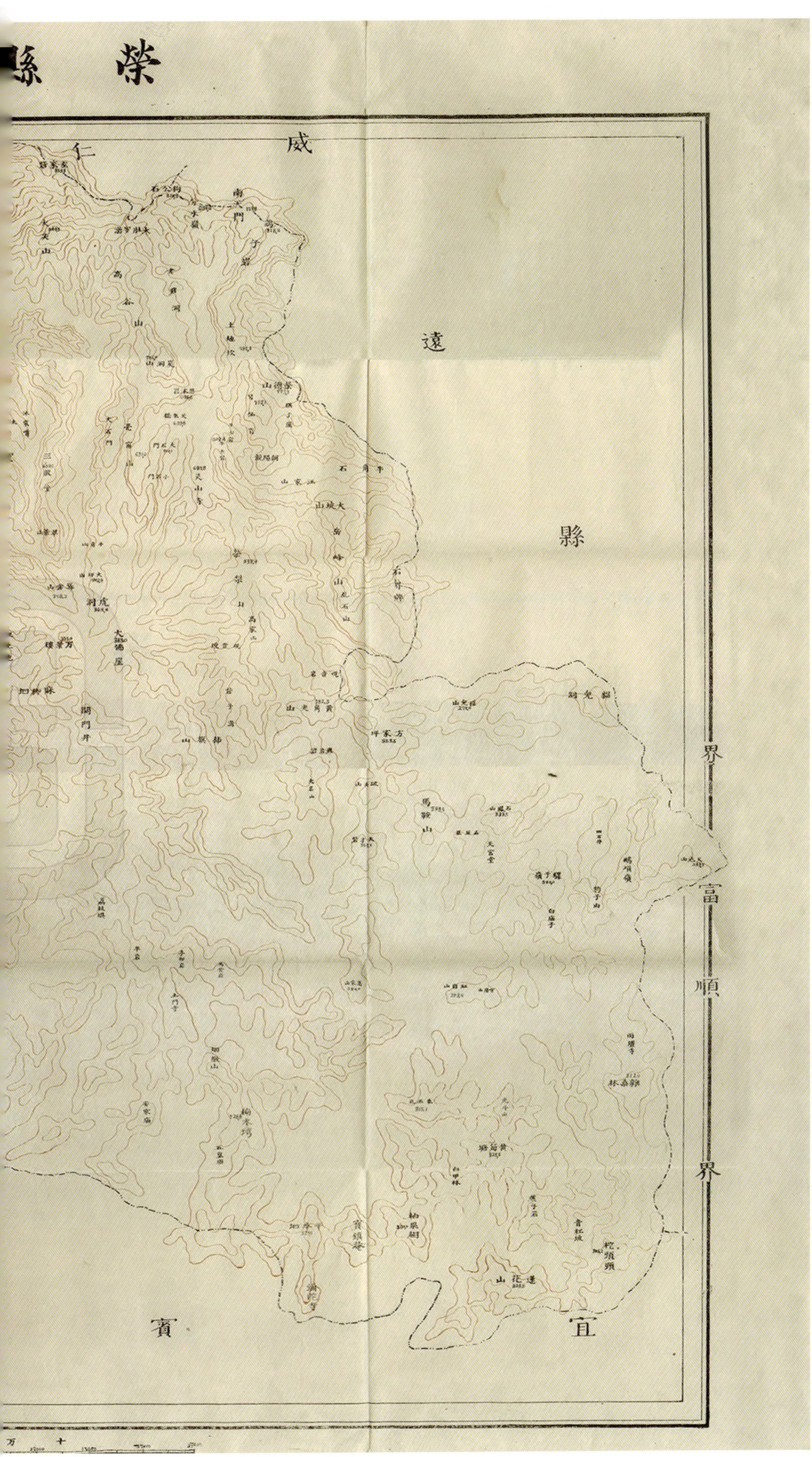

民国荣县山脉图（1928年）

圖 道

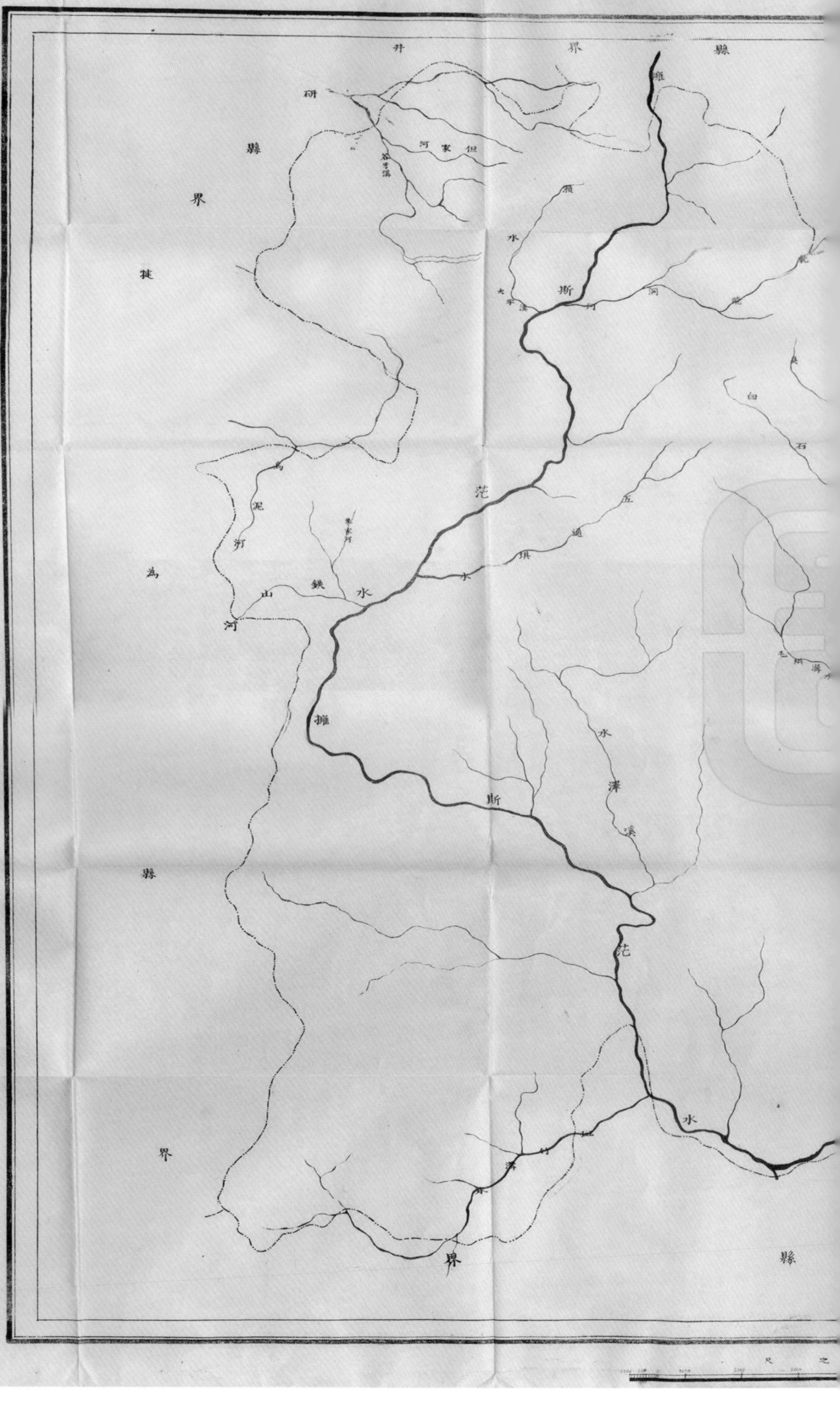

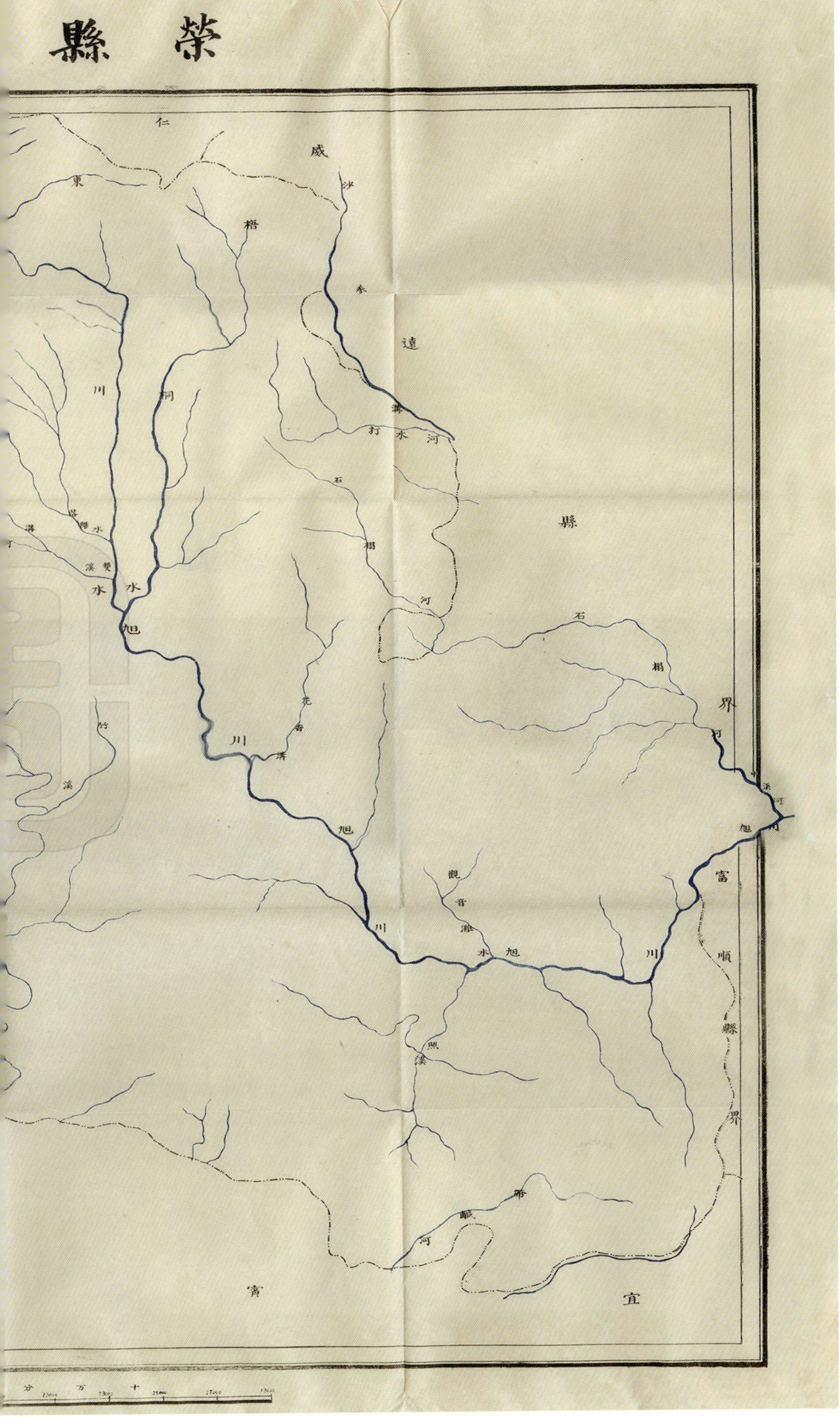

民国荣县水道图（1928 年）

自然生态

桫椤林

高石梯

小井沟水库美景

自然生态

双河口风光

水美双溪湖

生态乡村

牛角山云雾

秀美花龙沟

生态红土地

独立荣州第一山——荣德山

文物古迹

铁厂镇西汉冶铁炉遗址

墨林乡狮子寨汉代崖墓

望佳镇三岔河崖墓（时间待考）

龙洞唐代摩崖造像

白鹿洞唐代摩崖造像

后龙山摩崖造像（始建于唐代）

荣县大佛寺（始建于唐代）

宋《大佛殿地面记》碑拓片

荣县二佛寺（始建于唐代）（一）

荣县二佛寺（始建于唐代）（二）

荣县古佛寺造像（始建于唐代）

北宋超度亡灵碑

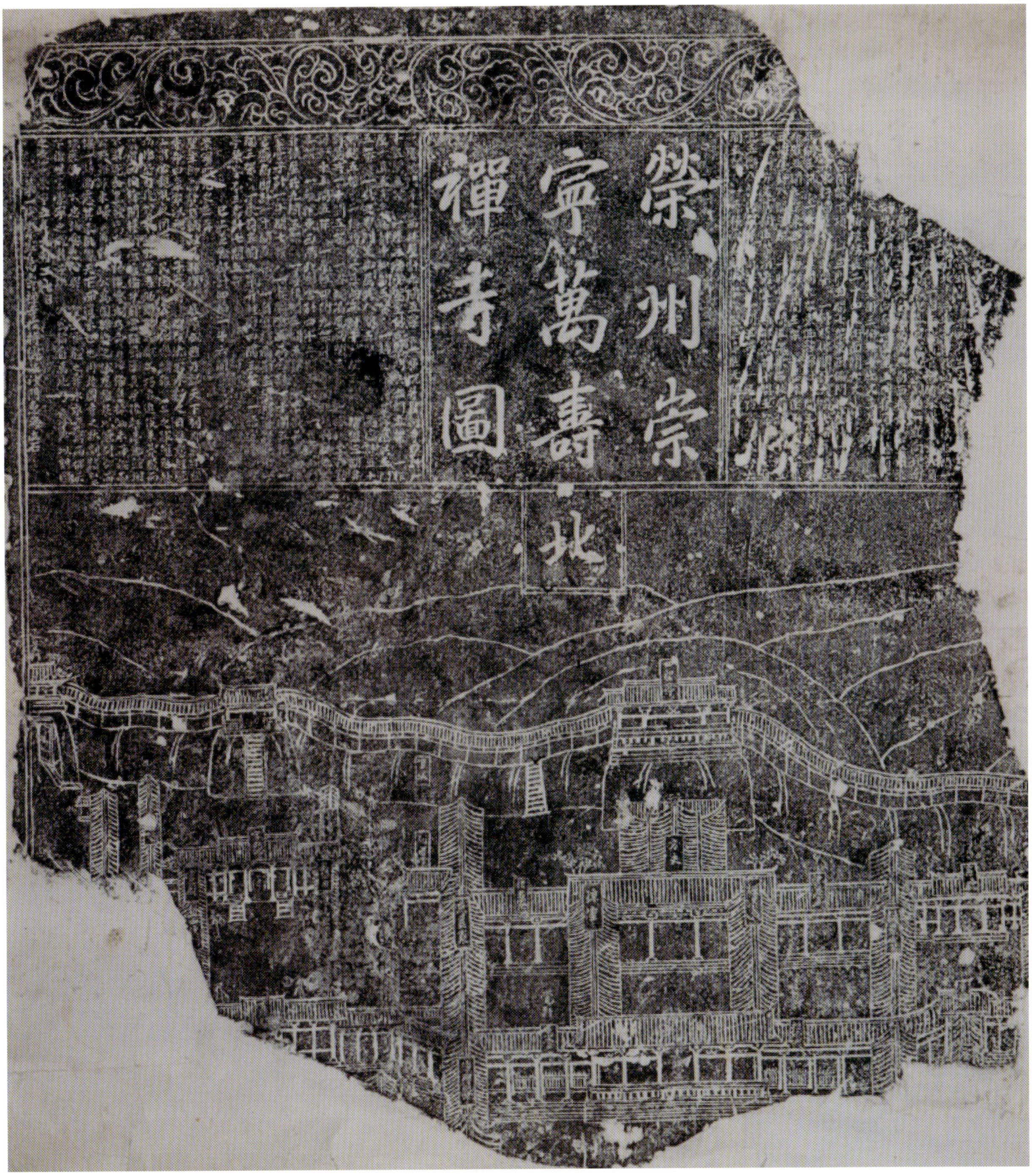

北宋《荣州崇宁万寿禅寺图》拓片

南宋《九域守令图》碑拓片

荥县宋墓室浮雕碑刻（一）

荥县宋墓室浮雕碑刻（二）

集生砦风光（始建于南宋）

明代镇南塔

观山镇板桥清代盐井

青阳洞石刻（时间待考）

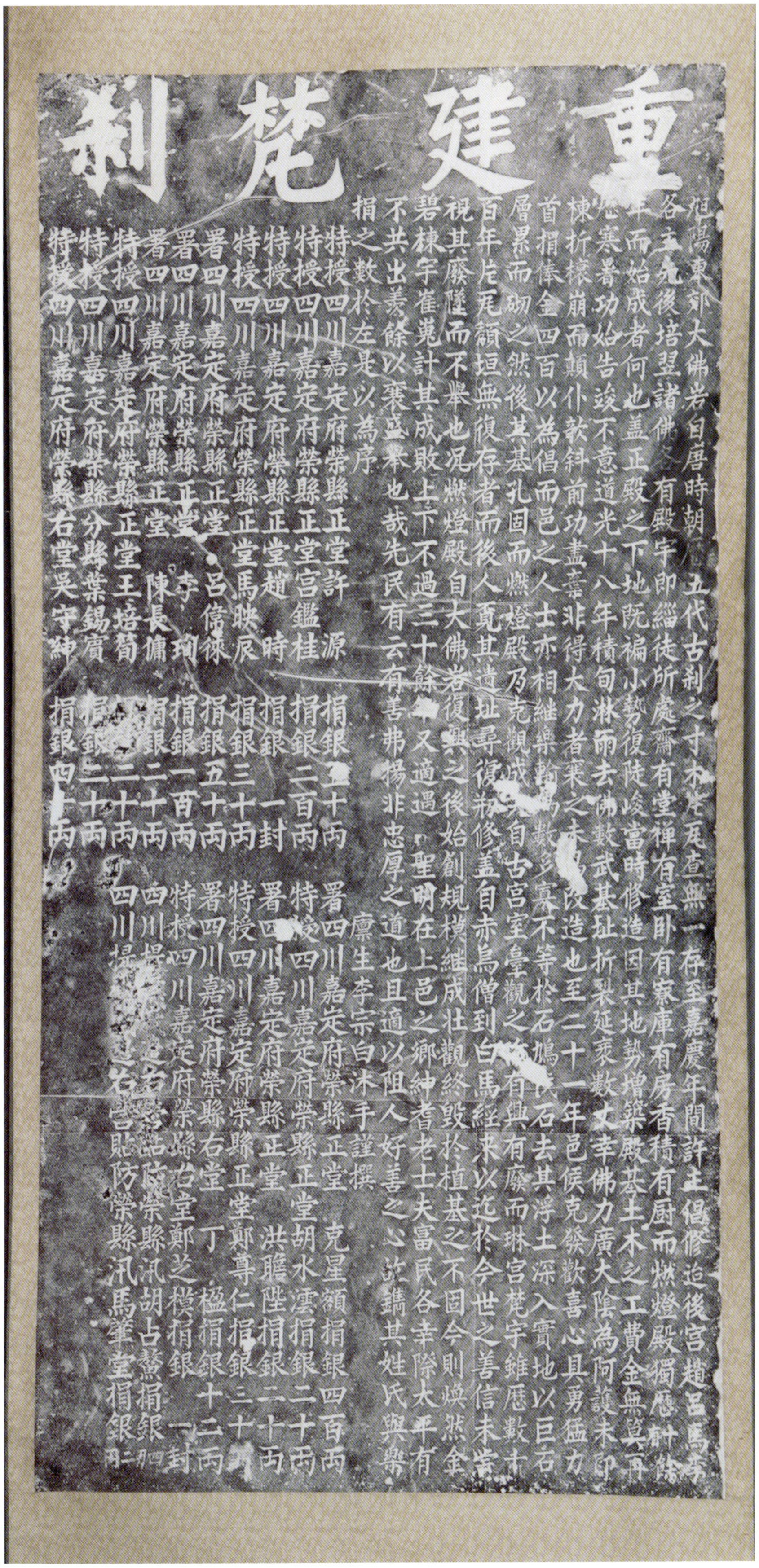

清代《重建梵刹》碑拓片

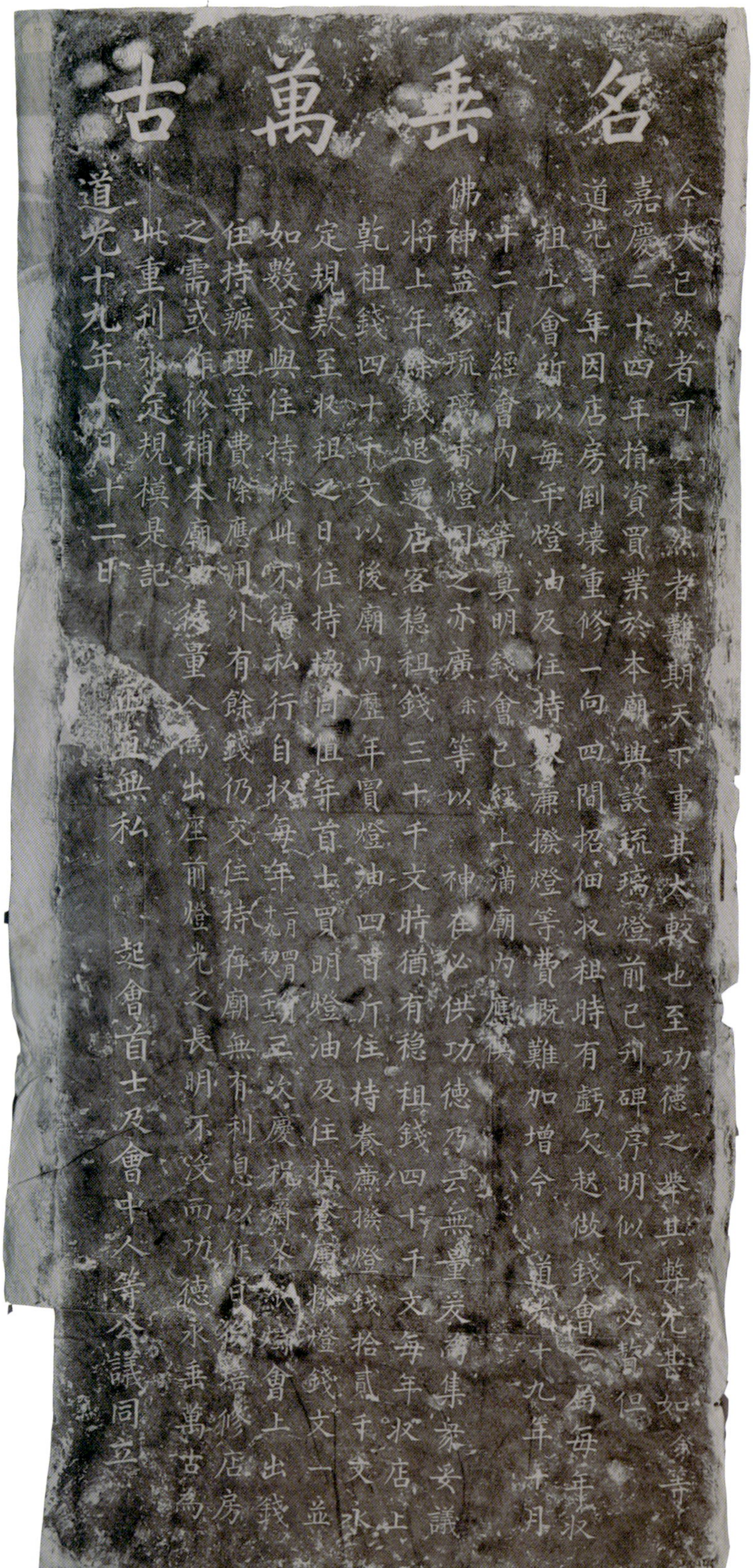

清代大佛寺《名垂万古》碑拓片

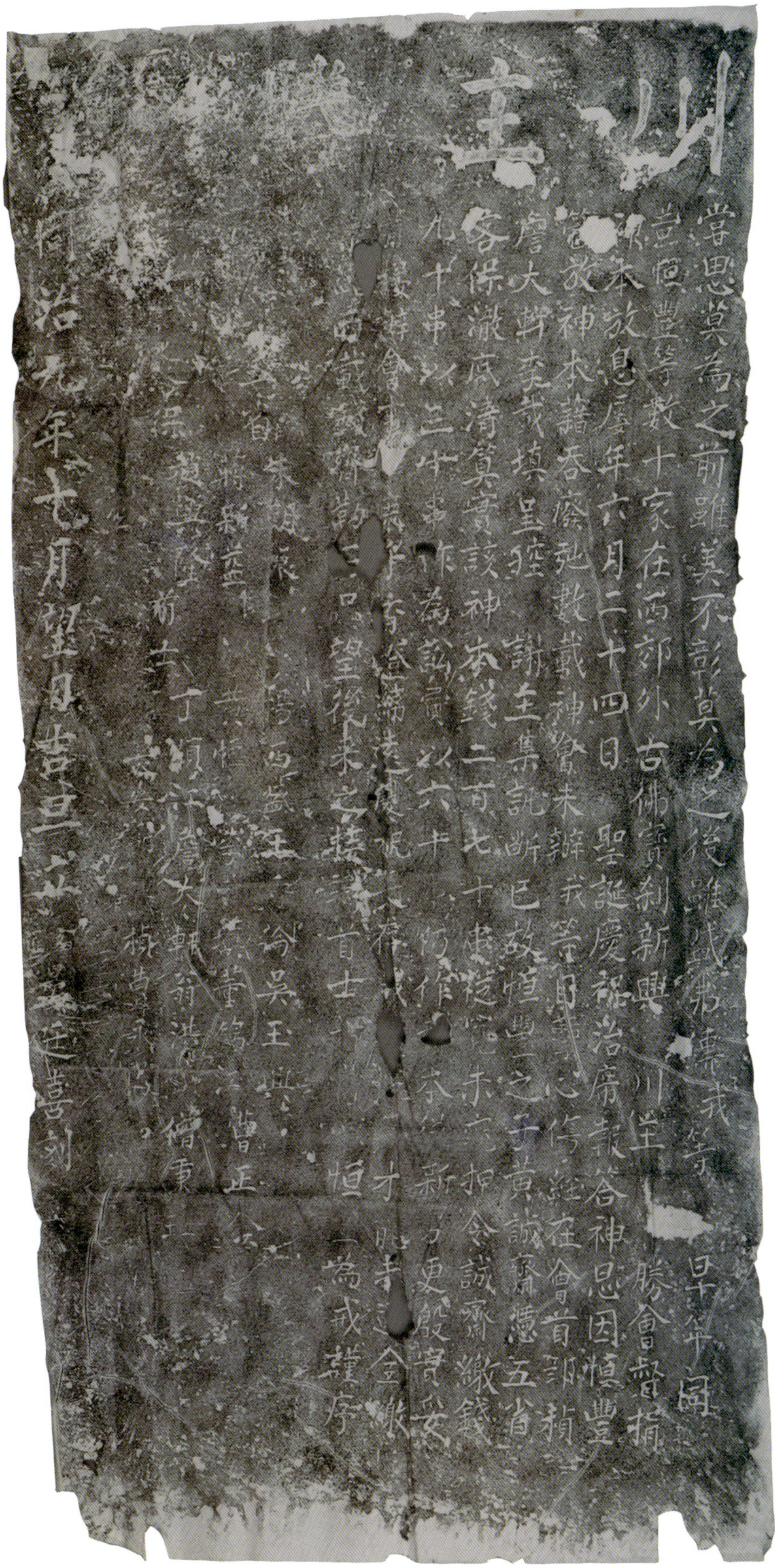

清代川主庙碑拓片

清代古佛寺《培修碑记》拓片

《重修讲教洞记》拓片（时间待考）

牛峰寨地利门（时间待考）

《牛峰寨前山图》碑刻拓片（时间待考）

清代锁江桥碑（一）

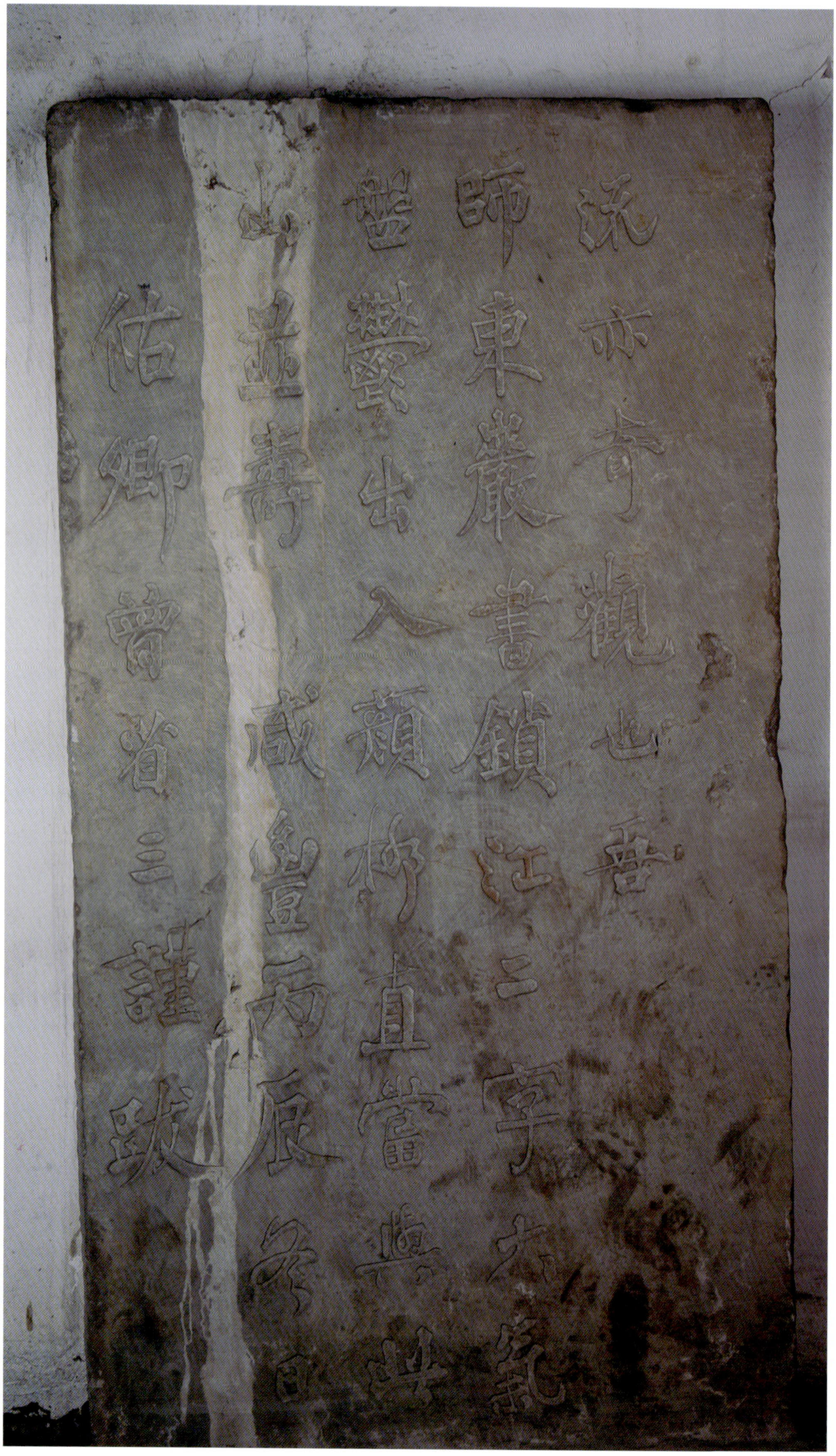

清代锁江桥碑（二）

乐德镇清代奉先桥

清代金龙桥

过水镇龙滩河清代石拱桥

清代大观桥牌坊

清代《老灯碑记》拓片

清代《奎星会碑记》

清代《义和团碑记》

清代小井沟禁毒鱼碑拓片

县文管所重刻清代《征粮章程》碑

荣县军政府旧址

民国《五桂团团务局记》碑

郭氏威遠甲族高貲多材賢
近恩名宏典治商嘉定威遠汝
榮縣三十年斟劑有無捐所得
傑偃近恩一日進弟姝曰吾老
吾子孫世世無寒飢之患雖威
靈春秋得虔其祭榮威古同境
祀考堯珊公如禮所傑禰廟者
舉其事甚善於是定規諮則祝

民国郭家当铺碑（一）

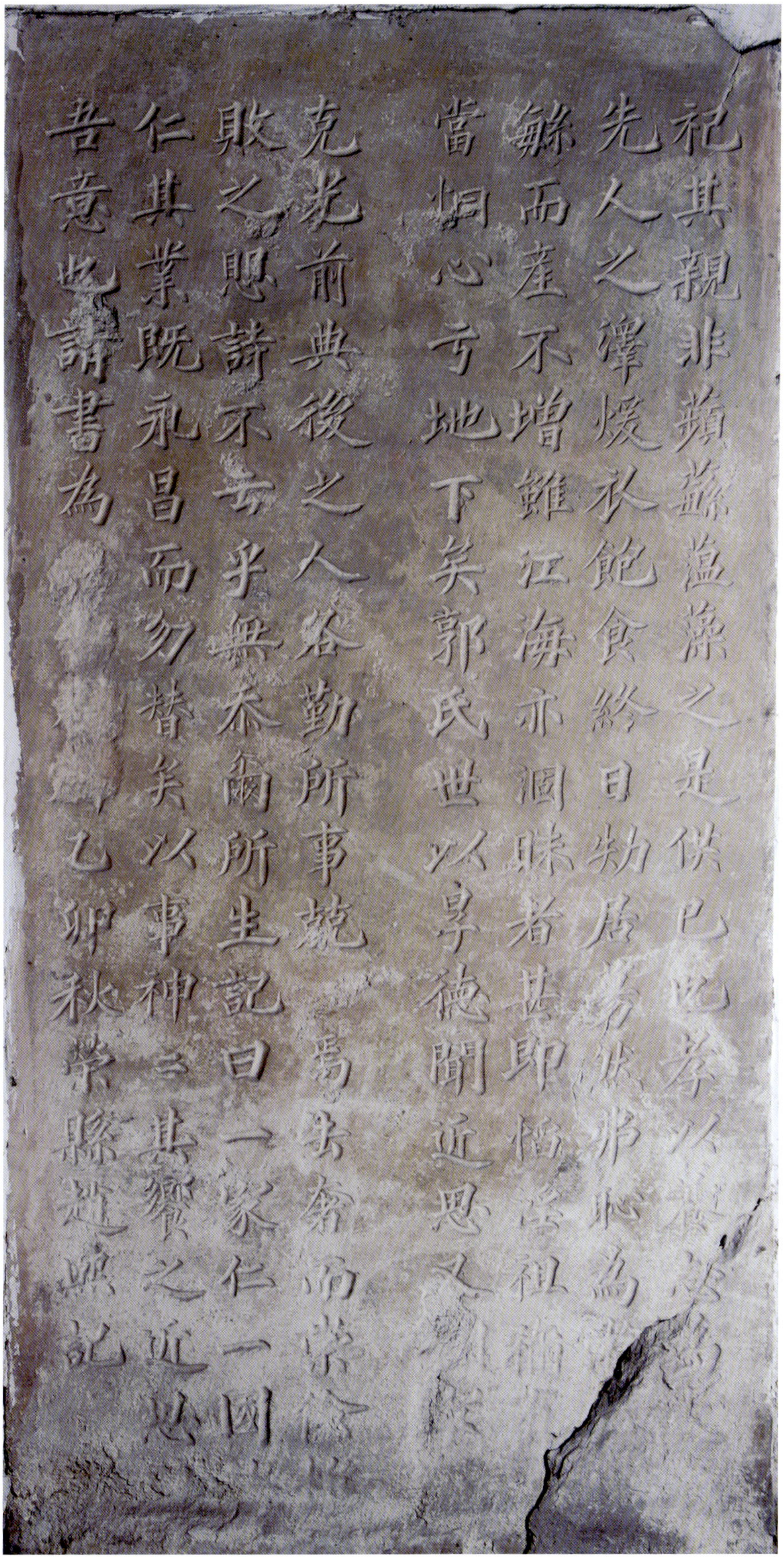
祀其親非蘋蘩薀藻之是供已也孝以
先人之澤煖衣飽食終日
鮮而產不增雖江海亦涸
當恫心于地下矣郭氏世以阜德聞近
克光前典後之人恪勤所事
敗之詩不云乎無忝爾所生記曰一家仁一國
仁其業既永昌而勿替矣以事神神其饗之近也
吾意也請書為
乙卯秋
記

民国郭家当铺碑（二）

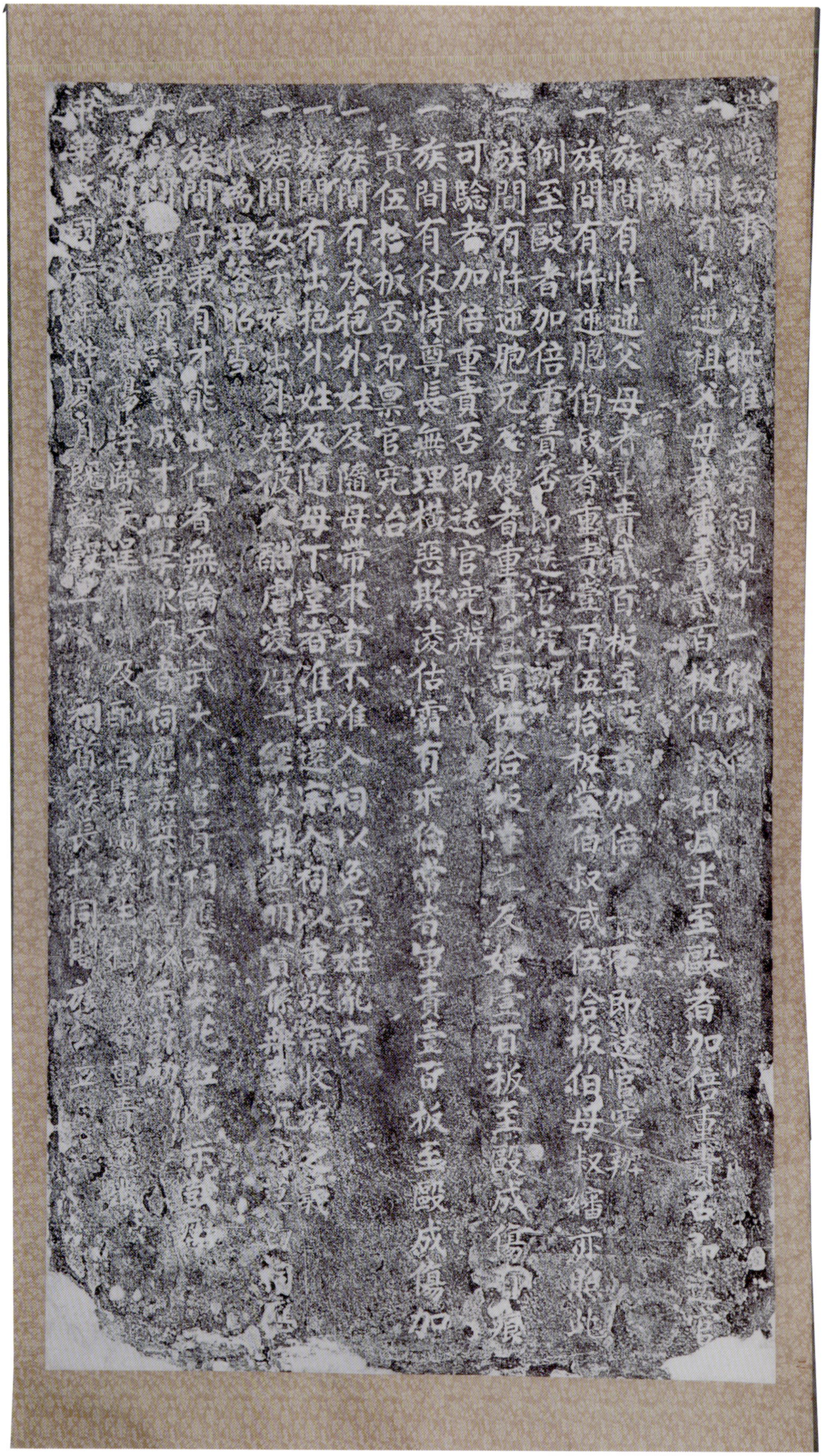

民国祠规碑拓片

吕家寺民国摩崖石刻

名人乡贤

北宋讲教洞

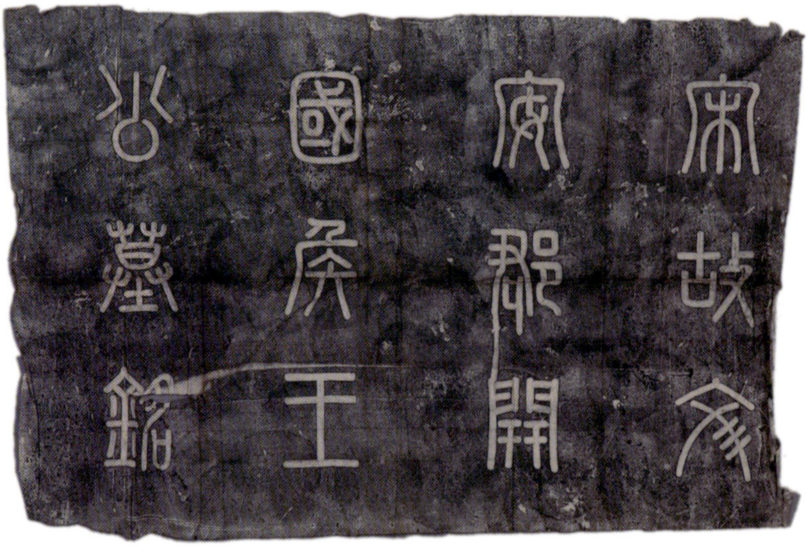

北宋故文安郡开国侯王公（王序）墓铭碑拓片

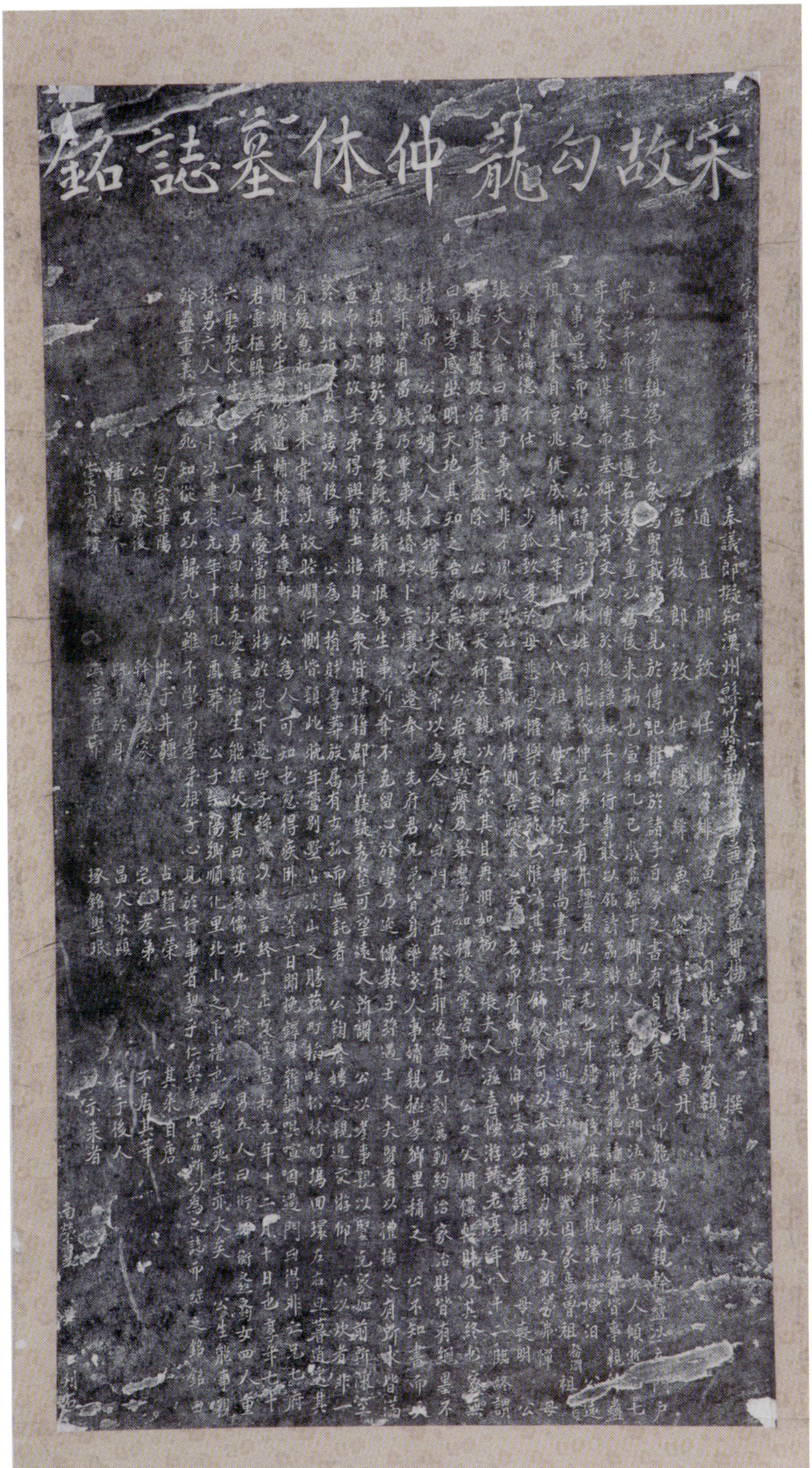

《宋勾龙仲休墓志铭》碑拓片

《宋故张夫人墓志铭》碑拓片

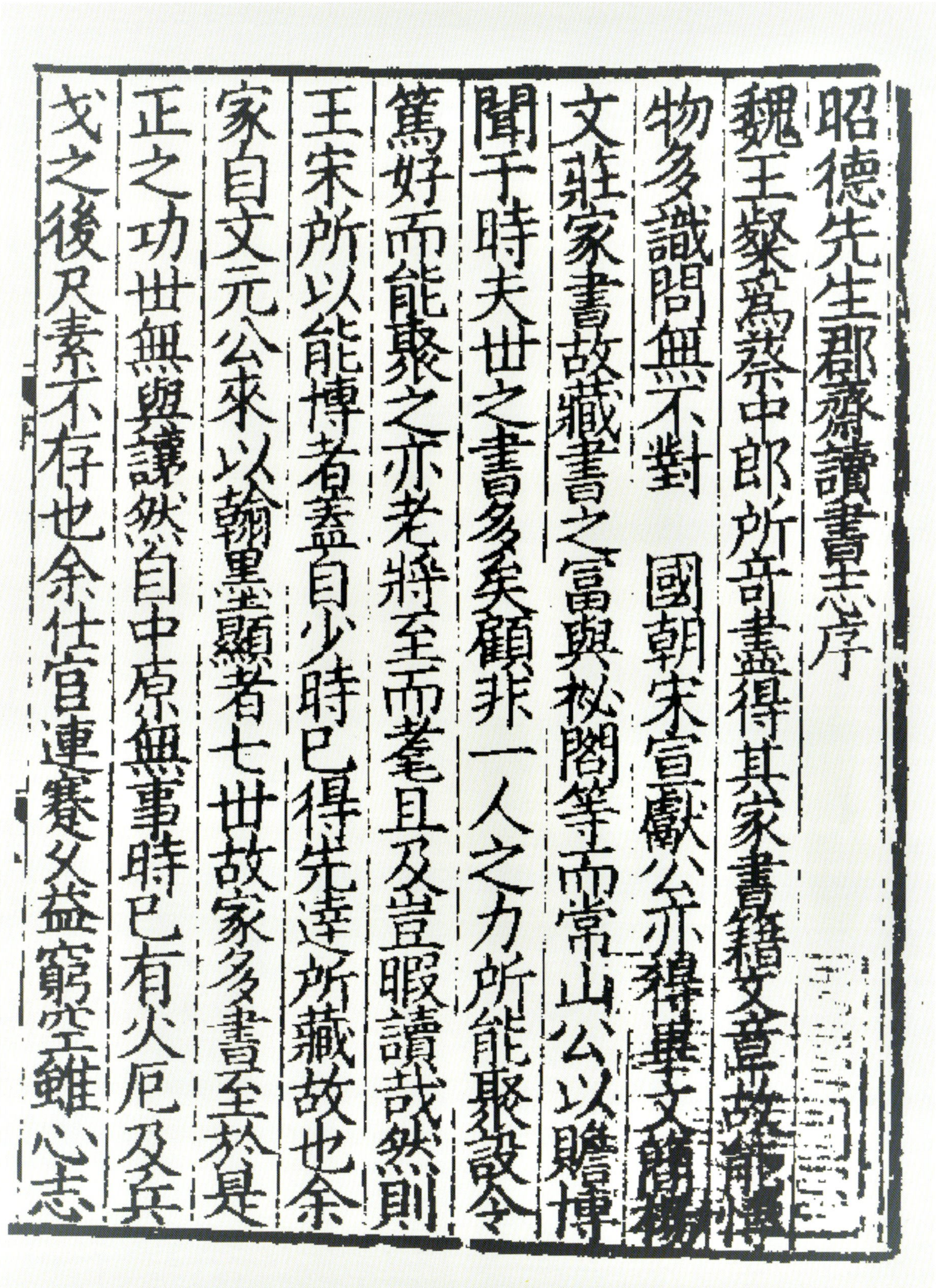
昭德先生郡齋讀書志序
魏王粲爲蔡中郎所奇盡得其家書籍文章故博
物多識問無不對　國朝宋宣獻公亦得畢文簡楊
文莊家書故藏書之富與秘閣等而常山公以贍博
聞于時夫世之書多矣顧非一人之力所能聚設令
篤好而能聚之亦老將至而耄且及豈暇讀哉然則
王宋所以能博者蓋自少時已得先達所藏故也余
家自文元公來以翰墨顯者七世故家多書至於是
正之功世無與讓然自中原無事時已有火厄及兵
戈之後尺素不存也余仕宦連蹇久益窮空雖心志

南宋晁公武《郡斋读书志》袁州本书影

即麾斥乃過 聽而兼收之臣死且不朽矣臣誠皇誠恐頓首頓首臣竊聞司馬光之作資治通鑑也先使其僚採摭異聞以年月日爲叢目叢目既成乃修長編唐三百年范祖禹實掌之光謂祖禹長編寧失於繁無失於畧當時祖禹所修長編蓋六百餘卷光細删之止八十卷今資治通鑑唐紀自一百八十五卷至二百六十五卷是也故 神宗皇帝序其書以爲博而得其要簡而周於事臣誠不自揆度妄意纂集雖義例悉用光所創立錯綜銓次皆有依憑其間抵牾要亦不敢自保區區小忠前表蓋嘗具之仰惟 祖宗之豐功盛德當與唐虞三代比隆 乾坤之容 日月之光繪畫臻極訖弗能近矧令拙工彊施丹墨臣誠愚闇豈不知罪然而統會衆說掊擊僞辯使姦欺詭訕不能乘隙亂真 祖宗之豐功 盛德益以 昭明譬諸海嶽或取消埃之助顧臣此書詎可便謂續資治通鑑姑謂續資治通鑑長編庶幾可也

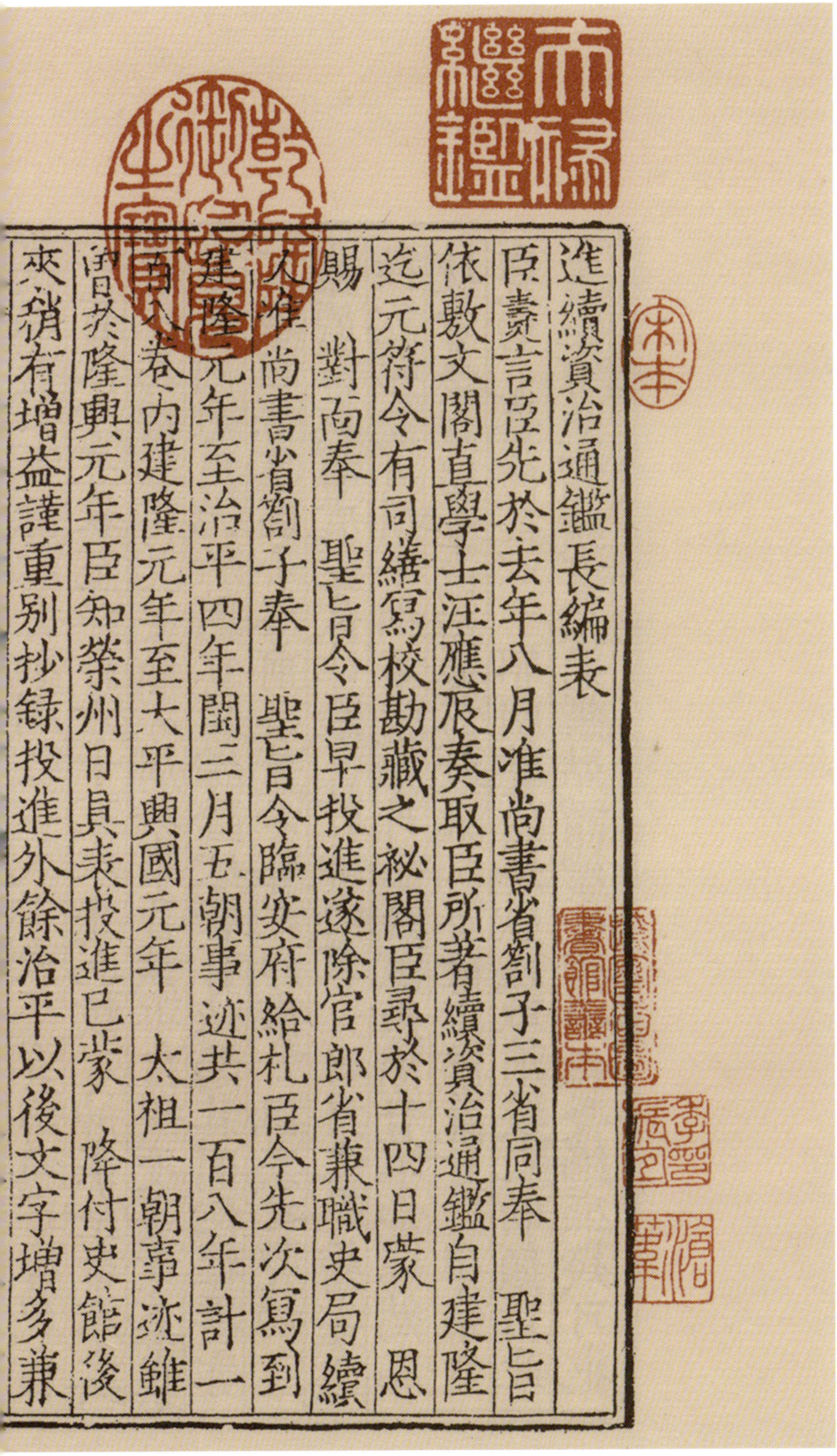
進續資治通鑑長編表
臣燾言臣先於去年八月准尚書省劄子三省同奉 聖旨
依敷文閣直學士汪應辰奏取臣所著續資治通鑑自建隆
迄元符令有司繕寫校勘藏之祕閣臣尋於十四日蒙 恩
賜 對面奉 聖旨令臣早投進遂除官郎省兼職史局續
又准尚書省劄子奉 聖旨令臨安府給札臣今先次寫到
建隆元年至治平四年閏三月五朝事迹共一百八年計一
百八卷內建隆元年至太平興國元年 太祖一朝事迹雖
曾於隆興元年臣知榮州日具表投進已蒙 降付史館後
來稍有增益謹重別抄録投進外餘治平以後文字增多兼

南宋李焘《续资治通鉴长编》书影

南宋赵曮条教碑拓片

明胡子昭墓碑

清胡公祠碑

清邹智儒墓碑拓片

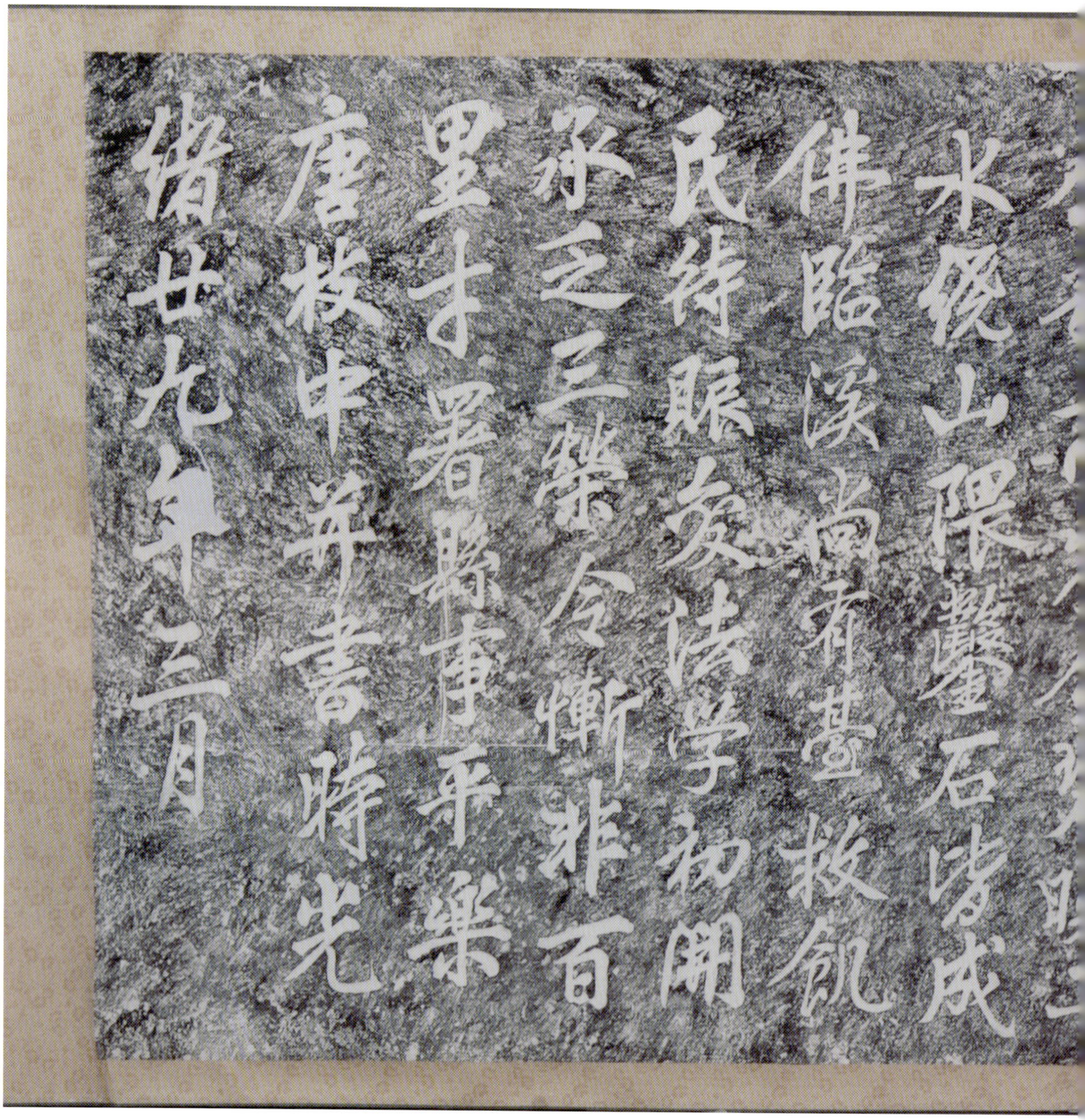
水縈山限鑿石皆成
民待賑爰法学初開
里才署縣事承樂
绪廿九年三月

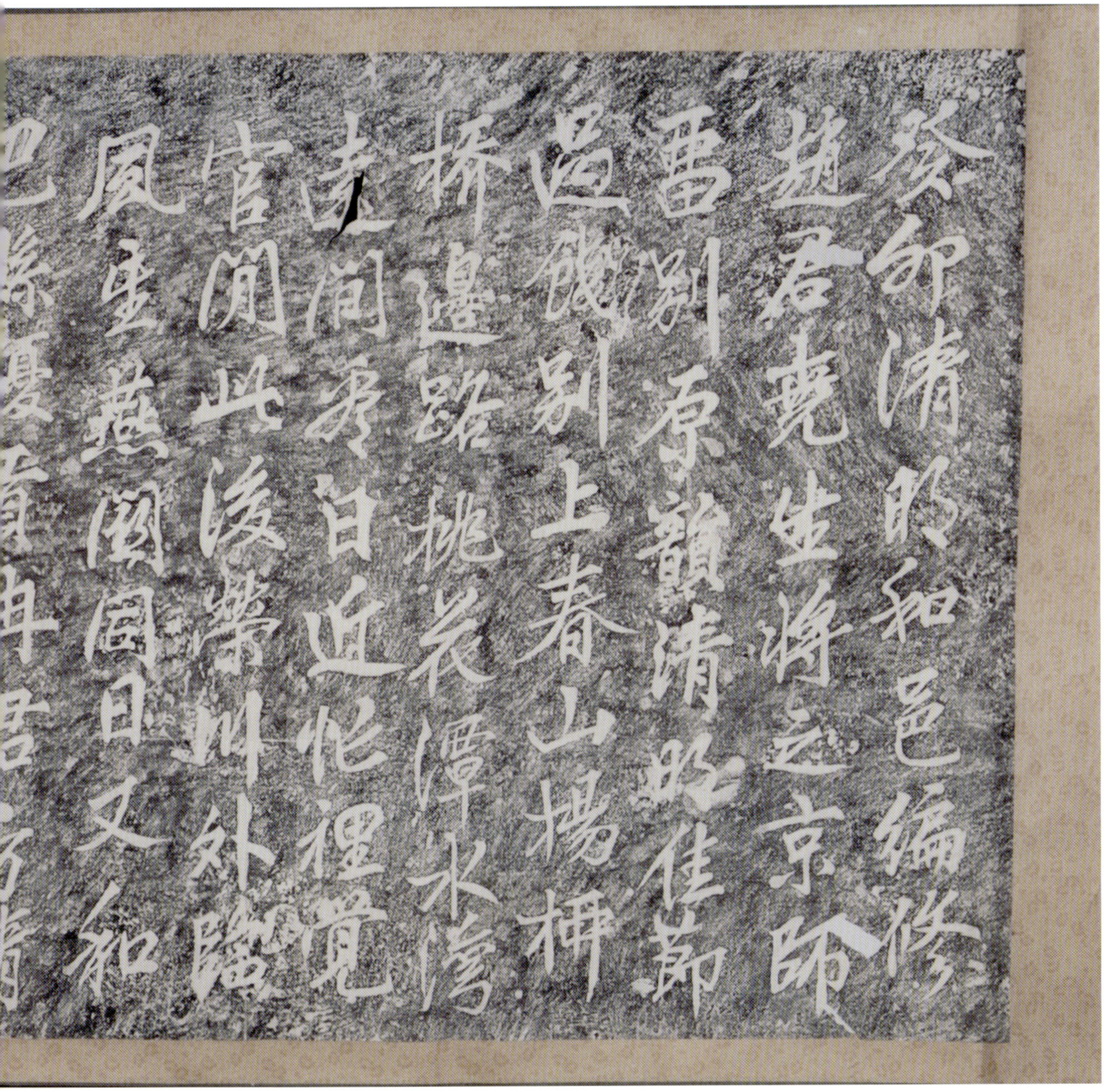

清唐枝中记事碑拓片

赵熙

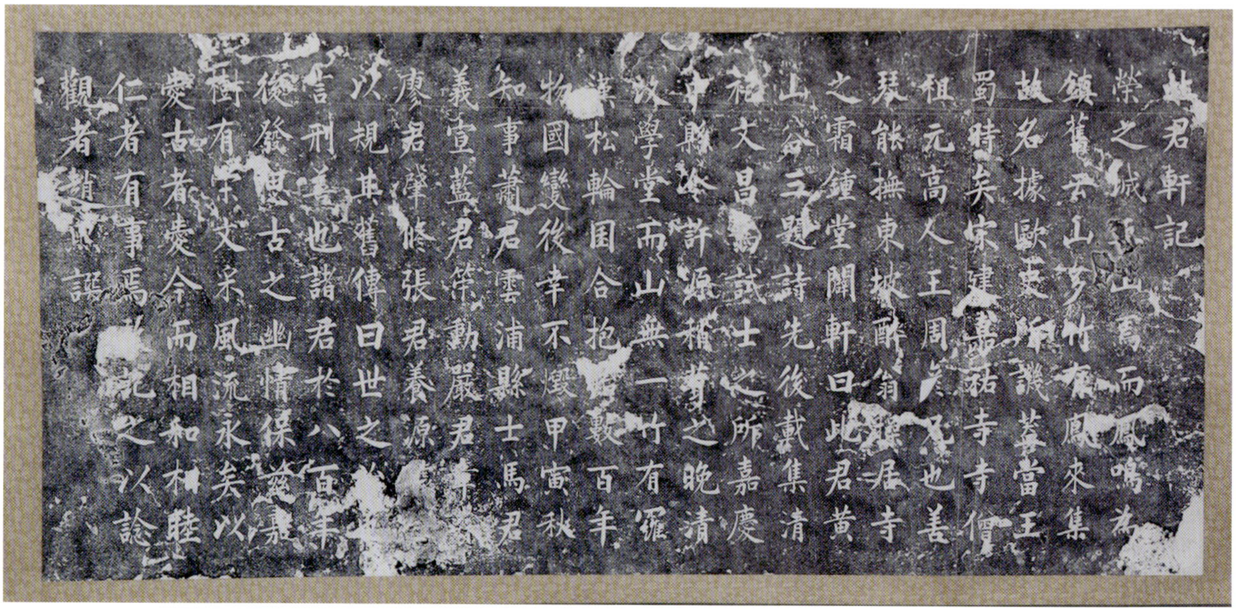

赵熙《此君轩记》碑拓片

赵熙书东坡诗木碑

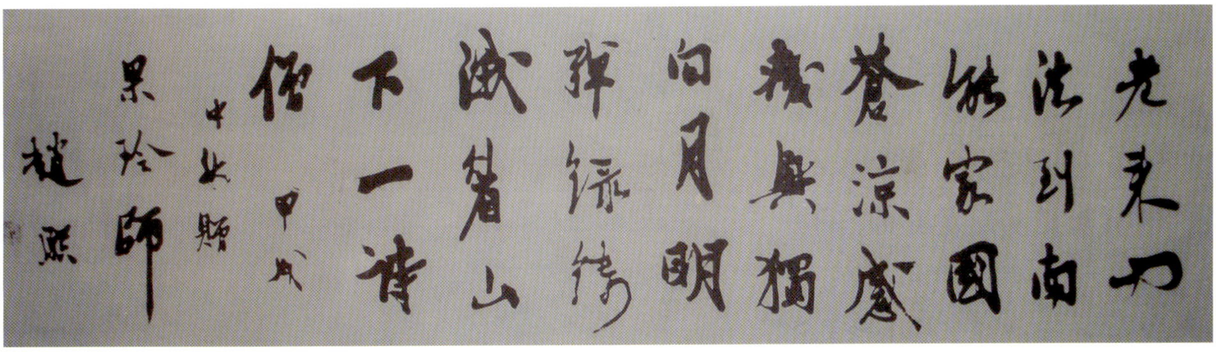

赵熙书法

吴玉章故居

但懋辛

但懋辛宅

龙鸣剑

王天杰

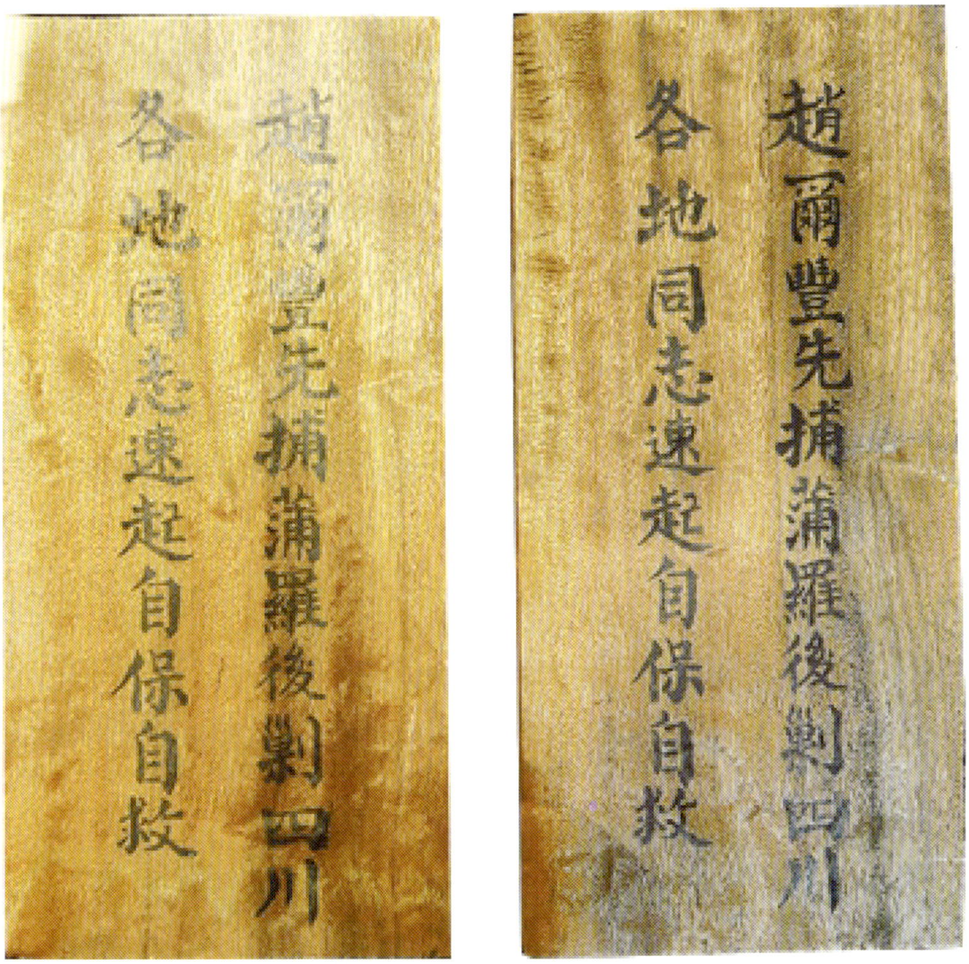

趙爾豐先捕蒲羅後剿四川
各地同志速起自保自救

趙爾豐先捕蒲羅後剿四川
各地同志速起自保自救

水电报

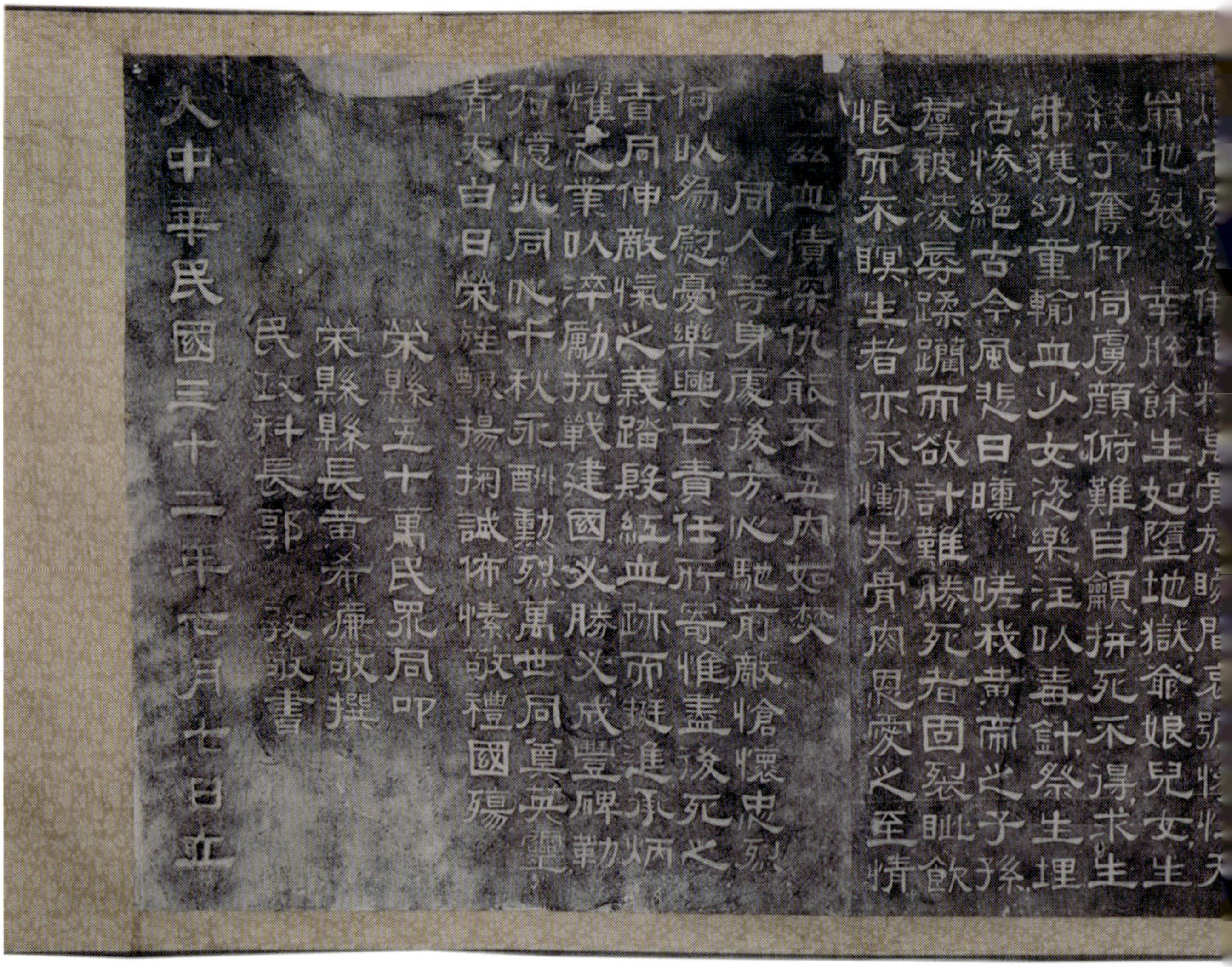
崩地裂。幸脱餘生，如墮地獄，爺娘兒女生
殺子奪，仰伺虜顏，術難自顧，拼死不得，求生
弗獲，幼童輸血，少女從樂，注以毒針，祭生埋
活，慘絕古今，風悲日曛。嗟我黃裔之子孫
擘被淩辱蹂躪，而欲計難勝，死者固裂眦飲
恨而不瞑，生者亦永慟。夫骨肉恩愛之至情
茲血債深仇，能不五內如焚。
同人壽身處後方，心馳前敵，愴懷忠烈
何以爲慰。憂樂興亡，責任所寄，惟盡後死之
責，同伸敵愾之義，踏殷紅血跡，而挺進承炳
耀之業，以淬勵抗戰，建國必勝必成，豐碑勒
有億兆同心，千秋永酬勳烈，萬世同尊英靈
青天白日，榮旌飄揚，掬誠佈愫，敬禮國殤
榮縣五十萬民眾同叩
榮縣縣長黃希濂敬撰
民政科長郭[illegible]毅敬書
大中華民國三十二年七月七日立

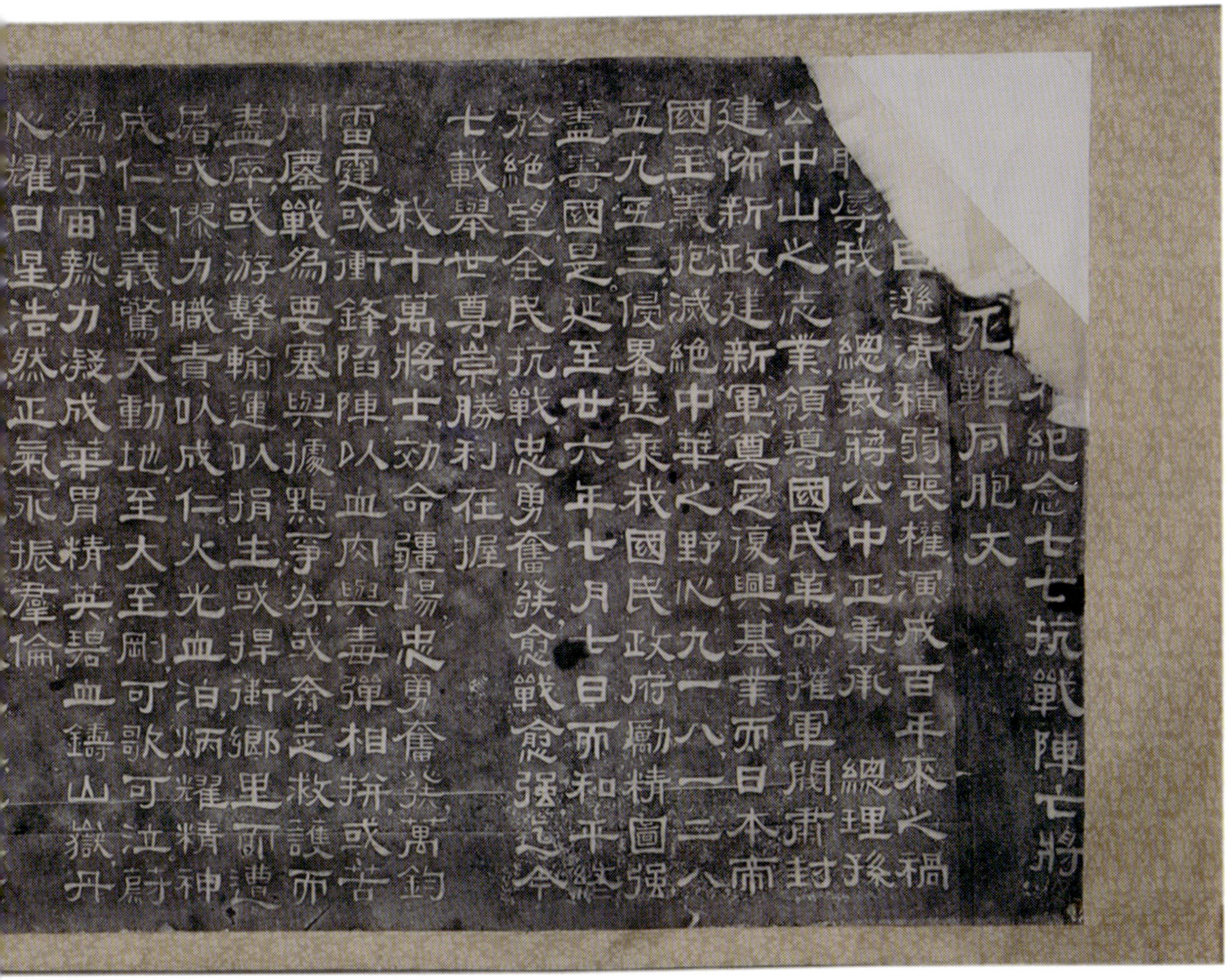

民国荣县各界纪念“七七”抗战碑拓片

南宋绍熙府儒学碑

明《和义记》碑

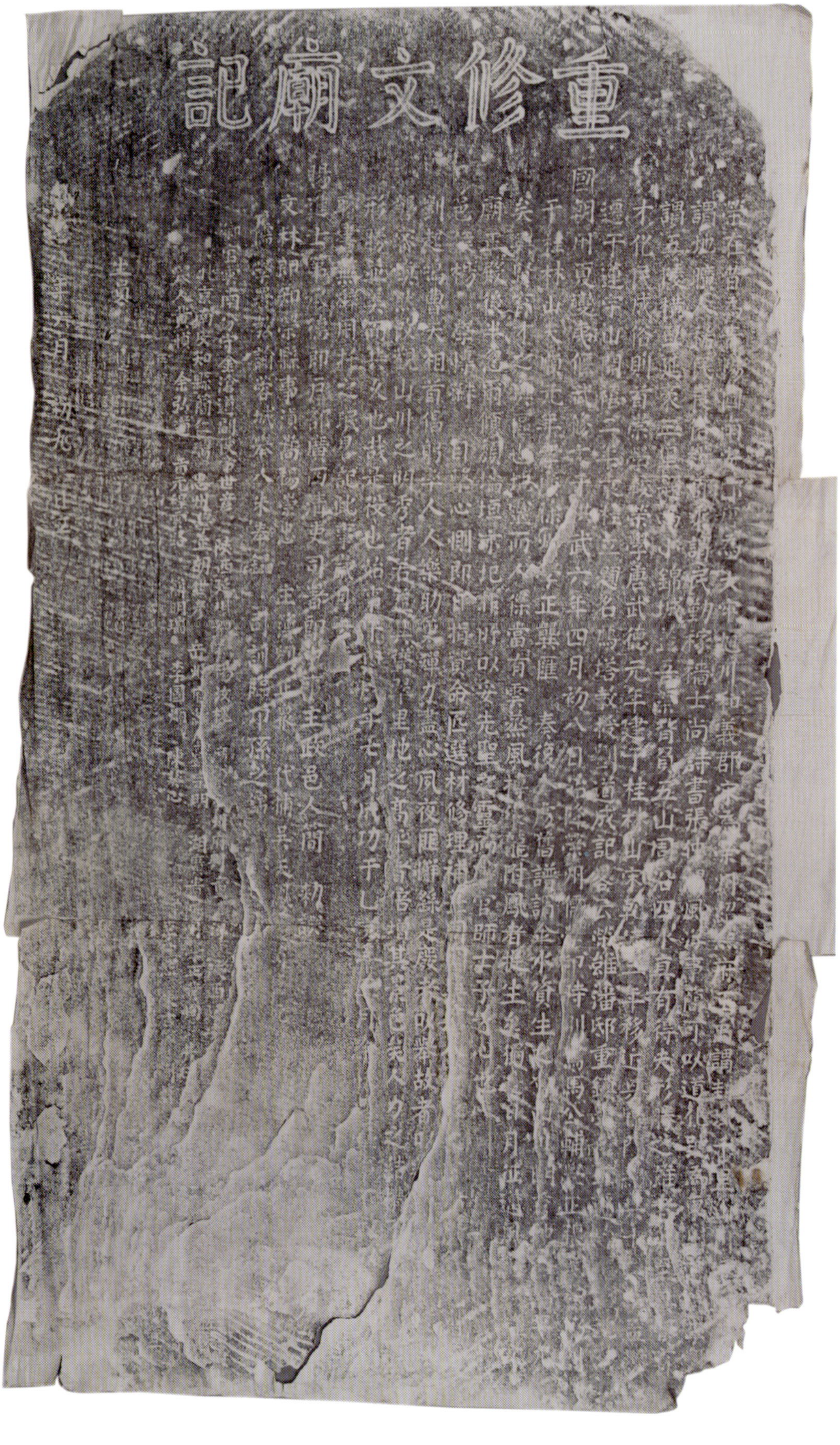

明简敕《重修文庙记》碑拓片

明孔子像碑（一）

明孔子像碑（二）

清李长笏《重修学宫记》碑拓片

清《新建考棚碑记》拓片

清善恶碑

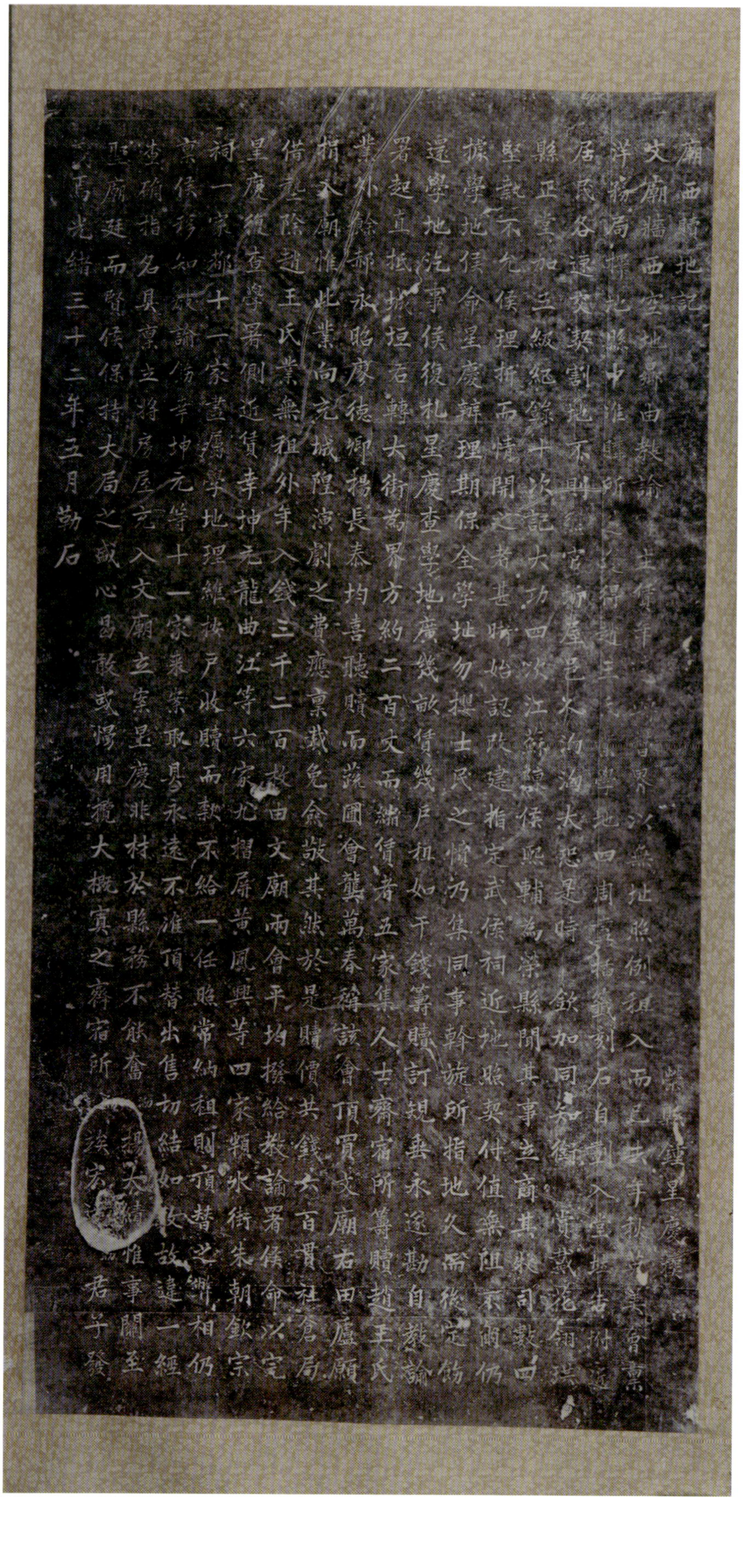

清《庙西赎地记》碑拓片

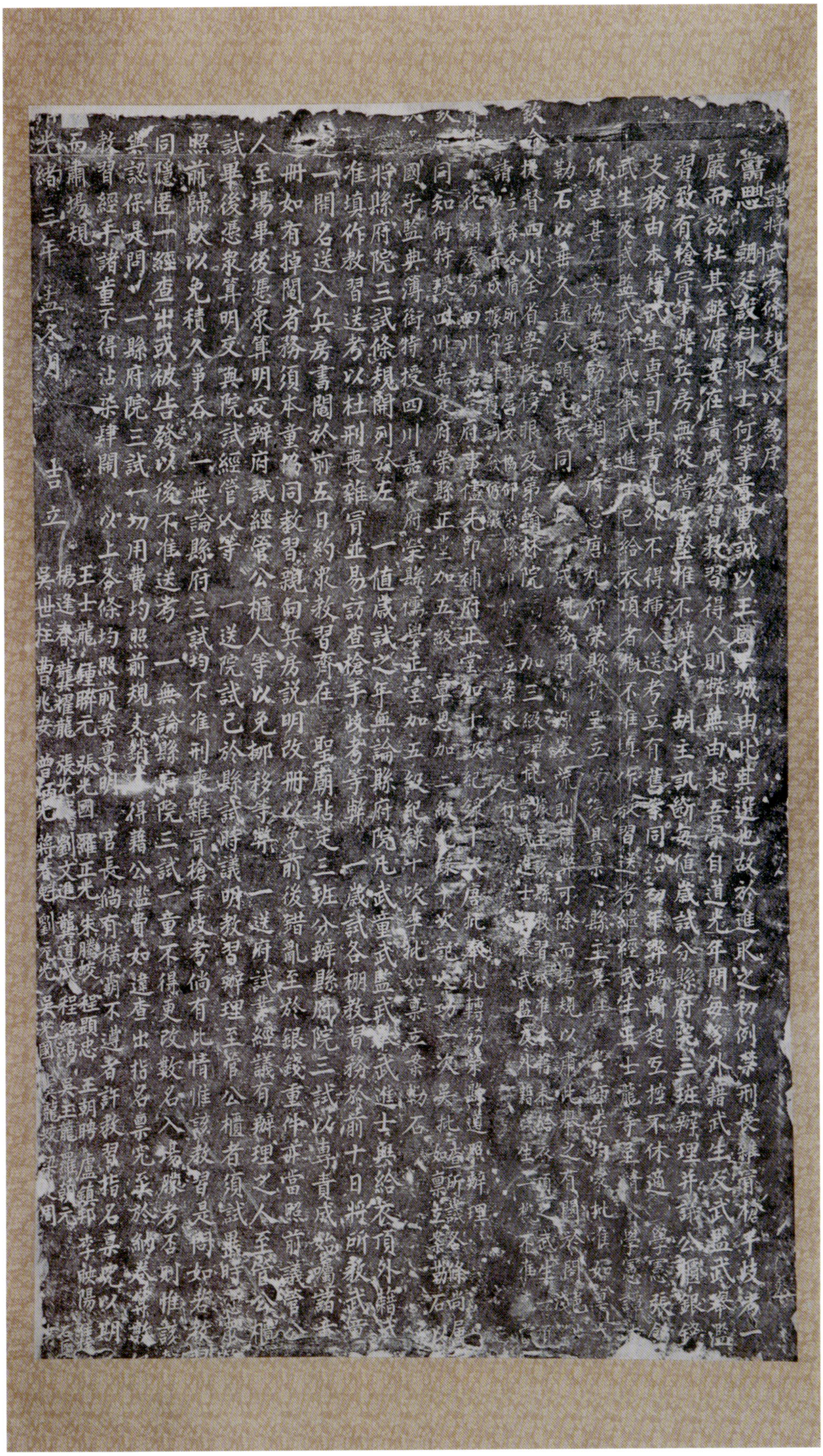

清武考条规碑拓片

华英女子中学师生合影（1943 年）

荣县中学校门（1953 年）

《荣县旧志通编》编审委员会

组　　长　李文泽

委　　员　李后卿　黄伯军

《荣县旧志通编》编纂委员会

名誉主任　谭继和

顾　　问　韩明祝　宋成文　邹崇霞

主　　任　郑小清

副 主 任　胡伟峰　刘纯忠

委　　员　刘平中　晏秀英　罗晓鹏　余　洋　李国权　但汉军
　　　　　曾　德　陈玲萍

《荣县旧志通编》编辑部

总　　纂　刘平中

分　　纂　李国权　张尚英　曹鹏程　郑　伟

编　　辑　彭东焕　任利荣　刘　用　刘世昌　王　莉
　　　　　刘紫月　苟　宁　余仕清　钟学惠　周　宇
　　　　　曾　德　陈　静　罗秀能　黄　静　李锦梅
　　　　　曹　洪　钟　琴

供　　图　荣县文管所　张政治　胡智斌　邓四海　余建平　史美和

封面题字　龚仕清

凡　例

一、荣县乃千年古县，修志存史、光耀乡邦者代不乏人。自清至民国，计存旧志六种。今在集中整合相关史志记载的基础上，运用辩证唯物主义和历史唯物主义的立场、观点和方法，以习近平新时代中国特色社会主义思想为指导，根据实际需要，对旧志内容、结构做了一定的损益，尤其对史宾、制度、人物过行了考证，对其中的错误做了修订，修纂了《荣县旧志通编》（文言卷），并以其为基础进行了编写和翻译。因体例所需，本卷对古今邑人的著述均未作收录。

二、本卷分为疆域山川、沿革建置、食货赋役、分封职官、学校教育、名人乡贤、宗教礼俗共七大门类，后附历代大事记。

三、各门类前设提要，以考镜源流，彰显脉络。

四、对于引文中的文言文，原则上进行白话式译写，要在凸显主旨，对于不宜直接译写的名物、制度、典故之类文字，做适当保留。

五、本卷时间，始于上古，止于民国 18 年（1929）。根据实际需要，对个别内容的下限做了适当延长。

六、本卷记述的区域范围，以各历史时期荣地实际管辖范围为准。

七、本卷采用简体横排，增加了反映荣县历代自然、人文风貌的图片，正文前插图为彩色，正文图片原则上图随文走。

八、根据需要，补入 1993 年版《荣县志》中的部分内容。

序

“一邑之典章文物，皆系于志。”荣县是千年古县，自唐以来，一直有修志存史、垂范后世的传统。荣志代经递修，主要有《荣州志》、《荣州图经》、乾隆《荣县志》、嘉庆《荣县志》、民国《荣县志》等众多版本。中华人民共和国成立后，又进行了两次新的编修。以上这些志书因编修的目的、主旨不同，成书的时代不同，有的业已佚失，并不足以反映千年古县悠久的历史文化传承。有鉴于此，我们启动了“荣县旧志通编”这项工作。按照时代发展的先后顺序，将现存各种荣县旧志的内容进行系统性通编，一以贯之地再现荣县的历史风貌。在历经两年的编纂后，《荣县旧志通编》终于问世了。这是荣县文化建设的一大丰硕成果，谨为此序，是以纪之。

荣地之境，位于川南腹地。四周山环水绕，风物宜人，颇有灵性。荣德、荣梨、荣隐三山巍峨，东川、梧桐二水环绕。相传，荣地在先秦时期先后为青阳封国、夜郎侯国和荣公封国，《蜀中广记》谓：“荣虽山谷间，实为郡国一都会。”自隋开皇十三年（593）设大牢县起，历称旭川、荣德、荣县诸名，建县历史已有1400余年。唐高祖武德元年（618）设荣州，荣地即成为藩封要地。宋光宗曾就封荣州刺史，后朝廷升荣州为绍熙府，宋末统辖六州、二十县，其治所就设在今荣县旭阳镇。荣地作为州、府治所，长达700余年。

荣县物产丰饶，尤以产盐冶铁著称，西汉时便已设铁官及盐官。盐、铁富饶，富甲西南；其民淳朴善良，狱讼较少，衙门清静犹如道院，故又有“东州道院”之称。全面抗战时期，日军截断东南数省盐道，致湘鄂等地人民无盐可食。荣县成为第二次“川盐济楚”之重镇，所增产之食盐确保了川、康、滇、黔、湘、鄂、陕等地军需民食，在抗日战争中发挥了重要作用。

荣地历史悠久，人文气息浓厚。历史上诸多名人雅士在此留下了历史印记。宋代荣州知州李畋，主张改良盐政，减轻荣州盐税，为百姓所拥戴，后专门设“来苏乡”以表纪念；南宋著名爱国诗人陆游任荣州知州期间，盛赞荣县“其民简朴士甚良，千里郁为诗书乡”；著名学者晁公武知荣州时著成现存最早的解题式私家书目——《郡斋读书志》，以“辨章学术，考镜源流”，对后世目录学影响至深至远。

荣地文脉悠远，士人雅好道德文章，史称“兴以礼让，耕读并事，素重师儒”。虽远离京师重地，但自古人才辈出，秀冠川南。仅宋代，登进士者就有一百七十余人。宋代王梦易、王庠、王序父子以文才孝义闻名，人称“义门王氏”；明代刑部侍郎胡子昭大义凛然、守义赴死，为后世所景仰；晚清翰林赵熙仗义弹劾，“直声在天地”，诗词书画冠绝一时，人称“民国第一词人”；我国杰出的无产阶级革命家、教育家、历史学家和语言文字学家吴玉章，被毛泽东主席称赞为“一辈子只做好事不做坏事，一贯的有益于革命有益于人民”。吴老的道德品质、学术文章，足以表仪一方，传扬后世。

时至今日，荣县工、农、商、学、医全面发展，城乡面貌焕然一新，民生福祉日益增进。荣县正以建设全省农产品主产区先进县和宜居宜业文化城市为目标，以打造全省农业农村改革示范区、成渝经济产业配套示范区、川南文旅融合示范区为抓手，不断寻求转型突破，全面建设小康社会，推动荣县高质量、内涵式发展。

荣县人民政府县长　郑小清

二〇二〇年元月

目　　录

第一卷　疆域山川

第二卷 沿革建置

第三卷 食货赋役

第四卷 分封职官

第五卷　学校教育

第六卷 名人乡贤

第七卷 宗教礼俗

RONGXIAN JIUZHI TONGBIAN

第一卷　疆域山川

历代统治者治理国家，均注重划分疆界。所谓辨析山川形势，确定此疆彼界，考证历代沿革，寻求兴衰之迹，正是方舆地志应该详细考究的内容。荣地向来被称为“封域千里，形负五山”，这里水深流急，高山耸立，凝聚了天地之灵气；山川溪流，古迹胜景，留下了先贤往哲的足迹，孙登曾在啸台畅饮，陆游曾于横溪阁畔行吟。这里是昔日兵家必争的险要之地，旧关故垒至今犹存。山川胜迹，攸关一方之民气，凡此种种，不可不记。

第一章　天文星野

古代天文星野之说认为，天上的星宿与地上的行政区域存在对应关系，观察星宿的运行，即可预测人间的祸福。其说虽然缺乏科学依据，但历代旧志往往不厌其烦地加以记载，古人的文化观念和思想意识由此可见一斑。荣地星野，历代方志辗转剿袭，大同小异，同类记载以乾隆《荣县志》卷一“星野”为现存最早的材料。今移译如下，以资考索。

西蜀之地对应参宿和井宿。益州对应参宿一度，乐山距益州四百里，应该没有超出参宿二度。荣县距乐山仅二百里，其分野岂会迥异于乐山？窃以为乐山对应参宿二度，荣县无疑未出参宿二度。张揖《广雅》称：在天一度，统地二千九百三十二里。可见天上一度统领的地域如此之广。乐山距离益州仅有四天的里程，荣县距乐山一百九十里，乐山对应参宿二度，难道荣县会超出参宿二度吗？旧志①称：吾荣分野，当属井一度。乐山尚且为参宿二度，荣县岂能为井宿一度？如果这样，那么天上一度所统之地与《广雅》所载大相径庭。不知旧志所称荣县“入井一度”的依据何在？

《史记·天官书》称：二十八宿统率十二州，益州为参宿分野。

---

① 民国《志》所称“旧志”，不知其具体所指。盖清以前县志，今已亡佚，不可见。后略，不复出注。

《汉书》称：巴蜀的天文分野为井宿和鬼宿。又云：觜宿和参宿统率益州。

《河图括地象》称：岷山上应井宿。天帝把繁华汇集于此，神明在这里布施恩德。说的都是蜀地分野。夹江人张庭说：井宿即鹑首之次。

《华阳国志》称：蜀地上应参宿。《蜀纪》称：天地以房宿和心宿为宫室，以参宿为决定大政国策的地方。参宿为蜀地分野。①

《晋书·天文志》称：从井宿十六度至柳宿八度为鹑首之次。又称：益州对应参宿七度。

《隋书》称：益州分野为参宿。丹元子《步天籁》说：天帝西垣第四星是巴星，第五星是蜀星。

《唐书》称：剑南道分野为井宿和鬼宿。又称：天下山河的南戒出自岷山、嶓冢山，实为大地之阳。

《宋史》称：益州路、梓州路、利州路、夔州路的分野为井宿和鬼宿。又称：井宿和鬼宿为鹑首之次，统率巴、蜀、汉中之地。

根据天文星占理论，金星主导毕宿和觜宿，土星主导井宿，五车星、弧矢星均主导益州。从天文次舍来看，井宿十度至鬼宿、柳宿为鹑首之次，在十二辰属“未”。

另外，民国《志》引雍正《四川通志》称：乐山的天文分野为井、鬼二宿，对应于参宿四度。与旧志对比来看，旧志称“荣未出参二度”，不知有何依据？

以上诸说一并录存，尚待博雅之士权衡取舍。

第二章 历代疆域

疆域有别，地方官员各有自己专门管辖的地域范围。荣地在划分辖地设置荣县后，所辖的范围不如过去那么大，并且与犍为、威远、资州、叙府的疆域像绣线一样相互交错，对这种情况不可不审慎地加以考辨。

荣县疆域，据乾隆《志》所载，自荣县县城向东三十里，与威远县交界；自荣县县城向东南九十里，与富顺县交界，中间隔有一条河；自荣县县城向南一百里，与宜宾县交界。

乾隆《志》加按语说：康熙五十四年（1715），宜宾有位武生陈应章盗卖位于荣县境内戴家山的祖业，与生员戴致中起了争执，二人相互指控。到雍正二年（1724），官府勘界，依照旧志以沙河为界，但宜宾人仍不服裁决，仍旧占据该地。乾隆十八年（1753）六月，荣县知县黄大本上报请示后，奉命请眉州府彭山县知县张凤翥与宜宾县知县文俊一起秉公勘察裁断，并立下界碑，划定县界。从弥陀寺的小河沟延伸到竹公坝的龙神堂、石庙子等处，一直到沙溪山下的苦竹溪口，都立有划定县界的石碑。

自荣县县城向西南一百四十里，与宜宾县交界；向西九十里，与犍为县交界；向西北八十里，与井研县交界；向北五十里，与仁寿县交界。自荣县县城向西一百九十里，到嘉定府城。自荣县、井研县交

① 《三国志·蜀志·秦宓传》云：“天帝布治房心，决政参伐，参伐则益州分野。”《华阳国志》卷十二《序志》亦云：“案《蜀纪》：‘帝居房心，决事参伐。’参伐则蜀分野。”

界处到成都有三百九十里。自嘉定府城到成都有六百里；到北京，陆路六千余里，水路一万余里；到江南，陆路五千余里，水路六千余里。

嘉庆《志》记载：荣县位于成都东南五百四十里，嘉定府以东二百一十里，东西两端之间距离一百五十里，南北两端之间距离九十里。

民国《志》考云：汉朝初年，南安县的治所在清嘉定府府治。当时南安县的版图非常广阔：东边抵达资中，南部包括泸州、宜宾，西边抵达越巂，北部包括彭山、丹棱。后来依次分设武阳县、僰道县、江阳县，南安县划归犍为郡，其版图比汉初有所缩减。

三国蜀汉时期，又设立江阳郡，下辖符县、汉安县，上游地区必然有所拓展，于是现在荣县东部地区全部被划入江阳郡。之所以有上述判断，是因为《元和郡县志》“公井县”条下注释称“原本是汉代江阳郡辖地”，又有“因县界内有荣德山”的记载。可见现在荣县城东二十里外都归属江阳郡，且根据山势可以判定，整个荣县东部地区概莫能外，均属于江阳郡。

东晋设置冶官县，现在的荣县地域全部属于冶官县，于是荣县脱离南安县，而北边的县界也向内缩减，其治所在今双古镇①一带。

南齐沿袭前朝建置。

后周废除南安县，设立平羌县。《太平寰宇记》记载：拥斯茫水从井研县南界的濑下六池向东流，西南流入平羌县界内。从这条河“流经资官县西部”的记载，可知南安、冶官两县先前的疆界。此外，当时虽侨置南安郡，但那是秦州的南安郡，与汉代的南安县完全不相关。南梁废除南安郡，但冶官县还保留从前的建制。后周设置公井镇，可见当地盐务在南齐、南梁时期就已经很兴盛了。

隋朝时期，今荣县之地分属大牢、冶官两县。《隋书·地理志》漏载大牢县。大牢县治所在现在的旭阳镇②。《元和郡县志》记载：大牢县“东北行一百五十里至荣州”。可见大牢县疆域包括如今犍为县的东北部。

唐朝时设立荣州，治所位于公井县。而咨官县属于嘉州，于是来牟铺以北地区都不在荣州辖区内。当时，东部疆域较宽，而西部疆域较窄，全县版图像一匹横展的白练。东南方大约以现在的三多寨为界。唐太宗贞观元年（627），设置旭川县，荣县建城始于此，且泸州、隆越均隶属荣州。隆越相当于今天的隆昌，隆昌虽然本于昌州，后因合并隆庆而设隆越县，当地原本有座隆桥，隆桥的“隆”字，想必是从“隆越”而得名。贞观六年（632），咨官县也划归荣州，而荣州治所由公井县迁至大牢县。贞观八年（634），泸州的和义县也划归荣州。《通典》记载，和义县“东北行二百一十九里至资阳郡界”，可知荣州包括现在的资中地区。高宗时期，荣州治所又由大牢县迁至旭川县，从这时开始，荣州治所就固定在现在的荣县县城旭阳镇，再没有改变。唐中宗时，废减云州三县并入大牢县，州境由此拓宽：东部直到资中，南部包括隆昌，西南部包括宜宾北部，西部包括犍为、乐山东部，北部仍然与今仁寿县交界。唐肃宗乾元元年（758），在泸、普、渝、合、资、荣六州交界地区设置昌州，荣州的边界基本与原隆越县边界重合，此即贞观八年（634）并入威远县的隆越。可知荣州的东南部仍然以现在的

---

① 双古镇，民国《志》作“来牟铺”，今径改。

② 旭阳镇，民国《志》作“金山寺”，今径改。

三多寨等地为界。到元和年间，李吉甫所撰《元和郡县图志》“荣州”条记载：荣州境内东西间距一百八十三里，南北间距一百五十六里。八方所到之地：东北方到资州一百六十里，南方到戎州三百一十里，东南方到泸州水路陆路合计五百四十里，西方到嘉州二百一十里，西北方到陵州二百一十里。

宋朝时，荣州沿袭唐朝的疆域。从宋初建隆元年（960）开始，到治平四年（1067），共108年，此时，旭川县改称荣德县。乐史《太平寰宇记》记载：荣州境内东西间距二百五十里，南北间距一百四十五里；南方到戎州三百一十里，西方到嘉州二百一十里，北方到陵州二百六十里，东南方到泸州水路陆路合计五百四十里，西南方到嘉州三百一十里，西北方到陵州三百三十里，东北方到资州二百一十九里。凡是唐宋时的四至八到，都不采用具体分界的方式来表述。应灵县西北部叫作平羌，源自汉朝平羌戍，在荣州应灵县境内的深谷戍，与今天的乐山交界，临近岷江，而荣德、资官则是荣州的内地。近来发现的《资国镇烽堠碑》记载：与资官县以溪流为界。可见拥斯茫水应当是荣德、资官分界的主要地理标志。南宋时期，宋理宗把荣州升为绍熙府，南宋末期，统辖六州二十县。

元朝至元四年（1267），设立绍熙军民宣抚司，下辖资、普、昌、隆四州，包括今天的大足、永川、荣昌、隆昌、安岳、乐至、资州、内江、资阳、仁寿、井研等地，水陆交会，经济繁荣，堪称四川南部的一大都会。

明朝洪武九年（1376），改荣州为荣县，又分割部分地区设置威远县。

清朝康熙六年（1667），威远又并入荣县。十三年（1674），又恢复威远县；二十年（1681），威远再度并入荣县；雍正六年（1728），再度恢复威远县，所辖即原来的荣县东里益昌乡地域。

赵熙认为：一县的疆域，因为前后朝代更替，沿革变置不一，往往让人迷惑。《水经注》记载：涪水、湔水都与洛水交汇，接着流经犍为郡牛鞞县，叫作牛鞞水。接着往东流经资中县。接着流经汉安县，叫作绵水。绵水在江阳县方山下汇入岷江。所谓汉安，就是今江安县，在长江之滨，与资中县以下没有任何关系。然而《水经注》无可非议，其所载事实大概是汉安东部地区延伸至江阳以北，为绵水流域。只是不应该说“流经汉安县”罢了。而《旧唐书》“威远”条下注释“汉安县境内”，《太平寰宇记》沿袭这个说法，则是误读《水经注》的结果，因而与唐宋时期荣州实际的地理位置差之千里。这是古籍记载中疆域容易混淆的情况。清朝时，仁寿县隶属资州，属于下川南道，在荣县以北。荣县隶属上川南道，却在仁寿县以南。考查对照典籍和地图，互有龃龉，这是现在的制度中疆域容易混淆的情况。荣德山在荣县、威远两县交界的地带。山的西面本为荣县，但属于威远；山的东面本为威远，但属荣县。其他像犍为、荣县犬牙交错的边界，往往也是像棋子一样交错易位，这是因民间地契因袭谬误而导致了疆域混淆的情况。

第三章　山川名胜

第一节　山川形势

据乾隆《志》记载：五座名山坐落在县城之北，两条河流环绕县城之南，整个地势像仙人的手掌，又像引颈长鸣的凤凰。又按，唐代进士王禹所修旧志称此地疆域千里，东临资江，西接夜郎，南临戎、僰（今宜宾一带），北抵陵阳（今仁寿一带）。又，《嘉定府志》引《地理志》称荣地四面险塞，山重水复。又，《建炎以来朝野杂记》称此地本为藩镇。《荣州图经》称，荣州背靠五座山峰，西方为首，东方为尾，东西共四条河流汇合于县城之南。又，南宋荣州教授刘道成撰《雁塔记》，称此地为“藩邸重镇”。

据嘉庆《四川通志》卷九记载：野客山拱卫于前方，铁山盘踞于背后，怀抱五座山峰，城郭濒临两条河流。

据民国《志》卷四记载：荣县是一座山城，主要有两大山脉：北面是铁山山脉，自资州威远与荣县东北角相接，向西绵延至仁寿、井研的南部边界，主脉之势若巨龙，支脉如同龙爪，一直伸展到犍为县，整体呈发散之势。南面的野客山，山势好像规模巨大的城墙，横跨三百里，山峰如同城中的宫室，一直伸展到宜宾，整体呈抱揽之势。

第二节　名山主脉

凤鸣山　据乾隆《志》卷一记载：凤鸣山在县城北郊，为荣县主山。相传古时候此处生长着茂盛的竹林，常有凤凰在山上鸣叫，因而得名“凤鸣山”。山顶有文昌宫、龙井，山腰有此君轩，山西面有万寿寺、竹梧堂，山脚有凤鸣堂、连云堂、霜钟堂、鄂铧堂，还有前代的察院、行台、布政司分司。古人将这一景观命名为“凤鸣朝阳”，所题诗文详见后文。

凤鸣朝阳

据嘉庆《志》卷二记载：凤鸣山坐落于县城北郊，为荣县主山，相传曾有凤凰在山上鸣叫，因以得名。山顶原建有文昌祠和古龙井。嘉庆十二年（1807），知县许源在文昌祠殿后增修启圣宫、龙王庙和三圣宫。又在殿前左右两侧新建十八间考棚，并在西面重建宋代高僧祖元大师题名的此君轩。

民国《志》卷四记载：凤凰山的西面偏支是太平山、赤珠山，与李坝相接。凤凰山的东面是虎洞，陆游曾为此地作《虎洞》诗，洞又别称少阳洞、飞霞洞，如今是信佛善女居住的地方。虎洞以西紧邻着城墙的是厉坛。山的主脉伸入城中，分为五支。县城规模齐整，明代按察司佥事涿郡李教将荣县城誉为“小锦城”。五山之中，中间一座叫凤鸣山，此处有宋代嘉祐寺的遗址。荣州僧人祖元大师于此地修建此君轩，其上有山谷道人黄庭坚的题诗，后人在这里建祠，一起祭祀两位先贤。北魏以前，一般都管僧人叫“道人”。祖元大师姓王，因为“元”字与“无”字形近，因而信国公文天祥将其名误作“祖无大师”。黄庭坚题诗的石头已被明代按察司佥事薛英移立在衙署东面。因为之前在万寿寺举行科举考试于制度不合，故嘉庆十一年（1806）知县许源重建此君轩，并在此地修建试院。此间有龙泉寺，寺中有井名“龙井”，清代士子以井水的涨落来预测科第是否能中，据说非常灵验。此君轩附近原有的竹梧堂与山脚的凤鸣堂、连云堂、鄂铧堂，如今都已荒废。只有明代的察院行台，于康熙四十九年（1710）被知县李锈改建为凤鸣书院。民国以后，将书院改办为中学校，如今已成为市场。书院后面有四柏堂，是明代的荣德社学。正德年间，社长吴天禄在这里修剪树丛，发现四棵柏树，因而以“四柏”命名此堂，举人杨桂丹为其撰《四柏堂记》。杨石作诗赞道：“书堂四柏立庭中，直干亭亭翠扫空。入夜月穿金错落，当窗雨过玉璁珑。岁寒离立如师友，人品孤高历雪风。好梦故知天赋予，三槐曾见接三公。”清代将此处改为景行义学，后因兴办蚕务，改为蚕桑学堂，后又改作女校。东面山坡原有养正义学，最初叫乐阳社学，在桂林街。道光二十年（1840），知县胡沄将其移建到这里，如今已成为民居。

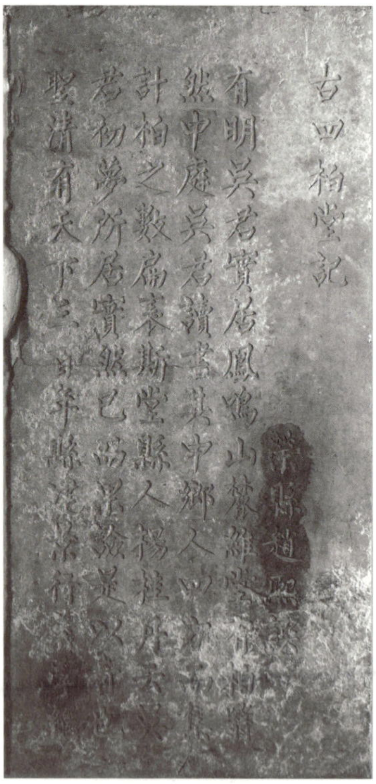

古四柏堂碑

莲宇山 据乾隆《志》卷一记载：沿清富山向东有莲宇山，为荣县五山之一。莲宇山山顶有敬一亭，旁有先师庙，东面有县儒学，西面有诸祠学廨。宋人在文庙大成殿后面树有石碑，正面刻有《九域守令图》，背面刻“莲宇”二字。如今明伦堂、学廨都在文庙西面，文庙后面的《九域宋令图》碑今存四川省博物馆。

据嘉庆《志》卷二记载：先师庙、儒学学校、尊经阁都坐落于此。宋代人曾刻有石碑，如今仍立在大成殿后，虽然字迹多已漫漶不清，仍称得上是旧邦之中数一数二的文化遗迹。

据民国《志》卷四记载：凤鸣山西面是莲宇山，宋代绍兴十三年（1143）刺史孟某在此建孔庙。学宫前的池塘一旁有雁塔，又有敬一亭，已经荒废许久了。清人在学舍西侧发掘到题有苏轼诗的石碑，但不久就佚亡了。再往西有大凰山，也叫大黄山，因山上产大黄而得名。从县北出发略向西走，可至簝叶坪。东面有黎家山，山下有一个叫东川沟的集镇，向前十余里是箐林，再走十余里有洛阳溪。龚汇有诗云：“石门门外白云飞，路入东川步步奇。马上看山呼得应，溪边留月影如规。松房雨过飘丹桂，箐口烟寒护紫芝。金马玉堂人去远，清风未许此山移。”龚汇是明代人，尚有所顾忌，不敢在诗中提到死于靖难之役的荣县人胡

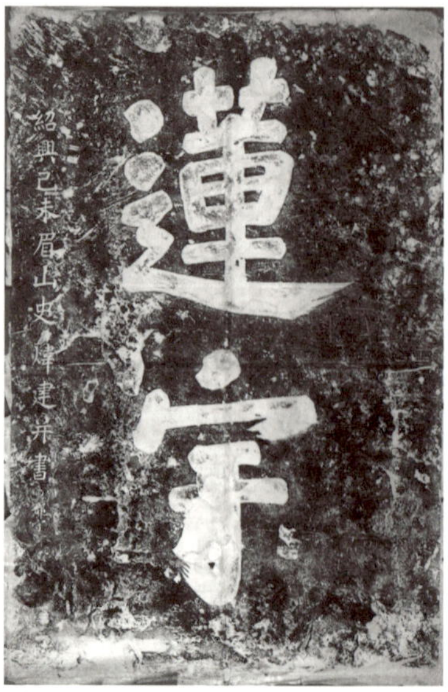

莲宇碑

子昭。南面有鹅项岭、赵家山、大头山、团山、狮子岩。咸丰十年（1860）在此地建寨。这一带又有翠笔山，山头形状像笔尖一般，过去有人误称其为“翠壁”，与实际不符。

清富山　乾隆《志》、嘉庆《志》记载：清富山在县城西面，是五山之首。山上有清富楼，楼东有迎曦亭，西有袭香亭，前有来薰亭，后有望熙亭。山的背面陡峭如壁，上有九个褶皱，宋代人在山崖边刻有“九折屏”三字。附近有大石矗立溪中，于水流湍急处刻“赤沙步”三字。因为溪水蜿蜒流淌，两岸沙子都是黄色，只有这一段是赤色的，故称“赤沙步”。此山极为险峻，因此建城时便将其纳入城中。山脚有宋光宗潜邸荣王府故址，王府之前是绍熙府的府衙故址。这一景观被称作“清富登临”。北宋人张商英曾写道：“为富不清，为清不富。二者兼之，难乎其名。”范镇有诗云：“坐酬风景登清富。”

民国《志》卷四记载：凤鸣山往西是清富山。城北山势最为高峻险要，宋代人在崖壁上刻有“九折屏”三字。清富山上有清富楼。西有迎曦亭，东有袭香亭，前有来薰亭，后有望熙亭。张商英有一首诗名叫《来薰亭》，由此诗可知官署景色之胜。王象之《舆地纪胜》称：子城门外有武则天时期的圣德碑，是长安三年（703）韦绲所立。子城是环绕刺史衙署修筑的城墙，也就是世人口中的“古城”。《新唐书·宰相世系表》载，有一人名韦琪，曾任荣州刺史，是韦玠的兄长。不知此韦琪是否就是韦绲？宋元时期的绍熙府，就是原来的州署。五代时司仓参军勾延庆曾撰有《州院碑》，如今已经亡佚。曾经的宸章阁、奎章阁，为刺史晁公武所建的经阁，今天也一并不存。嘉庆、道光年间，此处居民在菜圃掘得石马、金狮。咸丰、同治年间，又有人掘得大砚。光绪年间，有人掘得许多铜器。民国12年（1923），张氏修筑宅院，疏浚院内池塘时发现一枚铜印，上刻有“皇天锡策之家”字样。推测是南宋绍兴二十年（1150）赵春（后来的孝宗）被册封为皇子后，其子（后来的光宗）受封为荣州刺史时制作的这枚铜印。明代龚汇有《荣王府》诗云：“清风坪上绍熙城，绕郭山光照凤鸣。瓦砾已随朝市变，楼台犹想帝王荣。西湖末局成终古，南渡光皇尚太平。夜步赤沙溪上月，相看无语总多情。”至于《宋史·五行志》称，大中祥符初年，本州衙署长出灵芝，显然是阿世趋时的行为。陆游《桃源忆故人》云：“三荣郡治之西，因子城作楼观，曰高斋，下临山村，萧然如世外。予留七十日，被命参成都戎幕而去。临行，徒倚竟日，作此。　　斜阳寂历柴门闭，一点炊烟时起。鸡犬往来林外，俱有萧然意。　　衰翁老去疏荣利，绝爱山城无事。临去画楼频倚，何日重来此？”陆游见到的山村应该就是今天的程坝。诗人刘兼的《登郡楼书事》描写的也是这里。清人王培荀有诗“山上松涛聒耳忙”，其后有注云：衙署后面有凤鸣、莲宇等山峰，祠堂间种了极多的松树和杉树。如今却只剩一片光秃秃的山坡。

天庆山　乾隆《志》卷一记载：天庆山与凤鸣山相连，在凤鸣东面，从清富山开始数，这里是第四座山。山上有天庆观，山下有神龟崖、莲花池，山前是县衙，有爱莲亭、六合亭。县衙前后的亭子都荡然无存，故址也无从考证。莲花池被改成池塘，由县里收取租金，作为修建官署的资金。乾隆十九年（1754），知县黄大本将税租作为公费拨给凤鸣书院。

民国《志》卷四记载：凤鸣山东面是天庆山，附近有天庆观，也就是现在的玉皇观。山下有神龟崖、莲花池。清代初年，莲花池被改成池塘，由县官府收取租税。乾隆年间，黄大本将租税转拨给凤鸣书院。山前有县衙，是唐宋以来的官署，如今爱莲亭、六合亭都已经废弃。官署西面有荷池，根据刘兼所题诗文，推定为唐代所建。嘉庆年间，许源在池塘中央建了一座亭子，取名为“镜香”，大概是因袭秀州和抚州的亭子名号。

桂林山 乾隆《志》卷一记载：桂林山位于县城东部。该山是城中第五座名山，与凤鸣、清富、莲宇、天庆四山共称为五陵，县学旧址就在此地。这里有明代提学王书文所撰石碑，上刻文字大意为：五座山峰绵延横陈，山峰如雉堞一样连缀不绝，绵延三里，远远望去，仿佛重重设险的城郭，因此人称此处为五山，又叫五陵。分巡按察司佥事涿郡李敩登高俯瞰，感叹：古人以此地为“国都”，不是没有原因的。因而在县城立碑，题“小锦城”三字。石碑今已不存。

民国《志》卷四记载：天庆山再往东是桂林山，唐代贞观年间在其地建孔庙。旧志称：武德元年（618）置县，当时荣州治所还在公井镇。至贞观二年（628），才设置旭川县。州县祭祀孔子的礼仪传统，见于唐人许敬宗的奏章，如此看来，《新唐书·礼乐志》所谓武德年间开始祭孔的说法是错误的，须要予以订正。明初，仍在桂林山修建孔庙，所以这里留下了提学王书文所撰碑文。嘉庆十九年（1814），知县宫鉴桂建桂林书院。道光二十七年（1847），张轩鹏主讲桂林书院，在院中遍植桂树，使其名副其实。如今已由劝学所改为教育局。

大佛山 乾隆《志》卷一记载：大佛山在县城以东一里处。唐代人雕塑了与山一般高的大佛，构筑了十层佛殿，高四十七丈，宽十五丈。如今佛像仍巍然伫立，而殿堂楹柱则早已颓然委地，已经湮没在荒烟蔓草之中多年。

嘉庆《志》卷二记载：大佛山在县城东南一里处，与真如崖相连。宋代元丰八年（1085），僧人淳德招募工匠，依山修建大佛像，元祐七年（1092）落成。旧志记载，佛像修成时，构筑的佛殿有十层，高四十七丈，宽十五丈，如今都已荒废，只有佛像依然巍然伫立，佛身高十五丈有余，日晒雨淋已有多年。嘉庆十六年（1811），知县许源命僧人会、智、珏等人招募工匠，以石料砌成拱顶，雄伟壮观。

民国《志》卷四记载：双路口有大佛山环抱县城，佛像开凿于宋代元丰年间，耗时八年，到元祐年间才修成。佛身高三十六丈，与山同高。陆游有《东山》诗云：“老惯人间岁月催，强扶衰病上崔嵬。生为柱国细事耳，死画云台何有哉？熟计提军出青海，未如唤客倒金罍。来朝日出春风动，更看青天万里开。”半山腰有啸台，所谓“废台已无隐士啸”“啸台载酒云生屐”，也都出自陆游之手。古时这里曾有房舍。山崖上有南宋刺史李焘、冯俨的摩崖石刻。

中和山 乾隆《志》卷一记载：中和山在县城以南一里处，其上有曲曲折折三个山洞，每个洞都能容纳近百人，宋代人在山崖上刻有“中和”二字。

嘉庆《志》卷二记载：真如崖在县城以南一里处，东面与大佛山相连，其间有龙洞，洞中空间可以容纳一百人。山下是龙洞寺、真如观、一胜亭，山崖石壁上凿有“龙洞”两个大字，笔法古朴苍劲。

民国《志》卷四记载：大佛山山顶修有围墙，远远看去，如同堡垒、大屋一样。山崖名叫真如崖，崖下有真如观、一胜亭。宋代刺史李焘建岁寒阁，如今已经荒废。《诗经》“有卷者阿”之句，指的是天然的山洞，如今的罗汉洞，被世人称作“龙湫夜月”。唐代《开化寺碑》曾提到此洞，陆游也曾写诗咏叹龙洞。真如崖与白雀寺相接，崖上佛像都是唐人所凿。历代游人在山崖上刻石留名，如“眉山苏仲庄来游，淳熙五年（1178）六月七日”；又如“淳熙甲辰（1184）重阳后三日，隆山喻德明、温元东、何仲符、员诚父、赵来介来款龙洞，登啸台”；再如“嘉熙二年（1238）春仲，李鉴摄府事，谒王大父文简公祠，题名”。真如崖又叫中和山，世人称其景色为“双狮结尾”，此名为宋人所起。附近有曲曲折折的三座山洞，里面的空间各自能容纳近百人。

虎头山 乾隆《志》卷一记载：龙头山在县城以南，以前叫虎头山。明代知县王梦魁改其名为今名，并将玄帝祠移到这里以镇护此山。山上有镇南塔，高八丈。附近有三教堂。从三教堂下行百步，有荣门山。山下有玄坛观，已经荒废，知县张九思将其改修为三教堂，后又题名兴国寺，如今已经坍塌。山势迤逦向南，濒临溪流的地方有擦耳崖，知县徐德龙借修桥开凿山石之机，乘势将此辟为大道。乾隆十七年（1752），当地人在崖旁修建观音阁，阁东面原有摩崖石刻。

民国《志》卷四记载：又有虎头山，明代知县王梦魁将山名改为“龙头”，山上有玄帝祠。明代建有高八丈的塔，名为镇南塔。嘉庆五年（1800），达州白莲教起事，知县龚巽修建堡寨保卫县城，称东汇寨。下行百步有荣门山，与金碧崖相对。山下有玄坛观，明代知县张九思将其改建为三教堂，后又题名兴国寺，如今已经荒废。溪水流经处有擦耳崖，乾隆初年，知县徐德龙修锁江桥，乘势拓宽了这里的山路。当地人在其上修建观音阁，多有诗文题刻。龙头山又叫马案山、跨鳌山，是古时的莲经社所在地，俗称麻柳湾。

凤栖山 乾隆《志》卷一记载：凤栖山在城西面二里处，又名望景山。山上有万景楼，后来被改建为玉皇观。山边有仰高亭，都已荒废。如今靠近溪流处还有一座古佛寺，古佛寺西面为凤栖古洞。山脚有迎恩亭，也已经荒废。山崖下有古人雕刻的石佛，此处景观人称“万景岑楼”。明代知县李锐在亭子匾额上题写“傍崖跨水”四字，熊大辂在山石上题写“洞口桃花”四字。

嘉庆《志》卷二记载：凤栖山在县城西面二里处，又名望景山。此处原有万景楼，后来被改建为玉皇观，如今已经荒废。濒临溪流的地方有座古佛寺，古佛寺西面有凤栖古洞，有明代人熊大辂刻“洞口桃花”四字。嘉庆十三年（1808），知县许源于其上重建万景楼，总共三层，中间一层匾额题写“万景岑楼”，最高层供奉吕洞宾像。

民国《志》卷四记载：铁山再往西，支脉叫狮子山，在县城西北，继续下行至老林口，与高石梯相接，这里曾是洋人避暑的地方。又有杨泗岩，洞中有塑像。接下来就是萧家山，最高的山峰是九霄顶，被世人称作“天鹅抱蛋”，从城里远眺此山，仿佛尖尖的菌芝，侧面山壁就是黄橿林大崖。南面有山王庙、陟鼠石（俗语称老鼠叫耗子，又叫穿帘子。川滇之战期间，军中公牍都写作“穿店子”）。整座山叫“烟坡山”，山下直抵烟坡桥。九霄顶再往南是徐家山和母安山（古音“母”与“马”相同）、白石山，山下是白石铺，是旧时的驿站。白石山背面是牛头岩。再往南有五里墩、女儿石、哆口石，都是古时候山体崩塌而形成的巨石。

牛头岩的支脉，时隐时现，向县城方向绵延而来，有观音岩、瑜珈山、赵坝。赵坝是宋代检阅州兵的地方。转过西面是凤栖山，又叫万景山，附近有高高的洞穴名叫凤栖洞，明代知县熊大辂曾刻有“洞口桃花”。附近曾有万景楼，早已坍塌。嘉庆年间，许源重建此楼，总共三层，用以祭祀吕洞宾，许多人在这里题诗留念，但诗意无聊乏味。山边有仰高亭，山脚是迎恩亭，因嘉靖年间西门叫“迎恩门”而得名。翻过鱼塘坳，是晴雨崖，这座山崖常年浸水，又叫灵枣崖，崖下有庙，祭祀的是蜀汉靖侯庞统。俗语称这里“土主湾”，土主指

灵枣碑拓片

"杜主"，杜主，就是古蜀王杜宇。《华阳国志》记载："杜宇称帝，号曰望帝。"刘兼《登郡楼书事》诗云："望帝古祠花簇簇。"推测其位置大概就在这里，可见土主之称渊源有自。嘉庆元年（1796），有人在此掘得一块石碑，背面刻着"灵枣，崇宁四年九月，梦溪沈博毅书"，沈博毅是沈括的儿子。石碑正面刻着："通惠威烈显应侯殿，嘉定元年冬月，朝散郎、新知简州军事临邛杨仲修书。"整座山像画屏一般，崖边有许多佛像。宋代时金碧辉煌，因而叫金碧崖，又叫千佛崖。崖顶叫铙钵顶，能够俯瞰整座县城。明代奢寅之变时，乱军入城，僧人古泰率领众僧登山吹角，乱军出城围山。适逢千总梁伟之由县城南面也吹角到此，乱军见援军赶来，非常惊惶，逃往威远县。嘉庆五年（1800），达州白莲教起事，知县龚巽修筑来安寨保卫县城。咸丰年间兵乱，乱军来到麻柳坳，却再不敢近前。崖上原有广忠寺，已经荒废，只有法华庵尚存。山后有金花寺。向南有唐代开元寺，也就是《宋史》所记天降甘露的地方，其地有铜佛，俗称二佛寺。转过弯是青阳洞。《史记》记载："黄帝之子玄嚣为青阳，降居江水。"古时候，青阳洞东面就有青阳寺。不过，《史记》所云青阳，恐非荣地之青阳。

耸云山 乾隆《志》卷一记载：耸云山在县城以北二里处，北宋太常博士王梦易的夫人向氏在山上开凿山洞，在洞内教育两个儿子王庠、王序，后来两人都成了有名的儒者。后人将这个山洞题名为"讲教洞"。山下有玉泉，泉水异常清冽。

双溪书阁

民国《志》卷四记载：大皇山再往西是木鱼山，山上有明代的天堂寺，清代时规模巨大。光绪二十八年（1902）被毁。其东是大坪山，有集镇叫月亮场。又有龙王山、万石山，咸丰时建有观音崖寨。又有伍家山、石人山、螃蟹山、尖顶坡、石龟山，北宋画家文同曾有诗提到此山。如今称此山为耸云山，有石洞，山谷道人黄庭坚题为"地仙洞"，是北宋王梦易家族聚居的地方，俗称双溪书阁。耸云山西端是白云庵，俗称芹菜田。又有石柱坟、程家山、麟岩寨，俯瞰木梯崖，建于咸丰九年（1859），有百姓在其地聚众诵念皇经，遭知县赵友泰陷害，几乎酿成大冤案，经垫江李惺出面才得以解决。出了山寨就是佛顶山，俗称铜锣顶。整座山叫作江家山。

荣梨山 嘉靖《四川总志》卷十三引明代《荣县志》称：荣梨山（古称荣黎山）的松树像盘卧的巨龙，凤鸣山的竹子则茂密繁盛。

乾隆《志》卷一载：荣梨山在城东十五里处，又叫舞龙山，山顶有慈云寺，寺前左右各有一个池塘。旧志记载，此地龙池大旱时不干涸，大雨时不溢出，池上常常能看见云气升腾。西面有大石，方圆一丈有余。大石下面是龙洞，明代荣县教谕杨仲淳为此洞题名"嘘阴"。山腰也有龙洞，一上一下两个，皆深不可测，洞中的石头洁白如玉，两条溪流环绕其间，真可谓是神物寄居的地方。洞门刻有北宋进士鲁清所撰的记，如今碑碣都已经不存在了。宋代封舞龙为灵应侯，封赐的制诰文字及碑刻都保存在寺庙的后面。附近有鸳鸯池，池塘后面的石崖上有巨大的足迹，长一尺二寸，相传为仙人所留。古往今来，吟咏此地景色的诗文非常多。

嘉庆《志》卷二记载：荣梨山，在县城东面十五里处，又名舞龙山。山顶有慈云寺，寺中东西各有一方池子。旧志记载，此地龙池大旱时不干涸，大雨时不溢出，池上常常能看见云气升腾。西面有大石，方圆一丈有余。大石下面是龙洞，明代荣县教谕杨仲淳为此洞题名“嘘阴”。洞门曾有北宋进士鲁清所撰石碑，今已不存。后来知县黄大本找到原文，重新刻石。寺后面的石崖上有巨大的脚印，长一尺二寸，古往今来题咏此景的人非常多。嘉庆十三年（1808），知县许源来到这里祈雨，看见龙洞淤塞，便命人掘开洞口，发现北宋鲁清所撰石碑，字迹已经模糊，洞口狭窄，匍匐身体才能进去，洞中漆黑一片，用火把照明，只见四面都是虬龙般的怪石，洞内深不可测，真可谓是神物寄居的地方。于是许源在洞旁竖起鲁清所撰石碑，在洞口周围又修砌了高一丈二尺的石墙来加固此洞。

民国《志》卷四记载：荣梨山又名五龙山，唐代乾符元年（874）所立祷雨碑、古寺碑都已经磨灭，只剩下宋代降敕赐名的慈云寺，今名五龙寺。熙宁八年（1075），封荣梨山神为灵应侯。熙宁十年（1077），神宗皇帝赐“五龙池”匾额，其庙改名“会应庙”，诏文对此有详细的记载。五龙池下有洞穴，名叫“龙洞”，北宋进士鲁清撰有碑记。附近有玄嚣崖，是荣县最古老的地方，上古青阳谪居江水的传说，古人口耳相传，知之颇详。寺庙后面有鸳鸯池，山崖有巨大的脚印，民间称为“仙人足迹”。山中出产带有白点的奇石，可用来制作各类器具，清代荣县知县陈之玙将奇石命名为“流水桃花”。

荣梨山的支脉有高松山、观音坡，是通往贡井县的大道，路边有许多牌坊。往东是西瓜山、赵家岩、石塔山、石鼓崖、雷崖、凤凰山、插旗山，蜿蜒向前，直抵旭水河。往西自桐子坳辗转而下，有天生寨、花鸡坳、双路口。附近又有土门山，古时候是关隘，称土门子，今天叫过街楼，直抵东溪。有北宋开宝三年（970）所立菩提碑，碑文已经剥蚀。

荣梨山往南是大坡山、青枫坡、晏子崖。大坡山一脉又有板凳山、猴子岩，岩中有洞，名叫湘阳洞。附近又有天福寨，俗称观音岩，宽五十余丈，长六十余丈。猴子岩附近有楠木岩、枞木岩、黄葛尖山、鹿角寨。鹿角寨宽四十余丈，长百余丈。天福寨附近有千秋坂，还有叫张家场的集镇，正对着山坳。又有猫儿山，山上刻有“迎猫祭虎”四字，附近是明代进士简文瑞的墓地，与威远县交界。

荣德晴岚

荣德山　乾隆《志》卷一记载：据《元和郡县志》记载，荣德山在县城东北三十五里，荣州之名即来源于此山。《太平寰宇记》记载：荣德山在县城东北四十二里处，其山坐落于河谷之中，拔地而起，高五百余尺，又称希夷山。希夷山相传是宋代著名道士陈抟早年修炼的地方，也叫大老君山，与荣梨山相对而立，山上有希夷观、老君祠，雕有石像。《明一统志》称：荣德山又叫老君山，山中有仙人修道所居的二十四间石室，以及龙池的千叶莲。山边有唐代刺史薛高邱所刻石碑、宋代判绍熙府曹公所刻《希夷山寨保守碑》。因为山路艰险，少有游人来此。此地景观被题作“荣德晴岚”。

嘉庆《志》卷二记载：荣德山在县城东北三十五里处，荣州之名源于此山。又称希夷山，山上有希夷观。荣德山也叫老君山，有老君祠。其山坐落于河谷之中，拔地而起，高五百余尺，与荣梨山相对而立。荣梨山相传是宋代高道陈抟早年修炼的地方，山中有仙人修道所居的二十四间石室，以及龙池所生千叶莲花，唐代刺史薛高邱所刻崖碑、宋代判绍熙府曹公所刻《希夷山寨保守碑》都在山旁，但少有游人到这里来。

光绪《志》卷五补载：荣德山西南山壁有“南无阿弥陀佛”六字，似乎是用黄泥写成的，落款处题“明道人书”，远远望去如同黄金，字有五六尺大。

民国《志》卷四记载：铁山自东向西延伸，从东边开始数其支脉，最东面是荣德山，唐代武德元年（618）置州，便是取其山名作州名，如此说来，荣德这个名字可谓由来已久。据《元和郡县志》记载：荣德山在旭川县东北三十五里处。《太平寰宇记》称：荣德山在山谷之中拔地而起，高五百余尺，山中有老君祠，其地雕有石像，一条小路修有木梯，可通到山顶。赵熙按：称“山谷”是不准确的。其山突起于横岭之上，通体为石质，形似陶甑，又像锯掉角的神龙，比群山都要高。老君祠在山上，而非山中。山上没有风。荣德山距离吕仙崖不过一箭射程的距离，但山路起伏，长达五里。洪荒时代，两座山崖属于同一座山，只是后来断成两截罢了。开元二十年（732），刺史薛高邱在崖壁刻文记录神仙事迹，今已磨灭不存。后晋天福年间，希夷先生陈抟来到蜀地，文同、陆游都曾提及此事。因此，此地有二十四间石室和龙池千叶莲等遗迹。元代至正十七年（1357），荣州判官曹诗修筑山寨捍卫乡土，并留有碑刻。再过几块田地，就是吕仙崖，原本叫李家崖。咸丰年间，百姓在崖上建寨，祭祀吕洞宾，并盛传各种神异之说，当地人纷纷信奉。山寨南面有一座山峰叫狮子寨，山势迤逦向东，有棋子崖，因为形似棋子而闻名。

恩沐山　民国《志》卷四记载：荣德山再向东是恩沐山。“恩沐”一名似乎不是本地人凭空随意所取，但其由来无从考证。其山脉分为三支。东面一支是天乙山，此处有两座山寨：一座叫牛心寨，长二十丈，宽十余丈，其中住有十余户居民；另一座叫牛头寨，纵向仅有一里长，却有四十丈宽，有一座寨门，有六十余户居民。牛头寨一带又有大坪山、牛角石（石头之间相距数丈，中间形成洞穴，有风时就会发出声响）。此处又有汪家山、大坡山、土团山（山上有很多矿石，当地人用它烧炼石灰，因而又叫石灰坡）。又有岳峰山，有寺庙名为岳峰寺。又有乱石山、燕子崖（崖上有佛像，是明代万历年间所刻，当地人凿了石梯子，以供人祭祀）。又有云峰山，有寺庙名为云峰庵，清代改名叫铁板寺。又有黄葛岩，在荣县和威远县的边界处。

恩沐山南面有丁家山、尖山、半天云、马鞍山（山上草木丰茂，其色苍翠，又因其山石有光泽，又被称作月亮岩）。附近又有白岩灵山寺、老林山、张榜山、荣梨山。

恩沐山西面有一座石桥，名为天生桥，当时的嘉定府知府邵勷有《题天生桥》诗。又有亮窗山，山上有孔，仿佛窗子一般。附近又有大石门、小石门，山形隆起的地带是龙标山，山上有宝胜寺。过了山坳地带，是金鱼寺，山势到龚坝而止。

荣陵山　乾隆《志》卷一记载：荣陵山在县城以南二十里处，山上有大才寺、太保祠，祥瑞现象史不绝书。

民国《志》卷四记载：千秋坂附近又有方家坪，近处是九岭冈，是明代的集镇旧址。又有九龙山，山上的寺庙曾被张献忠乱军焚毁。由威远县白岩山一路向西直到荣陵山，此山又叫金台山，山上有大才寺、太保祠，还有名叫大才寨的山寨。民国 5 年（1916），寨中奸人勾结盗匪，团练兵丁李才华死难。荣陵山分为两支：靠东为鼎凤山，附近寺庙名“破塘”；又有簸箕山、七老芙蓉山、团防山、四字山、太保山、乌木岩、高庙山、卧龙山、黑雾岩、白袍山、玉枕山，再往前就是鼎新寺集镇了，直抵旭川河畔。靠西一支为罗村，是宋代遗址，后来被改作驿站，叫罗村铺。又有大汪家山、马鞍山，清代进士曹俊亮的宅院就在山下，附近的集镇叫双石桥。又有大明山，山上有年代久远的寺庙。又有翔凤山，山寺名叫“石堰”。有铜锣山，直抵旭川河畔。

金城山　乾隆《志》卷一记载：金城山在县城以北二十里处，周围三座山峰仿佛城垣，这里有年代久远的竹子，荣县“第一胜地”弥陀寺就坐落在附近。顺治元年（1644），寺庙被焚毁，昔日的竹林荡然无存。

民国《志》卷四记载：翠笔山西面是尖山、太平山、金城山，人称“飞虎殿”，三座山峰仿若城垣，山间盛产竹子。张献忠之乱，弥陀寺毁于兵火，竹林被破坏，一竿也没有剩下。

奉真山　乾隆《志》卷一记载：奉真山在县城以南三十里处。山东面有龙头山，西面有清凉山，山前有巨大的池塘，方圆四里。拥斯茫水流经山下，唐代于此处建奉真观，也就是现在的清凉寺。如今还存有宋代进士李一飞所撰诗文。

荣隐山　乾隆《志》卷一记载：荣隐山在县城西北三十里处，又名�山。据说古时有荣隐先生在此修道，山上有一间石室，具体时代不详。山东面有石头，其形方正，仿佛印石般耸立，因而又叫石印山，也称老筠台。此处景观被题作“筠山夕照”。古时候还有荣隐庵。

民国《志》卷四记载：荣隐山，据传是荣隐公归隐的地方，古时有荣隐庵，以前叫筠山。前蜀通正元年（916），王建改国号为“汉”。有《筠山虎谣》云：“筠山高极入穹苍，人道虎为殃，人行过此不曾伤。咸阳宫阙在平地，高鹿食人无数计，吁嗟苛政猛于虎，斯言垂万古。”（当时一般称没有伴奏的歌叫“谣”。）山顶有老君台。荣德山和荣隐山都标榜老君，这是唐代盛行道教的风气所致，两山与荣梨山合称“三荣”。山上有修道院碑，今已不存。山脉自尖山向南，东面有太平山、光斗山、铁石山、金像岩。有铁厂铺，乾隆十九年（1754）时在这里建立集镇，有陈抟书写的“长生无极”碑，立在集镇西面。荣县因铁山盛产铁矿而得利，诸葛武侯曾在这里熔铸兵器，唐代时此处向朝廷进贡优质的铁，可谓历史悠久的矿场。官道旁有宋代的桐子园。南宋人程垓有《三荣道上赋·愁倚阑》词云：“山无数，雨萧萧，路迢迢。不似芙蓉城下去，柳如腰。　梦随春絮飘飘，知他在、第几朱桥。说与杜鹃休唤，怕魂销。”老君台下有两个土台，乾隆十七年（1752）时在这里设立社仓。南面有公馆山、七老芙蓉山、东文山、鹰嘴岩。附近有杜家井，是古时候的盐井，如今已成集镇。西面是雷鸣泉，道旁石头上刻有明代提学王书文的手迹。山下是箐丌岩、廖家山、牧牛山，直抵五桐坝。

荣隐山的支脉，向东一支有游甲山、白坡、龙洞山，再往南是回龙山、登望山。再分为两支：东面一支是马头山、菩萨岩，菩萨岩约有一里高，其旁有寺庙，名为半边寺，附近树木丛生。又有龙泽山，山石高耸突兀，有龙洞，当地人专门用来祈雨。西面一支有三星顶、寨子顶。山势迤逦而行，至卧龙洞，俗称严家洞，明正德四年（1509），严作曾在洞旁建立寺庙。

又有镇紫场，有人称那里是汲水镇，并不准确。宋代的汲水镇，是今天宜宾的合江镇。其山一直延伸到苦葛沱。寨子顶再往西，是凉风顶。东面是虎耳岩、虎顶、尖山，民国 15 年（1926）五月，曾出现山体滑坡。虎顶附近是童家营，咸丰年间建寨。附近又有观音岩、纱帽山，直抵拥斯茫水。西面有夕阳山、天星垠、金凤山、古堰山、凤翥山，有集镇叫古家场，一直延伸到申坝，直抵拥斯茫水。

荣隐山西面支脉有五甲山、人石山、王家山。王家山东面有骡子丘，西面有松树岭。王家山再往西是郝家塘、居士洞。郝家塘再往西是梯子岩，集镇叫夏头镇。再往西是老成岩、老虎岭，其东为镇紫山、江家山。明末战乱期间，因张氏率众人守御此地而知名。有集镇叫永兴场，靠近蟠龙洞。其西是匝营岭、羖牛顶、铙钵顶，有集镇叫李家场。匝营岭再往西是朱靖岩、杨家山、小井沟，山势直抵拥斯茫水。

野客山 嘉庆《志》卷二载：野客山，在县城东南四十里。在公井、犍为两县交界处绵延伸展，东西长三百余里，南北宽七十里，荣县境内以这座山最为广大。

民国《志》卷四载：《元和郡县志》云公井县野客山，在县城以南六十里处。《太平寰宇记》“公井”条下载：野客山从本县县界延伸到嘉州犍为县界，东西长三百余里，南北长七十里，荣州境内以这座山脉最大。铁山的支脉各具风貌，而野客山的群山支属却同归一脉，结构和太行山一样。山上土地与树木的颜色与平地判然有别。县里百姓通常称其为“岩上”，而山峦重叠起伏，每处多有别名。据《新唐书·地理志》“应灵”条注释：景龙二年（708），将云州及罗水、云川、胡连三县并入应灵县。如今推考其地，都属野客山一带，大概是古时候僰人居住的地方。

自半山腰逐渐向南隆起，是兔儿山。山崖如障壁，称李卯崖、马营崖。据说张献忠之乱时，有一位马将军与他的女儿金花死难后葬于此山，故名马营崖。附近有红石崖、梯子崖、尖山、牛子崖、鹰崖、观音岩等地名，都是山口。赵熙《入野客山至烟墩》诗云：“是入宜宾道，县南天半青。时平戍鼓息，树密土山灵。僻地犹乡塾，谈兵亚井陉。松风十八里，汉制此兜铃。”鹰崖分为二支：东面一支是银盏坪、代家岩、龙池、马尾坡，直抵打石溪；西面一支为滚狗崖、三星山、扬鹰石，俗称“压鹰石”。又有凤凰山、花崖山、太极山、祈雨山，一直延伸到旭川。

两母山 据乾隆《志》、嘉庆《志》记载，两母山在城北五十里，原来是铁山的别称。据旧志记载，两母山在已经废弃的威远县旧址西北一百三十里处。两座山峰并肩耸立，且都有下垂的山坡。远远望去，仿佛妇人的双乳，因而得名。传说，这里夜晚有圣灯显现，春日有神草生长，实为资中、仁寿、荣县、威远四县的著名胜地。

铁　山 《太平寰宇记》卷八十五记载：铁山在始建县界东面七十里，北周时期的《周地图》称：蒲亭县有铁山，诸葛亮开采山上的铁矿铸成兵器。北周因铁山之名，封宇文度为铁山侯。

嘉庆《志》卷二记载：铁山在县城以西八十里处，其山自仁寿县起，横跨井研、犍为、荣县、威远县境数百里，山上产铁矿。诸葛武侯开采山上铁矿铸成兵器。两晋以后，僚人占据了铁山，被称为“铁山僚”，后为北周大将陆腾降服，世人都称颂陆腾的功德。

宛平山 光绪《志》卷三十八载：龙潭场后面有宛平山，四周都有河流环绕，中间凸起一处，仿佛一面锣罩在地上。山下有虾蟆口形巨石，向上仰视；山上有蛇形巨石，向下俯瞰，仿佛共同拱卫着这座山。

第三节 群山支脉

一、乾隆《志》所载

凤凰山 位于县城以东三里处。

土门山 位于县城以东三里处，过去设有关卡，俗称土门子，如今已经荒废。

马鞍山 位于县城东南四里处。

楸木山 位于县城以南十里处。

六鳌山 位于县城以南二十里处。

玉龙山 位于县城以南。

金台山 位于县城以南。

龙标山 位于县城以东十里处。

虎榜山 位于县城东北二十里处。

云凤山 位于县城以东十五里处，又名云峰山。

板凳山 位于县城以东十五里处。

蒋家山 位于县城以东二十里处。

石凤山 位于县城以东三十里处，山上有寺庙。

东华山 位于县城以南三十里处。

高松山 位于县城东北二十里处。

梧桐山 位于县城以东四十里处。其山最为高大宽阔，俗称梧桐沟。

恩沐山 位于县城以东四十里处。

跨鳌山 位于县城以南四里处，其地有古莲经社。

龟泉山 位于县城以南三十里处，此处有山泉。

莲花山 位于县城以南六十里处。

南禅山 位于县城以南七十里处，山上有南禅寺。

普会山、天公山 这两座山都在县城以南七十里处，附近有寺庙。

五保山 位于县城以南八十里处，山上有五保镇。

云峰山 位于县城以南八十里处，其地有云峰寺。

鼎新山 位于县城以南四十里处，其地有鼎新寺。

照石山 位于县城以南四十里处，其地有照石寺。

寨子山 位于县城以南四十里处。

天池山 位于县城东南九十里处，山上有天生池、天池寺。

乱石山 位于县城以南五十里处。

沙溪山 位于县城以南八十里处，其地有寺庙，如今已经荒废，山下有沙河。

八竹山 位于县城以南六十里处。

白石山 位于县城西面十里处，又名林山，山势陡峭，石头很多，土层很浅，山下有白石沟。

龙虎山 位于县城西面三十里处，县境西面诸山都发源于这一山脉。

慈母山、石林山、毕家山、宋家山、独石山 这五座山都在县城西面二十里处。

狮子山 位于县城西面三十里处。

真武山 位于县城西面三十里处，山上有真武观。

书台山 位于县城西面四十里处。

长　山 位于县城以西四十里处。

洞屏山、九盘山、车脑山、圆通山 这四座山都在县城西面四十里处，其地有圆通寺。

亮洞山 位于县城西面四十里处，山上有寺庙。

石笋山 位于县城西面七十里处，山路与犍为县相通，巨石联排竖立，有数丈高的石笋。山中小路幽深盘曲。

七盘山 位于县城西面五十里处。

铁　山 位于县城西面八十里处。

白崖山 位于县城西北面。《元和郡县志》称白崖山在咨官县西北十里处。

华阳山 位于县城西北面五十里处。

玉屏山 位于县城西面五十里处。

老木山 位于县城西面六十里处。

龙皇山 位于县城西面六十里处。

搭紫山 位于县城西面六十里处。

喻家山 位于县城西北。

火穴山 位于县城西北。

赤珠山 位于县城以北一里处。

凤凰山 位于县城以北二里处。

龟　山 位于县城以北二里处。

粉壁山 位于县城以北。

不大山 位于县城以北十里处。

豸脑山 位于县城以北五里处。

茶园山 位于县城以北十里处。

石门山 位于县城以北五里处。

佛顶山 位于县城以北二十里处。

东川山 位于县城以北三十里处。

仙人山 位于县城以北四十里处，山上有寺庙。

二、民国《志》所载

哆口石的支脉：西面一支为石碓窠、狮子顶、冯家山；东面一支为长安洞（俗称赵家洞）、马头山。

五里墩再往南，是太子殿、麻柳坳。其东有望塔岩，又有石鼓山、观音岩。其西有土地嘴、蜡树山、青果崖、和尚头、凤凰顶，有集镇名文昌宫。又有土地场，是旧时集镇，后来被毁。附近又有石塔坡、杨家场，直抵白石山水。

麻柳坳再往南，有过水坳，是山中的集市。其东有两木山、龙蟠山、曲江崖、渔矶山，俗称钓鱼台。钓鱼台上刻有荣隐公像。龚巽有诗云："钓台千古首严陵，大泽羊裘世艳称。何似�山老荣隐，并无名姓到觚棱。"钓鱼台西面是万家山。附近又有宋代的芭蕉园和虎岩。

过水坳再往南是卢家山、香柏园。又有乐德镇，建于康熙年间，明代时是供行人暂歇的旅亭。同治四年（1865）五月五日，此地发生火灾，市集出口处有马受惊，踩踏踢人，阻碍街上的人逃难，故而遭受灾祸的人很多。乐德镇以东是佛首山、石牛山。南面是棋盘山，西南有二龙山。明代荣县知县李锐作有《广福山寺》诗。

香柏园再往南，是荔枝坝。荣县自古以来盛产荔枝，陆游《高斋小饮》诗云："荔子阴中时纵酒。"可见其地靠近城郭。县城北门有荔枝坝，公井县又有荔枝塘，与这里一起凑为成数"三"，由此推断，宋代时荔枝在荣县极为常见。

荔枝坝向西分为二支：东面一支为麦子山、寨子山、奉真山，唐代时有奉真观；其东有龙头山，西有清凉山，宋代进士李一飞、明代知县李锐都曾为其景赋诗；其前有荷花池，杨家场水流经此地，与荔枝坝水汇合，因此这个集镇名叫河口。西面一支有祁家岩、尖山、王家岩、老鼎坡，坡下是昌化知县杨州英的宅邸，山势直抵白石山水而止。

铁山再往西，其支脉名石冈寨，建于咸丰十年（1860）。石冈寨以北为板凳山，南为大呀口，山势愈远愈显奇崛。再往西是黄茅山。继续向西有栗树坪，其地树木葱绿，结着豆蔻般的果实，树干粗细可以合抱，大约是栗树。再往西是五寨坪，因其地有五座山寨而得名。

栗树坪再往西为尖山、沙盔寨、凤冠山、平顶山。又有亮洞山，山顶有一处洞穴，洞口似乎闪烁着光芒。山脚有宝胜寺，俗称石塔寺。又有燕子崖，较高处为牛峰寨，即古时候的云台山。牛峰寨建于咸丰年间，总共有五座寨门，其中四座都是开凿在悬崖上。赵熙有诗云："万峰高处古云台，大石蟠空壁坞开。历尽兴亡修乱史，造成形胜费雄才。千家人向眠牛聚，四面山如怒马来。独立倚天长剑在，便从左股割蓬莱。"当时正逢中国与日本签订《马关条约》，赵熙无限感慨，故有此作。牛峰寨下是龙井寺、狻猊口，直抵拥斯茫水而止。

平顶山附近又有琢岩、火穴山（也称仰天阿）。再往西走是插旗山、马尔山，还有啸天龙据于万山之巅，是古时的关隘，有塘房、烟墩、望楼、塘兵。明代王书文将此景题为"三荣形胜"。其下是白马嘴，有明代浙江道监察御史宋洵的坟墓。东面山脚有过去的驿站，名为青冈铺。南面为鹰窠岩、洞屏山、磨盘山、五旗山、真武山，北宋靖康二年（1127），在真武山修建真武观。此处又有高石山。西面为碓臼崖、鄢家崖、望兵山、斑竹山、赵家山，山势直抵拥斯茫水而止。

方家坪以西，山分为两支，东面一支为挂榜山、大名山、狮头山，又称薄刀岭。经过双石桥西面，有马耳山，一直延伸到旭川。西面一支为麦子山、梯子崖、春台山，是明代桐麻盐司举行迎春礼的地方。又有被河流三面环绕的花金岩。又有青崖山，其地有清代张容讲学的私塾，也一直延伸到旭川。

方家坪以南有铁丁山、破头山、虎榜山，此处有明代人的石刻题名。山势蜿蜒向东，有石笋山、思子山、凤凰山。又有文明山、武功山，此处有集镇，名为李子桥。又有官斗山、道歧寺。

虎榜山又叫石凤山，乾隆三十四年（1769）刻石题名，明代乡宦童颜葬在此山山脚处。此处又有祈雨山，程家场是这里的集镇。又有骡子岭，俗称“仙人骡迹”，曾经是明代的集镇，知县黄大本将此地改名为“乐岭”。咸丰十年（1860）在此筑乐岭寨，清人又在此处设立云程讲社，骡子岭上有座寺庙，讲席官曾省三撰有寺记。乐岭附近有鹤鸣山，有松林寺，多题有明代诗文。又有仙人岭，俗称龙峰寨。

骡子岭山脉分为两支：靠东为太平寨，为咸丰三年（1853）曾省三所建。又有白庙子，是光绪二十八年（1902）建立的集镇。又有官房山。又有全家山、柿子岭、走马岭，山势一路延伸到桥头铺，直抵旭川。靠西一脉有道澄寺、孔老山，还有石罗琴、花岩山、红岩山，均属旧时的岩山村。又有娃娃山，附近有集镇名为龙潭场，也一直延伸到旭川。

骡子岭以南有豹子山，咸丰年间张万禄在此地殉难，一同殉难者有一百八十八人，都葬在山脚下，光绪元年（1875）为其立碑。张万禄曾在浸水坳驻扎军队，如今为了表彰其忠义，附近一带都被叫作营盘山。豹子山一带又有狮子山、石人山、尖山。附近有洞云寺，该寺修建于宋代，至今存有绍熙府荣德县寺僧所题石碑。此地又有插花山、破栗山、教礼山。

过了插花山是官斗山，山形呈石头状，因而又叫石锣、石鼓。又有司字山、鹅项岭、桅杆山。又有平头山，其山景俗称“仙女对坐”，当地人管山上的石头叫仙女石。又有天池山，山顶有明代的平方禅院，也就是今天的天池寺。山脚有应龙泉，明代乡宦吴氏一族就葬在此地。又有贡井、走马岭、么滩，山体一直延伸到县界。

接下来有“狗功石”。民间传说，有人路过此地遗落了钱财，他的狗守着钱财等他回来，直到死去。此人回来以后，被狗的行为感动，将狗厚葬，因而得名。传说虽然荒诞无据，但《魏书·尔朱荣传》也有“狗舐泉”这样类似的记载，可知古时取地名未必讲究文雅。此外，也有人管这里叫“苟公石”。

县城正北方，靠东是一道分水岭，又有傅家山、老君洞。靠西有莲花石、邓家山。其山主脉上有“大度罗汉”。往西有大尖山。往南有高谷山、五里山、粉壁山、老君坝、八十三步、大石门、小石门。附近又有牛角山，被修行的僧人称为瞿室棱伽山，山下有野鸡塘和宋坝。

东面支脉延伸至豸脑山，又分为两支：一支环绕宋坝，称仰天塘，旧时有九曜石，如今残缺了两块，便称作“七星石”，一直伸展到横溪滨李坝；另一支是县城内的主山，名叫凤凰山，原本叫高城原。高城原是义门王氏的坟茔，葬有北宋太常博士王梦易、廉逊处士王庠、徽猷阁直学士王序，王氏众子孙也都合葬于此。山前有“王序塘”，大概是王序晚年在府第中营造的，不久即有靖康之难。

北面距县城极远的地方有二厢山。山势自仁寿县石牛山向西，南面为翰林山、观虎岩、西禅寺。西面为烟波山、大刀寨。大刀寨建于南宋宝祐五年（1257）。当时元兵攻破四川，绍熙府几近荒废，当地百姓结寨自保，在墙壁上刻下“西湖海眼”四字，以寄托心向朝廷的家国情怀。又有平安寨，建于咸丰十一年（1861），其险要稍逊于大刀寨。平安寨以西为华阳山，可能是得名自南齐时的南安郡，因为当时郡下有华阳县。继续往西为黄茅山，中间夹有娄沟，山势直抵拥斯茫水而止。

大刀寨遗址

接下来是戈划山，在西北方向。从井研黄蜂寨起一路向南，经过余家场，就是戈划山。过去叫锅桩石，据说曾有仙人在此地支锅造饭。其西为印盒山、水星山。水星山是濑水的发源地。印盒山再往西为观音寺，俗称白果树。其东有集镇，名叫复兴场，地靠方家冲，是但懋辛先生的故里。但懋辛秉性方正刚毅，喜好读书，其字师法泰山经石峪石刻。他本来不是学武之人，可一旦掌兵做将领，其勇猛却为诸州军将之冠，大概是秉承了此山的刚正之气。附近又有麻雀岩、石凤山，有寺庙叫妙觉寺。山西面为龙石、大石门、龟河桥。

观音寺再往西，有柑子岩、胡笳山。转头向南有文家山、奇雨顶。又有濑河坝，纵横十五里。《太平寰宇记》有“濑下六池”的记载，其地今天叫作六堰，遇到旱年就截流蓄水。这里世世代代都是官地，禁止百姓耕种。应当以濑河来为集镇取名，民间却称为观山，实在不够文雅。

奇雨顶再往南，是黎家坡，其东为千佛岩、戈盘山、镫竿山。有竹园铺，据传为宋光宗潜邸园林。其西为楚家山、观儿山。黎家坡再往南，是石骨岩、春山、齐家山、木苏山，明代进士杨易在此捐修了一间寺院，名为杨家寺。石骨岩再往南为火顶岩。又有铁山坳、马当山、长山，有集镇名叫长山桥，河水叫长山河。火顶岩继续往南，是名叫踏子山的小集镇。民国 14 年（1925），军阀白驹与蓝文彬在此大战，死人无数，血流成河，如同怀有国仇家恨一般。

踏子山附近有升平山、尖山、来牟铺。《太平寰宇记》载有赖牟镇，陆游《赖牟镇早行》诗云：“孤灯照影听初鸡，揽辔情怀倍惨凄。雪作未成云意闹，茅荒无际客魂迷。触寒手指藏犹裂，畏崄图书弃不携。老去有文无卖处，等闲题遍蜀东西。”南齐置侨州郡县，在此设南安郡，立有石碑，清初，集镇废弃，后来再次兴盛起来。乾隆年间，乡人在这里祭祀南宋牟子才兄弟，把来牟铺视作牟氏的故乡。五代时，郭崇韬经过唐代名将郭子仪的坟墓，下马祭奠，大声哭号着离开。这些都是攀附名人的事例。

来牟铺再往南是石笋山，过去人称其景为“石笋排空”，山脚有一座寺庙，名为龙窠寺。其南有石鼓山。又有游龙山，据说山上有龙眼石。这一带的群山可视为石质的史书。

石笋山再往南，是和安寨，为咸丰年间廪生刘肇基所建，俗称黄葛岩。又有五福寨，因五座山峰而命名，为咸丰年间刘维藩所建。五福寨再往南为白崖山。《元和郡县志》称白崖山在资官县西北十里处。如今建有两个山寨，分别是小白崖和大白崖。三座山寨成犄角之势。由此就能够判定当时资官县的县治所在。自大白崖向南行，越过数座山峰，有老虎口，也是一座山寨，其南为笔架山、钟鼓山，其北为老寨子。又有瓦砾岩、马槽岩，与老虎口在形势上相互凭倚，因此其地虽然狭小，依然建有山寨。笔架山往南为铙钵山、水星山、长腰山。

石笋山再往西，是石梁、西土坝。又有北斗山、郭家山、刘家场，都是规模较大的集镇。又有瓦淬滩，此处有盐井，原本隶属荣厂。同治初年，改为隶属犍为县。刘家场再往南为胡家岩、艳紫岩，山势一直延伸到犍为县境内。

刘家场西南面有大坪山，由犍为县的铁山蜿蜒至此。其北面是叫老农场的市集，明代叫老人场。附近又有萧家垠、余家庙，建于明成化年间。至大坪山，其东为红岩、观音岩、马头山；其西为白崖、金花山，此处有集镇名叫金花殿。五座山峰遥遥并立，民间将它们并称为“五岳”。又有人和寨、青湖山，其中只有圭山的名字最为文雅。

马头山西面为栗树垠、雷音寺、琉璃山，山势绵延到宜宾境内。马头山以东为四方山、平安寨。张献忠之乱时，当地百姓结寨自保，如今仅有寨门存留下来。山下水草丛生，乾隆年间才开始挖沟清理，开垦为耕地。平安寨上有一个小山包，上有涧山寺，明代《弘化碑》称其为“宋寺”，今天被叫作高峰。山势继续绵延，或为山丘，或为垄冈。六里外有宝山市，附近有董家场，地处通往犍为县的要道上，最初是供来往行人休息的旅亭，建于康熙年间。咸丰九年（1859）年底，为乱军所毁，其后又陆续修缮恢复。董家场以北为水晶山、九龙山，以南为营垠山。明末战乱中，虞占高、虞桂高兄弟勇武过人，极具才干，接受嘉定人杨展的委任，率领乡兵占据此山，抵御张献忠乱军，保全乡里。当地人为表彰他们的功勋，将此山命名为营垠山。营垠山南面为马鞍山、豹子山，山势直抵拥斯茳水而止。

观音岩支脉分为梁家山、诸葛坝、介板山、石银山、红石崖。其南为土门山，有土门寺。再往南为烟墩山，有寺庙名叫烟墩寺。据说张献忠之乱的时候，马氏曾在此地驻军。烟墩山以东为文昌坪，以西为古文场、安家庙。

烟墩山再往南为楠木湾、大石坳，其旁有镇雄山、铁甲山、照石山。又有云峰山、五宝山，有集镇名叫五宝镇，地处通往宜宾的要道上。

大石坳再往南为平水坳、瓦陶湾。其东为铜鼓岭、三堰、犀牛山。其西为宋家山、官斗山、圆山、寒婆岭，山势直抵照石溪而止。又有朱王孔、马鞍山、石灰岩、斛斗山，直抵旭川。瓦陶湾往南为青棡坡、七由田。附近有子铧山、莲花山，有莲花寺。明末时，莲花寺僧擅长武术，张献忠乱蜀，寺僧随知县秦民汤一起为国死难。其堂堂忠义之气，如同河水之声、山岳之色，终古不灭。莲花寺被毁，道光年间得以重修。又有南禅山，有寺庙与山同名。道光年间，有一位叫云空的僧人擅长写诗，著有《与观音庵文峰》诗。其诗作之佳妙，与宋代初年九僧诗不相上下。此山也叫盂钵山，僧人文峰《寄云空上人》一诗有“盂山矗矗翠郁天”之句。又有普会山、天公山，与宜宾交界。

七由田一带又有箐林湾、广华山、洪昌崖、圆明山。圆明山上有圆明寺。箐林湾再往南是沙坝，其东为沙溪口、大山坪、石牛山；西为豆子山、土地坳；再往南是黄沙垠。唐宋时期，荣为州一级行政建制，因而境内山脉范围既长且广，山脉今天延伸到宜宾境内而止。

第四节　崖洞岭坡

浮图崖　位于县城以南约一里处，唐宋时人在崖边刻有上千座佛像，因而又称千佛崖，也称金碧崖。崖后有朝阳洞，崖前有法华庵、广忠寺，都已荒废。崖下有一座古铜佛，饱经风雨侵蚀，乾隆十八年（1753），秀才刘广募款修建，可惜功败垂成。知县黄大本出资捐助，并指派万寿寺主持僧惟学完成这项工程，因地取名，称千佛寺，并悬挂“圆光重朗”的匾额。

晴雨崖　位于县城以南，有山泉，四季长流仿佛下雨。崖下是蜀汉靖侯庞统祠和祭祀川主李冰的惠民祠，有知县王梦魁所刻石碑。

枣　崖　在县城的南面，与晴雨崖相连。五代后蜀时期，荣昌县有寇匪作乱，守臣吕昌朝出兵征讨，行前在资阳银山镇祠庙祈福，不久凯旋，遂折下祠堂前枣树枝留念，在谒访庞公祠时，顺便将树枝插在崖下土中，没想到树枝竟然又发出新芽。吕昌朝感于这一神奇现象，故而修建武安公庙，并在崖边刻石纪事。

雷　崖　位于县城以东十里处。

鹿角崖　位于县城以东二十里处，其地有石洞。

石鼓崖　位于县城以南一里处。

青　崖　位于县城以南二十里处。

梯子崖　位于县城以南二十三里处。

红石崖　位于县城以南四十里处。

落雁崖　位于县城以南五十里处。

龙　崖　位于县城西面七里处。

花　崖　位于县城西面七里处。

黄蜂崖　位于县城西面四十里处，其地有寺庙。

竹　崖　位于县城西面六十里处。

灵　崖　位于县城西面二十里处，其地有灵济寺。

观音崖　位于县城西北十里处。

赤珠崖　位于县城以北七里处。

龙滩崖　位于县城以北二十里处。

凤凰岭　位于县城以北二十里处。

鹅项岭　位于县城以北二十里处。

硫黄岭　位于县城以北二十里处。

骡子岭　位于县城以东六里处，山上有“仙人骡迹”。

醉仙坡　位于县城以东二里处。

老鹰坡　位于县城以东二里处。

天车坡　位于县城以北十五里处。

天牙石　位于城隍庙后殿的西面，其石表面洁白，质地坚硬，形状古峭。

老虎石　位于县城以东十里处。

跳　石　位于县城西面五十里处。

锅桩石　位于县城以北三十里处，有三座石山，各有十余丈高，鼎足而立。相传曾有仙人在此地支锅，附近有寺庙。

关门石　位于县城以北十里处，两边悬崖峭壁，古木参天，樵夫都不会到这里来，中间则有巨石横陈，仅有流水可以通过。

清风坪　位于县城以北清富楼前。

银盘坪　位于县城以南二十五里处。

龙冈、洞云冈、青冈、栖霞冈　都在县城以西。

九岭冈　位于县城以东。

龙　洞　位于县城以南的真如崖下。

朝阳洞　位于县城以南的浮图崖后，洞内极宽阔，可容纳上千人，有人认为这就是古时候的青阳洞。

长安洞　位于县城以西三里处，附近有寺庙，已经荒废。寺庙的常住田后来为当地百姓所垦殖。洞中佛像至今犹存。

蜗角洞　位于县城西面十里处。

地仙洞　位于县城以北二里处。

飞霞洞　位于县城以东，以前叫老虎洞。

乾龙洞　位于县城以北三里处，其洞深不可测。另有一处，位于县城西北六十里处。

魏家洞　位于县城东南五十里处，洞口有寺庙，泉水从洞口日夜不止地流下，如同下雨天屋檐前的水流一般。

第五节　河川岩泉

一、河川

（一）乾隆、嘉庆二《志》所载

荣　川　又叫荣溪。旧志记载，荣溪发源于荣县东部的荣隐山古逌水。自仁寿县流入，东南与双溪合流。过城南，与东川溪、梧桐沟、龙溪诸水汇合。往东南方向，又与威远之中溪河、献宝溪诸水交汇，至富顺注入资江。《太平寰宇记》称：旭川县有洛阳水，从陵州始建县辖界南部流入。宋朝时陵州治仁寿县，始建是其属县，今为井研县地界。《方舆胜览》称：荣县城北三里有两条溪水，一条从西来，其水浊；一条从东来，其水清。两条溪水在荣县城下交汇。

寿　川　位于荣县城南，河道弯曲宛如“壽”字。

东　川　发源于荣德山，位于荣县城北，自东流入。

五龙溪　位于荣县城东十里。

桃梅溪　位于荣县城东十五里。

洛阳溪　位于荣县城东二十里。

蒋家溪　位于荣县城东二十五里。

浑水溪　位于荣县城南二十五里。

苦竹溪　位于荣县城南二十五里。

照石溪　位于荣县城南三十里。

桂村溪　位于荣县城南四十里，在偏土桥附近。

芦叶溪　位于荣县城南四十里，与桂村溪一同汇入大牢溪，流入宜宾县界后注入长江。

梅子溪　位于荣县城西十里。

紫金溪　位于荣县城西四十里。

玉字溪　位于荣县城西五十里。

谷牙溪　位于荣县城西六十里。

虎头溪　位于荣县城西北六十里。

龙　溪　位于荣县城北五里。

双　溪　位于荣县城北三里。

梅香溪　位于荣县城北三十里。

清流河　位于荣县城西四十里，即长山河附近。

龙洞河　位于荣县城北二十里。

梧桐沟　位于荣县城东四十里。

蓊叶沟　位于荣县东二十里。

白杨沟　位于荣县北三十里。

野鸭沟　位于荣县城南八十里，与宜宾连界。

大牢溪　又名赖溪，发源于铁山。向南流经大牢旧治所以北，与桂村溪、芦叶溪诸水合流，至宜宾县界注入长江。

拥斯茫水　又名长山河，因为与长山水合流而得名；又名四望溪，《蜀水经》称其流经四望山，因此得名；又名清流河。拥斯茫水位于荣县西十里，发源于仁寿县南界铁山，流经井研县。故《太平寰宇记》云：拥斯茫水，在陵州南一百五十里，从井研南界濑河坝一带急流而过，向东流入平羌县界。自井研县南流入荣县西一百一十里，与虎头溪水汇合，故《太平寰宇记》云：拥斯茫水，在资官县西二十里。又云：从始建县南流至资官县。拥斯茫水从荣县西南流出，与梅子溪、紫金溪、玉字溪、谷牙溪诸水汇合，流到犍为县界三江镇，又向南流经四望山，至大河坝注入长江。故嘉庆《四川通志》称：拥斯茫水向南流入犍为县界。《太平寰宇记》称：拥斯茫水向西南流入平羌县界。《犍为县志》称：拥斯茫水发源于井研，至应灵旧县，合流入岷江。《方舆考略》称：拥斯茫水在三江镇与岷江汇合。

（二）民国《志》卷五所载河川

荣县之水，一条是东溪，一条是北溪，在城南汇合后称为旭川，流百里至公井，与威远之水汇合，由富顺注入雒水，流经泸州，注入长江。这是荣县的一条主要河流。拥斯茫水，发源于仁寿南境，流经铁山，向西南流至长山桥，再向西南流经宜宾汇入长江。这是荣县的另一条主要河流。

东　溪　发源于荣县城东北四十里梧桐山，明代王本在诗中描述此地为“惊心峡”“擦耳崖”。梧桐沟水向南流经恩沐山，又向北流经宋代的桐麻园，再向南流经亮窗山。亮窗山因山间有孔而得名。天生桥水自北注入梧桐沟。梧桐沟水再向南流经龚家坝，与东来的五龙溪水汇合后，从荣梨山流出。山上有一座五龙寺，其水有大墨池、小墨池之称，二水流经伍家坝与梧桐沟水汇流后则称之为东溪。东溪向南流经城东飞仙桥。民间传说，从前有吴姓道士来到此处，有白鹤口衔天书，飞来相迎，故取名白鹤滩。白鹤滩左面是竹王祠，祭祀古代夜郎侯多同。民国《志》按：夜郎国故址在今遵义，为唐代珍州辖境，离荣县千里之遥。汉代割蜀郡之地南安并入犍为。南安如今称作嘉定，因此世人误认为嘉定就是夜郎。唐贞观十七年（643），设立珍州，实为古夜郎之地。珍州辖地的首县即为荣德，而宋代时旭川也改称荣德，两个“荣德”重名，因此世人误认为荣州就是夜郎故地。《后汉书》记载夜郎国有女子在遁水浣洗之事，故如今有人就把东溪称为遁水，此说不足取信。东溪向南流经大佛崖，即陆游诗中的“东山”。当地父老称，宋代时五龙寺门正对东溪水岸。旧时溪水依山而行，途经镇南塔崖麓。如今，东溪水抱城而流，至南门与北溪汇合。

北　溪　出城北四十里为东川沟，与梧桐沟隔着一条大山岭。北溪源于仁寿九淀池，流经大尖山，倒流水自北面注入。溪水往下流经平原，便是东川沟，即明人胡子昭的故里。东川沟往下流经明月矶，溪水中的河石圆润而有光泽。五里之后是红花园，这一带都是胡公埭地界。北溪继续前行二里，山峡耸立，中通一线，《水经注》所谓“自非亭午时分，不见曦月”，恰好可以形容此山峡的情状。明人杨石诗云：“羊肠曲径难通马，螺髻团峰小过拳。花落千重迷谷口，鸟飞半日到山巅。寒流涧底锵如玉，月映滩头挂一钱。尝惜桃源无路去，此身今是武陵仙。”距离山峡十里是龙洞水，水西面山根处有一洞穴，泉水一年四季涓涓流淌。穿过山峡，东面是大石门，西面是箐林，竹木苍翠，高耸入云。再往前走便是响滩，水声远近可闻。顺着溪流转过山去，山峡又如合拢一般。再前行五里是平桥，再过一里是狗钻洞，因行人经过不得舒展而得名。水中有硝穴，水势颇大，而水味不佳，附近村落的人们截流此水浇灌宋坝田地，极为便利。首创此举者，堪称“田祖”。

再前行二里，离开山峡，与洛阳溪（亦名落阳溪）相汇。洛阳溪，《太平寰宇记》称从始建县南面流入，其实源自近处的赵家山，河谷幽深寂静。流经沐家嘴，大平山水从右岸汇入。再流经翠笔山，在蓝桥与天车坡水相汇。平时流量甚微，夏季汛期则洪流湍急。溪中有卧石，世称“犀牛望月”。顺流而下便是黑荡沱，水量枯涸如田间小沟。清人王培荀曾在其《听雨楼随笔》中记载：荣县有一条名为黑沱的河流，深不见底，水中偶尔能听见钟声。潜入水下观察，如果看见碧瓦鸱吻，则预示雷雨将至。距离黑沱数里，有一个大洞。一天，有人听见呼救声，即用绳将人救起，那人称已经在此被困两昼夜，侥幸挂到树枝上，才幸免于难。水下似乎能听见有人说话和鸡鸣狗吠之声。这样描写黑沱，或为误传。再往前一里左右是关门石，巨石横断河渠，阻碍流水。数里之后是贵人桥，再往下游则是洛阳溪。溪中有一块如同印章的巨大方石，正对峡谷入口。峡门的形态与洛阳伊阙极为相似，“洛阳”之名始于唐朝。峡门周围一片纯朴乡村景色，正是陆游所写“江山如此一句无”的情景。溪岸上有桑梓园，估计建成于宋光宗被封荣州刺史时，因为“洛阳”之名包含故国之思，故建“桑梓园”以表达北伐的志向。溪水流经宋坝上的小桥，赫连沟水从这里注入，接着流经石龟山，宋代以后称之为耸云山。这座山是北宋王庠、王序兄弟读书之所，山上有地仙洞、横溪阁。陆游有《晚登横溪阁》诗云：“楼鼓声中日又斜，凭高愈觉在天涯。空桑客土生秋草，野渡虚舟集晚鸦。瘴雾不开连六诏，俚歌相答带三巴。故乡可望应添泪，莫恨云山万叠遮。”又云：“荦确坡头筇竹枝，西临村路立多时。卖蔬市近还家早，煮井人忙下麦迟。病客情怀常怯酒，山城老景尽供诗。晚来试问愁多少，只许高楼横笛吹。”

从东川沟至洛阳溪一段被称为荣溪，杨家沟水流到此处汇聚，宋时已被称作双溪。杨家沟水本来没有名字，但乡间读书人也称之为荣溪，认为其源头接近荣隐山，实在荒谬。荣溪水从善卷洞背后流出，从山坳直到壑谷，涓涓不断，流至老林口山麓时，改称寿水河，民间称其为“臭水”。荣溪水流至烟坡桥，与马蹄沟水相汇，与荣隐山隔着层峦叠嶂。顺流而下是平原，长约八里，然后抵达赵家堰，汇入东川。《方舆胜览》所谓一条溪从西来，其水浊；一条溪从东来，其水清，恐怕是道听途说之言。清末，荣县人戴福珊专门在西边修筑楼阁，园林亭台尚未完备，到民国时就荒废了。

北溪经过赵家坝，绕北城清富山而出，城壁上题有“九折屏”三字，以表山势之起伏。北溪顺流而下便是赤沙步，向西流至阳雀湾，环绕着开阔的农田而去，沿着凤栖山麓前行，山上的古佛寺门因此题名“绿水西来”。溪水流出西门，顺着城壕流至小南门，即宋代所谓绍熙门。溪水南面，有两块人称“鸳鸯”的石头，传闻水涨时二石分离，水落时二石聚合，故有此称。岸边有座尼姑庵，名为法华庵，庵寺上方是金碧崖，山崖横亘在南城外，佛像林立，又名万人崖。过去夏季涨水时，多次冲垮城墙，宋代知州罗拯为抵御水灾，便修筑东西二堤。绍兴初年，知州李焘继续筑堤，以巩固城基。明万历年间，传闻东、北溪中出现蛟龙，溪水与城墙平，溺亡不少居民。清康熙年间，北溪水势高涨，亦多水灾。六十年后，乾隆二十三年（1758）六月二十一日，半夜暴雨，城南桥柱倾塌，知县黄大本疏浚城壕，以便泄洪，并写诗记录此事。

北溪流至南门与东溪汇合，称为旭川。

旭　川　《元和郡县志》记载：贞观元年（627），因县境内有盐井叫作旭井，故而称县名为“旭川”。浅薄之人误将此处认作凤鸣山井，这是错误的。更有甚者，把旭井当作宋代八方琉璃井，更是错得离谱。《明史》中，旭川也称作“荣川”。

旭川水南经荣门山，东为镇南塔，西为金碧崖，两山交锁，故而山称作“荣门”，桥称作“锁江”。荣门山崖道路狭窄，称擦耳崖。乾隆初年，知县徐德龙修山筑路。山上有一座亭，黄大本曾撰文记之。山下有石潭，鱼群优游潭中，安详闲适，放生者纷至沓来。乱军来此，像水獭一样捕鱼。荣门山上有四座桥，皆为宋代知州晁公武所重建。崖上本来有摩崖铭文，如今已风化剥蚀。崖下有桥，为唐代贞元中刺史张某所建，旧称灵济桥，清初改作安聚桥。罗星阁兀立在安聚桥下游，是依据唐代堪舆大师杨益之说而修建的，旨在镇水。

旭川南经郝家坝，西边有寿川汇入。寿川河水清浅，河道弯曲如“壽”字。旭川经过伍家河，东边又有盘芽树水汇入。旭川流经石梁山，桃梅溪自东面注入。河水流出荣梨山黄金沟，与团溪相汇，俗称蒋家溪。七杨沟水从西面注入，旧称桃梅溪，如今称作花香溪，最后流经插旗山，汇入旭川。旭川河水南岸是渔矶山，又称钓鱼台，相传是荣隐公垂钓处。荣隐公何许人也？李畋所著《该闻录》记有七位仙人，其中之一即为荣隐先生。钓鱼台的石头上有“心月矶”三字，系唐人以篆书写成，荣隐或许是唐代神仙？明朝知县王梦魁曾所题“一丝九鼎”，是化用黄庭坚所作诗句“能令汉家重九鼎，桐江波上一丝风”而成。距离渔矶山一里为福星桥，威远人颜氏修建。再往前，北面是花金崖，南面是虎崖。传闻这段河水有龙吟马嘶之声，故称龙马槽。

旭川继续前行到金竹沱、汪家滩，此处一派集镇景象。乘船前往贡井，最初用的是木筏，乾隆年间，盐业繁盛，便开始使用小船，到道光、咸丰年间，运送煤炭所用船只多达八百余艘。光绪三十二年（1906），官运局修筑石堰，以期储水，方便航运。但这样一来，农田灌溉大受妨碍，于是县人便上诉禁修此项工程。

距离金竹沱一里，水中沙洲时隐时现，清代时曾据此预测本县科举登第人数多少，故把沙洲取名为“凤凰洲”，这是取自《晋书·荀勖传》中“凤凰池”的典故。

旭川流经铁封井。这里古盐井众多，东华山有盐官，当时称作桐麻盐司，原来的官署基址瓦砾尚存。后严格限制盐井数量，不能随意增减，故名“铁封”。

旭川流经青崖山。康熙时期，张容在这里的山寺开帐授徒，远近闻名。河水向南流经石门关，河谷险峻，水流湍急，《明史》所记洪武年间设立的飞水关大概就在此处，俗称高滩。

旭川又向南经过花包石，北面的双石桥水从这里注入旭川。河水流出黄葛尖山，流经荣陵山北面。荣陵山上有大才寺，附近居民筑石为寨，便称大才寨。

旭川又流经隶荣村浮滚石，浑水溪自西而来，注入旭川。浑水溪从乐德镇斑竹林流出，经过梅村红石崖，张家湾之水汇入其中，抵达乾坝时，苦竹溪之水又注入，二水合流，是为浑水。《水经注》屡称“浑涛”，与《说文解字》中“溷流”意思相同，并非浑浊之意。

旭川又南流经过黑雾崖，再向南流经花崖。花崖上石纹如同绘画，旧志所记花崖村，应该就在附近。

旭川又向南经过滇池坝。滇池坝首尾均与河水相通，河水涨则水倒灌，故称之为“滇”。《太平寰宇记》记载“三百里”，实则字误，荣州的疆域边界明载于乐史的《太平寰宇记》，作者岂会不知道面积大小？

旭川向南流经莲花石，到达鼎新山，有市集跨河川两岸。再往南，河水流经苦葛沱，沱中有名为蛤蟆、鲤鱼的巨石。照石溪从南岸注入旭川。照石溪有三个源头，分别是红崖、五宝镇、石牛山，三股水流在罗家滩汇合，便是照石溪，流至双河口汇入旭川。

旭川向东流经观音滩，与北面桂村溪相汇，桂村溪水自双石桥龙家冲流出，与谢家荡水相汇，流至偏龙桥，始称桂村溪，长约五十里，在观音滩汇入旭川。

旭川向东流经红崖山。红崖山因山石为红色而得名。山上出产白土，黏质，饥荒年间，饥民以白土为食，人称“观音粉”。民国《志》按：唐武德四年（621），乡民食用白土，全身浮肿而死，《资治通鉴》有更详细的描述。负责赈灾的官员应当引以为戒。

旭川流经龙潭。民间传言，潭中有一鳖，其大如牛，此鳖一出，不旱即涝。这大概就是传说中的龙吧。此处市集称为龙潭场。乾隆己亥年（1779）后，龙潭淤平消失。在此附近，又有倒流溪自东南方注入旭川。倒流溪水源自三堰豆子山，向西流至龙潭场后汇入旭川。三堰豆子山四周皆水，中央隆高，仿佛盂器倒扣在地，俗称宛平山。此处另有一山，蹲伏临水，俗称象鼻嘴。

旭川向东流经沙嘴，北面道士溪在此汇入。河水向东流经桥头铺，东南面的柞桑林水在此注入旭川。河岸旁有座雨坛寺，因为求雨祭天而得名。

旭川向东经过马鞍山，北面有细石溪之水汇入。流经渔子沱，北面有济洞溪之水汇入。

旭川继续向东流经艾叶滩，滩上日夜都有小船往来，宛如吴会港口一样繁忙。再过八里便是贡井，也称公井。北周武帝设置公井镇，以大公盐井为名。从汉代至宋代，公井有时设州县，有时设镇，自流井皆在疆域之内。到明朝时，称作新罗镇，自流井、公井才从政区上一分为二。旭川水在公井地方处被筑堰截流，水势激荡，声如瀑布，数里后，流入富顺小溪，接着汇入威远中溪，流经自流井，最后归入雒水。

拥斯茫水　这大概是晋代铁山僚所取名称。《旧唐书》称：隋时井研、始建二县，均设立在拥斯茫水上。《太平寰宇记》称："拥斯茫水，在州南一百五十里。"民国《志》按：拥斯茫水的源头，今名红豆坡，与古籍所载地望符合。

拥斯茫水流经查家场，在碗厂与洞沟水汇合，接着流经铁马桥、平滩、回龙场，在大车堰与立石桥水汇合，岸上有仙人山，唐代时有文人在此题名。

拥斯茫水向西弯曲流至朱店，河上有桥，为通往省城的道路。河水流至郝家桥时，与东面华阳溪相汇。华阳溪以华阳山得名，溪水自京子沟斗梯子流出，顺流而下至仁寿清风市，与漴龙洞之水相汇；流至黄家坝，与石冈寨右之水相汇；流至苦竹林，与白石沟之水相汇；流至高洞堰，与善卷洞之水相汇；流至双古坟下高洞，与菖家沟之水相汇；随后华阳溪水西折抵达团坝，娄沟之水从右边汇入，周家坝之水从左边汇入，最后在郝家桥流入拥斯茫水。

拥斯茫水迤逦西行，至大湾，与北来的濑水相汇。《太平寰宇记》"井研"条下记载：从井研县南界濑下六池东流，即为拥斯茫水。濑水，也称赖溪，唐代地名中多用"赖"字，例如赖牟镇、赖筒池、赖郎、赖宾、赖儒、赖溲、赖因、赖伦，大概是僚人的习惯用语。濑水自板桥流出，这里的山名为水星，因濑水从此处流出而得名。《太平寰宇记》又称：湍流迅急，舟船行驶不便，河水从西南流入平羌县界。濑水经濑河坝市至大湾，蜿蜒约二十里后汇入拥斯茫水，一路怪石嶙峋，激流受阻，往往击石成声。

拥斯茫水向西十里便是十里亭，俗称谢家河，随后流经柏林滩、七星滩。柏林滩因旁边的树林得名；七星滩之名则来自河滩上的巨石。

拥斯茫水流至鱼溹滩，此河段平缓宽阔，宛然大江，竹木茂盛，十里浓碧。河坝上有一座由明朝嘉靖进士、湖州通判杨易施建的盂兰庵，俗名杨家寺。再往下便是渔子滩、龙滩、叶滩，东面的蔡家沟水在此处与拥斯茫水相汇。

拥斯茫水向前蜿蜒十里至长山镇，人称长山河，又名清流河。《太平寰宇记》所称"拥斯茫水流经资官县"，即从濑水下游至长山的此段河道。本县举人邹学山所著《内水考》记载：拥斯茫水流至资官县，顺着县西南方向延伸，与梅子溪、紫金溪、玉字溪、谷芽溪诸水汇合后流至犍为三江镇（今属井研县），接着向南流经四望关至大河坝，最后汇入长江。这说法简直荒谬！荣县水并未流经三江镇、四望关，顺流而行即可考证，毫无根据地主观臆断，当然会贻误后学。

拥斯茫水向西流经赵家山，水落时可踩着石头渡河，俗称狗跳石，东面的五桐坝水在此与拥斯茫水相汇。

拥斯茫水向西流经沙荡河，西面的朱家河在此汇入。交汇处是座高崖，飞瀑声数里外都能听见，因此得名高洞。"洞"，意为疾流，是留存至今的上古雅言，弥足珍贵。

拥斯茫水继续向西流经小井沟，附近有盐井，而山树高耸，直摩青天。南岸山崖有刻字："乾道己丑（1169）春正月，邑令和平仲，以关仁父、费亦周、程明仲偕来，易与之侍。”距此二丈远，有石刻云：“程明仲、晦仲、郑信甫来游。岁乾道戊子（1168），小春十有六日，费时可书。”旁边又有石刻：“眉山孙守道人日到此。”明代诗人胡可孝也有诗刻在此摩崖上。此山产矿，且多为煤炭、灰矿，因此附近有地名叫银矿坳。光绪末年，《冶工采論》记载有“锑”，而铁矿尤多，真可以算是铁山正脉了。

拥斯茫水继续向西流经青冈坪，水流湍急，与沙荡河等相汇，故有“上下高洞”之称。自沙荡河至高洞，十数里河道中大石错列，石间多有小鱼，农历四五月间麦熟季节，鱼贯而出，村里人称“暴沙鱼”，也称“桃花鱼”。

拥斯茫水向西流到芋家山，与西边的老农场水相汇。河水弯曲向南经过杨家坳，此坳有盐井，小井沟盐井少。涧山水从西边汇入拥斯茫水，此水出自涧山沟。《尔雅》有“山夹水，涧”，“涧山”之名由此而来。涧山水流经建于宋代的涧山寺，在戴艾溪处汇入拥斯茫水。

拥斯茫水向南流经老筒车，再向南则流到渔子沱。渔子沱渊深莫测，乡野农人喜好怪谈，传言冯氏善于打鱼，不料出了意外，沉入深渊，遇到水下的石穴，里面有两位对弈的老者，其中一名老者命其折返，并告诫他要闭上眼睛。冯氏依言行事，安然浮出水面。回到家中，竟然发现自己周身有斑，如同鱼鳞，距他离开家已经过去两年时间。渔人如此这般讲述自己的经历，人们惊讶不止，众口相传，因而给这一带取名“渔子沱”。

拥斯茫水向南流经马村，这里的居民戴氏称其先祖自楚入蜀，路上遇到河水阻隔，骑着一匹白马才得以渡河。来到荣县后，为纪念那匹白马，为所居之地取名“马村”。东面的盘瓠溪在此注入拥斯茫水。“盘瓠”，有人也称“盘湖”。“盘瓠”之名，见于范晔《后汉书》，盘瓠溪的名字，大概就是读到这段记载的乡间读书人所取。

拥斯茫水继续向南，流经拕船坳时，河道变得极为狭窄。转而向东，流经牛鞞洞，此洞因桥下石头得名。拥斯茫水向东流经开井坝，这里曾有盐井，西边的水泽溪在此注入拥斯茫水。

拥斯茫水蜿蜒向南，流经新桥。清朝初年，宜宾商人到新桥贩米，归去时运回木耳售卖，当时仅有十余艘小船。咸丰年间，由于金石井出产的盐需经这里运输，商贾云集于此。光绪初年，金石井盐改由犍为路运输，新桥日益萧条。时至今日，途经新桥的船只仅载运石灰陶器，往来仅百余艘小船。新桥市小而高，光绪戊戌（1898），曾遭水淹没。居民曾刻石记载：“六月二十六日，街衢行舟。”当时正值戊戌政变，相信灾祥的人们遂以此作为政变的预兆。

拥斯茫水向南流经云台观。云台观，据说与五代宋初的高道陈抟有关。但陈抟的居所在西岳，这里却以东岳为祭祀对象，不知是什么原因。清朝时，每年二月二日，乡人抬着神像出巡四乡，并以鱼龙舞狮等百技表演助兴，队伍由远及近，锣鼓喧天，河两岸人山人海。当时轻徭薄赋，世道太平，如今看来宛如伏羲、黄帝的时代。

拥斯茫水继续往南，流经资国寺，宋代称作资国镇。河水顺流而下，抵达李家坝，当地人曾发掘出一块石碑，辨读后，知为《烽燧记》，上面刻着“资官、荣德，依水为界”几个字，可知此地在宋代曾经设镇，并且是当时戍守之地界。河水两岸废庙基址甚多，有一座未经修整的闻喜桥。旧志记载，伍子胥祠在闻喜桥右侧，非常灵验。

拥斯茫水向南流经白鹿洞。传闻猎人看见有白鹿进入洞穴，便攀援葛藤进入洞穴察看，见有老人盘腿端坐其中。民间传闻杂以山精水怪之说，往往如此。咸丰九年（1859），李永和、蓝朝鼎起事，当地居民纷纷避寇躲入树林之中，而如今树木早已被砍伐殆尽。

拥斯茫水向南流经后边坝，西边的董家坝水从此注入，前述烽燧碑所载与资官县交界，正在此处。

河水继续往南，流经大佛沱，崖上有佛刻，拥斯茫水从此处进入宜宾，与西来的斑竹沟水在此相汇，接着向南流经新房嘴，与北边的古家场水在此相汇。《太平寰宇记》载拥斯茫水从陵州始建县界内向南流至资官县西部，接着向南流入戎州宜宾县。如今流经合什场、观音场，最后汇入岷江。可见，乐史所说较为精当。

附　录

《井研志·拥斯茫水考略》纠义

光绪年间编撰的《井研县志·疆域一》附有《拥斯茫水考略》。系井研人龚煦春所作。该文力主拥斯茫水在井研。至于古今典籍所载之拥斯茫水，龚煦春则根据民间说法指认为官渡河，其论点极为武断。古语有云："山川能说。"明确山川地界，必须要参考故实才能辨析考证。今纠正如下。

《考略》称：始建县大业四年（608）立有界碑，内称南距荣州七十里。纠曰：唐武德元年（618）才设置荣州，大业四年难道真的有所谓荣州存在吗？又怎么能够凭此伪石，转而质疑史籍记载"大业五年"之说有误？这是第一处错误。

《考略》称：把官渡河确认为拥斯茫水，则其源与《太平寰宇记》内容大相径庭。纠曰：《太平寰宇记》明确记载拥斯茫水在荣州南部一百五十里处，哪里存在大相径庭之说？这是第二处错误。

《考略》称：宋代始建县治所在今仁寿镇子场，其辖境并没有延伸至官渡河源。纠曰：龚煦春引用《太平寰宇记》中所载"始建有铁山罗泉井"，即今资州州判驻处，则可以明确得知，始建囊括现今仁寿东林乡及资州、犍为、荣县边境。与龚氏此前论证"辖境不至"四字，自相矛盾。这是第三处错误。

《考略》称：官渡河与《太平寰宇记》"经井研南界"之语互相矛盾。纠曰：《记》中记载拥斯茫水从县南界濑下六池东流。"濑下六池"，是现今井研南界濑河坝一带，哪里有矛盾呢？这是第四处错误。

《考略》称：濑下六池是指盐井。由于赖郎等数座盐井才如此称呼。纠曰：遵照古盐法，井盐与池盐迥然不同。且《记》中所载盐井，以"赖"冠名的很多，哪里又只有区区六池？这是第五处错误。

《考略》称：《太平寰宇记》言"水湍迅急，不通舟船"，确指现今潺沮滩。纠曰：《太平寰宇记》明确描述拥斯茫水"从县南界濑下六池东流"。既然提及"南界"，则"濑下六池"明显在井研县南界外。"水湍迅急，不通舟船"云云，也明显在南界之外。那么，"潺沮滩"

究竟是在南界内还是南界外呢？《考略》没有明确的说法。至于所称测量拥斯茫水不通舟船，更是毫无道理。如果按照这一逻辑，则《史记·河渠书》《汉书·沟洫志》中凡是有关行舟的记载，均有待商榷。这是第六处错误。

《考略》称：铁山在今犍为境内。纠曰：《太平寰宇记》“资官”条下明确记载，铁山自资州月山县绵延而西；“始建”条下明确记载，铁山在县东七十里；“盘石”条下明确记载，铁山在县南五十里。《汉书·地理志》记载：铁山产铁矿，在荣州威远县境内。由此可知，“今犍为境”，只是铁山一隅而非全貌。这是第七处错误。

《考略》称：《旧唐书·地理志》言始建县治所在拥斯茫水。现在官渡河四周丛林密布，当时不可能设置县级行政建制。纠曰：自南朝宋、齐至唐、宋，创置州县本就不需要具备成熟完善的城郭，多数州县并没有实际掌控的土地和户口，类似现象备载于史册，并不仅见于唐人张籍《蛮州》诗所谓“唯有松牌记象州”。而且，如今拥斯茫水流域，繁盛的市镇与广袤的田野交错分布，设县毫无问题，不必多虑。这是第八处错误。

《考略》称：《太平寰宇记》言拥斯茫水向西南流入平羌西界，合大江。纠曰：《太平寰宇记》只称“西南入平羌县界”，为什么凭空增加“合大江”三字？这是第九处错误。

《考略》称：官渡河完全不可能流入平羌西界。纠曰：《太平寰宇记》只称流入平羌县界，并没有称“西界”，“西”字为捏造。这是第十处错误。

《考略》称：宋代时平羌县在乐山西北方向。纠曰：《元和郡县志》与《太平寰宇记》明确记载在龙游县东六十里另立平羌县。又云即《太平寰宇记》所谓在荣州应灵县界深谷戍者。不知《考略》为何将“东”改为“西”。这是第十一处错误。

《考略》称：在宋代，乐山就是平羌。纠曰：这就与此前所记载的宋代时平羌在乐山西北方向自相矛盾。按：如今的乐山是宋代的龙游。熙宁五年（1072）调整区划时，将平羌并入龙游。《考略》认为平羌包括乐山，那么将龙游放置于何地呢？这是第十二处错误。

《考略》称：平羌辖境距官渡河很远，二者中间隔着冶官、应灵二县。纠曰：《太平寰宇记》云拥斯茫水在资官县西二十里，又云应灵县在荣州西南一百五十里。岂有移隔的道理？并且根据《太平寰宇记》对拥斯茫水水流的记载，即可知古平羌东界的位置。一语千金，有什么值得怀疑的呢？这是第十三处错误。

《考略》称：拥斯茫水就是松峰水，流经三江镇，至四望关，汇入长江。纠曰：《太平寰宇记》“资官”条下明确记载：拥斯茫水在荣县西南二十里，从陵州始建县界南部流至荣县西部，接着流入戎州宜宾县南部。《考略》竟然在《太平寰宇记》中平羌界下凭空增加“汇入长江”一语，于“资官县”条下凭空删除“流入戎州宜宾”一语，又捏造拥斯茫水在“四望关”汇入长江，是何道理？这是第十四处错误。

以上对《考略》的剖析疑难清晰明白，原本无须多说，但对于清楚阐述观点来说是不可或缺的。其实《太平寰宇记》的记载已经十分明晰了，其中指明拥斯茫水发源于“陵州南一百五十里”，“经濑下六池”，“入平羌县界”，“流至资官县西”，“又南入戎州宜宾县界”，观点终始如一，是为古证。而《考略》毫无根据地胡说，并以“索还侵地”自诩，其风雅如同王安石与谢安争墩，其愚蠢如同愚公移山，徒然扰乱读者的判断而已。这里对其谬误一一核实，意在如乐史那样据实撰史，信而有据。

白石沟水　发源于尖山东南部，流经白石山，始称白石沟水，银锭桥刘家坝之水汇入后，便称作石塔河。河水向南流经周家嘴，荣隐山水、铁厂铺水、杜家井水合流后，西来注入白石沟水。荣隐山，曾是荣隐公修道之所，其修道时居住的石室尚存。山左面有一座石山方耸如印，称石印山，也称�山，又称老君台。唐代时，凡风景名胜之地皆称“老君”，北宋经学家孙奭讥讽道：“今日见老君于阁上，明日见老君于山中。”可见，“荣隐”是唐时的名称。

众水汇入后，白石沟弯折向东，流经半边山，北面有桂叶溪注入。桂叶溪从荣隐山附近的小山火盘沟流出，便取名“招隐”，相传这段河便是“大牢溪”。民国《志》按，《元和郡县志》记载：大牢溪从旭川县北铁山下流出，向南流经犍为县北。又称：隋代的大牢县，因境内大牢溪得名。大牢县境东北距离荣州一百五十里，实际情况与《元和郡县志》的记载完全不符合。

白石沟水向南流经铁冲，河岸上有石窟。民国4年（1915），凿石时发现一块人形之物，肌理清晰，膝盖骨骼显然可辨，肝肺犹为黏质，身高近一丈，上半部犹存石中，下半部已破碎。这大概是佛经所谓“劫量”，一大劫共计十三亿四千三百八十四万年，常人往往惊叹其浩瀚杳渺，以此太古石人检验“劫量”之说，信而有征。

白石沟水向南流经杨家场（明人杨镕的故里）。又向南流经龙奔泽。再向南一里，竹叶溪汇入。竹叶溪源出过水坳、石板堰。芭蕉园水汇入其中。（芭蕉园，宋代藩王所建。）芭蕉园水从乐德镇响水洞流出，至张家堰，二水合流，始称作竹叶溪。溪水流至垴顶坡，坡下即杨州英宅。杨州英系杨镕后裔，康熙间举人，曾在浙江昌化为官，后辞官回家奉养父母，不久，其父去世，州英也因伤痛过度而死。竹叶溪与芭蕉园水合流后，又至龙潭山。这里巉岩密布，石间有一洞，深不可测，难以进入。大旱之年，人们常在洞口处祈雨。乡人认为此处就是龙湫，因而取名龙奔泽，修建龙神祠。祠堂附近，森林茂盛。

白石沟水向南流经大脚菇，水中有两块形似菌蕈的石头，乡人称菌作“菇”。《说文解字》解释：“菌，宍，声如六。”“菇”“宍”，发声相近。

白石沟水向南流经雷口，河水迂回，形似雷垣，故名。白石沟水从半边山流至雷口的河段长四十里，周围多平原。冬季时，农民用沙石筑成十二处拦河坝蓄水，而且河上没有船只往来，不会妨碍蓄水，这一带算得上是县城西南方的富饶之地。

白石沟水向南流经奉真山。唐代此处有奉真观，左面是龙头山，右面是清凉山，刻有宋代进士李一飞的诗篇。

河水继续前行，经过荷池，池塘面积约十亩。再往前，荔枝坝水汇入，因此这里的市集便被称作河口。河水又向南流经芦田嘴，此处有小股水流自东面注入。河水继续向南流经上桥，此处有大涐山水从西注入。大涐山上寺庙异常灵验，每年夏天，远近香客纷至沓来，香火旺盛，当地人因此称之为“大涐”。

白石沟水继续南流经申家坝，与古家河相汇后，流至中坝，最后汇入拥斯茫水。

大牢溪　大牢溪俗称白石沟水，此说有误。第一，据《元和郡县志》记载：大牢溪从旭川县北部铁山下流出，向南流经犍为县北部。而白石沟水从荣县西部白石山流出，流经县西南，显然与大牢溪不同。第二，大牢溪在大牢县界内，井研与大牢二县中隔着治官县，大牢县不可能统辖白石山。《太平寰宇记》称：大牢溪又名赖溪。赖溪就是今天的赖河坝水，自水星山流出，流至大湾后汇入拥斯茫水。足见大牢溪不是白石沟水。

据旧志记载，荣县的山川可以分为两支：发端自东北者，众山以陵阳山为祖，自北折而向东，抵达南河；河流则源自梧桐沟，与东面的龙溪相汇后，注入南河。发端自西南者，众山以龙虎山为祖，西来抵达南河；河流则源自资江，与北面的双流水相汇后注入南河。荣县县城地跨北山，向东扩展，城西、南两面临水，依水修筑城壕，这是“内条”的山川形势。外四十里绕以长山河，源自东北方向，转而流向东南，并以铁山为藩篱，由西北绵延至东北，这是“外条”的山川形势。诸多山川河流自然形成合抱之势，拱卫县城。荣县得天独厚，人杰地灵，其中必定有自然地理基础，因此本篇选取有价值的内容予以记录。孟子有言：域民不以封疆之界，固国不以山溪之险。其中的道理显而易见。既然如此，为何还要纤细必录呢？这样做是出于如下考虑：记载疆域变迁，旨在表明地方官府的职守；而记载土地的开垦状况、民风的勤奋与怠惰，旨在反映地方政治的清与浊；记载山川形势，旨在重视民生；记载高山大川中的丰富物产，事关民间的富庶或贫困。对于留心民间疾苦的人士而言，这些内容都是不可不予重视的重要参考。

赵熙称：拔贡虞兆清精通地理之学，修志时曾多次改订书稿，因而对山脉的走势、水流的走向，了然于心。湖南人王闿运记录衡阳山水时，常收录杂说异闻，今读者疑惑不解。在他看来，如果把民间传说记录下来，则可以从中窥见国计民生之所在；其幽默风趣，不逊色于东方朔。至于荣县，此类小说杂记极为稀少，想要搜罗此类传闻而不可得，但山川却无声地记录着历史。荣县北面是铁山，南面是野客山，从晋代设立治官县以来便是如此。有关山川形势的学问并不仅仅是古代具备九种才能的士大夫所独有的，有心者自然也可以详加考究。

附　录

拥斯茫水今考

《太平寰宇记》“荣州”条载：“资官县，本汉南安县地……铁山，在州西北一百里，从资州月山县西来，其山出铁。拥思茫水，在县西二十里。从陵州始建县界南流至县西，又南入戎州宜宾县界。”此处所云拥斯茫水即今越溪河。《太平寰宇记》“陵州”条又载：“井研县，本汉武阳县地……拥思茫水，在州南一百五十里。从县南界濑下六池东流，即名拥斯茫水。湍流迅急，不通舟船。西南入平羌县界。”此处所云拥斯茫水即今茫溪河。

大牢溪今考

《元和郡县图志》“旭川县”条载：“铁山，在县北四十里。大牢溪，出县北铁山下，南流，经县北。”《元丰九域志》“荣州”条载：荣德，有荣德山、大牢溪。资官，有白崖山、濉斯水。应灵，有应灵水。此大牢溪即今荣县城北东川水。

二、岩泉

乾隆《志》卷一所载岩泉：

雷鸣泉　位于城西，巨石耸立，有提学王书文的石刻。

古　泉　位于城东，传闻曾有鲤鱼从中跃出，知县李锐刻石于此。

一碗水　位于城西十五里，为石泉，泉水丰沛，旱年也不干涸。

倒流水　位于城北三里处。

倒溃塘　位于城南三十里处。

仰天涡　位于城北四里处。

铁牛沱　位于城西四十里处。

苦葛沱　位于城南六十里处。

长　潭　位于城西四十五里处。

龙马漕　位于城南十里处。

凤凰洲　位于城南十里处，过去人们根据它在水中的面积大小预测本县科第，颇为灵验。

观音滩、南平滩、沙滩、高滩、仙滩　以上五滩皆为荣川水域。

柏林滩、七里滩湾、鱼笺滩、渔子湾滩、龙滩、藾叶滩　以上六滩皆为长山河水域。

第六节　古迹名胜

一、古迹

（一）旧志所载古迹

1. 乾隆《志》所载

荣王府　位于荣县城西的清富山，相传是周朝荣公封国的旧址。唐懿宗咸通三年（862），宪宗子李愦被封为蜀王。宋真宗时，皇子赵德雍被封为荣王，出镇荣州。孝宗封其子赵惇为荣王，后赵惇登极为帝，是为光宗，荣州成为光宗潜邸。宁宗开禧元年（1205），其子赵曮被封为荣王，赵曮发布的条令镌刻于石，留存至今。

皇子威武军节度使条教碑

旭川故城　其地在今县城北街，唐代设置。《元和郡县志》记载：旭川县原为汉代南安县属地，唐贞观元年（627）设立旭川县，因境内有旭井而得名，后成为荣州治所。宋代时，改旭川为荣德，宝庆后废置。

资官废县 在荣县西部，东晋时设置。《宋书·州郡志》记载：义熙十年（414）设置冶官县，隶属犍为郡。南齐时期，因循旧制。后废除。隋朝恢复冶官县。《元和郡县志》称冶官县为“咨官县”。冶官县原为汉代南安县属地，大业十一年（615）属犍为郡统辖，隋朝以后误认“冶”为“咨”。武德元年（618），冶官县为嘉州属地。贞观六年（632），改属荣州，由县城东南行至荣州治所，约90里。后又误认“咨”为“资”，遂被称作资官县。《元丰九域志》云：资官县在荣州西南七十五里处。元代时废除。

应灵废县 在荣县西南部，隋朝时设置，最初叫大牢镇，隶属资州仁寿县。当时，铁山僚猖獗。卫玄任资州刺史时，铁山僚攻击大牢镇，卫玄一人骑马前往敌营，将其成功招降。唐代时，大牢县属荣州。《元和郡县志》记载：大牢县东北至荣州一百五十里，汉代时为南安县属地，开皇十年（590）设置大牢镇，十三年（593）改镇为县，县境内有大牢溪，故名“大牢”。天宝元年（742）大牢县改称应灵县。宋代沿用。元代并入荣州。又，《新唐书·地理志》还记载：景龙二年（708），省云州下辖罗水、云川、胡连三县并入大牢县。这三县应该都在大牢县附近，现在已无从考证。

公井废县 在荣县东南九十里，唐代设置，属荣州统辖。《元和郡县志》记载：公井县西北至荣州九十里，原本为汉代江阳属地，北周武帝在此设置公井镇，名字取自当地的大公盐井。隋代因循旧制。武德元年（618），在此地设立荣州，因而改公井镇为公井县。后来荣州治所迁徙至旭川县，公井县为其属地。宋熙宁四年（1071），公井县又改为公井镇，并入荣德县。其地今称贡井。

南安废县 在荣县西部七十里。齐永元三年（501）侨置南安郡。《太平寰宇记》记载：南朝萧齐时在荣州设置安阳郡，隋朝时废除。今天的来牟镇即南安县旧址。

和义废县 旧志记载属于荣县，根据《四川通志》记载，应属威远县。

旧花崖村 无从考证。

旧彭村 无从考证。

旧罗村 在荣县南三十里处，周围石墙亭基尚存，有一大石梯，今地在乡民戴绍贤院落内。

旧绫锦村 无从考证。

旧杏春村 无从考证。

废桐子园 在荣县西二十里铁厂铺小桥西面官路旁。

旧楠木园 无从考证。

废竹园 基址无从考证，今存竹园铺。

废桐麻园 在荣县东北二十里处，山势高耸，基址尚存，故址在今乡民苏金魁界内，园子下方是龚家沟之官河。

废芭蕉园 在荣县南二十里处，山形缭绕，秀色可餐，故址在今乡民李子玠界内。

自花崖村至芭蕉园等十处古迹，均为南宋荣王受封时置，如今都已经废弃。

废荣川驿 在荣县城南二里处。

废白沙盐司 在荣县城东。

废桐麻盐司 在荣县城南四十里。

八方琉璃旧井 今为池。

槐花井　在荣县城中，泉水清冷异常。

古流杯池　现今已因砌堰填平。

古郊社基　在荣县城南十里处。

古禳基　在荣县城东七里处。

古九域图碑　久经损坏，如今被重新竖立于文庙之后。《舆地碑记目》列于卷四。

古至圣先师、文昌帝君像碑　立于文庙内。

大周圣德勒石文碑　韦缜撰，唐长安三年（703）立于县城子城门外。

州院碑　后蜀司仓参军勾延庆撰。

真义侯碑　在真义侯庙，唐元和二年（807）建。旧志称，真义侯庙即古代独孤、白马两位蜀将的庙宇。

唐代刺史薛高邱磨岩碑　唐开元二十年（732）刻于荣德山，石碑多记载仙灵事件，今字迹已磨灭。

荣隐山修道观石碑　在本山上。

荣梨山古寺碑　在本山上。

宋元符元年祷雨碑　在荣梨山上。

静难侯庙碑　在本庙内。

啸　台　在真如崖右侧，相传是魏晋之际孙登留下的遗迹，宋代刺史李焘曾对其有记载。

莲　台　位于荣县东部，与啸台对峙。

钓鱼台　在荣县城南十里处荣川岸边，相传荣隐先生曾在此垂钓。河水中有两块大石，唐代有人在石头上篆刻“心月矶”三字，后来这块石碑移于谯楼下，现已不存。知县王梦魁刻“一丝九鼎”于另一块石头上，石碑高三丈许，明代杨石在碑石背面刻有诗作。

啸台游赏

凤翔台　在荣县城东二十里处。平整开阔，长宽各十丈余，临近威远县界，相传有凤凰翔集于台上，因此得名。

另有荣德旧学、公井旧学、古“三教”像碑、古镇南塔。

2. 光绪《志》所载

罗汉洞　荣县城南风景名胜之地，宋人在崖畔刻石留念，因年岁久远，字迹已经漫漶湮灭。现录其中二则。其一：“眉山苏仲庄来游，淳熙五年（1178）六月七日。”其二：“淳熙甲辰（1184）重阳后三日，隆山喻德明拉温元东、何仲符、员诚父、赵来介来款龙洞游，登啸台，临眺还视，秋光山色、翠摩檐楹，乃相与举酒，推襟送抱，语曰：‘昭旷在前，盲者无达观；广奏盈耳，聋者绝听音。’信哉！德明之侄子才、男益孙侍行。”

3. 民国《志》所载

放生池　位于荣县城南。从擦耳崖上游到锁江桥一带，河水清深，多有石穴，许多人在此将鱼放生。清朝时，官府明令禁止在池中捕鱼。资州观察使郭梓南来此游玩，见桥下鱼群汇聚，鱼儿欢快地穿梭游弋，触及水中人影则四下惊窜，藏匿于池中石缝间。观察使喟然感叹："万物生灵珍爱生命，连池中鱼儿也不免如此。反观世人杀生作孽，让人心生畏惧。世上一切生物都有自我保护的手段。管子曾说：'礼义廉耻，国之四维，四维不张，国乃灭亡。'自从纲常解纽，法纪荡然不存，狡黠之人纠合同党，恣意妄为，草菅人命，有司无可奈何。其后取而代之的乱党，则更是穷凶极恶，兼有前者之恶。以至于诚实良善的人无立锥之地。古语说：'微禹，吾其鱼乎！'眼前的鱼儿尚且有河池自卫，这样看来，人还不如鱼儿啊！"观察使离任后，乱军来此，像水獭一样捕鱼，游民如影随形，池中鱼群被捕杀殆尽。即便如此，辛勤劳作的人本性还是善良的。仁者与不仁者对抗时，仁者往往失败，幸而上天必定会惩罚不仁之人，最终还是由仁者取得胜利。正因为如此，周围的居民依然在鱼洊滩、钓鱼台设有放生池。官府衙门中的镜香亭也设有放鱼池。放生池在荣县境内比比皆是，可见县民人同此心，心同此理，多有好生之德。鱼洊滩与长山桥相距十里，河滩水即拥斯茫水，在平地奔流十里之后，就汇入浩荡的大江中。河两岸多杂树，传说水中有巨鱼，渔夫以水獭作鱼饵，投入水中，水獭的头瞬间就被巨鱼吃掉。鱼洊滩风景清旷，不在交通要道，因此鱼儿没有被滥捕。

镜香亭 在官府衙门西面。唐代时在这里开挖池塘，并在池中建亭。寻常百姓以为能借官府权威保护生灵，便纷纷将鱼放生于池中，但衙中仆役却趁机牟利滥捕。如今已经与县长会商，疏浚池水，严禁捕鱼。

桂仁桥 在荣县北郊，距离县城约七里。

钟 楼 在凤鸣山，民国 11 年（1922）建。

文光射斗坊 民国 17 年（1928）因修市政工程而毁弃。

罗星阁 清乾隆十二年（1747）由知县徐德龙修建，依据的是唐代灵台郎杨益的堪舆术。明代以来，荣县城每六十年便会遭遇一次水患，罗星阁建造之后不再有水患。但现今堪舆师又认为阁址不利。《礼记·曲礼》称："有其举之，莫敢废也。"堪舆家自古以此煽动迷信，眩惑民众，这种风气实在不宜助长。

唐宋刺史署 在县城清富山。唐开元十三年（725），靖恭太子李琬被封为荣王。李琬是唐玄宗第六子，刘华妃所生，当时被封为京兆牧，并未亲临荣州。咸通三年（862），懿宗封宪宗子李愤为荣王。史臣称：唐朝中期开始，王子未成年之前多在京师，虽然有王的名分，但与匹夫无异。可见荣王李愤也没有亲临荣州。宋代曾封五人为荣王，四人为和义郡王。旧志记载，宋真宗封其子赵德雍为荣王，这种说法属无稽之谈。赵德雍是魏王子，是宋真宗堂兄，更没有封于荣州之事。但绍兴三十年（1160）四月，宋高宗封皇孙赵惇为荣州刺史，确有其事。赵惇就是历史上的宋光宗，他被封为荣州刺史时，孝宗尚未被立为皇太子。后来孝宗即位，光宗才被封为恭王。如今民间认为光宗被封为荣王，封为刺史即为建藩，并以府衙为荣王府邸，这些说法都不一定正确。光宗即位后，升荣州为绍熙府[①]，仍然以原来的府衙为官署。自唐朝以来，荣州官署极为壮丽，有莲塘、江楼、河亭等风景名胜，刘兼曾写诗"郡城楼阁绕江滨"，"两岸烟花春富贵"，"一筵金翠临芳岸"，"桃花满地春牢落"，"莲袅红香匝郡楼"，"舞袖

① 按：升荣州为绍熙府事，当在宋理宗朝，非光宗朝事，民国《志》误记。

逐风翻绣浪，歌尘随燕下雕梁”，描述的都是歌舞升平、园林花木繁茂等胜景。然而经过五代战乱，已荡然无存。宋代目录学家荣州刺史晁公武撰《郡斋读书志》，“郡斋”即荣州刺史署。陆游作《斋中夜坐有感》云：“荒山为城溪作壕，风鼓巨木声翻涛。鸱枭乘屋弹不去，狐狸欺人怒竖毛。雨来红鹤更可恶，争巢一似婴儿号。城孤屋老草木茂，正坐人少此辈豪。急呼伍百具畚锸，欲掀窟穴穷腥臊。忽然语罢却自笑，残年何至与汝鏖。浣花江色绿如黛，春波滟滟浮轻舠。行当系缆柳阴下，仰听莺语倾香醪。”诗句语气幽郁，其中“风鼓巨木”一语，可想见官署中林木之盛。宋元之际的诗人汪元量经过荣州，也曾作诗“妓女吹金管，庖丁洗玉盘”。明清时期，山县荒凉，殊不知这里是昔日的“王城”，其富贵繁华似比北宋时期东京之樊楼。

子　城　即刺史署周围的外城，许多名郡都有子城。白居易有诗云“子城阴处犹残雪”，此子城便是指江州。荣州境内的清富山上有座清富楼，左面是袭香亭，右面是迎曦亭，前有来薰亭，后有望熙亭。城门外刻有“大周圣德碑”，意在为武周政权歌功颂德。诗人汪元量所作《醉倚高楼》中的高楼疑为清富楼，诗句中“蚕丛鸟道”是指城北诸山。清代修筑武侯祠，清富山便成为葬冢之地。光绪末年，洋人修建教堂，清富楼重现繁华，门庭若市。旧志曾记载“十二景”，“清富登临”即为其中之一。此地俗称“古城”，或称“荣王府”。明代龚汇《文庙碑》云：洪武四年（1371），荣州仍遵循旧制，在清富山建署。可见龚汇确实掌握了有关掌故。

佛耳池　在清富山下，是刺史署中观游赏玩之处。由于地形曲折回环，形同佛祖耳朵，因而得名。清朝时，居民经常在菜圃挖出石马、金狮、铜鼎等物。现在此地是张氏住宅，疏浚池水时，淘出许多陶器及光宗小铜章，但今天的池塘形状已经不是耳朵形状了。

宸章阁、奎章阁　都已废弃。

八方琉璃井　位于佛池附近，是宋代古井。井以河中石子嵌成，颜色紫翠斑斓。现今八方琉璃井僻处民居之中，泯然无闻，可惜没有人为之呼吁。

槐花井　县城内有槐花井，其水以清冷著称。

高　斋　在刺史署。陆游所著《桃源忆故人序》称“因子城作楼观”，可知此子城位于现今的西街。站在城楼上可俯看程坝，沙石环水，村落稀疏。但不知刘兼所记载的“西斋”是否即此处？刘兼诗中数次提及登郡楼，必定是子城风景佳处，其诗《春宴河亭》“四面烟花出粉墙”一句，据其地望推测，应该也是俯望程坝所看到的景色。可惜的是，唐代没有荣县人的诗作流传下来。陆游的《西楼夕望》云：“夜郎城里叹途穷，赖有西楼著此翁。溪鸟孤飞寒霭外，野人参语夕阳中。苍天可恃何曾老，白发缘愁却未公。俗态十年看烂熟，不如留眼送归鸿。”诗中所写的西楼应该就是刘兼所登郡楼。《高斋小饮戏作》云：“梅花又发鬼门关，坐觉春风万里宽。荔子阴中时纵酒。竹枝声里强追欢。丁年汉使殊方老，子夜吴歌昨梦残。白帝夜郎俱不恶，两公补处得凭栏”。陆游自注：“予五年间，自夔客荣。”民国《志》按：《高斋小饮戏作》诗中无戏语，而题目中有“戏作”二字，是因为“鬼门关”三字近于虚诞；杜甫曾客居夔州，李白曾谪迁夜郎，《高斋小饮戏作》末句以李白、杜甫两人的遭遇自比，但诗句中“夜郎”在今遵义，而陆游认为夜郎即荣州，这是他见闻少所致。

昭德堂　位于刺史署，由宋代晁公武修建，与讲教堂一起废弃。晁氏是世家大族，史籍中随处可见晁氏家族成员的事迹。居住在京师昭德坊的晁迥，著有《昭德新编》，所以晁公武为此堂取名“昭德”，他撰有《郡斋读书志》。陆游曾写诗《昭德堂晚步》云：“笑唤枯筇蹋夕阳，探春聊作静中忙。高枝鹊语如相命，幽径梅开只自香。苔蚀断碑惊世换，钟来废寺觉城荒。谪仙未必无遗恨，老欠题诗到夜郎。”

九折屏 位于清富山北面，下临赤沙步，今已荒绝。若是濒溪修筑小屋，应该也是景色幽美宜居的好住所。城北山上的溪流顺山而下，丛青叠翠，站在西洋人修的楼上便可俯瞰此景。

荷 池 在荣县县署西。县署为唐代旭川县、宋荣德县治所。荷池系修城取土而成，由刘兼《莲塘霁望》等诗可知唐代方有此池。清嘉庆丙寅（1806），知县许源见池中此君亭颓圮，遂将其翻造修葺一新。奉新宋鸣琦镇守嘉定时，称此亭为“镜香亭”，语出李白《别储邕之剡中》诗，诗云：“借问剡中道，东南指越乡。舟从广陵去，水入会稽长。竹色溪下绿，荷花镜里香。辞君向天姥，拂石卧秋霜。”宋鸣琦取句名亭，其实秀州、抚州均有此亭，这应该是仿照荣州亭取名。唐代诗人刘兼《梦归故园》称“红蕖全谢镜心香”，此处才是真荣州之“镜香”。

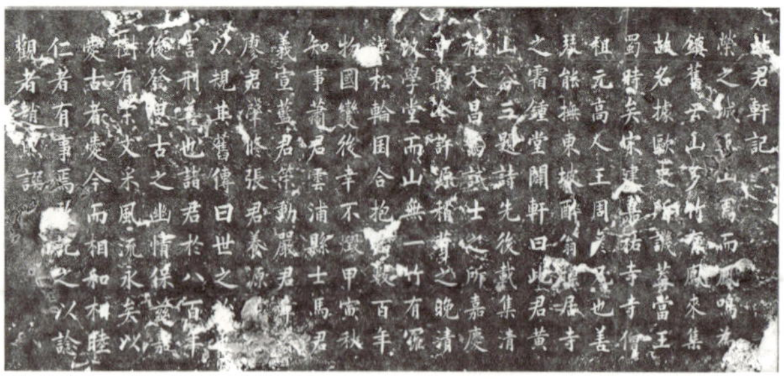

赵熙此君轩记碑拓片

此君轩 位于凤鸣山上，旧志称其为“凤鸣朝阳”。宋代嘉祐寺僧王祖元在此修建霜钟堂。黄庭坚经过戎州时，数次为此君轩作诗，后人于是在这里祭祀他，如今已经废弃很久了。清代知县许源修缮文昌宫时，根据自己的理解推测此君轩的原址，在文昌宫增修了几间房子，为其题名“此君轩”。祖元是王周彦的堂兄，苏轼、黄庭坚与荣州的渊源都与王氏家族里的杰出人物有关。嘉祐寺中有一口井，清代时可以用来占卜科第名次。疏浚井水时发现井底有沙石，可知此地与河心持平。

竹王祠 在东门桥。《太平寰宇记》引用扬雄《蜀记》说明立祠的原因，可知竹王祠在唐代以前便已建成，不学之人由此误认为荣县是夜郎故地，便称东溪为遁水，称祠前河水为浣纱溪。愚夫愚妇鄙陋无闻，喜欢妄自攀附，往往如此。所以民国《志》水道篇极力纠误。陆游有诗作“我今流落夜郎天”，也是因为其没有读懂范晔《后汉书》导致的。

大佛崖 在东郊，宋代称为东山。大佛始凿于唐代。元丰八年（1085），僧人淳德继续凿山筑像，元祐七年（1092）落成。大佛崖半山腰是啸台，李焘题壁，旧志称之为“啸台游赏”。啸台对面是莲台，往南是罗汉洞，宋代称“龙洞”，其上有座常年荒废的龙门亭，旧志称“龙湫夜月”。山体中间断开，俗称“双狮结尾”。南边是龙头山和镇南塔，旧志称“龙头插笔”。清代时，宫鉴桂在佛崖凿刻的达摩像技艺高超，堪称逸品。

龙头插笔

青阳洞 位于荣县南一里浮图崖后。洞深十二丈，宽十三丈。《史记》记载：黄帝之子玄嚣，号青阳，在江水边居住。《大戴礼》记载：青阳居住在泜水边。荣县在江水、泜水之间，东距泜水一百五十里，西距长江二百里，考量地理位置需以《国语》为佐证。考据《国语》中司空季子之言：青阳是方雷的外甥，因此姓姬。嫘祖的儿子也姓姬，也许是黄帝有两个叫作青阳的儿子，住在江水、泜水的就是姬姓青阳。炎黄时期古风淳朴，此时并无侯、甸、要、荒之分。《山海经》记载，黄帝司徒祝庸居于江水边，其领地在朱提附近。《魏书》记载，黄帝之孙昌意，从小被分封在北方，辖境内有大鲜卑山。按照现今地图查勘江水、泜水方位，应该在仁寿至泸州各县附近，荣县在其范围之内。而且荣梨山古称“玄嚣崖”，可见荣梨山是上古圣王居所。《汉书·地理志》“安阳”条中应劭称“古江国”，唐张守节认为这里是青阳的封地，是因为他不知道《汲冢古文》中明确称呼西方为安阳，可见安阳与青阳无关；如果像张守节那样把“江国”当作“江水”，那该如何理解《大戴礼记》中所载泜水位置呢？也有人称青阳是指泸州，认为青阳得名于青山之阳。

青阳洞石刻

万景楼　在城西凤栖山上，读欧阳修《新五代史》可知，或许“万景”与“凤鸣”都得名于前蜀时期。万景楼旧称“万景岑楼”，属于乡间好事者所为，大雅之人会嗤笑的。

横溪阁　在荣县城北耸云山下，是宋代“义门王氏”的居所。王梦易在此地修建归来亭，在山上凿有一处石室，黄山谷称之为“地仙洞”。横溪阁相传是王梦易之子王庠、王序读书之所，因而旧志称“双溪书阁”。双溪是北宋时便有的名称，杨天惠曾为双溪作传。王序又建横溪阁，年久废弃。光绪末年，乡里村民按照前例在沙洲建阁，仍取名“横溪”。耸云山就是古代的石龟山，文同诗《王氏北溪》云：“石龟州北群峰起，一去距城无十里。烟岚秀气护岩扃，松菊清香泛溪水。轻裘肥马正荣耀，春韭秋菘任凋毁。待将底物谢《移文》，谷口浓云白如纸。”文同与王梦易同是皇祐元年进士，但其诗词似有讥讽王梦易之意。民国《志》按：明《孝女阿回打虎》诗称“龟子山头”，也许就是耸云山，有的人称箐口乃今箐林，姑存两证。陆游诗《晚登横溪阁》云：“楼鼓声中日又斜，凭高愈觉在天涯。空桑客土生秋草，野渡虚舟集晚鸦。瘴雾不开连六诏，俚歌相答带三巴。故乡可望应添泪，莫恨云山万叠遮。”“荦确坡头笻竹枝，西临村路立多时。卖蔬市近还家早，煮井人忙下麦迟[①]。病客情怀常怯酒，山城老景尽供诗。晚来试问愁多少，只许高楼横笛吹。”沿着地仙洞上坡有一泓蒙泉，其名题刻于泉石上。

王序塘　在东北郊。宋代王序历任徽猷阁待制、知河阳军州事、充陕西河东河北宣抚使司随军转运使。王序回乡后精心修筑池台，乡人艳羡池台风景，便以王序之名命名此地。东北郊有山称凤凰原，又称高城原，王梦易、王庠、王序均葬于此，张商英《王梦易墓表》有载。王氏实居北山，此处是王氏显达之后为后代新建的住所，因此称孙村，俗称讲教洞。对岸是望儿山，因其母登山远望王庠、王序而得名，这或许是村翁乡妪虚构的谈资而已。

老君台　在荣县西三十五里处，旧志称“筠山夕照”。相传荣隐公石室在此处，见于唐代《修道观碑》。山下铁厂铺，有陈抟题写的“生涯无极”四字。

---

① 陆游自注：“荣多盐井，秋冬收薪茅最急。”

翠笔峰 在荣县北十五里处，翠绿的山峰上山石嶙峋，与日本的富士山很像。“富”“蓬”，古音为双声，“士”“来”，古音为叠韵，因而相传“富士”即“蓬莱”。旧志用“翠壁凌霄”四字来称赞此处风景优美。但是此山的山壁不见特异之处，应称之为“翠笔”。山下是蓝桥，数里之外便是唐代洛阳溪和宋代桑梓园。

翠壁凌霄

啸天龙 在城西五十里处，为西部万山丛中的交通要冲。

老林口 在城北三十五里处，为北部万山丛中的交通要冲。

资官县治 在今来牟铺。《宋书·州郡志》记载：晋义熙十年（414），置冶官县。《南齐书·州郡志》记载：冶官县属犍为郡。《隋书·地理志》并无冶官县，但列传中对其有所记载。旧志称南朝梁、陈时期取消冶官县，隋朝时又重新设立，不知其说依据何在。旧志又引用《元和郡县志》称：大业十一年（615），冶官属犍为郡。而《元和郡县志》中却无此记载，不知误引自何书。资官县，东晋、刘宋时期本称“冶官”，隋朝误为“咨官”，唐朝又误将“咨”作“资”，至赵宋时，仍称资官，宝庆后废除。资官县地界在荣县西部。《元和郡县志》记载：资官县东南距荣州九十里。《太平寰宇记》亦如之。但《元丰九域志》称：“资官县距荣州七十五里。”这种说法与《元和郡县志》称白崖山在资官县西北十里，《太平寰宇记》称拥斯水在资官县西二十里，一一吻合，可见资官县旧治的确就在今天的来牟铺。今记拥斯茫水在县西二十里，是写者笔误。至于现今新桥南面附近的资国寺，宋代有资国镇，今天的金石井镇有资官庙，二者都与古县治无关。

齐侨置南安郡 今来牟铺。《南齐书·州郡志》记载：永元三年（501），南安郡统领五个县：南安、华阳、白水、乐安、桓道。当时始兴王在南安县担任刺史。秦州氐人动乱，于是朝廷侨置秦州南安郡于此。而冶官县是汉代南安县旧地，两个“南安”名字偶同，故能因利乘便。《通典》《太平寰宇记》都有记载。南安郡历经梁、陈两朝，在隋初被废除，只不过是把“南安”误写作“安阳”而已。现今双古镇华阳山，应为当时华阳县侨置之地。南安郡的白水、乐安、桓道三县，有的民户稀少，有的年久地废。总之，在冶官县境内侨置南安，是为了让当时秦郡流民有所归依。至于南安郡、南安县治所同在一处，并无妨碍，这是世道混乱时的建置。来牟铺现今仍存有南安县古碑。

应灵县治 《元和郡县志》记载：应灵县东北距离荣州一百五十里。隋开皇十年（590）设置大牢镇，十三年（593）改镇为县。天宝元年（742），大牢改称应灵。《太平寰宇记》记载：应灵县旧有五乡，现今有三乡。这是因为此地唐朝时疆域广而宋朝地域变狭。又，《新唐书·地理志》称：景龙二年（708），云州被裁撤，其属地罗水、云川、胡连三县划入大牢统辖。根据地理位置判断，必定在现今犍为境内。相传，应灵县旧治在金山寺，或许如此。

和义县治 《元和郡县志》记载：和义县原本是汉代资中属地，在泸州、资州交界处，西南距离荣州一百七十里。《太平寰宇记》记载：乾德五年（967），和义县被废，并入威远县。

公井县治　就是现今贡井县。《元和郡县志》记载：公井县西北距荣州九十里。《太平寰宇记》记载：唐贞观元年（627），设置旭川、婆日、至如三县。二年（628），将泸州隆越县划归公井。公井县增加隆越之地后，其东南部疆域极为宽广。公井县向西南七十里，便是拥斯茫水北岸李坝。民国7年（1918），李坝发现一块界碑，记录烽堠边界：东到本甲小市，南到大江，西到资官县界溪水，北到本栅小市。落款为："保丁王庆宜，保长许大猷，甲头白皓、张伯鸿，都保张伯之，右迪功郎县尉陈，左迪功郎主簿樊，右从政郎县令丁。"民国《志》按：官职分左右，这是绍兴时期的官制，淳熙年间即废除。公井县与资官县隔着一条溪水，可见当时公井县包括了荣德县的地域。这条溪水，今名金鱼坝，在拥斯茫水南面，是荣德、资官二县的边界。旧志称：资国镇，在县城西南四十里，已经废置。所说大概就是此地，如今尚存资国寺。相传，南宋末年元兵渡过马湖江来到此地，资国镇被彻底焚毁，至今田间还能见到堆积的瓦砾。

花崖村、彭村、罗村、绫锦村、杏春村、楠木园、芭蕉园　相传是南宋故迹，只有竹园铺现在是集市。

成都市　《九州要记》云：汉武帝时，南中令奉命修通僰道，没有成功，唐蒙按照军兴之法准备杀掉他，南中令临死时说：遗憾的是没能见到成都市就要死去。唐蒙为满足他的遗愿，下令设立形制如同成都的市集。后人遂称此地为"成都市"。成都市与马鸣戍的相关记载，均见于《太平寰宇记》。

石笋铺　在荣县西七十五里处，为古代驿站。此处山石参差，宛然微缩版的黄牛峡，但是这里并没有河流经过。旧志称此地景观为"石笋排空"。

马鸣戍　《益州记》记载：旭川县有个地方叫马鸣戍，汉朝刺史韦拔夜间经过此地，听见有神马在溪中嘶鸣，引得其坐骑嘶叫回应，因此便有"马鸣戍"之称。

石笋排空

铁　冲　在杨家场附近。民国4年（1915），石工凿石，发现一块人形石头，身体虽然已化为石质，但骨骸仍然清晰可辨，肝肺尚有腥味，质地有粘连感，身形伟岸，上体犹存石中。赵熙撰诗记之，认为这就是《立世阿毗昙论》所称"劫量"，此人正在渡劫修行。南通人费范九听说了这件事，十分兴奋，便撰文刊登于报章，在全国佛社间广为传播。

荣夷公墓　旧志记载：在县南十里处，墓前碑碣为明朝学使潘璋树所立。民国《志》按：周、邵、毕、荣是周王室四大氏族，荣氏至夷公时已经败落。《墨子》称：厉王受到虢公长父、荣夷公两人的熏染。《吕氏春秋》亦载之。《史记》称：厉王贪图财利，亲近荣夷公。这也是其遗臭万年的原因。"荣"之由来，据《旧唐书》所说是因为荣德山，而"荣德"何以得名，则史籍阙载，难以查证。怎么知道西晋李特之前南安境内不会有荣伯后裔迁徙的遗址呢？武威人张澍著《蜀典》，认为夷公分封在荣，即荣昌县。所以荣昌被称为"昌州"，无荣之名，晚近才称荣昌。综上所述，荣夷公墓确实地属荣县，用荀子的话说就是"持之有故"了。

赵熙称：撰写地方志必定列举古迹、风景名胜。而我认为古迹之类实为细枝末节，可有可无。更为浅薄的是好事者赋咏景物，强行冠以“八景”“十二景”之名，对乡野传闻津津乐道，口耳相传，这些说法都不必严肃对待。至于那些喜欢高谈阔论山川险易、指点攻守形势的人，以英雄人物自居，但他们的说法纯属纸上谈兵，不可据为典要。仔细想想，这样写是否是会将地形地势展示给敌方，还是为了自卫呢？当地人生于斯长于斯，何必多费口舌？因此这里只对古昔传说中容易讹传的部分加以仔细审查，方能符合荀子杜绝浮夸、恪守淳朴的教诲。

青阳洞

（二）其他古迹

1. 坊表

《尚书》说“表厥宅里”“树之风声”，这是牌坊、华表这类建筑开始建立的原因。荣县从唐、宋以来，人文辈出，其中像文豪、文英等坊已废弃很久，如果现存的不及时登记在案，怎能确保这些坊表不被风雨侵蚀呢？故记《表坊》。

坊表在古代具有宣传、教化作用，旨在表彰忠孝节义、富贵寿考、科考举业、乡贤名流、好善乐施等。坊表修建的数量、种类等体现了一个地方的乡风民情。因为坊表表彰的内容非常丰富，因此历代修建的坊表数量众多，但因自然损毁、人为破坏，所存不多，荣县的情况亦是如此。乾隆、嘉庆、光绪、民国几部旧《志》，共载荣县境内坊表 57 座，其中为乡贤名流（本县在外为官者）所建者 11 座，为科举考试成功者所建为 14 座，为表彰忠孝节义所修者 26 座，为富贵寿考者所修有 4 座，为乐善好施者所修为 2 座，为建桥者而修的有 1 座，原因不详者 1 座。详情列表如下：

坊题	姓名	衔称	年时	地址	存废	出处
柱史藩参里第坊	刘文、伍性	御史、参议	不详	不详	清乾隆时已废	乾隆《志》卷二《坊市》、嘉庆《志》卷三《建置·表坊》、光绪《志》卷十六《表坊》（以下分别简称“乾隆《志》”“嘉庆《志》”“光绪《志》”）
解元五桂坊	胡信、周郁、丁铎、郑藏、熊弼	永乐甲午（1414）科解元及同时中举者	不详	不详	清乾隆时已废	乾隆《志》、嘉庆《志》、光绪《志》
宪节五贤坊	赵本、宋洵、张彦忠、刘文、胡志远	御史、佥事	不详	不详	清乾隆时已废	乾隆《志》、嘉庆《志》、光绪《志》
禹门跃浪坊	聂籽、刘文、吴道弘、伍性、曹迈、何显淑	进士	不详	不详	清乾隆时已废	乾隆《志》、嘉庆《志》、光绪《志》
月窟腾香坊	黄鳌、杨易、祁凤毛、赵可庆、伍多庆、陈所敬	举人	不详	不详	清乾隆时已废	乾隆《志》、嘉庆《志》、光绪《志》
大廷尉坊	吴道弘	大理寺卿	不详	不详	清乾隆时已废	乾隆《志》、嘉庆《志》、光绪《志》
进士坊	吴道弘	进士	不详	不详	清乾隆时已废	乾隆《志》、嘉庆《志》、光绪《志》
一鹗坊	曹山	户部员外郎	不详	不详	清乾隆时已废	乾隆《志》、嘉庆《志》、光绪《志》
世科坊	刘汉、刘存让	未列	不详	不详	清乾隆时已废	乾隆《志》、嘉庆《志》、光绪《志》
文豪坊	杨桂丹	建水州知州	不详	不详	清乾隆时已废	乾隆《志》、嘉庆《志》、光绪《志》
文杰坊	刘景爵	知归州	不详	不详	清乾隆时已废	乾隆《志》、嘉庆《志》、光绪《志》
文英坊	伍性	参议	不详	不详	清乾隆时已废	乾隆《志》、嘉庆《志》、光绪《志》
进士坊	伍性	进士	不详	不详	清乾隆时已废	乾隆《志》、嘉庆《志》、光绪《志》
进士坊	刘文	进士	不详	不详	清乾隆时已废	乾隆《志》、嘉庆《志》、光绪《志》
冲霄坊	白汉	未列	不详	不详	清乾隆时已废	乾隆《志》、嘉庆《志》、光绪《志》
亚魁坊	杨焘、杨镕祖孙	未列	不详	不详	清乾隆时已废	乾隆《志》、嘉庆《志》、光绪《志》

续表

坊题	姓名	衔称	年时	地址	存废	出处
跃龙门坊	邱岳	未列	不详	不详	清乾隆时已废	乾隆《志》、嘉庆《志》、光绪《志》
高步云衢坊	韩超	未列	不详	不详	清乾隆时已废	乾隆《志》、嘉庆《志》、光绪《志》
旌义坊	刘昌澄	义官	不详	不详	清乾隆时已废	乾隆《志》、嘉庆《志》、光绪《志》
旌节坊（三座）	白氏、沈氏、刘氏	未列	不详	不详	清乾隆时已废	乾隆《志》、嘉庆《志》、光绪《志》
世科坊	李庄、李桂开祖孙	未列	不详	不详	清乾隆时已废	乾隆《志》、嘉庆《志》、光绪《志》
节孝坊	吴王氏	未列	不详	棋盘山	废（光绪时尚存）	光绪《志》
百岁坊	许氏	未列	不详	大滩	废（光绪时尚存）	光绪《志》
节孝总坊		未列	不详	近圣庙	废（光绪时尚存）	光绪《志》
双节碑	贡生邱思贤妻罗氏、邱荣岐妻罗氏姑媳	未列	不详	不详	废（光绪时尚存）	光绪《志》
保卫三荣坊	童世彦	云南按察司金沧道副使	明万历时建，民国3年（1914）重修	东街		民国《志》卷二《建置·坊表》（以下简称“民国《志》”）
父子地官坊	简敕父子	户部主事	不详	南街		乾隆《志》、嘉庆《志》、光绪《志》、民国《志》
文光射斗坊	陈所达、刘一惇	举人	明嘉靖丙午（1546）建，清光绪庚寅（1890）重修	西十字街	民国17年（1928）以市政毁	乾隆《志》、嘉庆《志》、光绪《志》、民国《志》
忠孝贤烈坊	胡子昭	兵部侍郎		西下街		乾隆《志》、嘉庆《志》、光绪《志》、民国《志》
都谏坊	曹迈	陕西按察使司	明嘉靖二十三年甲辰建（1544），民国4年乙卯（1915）重修	西中街		乾隆《志》、嘉庆《志》、光绪《志》、民国《志》
进士坊	曹迈	嘉靖壬辰科（1532）进士		西上街		乾隆《志》、嘉庆《志》、光绪《志》民国《志》

续表

坊题	姓名	衔称	年时	地址	存废	出处
黄门谏议坊	杨镕	刑科右给事	明嘉靖十七年（1538）建，民国11年（1922）重修	西上街		乾隆《志》、嘉庆《志》、光绪《志》、民国《志》
烈女总坊	汇名旌表	贞烈节孝	清咸丰六年（1856）	文庙巷		民国《志》
瑶池冰雪坊	赵曹氏	节孝		北上街		嘉庆《志》、光绪《志》、民国《志》
一片冰心坊	王李氏	节孝、诰封宜人	光绪五年己卯（1879）秋	县东徐家塘		民国《志》
坤灵秉正坊	王徐氏	节孝、诰封孺人	光绪十年甲申（1884）夏	观音坡		民国《志》
国恩家庆坊	曹兆仲、朱氏	诰封大夫、诰封夫人	光绪六年庚辰（1880）	观音坡		民国《志》
好善乐施坊	刘立纲	五品衔候铨儒学训导	光绪十七年辛卯（1891）	观音坡		民国《志》
乾坤清气坊	李易氏	旌表节孝、貤赠宜人	光绪十八年壬辰（1892）	观音坡		民国《志》
金昭玉粹坊	降淑贞	贞女、诰封孺人	光绪十八年壬辰秋（1892）	牟子坳		民国《志》
节孝坊	朱刘氏	旌表节孝	不详	张家场		民国《志》
百岁坊	杨元玉、妻龚氏	双寿	咸丰五年（1855）	程家场石锣桥		光绪《志》、民国《志》
百岁、五世同堂坊	许风坤、妻钟氏	双寿	道光二十六年（1846）秋仲	贡井长腰滩		民国《志》
节孝坊	吴光曾妻王氏	旌表节孝	咸丰九年己未（1859）冬	贡井柑子坳		民国《志》
节孝坊	谢氏	旌表节妇		贡井谢家院		光绪《志》、民国《志》
节孝坊	邹王氏	旌表节孝	乾隆三十五年（1770）	贡井圣水寺		民国《志》
节孝坊	刘成钦妻黄氏	诰封宜人	光绪三十年（1904）建，赵侍御熙撰传并书	县南乐德镇石塔山		民国《志》
两世冰操坊	邱国元妻罗氏、邱思诚妻邹氏	姑媳节孝	嘉庆十二年（1807）	道澄寺兴隆湾		光绪《志》、民国《志》
双孝坊	李国璜、妻赵氏夫妇	附同里节孝二十余名		西南李家场柏树坳		光绪《志》、民国《志》
节孝无双坊	胡国贤妻邹氏	旌表节孝	道光丙午（1846）	县西刘家场栗树坝		光绪《志》、民国《志》
节孝坊	彭应新妻王氏	旌表	光绪戊戌（1898）	铁厂铺		民国《志》

续表

坊题	姓名	衔称	年时	地址	存废	出处
节孝坊	程国珍母徐氏	旌表		竹园铺加担湾		民国《志》
节孝坊	捐布政司经历吴鹤龄之母王氏	旌表	同治元年壬戌（1862）	县北同心保观音崖		光绪《志》、民国《志》
利涉大川坊	朱建	修桥善举	嘉庆九年（1804）	余家场朱店		民国《志》
蒋氏双坊	蒋昌明妻唐氏、蒋昌应妻陆氏	旌表节孝		东北墨林场龚家沟		光绪《志》、民国《志》

2. 名人冢墓

《周礼》中载有墓大夫一官，其职责是督使国人按宗法关系进行族葬，并制定相关的政策法令。从古至今，荣县境内的坟墓不可胜数，汉唐以来没有记载，但有双古坟、古坟场这样的地名，四乡田土四至称古坟嘴的也很多，高山密林里，古墓到处可见，只是墓主可考的不到十分之一二。即便是先代贤人的坟墓，有的也因打柴、放牧等被毁，有的则处于丛杂的草木中，路人见之甚觉凄凉。中国传统丧葬习俗讲究入土为安，晚辈为逝世长辈垒建的坟墓，是尊重与怀念逝者的重要载体，亦是纪念死者的重要场所。所以在此专设“冢墓”，记载墓主可考的历代名人、乡贤之墓，以表达对名人、乡贤的追思与景仰。

荣夷公墓　在县城南十里丁凤溥家地界内。荣夷公为周荣伯之后，明代学使潘璋为其立碑。

姬子居墓　在县城北五里韩锐家地界内。

卫尉寺丞、谥靖公杨见素墓　在县城南二里刘景韶家地界内。

通议大夫王梦易墓　在县城东北四里凤凰山孙村。龟址，民国时立于人家空地内。

赐号廉逊先生、谥靖节朝散大夫王庠墓　在县城东北四里凤凰山。

奉直大夫王兴孙墓　在县城东北四里凤凰山。①

礼部尚书刘光墓　在县城南二十三里卢俭家地界内。

进士勾龙湜墓　在县城南十二里丁从立家地界内，立有碑。

朝散大夫王廷坚墓　在县城南二里刘景韶家地界内。

中宪大夫、云南按察司副使童世彦墓　在县城东五里，有神道碑。

胡子昭墓　在县城东四十里东川沟。胡子昭，字仲常，官至兵部侍郎，明代福王时赠太子太保、刑部尚书，谥文愍。东川沟胡家坝有碑。

赠云南道监察御史张觉先墓　在县城南二十五里。

吴方泉墓　在县城东贡井天池山麓东南潼滩西岸。

明封通议大夫吴朝鉴墓　在贡井天池山麓潼滩西岸。

① 按，1993 年版《荣县志》“王序塘宋墓群在富东乡王序塘村”条言：“为宋代荣县‘义门王氏’墓地，原有石羊、石马、石牛等，尚存石羊一对。”从王梦易至王兴孙之墓当在此墓群中。

明封大廷尉吴鼎墓　在贡井天池山麓潼滩西岸。

明封奉政大夫吴刚墓　在贡井天池山麓潼滩西岸。

明授七品义官吴道宁墓　在贡井天池山麓潼滩西岸。

明蜀相吴辂墓　在贡井天池山麓潼滩西岸。

龚式、龚燕墓　在县城南三十五里。

明任应天府教授宋珪墓　在县城西六十里石柱山。

明任南京浙江道监察御史、累官福建提刑按察司佥事宋洵墓　在啸天龙白马嘴，华表尚存。

明荣州判抚曹必才墓　在治所东关外黄虾穴。

明建昌万户侯曹必胜墓　在县城南十五里钓鱼台丁姓家地界内。

明直隶沙河知县曹思旻墓　在县城南七里南市镇。

附　录

荣县大佛唐代建造考

郑小清

荣县大佛位于荣县县城以东 500 米的“大佛岩”，陆游诗称东山，因此荣县大佛又名东山大佛。大佛坐南面北，背倚山崖，端坐在金刚座上。大佛通高 36.67 米，头长 8.76 米，肩宽 12.67 米，膝高 12 米，脚宽 3.8 米，是全国第一大释迦牟尼佛。荣县大佛与乐山大佛不分伯仲，但对于前者的研究门可罗雀，究其主要原因还是至今未发现荣县大佛造像碑记，相关历史资料记载前后矛盾，对其建造年代、修建背景以及修缮情况等都存在不同的说法。

今从传世文献、《大佛殿地面记》、荣县佛像群旁证、历史背景等方面着手，在相关专家及学者的研究基础之上，探讨荣县大佛的修造时间，以期有助于荣县大佛的深入研究。

荣县大佛石窟

一、荣县大佛始建于唐代的双重证据

传世文献中关于荣县大佛的建造年代，存在两种观点：唐代说和宋代说。唐代说最早见于清康熙年间的《古今图书集成》：“大佛山，在县南一里，唐人刻大佛，与山齐。架殿十层，高四十七丈，阔十五丈。”[①] 按：《古今图书集成》虽然成书于康熙年间，但所据材料多出自元明方志，其所谓“唐人刻大佛”之说，

① 陈梦雷：《古今图书集成·职方典》卷六百二十七“嘉定州山川”条，中华书局、巴蜀书社，1986 年。

当有更早的史源。其后支持唐代说的文献资料还有乾隆《荣县志·山川》、道光《重建梵刹碑》、同治《嘉定府志·山川》等。宋代说则见于清嘉庆《荣县志·方舆》："大佛山，县东南一里，联真如崖。宋元丰八年僧淳德募修，因山为大佛像，成于元祐七年。"① 此后关于大佛建于宋代的说法皆导源于此。

值得注意的是，近人赵熙曾于罗汉洞目睹过一通《大佛殿地面记》，并在其主持编纂的民国《荣县志·金石》中节录了碑文：

州东之郊，有洞呀然，其下多林麓。山若屏，深径蛇引，筱苇左右之。有佛庙曰"开化寺"，始自季唐。释文简与其徒议曰："朝廷诏天下郡县，凡名山奇迹，令掌藏先圣手泽。年以所掌之劳赐一僧牒。斯地胜绝，而宇舍不完，既无以尊御书，又使来者无观游，吾之咎也。"皆曰："然。"荣川豪民富商，重简师名，争出力以助之。役几二岁而成，秘丞勾已述之矣。弟子元遂，忠信人也，又募金甃其堂。余尝游焉，嘉二人之相与有成也，故书之。元丰元年仲春，陈郡袁诩志。

同勾当修造僧清惠、住持押寺文善、专勾当布石僧元遂（小师继宗、继欢、继海）、施石并刻字手工。妻□、谢氏，男文胜、文德□□□元□书丹，离□篆额。

可惜的是，赵熙本人并没有意识到此碑对于确认荣县大佛建造年代的价值，他在此文下加了一段按语说：

碑在今罗汉洞，世人将磨以治城。余与虞白史、张玺方游，获而章之，额篆《大佛殿地面记》。时东山大像未凿，则大佛之名旧矣。非是碑，恶知寺在唐名开化也？

赵熙已经注意到碑额中的"大佛殿"，并特意提示读者，"时东山大像（荣县大佛）未凿，则大佛之名旧矣"。但他仅仅将此碑作为开化寺始建于唐代的证据，并没有进一步深究。显然，赵熙坚信荣县大佛建造于宋代，有此成见横亘于胸中，因而与历史真相失之交臂。

幸运的是，赵熙当日所见之《大佛殿地面记》拓片今日尚存于荣县文管所，让我们有机会一睹全文。其文与荣县大佛关系甚大，兹逐录如下：

郡郊之东偏有山焉，高而不之险，夷而不之平。其旁有岩洞，其下多林麓，其状如绘，其势若屏。细坞深径，蛇回蚓曲，左右筱苇蒙杂蓊蔽，间有佛庙曰"开化寺"，其原乃自乎季唐之建。以年绵远，雨浸风颓，彩像颠泯，荆棘盈庭。释文简主寺事，尝与合堂同席而议曰："往年朝廷诏天下郡县，凡名山奇迹，令掌藏先圣之手泽，年以所掌之劳而赐一僧牒。郡人皆曰：'里之绝胜，惟在于此。'今吾徒幸得所居，蒙被圣泽已久矣！虽旧址不废，乃屋舍不完，得不侈大其堂殿，以副所掌之御书乎？益又使游者有可观览，止者有所介洁。"其党皆森立而应之曰："非吾师，孰能之？"简师喜就其事。荣川豪民富商以简师有名于其徒，争出力以助之，寺之役，几二岁而成。巍堂大庑，栋桷之众，垩丹之饰，像设严焕，复于观游之设有加焉。其简

① 宋鸣琦：嘉庆《荣县志》卷二十九"方舆"，嘉庆十七年刊本。

师之旁见于乡人秘丞勾之述，此不复因缘之。今夫简师之释嗣曰元遂，一日告其师曰：“师仆仆然营葺，既已完矣，尚有可缺。其于堂之地，欲命匠石甃□□□，所以壮丽其堂殿、严洁其供□。□夫春则□玩赏，夏则生清凉，施施而行，漫漫而游者，绝涂泥于其地，可乎？”简师曰：“吾老矣，无能为也，宜汝成之。”元遂曰：“诺。”盖元遂者，其为人也宽平而不忮，质静而无求，不忮则似乎悫，无求则近乎愿。悫愿者，忠信之质，以忠信而诱众掠缗，扩囊发箧，以毕其事，就其党而较之，不亦善乎！

余尝多此释之为人，又爱其景趣，携朋会友，讲道于此。因而简师备道其状，索余之记。余诺之而不暇，私有以自叹焉：且浮屠之流，尚能创其始而成其终，至于士大夫以先王之道相隶，其当创始成终，则往往喜为倾摇龃龉，摭异以求胜，岂不惑欤？噫！自非简师之勤而创其始，元遂之劳成其终，而事其事，乌能而成之哉？故直书云耳。

元丰元年仲春陈郡袁诩志

□□勾当修造僧清惠，住持押寺文善，专勾当布石僧元遂，小师继宗、继欢、继海。施石□□字□□，妻□：谢氏，男文胜、文德。□□□□元正书丹，离□篆额。袁仁善刻字。

碑文由宋人袁诩撰于元丰元年（1078），记载了重修开化寺的始末。对照民国《荣县志》的录文，知赵熙等人误认此碑为唐碑，可存而不论。更重要的是，碑文中提到了重修后的开化寺之“大佛殿”。据嘉庆《荣县志·山川》记载：“大佛山，县东南一里，联真如崖。宋元丰八年（1085）僧淳德募修，因山为大佛像，成于元祐七年（1092）。”这就让我们产生了困惑，如果荣县大佛确如嘉庆《荣县志》所言始建于元丰八年，何以在此之前7年已经有了“大佛殿”之名？大佛殿的修建，意在保护大佛石像免于风吹日晒，这与后人在大佛石像前修建楼阁以保护佛像是同一个道理。又，从建设工期来看，元丰八年至元祐七年仅8年时间，在当时的技术条件下完成荣县大佛这种体量的开凿工程是不可能的，须知附近的乐山大佛通高71米、头高14.7米、肩宽24米，比荣县大佛大不到一倍，其修建历经三代工匠、90年时间方始完工。因此，最合理的解释只能是荣县大佛在元丰元年之前已经存在，其开凿时间应与《大佛殿地面记》中之“开化寺”基本同时，“其原乃自乎季唐之建”；其后历经五代及北宋初年蜀地动荡，工程中辍，直到元丰八年（1085），经僧人淳德倡议募款，在原有基础上重新开凿，元祐七年（1092）大佛最后落成。

总之，《古今图书集成》的“唐代说”是目前已知关于荣县大佛修造时代的最早记载，其史源甚至可以追溯至更早的年代；宋碑《大佛殿地面记》则证明了开化寺（始建于唐季）之大佛殿修建于元丰元年（1078）之前，修大佛殿旨在保护大佛造像。传世文献的记载与地下出土文物互相印证，足证荣县大佛始凿于唐代末年。

二、荣县大佛始建于唐代的旁证

除了上述双重证据，荣县大佛始建于唐代尚有其他旁证。

其一，从外观形态来看，“荣县大佛头饰螺髻，肉髻较高，鼻高、唇厚、眼大眉粗，眉间有白毫，两耳方长，佛脸丰腴，颈刻三道纹；身着U型袈裟，外罩披肩，内着僧祇支，腹前结带呈蝴蝶形，下有飘带至胯间；双手平放膝上，右手掌向下，抚膝，左手掌向上，掌中握摩尼珠；双足赤，踏在座前的两朵仰覆莲花之上”。唐代佛教造像呈现具有舒展匀称、结构合理、面型丰满、方圆适度、体躯饱满、佛陀头上肉髻高耸的特征，尤其是盛唐后，佛陀服饰除原有样式外，出现一种方领下垂式大衣，内着僧祇支和裙。到宋代，佛教信徒以崇信观音和阿弥陀佛之风为盛，造像宗教氛围减弱，呈现出高度的写实性和世俗化风格，佛陀造像呈现的典型特征是肉髻平缓，螺发与肉髻之间增加了一个髻珠。荣县大佛明显高耸的肉髻，螺发与肉髻之间无髻珠这个特征，是唐代说的又一个重要证据。

其二，从时代背景来看，四川是我国佛教石刻造像非常集中的一个地区，尤以唐代为盛。当时武则天自称佛祖转世，前世与释迦牟尼佛结下善缘，便利用佛教巩固其统治地位。唐代四川的石刻佛像盛极一时，武则天去世后，安史之乱和黄巢起义时，唐玄宗和唐僖宗曾逃往成都，带来一些高僧、画家和能工巧匠。唐朝由盛而衰，在经历战争的苦痛之后，穷苦人民也幻想通过凿造佛像祈福消灾，所以四川各地大兴摩崖造像，荣县也不例外，如陆游所云：“闭阁扫地焚清香，老人处处是道场。”

荣县大佛以外，荣县摩崖石刻造像还有罗汉洞、二佛崖、千佛崖和小井沟造像。罗汉洞，宋代又名龙洞，在大佛左侧200余米处的山湾里。《舆地纪胜》卷一百六十载：“龙洞，在州东南四里真如院，岩穴峭深，耆旧相传以为龙洞之左有岁寒堂，堂上即真如阁，堂上石壁奇峭。”① 在罗汉洞岩壁上，有一通“会昌七年李栖辰造弥勒像记”碑②，由会昌年号可断定此弥勒像为晚唐所造。

二佛崖、千佛崖在荣县县城南面，与县城隔河相对，山形如屏，沿岩造像约500米，唐宋时称浮图崖，又称千佛崖。据民国《荣县志》记载：“开元寺，城南浮图崖下，沿岩佛像林立，古称金碧崖，今曰千佛崖。寺曰二佛寺，道光碑云前曰广志寺。今曰开元寺，实则开元乃唐寺也。”③ 可见二佛崖、千佛崖同样建造于唐代。

另外，小井沟位于距县城50余公里处的保华镇红豆树村。全部造像有16龛，分布在一个山湾中，根据龛形、造像内容和造型风格等特征判断属于中晚唐时期的作品。可以说，罗汉洞、二佛崖、千佛崖、小井沟等造像群，从外形特征、造像碑记等方面为荣县大佛建造于唐朝提供了有力的旁证。

---

① 王象之：《舆地纪胜》卷一百六十“荣州·景物”条，中华书局，1992年，第4343页。

② 会昌年号只有六年，刻碑时未知年号已改。

③ 民国《荣县志》卷十一，民国十八年刻本。

综上，虽然暂未发现荣县大佛的建造碑记，但是从传世文献、地下文物、造像特征、时代背景等方面来判断，可知其始建造于唐代。

《大佛殿地面记》拓片

道光《重建梵刹》拓片

二、名胜

（一）荣中八景

乾隆《志》卷四所载：

鸣凤朝阳　艮岳隆平有凤鸣，朝阳光照五陵城。四荣形胜全嘉祐，一旦文章启圣明。海岳效灵钟秀气，乾坤光霁沐恩荣。何当附翼乘风起，再赋《卷阿》颂太平？

望景岑楼　高冈楼阁已无存，今古犹传万景名。山色北来烟树蔼，水流东云大江清。登临最喜康衢静，俯仰犹宜畎亩晴。幸际太平全盛世，桥边车马迓恩荣。

双溪书阁　耸云山下绕双溪，王氏书堂有旧碑。为爱濯缨仍濯足，尤堪闻礼又闻诗。山光水色年年在，月白风清事事宜。见说太平兴治化，文风振起属明时。

荣德晴岚　和气熹微弄晓晴，远山放出半空青。连天碧拥芙蓉掌，映日光凝悲翠屏。文豹隐时斑已变，苍龙吟处梦初醒。遥知出岫成云雨，定泻天河济太平。

筠山夕照　金光闪闪耀青骢，返照回光映碧峰。莫讶羲和停日晷，每多列子驾仙风。云林出色成文绣，烟树增辉挂彩虹。马上垂鞭回首望，此时清兴正无穷。

龙湫夜月　山有灵兮月有光，龙湫独占广寒乡。仙瓢曾洒人间雨，洞府常留海上方。白兔临池和药剂，嫦娥出浴舞霓裳。年年分我一杯水，洗却苍生渴热肠。

啸台游赏　晓起东山日色晴，啸台游赏快闲情。路从金碧岩前过，人在丹青画里行。大笑何妨天地阔，放怀浑讶洞龙惊。香风满袖归来晚，得句推敲步月明。

清富登临 其一：名楼境界绝喧哗，俯仰溪山意趣佳。玉露冰壶清澈底，香风罗绮富无涯。留连时景家家月，消遣光阴处处花。政暇有人舒远眺，太平官府蚤休衙。

其二：偶从崖下睹云龙，前代名楼有旧踪。天上玉堂青锁闼，人间金谷绣芙蓉。山川一览丹青里，风月双清锦绣中。喜遇四方无事日，康衢击壤乐时雍。

（二）荣县十二景

嘉庆《志》卷二所载十二景：

凤鸣朝阳 县北凤鸣山。

龙湫夜月 县南龙洞。

荣德晴岚 县东北三十里荣德山。

筠山夕照 县西老君台。

清富登临 县北清富山。

啸台游赏 县南真如崖右。

万景岑楼 县西凤栖山。

双溪书阁 县北耸云山。

龙头插笔 县南龙头山，有镇南塔。

翠壁凌霄 县北十里，山径幽邃，峭壁参天。

鱼矶垂钓 县南十里钓鱼台。

石笋排空 县西南石笋铺。

鱼矶垂钓

嘉庆《志》按：刘世璋编纂的康熙《志》只记载前八景，黄大本编的乾隆《志》增后四景，共十二景，并为之作诗。黄大本斟酌后改“鸣凤”为“凤鸣”，“望景”为“万景”，“点额”为“插笔”，“双矶”为“鱼矶”，是为了词句对应更显工稳。

（三）牛峰八景

牛峰山，古名云台山，在县西北三十公里的双古镇。本无峰，因山形似一头颈肉隆起的封牛，“封”读音同“峰”，故名。牛头东望亮洞山，因山有洞，状如满月，俗称“犀牛望月”。牛尾迤逦向南，如休眠，有“眠牛”之说。清咸丰三年（1853）在山上建牛峰寨。寨有五门，四门凿于悬崖绝壁。山上风景优美，气候宜人，有八景。

凤林秋月 在山寨炮楼的凤林湾，昔日树林茂密，异鸟群居，尤以野鸡、山甲（鸟名）为多。鸟羽艳丽，美若凤凰，故名“凤林”。传说秋高气爽、月明星稀时，绣针坠地，亦能拾取，故称“凤林秋月”。

翠献清音 牛尾突兀处，山上翠竹掩映，山下清泉长流。水清冽，味甘美，流水淙淙，声如鸣琴，清脆悦耳，故名“翠献清音”。

哨楼雾雨 在山最高处，原有一哨楼，常有云雾缭绕。雾浓必有雨，哨楼时隐时现，故称“哨楼雾雨”。

天桥霁雪 牛颈为全山最狭窄处，下有山洞，形成天然桥梁。隆冬季节，漫山雪飘，此处虽高，却无积雪，故名。

公局晴曦　牛峰寨管理寨务的存仁局被称为“公局”。八字粉墙，大门内庭开阔，左有待月楼，右有醉墨轩，门临石阶三十多级。旭日东升，晨曦朗照，伫立门前，放眼瞭望，胸襟开阔，视野遥远，故称“公局晴曦”。

牛乳香浓　牛肚乳房处，崖泉浸溢，沿流成渠，常年不竭，久旱不减，淫雨不溢。水清甜香浓，可供数千人饮用，故名。

地利薰风　牛峰寨五门中，以地利门最险，门分上下两道：下门为石墙木栅（已毁），上门凿穿悬崖而成，并置铁盖门。进门有石梯一百多级，两侧霉苔满壁，常年滴水，雾气不散。即使酷暑，仍感凉风习习。门内阴刻“飞泉满青天”，门外刻“地利薰风”。

白屏晚照　牛头处有一段光滑崖壁，呈灰白色，状如屏风。月光照其上，将一里外的磨子沟映衬得分外明亮，故称“白屏晚照”。

第四章　关隘场集

第一节　关　隘

嘉庆《志》卷二所载关隘：

乐德镇　在县南三十里。

来苏镇　在县南五十里，即原来苏场。

五宝镇　在县南九十里，今天的五宝镇并不在旧址上。

老筠堡　在县西二十五里，即原筠山场。

啸天龙　在县西五十里，山势陡峻，为荣县第一隘口。

来牟镇　在县西八十里，南朝萧齐在此设南安县。

新罗镇　在县东南九十里，古代公井镇地界，今名贡井。

龙台镇　在县东北七十里。

瓮溪关、飞水关　均明洪武年间设置。太平隘口，明成化年间设置，见《明史》。今已废弃。

南市镇、董家镇、来远镇、德翔堡、青岗堡　今俱废弃。

第二节　场　集

古时，人们往往于正午时分在市场上交换商品，交易之后即各归其家，各得其所，正是《尚书·益稷》所谓“懋迁有无化居”的情景。荣县地域辽阔，民物繁盛。考察城乡市场物价的贵贱，可以推知当年是丰收还是歉收，风俗是奢靡还是节俭；而且市场上鱼龙混杂，良莠不一，若为防止奸猾，严禁暴行，又怎么能忽略对集镇状况的考察呢？

一、乾隆《志》所载

（一）场期

东街集 逢五、九日为场期。

南街集 逢一、六日为场期。

西街集 逢三、七日为场期。

高山铺场 逢一、五日为场期。

张家场 逢四、七日为场期。

程家场 逢二、五、八日为场期。

以上东路。

过水坝场 逢二、五、八日为场期。

乐德镇场 逢三、六、九日为场期。

李家堰场 逢五、十为场期，乾隆十九年（1754）兴起。

双河口场 逢二、八日为场期。

古家场 逢五、九日为场期。

龙滩场 逢三、六、九日为场期。

普兴场 逢三、六、九日为场期。

双石桥场 东场逢四、九日为场期，西场逢一、七日为场期。

鼎新寺场 逢一、四、七日为场期。

五宝镇场 逢二、五、八日为场期。

老人场 逢三、六、九日为场期，乾隆十九年（1754）兴起。

以上南路。

杜家井场 逢三、六、九日为场期。

镇子场 逢一、四、七日为场期。

新桥上下场 逢二、五、八日为场期。乾隆《志》按：新桥大河，即拥斯茫水汇入的地方，向南十里至三合场，与宜宾接壤。再向南一百七八十里，与宜宾观音场、万里箐二处接壤。河水流至高岩大塔小塔，航路不通，水仅从巨石缝隙中流出。又行十里许，抵达小河沟，再向南行，始流入大江。河中有船十余只，驾船者都是贩米至新桥交易的宜宾百姓。运至大塔贩卖的荣县货物，仅有木耳。河两岸私贩出没，难以禁绝。

永兴场 逢一、六日为场期。

老龙场 逢三、八日为场期，这里是犍为县金石井镇私盐商贩来往的必经之路。

董家场 逢三、六、九日为场期。

古坟场　逢二、四、七日为场期。

刘家场　逢二、五、八日为场期。

以上西南路。

铁厂铺场　逢一、四、八日为场期，乾隆十九年（1754）兴起。

长山桥场　逢二、五、九日为场期。

踏紫山场　逢三、六、九日为场期。

竹园铺场　逢二、五、八日为场期。

以上西路，场上西首栅门外，即井研县地界。

双古坟场　逢三、六、九日为场期。

观山场　逢一、四、七日为场期。

以上北路。

（二）集镇

九岭岗场　已废，如今仅有一间店房。

董家场　今存。

鼎新集　今存。

道士桥场　已废。

长山场　今存。

来牟场　即古南安县地，街道犹存，但店房已散。今场集已废，场东部新修土主庙，以祭祀宋人牟子才兄弟。场西部有五皇庙，有来牟公馆碑。

�山场　已废，今有店房数间。

竹园场　今存。

来苏场　已废，即古来苏镇南五十里。

彭家场　已废。

黎家场　已废。

李家场　已废。

刘家场　今存。

余家场　已废。

骡子岭场　已废。

另有南门集、西门集、朱家场。

南市镇　距县城四里，已废。

董家镇　距县城二十里，如今仅存店房数间，有董家庙。

乐德镇　在县城以南二十里，今存。

五宝镇　在县城以南五十里，已废，今天的五宝镇场并非旧址。

来远镇　在县城以南七十里，已废，镇内原有来远公馆。来远，一名赖远。

新罗镇　在县城东南八十里。

资国镇　在县城西南四十里，已废。

来牟镇 在县城以西六十五里。

德翔堡 在县城以西五十里，已废。

老筠堡 在县城以西二十五里，即旧筠山场。

青岗堡 在县城以西三十五里，已废，即古青冈铺。

龙台镇 在荣城东北。

二、嘉庆《志》所载

东　街 逢五、九日集。

南　街 逢一、六日集。

西　街 逢三、七日集。

北　街 逢二、四、八日集。

高山铺场 在县城以东二十里，逢一、五日集。

张家场 在县城以东四十里，逢四、七日集。

程家场 在县城以东六十里。

李家堰场 在县城以南四十里，逢五、十日集。

双石桥场 在县城以南四十里，逢一、四、七、九日集。

镇子场 在县城以南五十里，逢一、四、七日集。

双河口场 在县城以南六十里，逢二、八日集。

鼎新寺场 在县城以南六十里，逢一、四、七日集。

新桥场 在县城以南七十里，逢二、五、八日集。

古垯场 在县城以南七十里，逢二、四、七日集。

永兴场 在县城以南七十里，逢一、六日集。

龙滩场 在县城以南七十五里，逢三、六、九日集。

古家场 在县城以南九十里，逢五、九日集。

老龙场 在县城以南九十里，即古代的老人场，逢三、八日集。

董家场 在县城西南九十里，逢三、六、九日集。

铁厂铺场 在县城以西二十里，逢一、四、八日集。

长山桥场 在县城以西六十里，逢二、五、九日集。

踏紫山场 在县城以西七十里，逢三、六、九日集。

刘家场 在县城以西九十里，逢二、五、八日集。

竹园铺场 在县城以西九十里，逢二、五、八日集。

双古垯场 在县城以北六十里，逢三、六、九日集。

观山场 在县城以北八十里，逢一、四、七日集。

九岭冈场、道士桥场、来牟场、彭家场、黎家场、朱家场、余家场、骡子岭场、普兴场 如今都已经废弃。

第二卷 沿革建置

往古时代，荣地或为郡，或为州，或为县，唐宋时期则是藩王封地。历代均有变化，辖地有时能涵盖邻近郡县。清朝初年，荣县与威远县时分时合。历代建置因地制宜，因时改制，其沿革不容忽视。

第一章 沿 革

乾隆《志》云：南宋郑樵曾说过，州县的设置随时更改，但山川形势亘古不变。因此《禹贡》划分九州，是根据山川确定疆界，因而成为万世不易的经典。后世史家注重记录州县，州县变化后，其书便成无用之书，疆界的划分也因此紊乱。唐人王禹为荣州撰志，称荣州“封疆千里”，是否果真如此，值得商榷。古人废封建而为郡县制，为的是分而治之以便驾驭。郡县疆域的因革离合，视时势为转移，虽然历代损益不一，但就治民之道而言，岂会有所不同？因而编次历代建置沿革如下，挂一漏万，终有所愧。

第一节 历代沿革

一、先秦

荣地在《尚书·禹贡》中为梁州之域，相传为黄帝之子青阳的封国。《史记·五帝本纪》记载：“黄帝居轩辕之丘，而娶于西陵之女，是为嫘祖。嫘祖为黄帝正妃，生二子，其后皆有天下：其一曰玄嚣，是为青阳，青阳降居江水；其二曰昌意，降居若水。”据《国语》韦昭注，少昊即青阳。唐人司马贞注《史记》，以为青阳封国在蜀。《大戴礼记·帝系》则称：“黄帝居轩辕之丘，娶于西陵氏之子，谓之嫘祖氏，产青阳及昌意。青阳降居泜水，昌意降居若水。”《蜀中广记》卷十一引明天顺举人龚汇《青阳门记》称：“荣州有青阳洞，以少昊国在其北，门今正临之，故名。”明荣县令杨崇忠《荣梨山碑》云：“荣梨山古为玄嚣崖。”民国《志》梳理以上记载，认为：“江水，今岷江嘉定水也；泜水即湔水，今沱江资中水也。凡立国，必以山川表其方望，《史》称江水，其地实括江之东，乃与泜水合。《礼》称泜水，其地实括泜之西，乃与江水合，即界江、泜东西之中，是青阳降居，地当荣县，审矣。……青阳洞，今在城南二里。青阳之孙，高辛也，荣为高辛氏所生之乡，帝尧所自出。有《史记》《大戴礼》可征，信义宜特著。”

又传，荣县在西周时为荣公封地。荣公其人，先秦典籍有载。《尚书·秦誓》云：“予有乱臣十人，同心同德。”《左传·昭公二十四年》云：“乱臣十人，同心同德。”《论语·泰伯》云：“武王曰：‘予有乱臣十人。’”所谓“乱臣十人”，据东汉经学家马融解释：“乱，治也。治官者十人，谓周公旦、召公奭、太公望、毕公、荣公、太颠、闳夭、散宜生、南宫适，其一人谓文母。”荣公名列其中。荣公之“荣”同荣县之“荣”，因此嘉靖《四川总志》即以荣县为荣公封地，其书卷十三“流寓·周荣公”称：“即周武王乱臣十人之一，古者因土赐姓，因功赐氏，故因其佐武王一戎衣而有天下，从国从爵而称为荣公焉。“夷公”条曰：亦荣人，事周厉王。”明末曹学佺《蜀中广记》亦云：“荣县，周十乱荣公之采地，其后夷公之墓在焉。”乾隆《志》承袭旧说，提出：“考周职方氏云，梁当夏、殷之间为夷国，后周荣公佐武王有天下，名在十臣列。《春秋》载，周初庸、蜀、羌、髳、微、卢、彭、濮之人，从武王胜殷。荣时为蜀地，公名不载经传，相传公盛德留周，此其封国。厉王时，其裔荣夷公入为卿士云。”荣夷公之墓，清嘉庆时犹存。嘉庆《志》云：“荣夷公墓，县南十里。”民国《志》亦认可荣县为荣公封地，云：“按《旧唐书》，荣州以荣德山得名。是荣德著闻，在唐前明据。唐有《薛高邱碑》，钓鱼台为荣隐公遗迹，唐人篆‘心月矶’。“始建县”下：‘圣历二年，移置荣社山。’知百里内外，古地多取‘荣’称。《蜀中名胜记》以荣为周荣公封国，周、邵、毕、荣，备载《国语》。县南又有荣夷公墓。荣之为名，传闻有绪，依山溯证，宜非诬矣。隋杨玄感之乱，事平，樊子盖封济公，来护儿封荣国公。二人同事同功，下诏言济公乃功济天下，特为立名，实无此国。而荣国公，史独无说，则知当日实有荣国，地志不载，例如和义、咨官，隋有县而志无之。然则唐武德立州，以荣德为名，安知非沿雅称，复还旧地？特隋制日易月改，日紊日湮，唐修无由考列耳。”

又传，荣邑旧属夜郎之国，竹王生焉。夜郎之名，最早见于《史记·西南夷列传》。《华阳国志·蜀志》云：“犍为郡，孝武建元六年（前135）置。时治鳖，县十二，汉户十万。鳖，故夜郎地是也。”同书《南中志》云：“有竹王者，兴于遁水。有一女子浣于水滨，有三节大竹流入女子足间，推之不肯去。闻有儿声，取持归，破之，得一男儿。长养，长有才武，遂雄夷狄。氏以竹为姓。捐所破竹于野，成竹林，今竹王祠竹林是也。王与从人尝止大石上，命作羹。从者白‘无水’，王以剑击石，水出，今竹王水是也，破石存焉。”《后汉书·西南夷传》所记略同。《太平寰宇记》卷八十五引《蜀记》云：“昔有女人于溪浣纱，有大竹流入而触之，因有孕。后生一子，自立为王，因以竹为姓。汉武使唐蒙伐牂牁，斩竹王，因有此故，故土人不忘其本，立竹王庙，岁必祀之，不尔，为人患。”竹王祠、竹王水的地望，《华阳国志》等书并未确指其处，而西南各地多有遗迹见于史志。其中，晋人乐资《九州要记》（《太平御览》卷一百六十六引）较早将荣地与夜郎故地联系起来，其文称：“和义郡，古夜郎之地，有‘成都市’。汉武时，南中令使通僰道，无功，唐蒙因杀之，令曰：‘恨不见成都市而死。’蒙即立市如成都以杀之，故曰‘成都市’。”唐杜佑《通典》卷一百七十五云：“今犍为阳安、安岳之西境，仁寿、通义、和义、资阳，皆故夜郎侯国。”宋《元丰九域志》卷七云：“荣州，古夜郎国地。”南宋诗人陆游入荣州，作诗云：“传者或云古夜郎。”可见自汉至宋，多以荣邑为夜郎故地。

至于荣县之竹王祠，唐薛涛《题竹郎庙》诗云：“竹郎庙前多古木，夕阳沉沉山更绿。何处江村有笛声，声声尽是迎郎曲。”不少学者认为诗中之竹王祠位于荣州。而现存最早的确切记载见于宋代的《事林广记》，其文称：“竹王祠，在荣州。昔有女浣纱，有大竹流，触之有孕，生子，因为姓，土人祠之。”其后乾隆《志》卷一云：“（夜郎）侯生荣东遁水，后以功封夜郎王。东汉、晋、宋皆因之，为南安县。又云：荣川亦名荣溪。旧志，发源于荣隐山，在县东，即古遁水，自仁寿县流入东南与双溪合。”同书卷二又云：“汉竹王祠，在东门外河岸，祀夜郎王竹多同。”但光绪《志》对于这一说法持审慎态度，其文称：“竹王者何？古夜郎侯也。祠者何？夜郎人祀侯而报侯之所也。史载，汉武帝元光五年（前130）番阳令唐蒙上书，请通夜郎，浮船牂牁，以制南越。上拜蒙为中郎将，将千人由筰关入见夜郎侯多同，厚赐之，约为置吏，多同听约。蒙还，报上，以为犍为郡。注云：夜郎在四川之遵义府，犍为在四川之叙州府。盖遵义至清初犹未改隶黔省也。荣距叙仅二百余里，叙距遵亦二百余里，地相毗连。旧志谓‘汉武帝元鼎二年（前115），置犍为郡，分县十二隶之’，以荣为南安县，则荣为夜郎之境，无疑矣。宋陆放翁《入荣州境》诗曰：‘传者或云古夜郎。’其《醉中怀眉山旧游》诗曰：‘我虽流落夜郎天。’则以为夜郎之境，又明矣。但元光五年（前130）、元鼎二年（前115），志与史小异，故滋后人疑耳。夫多同生而为英，变夷归夏，宜其死而为灵，享祀无穷，此竹王之有祠于荣所由来也。即嘉州之竹公祠，又何独不然？至若遁水溪边浣纱剖竹，事属荒渺，存而不论可也。”民国《志》则断然否定夜郎故地之说，其文称：“《通典》夜郎郡后列：‘珍州（今理营德县），古蛮夷之地。大唐贞观七年（633），置珍州，或为夜郎郡。领县四：营德、夜郎、丽皋、乐源。’又《全唐文》有《珍州荣德县丞梁君墓志铭》：梁名师亮，字永徽，安定乌氏人。垂拱中，谴授珍州荣德县丞，以万岁通天元年（696）七月二日，终于益州蜀县，以二年三月六日葬雍州终南山。《关中金石记》载其碑。按《通典》‘今理’云云，则杜佑时县未废。《地理志》称珍州置于贞观十六年（642），《十道志》云十七年，知《通典》夺‘十’字也。‘营德’，石本作‘荣德’，亦《通典》误。珍州，今遵义属地。观此，知荣州误为夜郎，混于唐以来郡县之名矣，特不知珍州之荣德，因何取义也。”旧志前后议论纷纭，莫衷一是。今备录诸说，以俟来者。

二、秦汉

周赧王元年（前314），秦惠王封其子通国为蜀侯，任命陈壮为相。置巴郡、蜀郡，以张若为蜀守。南安为蜀郡属县。南安，即今之乐山市，治青衣江会。秦设南安县，虽然不见于史籍，但民国《志》卷一列举六条证据，证明南安县确实设置于秦时，其文曰：“《华阳国志》：‘孝文王以李冰为蜀守，沫水合南安，冰乃凿溷崖，平盐溉。’是冰时已有南安，一也。南安者，兵后名谊，言南中安定耳。汉初，蜀无兵警，知南安为秦县，二也。周制：上大夫受县，下大夫受郡；秦则以郡监县，有蜀郡必置南安县，三也。《史记·司马相如传》：‘邛、筰、冉、駹，秦时尝通为郡县。至汉兴而罢。’岂南安在腹地而不置县之理？四也。《史记·高祖功臣表》：‘六年三月庚子，封庄宣虎为南安侯。’《汉书》同。揆高祖初年之封，知南安秦时之县，五也。《汉书·地理志》：秦三十六郡，汉兴，以其太大，稍复开置。南安在汉初幅员已廓，苟秦无此县，则蜀郡荒而无纪，六也。”荣地距乐山市甚近，于其时当属南安县。

汉初，南安县西北接越嶲、雅安，北括彭山，南括宜宾，东括泸州，辖地辽阔，荣境在汉南安县腹地。

武帝建元六年（前135），分巴、蜀两郡，别置犍为郡，属县十二：僰道、江阳、武阳、南安、资中、符、牛鞞、南广、汉阳、郁鄢、朱提、堂琅。平帝元始四年（公元4年），改犍为曰“西顺”。王莽败亡，犍为郡恢复旧名。东汉时期，犍为郡属县九：武阳、资中、牛鞞、南安、僰道、江阳、苻节、南广、汉安。因分立僰道、江阳两县，南安县版图较汉初有所收缩。荣地仍属南安县。

汉献帝建安八年（203），汉安县人程徵、石谦上书益州牧刘璋，请求单独立郡。刘璋从之，遂分犍为郡置江阳郡，以广汉人成存为江阳太守。江阳郡既立，荣之东南境即属江阳。《旧唐书·地理志》以公井为江阳属地，即来源于此。

三、魏晋南北朝

蜀汉立江阳郡，荣之境减两汉时。晋因之。

刘璋治蜀晚期，江阳郡或已撤销。蜀汉章武元年（221），再分犍为立江阳郡。江阳既由县改郡，荣县东境属江阳。故唐李吉甫《元和郡县志》、宋乐史《太平寰宇记》“荣州”条云“汉南安县地”，“公井”条云“江阳地”。两晋时期，犍为郡统县五：武阳、南安、僰道、资中、牛鞞。成汉政权末年，僚人自犍为、梓潼等地出，布满山谷。荣地北境则有“铁山僚”据守。

东晋永和三年（347），桓温率军攻灭成汉政权，荣地归东晋，仍分属犍为、江阳两郡。晋孝武宁康元年（373），前秦将领杨安陷蜀，荣地归前秦。东晋太元十年（385），东晋复取益州，荣地重新纳入东晋版图，郡、县无改。晋安帝义熙十年（414），分南安县立冶官县，荣县西境属之。

南朝宋、齐两朝，益州犍为郡领五县：僰道、南安、资中、冶官、武阳。

永元三年（501），侨置南安郡，治所位于来牟铺。

北周武帝时期，置公井镇，位于今自贡市贡井区。

四、隋唐五代

隋文帝开皇三年（583），下诏废置诸郡，南安郡废。开皇九年（589），统一全国，析置天下州县，冶官县盖废于此时①。开皇十年（590），始置大牢镇，十三年（593）改镇为县，隶属资州。“大牢”

① 按：现代学人考订，齐东昏侯永元二年（500），冶官县废。载四川省犍为县地方编纂委员会编《犍为县志》，四川科学技术出版社，2004年，第40页。

之名，得自县境内大牢溪。又置和义县，但置县时间不详。

大业十一年（615），复置咨官县，隶属犍为郡。“咨官”“冶官”，一字之差，形近而讹，隋朝之后相沿不改。此时荣地分属大牢、咨官、和义三县。

唐高祖武德元年（618），分资州置荣州，治所位于公井镇，领三县：公井、大牢、威远。“荣州”之名，源自境内荣德山。又于荣州置都督府。

唐太宗贞观元年（627），增置旭川、婆日、至如三县。“旭川”之名，因县境内有盐井号“旭井”，故取为县名。贞观二年（628），又割泸州之隆越县来属荣州。荣州治所仍在公井，属剑南道，领七县：大牢、公井、旭川、威远、婆日、至如、隆越。

贞观六年（632），荣州治所自公井迁至大牢。同年，割嘉州咨官县来属荣州。荣州至是领八县。

贞观八年（634），割泸州和义县来属荣州，省婆日、至如、隆越三县入威远。荣州至是领六县：大牢、公井、旭川、资官、威远、和义。

高宗永徽二年（651），荣州治所自大牢迁至旭川，辖县不变。

唐中宗景龙二年（708），省云州及罗水、云川、胡连三县入大牢县。云州及三县，盖为唐初暂设置的羁縻州，位于宜宾北境及野客山一带。

唐玄宗天宝元年（742），改州为郡，郡置太守。荣州更名和义郡，大牢县更名应灵县。

唐肃宗乾元元年（758），和义郡恢复荣州旧名，隶属剑南东道。

唐代宗广德二年（764），剑南东、西川两道合而为一，荣州隶属之。

大历二年（767），剑南道再分为东川、西川两道，荣州仍隶属西川。

唐宪宗元和元年（806），荣州改隶东川。

唐朝末年，咨官县更名资官县。

五代时期，荣州建置因袭唐制。

五、宋

宋初，荣州建置没有改变，仍隶东川道。

宋太祖乾德五年（967），省和义县入威远县，荣州领五县：旭川、公井、威远、资官、应灵。

宋真宗咸平四年（1001），分峡路置梓州路，荣州属之。

宋英宗治平四年（1067），为避宋神宗赵顼名讳，改旭川县为荣德县。

宋神宗熙宁四年（1071），公井县降为镇，隶属荣德县。荣州辖四县：荣德、威远、资官、应灵。终两宋之世不曾改。

元丰三年（1080），东川道加“剑南”二字，荣州仍隶属之。

宋徽宗重和二年（1119），梓州路改称潼川府路，荣州属之。

宋孝宗乾道六年（1170），升泸南为潼川路安抚司，荣州属之。

宋理宗绍定六年（1233）二月丁亥，升荣州为绍熙府。

端平三年（1236），蒙古入侵，蜀地残破，荣德县废，绍熙府择地侨治，宝祐后废。

六、元

元初，蜀地人烟稀少，荣地州县俱废。

文宗天历年间（1328—1330），户口日增，塔海建言复立荣州。

顺帝至元四年（1338）十一月，立绍熙府军民宣抚司，领资、普、昌、隆四州，盘石、内江、安岳、昌元、贵平五县。又置都总使司，命御史大夫脱脱兼都总使，治书侍御史吉当普为副都总使。

至元六年（1340）十一月，因台臣建言裁减冗官，绍熙府军民宣抚司废。

至正初，置绍熙路、绍熙路总管府，治所在荣县县城。

元末，复立荣州。

明玉珍入蜀，置荣州如故。

七、明

明太祖洪武四年（1371），威远县并入荣德县，隶属嘉定府。

洪武六年（1373）十二月，复置荣州、威远县。

洪武九年（1376），嘉定府降为嘉定州，分益昌乡属威远，荣州降为荣县，属嘉定州。编户七里。

洪武十年（1377）五月，省威远入荣县。

洪武十三年（1380）十一月，割荣县，复置威远。

八、清

康熙六年（1667），再废威远，并入荣县。

康熙十三年（1674），复设威远，辖隆会、中溪、清水、益昌四乡。不久被吴三桂占领，废。

康熙十八年（1679），复置威远。

康熙二十年（1681），威远仍并入荣县。

雍正六年（1728），分东里益昌乡，设威远县。

雍正十二年（1734），嘉定州升为府，荣县属之，编户三里。

第二节　中华民国

一、军政府

（一）荣县独立

清宣统三年（1911），清朝政府强行将民办的川汉铁路收归国有，从人民手中夺去股款，把路权供手交给美、英、法、德帝国主义。成都各团体组织“四川保路同志会”，发表宣言，提出“破约保路”的宗旨，7月18日，县成立保路协会。县同盟会员、四川省咨议局议员龙鸣剑，回荣县与同盟会员、县民团训练所所长王天杰等人，积极联络会党首领在资中罗泉井开“攒堂大会”，改同志会为同志军，准备武装起义。王天杰策动县人罢市、罢课、停止纳税，接收征收局，拘留县中官吏，并以民团训练所的学生为基干，组织民团。8月27日（七月初四）在五宝镇宣布武装起义。9月7日，“成都血案”后，龙鸣剑跳城而出，奔赴城南农事试验场，与朱国琛、曹笃商议，连夜裁木板数百片，上书“赵尔丰先捕蒲（殿俊）罗（纶），后剿四川，各地同志速起自保自救”“省城业已发难，望各地同志速起救援”等字样，涂上桐油，包上油纸，投入锦江河中。此时正值秋水上涨，木板顺江漂流，很快将“成都血案”的消息传遍沿江州县，人们称之为“水电报”。龙鸣剑星夜回县与王天杰等商议，决定组织民军北上成都，攻打赵尔丰。吴玉章回荣县负责后方全面工作，采取按租捐款的办法，为起义军筹集粮饷，同时开办军事训练班，加紧训练各乡民团，为同志军训练后备力量。同志军在秦皇寺战斗失利后，民军总部决定，“以武力推翻旧统治，迅速建立新政权”，分兵向各州、县发展。王天杰回师荣县。消息传到荣县后，知县和豪绅等逃走。9月23日晚，王天杰回荣县和吴玉章等商议，由吴玉章提出，众人同意，立即“宣布独立，自理县政”。遂于清宣统三年八月初四（1911年9月25日）在县学衙门（今荣县中学教师宿舍外），由吴玉章主持召开各界人士大会并发表演说，宣告荣县独立。

（二）军政府

1911年9月25日，在宣告荣县独立的同时，荣县革命军政府同时宣告成立。荣县革命军政府，为辛亥革命建立的第一个县级革命政权，比武昌起义早半个月，成为四川东南路同志军的根据地，反清武装斗争的中心。军政府由广安县同盟会员蒲询（寿昌）任知县，兼理民政；刘念谟主军政，王勋甫掌财政，赵叔尧管邮政。军政府机构设置沿用清制，设三费局（管盗案、城卫等经费）、社会局（管仓储）、同善局（管养老、育婴、济贫等费）、团练局（掌管地方治安事宜）、教育局（掌管学校教育事宜）、征收课（负责田赋征收事宜）、蚕务局（负责地方实业实物）。军政府决定：为保卫新生政权，扩展势力，派兵向外进攻。

清廷盐务巡防军和端方带领入川的鄂军，准备会师围剿荣县革命军政府，前锋已达荣县的程家场和威远的高市场，王天杰率兵阻击，清军败溃，掳焚程家场（今成佳镇）而去。接着彭山、眉州、青神、名山、洪雅、夹江等十余州县相继起义，影响及于全川。随后，荣县同志军会同各路民军集结大队，漫山遍野向贡井清军进攻，在黄泥塘战斗了一天多，清军被击溃，后由艾叶滩转向鹅儿沟山上，架起罐子炮，瞄准天上宫。清军见大势已去，逃之夭夭，各路同志军纷纷进入自贡。王天杰统领一支部队坚守荣县城，一支部队驻自流井双牌坊；周鸿勋统领一支部队驻自流井陕西庙，一支部队驻贡井；秦省三统领一支部队驻自流井广生同，一支部队驻贡井。巩固了荣县革命军政府，促使自贡、富顺、威远、井研等市县先后宣告独立。

民国元年（1912年）7月14日，知县蒲询离任。

二、县政府

民国元年（1912）1月1日，中华民国临时政府成立，荣县革命军政府更名知县公署。次年，改知事公署，知县改称知事。

民国元年1月，县公署内设民政、民事、刑事三署，后改署为股，同时将三费局社会局合并为地方自治经费局（民国11年改为地方税收支所）。民国2年改团练局为警备队，民国6年复为团练局，民国16年改为团防局。民国6年成立修志局。

附 录

荣县沿革今考

李国权

一、荣县之“荣”名来源

故老相传，荣县之“荣”，来自西周初年对荣公的分封。商周之际，荣公名列十臣（其余九人为周公旦、召公奭、太公望、毕公、太颠、闳夭、散宜生、南宫适及文母）之一。周武王灭商后，为了巩固政权，对开国功臣大行分封，吕尚封于齐，周公旦封于鲁，召公奭封于燕，荣公封于荣地。明人曹学佺《蜀中广记》记载：“荣县，周十乱荣公之采地，其后夷公之墓在焉。”清乾隆《荣县志》云：“后周荣公佐武王有天下，名在十臣列……公名不载经传，相传公盛德留周，此其封国。厉王时，其裔荣夷公入为卿士”。嘉庆《荣县志》载：“荣夷公墓，县南十里。”可见清嘉庆年间荣夷公之墓尚存。

荣公封于荣地后，荣地名山名川以“荣”为名者渐多。《山海经·大荒南经》云：“有荣山，荣水出焉。”古名有荣德山、荣梨山、荣隐山、荣陵山、荣门山、荣川等。据《舆地纪胜》记载，隋唐时期的荣州有“四荣”“三荣”之说。“四荣”，指荣德、荣梨、荣陵、荣隐。至于“三荣”，清顾祖禹《读史方舆纪要》释“荣德山”云：“县东北四十一里。唐因以名州。志云：山在群山中峭拔突起，高五百余丈。有小径至山顶，以木为梯。上有石室二十四，相传皆仙真幽栖之所。一名老君山。又有荣隐山，在县北三十里，亦幽胜。一名石�山。又荣黎山，在县东十五里，上有龙池。县有三荣之名，以此。”

唐高祖武德元年（618），分资州设荣州（因界内荣德山而名）。北宋沿袭唐制。治平四年（1067），因“旭”与宋神宗御名“顼”音同，为避讳，改旭川县为荣德县。理宗绍定六年（1233），升荣州为绍熙府，治所设于荣德县。元代先后设绍熙军民宣抚司和绍熙路。从唐至元，荣地长期为州、郡、府、路与县共署之地，为川南政治中心，如《蜀中广记》所言：“荣虽山谷间，实为郡国一都会。”元至正二十三年（1363），明玉珍在重庆称帝，国号夏，仍置荣州。明洪武九年（1376），降荣州为荣县，延续至今。

二、冶官县名和治地变迁考

冶官县沿革与治地是长期困扰四川地方史研究者的一大难题。民国《荣县志》认为冶官、咨官、资官县治在来牟。任乃强《四川州县建置沿革图说》有专文探讨冶官县治地迁移问题，提出冶官县治地先后为仁寿汪家场、荣县余家场、来牟铺、正紫、井研金石井等地。1990 年版《仁寿县志》记载冶官县治所在仁寿汪家场，1991 年版《犍为县志》记载冶官县治所在金石井。1993 年版《荣县志》对沿革做了一系列考证，但未注明出处，难以令人信服，远未形成定论。兹对冶官县名和治地变迁再做考证。

相关古籍中对冶官县的记载如下。

> 《宋书》：“（犍为）领县五。……冶官令，晋安帝义熙十年立。”
>
> 《通典》：“（荣州）领县六：旭川、威远、公井、应灵、咨官、和义。”
>
> 《元和郡县志》：“咨官县（中下。东南至州九十里），本汉南安县地，晋义熙十年置冶官县，属犍为郡。隋后误以‘冶’为‘咨’也。武德元年属嘉州，贞观六年改属荣州。白崖山，在县西北十里。”
>
> 《旧唐书》：“资官，汉南安县地，晋置资官县。武德初，属嘉州。贞观六年，来属。”
>
> 《新唐书》：“荣州和义郡……县六：旭川、应灵、公井、资官、威远、和义。”
>
> 《太平寰宇记》：“资官县（西北九十里，元四乡），本汉南安县地。晋义熙中置资官县，属犍为郡。唐武德初属嘉州。贞观六年割属荣州。旧名‘资’字误。铁山在州西北一百里，从资州月山县西来，其山出铁。拥斯茫水在县西二十里，从陵州始建县界南流至县西，又南入戎州宜宾县界。”
>
> 《元丰九域志》“资官”条：“州西南七十五里。四乡。……有白崖山、滩斯水。”
>
> 《读史方舆纪要》“资官废县”条：“县西南百二十里。”
>
> 杨守敬《隋书地理志考证》引《元和郡县志》云：“咨官县，大业十一年置，属犍为郡，隋后误以‘冶’为‘咨’也。”
>
> 民国《荣县志》：“资官县治今来牟铺。《元和志》：白崖山，在资官县西北十里。《寰宇记》：县在拥斯茫水西二十里。一一吻合，当今来牟铺确矣。今记拥斯茫水在县西二十里，写官误也。”

以上为按成书时间排列的相关记述，从中可以看出，今《元和郡县志》与杨守敬所引《元和郡县志》有少许差异；县名先后为冶官、咨官、资官；治地有在州西北九十里、州西南七十五里、州西来牟铺、县西南一百二十里几种说法。

综合上列记载，结合实地情况，梳理冶官县沿革如下。

晋安帝义熙十年（414），为对铁山山脉的冶铁业加强管理，分南安县设冶官县，以有冶铁官而得名。按照其方位和距离，治地在今双古镇一带（双古镇位于州西北，靠近铁山，拥斯茫水在其西约二十里，均与之较吻合。至于与荣州的距离，由于当时长距离测量路线和人为因素影响较大，特别是荣州到双古要经过铁山山脉，距荣州九十里应该是较准确的。故将资官县治地定为今双古镇）。

隋初，朝廷为巩固政权，大力招抚僚人。开皇三年（583），置威远戍，开皇十一年（591），升为威远县。开皇十年（590），在今县城设大牢镇，开皇十三年（593）升大牢镇为大牢县。二县属资州，均为招抚、威慑铁山僚而设。大业十一年（615）复置咨官县。

唐初，咨官县属嘉州。高祖武德元年（618），划资州大牢、威远二县于公井镇置荣州，升公井镇为县。太宗贞观元年（627），析大牢县置旭川县。旭川县治所在今县城，大牢县治所迁到今五通桥区金山寺。贞观六年（632），金山寺盐业日盛、交通便捷，故移大牢县为州治。同年割嘉州咨官县属荣州。高宗永徽二年（651），荣州治所由大牢迁旭川。唐季，以其有盐有铁，咨官更名为资官（《通典》《元和郡县志》书“咨官”，《旧唐书》《新唐书》已称“资官”）。

北宋元丰（1078—1085）前，资官县治所迁至今县西南七十五里的新桥镇一带。（《元丰九域志》“资官”条记载：“州西南七十五里。四乡。石梯、赖牟、永吉三镇。）南宋末年，荣地陷入长期战乱。宝祐六年（1258），绍熙府废，资官县亦废。

元初，蜀地人烟稀少，田地荒芜，州县俱废。到至正元年（1341），才复设资官县。仅仅十余年后，至正十七年（1357），明玉珍攻重庆破成都，占据全蜀，荣城陷。1363 年，明玉珍在重庆称帝，国号夏，仍置荣州。洪武四年（1371），明朝派兵攻夏国，明昇投降，夏亡。荣州和资官、应灵二县被废。资官县逐渐消失在历史长河之中。

第二章 建 置

第一节 城 池

一、乾隆《志》所载

荣县县城原为土质城墙，沿河修筑而成。宋崇宁三年（1104），时任荣州刺史岑象开始用石头修筑城墙。绍熙年间，五座城门落成：东为富义门，南为兴贤门，西南为绍熙门，西为和义门，北为清富门。明成化二十二年（1486），知县鲍珪因旧城过于辽阔，倒塌毁坏之处亦缺乏修缮，所以将县城缩小，改建为方圆七里。后来兴贤门因遭水浸坍塌，城墙规制再次缩减，这时城墙周长九百九十八丈，高一丈八尺，厚一丈五尺。嘉靖三十三年（1554），知县刘轩修建环城道路，供车马通行，仍旧建成五座城门：东为龙阳门，西为迎恩门，南为青阳门，西南为安定门，北为阳西门。嘉靖二十一年（1542），因出南门即可望见南山，其形同猛虎，威逼县城，知县熊大辂就把南门向右移动一百步，改名会流门；北门也向左移动一百步。城上共有五座城楼，均坍圮已久。康熙二十四年（1685）六月，奉令丈量城墙，测得其长度为八百九十一丈四尺，高度和厚度与先前数目一致。后来受命预估重修城墙的工程量，但未及施工。乾隆二十年（1755），知县黄大本捐出俸禄加固城垣、重建城楼，使其显得更加壮观。

二、光绪《志》所载

嘉庆十九年（1814），知县宫鉴桂补修城墙。道光十三年（1833），知县马映辰在此基础上继续补修。二十四年（1844），知县王培荀捐出养廉银二千一百四十二两，修理东门桂林山上倒塌的城墙，新城墙长度为五十五丈八尺，同时修缮了西、北两座城楼。咸丰十年（1860），知县罗廷权在北门右边增修一座大炮台，在城墙周围增修十一座小炮台；全城女墙原有垛口过宽，此次也以砖石进行了修补。

三、民国《志》所载

荣县县城城墙周长八百九十一丈，高一丈八尺，厚一丈二尺。西、南两面临河，北边包括清富、莲宇、凤鸣、天庆四座山，东跨桂林山。唐代时，城墙以土筑成。到了宋代，又进行了修补。宋太祖建隆年间，县人掘地时，发现一通刻有《后庭宴》词的石碑。嘉祐、治平年间，因县城濒临两条河川，夏秋季节经常遭受洪水灾害，时任知州罗拯修筑东、西两堤以防护城池。崇宁三年（1104），知州岑象改以石头筑城。州城坚固壮丽，这是岑象的功劳。绍兴年间，州城依旧遭受洪水侵扰。隆兴年间，知州李焘再次修筑堤坝，抵御水患。宋光宗登基前，曾受封为荣州刺史，即位后，改元绍熙，荣州由此升为绍熙府，城池规模得以扩展，城墙周长二千五百五十丈，有五座城门：东为富义门，南为兴贤门，西南为绍熙门，西为和义门，北为清富门。旧志引东门外《飞仙桥记》云："濒溪为城。"可知当时城址临近现在的东门桥。明成化二十二年（1486），知县鲍珪鉴于旧城过于辽阔，兴贤门又被洪水侵蚀，于是将县城改为方圆七里，缩减规制，此时城墙周长九百九十八丈，高一丈八尺，厚一丈五尺。嘉靖二十一年（1542），知县熊大辂因为南门直接面对南山，风水不利，就把兴贤门右移一百步，改名会流门；北门也左移一百步。三十三年（1554），知县刘轩修葺城墙，把城墙增高五尺，城内修有供车马通行的道路，宽一丈二尺。并更改了五座城门的名字：东为龙阳门，西为迎恩门，南为青阳门，西南为安定门，北为阳西门。其中只有"青阳"于典有据。清康熙二十四年（1685），奉朝廷之令丈量城池，其结果就是如今的数据一致。乾隆二十年（1755），知县黄大本捐俸修建城楼，开凿河道，建筑城墙，并撰诗文纪其事。四十年（1775）知县符兆熊、嘉庆二年（1797）知县龚巽，先后对城墙加以修补。十五年（1810），知县许源修东南角十五丈城墙。十九年（1814），知县宫鉴桂再次修缮。道光十三年（1833），知县马映辰募银五千两修缮城墙，工程持续五个月。二十四年（1844），桂林山附近的城墙崩坏五十五丈五尺，知县王培荀捐款修缮，同时修缮的还有西门、北门城楼。咸丰十年（1860），因为李、蓝之乱蔓延到四川，知县罗廷权在凤凰山修筑一座大炮台，在城周修筑十一座小炮台。原来女墙的垛口过宽，这次也用砖石砌上。光绪末年，西南方城墙坍圮，荣县人王嵩年监督修缮。进入民国，北门城楼坍圮，由县人但猷之监督修缮，费用由县里各公局拨付。

第二节 街 巷

一、光绪《志》所载

正 街 在县衙前。

东 街 每月五、九日有集市。

大南街 每月一、六日有集市。

西 街 每月三、七日有集市。

北 街 每月二、四、八日有集市。

和义街 即西门内街。

另有小南门街、古城街、柱史街、平济街、桂林街、泮水街、梓潼街、书院街、西后街、石牌楼街、分司后街。

二、民国《志》所载

街、巷，俗语所指都是一样的，荣县城内笔直的街巷没有特别命名，如县衙前的街叫作正街，其他的叫作东、南、西、北街。东街长九十一丈，西街长二百六十丈，径（两街距离）长三百二十丈；南街八十七丈七尺五寸，北街一百五十四丈四尺，径长三百五十四丈三尺。这些均为街，其他为巷，有时也称街。

东边各巷：有因山而得名的桂林街，长一百十三丈八尺；有因邻近孔庙而得名的泮水街，长六十六丈六尺；有因仓得名的平济街，长四十三丈八尺；有自南门沿城墙到西门的和义街，唐天宝元年（742）时荣州改为和义郡，和义街由此得名，街长二百六十三丈二尺。西边各巷：有柱史街，长三十二丈五尺；有石牌楼街，长八十一丈二尺；有梓潼街，长八十六丈一尺；有凤鸣街，长三十二丈五尺；有小南门街，长八十七丈七尺；有分司后街和西后街，长一百九十五丈。北巷叫作古城街，是唐宋时期荣州刺史官署所在地，也叫子城，长一百五十四丈四尺。东门外的叫作书院街，因明代附近有崇仁书院而得名。清末，续修书院街，称天牙石街。

东、南、西、北街有固定的赶集日，但集市没有固定的场所。光绪末年，在天后宫设立官斗市。进入民国，官斗市移到广东会馆。清末，城中还有茅屋。民国时，多数县人为避乱而到城中居住，建筑变得整齐高峻，而地价也随之攀升。民国17年（1928），奉县政府命令，对城内建筑一律翻修。

第三节　乡　里

一、乾隆《志》所载

荣川乡　在县城附近。

乐阳乡　在县城以东三十里。

兴贤乡　在县城附近。

仁义乡　在县城以南六十里。

清流乡　在县城以西四十里。

来苏乡　在县城以南五十里。

荣德乡　在县城西南方向二十里。

乾隆《志》按：康熙六年（1667），威远县并入荣县，十三年（1674）重新设立威远县，二十年（1681）又归属荣县，下辖上、中、下、东四里。雍正六年（1728），又重新设立威远县，将东里划归威远县管辖。东里，原名益昌乡。如今的威远县划分为隆会、中溪、清水、益昌四个乡。荣县的户籍编制分作三里，上里隶属清流乡，中里隶属仁义乡，下里分别隶属来苏乡和荣川乡。雍正七年（1729），听任民众自行上报应缴纳的赋税，未曾清晰地划分界限，而且在一个区域内，基层行政单位交错复杂，甲长催征纳税十分困难。乾隆十九年（1754）五月，知县黄大本批准设立二十四堡，每堡有上、下之分，分别隶属四乡，每保立一保长，负责办理各保甲事务，凡纳粮民户各自归入所属之甲，重新登记纳粮册，这样一来，可以按册稽查本地纳粮民户，一目了然，在保甲制度中寄寓顺庄良法。至于田地平坦的地方，向来被称作沃野，人民往往开凿水塘，筑造堤坝，借水利营生。凡为地方官吏者，都应该为百姓筹划生计，多方鼓励百姓，努力使田野上没有抛荒的耕地，辖境内没有流离失所的民众，五谷丰登，六畜兴旺，生有所养，老有所依，这就是所谓“观于乡，而知王道之易易也”。

有人将二十四堡的名称编为诗句，附录如下：

敬老亲贤均乐利，横经负耒尚循良。敦诗执礼能兴让，好义咸熙自知方。恒足力田期大有，悦亲务本悉安康。睦邻明善兼慈幼，时雍普变赋平章。

二、民国《志》所载

荣县基层行政建置沿革如下：明代将户籍编为七里，分为七乡，东边的叫作荣川、乐阳，南边的叫作兴贤、来苏、仁义，西边的叫作清流，西南的叫作荣德。清初，威远县并入荣县，下辖上、中、下、东四里。雍正六年（1728），把东里益昌乡分割出去，设置威远县，留存上、中、下三里。分四乡，上里称作清流乡，中里称作仁义乡，下里称作来苏乡和荣川乡，都是沿用宋代以来的称谓。宋人李畋担任荣州知州时，州人称呼他所到之地为来苏，城北凤凰原上的王序墓也题有“荣川”字样。乾隆朝时，改乡为保，共计二十四保，各有名号——清流：时雍、普变、循良、负耒，仁义：敦诗、务本、平章、咸熙、乐利、亲贤，来苏：恒足、执礼、慈幼、兴让、敬老、安康，荣川：横经、大有、力田、明善、悦亲、好义、知方、睦邻。好事者把它们编成诗句，纳粮册沿袭这一分法。后来人口增多，在保之下又细分为甲，每五甲为一保。清末，全县共计七十二保，分为十区，县城属于中区。

三、《荣县志》1993年版所载

民国初，县仍置10个区，设有乡保、乡市。

民国12年（1923），县置10个区，100个团，999个甲（见下表）。

区别	一区	二区	三区	四区	五区	六区	七区	八区	九区	十区
驻地	县城	程家场	贡井	龙潭场	五宝镇	董家场	镇紫场	长山桥	双古坟	东川沟
团数	10	6	6	16	12	8	16	14	7	5
甲数	85	82	49	159	124	88	164	106	90	52

民国18年由10个区划为9个区，置94个团（后改称联保）。

第四节　公署

光绪《志》云：为官之人，宣扬朝廷的德政，管理治下的百姓，发号施令，须有一个合适的场所。各级官员分别有不同的职责，须各有其办公之所。其中或创立，或修补，或增建，与当时的政治状况与制度有关，所以规制格局应当详尽记载。

一、乾隆《志》、嘉庆《志》所载

县署坐落于天庆山前，曾经是唐朝时荣州州署。宋朝时继续沿用。元朝末年，州署毁于战火。明夏政权时，曾被改为万户府。明洪武七年（1374），荣州判官马公辅修整恢复公署，东西长共计三十四丈，南北长共计六十五丈。九年（1376），改为荣县县署。十二年（1379）时的知县马福，正统年间的知县尹士恭，正德年间的知县白绘，嘉靖年间的知县孙钦、王梦魁，隆庆年间的知县张九思，先后增修县署。明末农民战争时，荣县县城被张献忠屠城，焚毁殆尽，之后前来荣县任官者都把公署视作驿舍，几乎没有处理政务的正式场所。清朝康熙六年（1667），知县蔺松重建县署，二十五年（1686），知县易其极修建正厅、鼓楼及门房、旁舍。乾隆元年（1736），知县刘宗贤建退思堂三间和内署五间。乾隆九年（1744），知县徐德龙在退思堂前修建廊轩，改建东书房一所。十八年（1753），知县黄大本修缮县署，在西书房后建西爽斋，又在西园建留琴书屋两间。嘉庆六年（1801），知县邵良补修二堂。十一年（1806），知县许源在西园荷花池上建镜香亭，以桥连通，亭南又建书室十间，前后以曲廊环绕。十六年（1811），补修三堂，三堂右边是薇香书屋。

谯　楼　三间，始建于唐武德三年（620），在中街右侧，地基有三丈高，巍峨雄伟，为县城制高点。嘉靖年间，知县孙钦将其改为县署大门。嘉庆时改名旭阳楼。

仪　门　三间。

迎宾馆　在仪门左边，乾隆时废弃，嘉庆时为衙神祠。

牌　楼　一座，乾隆时存。

上谕牌楼　一座。

牧爱堂　嘉庆时为大堂。

清平堂　嘉庆时为二堂。

退思堂　嘉庆时为三堂，东、西厢房各三间。

赞画堂　在正厅东，乾隆时废。

内署正房　五间，左、右耳房各二间。

监　狱　在二门右边。

长　府　在石楼署左边，嘉庆时已经废置，尚有遗址留存。

县丞署　在贡井，雍正八年（1730）建。

典史署　在县署东边。

驻　防　没有专门公署，租赁民房办公。

养济院　在东城内。

演武厅　在南城外官地上。这里从前十分宽敞，后来多被居民侵占。嘉庆十三年（1808），知县许源亲自勘察，勒令侵占者全部退还土地，恢复演武厅原来的四至，并在东、南方向立石为界，又修建厅堂，竖立照壁，修通供车马通行的道路，规模粗具，可作为演练骑射的地方。许源撰有碑记，详记其事。

察院行台、布政司分司署　在县城西边，嘉庆时改建为凤鸣书院。

来牟公馆　在县城西边五十里。

赖远公馆　在县城南边七十里。

松林公馆　在县城南边四十里。三馆均已废置。

另有灵官祠、照壁、东西榜房等。

二、光绪《志》所载

所述大致同乾隆《志》、嘉庆《志》，另载嘉庆以后公署变迁如下：

道光十年（1830），知县马映辰在薇香书屋后修听雨楼、停云阁，在荷花池北边修知稼亭。道光二十四年（1844），因退思堂坍塌，知县王培荀捐养廉银改建，又建东院北房两间，重修圣谕坊一座，并在知稼亭东建凝翠楼。

吏房、户房、礼房、仓房、承发房、壮班房 都在县署左边。

盐房、兵房、刑房、工房、捕班房 都在县署右边。

丰阜库 在县署二堂右边。

常平仓 在县署左边，由原主簿署改建而成。

仓神祠 在仓坝上。

萧曹祠 在县署仪门左边，由原迎宾馆改建而成。

监　狱 在县署二门右边。

县丞署 在贡井，原隶属富义场，归属富顺县，专门管理盐政事务。雍正八年（1730），分地分井，设置县丞驻守贡井，归属荣县，原来的白沙、桐麻两处盐司均奉令裁撤。

学　署 在北门内，道光十九年（1839），教谕刘德煜捐款修建东斋，又维修加固大门甬道。儒学从前设教谕一名、训导一名。雍正七年（1729），训导一职被裁撤，名额归威远县。

典史署 在县署东边，道光二十一年（1841），典史郑之模捐养廉银修理大堂，新盖雨棚，一并修建照壁、头门、二门、三堂。二十三年（1843），新修东花厅三间，三堂东边建房五间，二堂东边建过厅一间，共计耗资五百多两白银。

汛　署 在东门内桂林街，原来没有公署，租赁民房办公。道光二十年（1840），知县胡沄把养正义学改为汛署，将义学迁到后山。

三、民国《志》所载

县　署 坐落于天庆山下。唐朝旭川县、宋朝荣德县的县署都在这里。元朝末年曾作为明夏政权的万户府，不久坍塌。明朝洪武七年（1374），荣州判官马公辅修整恢复公署，东西长共计三十四丈，南北长计六十五丈。九年（1376），改为荣县县署。十二年（1379）时的知县马福，正统年间的知县尹士恭，正德年间的知县白绘，嘉靖年间的知县孙钦、王梦魁，隆庆年间的知县张九思，先后补葺县署。如今的县署大门，即为孙钦所改建。明末农民战争时，县署被焚毁，残破不堪。

清康熙六年（1667），知县蔺松重建县署。二十五年（1686），知县易其极修建前堂，取名“牧爱堂”，其他如鼓楼、照壁及门舍等设施，都是他捐款促成修建。乾隆元年（1736），知县刘宗贤修建名为“退思堂”的后寝和五间内署。九年（1744），知县徐德龙在退思堂前建廊轩，东边建一书屋。十八年（1753），知县黄大本补葺县署，在西书房后建西爽斋，又在西园建留琴书屋两间。嘉庆六年（1801），知县邵良补修名为“清平堂”的二堂。十六年（1811），补修退思堂，右边建薇香书屋。道光十年（1830），知县马映辰在薇香书屋后修建听雨楼、停云阁，在荷花池北边修建知稼亭。二十四年（1844），退思堂坍塌，知县王培荀捐款在东院建北房两间，堂下到门的路中树立坊表，又在知稼亭东边建凝翠楼。廖朝翼有落成诗云：“镜香亭北起新楼，水色山光一帧收。露滴池荷香在水，烟笼径竹翠含秋。著书自启窗三面，招客时倾酒一瓯。谁道使君非务观，别无风月胜荣州。”

清平堂右边有丰阜库，左边有常平仓、仓神祠，原为主簿署。牧爱堂下，是小吏和杂役居住的地方。四所监狱，在右边。仪门外，左边是萧曹祠，明朝时是迎宾馆。西园约有四亩大小，中间是池塘，从前有个亭子叫作此君亭。涂逢豫有《此君亭》诗，序云：“官廨之西，有池焉，环池皆修竹，映水同色。故有亭，因其材而新之。于东北复为二屋，悉以竹成之。七月既望，落成，曰此君亭。”诗一共有四首，摘录其一：“倏尔新亭在水涯，偶然小坐亦清嘉。兰丛近客都沾露，荷叶逢秋尚作花。大竹成龙生万绿，一官如鹤立三叉。漫言信美非吾土，当我清溪溪上家。”

龚巽《补植芙蓉杨柳歌序》云：“莼溪老人，余戚里也。辛丑岁，其嗣君松岩与余同日选蜀，余以亲老改铨皖江，先生方任潜山博士，寓省垣王家亭子，共坐卧者数十日。壬寅岁，松岩宦荣，先生乃就养，创此亭。庚戌秋，余莅荣，先生宰木拱矣。岁杪，断金线柳百余条，三变芙蓉枝亦如之，为春风秋月归宿地。因作歌。”诗曰：“池上离离见山浅，屋中冥冥去水远。有山有水请不来，议割所爱谁当遣。莼溪老人就养时，决计垄断居其奇。凡所用材取之竹，突兀此君亭在斯。亭中我主众山客，山光不厌空亭窄。沿堤插柳间芙蓉，围得荷花红一国。我昔作官皖江上，皖公山色青无恙。郑虔三绝画书诗，与适楼东卧酬唱。此来公去址空存，荣州署内无此君。故吏艳传诗酒社，花香四序诗人春。自惭俗吏无奇绩，聊补斯亭慰畴昔。花吾步障柳吾门，水吾明镜山吾壁。石与友兮鸥与盟，人间无处无月明。何时花开不可酒？但惜老人今隔生。未来过去中有我，持问此君何计可？君不见荣藩占断清富山，罗汉松根吹鬼火。”

嘉庆年间，知县许源将此君亭修葺一新，取名“镜香亭”。东边是听雨楼、停云阁。光绪三十一年（1905），陈熙辅在池塘北岸筑楼，名为“诗境”。三十四年（1908），赵维新在池塘西岸修建枕流亭。南边依照许源时的旧制，建有书屋十间，以曲廊环绕四周，赵熙为其拟名“君子花馆”。民国时期，军旅往来，民不聊生，昔日胜景全部沦为废墟。十七年（1928），县知事卢学涵毁掉临街照壁。

丞　署　在贡井新街，雍正八年（1730）建。

典史署　在县署东边。道光二十一年（1841），典史郑之模捐款修建，有三重门堂，南向。二十三年（1843），建东厅三间、中堂东边房屋一间、后寝东边房屋五间，共计花费五百多两白银，可知当时物力十分便宜。典史署现在改为征收局。

教谕训导斋　原先临近西街。雍正七年（1729），训导移到威远县。乾隆十二年（1747），知县徐德龙改建到孔庙右侧。道光十九年（1839），教谕刘德煜捐资修缮东斋大门甬道，有廪生、增生名额各十名。光绪年间，各增加五个名额，每年通过考试录取附学生十二名，武生同数。咸丰七年（1857）规定，筹措捐献粮饷超过十万两，增加一个学额，最多不超过原先额度的一半；捐献超过此额度就暂时增加一次学额，或者分作二三次进行。荣县捐纳粮饷数量增多，增加六个学额，并且增加录取名额，平时每年考试录取十六名附学生，逢科举之年录取十七名。清朝末年罢科举，训导斋随之废置。民国时期，胡景伊拍卖官地，此处归洒扫会所有。

汛　署　在桂林街，是明朝时的乐阳社学。清朝时叫作养正社学。道光二十年（1840），知县胡沄把社学移往凤鸣山左侧，在原址设立汛署。现在是民居。

第五节 驻防、营寨

一、乾隆《志》所载

荣县武备，从前的情况无法考证。据旧志记载，营房在县城的左后方；又载，阅武场在北城之外，现在都已经废置。清朝建立，没有设弁员。至雍正年间，设立防汛把总一名，兵员五名，以保卫城池，震慑奸人，归峨边营统辖。雍正十一年（1733），知县刘宗贤根据“敬陈管见”案由上报请示：荣县西部啸天龙地区竹林茂密，强盗横行，竹园铺地区毗邻井研县、犍为县，流贼出没。呈报上级之后，奉令添设塘兵四名，分别驻扎在啸天龙、竹园铺两处。

啸天龙 地处山巅，为荣县西北部的隘口。从前有亭舍，早已倒塌。这里立有刻着“啸天龙”三字的石碑，至今犹存。平地上有一所宅院，其中设有数间旅店，外面有两进塘房，三座烟墩，一座瞭望楼，两名塘兵。

竹园铺 毗连井研县，占地面积颇大，在从前的驿站处设立两进塘房，三座烟墩，一座瞭望楼，两名塘兵。

教 场 在南城之外，筑有台基，每年在这里考校骑射，操练壮丁。届时，地方官会同基层武官检阅查验。

二、嘉庆《志》所载

鹿角寨、老君寨、牛头寨、牛心寨、牛尾寨 在荣县东路。

伍家坪山顶五寨 在荣县西路。

牛头寨 在荣县北路，地势最险要。

董家营 在荣县西南路。

来安寨 在县城以南的屏风山，距城一里。

东汇寨 县城西南的白塔山左，距城一里。以上两座营寨均为知县龚巽于嘉庆五年（1800）修建，龚巽撰文记其事。

牛头寨

三、光绪《志》所载

江家山 高大而开阔。张献忠乱蜀，县民张某率领众人在这里躲避，民众得以保全。其地靠近永兴场。

马鞍山 龙潭场、贡井、李家场、观山场等处都有马鞍山，虽然以马鞍为名，但山形与马鞍完全不相符，唯独附近双石桥场的马鞍山，确实形似马鞍，山下就是进士曹俊亮的宅第。

真武岩　在县城以南八十里，三座山峰连绵耸立，山形首尾低昂，俯瞰绝壁深渊，气势压倒附近高耸的山峰，堪舆家将其称作“天马排空”。靠前那座山上有一小洞，如同独眼，传闻洞中有真武神像，然而因为山势陡绝，没有人能抵达那里。其地在李家场东南边二里。

高　洞　有两处，一处在黄干沟下流，一处在李家桥下流，同样有大河经过，山中低陷处高一二丈，下临深潭，每当天气清朗，飞流而下的瀑布注入深潭，声音在数里外都能听闻，可以说是层层险阻。其地在李家场西边。

蟠龙洞　有两个洞，上方的叫作龙洞，与山谷两侧高悬的岩石相对而立，往下二三丈，有一空阔寒潭，潭水澄澈幽深。沟下一里左右为蟠龙洞，山崖高数丈，瀑布飞流，灌注入潭，潭水深沉清冷。即使遭遇大旱，两个洞也从未干涸。其地临近永兴场。

铙钹顶、牯牛顶　两座山在李家场东北半里。

鹅公颈、斗篷山　直抵犍为县界，两座山在李家场以北七八里。

银矿坳　有个黑暗的洞穴，幽眇深远，据说旧时出产银矿，因此得名。其地在李家场西边。

骡岭寺　县中进士曾省三撰有记文。

麟岩寺　在县城以北二十里，左右均为深谷，形势险峻。每逢乱世，百姓于此聚众守卫，也足以拱卫县城。咸丰十年（1860），云南李、蓝军队进至荣县，当地秀才朱岳南、李春晖等人募款修建。

观音寨　在县城以北十五里，地形险峻开阔。每当乱世，居民在此聚众守卫，与城中形成犄角之势。咸丰十年（1860），云南李、蓝军队进至荣县，监生宋端及布政司经历吴鹤龄、李向高等人募款修建。

天生桥　在县城东北三十里左右，有巨石横亘在两山之间，山壁直立如同刀削，前嘉定知州邵公曾题字。同治年间，当地人从下开挖采煤坑道，原本计划经过此处，当地士绅认为此举有碍风水，恳请知县谢某立碑明示，永远禁止在天生桥周围五里内动工开挖。

另有天池山营寨。

四、民国《志》所载

铁山一线较多。东北方向的荣德山，是荣县军事要冲。山上建有寨堡，名为老君寨，与威远县共用。附近有牛头寨、牛心寨、牛尾寨、吕仙岩、北大刀寨等，均为南宋宝祐五年（1257）所建。平安寨、西北石冈寨、沙盔寨，均为咸丰年间所建。

五福寨　因五座山峰而得名。五福寨南边连着白岩石，即《元和郡县志》所谓“在资官县西北十里”者。山上建有两座寨堡，分别叫作小白岩、大白岩，与五福寨形成犄角之势。白岩石的西南方是虎口。再往北是老寨、瓦砾岩、马槽岩。各寨虽然较小，但与虎口遥相呼应，也十分险要。

牛峰寨　周长十余里，四面悬崖如同刀削一般笔直陡峭，明朝时称云台山，嘉庆年间重修时名为“牛头”，后来改为“牛峰”，以示区别。此山本无“峰”，“峰”应当写作“封”，即牛肩胛骨凸起的部位。咸丰三年（1853），朝廷诏令各省兴建寨堡，富顺人许维邦、荣县人王安宇倡议修建该寨。蓝朝鼎、李永和率领农民军在云南起事，牛峰寨为此特别制定章程，规定在旧有户等之外，分上、中、下三等，根据户口缴纳粮食：上等户每人缴纳四石粮食，中等户每人缴纳三石粮食，下等户每人缴纳二石粮食。所以这里的仓储比其他山寨充裕。民国 6 年（1917），川、滇两军在双古坟附近驻扎数月之久，经常向寨堡征收军费，故各寨仓储现已所剩无几。光绪十年（1884），居民在山下开凿煤炭，知县陈某禀告上司，封禁此山，并永为禁令。

五寨坪 因山顶的五座山寨而得名，咸丰三年（1853）建成。

临近县城的诸寨，有麟岩寨，由附学生朱岳南、李春晖募款修建；观音岩，由宋端、吴鹤龄、李向高募款修建。两寨修建时间均为咸丰十年（1860）。

县城以南的金碧崖有来安寨，东边有东汇寨，为嘉庆五年（1800）知县龚巽所建，虽然叫作寨，实际上是城防。东南方有鹿角寨，也叫作鹿角岩，民国 7 年（1918），王立勋重新修建。观音崖、天福寨，均为咸丰年间所建。大才寨因寺而得名，古时称荣陵山，大概是因为与荣德、荣梨、荣隐并称，而习俗喜欢沿袭附会。此山现在叫作金华山，从明朝时开始建有寨堡，咸丰年间曾经培修。民国 5 年（1916），土匪进攻此寨，有内奸居中接应，大才寨陷落，财物被掠夺一空。

荣县的寨堡大体修整完备，李、蓝农民军进攻荣县时，只有土寨陷落，但这些寨堡和乐领寨、太平寨一样，都被废弃了。

第六节 津 梁

光绪《志》卷十二称，《孟子·离娄下》有言：“惠而不知为政。岁十一月徒杠成，十二月舆梁成，民未病涉也。”孟子认为修建桥梁是主政者的要务。荣县虽然没有大江大河，但每年春夏时节，洪水横流于溪壑中，有碍出行，民众或者修建桥梁，或者架舟往来。每当此时，就是检验主政者是否称职的时候。

乾隆《志》卷二所载津梁如下：

飞仙桥 在城东富义门外。荣县县城临溪修筑，东西两条溪水在城南交汇，合流后注入南河。东边的溪水叫遁水，与梧桐沟汇合后，从北方流经县城，经过竹王祠畔，就是现在的渡口。水势湍急，每次溪水暴涨时，两岸交通就被阻断。从前曾采石来造桥梁，至嘉靖十八年（1539）秋，知县熊大辂改为木桥，高出水面三十尺，用平板架在上面，并架上檐廊，整个桥梁像彩虹一样舒展，一时之间被称为胜景。但没过几年，桥就毁坏了。二十六年（1547），知县王觉斋引进诸多僧人，把工程委托给他们，仍旧建成石桥。隆庆二年（1568），知县危楼倡议捐款重修，当时留下的碑碣至今犹存。此后，随塌随修，旧志中没有详细记载。雍正九年（1731），飞仙桥坍圮，荣县处士黄联芳出资修复，知县王发善为此立碑纪其事。至十三年（1735），桥又损毁，黄联芳偕其孙县丞黄璐捐款整修，知县刘宗贤亦立碑纪其事。乾隆十九年（1754）六月，溪水暴涨，冲毁桥梁，黄联芳之曾孙监生黄国梁继承先祖遗志，再次出资重建，知县黄大本将此事向上级禀告，有司颁赐黄家一块刻有“绳武克家”四字的匾额，以资表彰，并撰文纪事，刻石立碑。

进贤桥 在城南兴贤门外。此桥历史悠久，乾隆十九年（1754）六月，洪水冲坏桥梁，知县黄大本倡议捐款重建，但不久黄因病解职。荣县县丞黎常淇捐银一百两，木材商人陆佃、曹象治等也量力捐款若干两。最终，进贤桥与飞仙桥同日开工重建，新桥比旧桥更加牢固。二十三年（1758），进贤桥坍塌，僧人会司、光映募集钱款，重建大桥。

迎恩桥　待考。

通惠桥　在城西南安定门外。据旧志记载，县城西南有座安定桥，原注称：宋朝绍兴郡守晁公武重修荣门山附近的四座石桥，并撰写序文，摩崖刻石。经查证，小南门旧名安定门，安定桥极有可能就是通惠桥旧名。

北　桥　在城北清富门外，乾隆二十二年（1757）重建。

望仙桥　旧志记载在城东。现今东门外曹家堰塘沟口有一座小桥，可能就是望仙桥。

黄金桥　距县城十五里。

马先桥　距县城二十五里。

卧龙桥　距县城三十里。

九龙桥　距县城四十五里。

张家桥　距县城五十里。

赵家桥　距县城六十里。

福兴桥　距县城六十八里。

周家桥　距县城六十九里。

永济桥　距县城七十里。

谢家桥　距县城八十里。

黄家桥　距县城八十里，临近赖家滩。

上桥、中桥、下桥　距县城九十里，毗邻富顺县界。

安聚桥　距县城一里。这里原有一座跃龙桥，早已坍塌，就是旧志所载灵济桥，为荣州刺史张某于唐贞元十九年（803）修建。明崇祯十四年（1641），荣县绅士简敕捐款一千两，准备建筑桥楼，作为县城南部的防守要塞，并拟名“跃龙门”。木材石料等已经准备就绪，但简敕突然去世，修桥之事遂中止。至乾隆十二年（1747），知县徐德龙募集资金重新修建，仍旧是石制，但稍微减小了尺寸。桥建成后，在其正面题字“安聚”。并且打算在桥的南面修建罗星基一座。但不久朝廷开始了军事行动，征发频仍，工程未能完成。

顺江桥　在跃龙桥旁边。

族行桥　距县城二里。

兴隆桥　距县城四里。

伍家桥　距县城十里。

老龙桥　距县城六里。

太公桥　距县城十里，在钓台旁边。近日核对史籍，得知钓台本来因荣隐先生而闻名，如今却附会到姜太公身上，大概是为了表达对太公的景仰之意。

观音桥　距县城七里。

观音铺桥　距观音桥五里。

龙脑桥　在城南十五里。

通济桥 距县城十八里。

双石桥 距县城三十里。

小新桥 距县城十九里。

济善桥 距县城三十七里。

李子桥 距县城四十里。

松峰桥 距县城五十里，从前叫作偏土桥。

鼎新桥 距县城五十里，在鼎新寺。

聚善桥 距县城六十里，在桥楼子，乾隆十九年（1754）创建。

道士桥 距县城六十里。

普兴桥 在距县城六十里的龙滩场，乾隆二十二年（1757）重建。

七星桥 距县城九十里，在莲华寺后山。

大有桥 在莲华寺门山。

来苏桥 在县城东南边八十里。

倒石桥 在县城西南边三里。

杨家桥 距县城三十里。

破堰桥 距县城六十里。

新　桥 距县城七十里。

跳石桥 距县城六十里。

永镇桥 距县城六十一里。

何家桥 距县城八十里。

朱家河桥 距县城八十里。

莲花桥 距县城九十里。

帅家桥 距县城一百里，毗邻犍为县界。

老筒车桥 距县城九十里，乾隆十九年（1754）创建。

廖家桥 距县城九十里。

黄莲桥 距县城一百二十里，毗邻宜宾县界。

程家桥 在城西四里。

银锭桥 距县城九里。

永济桥 距县城十五里。

筠山桥 距县城二十四里。

利济桥 距县城四十里。

跳石桥 距县城四十里。

长山桥 距县城五十里。

赵家桥 距长山桥一里。

团坝桥 距县城六十里。

尧家桥 距县城六十五里。

仙人桥 距县城七十里。

玉溪桥 距县城七十里。

浪泥桥 距县城七十四里。

福星桥 距县城八十里。

小溪桥 在城北五里。

万古桥 距县城五里。

新兴桥 距县城十里。

高滩石桥 又叫作永定桥，距县城七里，乾隆八年（1743）立，乾隆十九年（1754）重修。

贵人桥 距县城十里。

栏门坝桥 距县城十五里。

范家桥 距县城四十里。

朱家桥 距县城五十五里。

万寿桥 距县城三十五里。

朱建桥 距县城五十里。

石门桥 距县城七十里，连通仁寿县、井研县，明朝嘉靖年间创建，乾隆十九年（1754）重修。

双星桥 距县城六十五里，乾隆十八年（1753）创建，有捐建人员名录，刻在桥后面。

观音桥 距县城八十里。

东林桥 距县城九十里，毗邻井研县界。

郝家桥 城西北六十里。

天生桥 有两处：一处在真如崖后，一处在莫家水口。

金石桥、虎头桥、印山桥、普通桥、寿川桥、东华桥、子孙桥、玉岗桥、银瓶桥、通判桥、清流桥、济涧桥 以上十二座桥的所在区划和具体位置无法考证，姑且留存于此。

民国《志》所载津梁表，详见文言卷，此略。

第七节 其 他

一、局所

局所最初设立于咸丰年间。因为事务越来越多，名目遂多，分别叫作社仓、三费、捐输、津贴、同善等局，设在城隍庙寝殿。局士由士绅和平民共同推选，是地方上的职务。民国时期，三费、社仓局叫作收支所，其与同善局的局士仍由民众推选产生。捐输、津贴局并入征收局。教育局在桂林山，该址原为清朝时的书院，光绪三十年（1904）改为劝学所，有两重门堂，正门朝南。实业局在西郊万景楼下，建于民国 2 年（1913），名为蚕务局，有两重门堂，正门朝东。团练局没有合适的场所，光绪二十四年（1898），因大足县余栋成起事，遂于火神庙创设团练局，三十三年（1907），移到西街，有时也设在天庆观。警察局在宣统元年（1909）时设在西街，后来移到萧曹祠，已经废置，现名为公安局，隶属团练局。

二、慈善事业

（一）慈善机构

平民工厂 设在和义街，收养贫困幼童，督促他们从事纺织等工作。同善局每月支付一百六十贯，收支所支付一百八十贯，其他机构资助日用物品。最初为普济堂，收留有八名孤苦穷人，但待收留者仍有很多。嘉庆二十三年（1818），普济堂的名额达到六十名。士绅平民买下田产捐出来，用田租供普济堂日用，但总是入不敷出，需要从书院膏火费中挪用一部分。道光三十年（1850），知县郑尊仁捐募五百两白银，在汪家滩买下田产，补足缺额，又修缮已经倒塌的房舍。咸丰三年（1853），举人张轩鹏在堂中立碑。先称“济贫局”，下辖普济堂与养济院，但徒有其名，由官署的工吏打理。后来因为其中的孤苦穷人怨声载道，光绪元年（1875），转由三费局管辖。同善局成立后，将济贫局并入。民国时期，驻守嘉定的师长陈洪范下令成立乞丐工厂，附设幼孩男女工所。民国 16 年（1927），更名为平民工厂。民国 17 年（1928），因经费不足，把义仓在郝家坝的田产划拨工厂。

养济院 在和义街，是收养年老或残废贫民的地方。由同善局发给经费，归平民工厂管理。法规规定：州县各自有孤贫布花口粮以供养无所依靠的人。荣县养济院原有八个名额，后来增加两个名额，每人每日各领一分银子，年终时由礼吏呈报领款数额。养济院最初设在东门内，后来移至现在的院落。地方供给的款项来源有：田产两处，地租有谷物三十余石、钱三百余缗，与普济堂共享，额度四十二名，每月各给四百钱，仍由工吏打理。光绪元年（1875），移交三费局管理，后来归属同善局。

教养厂 在原常平仓旧址，位于征收局左边。光绪末年建立，聘请技师教导贫民，监狱中罪名较轻的囚犯也在这里劳作，其意取法古代圜土之制。出卖物力所得款项，归教养厂支配。如有不足，由收支所估量供给。

孤儿院 在原来义仓旧址，位于县署左边。被收养于此的孤儿除了识字以外，还须学习手工技术。民国 14 年（1925）建成。

栖流所 在东门桥内。光绪九年（1883），知县葛起鹏建。民国 13 年（1924）废除，并入平民工厂。收留流民本属仁政，但有时却成为窝藏贼人之地，是法规的疏漏。

贡井善堂 民国 11 年（1922）黄绶建立。规模庞大，在各县同类机构中规模最大。

（二）义冢

有官地，也有民众施舍的土地。官方公文中常有清理遗骨的说辞。乾隆十八年（1753），知县黄大本亲自踏勘，全县一共有十八处义冢。随着时间推移，空地日益狭小，不得不由所在的地方各自购买土地作为义冢。道光年间，义冢一共四十四处，其中七处位于城郊。漏泽园，是宋朝的义冢遗存。宋高宗绍兴十四年（1144），命令诸郡设置漏泽园，埋葬那些死去而无处归葬的人。荣县的漏泽园在郊外西边三里。清初，居民侵占墓园，开垦为耕地，黄大本为之重新立碑划界，并种植树木环绕四周。其余凤栖山、鱼塘坳、油笮冲、西瓜山、龙洞滩、石竹湾、五里坡等地，也分别立碑划界。乡野的义冢都根据当地地名来取名。有清一代，荣县一直比较重视义冢的建立，据各旧志所载，共有义冢45处。

凤栖山义冢 在县城西边。雍正三年（1725），知县王国相捐出俸禄，用于购买郝天庆的山场，建立义冢。东至岩仑，西至后山高坎，南至水沟直下石坎，北至后山高坎直下岩仑界。南北长六十六弓，东西长五十六弓，四周共长二百八十五弓。乾隆十八年（1753），知县黄大本勘测明白，划定界限，并在古佛寺的右边立碑载明此事。

漏泽园义冢 在县城西二里左右。地为当地居民侵占耕种。乾隆十八年（1753），知县黄大本实地勘测定界，南北长六十四弓，东西长三十四弓，种上树木环绕四周，埋葬无主尸体的枯骨十余架与城内外枯骨数堆，重新立漏泽园碑于官路旁。可惜地界尚不明晰，嘉庆十七年（1812），知县许源又重新进行勘定，并添立界碑。左边自下面中界起，横斜至东界止，长三十弓；自东界曲转直上至东北角界止，长二十弓；自东北角曲转横量至上面中界止，长三十弓；右边自下面中界起，横量至西南角界止，长三十四弓；自西南角曲转直上至西北角界止，长六十弓；自西北角曲转横量至上面中界止，长三十四弓，四周共计二百零八弓，左边抵詹姓人家的地界，右边抵黄姓人家的地界，上面抵詹、黄二姓人家的地界，下面抵官大路界。

龙洞滩义冢 在县城南一里。东至罗汉洞土角，上至高坎，下至官河坎界；西至石梯子，下至官河坎界；南至高坎；北至官河坎界。东西长六十五弓，南北长二十弓。

西瓜山义冢 在县城东三里。嘉庆十一年（1806），众人捐资购买了徐维梁在古墓山上的土地。十二年（1807），接着购买了徐维现、徐维德在古墓山后的土地。十三年（1808），又接着购买了徐维惠在古墓山上的土地及徐宗玉、徐宗潜、徐宗耀三人在徐家嘴土包山脚下的土地，又接着购买徐维梁在古墓山的土地。四至界址，用红契五张记载明白，由领头的人保管。

老筠铺义冢 在县城西三十里。连接居民杨述美、吴子容家的地界。乾隆十九年（1754），知县黄大本于分岭处刊刻了界碑，场基也是官地。

检尸湾义冢 在县城北十里。连接居民余三齐、李子廉、刘朝聘三家的地界。乾隆《志》还言其“坟墓众多，立碑定界，禁止放牧牛马”，到嘉庆《志》则曰：“现在因年代久远，碑已经废弃，没有凭据分清界址，姑且记载在此，以待后人查勘。”

长山桥官山义冢 在县城西五十里。乾隆十六年（1751），知县黄大本因场民周景连与周之琦为此地打官司很久都没有审结，遂实地勘测明确，捐俸禄买地为义冢。东至山脚下店基界，西至饶韩林地坎界，南至官路，北至高坎界。立义冢碑于长山桥场市上。义冢顶上有东岳庙。

踏紫山义冢 在县城西六十里。东至官路界，西至官路界，南至干田坎界，北至踏紫山场后围墙为界。义冢先被居民王守道长年侵占耕种，乾隆十九年（1754），知县黄大本亲自勘测定界，立义冢碑在官路旁边。

竹园铺官山义冢（今属乐山市井研县竹园镇） 在县城西八十里。东至官路，西至范必科连官山右到刘家场的小路界，南至黄福宗家的干田坎界，北至官山烟墩哨楼壕沟抵范必科家的干土界。

周家观义冢 在县城西南三十里。义冢在周家观西边，是山土。

刘家场义冢 在县城西九十里。东至广教寺田坎界，南至山脚界，西至梓橦观地坎界，北至山脚界，邻近有广教铺的官基地。

董家场义冢 在县城西南八十里。义冢在董家场场北，东至董以周家的后山岩仑界，西至董星周家的地坎界，南至董星周家的埋石界，北至大石包抵虞三祥家的地界。

新桥上场义冢 在县城西南七十里。乾隆十九年（1754）四月，居民吴茂昭、典吏谭子仲各自报捐毗连的两块干土，长七十五弓，宽七弓，东至地头坎界，西至石埂界，南至高坎界，北至岩仑界。

新桥下场官山义冢 在县城西南七十里，土地名叫灯杆山。东至谭进现家的地坎界，西至毕星荣家的地坎界，南至谭永祥观音庵的地坎界，北至新桥场坎界，东西长六十四弓，南北长三十弓，四周共长一百六十八弓。乾隆十九年（1754）知县黄大本查看勘测后划定界限。

五宝镇官山义冢 在县城南八十里。场基是官地。义冢在五宝场场外，四至界限清楚明白。

龙潭场官山义冢 在县城南六十里。坐落在白杨湾，东至吴明聚家的田坎界，西至杨伦维家的分岭界，南至杨伦维家的土梗界，北至官路界，南北长五十四弓，东西长二十四弓，四周共长一百九十四弓。乾隆十九年（1754），知县黄大本实地勘测，划定界限，重新立碑于道路的左边。

鼎新寺义冢 在县城南四十五里。东至高坎抵刘汉印的两块干田界，西至场口人行路界，南至高坎，转小湾上高坎沿着路到寺庙山门前的大路抵刘汉印家的地界，北至高坎，抵刘世发家的地界。

程家场义冢（今属贡井区成佳镇） 在县城东六十里。

贡井天池寺官山义冢（今属贡井区艾叶镇） 在县城东南，离城九十里。界址清楚明白，客死在此者的灵柩很多，还需要另外寻找宽敞的地方作为义冢。

汪家滩义冢 在县城南二十里，也就是汪家滩上场背后，四至界址都立有界石，是威远县颜昌英施建的。

郝家堂壁义冢 在清流乡。上抵蔡、虞二姓的地界，左右与下都是施建者张大光的地界。

白岩寺石梯沟义冢 在仁义乡。左右前后都是施建者张大光的地界。

毛坝沟半边山义冢 在仁义乡。上抵吴、伍二姓的地界，其他都是施建者张大光本人的地界。

伍家塘义冢 在仁义乡。四至都是施建者张大光本人自己埋石作的界限。

堰子塘义冢 在荣川乡。四至都是施建者张大光本人自己埋石作的界限。

七垇子义冢 离乐德镇很近，由王升耀施建。

高山铺义冢 在县城东二十五里，由萧正谋施建，同时还施舍棺木。

新屋基义冢 在县城南三十里，离双石桥很近，与老官山连界。按照载粮一分的标准收税，与前老官山义冢粮一起收取，由双石桥的租客负责人收租上粮。此义冢是颜朝俊、吴奇伯施建的。

黄角山义冢 嘉庆二十二年（1817），知县宫鉴桂捐资建立。上界抵程姓的地界，下界抵二等岩边，左界直下曲转抵钟林成的土，右界直下曲转抵钟宗成的土。

油榨冲三缘义冢 在县城西南二里。道光二十三年（1843），熊袁氏、余俸、刘元贵、孙代安共捐钱十万文购买，周围埋石为界，有知县李珦撰写的碑记。义冢外修了一条石路，长六十余丈。义冢的土地按载粮一分五厘的标准收税，归土主湾寺的僧人负责招佃、收租，完成缴纳。

石竹湾义冢 在县城北六里，地名叫硝水坝，道光二十五年（1845）林德心施建，四至埋有界石。

关石门义冢 范桥柏施建。

老君嘴义冢　范音龙购买。

石道场义冢　道光十三年（1833）钟正侯、钟正朗设置施建，归入桥头铺文昌宫管理，按载粮二分的标准收税，用红契记载界址。

大山坪义冢　咸丰二年（1852）王香瑢设置施建，归入桥头铺文昌宫管理，按载粮一钱一分的标准收税，用红契注明四至界石。

大山坪义冢　咸丰四年（1854）王勤国设置施建，归入桥头铺天上宫管理，按载粮一厘的标准收税，用红契注明四至界限。

坟山嘴义冢　邓吉章设置，价值一百〇六贯，在来苏乡。按载粮四分的标准收税，附入桥头铺文昌宫收租纳粮，用红契注明四至界限。

新屋基义冢　紧邻龙潭场，由邓吉章、余俊朋设置，价值三百一十贯，在来苏乡按载粮四分的标准收税，用红契注明四至界限。

五里坡义冢　在县城北六里，同治十二年（1873）廖朝翼、丁光鉴、胡荣昌募捐设置。

仁园义冢　在县城南四十五里，离鼎新寺老堰塘新屋嘴比较近，同治乙丑年（1865）设置，四周共长三十弓。

卧龙山义冢　在来牟铺场左边大概一里左右的地方，咸丰丁巳（1857）刘鸿发、周正贵等募捐设置，已有百余个坟墓，留下的空地还比较宽阔。

观音坡义冢　离杜家井（今度佳场）一里左右，咸丰五年（1855）张廷良施建。

枣子林义冢　在杜家井场（今度佳场）外，同治五年（1866）贡生张锡三施建。

勒马埂义冢　本地人徐朝郁以为人做工的工钱购置施建，在永兴场附近，用红契注明界限。

鱼塘坝义冢　光绪三年（1877）文庙公会、洒扫会施建。

三、铺递邮传

旧时在地方上设置铺递驿站，是仿效“置邮传命”的遗意。荣县虽不是交通要道，但文书往来，确实需要铺递专司其责。光绪二十九年始设邮局，历经百余年，有较大发展。

（一）乾隆《志》所载驿站

飞仙铺　在县门左边。

高山铺　现在还留存。

渔子铺　在东路，废置。

观音铺、沙滩铺、罗村铺、西冲铺、来苏铺　都已经废置。

桥头铺　废置，现在有数间旅店。

来远铺　在南路，已经废置。

白石铺　今日尚存。

筠山铺　今重新设立。

青冈铺 尚存。

长山铺 废置，如今已经有场镇兴起。

来牟铺 废置。

竹园铺 西路，今日尚存。

石笋铺 废置，今日尚有店房数间。

度教铺 在西南路，废置。

以上是旧志所载驿站。康熙五十八年（1719），设置二十四处驿站。到雍正五年（1727），奉令对现有驿站进行整理，或裁撤，或保留。从县城的底塘起，东到富顺一路，设有观音铺、石坑铺、龙滩铺、桥头铺、赖远铺五处；西到犍为一路，设有白石铺、铁厂铺、老君铺、啸天龙铺、踏紫山铺、来牟铺、竹园铺七处。到雍正六年（1728），奉令裁撤驿站，所有往来公文由差役递送。乾隆元年（1736），最终确定驿站数额。现在存留八座铺递。

乾隆《志》按：荣县东邻威远，东南邻富顺，南邻宜宾，北邻仁寿，西北邻井研，西南邻犍为。北抵嘉定府城，直达成都。地方虽然偏僻，但公文递送颇为频繁。如今额定八座铺递，每铺各设一名司兵，奈何山路崎岖，各铺道里远近难以整齐划一，遇到雨天洪水阻路，文书移交时常滞后。凡是紧急文件，专门差人递送，这样才能避免迟后延误。

（二）乾隆《志》、嘉庆《志》所载铺递

八座铺递均建有牌坊，用来标记里程。

底　塘 在县城西部。

高山铺、界牌铺 均在县城以东，通往威远县。高山铺，在县城以东二十里；界牌铺，在县城以东三十五里，与威远井交界。

白石铺 在县城以西十二里。

�山铺 在县城以西二十七里，原铁厂铺移并在这里。

青冈铺 在县城以西四十七里，原啸天龙铺移并在这里。

踏紫山、竹园铺 以上在县城以西，通往犍为县石牛铺，直至嘉定府城。踏紫山铺，在县城以西六十七里；竹园铺，在县城以西八十七里。

（三）光绪《志》所载铺递

底塘铺 在西门内。

高山铺 在县城以东二十里。

道光五年（1825），奉嘉定府公文，自道光六年（1826）开始，除高山铺、底塘铺递送贡井的文书报告仍然照常设置、发给薪水外，界碑铺、白石铺、�山铺、青冈铺、踏紫山铺、竹园铺六铺所有司兵一律裁撤，改由专门的差役递送。

（四）邮局

光绪二十九年（1903）六月开办县邮局。民国2年（1913）驿站全部撤销。

民国初，县辖邮路上至马踏井65公里，下至自流井55公里。乡镇无邮件收寄业务。民国16年（1927）以后逐步增设邮路。邮件投递以人力负运，日行50公里左右。荣县至马踏，三人轮流逐日负运；荣县至自流井，两人逐日运行。县内由一至二人，每二至四天运行一次。

第三卷　食货赋役

《禹贡》根据土地肥瘠情况征收赋税，《周官》按照土地数量征收赋税，都积极理财施策，合理使用民力，这是治国理政的重要内容。荣县东南土地大多很肥沃，西北方向土地贫瘠，收益视耕种者劳逸情况而有所差异，根据土地产出的多少来制定赋税额度，这就是《孟子·滕文公上》所说的“取民有制”。荣县虽然没有奇异的物产，但是像贡井的食盐、火井，铁山的石炭，都是山岳厚赐，也是荣县百姓生存发展的基础。故本卷对诸多土产详细记录，这也就是《尚书·旅獒》所说的“不因珍视奇异的物产而轻视日常使用之物”的意思。

第一章　物产资源

光绪《志》卷二十四载：《周礼》大司徒根据不同的土质来制定贡税的法则，辨别五种不同地形所宜生长的人和物，根据因地制宜的土地利用法则，辨别十二个区域土地的出产物及其名称。观察貉不越过汶水，观察橘不越过淮水，凡是事物都有迁往别处而发生变异的情况。荣县所产不都是水陆的奇珍，但是适合百姓使用者却很多。

民国《志》卷六载：荣县以出产盐和铁著称。《汉书·地理志》记载：“南安有盐官、铁官。”诸葛亮于铁山铸兵器，当时相关产业必定很繁盛。《华阳国志·蜀志》云：“南安县……有柑橘官社。汉有盐井。南安、武阳皆出名茶。”《新唐书·地理志》记载：土贡有绸、斑布、葛、柑、利铁。利铁，就是《元和郡县志》所说的“和铁”。《宋史》记载：贡斑布，有盐井。但所产的铁不太出名。数百年来，荣县盐业一天比一天兴盛，而冶铁业几乎快要消失了。荣县境内没有特殊奇异的产物，也没有大宗货物。如果常见的事物不记载下来，那么就没有什么值得书写的了；如果把所有事物都记载下来，又记不胜记。因此，本书将特别记录那些在古代有文献记载且现在仍有用处的物产。有记载，则对读书人学习和训诂能有所帮助；有用处，则希望以后进一步对其加以发展改良。今为区分类别，将物产资源分为谷、蔬、果、花、草、药、木、鸟、畜、兽、虫、鳞、食货、矿等类。

第一节 五谷杂粮

一、五谷

（一）乾隆《志》所载

谷的属类有粘谷，约20种，百姓用它做饭。糯谷，约30种，百姓用它酿酒。糯谷中有一种是不需要用水种植的，在干田坡地按时节下种，收获也很丰厚。粘谷有早晚两种，荣县土地适合早种，不适合晚种。

黍有酒黍、饭黍。

稷可制作成酒，制作成酒曲。

粟有黄、白、赤三种，黄粟、白粟可以用来煮稀饭，赤粟可以用来蒸酒。

麦的属类有四种：大麦、小麦、油麦、燕麦，都可以作为主食，也可以蒸酒。

菽的属类有六种：蚕豆（俗名胡豆[①]）、黄豆、黑豆、菉（绿）豆、菀（碗）豆、赤豆。

（二）嘉庆《志》所载

粘谷[②]、糯谷[③]、百日早、大桂阳粘、小桂阳粘、香谷、红稻、麻稻、雷粘、酒黍、饭黍、稷[④]、粟[⑤]、大麦、小麦、油麦、燕麦、蚕豆[⑥]、黄豆、黑豆、绿豆、豌豆、赤豆、荞[⑦]。

（三）民国《志》所载

稷 为五谷之首。《尔雅》记载：“粢，稷。众，秫。”《说文》记载：“稷，斋也。”《曲礼》记载：“稷曰明粢。”《月令》记载：“首种不入。”郑玄注云：“旧说：首种谓稷。”《大戴礼》注：“庶人无常牲，故以稷为主。”因此，用稷来命名官职，拿稷来祭祀，古已有之。孙炎、郭璞注云：“秫曰黏粟。”《说文》记载：“粟，嘉谷实也。”了解了粢、秫、粟，就了解稷了。简言之，稷是谷类，就是北方所说的稷米、小米，因此，“小雪”又叫“稷雪”。赵熙认为，程瑶田《九谷考》错误地把“稷”当作“高粱”，他的考证比较武断，当世之士纷纷采信，造成了人们的误解。考察《尔雅》所记载的内容，没有一个与之相符合。第一，高粱怎么能成为五谷之首呢？第二，稻中有惊蛰时插秧的，早包谷四月已经成

---

① 胡豆：原作“葫豆”，今据《汉语大词典》改。
② 粘谷：有早、晚二种，宜早不宜晚。
③ 糯谷：有不须水种者，干田坡地乘时下种。
④ 稷：可成酒成曲。
⑤ 粟：有黄、白、赤三种。
⑥ 蚕豆：俗名胡豆。
⑦ 荞：有黄、白二种。

熟，高粱很明显不是一年中最先种植的。第三，《说文》记载："秫，稷之黏者。"高粱与秫差别很大。第四，《左传》记载："粢食不凿。"供祭祀用的米不用经过细舂，因此叫疏食（粗粝的饭食）。但是说稷的外形高大，因此以"疏"称之，这难道不是谬说吗？第五，稻、粱、黍、稷，都是百姓的主食，现在单独把高粱用作官名，并用来祭祀，这也太不恰当了。王引之说：高粱中不黏的那一类就是粢稷，用来做饭；其黏的那一类是众秫，用来酿酒。这是他并不知道高粱的品种属性。邵晋涵、郝懿行、洪亮吉对此有所纠正。

粳　俗称饭谷。农民对它的称呼很多，粳大体是三叶时栽种、五叶时结果实、七叶时成熟。早熟的品种有黄瓜早、六十早、盖草黄、麻壳、长粒糭杓、撒穲子、西阳早等类。晚熟的品种有稀粒糭杓、香谷两种。中熟的品种有铁荚谷、团荚谷、白谷、黑节蓝、马尾黏、大叶黏、齐头黄、红花谷、辟瘟黏、冷水黏、大桂阳黏、小桂阳黏、大秆等。黏，当作"占"，《本草》记载：秈[①]稻又叫占稻，种子出自占城国，因此得名。秈，古作"稴"，《说文》记载："稴，稻不黏者。"

稬　讹作"糯"，俗称"酒谷"。有早熟、晚熟两种，早熟的叫响壳糯、猪油粒、麻壳大谷、白壳大谷等；晚熟的叫五子种。占主食的十分之一。

餈　粑　《说文》记载："餈，稻饼也。"用蒸熟的糯米搓揉而成。《礼记》叫"粉餈"。民国用油炸成，叫"油餈"。"餈巴"的"巴"，没有实在意义。而五谷所揉的叫"糍"，通常叫"巴"。民国《志》按，《说文》记载："糜，糁也[②]。从米，麻声。"黄帝最早教民做糜，这就是现在所称的"巴"。《广韵》云："餍，莫婆切。"餍，相当于现在的"巴"。《南史》记载：南齐衡阳王萧子钧的母亲生了病，左右之人以五色餅饴之，萧子钧不吃，说"要等到母亲病好才吃"。《虞悰传》记载：虞悰以孝闻名于世，到丧期结束时，只吃麦餅二枚。餅、巴，也是一声之转。现在通常认为"巴"字无意义，别作"粑"字，这是错误的。

陆　稻　俗称干谷，有鸳鸯黏、耐干谷两种。旱年种植。

黍　有黏和不黏两类。黏黍用来酿酒，叫酒黍；不黏之黍用来做饭，叫饭黍。

粟　禾也。《说文》记载："禾，嘉谷也。""粟，嘉谷实也。"宋代关于禾的祥瑞记载出现过很多次。咸平二年（999）七月，资官县吏董昭美进献了两枝一茎九穗的嘉禾。景德三年（1006）九月，荣州进献嘉禾，一茎十八穗。大中祥符八年（1015）四月，旭川县民任庆和田地里长出嘉禾，一茎九穗。天圣四年（1026），荣州进献嘉禾，一茎九穗。景祐三年（1036），荣州进献嘉禾，一茎九穗。庆历七年（1047）九月，荣州进献嘉禾，一茎两穗。

二、杂粮

（一）乾隆《志》所载

荞有白荞、黄荞两种，春秋都可种植。青粿无稗，间或在山坡上栽种。芝麻、薏米漫撒在干土中，

---

① 秈，同"籼"。

② 糁也，原误作"糁糜也"，今据《说文解字》删。

亦适宜生长。

（二）民国《志》所载

豆 《广雅》记载："大豆，尗也。"也就是《诗》中说的"采菽"。现在叫大青皮豆，次一点的叫大黄豆。小豆叫荅，就是现在的小黄豆、黑豆、猪肝豆。配上盐发酵，叫豆豉。磨了凝固后，叫豆腐。民国《志》按：豆腐，相传始于西汉淮南王刘安。《急就篇》"甘豆羹"注："以洮米泔和小豆而煮之①。一曰以小豆为羹，不以醯酢。"这是村野之人和农夫的主食，大体上叫羹、酱。如《蜀都赋》注"蒟蒻酱"，就是现在说的"魔芋豆腐"。宋代文献均有记载，陆游诗"洗鬴煮黎祁"注："蜀人以名豆腐。""黎祁"或作"来其"。近人经考证，认为它营养充足，变种超过了三百种，使用非常广泛，难怪会专享"豆"的名称。豆腐香气浓郁而松软，叫香豆腐。王闿运主讲尊经书院，以豆腐为题让士子们吟诗，作为课业，也是蜀中典故。

胡　豆 又名蚕豆。胡，即大。《尔雅》记载："戎菽谓之荏菽。"郭璞注云："即胡豆也。"这是《尔雅》专门解释《诗经》之文。荏、戎，都有"大"的意思。今胡豆是后稷所植，种于深秋，春末才成熟，温和的土地适宜种植。北方寒冷，蚕豆种得很少，尤其不适合山戎所在地区种植。"旆旆荏菽"说的就是这种情况。有人怀疑《豳风·小明》之"菽"的生长时节，与蚕豆不符。这是不知道此"菽"并非"戎菽"。《管子·地员》所说的"恙目"，就是胡豆花的白睛黑珠花纹，如瞪眼的样子。乡间之人使用最广，除了食用外，还常常用其酿制豆瓣。制作方法：将胡豆瘗埋堆积发酵，然后研磨，滤掉外壳、冲洗干净后，以黄荆枝叶熏蒸，让其生出一层菌丝，再淘洗晾晒；一升水配三斤盐，加水则加盐，在烈日下暴晒。五月制作，七月满缸都是香的。应当注意的是，盐加少了，豆瓣就会发臭。制作辣豆瓣，需加入面粉，方法上略有不同。在荣县，肥沃的土地和田间土埂上都种有胡豆。

豌　豆 《广雅》叫"蹓豆"，大概是在西域种植的，因此也叫"胡豆"，却不是《尔雅》里面记载的"戎菽"之胡豆。北方在正月下种，与崔寔《四民月令》记载相合。南方是秋天种植。其中大的开白花，《齐民要术》叫"豍豆"，就是现在的大白豌豆。小的开紫花，就是现在的麻豌豆。嫩苗叫豌豆尖，嫩荚可用罐腌制储藏。豆子除了作为食物外，还可以用来造酱；磨粉后过滤，还可以制作成粉丝，畅销四方。

豇　豆 《广雅》叫"䜋豅"②。"䜋"指纹理是绛色的，"豅"指一根蒂上结出双条如丝线的带子，如同垂下的筷子一样。张骞在外国得到此物，因此古代通称"胡豆"。种类有白、青、红、紫的区别，都可以作为主食的替代物。白的叫饭豆，农家叫侧豇，是席面上的珍品，一粒如同一珠。

绿　豆 小豆类。绿，旧志作"菉"。颗粒大、颜色鲜艳的是官绿，皮薄而粉多；颗粒小、颜色深的是油绿，皮厚而粉少。浸泡在水中，可生出豆芽。

大　麦 就是"麰"，也叫谷麦。有六棱、光头、四棱、红棱、火烧等种类。贫民有人拿来吃，有人拿来养猪、酿酒。

---

① "小豆而"，原脱，今据《急就篇》补。

② 按，《广雅》："胡豆，䜋豅也。"《本草纲目》："豇豆，一名䜋豅，音绛双。"李时珍说："此豆红色居多，荚必双生，故有豇之名。"《广雅》指此为胡豆。非是。

小　麦　就是“麳”。有油条、胡豆黄、石桥、光头、陕麦、白小麦、泡小麦等种类。被广泛用于磨面、制酱油。

油　麦　山地种得较多，可把它作为喂猪的饲料。

荞　麦　有甜、苦两种。甜荞用来磨面，苦荞用来喂猪。

燕　麦　早熟，俗名“鱼鳅麦”，用来喂猪、酿酒。

稗　禾的别种，俗名“鸭脚稗”，磨成粉后可食用。

包　谷　又叫“玉蜀黍”“玉麦”，即玉米。近人郑珍据《山海经》《穆天子传》记载，以为它是古代的木禾，他作有《玉蜀黍歌》，略云：神禹所见益所记，远在稷播以前蓺岷嶓。棕笋脱绷鱼努目，鲛胎出骨蜂露窠。《竹书》又名为苔堇，其时见之黑水阿。黑水今在云南中，远与蒟酱惊黄皤。民国《志》按：把木禾当作包谷是有依据的。不然，木禾不应灭绝，且在包谷之外也没有与其名实相符的其他作物。只是“黑水”之说，不能用周朝以后的地理位置来盲目推断上古时代的地理位置。根据今译西史西图，昆仑指的是喀喇山，在巴比伦亚西里亚境内，在里海、黑海之间。《穆天子传》中的“黑水”，即幼发拉底河，有两个源头，西边的源头叫喀喇乌苏，译为“黑水”。那么，苔堇来自葱岭以西，从地形来说，也恰好相同。其传播到中国，最先遍布在西南地区，当时并不属于周代版图，因此正史没有记载。郑珍《玉蜀黍歌》说“职方五种载《周官》，较之尧称百谷已无多。木禾自是梁、益产，歌《豳》刊落元非苛。自通夜郎略邛僰，伏猪名乃传清河”，是言之成理的。今包谷仍然以西南出产量最大，种类名称繁多，占稻麦产量的一半。因此这里详备列举郑珍的说法，并推定其来源。

高　粱　《广雅》记载：“藋梁，木稷也。”高粱不是稷，因其植株较高，所以叫“木稷”，这就同包谷不是禾，因其高而叫“木禾”是一个道理。张华《博物志》称“蜀黍”。王桢《农书》又名“蜀秫”“芦穄”“芦粟”“荻梁”。因其种来源于蜀地，形状像黍稷，所以叫“蜀黍”。《齐民要术》叫“巴禾”“木稷”。民国《志》按：高粱味道干涩，专门用来酿酒，并不是常备的主食。程瑶田考证说，此物在直隶、山东、山西、河南、陕西等地是贫苦百姓的主食。这纯粹算是强辨了。京城人人皆知，其人何曾依靠高粱度日？若只是救饥，蜀地百姓又为什么不吃呢？但段玉裁、王引之、朱骏声附和这种说法，这是不对的。

芝　麻　就是“胡麻”，又叫“油麻”“脂麻”。《汉书·司马相如传》注引苏林曰：油，音油麻之“油”。有二种，白色的芝麻油香美。崔寔《四民月令》记载：胡麻中，白色的油较多，黑色的是入药的良材。明代郎瑛《七修类稿》记载：种芝麻必夫妇同下其种，收获时产量会成倍增加。僧人无妻，种芝麻的话，难以收获。

苡　仁　就是“薏苡”，俗称“六谷”，可以入药。“人”“仁”相通，因此今通称“苡仁”。

天星米　颗粒如同黍，爆炒后成花，和糖作饼，叫天星饼。

第二节 菜蔬瓜果

一、菜蔬

（一）乾隆《志》所载

油菜、青菜、白菜、苦荬菜、莴苣、萝卜、山药、苋菜、菠菜、刀豆、茄子、扁豆、豇豆、葱、韭、蕹、蒜、姜、山茹、蒿菜、芹茶、蒟蒻①、莙②、茭白、荠菜、蹲鸱③。

（二）民国《志》所载

油　菜　《说文》记载："菜，草之可食者。""菜"是众多蔬菜的总称。"油菜"又叫"芸台"，颜色有红、白、青三种，其种籽都可以用来榨油。其生出的内根茎，就是郭璞所说的"茎头有台"。《尔雅》说台又叫夫须，艾又叫冰台，名称都是由意义来确立的。《广雅》作"薹"，是后起字，此前写作"台"。花茎呈红色的特别腴脆，采摘之后，又会长出来，密集生长如同蓍草一般。韩子苍有《菜花干》诗"小摘黄花日中晒""中有巴蜀斋厨香"，由此可知宋代陵州的习俗。陵州就是仁寿。茄、萝卜、阿瓜，乡下都将其切丝晒干，作为冬天时的备菜。只有菜台没有风干制作的，但时间长了以后，人们反而习惯食用晾干后的菜台。

蕹　菜　俗称"空筒菜"，适合腌制食用。嵇含《南方草木状》记载："野葛有大毒，以蕹菜汁滴其苗，当时萎死。"相传，魏武王曹操喜欢吃野葛，有时食量多达一尺，他总会在吃野葛前先吃蕹菜。《齐民要术》作"雍菜"。

白　蒿　古称"蘩"，又叫"由胡"，俗称"软蘧"。清明时节，白蒿柔细浓密，呈白色，人们采其作饵，用来祭祀祖墓，这就是古代的"采蘩祭祀"。其中青色的叫"菣"，俗称"青蒿"。

莲花白　就是春夏菘，叶子层层包裹起来而变得坚硬，呈圆形，如大球一般。如果种在其他蔬菜旁边，叶层就变为不包裹的形态了。凡草木花叶，皆会因环境的变化而产生形态上的改变，遇到旱季又会产生更多奇怪的变化。总的来说，芜菁、菘、芥等都是如此。物类相感，君子遇到此类情况就应反省自身，修养德性，这是"桑榖"典故的遗诫。

苋　即《说文》所说的"苋，菜也"，红色的叫"蕢"。切忌与鳖共食。

苦　菜　古称"荼"，与荼蓼之"荼"有区别，亦叫"苦"。《唐韵》叫"苦荬"，俗音如马。叶可以煎食，也作菹，秋后新叶适合煮豆粥。

染　绛　叶像人参，苗相互牵引又光滑，果实能渗出绛色的汁液。大概是人参的类族。

蕨　有甜蕨、苦蕨等类。甜蕨春天长出苔，叫蕨苔，根部可以磨成粉，叫蕨粉。《广雅》记载："茈綦，蕨也。"綦，范晔《后汉书·马融传》作"萁"。故俗称"蕨基"，因误称"脚鸡"，是说它长

---

① 蒟蒻：俗名"鬼药"。
② 莙：有红、白二种。
③ 蹲鸱，即芋，其茎有红、白二种。

得像鸡脚。洪迈认为蕨萁养人。乾道七年（1171）、绍熙四年（1193）旱灾，百姓挖掘蕨根，捣成粉。方圆数十里之内，数千人在半年之中皆靠此续命。附近合江县制作蕨皮，把蕨粉暴晒得如同胶一样，浸泡后烹煮，顺滑如海参。蕨在荣县北山长得特别多，数百年前，老林口一带，蕨与崖齐平。

海　椒　俗称番椒。民国《志》按：江苏、浙江、广东等地，无人喜欢吃它。民国时，京城通称“秦椒”。《山海经》记载：景山有很多秦椒。《急就篇》注：椒指的是秦椒和蜀椒。《范子计然》说：秦椒产自天水、陇西，以细椒为最好。用京城的说法考证，其他地方并未对秦椒形成一个通行的名称。“秦”音近“申”，因此《离骚》云：“杂申椒与菌桂兮。”现在申椒也没有用通行的名称。“申椒”就是“秦椒”，“秦椒”就是“海椒”，确凿无疑。海椒性烈，是西南地区常备的食物，其他地区忌辛辣，因此海椒不能普遍种植，能认识它的人很少，于是用“番”“海”来指称。宋育仁说：海椒，就是古代的蓼。《周颂·小毖》曰：“予又集于蓼。”民国《志》按：“蓼”与“茏”相似，但叶片稍稍有些狭窄，它的果实叫作蓼实，形状与海椒相符，其辛辣之味可以调和，古代的“蓼”就是现在的“椒”。一个事物有三个名字，并不妨害指称同一事物。又，“申”与“神”通，“申椒”就是“神椒”，“神”与“辰”为一音之转，晋地“辰韩”又称“秦韩”。名字根据读音而起，不必一定联系到天水、陇西地区。如景山即现在的闻喜县，而不是秦州。海椒品种有圆、有长，尤其以七子攒心味道最为猛烈，因此《范子计然》说细椒是最好的。

茄　《尔雅》记载：芙蕖，它的茎干称茄。汉代已经借“茄”为蔬菜之名。王褒《僮约》“别茄披葱”。亦作“伽”，也就是扬雄《蜀都赋》说的“旧菜增伽”。王褒、扬雄都是蜀人。晋代王嘉《拾遗记》记载：“脯以青茄。”梁沈约诗云：“紫茄纷烂熳。”隋炀帝称呼它为“昆仑紫瓜”。则茄不只是蜀地的物产。白茄叫银茄，黄庭坚诗云：“待得银包已成谷，更当乞种过江南。”这是为答谢杨履道所作，诗中有“乞种”之语，难道宋代只有蜀地有白茄，而江西就没有吗？《宋史》记载，洪咨夔向皇帝上疏，他的父亲对他说：我能吃茄子饭，你不要担心！茄子加到饭中，实在是甘甜味美，并非窘迫之人才吃。现在京城茄圆扁形，多肉少子。桂林有宿根茄，它的根不死，第二年还能生长结果，比荣县出产的要好。

菌　《尔雅》注：“地蕈。”俗称“菇”，形状和颜色之分而繁多。大体上，鸡纵算是菌类中比较好的，凡是有钉盖且构造如鸡纵的菌类都算是优质的。其中有的为赤蛇颜色，有的长得特别大，有的奇如楼台，有的生长在腐败之地却不长蛆，这都是毒气所蒸导致的，应当谨慎采食。赵熙说他在巫峡中行船时，有山中老妇出售干菌，船家认为此物利润低，价钱便宜，他们说菌经火烤，毒素已经全部清理干净了。品尝后果然清香无比，如同广东的冬菇一样。村里小孩说，鸡纵茎干粗壮的，保存其根，以浓浓的口水吐到折断处，一晚上就长好了。长在树上的菌类有松菌、青㭎菌、紫菌、竹菌等。贡井只有一座山是二月生长菌类的，名绿水菌。每当春雷动地，此菌就破土而出，兼具百花的长处，可以称得上是菌中的极品。

韭　《说文》记载：韭，菜名，栽种一次就根生不败，常割常长。《礼》记载：韭叫丰本。《尔雅》记载：藿就是山韭，即山中生长的野韭菜。古代是食器中的祭品。它的花叫菁，杨凝式说，秋初之时，正值韭花鲜美可口的时候，用它来佐食肥嫩的羊羔，实在是美味佳肴。近年来，园丁培植沙土，整治田地，韭菜一边生长，园丁一边施肥，让它躲避风日的侵害，茎干白得如同玉石，尖部如同淡黄的春柳，即韭黄。这种栽培方法在北宋梅尧臣的诗中已经出现，而荣县出产的是新品种。《说文》记载：齑，即腌韭菜。现在已经失传了。估计与盐菜、冬菜、蒜薹等采用的是同样的方法。《尔雅》记载：荄，即根。郭璞注：俗称韭根为荄。

薤 正作韰，《尔雅》记载：韰就是鸿荟。大概“薤”就是“鸿”与“荟”的合声。山薤叫葝，野生的山薤特别辛辣，能通胃气。

姜 以蜀地出产的为上乘。《吕览》“阳朴之姜”，高诱注云：阳朴，地名，在蜀郡。古代南安正是蜀郡的属县。

芫　荽 又作“原荽”，即胡荽，又名香菜、香荽。《切韵》记载：张骞出使西域，获得大蒜、胡荽。它的香气可以掩盖羊肉的膻气。

蘘　荷 俗音近“羊荷”。用盐腌制，颜色鲜艳，是冬天储藏的食材中最好吃的。葛洪的药方记载：有人中了蛊（一种毒虫），想要知道饲养蛊虫之人的姓名，取下蘘荷叶，让病人卧在席下，可立马呼叫出蛊主的名字。颜师古说：治虫蛊即来源于此。

蛾眉豆 即扁豆，又称“眉豆”。扁，古作“稨”。《玉篇》记载：稨就是篱上豆。

刀　豆 一名挟剑豆。

狗爪豆 即狸豆。《尔雅》记载“欇，虎櫐”，即虎豆。虎豆中小的叫狸豆。

芋 《说文》记载：大叶实根，让人害怕，所以叫作芋。民国《志》按：此名定起自上古时代，人在百花之中见之，感到惊奇，从而命名，可以推测古人的质朴。芋在水陆皆可种植，有不同品种。据《史记·货殖列传》记载，蹲鸱（芋头的别称）以蜀地出产的为最好。

蘑　芋 即蒻。左思《蜀都赋》云：其园则有蒟蒻。蒻，就是草。它的根叫蒻，头大者如斗，肌色正白，可以熬煮成灰色汁液，凝固后可以用苦酒淹食。《本草纲目》记载：蒻头，又叫鬼芋。其汁现在叫“鬼豆腐”。

茭　笋 《尔雅》记载：出隧，又称蘧蔬。像土菌，生在菰草中。小的叫茭笋，就是古代的菰菜；大的叫鹅笋，像鹅蛋，就是古代的菰首。程瑶田说：成为菌的是牝茭；没有成菌就开花结果的，古时称为雕胡饭，就是牡茭。荣县出产茭笋。

菱　角 《说文》叫“芰”，《尔雅》叫“蕨攈”。可以生吃，打成粉尤其好吃。

芡　实 即《说文》中说的“鸡头”。补脾。

薯 《齐民要术》作“甘藷”，像芋，有大的块根，去掉皮，果实如脂肪一般。南方人用它来代替谷物，作为主粮。民国《志》按：甘藷产自交趾、武平、九真、兴古，所以又叫番薯。番薯与甘藷发音相近，薯与苕又属于一音之转，因此俗称“苕”。有红、黄、白等品种。

薯　蓣 就是山药，又叫玉延，俗称“白苕”，有红、白、淡绿等三个品种。一种叫牛尾苕的，多年才能挖一次。

萝　卜[①] 是“芦菔”的一音之转。《后汉书》记载：更始之乱时，宫人吃萝菔根。汉代已读“芦”为“萝”。郭璞说：俗称雹突。这说明晋代时语音又发生了变化。宋代周密说：蜀地呼为葖子。

---

① 按：卜，原作“葡”，因与“卜”之繁体“蔔”形近致误。

现在没有听到这样的叫法了。《广雅》叫“菈蘧”，《埤雅》叫“来菔”。《方言》注曰：江东称为温菘，品种分为大、小、红、白等类，冬夏季节可以种植。初生时，苗叶可以食用，成根后，可以生吃，可以煮熟吃，可以腌制，可以爆炒，可以解煤毒。《洞微志》记载，齐州有人生病，梦见一个穿红裳的小姑娘歌唱：“五云叶盖晚玲珑，天府由来汝府中。惆怅此情言不尽，一丸芦菔火吾宫。”有一个道士给他治病，说：你是得了天麦毒，吃萝卜就可以痊愈。萝卜适合在沙地种植，荣县有种出重达几十斤的，人们都说这是园圃里的祥瑞。

白　菜　就是菘，《埤雅》记载：菘的本性是抗寒冬而不凋零，四季常见，具有松那样的品格。黄芽白菜是较好的品种。菘，是学名，属菜这一类，用菘来命名的有很多，但都是由白菜推广而来。

青　菜　就是芥，苏颂《本草注》：青芥与菘类似，有毛，味道极辣。其薹叫青菜薹，其叶子形状壮大的叫包包菜。青菜制品，做得最精的叫“冬菜”，乡中一般制作的叫“盐菜”。

大头菜　属于芜菁这一类，又叫大根菜。荣县有人以盐腌制它的苗、风干它的根用来作为女儿陪嫁的物品，储藏百年都不会坏掉。从大头菜这一常见作物，可以观察到荣县的古风民俗。

羊角菜　系以形状来命名，是芥菜的变种，可以做成酢菜。

瓢儿菜　下霜后，其味道更为鲜美。红的瓢儿菜只用来喂猪。

波　菜　即波棱。《新唐书·西域列传》记载：贞观二十一年（647），泥婆罗派遣使者进献波棱菜、浑提葱等。

莴　笋　《类篇》叫“莴苣”。

芹　《说文》作“莚”，属菜一类，与蒿类似。

葱　四季都有的叫“四季葱”。冬天才有的叫“茖葱”，“茖”，俗称为“火”，可加入羹中，也可以做成腌菜。

蒜　荤菜[1]，可祛毒。冬天吃它的叶（蒜苗），春天吃它的茎，根部可以腌咸菜。干的，古代叫燥蒜，见《晋书·惠帝纪》。东晋褚裒的女儿为康献皇后，小名叫蒜子。可见，蒜大概是古代珍贵的食物，因此才用来给女儿取名。

荞　读如“叫”，俗称“荞头”，又叫“鹅踱荞”。《广雅》记载：韭齄即荞，它的花叫菁。因此可以推知韭齄这一类都是荞。《尔雅》记载：藿就是山韭，即山中生长的野韭菜。藿、齄、荞，一声之转。又叫“韯”，《说文》说：韯，就是山韭。古时，“棪”读若导服之“导”，火部，焳从皀声，读若“駒”，则韯、荞音变，古例相通。荞的叶与韭近似，根部大，呈白色，做成菜肴，用来腌制，都很美味。《本草》叫“葝”。民国《志》按，《玉篇》载：“葝，草名。”

苦荬菜　俗称苔菜，适合佐豆汁、佐粥食用。

茨　菇　即葧荠，即凫、茈的一声之转，又叫乌芋。苗像龙须，根结子如同小芋。呈乌色而发亮，可以生吃，可以煮熟吃。磨成粉后胜过藕，可以消化积食，通称茨菇。其中一个品种叫薛菇，又叫水芋、乌芋，叶有椏，如同錍那样的箭镞，可以化铜，可以治疗蛇毒，现在叫野茨菇，即古代的茨菇。

野豌豆　即薇。陆玑《毛诗草木鸟兽虫鱼疏》记载其茎和叶都与小豆类似，属于蔓生植物，它的

① 按：与今所说“荤菜”不同，并非肉类食物，而是古代宗教认为食用后会影响性情、欲望的植物。

味道也如同小豆一般。藿（豆叶）可以做成羹，也可以生吃。

侧耳根 郑樵以为是“蕺”，但没有说他的依据。民国《志》按，《埤苍》记载：葅即蕺。左思《蜀都赋》说：给葅圃围上篱笆。《风土记》记载：蘵即香菜。即蜀人所说的“葅香”。《说文》作“葅”，即今之“折耳根”，学名鱼腥草。

排风藤 苗可以吃，小儿煎水服用，祛除风邪。

扁竹根 百姓把它拌在豆豉中。有积食之人，掘根调酒服用，疗效甚佳，但吃多了就会死人。《说文》所载“萹，萹茿也”，说的是另外一种植物。

马　兰 俗称“马矢苋”。可作为中药材，初生时，可作蔬菜食用。

鸭　跖 俗名“竹叶菜”，可以食用。

灰　藋 俗称“灰须菜”，即古代的藜。《广雅》说的“堇藋”，即白灰藋。《广雅》说的“笔藜”，即藋心呈红粉的那一类。北方有赤藋，高过一丈，大得像竹子。《庄子》记载：原宪拄着藜杖而应声开门，说的就是它。初生时，可食，《墨子》“藜羹不糂”，指的就是它。

二、瓜

（一）乾隆《志》所载

西瓜、冬瓜、菜瓜、王瓜、苦瓜、南瓜、丝瓜、瓠子、葫芦。

（二）民国《志》所载

黄　瓜 古代叫胡瓜。杜宝《拾遗录》云：大业四年（608），改名黄瓜。有黄、白两个品种，白的叫蛮黄瓜，结果实时间较迟。

瓠 即古代的匏。苗初生出来，有苦味者尝后即拔除，有甜味者才适合作为食物。《诗经》“幡幡瓠叶，采之烹之”，说的就是它。实际有圆、长等形状。凡是做成瓢的，就是葫芦；做成壶的，都是瓠，俗称“瓠子”。

苦　瓜 因味道而得名，可消除暑热。

丝　瓜 俗称“烧瓜”。瓤丝如同网一般，可以用来擦洗器皿。陆游说：用丝瓜洗涤墨渍，不会损伤砚台。①

西　瓜 嵇含《瓜赋》称之为“土芝”。金代刘祁《北使记》说：回纥国产的西瓜有重达六十斤的。现在京城主要是三白瓜，实际上是红黄瓤，口味甘甜而凉冷。大体以山西出产的西瓜最好，个头差别不大。

香　瓜 俗称“菜瓜”，又叫“酱瓜”。有白皮、斑皮两个品种，是酢菜中比较好的一种。北方叫甜瓜，专门生吃。

---

① 按：赵熙之说与史传稍有出入。陆游《老学庵笔记》卷一云：“谢景鱼名伦涤砚法：用蜀中贡余纸先去墨，徐以丝瓜磨洗，余渍皆尽而不损砚。”

南　瓜　又叫“阿瓜”。民国《志》按：《世说新语》记载，王询字法护，亦名阿瓜。东晋时，“南瓜”已经是其通称。可作菜蔬，可做糖片，可喂猪。嫩芽可佐餐豆汁；南瓜籽可作饮品，可酿酒。扁的叫苏饼瓜，长的叫枕头瓜，皮起皱有泡的叫癞瓜。云南李裴知说，此瓜长有超过一丈的，他曾在恩安山中见到过。好比是瓜中的龙伯国之人。

冬　瓜　《广雅》叫“蘵菰”。皮如碧粉，富含水分，糖制后是珍贵的食品。

三、果

（一）乾隆《志》所载

梅、杏、桃、李、石榴、桔、梨①、栗②、枣、胡桃、柿、柚、蔗、密萝、佛手柑③、莳菇、葧荠、藕、枇杷④、落花生。

（二）民国《志》所载

樱　桃　《尔雅》记载：“楔，荆桃”。《月令》曰“含桃”。吃后可以美容。左思《蜀都赋》说：“朱樱春熟。”

桃　《诗经》记载：“园有桃，其实之殽。”其制作有其成法。现在山东的桃脯，大概就是古代的干桃。《尔雅》有“冬桃”“山桃”。《晋书·惠帝纪》有“秋桃”。郭璞说：山桃，果实像桃，但是很小，不脱核。民国《志》按：此即《新唐书·五行志》所说的“毛桃”。毛桃之称，是从外表来说的，而郭璞的注解则是从内部的核来说的。宋代周密说：桃树生虫，把旧灯挂到树枝之间，就可以消除虫害。

藨　《尔雅》叫“莓”。通作“苞”，读“泡”，平声。如同桑葚，赤、黄等品种都酢甜可吃，薅秧时成熟，是一种野生植物。《淮南子》“入榛薄，食荐梅”，说的就是“藨”。现在西方人在田间成行地种植，并把它储藏到罐子里。

枇　杷　荣县旧产。后魏贾思勰《齐民要术》说：出自南安、犍为、宜都。现在宜宾出产的枇杷大得像鸡蛋一样，而嘉定、荣县所产的枇杷则偏小。

梅　结的果实是赤色的，而它的味道像杏一样酸。本来作“某”，字或作“楳”，作“槑”，梅就是柟。与当时的“英梅”是两种不同的事物，郭璞注《尔雅》时把它们弄混淆了，现在就通借为“梅”字了。古代是盛放于木豆中的祭品，《内则》所说的“梅诸”就是干腊。现在除了用来制作酸梅外，不再用作祭品。

杏　比梅甜，暴晒后可以制作成果脯。杏的籽叫杏仁，又叫参核。谢灵运《山居赋》注：“参核者，双核桃杏人也。”

---

① 原注：俱不佳。
② 原注：形甚小。
③ 原注：罕有。
④ 原注：不佳。

银　杏　俗名白果，凡寺庙均有很多高大的银杏树。民国 17 年（1928）雕刻《法华经》，寻求梨木或枣木制作书版而未果，后用银杏木代替。诗中又称“鸭脚”。

林　檎　《说文》无“檎”字。所谓“林檎”，即《尔雅》中的“梂”。“梂”，读若导服之“导”。郭璞注云：梂，果实似柰，赤色可食。“柰”就是现在的花红果。

李　颜色种类不统一，黄色而甘甜的叫糖李，人们喜欢食用；赤色的叫血李；早熟的叫麦李。民国《志》按：麦李得名很久远，郭璞注《尔雅》“椌，棱虑李”，云“今之麦李”，是正确的。“驳，赤李”，郭璞认为是“子赤”，就是“血李”。

椒　是调和五味的珍品，又可以用来制作器物。江淮以北都有分布，但都比不上蜀中之椒。蜀地的椒皮肉厚，气味浓。《图经》说：蜀地的椒可以高达四五尺。其中，野生的叫“狗矢椒”，不宜食用。

荔　枝　《华阳国志》记载：“江阳有荔支。”公井在江阳，现在独以荔枝出名。陆游诗云“荔子阴中时纵酒”，可知南宋荣州盛产荔枝。

龙　眼　又叫益智。新桥有百余株，已经结果实，大多是续种的。

梨　有青皮、黄皮两个品种。以糖烹煮的叫梨元，是水果中的尊品。《宋书》记载：张邵，小名叫梨；他的儿子张敷，小名叫查。文帝开玩笑说：查（谐音“楂”）跟梨相比，如何呢？张敷回答说：梨是水果之中最尊崇的，查怎么能比呢？

核　桃　《博物志》记载：张骞出使西域还朝后，才得到了胡桃种。其中皮薄的叫纸核桃，皮厚的叫米核桃，果实不容易出的叫臧核桃。“臧”就是“藏”的意思。

石　榴　《宋书·张畅传》记载：拓跋焘寻找甘蔗、安石榴。张畅说：石榴是邺下所产，应当不是你们所缺之物。南方和北方都有出产，以云南产的为上乘，移种到北方来，会发生变化。那种只开花而不结果的，叫花石榴。

栗　栗子是古代盛放于笾和豆这两种礼器中的祭品，栗木板也可以用作“练主”（古代练祭时所立的神主，奉祀于祖庙）。《春秋公羊传》云：“练主用栗。”

鸡　枣　俗称“拐枣树”，其形像鸡爪，能让酒的味道变薄。据《田居蚕室录》记载：鸭吃了拐枣子，不一会儿就死掉。

橘　乡里称苏柑。民国《志》按：《禹贡》扬州“厥包橘柚锡贡”，《考工记》“橘逾淮而化为枳”，屈原《橘颂》“受命不迁，生南国兮”，张九龄诗“江南有丹橘”，由此可知，最优良的橘产自姑苏。《史记》“蜀汉江陵千树橘”，《汉书·地理志》“巴郡朐肕、鱼复二县有橘官”，由此可知橘种上移，由楚入蜀。起初仅分布在三巴地区。扬雄《蜀都赋》“黄甘诸柘”，并未谈到橘。由左思《蜀都赋》“户有橘柚之园”可知，晋时两川地区遍植橘树。所谓“苏柑”，仅存古义，考察实际情况，其实是一种通称。海禁未开时，凡是好的事物都叫“苏器”，如同现在买卖稀奇物件都使用洋名一样。蜀橘多从川东南富顺、江津，贩卖到江海一带，而荣县的橘仅仅供应邻县，这是因为富顺、江津一带是滨江地区，而荣县是蜿蜒山路，运输多有不便，因此销售不广，其种植最终不能兴盛起来。但是之前乐德镇张氏有果园，现在过水坳、李子桥、县东南也慢慢开始种植，而且供不应求。既然如此，可广泛种植，不必担心后效不佳。曾经向张景侨询问缘由，据说：一亩种若干橘树，一棵橘树采得若干橘，一个橘卖若干钱，其利润也都是清楚明了的，是种粮食的十倍，但多数人还是种粮而不种橘，是因为种橘获利，则种其他作物的就会亏歉，一年减收若干，二年减收若干，增至十年则消耗殆尽。如果种橘，一年人工若干，一年粪料若干，至少要十年才能培育成。假如急切地想顾及眼前所产的粮食，又如何能坐耗十年，从长远的角度来实现财富的增值呢？对于农耕之人来说，他们是不能让一尺土地空闲下来的。

柚 民国《志》按：据《禹贡》记载，橘、柚都产自扬州，系南方的珍品。《列子》记载，吴楚地区的国家长有大树，名叫櫾，树为碧色，冬天结果，果实呈丹①色，味道很酸，吃它的皮和汁，可以治疗愦厥之类的疾病，齐州人很珍视它。《山海经》郭璞注称：櫾长得像橘，但稍微大一些，皮厚味酸。“櫾”“柚”，是古今字。《吕氏春秋》伊尹称之为“云梦之柚”。可知，橘、柚都是从吴地、楚地传入蜀地的。夔州柚名气很大。现在荣县北边的墨林山已经习得相关种植技术，开始进行栽种了。《尔雅》记载：櫠即椵。皮很厚，气味冲鼻。范成大说：拓碑的时候，用柚皮代替毡刷，适合墨的特性，又不损伤纸。威远黄季渊用糖腌制蜜柚，味道清香。

柑 古代只写作“甘”。扬雄《蜀都赋》曰“黄甘诸柘”，“柘”即“蔗”，“甘”即“柑”。《隋书》记载：文帝喜欢吃柑，蜀地用蜡封存柑蒂进献之，香气不散。可知，在隋代，柑仍以蜀地出产的为上乘。《广志》记载：平蒂甘，大如升，颜色苍黄，犍为南安县出产。可见柑又是荣县旧有的产物。

寿星橘 跟枇杷一样大，夏天开花，秋天结果，又叫“卢橘”。世人把“枇杷”当作“卢橘”，这是不对的。民国《志》按，《上林赋》郭璞注：蜀中有给客橙，长得像橘，但又不是橘，跟柚一样，充满香气。常璩《华阳国志》记载：江阳有蒟酱、给客橙。寿星橘，就是给客橙。荣在汉代属南安江阳地界，与《华阳国志》记载相合。

佛手柑 因形状而得名，用糖蜜制，可称珍品。切片暴晒的，叫佛手片，用来泡酒很好，入药后可纾解气郁。培育应该用浓肥。

柿 可用来制作柿饼，只是不如北方出产的优质。

皂 角 皂荚的形状像角，所以叫皂角。小的像牙齿，叫牙皂。可以用来治疗毒疮，具有去污的属性。古诗说：“黄尘污人衣，皂荚相料理。”

油 珠 古代叫无患子，俗作“槵”。具有去污的属性。崔豹说：有一个叫宝眊的神巫，能画符镇住各种鬼怪，并以此木棒杀之，所以叫无患子。唐人又作“梡子”。包何诗曰：“子为佛称名。”即所谓“百八手中持”。大而黑的，叫铁槵子；小而浅红色的，叫铜槵子。历来用以缀朝珠、念珠的，就是梽子。

茶 子 又叫“木子”。谢灵运《山居赋》注：杨桃，山间称之为木子。大概是同一个名称而不同的事物。榨油，叫木子油。凡是榨油留下的渣滓，叫枯。茶枯用来洗衣服特别好。康熙二十五年（1686）旧志说它是近年才有之物。现在，荣县西北满山都是，不到三百年时间，种植方法为之一变，是因为有了人的聪明才智。

桐 子 桐是总名。判断它的种类，榨油的是其中一种。除了点灯外，熬煮后，可以用来抛光器物。现在成为长江水运的大宗商品。清朝末年，乡中桐枝长成刀形，鍉胡②齐备，谣传是不祥之兆。于

① 丹：原文作“甘”，今据《列子》卷五改。
② 按：语出扬雄《方言》，云：“凡戟而无刃……其曲者谓之钩釨、鍉胡。”

是回想沈括的记载，北宋英宗治平初年，杭州百姓家中折断柿树的树枝，中间写有“上天大国”四字，沈括曾亲眼看到，字像颜体字，天然横出，像松节一样，但是劈开后，又能契合。沈括是北宋人，后来果然宋廷南渡，偏安一隅。由此可证，清朝末年出现桐木之征，恐是不祥之兆吧！古人之所以遇到灾害就感到害怕，是为了表示戒惧不安，要修养德行。

乌　臼　俗名“桊子”。其油专门用来制作蜡烛，渣滓用以肥田，叶子用来染布，叫墨青。又叫“鸦舅”，“鸦”“乌”，古时是同一个读音。

枣、蜜萝、葡萄　均产。

第三节　树竹花草

一、树木类

（一）乾隆《志》所载

楠、柏、松、杉、梧桐、桑、丝栗[①]、青冈[②]、椿[③]、麻柳、棕、桐[④]、杨柳、插蜡、夜合、楮冬青、皂角、柘[⑤]、苦楝、黄杨、槐、紫荆、白果、香樟、青皮树、楸、杞、黄角、白杨、柏、黄连树、枫、红豆木、檬子、茶子。

（二）民国《志》所载

椿　即香椿，它的芽是最重要的，它的皮可以治愈寒疾，县里多有栽种。赵熙说：我家的宅子在城北五里宋坝。我的父亲中宪公种植了一棵椿树，光绪十一年（1885）忽然开了花，呈白色，花瓣呈尖形，形状有点像海椒花，五瓣、六瓣不一，只是花朵比较细，丛缀时如白色的丁香花，香气比丁香花更浓烈。插小枝在砚滴中，满房子都充满浓郁的香气。到光绪三十年（1904），一年开了三次花，起初没有觉察，只听到蜜蜂的嗡嗡声，观之如大雪飞扬，屋顶洁白。椿树到现在已经三十年了，全身布满像鳞片般的皱皮和裂痕，在春天生长得也很缓慢，枝条已经老了。民国14年（1925），这棵椿树就死掉了。

桑　蚕业学有专攻，并不是细枝末节的事情。各县首修建校舍，整修蚕室，开辟桑园，以此获利，乃至四乡之民纷纷仿效。然而不合理的地方在于：此公家之举，要靠停耕良田来推行，靠雇佣多人而成事，花费非常大，得到的回报却很少。现在正值国力衰微、粮食不足之时，毁耕地而养蚕，依据何在？孟子说：“五亩之宅，树之以桑。”由此看来，天地之间没有比孟子的言论更精辟的了。县人朱元慎说：凡是有地的，无论是自己耕种，还是将田租出去耕种，按照田地数量责成其种桑树，每人种三株，即使是八口之家，也不会妨碍农事。将桑树补种到空地上，门外小路就会绿树成荫。全县总计50万人，种

---

① 丝栗：实似栗而小，木似橡。
② 青冈：砍置山场，一年后自生木耳，可食。
③ 椿：香者叶可食。
④ 桐：子可打油。
⑤ 柘：叶可养蚕，多刺。

有 150 万棵树，每棵树得桑叶 15 斤，一季下来所产丝的价值已经非常巨大了。何况土地广大，人们还可将桑树种于他处，不用辛劳就能有所收获，利益实在是潜藏于无形之中啊！

柘　俗称“柞桑”，“柞”即由“柘”的语音演变而来。其性耐久。宋坝有一棵柘树长得十分高大，有三百年树龄，可惜愚昧的百姓把它砍掉了。柘叶跟桑叶相比，略微有些苦。蚕初生时，可用柘叶饲养。养蚕先用苦柘叶，再用甜桑叶，如此一来，对于其他桑叶，蚕就不会挑剔了。《吴都赋》有“八茧之蚕”，现在苏浙一带家家户户都在植桑养蚕，因此获利居天下之首。蜀地则以嘉定、潼川地区为盛，大体上适合在水乡植桑养蚕。蚕事亦会遇到紧急情况：有一种小黄虫，长得如谷物一般大，黄色的身体，黑色的臀部，哄哄地成群结队而来，桑树就遭难了。在水边的桑树受虫害则稍微轻一点，究其原因，水边地气湿润则草露厚重，此虫不喜荫凉，就不会在这里吃桑叶。干燥地方的桑叶容易被虫吃。桑或可种在山上，借助风摇动树枝来抵御虫害，但毕竟不如滨水之处安稳。柘浆苦，叶子不会遭到虫的侵袭，那么，干燥之地多种柘是合适的。《尔雅》有“桑茧”“樗茧”“棘茧”“栾茧”“萧茧”，茧原本就有很多类别。古代无棉，因此制作麻丝的方法很精良，到现在已经失传了。若要因地制宜，选择种植可以用来辅助桑树之物，那么只有柘最合适了。变无用为有用，就是聪明的选择。

金鸡蜡　是驱除蛀虫、治疗疟疾的良药。洋人在清富山建福音堂，试种数棵，县里渐渐广泛种植起来。其药效，除了可驱除蛀虫、治疗疟疾之外，还可以健胃益神，可作为补剂品、常服品，只是不适合治疗眼睛方面的疾病，入眼就会使人失明。

青皮树　长得像柘，山蚕以它为食，乡人把它的树叶作为神香。

棕　即栟榈。每年可剥下它的皮制作草席，祛湿后还可以制作成箱、蓑、履、绳、蒲团等。所谓“蒲”，就是“栟”“榈”的合声。抽其丝，可以制作成帚、拂、笠，乃至一切精巧之物。其嫩叶可制成帽，当时非常流行。其笋生于肤毳之中，可以食用。苏轼在《棕笋》诗序中说：剖开它，其形如鱼子，味道如同苦笋。蜀人用它做菜进献给佛，采用蒸制的方法，与料理笋是一样的，蜜煮酢浸，可以随身携带到千里之外。

松　荣县是以山地为主的县，西北部每座山上都适合栽松，东南部往往也以松、竹来命名寺院。道光时，城中松林之风宛如天籁。王培荀诗：“山上松涛聒耳忙。”自注：衙署后面凤鸣、莲宇诸山祠庙间，松杉最多，一片深青色，如同松树的国度。自从铁厂采用土法炼铁，木炭成为炼铁的关键原料，遍山的树木因此都被伐光了。现在汉阳各铜铁厂专门使用煤炭，荣县怎么可以墨守成规而不知道改变呢？如果将那些松树用尽，冶铁业就很难维持了。

柏　县东南适合种植柏树，野客山特别多。但是土地被开垦得越来越多，柏树就越来越少，其价格就越来越贵。沈括说：柏树指向西方，犹如磁石指向南方，没有人懂得其中的原理。侧柏适合入药，笔柏适合栽种在园榭之中观赏。

杉　《尔雅》记载：“柀，煔也。”“煔”，现在作“杉”。油杉是制作棺材的优质木料，埋到土里也不易腐朽。民国《志》按：人们认为俗称之沙树是杉树之误，实际上并不是。范成大《桂海虞衡志》记载：沙木与杉同类，特别高大，叶尖成丛，穗少，与杉树有所不同。本县所产确为沙木，与杉类似，但又不是杉。

红　豆　又名相思树，结出的果实像丹砂，像珊瑚。其中材质有很多纹理、颜色光亮的叫油红豆，用来制作器物很好；颜色暗淡的，叫�櫰红豆。

香　樟　古称“豫章”，是可以用作栋梁的木材，也可以制造樟脑。

梧　桐　《说文》载：荣即桐树，桐即荣树。《尔雅》云“荣，桐木”，注云“梧桐”。考《旧唐书·地理志》，武德元年（618）于公井镇置荣州，取界内荣德山为名。荣德这一称呼不知是从什么时候开始叫起来的。扬雄《蜀都赋》云：“置酒乎荣川之闲宅。”这是西汉蜀地最早称“荣”的记载。现在荣地有很多以梧桐命名的地方，如梧桐山、梧桐沟、桐子林、桐麻林、桐子坝，名称有古代的，有不是古代的，都可以证明荣县自古以来梧桐之盛。引申叫凤鸣山、旭井、旭川的，都取自《卷阿》“梧桐”“朝阳”之诗义。荣德、荣梨、荣隐都是因事而得名。这些名称实际上是上古三代流传下来的雅称，一定不是不学无术者偶然间杜撰出来的。例如城东玄嚣崖，从乡民的角度来看，文辞已经非常艰涩难读，但学识渊博的人知道这并非凭主观臆想编造的，它源自青阳氏的传说。

槐　果实可以入药，叫槐角。槐花可以作为染料，能染黄色。

夜　合　唐窦叔向诗：“夜合花开香满庭。”白色的可入药，红色的叫“马缨”。杂说“门前一树马缨花”，说的就是它。草中的含羞草，大概跟它是同类。

青　枫　古代叫“橡”。《山海经》“景山之杼”，《尔雅》之“栩”“杼”，《诗经》之“苞栩”“柞枝”，《汉书》之“五柞”，《说文》《集韵》之“样”，说的都是它。叶可以染皂，木材可以烧成炭，果实叫栎橿子，贫民可磨其食用。疑“枫”即“橿”的音转。

黄　楝　质量重，凡是镇、压所用物件，多用它做成，榨油的器具就是其中一种。

黄　葛　据《水经注》“黄葛峡”可知黄葛这个名字有很长的历史。《太平寰宇记》称罗目黄葛为嘉树，在荣县附近生长，大概是榕这一类。何时栽，何时生叶，跟普通树是不一致的。新长出的叶子像花，形状奇特古怪，如同蛟螭缠绕一般。县里长了很多，凡是山坳、水边、路旁都有。根能巩固土壤，树荫覆盖很广，能让行人得以休息，这是它的一个优点。黄葛多汁，不知化合后能否制作成什么东西。燃烧它，没有火焰，不是好的柴火，它弯曲的枝干也不符合做梁和柱的标准，被人称为“不材”，时间一长，容易长得特别高大。北门李家坝乾嘉时邹氏所种黄葛，比九头牛的身子连起来还大。《全唐诗》录刘兼《咏荣州黄葛》云：“叶如羽盖岂堪论，百步清阴锁绿云。善政已闻思召伯，英风偏称号将军。静铺讲席麟经润，高拂□枝兔影分。更有岁寒霜雪操，莫将樗栎拟相群。”

楸　有刺的，叫“刺楸”，俗名“鸠不住”。无刺的，叫“光楸”。

檬　有刺，《玉篇》记载：“檬，木名，似槐，叶黄。”

枫　《尔雅》叫“欇欇”，俗名“枫果树”。它的果实有刺，可以用来酿酒，可以祛除风邪。

桤　树枝可作柴火，叶可肥田，三年成材。杜甫有诗，苏轼亦有详细的记录。赵熙说，《山海经》载“单狐之山多机木”，郭璞注：似榆，可烧，可以肥稻田，产自蜀地，音“饥”。扬雄《蜀都赋》说：“春机杨柳。”可知“桤”就是“机”。宣统时，赵熙为人写杜甫、苏轼的故事，汤寿潜看到说：这一定适合做火柴，应当试种一下。郑孝胥说：海西有新售的树种，可以函购，七年后成材，长到数丈高，大能合抱，而纹理坚硬，翻译名就是“桤”。当时已经在海藏楼种植。它与蜀桤是不同的种类。

柳　种类繁多，而种植的却很少。大概北方用柳条编制器物，而荣县长于竹器，竹编比柳编强百倍。黄河用柳树巩固堤坝，而荣县是以山区为主的县，土质并不疏松，只不过栽种垂丝柳对园林环境偶尔有所提升。龚巽在荣县任职时，在此君轩种植一百余棵金线柳，现在没有一棵存留下来。民国《志》按，《张绪传》记载：刘悛之出任益州刺史，向皇帝进献蜀柳数棵，长长的枝条如同丝带一般。齐武帝命人将其种到太昌灵和殿前，常常赏玩赞叹说：这杨柳树风流可爱，如同张绪当年一样。据此可知，垂丝柳是蜀地的物种。柳枝被天下人吟诵，而蜀地轻柔披拂的那些柳树，正是天下柳树的始祖。

构　即榖榖。其叶初生时，可以吃。陆玑《毛诗草木鸟兽虫鱼疏》记载：江南人把它的皮搓成绳线，又作为布，又捣碎后制成纸，叫榖榖皮纸。《史记·殷本纪》记载：桑、榖榖同生，于是商王太戊修养德行，桑、榖榖就死去了。凡是出现诡异现象时，为政者都应当修身反省。在后世看来，异根草木，枝干连生，这些都属于祥瑞之兆，由此可见古道的质朴。

冻绿条　染坊之需，削皮染布，出缸时，颜色为黄色，冻之成绿色。

黄　杨　旧说黄杨遇到闰年不生长，成材很难。适合制作成赏玩的器物。欧阳修有《黄杨树子赋》。

臭　椿　即樗，长得像椿，芽臭不可食，人们叫它“野椿”。《通雅·植物》引用谚语说：櫄、樗、栲、漆，相似如一。“櫄”训作“熏”，即“椿”；栲，俗称“野漆”。

马　桑　现在的马桑成丛生长，是丛生灌木，而百年前的老屋，梁柱粗壮可以合抱，都是马桑做成的。县北五里之山叫七星石，它的下面有马桑林，在宋坝东偏，是非常贫瘠的地区。数十年前，沿溪森林茂密，光线昏暗，传说傍晚此处为鬼窟，怪禽雨啸，夜里禁止出行。又往前向北走，不到十里，群山如墨，号称老林。一担柴薪不到一百钱。现在此处光秃秃的没有一棵树，开辟出的田地如同百衲僧衣一般。马桑昔日是巨大的木材，看来并非虚言。

罗汉松　胡寅说：本名仙人柏，不知什么时候长出松枝，结出果实，因长得如同人盘腿端坐，所以叫“罗汉”。龚巽在荣县任职时，其《此君亭》诗注云：清富山有一株罗汉松，是宋代之物。现在只有凤鸣山的此君轩有两臂环抱的大树，俗称“娑罗树”。民国《志》引《酉阳杂俎》说，巴陵有一座寺院，自然生长了一棵树，随伐随长，西域僧称之为“娑罗”。唐天宝年间，安西进献了两百棵娑罗树。开元十一年（723），李邕到海州任职，作《娑罗树碑》云：朝东的树叶枯槁，预示春天会歉收；朝西的树叶茂盛，预示秋天会丰收。欧阳修《定力院七叶木》诗云：“常于佛家见，宜在月宫生。”这里的“娑罗”并非罗汉松。

乌　木　又叫阴沉木。光绪年间，西郊阳雀湾造瓦的人在挖土时获得乌木，纹理细致，颜色黝黑。乡人判断这是麻柳树，大概是太古时期埋入土地中的。民国《志》按，《逸周书·王会解》曰：西南地区的卜人进贡丹砂，东北的夷人进贡闟采。《钦定续通志》记载：乌文木，木色正黑，如水牛角。《古今注》谓之“翳木”，木之翳如同石之砮。《集韵》说：“闟”的读音同“焦”。

二、竹类

（一）乾隆《志》所载

斑竹、筋竹、慈竹、苦竹、凤尾竹、刺竹、水竹、紫竹[1]、茨竹。

---

[1] 紫竹：俗名黑竹。

（二）民国《志》所载

竹 慈竹的使用最为广泛，家中的器物十有七八都是竹器。从外表来看，有筋竹、苦竹、刺竹、凤尾竹、水竹、紫竹、茨竹、芦竹等。竹的胎叫笋。陆游诗："杯羹最珍慈竹笋。"荣县人到现在依然喜欢吃竹笋。竹皮叫"箨"，民国时竹子长度的计量单位是"挺"，竹子的计量单位是"个"，剖开后叫"篾"。《尚书·顾命》记载："敷重篾席。"篾，《玉篇》作"萈"。其里叫"笨"，即竹中白皮。《羊聃传》记载：太肥为笨伯。《抱朴子·行品》记载："杖浅短而多谬，暗趋舍之臧否者，笨人也。"晋人以"笨"来指代愚钝，大概是取心中蒙昧之义。

斑竹 民国《志》按，《礼记·玉藻》记载："笏，大夫以鱼须文竹。"《释文》记载："须，音斑。"崔注云："用文竹及鱼斑。"大概是以鱼须装饰竹边。赵熙认为，《礼记》崔注说不用纯物，象牙也是纯物，为什么注文中明确地把象牙和珠玉相提并论呢？现在斑竹的花纹是黑色，绛点散如鱼鳞，即古代的鱼须文竹。

楠竹 长得高大，因此把它和楠木类比。竹皮可以制作成小的器物。做成筒，可以容纳很多东西。市井常用的叫笕，即连接起来引水的长竹管。

三、花类

（一）乾隆《志》所载

桂、蔷薇、紫薇、月月红、百日红、玉簪、芙蓉、海棠①、莲、菊、葵、牡丹②、栀子、木槿、兰、蕙、萱、红蕉、蝴蝶花、长春菊、鸡冠、凤仙、罂粟、虞美人。

（二）民国《志》所载

牡丹 古代只有"芍药"之名，《广雅》叫"白茉"，唐代叫"木芍药"，是百花之王。《全唐诗》载刘兼官荣州时所作《再看光福寺牡丹》云："去年曾看牡丹花，蛱蝶迎人傍彩霞。今日再游光福寺，春风吹我入仙家。当筵芬馥歌唇动，倚槛娇羞醉眼斜。来岁未朝金阙去，依前和露载归衙。"

紫荆 即古时所说的京兆人田真兄弟想要砍倒的那棵树。《群芳谱》又叫"满条红"。丛生，春天开紫色的花，很是细碎，数朵一簇。近人王闿运咏紫荆有云"珠琲闹春欺锦缬，宝鞭敲日碎珊瑚"，这是在成都江边所作。

兰 朱子说：古时，兰可以割下来作为佩饰。他所说的一定不是现在所谓的"兰蕙"。民国《志》按，《荀子》杨倞注：泽兰的气味跟兰相似。李当之说：兰草与"都梁香"相似。陆玑《毛诗草木鸟兽虫鱼疏》亦云：兰，香草，其茎叶似药草泽兰。《晏子·杂上篇》记载："兰本三年而成。"据此可知，唐代以前所说的"兰"，主要用以佩戴，用以和调，用以沐浴，确实不是现在所说的"兰蕙"。古兰实与泽兰相类似。

① 海棠：有春、秋二种。
② 原注：不佳。

泽　兰　陶渊明称之为“都梁香”，古代只叫“泽”。《士丧礼》记：“茵著用荼，实绥泽焉。”郑玄注：泽即泽兰。《荀子·正论篇》记载：“代睾而食。”杨倞注：“睪，盖香草。”或当为“泽”，即泽兰。泽的气味与兰类似，因此又叫“泽兰”。

辛　夷　又叫“辛雉”。夷、雉，语音相近。《周礼》“薙氏”注：《尚书》“薙”或作“夷”。没有开花的时候，如同一支毛笔，因此又叫“木笔”，白的叫“玉兰”。

阿芙蓉　阿，读作“移鸦”，又叫“鸦片”，如同“阿鹊”呼作“鸦鹊”。昔日的名字叫“罂粟”。苏辙《种罂粟》诗云：“罂小如罂，粟细如粟，与麦皆种，与穄皆熟。苗堪春菜，实比秋谷。研作牛乳，烹为佛粥。”唐代叫米囊。郭元振《米囊花》诗说“结实何曾济得民”。成都雍陶诗云：“行过险栈出褒斜，出尽平川似到家。万里客愁今日散，马前初见米囊花。”由此可知，自古以来，西南地区盛产阿芙蓉。有红、白两个品种。籽可以榨油，又可以制作糖食。汁叫“泥”，叫“土”。以荣县铁厂铺出产的为上乘。所谓“芙蓉”，取其大片敷涂伤口，可以使之愈合。以前本来是嘉花，现在却成了毒祸。鸦片战争就是阿芙蓉导致的祸害。一棵弱草竟然事关国运，全球都受其影响，很是让人惊异。

海　棠　蜀中海棠号称“花海”。以前有人说杜甫没有关于海棠的诗，实际上“晓看红湿处，花重锦官城”诗句所指，除了海棠再没有能与之相当的花木了。《全唐诗》载刘兼诗：“淡淡微红色不深，依依偏得似春心。烟轻虢国颦歌黛，露重长门泪敛衿。低傍绣帘人易折，密藏香蕊蝶难寻。良宵更有多情处，月下芬芳伴醉吟。”

铁梗海棠　即西府海棠。西府，就是蜀王府。种子分自蜀王府，其主干如铁。王培荀《署中杂咏》云：“海棠香国亦无花，且向庭前看木瓜。略似玉人帘外立，茜红衫子扬轻纱。”由此可见，铁梗海棠又名“木瓜”。

山　姜　陆游《初到荣州》诗曰：“瓶水自养山姜花。”可见荣县早有山姜了。

映山红　即杜鹃花。李白诗“三春三月忆三巴”说的就是这个。白的映山红叫“玉茗”。陆游《眉州石佛院》诗：“钗头玉茗妙天下，琼花一树真虚名。”自注：座上见白山茶，格调气韵高超卓绝。他不知道荣州四面的山都开满了映山红——陆游冬季赴任，春季离任，红白花开，因在山雨中未能看见。又名“红踯躅”，见元稹、白居易、王建等人的诗篇。据近人王闿运《泰山雪中》诗：“踯躅逢春伴客游，仙山长得绚清秋。琼花有分今亲见，消尽人间杜宇愁。”映山红又在秋天开花，这又是为什么呢？

杂　俎　一丛有五种颜色，适合种在庭院台阶之间。是源自西方的物种，俗名叫“洋杜鹃”，又叫洋马矢苋。赵熙改称“杂俎”，初赐美名，并写词记载。

玉　烛　《全唐诗》载刘兼荣州诗：“袅袅香英三四枝，亭亭红艳照阶墀。正当晚槛初开处，却似春闱就试时。少女不吹方熠爚，东君偏惜未离披。夜深斜倚朱栏外，拟把邻光借与谁。”

茄　花　《尔雅》记载：芙渠，它的茎干称茄。这种花红得像木芙蓉，一片叶对应一朵花，一节连在枝茎上开放，名字跟《尔雅》的记载相合。村野之人称呼它为“棋盘花”。

凤　仙　又名“海蒳”“佛顶珠”“珊瑚钩”，通名“指甲花”。有红、白、五色等品种。昔日李玉英用来染指甲，从此女孩们一到夏天就在花房中连夜捣花赶制染指甲的染料，染后的十指就像红玉，而指甲就像浸覆了春天的薄冰一般。因成熟时籽荚外壳容易破裂，被称为“急性子”。于是有的医生臆想用它来救治难产。最风雅的是，宋光宗被封为荣州刺史，其妃李氏名叫凤娘，被封为荣国夫人，宫中称呼“凤仙”为“好女儿花”，从此凤仙开始在《本草》中留下美名。

鹿　葱　即《诗经》中所谓的“萱草”。一作“蘐”，或作“萲”，即忘忧草。唐朝以来，人们都把它误作“鹿葱”。萱草在“北堂思伯”诗中指的是妻子想念丈夫，不知道从什么时候开始用“萱堂”指代母亲。对于世所流行的习俗，人们在习以为常之后往往就不知道其根源了。

胭脂花　花呈管状，向上张开，颜色红艳，因此叫“胭脂”。黄、白是胭脂花中的次品。子呈黑色，壳有黄膜，中间像薏苡仁，都是白粉。乡里用糖腌制，味道融脆，很适合老人吃。它的根亦可以食用，对人体大有裨益。

栀　子　它的花有六瓣，西域叫薝卜，可用来制油，是洗沐用的良品。

赪　桐　叶子很大，花浅红，俗称“荷包花”，又叫“百日红”。

荷　《尔雅》记载：荷，即芙渠。茎干称茄，叶子称为蕸，水下茎干称为蔤，花称为菡萏，果实称为莲，根称为藕，莲子称为的，莲心称为薏。《说文》记载：荷，芙渠叶。《毛诗草木鸟兽虫鱼疏》记载：花未开叫作菡萏，已开叫作芙蓉。毛公为《诗经》作传，都把“扶渠”放在首位。民国《志》按：“扶”即敷，“渠”如“未渠央”的“渠”，是语助词。它的根部实在大得惊人，同芋头一样美味。只有红色和白色的有好听的名字，佛译红色的叫“波头摩”，白色的叫“曼陀罗”，青色的叫“优钵罗”，黄色的叫“拘勿头”。不同的品种互相映衬，充分展现了荷花具有的佛性。《酉阳杂俎》曰：“藕能散血。”现在，中医仍在使用藕节。荣县没有湖泽，而在县衙署西边的池塘里有很多荷花。刘兼做了八年荣州刺史，有很多吟玩之作，其诗流传不广，但是为了保存荣邑之掌故，所以就把其中好的诗句甄别挑选出来。《梦归故园》云：“红蕖全谢镜心香。”《呈戎州郎中》云：“风送秋荷满鼻香，竹声敲玉近虚廊。”《莲塘霁望》云：“新秋菡萏发红英。”《郡斋》云：“晚阁红蕖簇水仙。”又：“莲披净沼群香散。”《酬勾评事》云：“莲袅红香匝郡楼。”《初至郡界》云：“莲塘小饮香随艇。”而陆游竟然没有一首诗写荷花，大概是他来去在冬春之间，不是荷花开放的时节。

葵　《说文》记载：“葵，癸声。”民国《志》按，《尔雅》记载：太岁星在癸称为昭阳。邢昺《疏》云：“甲至癸为十日。”癸为阳，农民称葵为阳草。“葵”的造字，即合“向日”之义。其他以葵为名的虽然很多，大体上都是寄名罢了。向日葵也叫黄葵。《左传》称葵能主动保护自己的根部。《名义考》记载：向日葵常常斜着叶子，向着太阳生长，不让太阳照射它的根部。西方人说葵叶可以避疫，它的籽比得上牛乳，它的茎可以制作肥皂，是很好的品种。其中，名叫“蜀葵”的，《尔雅》叫“戎葵”，邵晋涵说：“蜀”有“大”的意思，因此，“蜀葵”的“蜀”不是地名。民国《志》按，颜延之《蜀葵赞》说：“井维降精，岷络升灵。”可见蜀葵明显是蜀地的产物。《南部新书》记载：“蜀葵作火把，猛雨中不灭。”

芙篱花　《诗经》云：“颜如舜华。”毛亨说：舜即木槿。《尔雅》记载：椴，木槿；榇，木槿。郑玄《礼记注》曰：木堇即王蒸。西晋潘尼说：木堇，即《庄子》里的“朝菌”。早上开花，傍晚凋落。白色的可以食用。

紫　薇　又叫“红薇”。无皮，挠之，全身都会动起来，如同飘零的彩霞、灿烂的织锦一般，花期从夏天一直持续到秋天。唐代白居易诗：“独占芳菲当夏景，不将颜色托春风。”宋代梅尧臣诗：“薄肤痒不胜轻爪。”南宋杨万里诗：“谁道花无红百日，紫薇长放半年花。”所说都是紫薇。宋代韩子华于李右丞家移红薇籽种在学士院，是用籽来传种，现在都是用折枝插活的方法。在荣县，王培荀《署中杂咏》云："开轩北面小桥通，曲折回廊地数弓。一阵清香醒客醉，紫薇花里过来风。"县衙署中的紫薇花至今还留存着。

虞美人　《益州草木记》记载：虞美人产自雅州名山县，属于古代的汉嘉郡。花长得像鸡冠，两叶相对，唱《虞美人》曲时，它就会舞动，唱其他的曲子则不会。《群芳谱》称之为"舞草"。民国《志》按：《虞美人》曲，咏唱的是西楚霸王垓下事。《史记》有"美人名虞"的记载，可知"虞"是名，不是姓。女性是把名作为姓。《后汉书》记载：顺帝有虞美人，是虞诗的女儿。

秋海棠　有一种是红色的，取下花来，摘去花蕊和花蒂，浸泡在蜜水中，可以美容，胜过胭脂色。此花不喜欢湿润，适合放在阴处培育。还有一种是白色的。

桂　有丹桂、黄桂、月月桂等品种。黄桂可以加入糕饼中，用油榨之后，香味更加浓郁。细小的桂花籽可以作种子，但不知道的人都会把它扫去。荣县有一座以"桂林"命名的山，山在城中，自古以来小山上就有成丛的桂树，枝干屈曲缠绕。现在山中还有六株桂树，是张轩鹏所种。

木芙蓉　屈原《九歌》云："搴芙蓉兮木末。"谁曾想到后来人们果然用这个名字给花命名呢？此花早晚呈现不同的颜色，是蜀地所独有的物种。《全唐诗》刘兼在荣州咏木芙蓉，有"霜照夜""火烧秋"之句，非常形象和精彩。吴梦窗《霜花腴》词，是其石湖泛舟时所作。南中地区也有很多木芙蓉。有全红品种，不变颜色，能结籽，是木芙蓉中的上品。

菊　正字作"蘜"，《说文》云："蘜，日精也，以秋华。"菊花则是另一种植物。《说文》云："大菊，蘧麦。"郭璞注《尔雅》"蘜"字，说"今之秋华菊"，则又把"蘜"混同为"蘜"了。蘜又叫"治墙"，是另一种植物。

雁来红　黄色的叫"汉宫秋"，红色的品种比较常见。民国 7 年（1918），赵熙有《鹊踏枝》词："才咽霜痕先醉了。扮出红儿，强向西风笑。一色败营凉血饱，雁飞时节年年到。叶自如花身是草。冷入蛩边，不久秦宫貌。老去少年终要老，有人早画伤秋稿。"民国 6 年（1917）、7 年（1918）之际，有军队连续两年来搜刮，百姓感叹这样的日子没有尽头，因此纷纷诅咒。不久，军队果然覆灭了。确实非常神奇！

水　仙　王闿运说：《尔雅》"蒚，山蒜"，蒚，就是水仙。按照《尔雅》的惯例，凡是说到跟"山"有关的事物，都是芳香的东西。

红　蕉　宋祁《益部方物略记》记载：其花鲜明可喜。蜀人称深红的东西为"蕉红"。红蕉冬天还要开花，骆宾王诗："红蕉腊月花。"

年庆花　傅玄《紫华赋序》记载：紫华一名长乐花，生长在蜀地。苏颋《长乐花赋》云："茎丹外而缟中，叶缥分以红贯。"茎干外面是红色的，中间是白色的，叶子是青白色，中间贯穿红色。何宇度《益部谈资》记载：长乐花枝和叶，都长得像虎耳草，是紫色的小花。冬末开得更加繁盛。居民在过年时相互馈赠，名叫时花。庾信《小园赋》"花无长乐之心"，说的就是此花。

梅　花　"花"与"梅"字相连，在于与古梅柟相区别。红色的梅花最为著名，绿萼梅的香味尤其浓烈。《诗经》中没有此种花，是由于黄河流域寒冷，而这是岭外江南的花。南宋双溪梅最盛，陆游诗"仙穴寻梅雨垫巾"，自注：仙穴即地仙洞。《昭德堂晚步》诗"幽径梅开只自香"，可知县衙署中也是“暗香疏影”，真可谓官梅啊！

四、草类

（一）乾隆《志》所载

茅、铁线、箭头、鹅肠、紫萍、小茜[1]、鱼腮铜舌条、扁菅、蒲墩、蓖麻、苎麻、火麻、虎耳、鸭舌、荻、茅蕼、苔、芭蕉、吉祥草、艾、蓬蒿、蓼、烟草、金丝荷叶、葱草、马兰、野兰、蕨[2]。

（二）民国《志》所载

巴　蕉　古代叫巴且。粤地出产的蕉，果实可以食用，又可以织布。荣县的品种却不是这样，含水较多，容易生病，宜少种。

葛　在唐代是荣州的贡品，丝可以织布，根可以入药。

鱼鳅串　用它煎鸡蛋，服食后可以止咳。又有叫“透骨消”的，也可散血止咳。

麦里蒿　形状与蒿类似，但比蒿小，多生长在麦田之中。即郝懿行《尔雅义疏》所说的“亭历”。《淮南子·缪称训》云：“亭历愈张。”

齐头蒿　《尔雅》记载：“蔚，牡菣也。”这是苏恭的说法。

芸　《说文》记载：跟苜蓿长得很像。沈括说是宋时的七里香。

苎　麻　古代叫“纻”，陆玑《毛诗草木鸟兽虫鱼疏》记载：纻，宿根埋在地里，在春天时自己会长出来。俗称“窜根麻”。

蕝　麻　俗称“蕁麻”。“蕁”音如“郝”，有芒刺，容易螫人。杜甫夔州《除草》诗云：“其毒甚蜂虿。”明《四川志》称之为“蝎子草”。红色的可以治疗痛风病。又叫“荨麻”，《元史》有“荨麻林”。民国《志》按，《仪礼·有司彻》云：“乃爇尸俎。”注：“爇，温也。”古文作“荨”，或作“焄”，“焄”“爇”属于古今字。《淮南子·天文训》“火上荨”注：“荨，读若‘葛覃’之‘覃’。”《说文》记载：“燂，火热也。”“覃”“燂”声同。“爇”“焄”“燂”属于一音之转，都是取火热作为义素。说痛得像火烧一样，如同蜂虿的毒刺，又叫“燅”“燋”。古今民情相同，人一旦迁徙，方言语音就会改变，越离越远。实际上，古代的叫法不一定典雅，现在的叫法也不一定通俗，凡是事物命名大多如此。

黄　麻　又叫“火麻”，用来合成麻绳。

艾　即《尔雅》所说的“冰台”。“冰台”合音叫“艾”，又叫“吉祥草”，中医艾灸时会使用到它。

刘寄奴　金创药，见《宋书·武帝本纪》。

铜舌条　俗名“酒米藤”，具有粘连的属性，可以敷到疮口上。

---

① 小茜，即靛。

② 蕨：俗名脚鸡，有冷、热二种，以其形似鸡脚，故名。冷脚鸡嫩苗可食，热则否，其根可以水磨成粉，名蕨粉。

酸　浆　可以除去铜垢，不是《尔雅》中所说的“葴”。

蓝　郑樵《通志》记载，蓝有三种：蓼蓝如蓼者，可以做成绿色的染料；大蓝如芥者，可以做成青绿色的染料；槐蓝如槐者，可以做成青色的染料。荣县出产的都是槐蓝，是西北山中种植的主要作物。

姜　黄　民国《志》作“薑黄”，可以制成黄色染料。古代以荩草、荩草作黄色染料。

红　花　即“茅搜”“茹芦”，又叫“茜”，可以制成绛色染料。它产自西藏，是药中的珍品。

茅　古代叫“菅”，是总称。仙茅可以制成笔，这一方法创自陈白沙。县中菘茅所制的笔，仅仅适合榜书。《说文》记载：“菘，茅秀也。”茅叶长得像秧。刘兼任官荣州时有诗“黄茅莽莽连边郡”，“黄茅遍地住他州”。陆游荣州诗句有“一起一伏黄茅冈”，“风干茅有声”，“茅荒无际客魂迷”，自注云：“秋冬收薪茅最急。”可以想见唐宋时县境之荒凉。但是荒凉之地多指山区，荣县西北部多山，凡是做官的人都从荣县西北的嘉定方向而来，途径此处必有所感，所以诗中多荒凉之作。

巴　茅　即孟狼尾，可以用来盖房子。《尔雅》注：“似茅。”

荆　即楚，俗称“黄荆”，可以肥田。

牛奶子　左思《吴都赋》云：“平仲、君迁。”司马光《名苑》记载：君迁籽像马奶一样。现在制作扇子多用君迁籽的油。民国《志》按：乡中有牛奶树，打通它的茎干，可以制成烟管，也可以治愈痔疮，即上文所说可以制油的“君迁”。

金刚藤　根部可以制成绛色的染料，茎可以做成钏。喜欢它的人把它当作金玉。

通　草　《尔雅》中叫“活莌”。茎中有瓤，呈白色，可以制成很多物品。

席　草　即“鼠莞”，《尔雅》郭璞注曰：纤细得像龙须一样，可以用来制席，蜀地出产者为佳。由此可知，晋代时期，蜀中的草席已名扬天下。

荻　又叫“蔃”。《淮南子·说林训》云：蔃苗（芦荻花）像棉絮，但又不是棉絮。现在其制艺更为精良，是簟中的珍品。

蒺　藜　《说苑》记载：种蒺藜的人要在夏天不停地劳作，不能休息，到了秋天，才能有所收获。就是现在所说的“铁篱笆”，也就是《诗经》中所谓“墙有茨”的“茨”。红刺也叫“茨”。乡里叫“刺藜”，遍地丛生，花是红色的，比太阳还要艳丽。果实有指头大小，味道酸涩，刺遍布全身，在中药里被称为“金樱子”。叶可以制成茶，凡是酸枣叶、蒺藜叶，又有叫作小黄叶的，贫困地区都将其当作茶来喝。

虎　刺　种在盆和盎里，说是可以救治难产。陶弘景说：小蓟是猫蓟，大蓟即老虎刺。沈括说他出使契丹，抵达契丹境内时见大蓟茇长得像车盖一样，可知蓟州之所以叫“蓟”，就如同荆地多生长荆，楚地多生长楚。东汉有以“蓟”为姓者，如有人叫蓟子训。

虎耳草　光绪三十三年（1907），县里爆发衿脚沙疫情，症状之初难以确诊，死的人很多。后来用虎耳草同古钱煎水饮用，患病的人都痊愈了。其验证病情的方法是，腹痛之时，将铜钱放入口中去试，如果铜锈融化，就说明得了此病。通过虎耳草的形态来分析，它的药性能入筋络，游走于血液之间，其性清凉，可以解毒。

落　是总名。《尔雅·释草》记载：“薄，石衣。”注：“水苔也。”郑樵《通志》记载：生长在屋上的叫屋游；生长在屋阴处的叫垣衣，垣衣又叫昔邪；生长在石头上的叫乌韭；生长在地上的叫地衣；生长在井中的叫井中苔；在墙上立起来，形状柔细浓密的叫土马鬃；生长在水中的叫陟厘；生长在石头上，连片呈光圈状的叫石花；松上之衣叫艾纳香。现在通称为“苔”。在云南一带，苔可制成食品。

水蜡烛 李调元诗曰：“竟是天生烛，居然照满川。任风吹不熄，经雨湿仍然。红影摇波直，青藜逐浪圆。三条思往事，天禄愧当年。”民国《志》按：京师烛，用的是苇心，所用都是雌性芦苇；蜀地所产的蜡烛，用的是竹心，所用都是雄性竹子。蜀地所产的酷似水蜡烛，最初大概就是仿照它来制作的。

另有铁线、鹅肠、藻、萍、四叶菜、扁营、绣墩、茅锥、蓼、烟草、金丝荷叶、葱草、老鸦蒜、地瓜藤、肥猪苗、笔管、巴叶、爬地草、过江藤，多不胜载。

第四节 药 类

一、乾隆《志》所载

生地黄①、麦门冬、夏枯草、密蒙花、地骨皮、金银花、何首乌、五倍子、车前草、益母草、金毛狗、五加皮、威灵仙、蛇床子、菖蒲、牛膝、香附、仙茅、木通、巴豆、百合、贝母、常山、茴香、枳壳、紫苏、当归、薄荷、荆芥、栀子、贯众、泽兰、半夏、远志、槐角、青蒿、桑白皮、商陆、瓜蒌仁、稀莶草、藿香、射干、草麻子。

二、民国《志》所载

黄 精 俗名老虎姜。可以延年益寿，古人多服用之。

金毛狗 即狗脊。

远 志 《尔雅》记载：“葽绕，棘蒬。”注曰：就是现在的远志。《博物志》云：远志，苗叫小草，根叫远志。

昌 蒲 古代以为是“菹”。

牛 膝 颜色呈红色者比较好。

天门冬 《尔雅》记载：“髦，颠蕀也。”刘向《列仙传》云：赤松子服食天门冬后，牙齿掉落又重新生长，细发也重新长出来。

半 夏 俗称“山魔芋”。

贝 母 《尔雅》记载：“莔，贝母。”“莔”，《诗经》作“虻”。

紫 苏 《尔雅》叫“桂荏”，《礼记·内则》作“芗”。其中，白苏的子可以代替芝麻，味道甘甜，香气稍微弱些。《说文系传》称之为“荏”。

① 生地黄：甚小。

薄 荷 《甘泉赋》作“茇葀”，一声之转。紫薄荷的味道特别辛辣。

豨 莶 俗称“肥猪苗”。制成丸服食，可以治疗风疾。唐朝成讷有《进豨莶方表》。

威灵仙 俗称“撅苗”，用来煎鸡蛋，食之可以治愈咳嗽。北宋钱易《南部新书》记载：贞元初年，山人邓思齐进献威灵仙草，产自商州，能治愈很多疾病。宫中试用后很有成效，特令史馆加以记载。

当 归 《尔雅》记载：薜即山蕲。《广雅》记载：山蕲即当归。《七修类稿》记载：当归，蜀地出产的为上品。现在则以秦州出产的当归为佳。

地 黄 又名“苄”。《说文》记载：苄即地黄。可以促进皮肉生长。《朝野佥载》记载：雉被鹰啄伤后，衔地黄叶贴在伤口处。

何首乌 俗称涩格达藤。

续 断 俗称刺萝卜。

益 母 《诗经》叫“蓷”，也就是“茺蔚”。《韩诗》说：“曾子见益母而感。”

商 陆 《尔雅》记载：“蓫薚，马尾。”郭璞说：马尾即商陆。俗名山萝卜。

常 山 又名鸭尿草。

泽 泻 《尔雅》中的“蕍蕮”，声转成为“藚”。《诗经》云：“言采其藚。”疏云：“今泽泻也。”可以用来肥田，秋收后栽种。

车前草 即《诗经》所说的“芣苢”。《尔雅》：芣苢即马舄，马舄即车前。陆玑说：车前草的籽可以治疗妇人难产之症。

蛇 床 即《尔雅》所说的“虺床”。

使君子 蔓生，夏天开花，一簇有一二十朵花，颜色红得像海棠。竹园铺出产的使君子有六棱。

香 附 即莎草根，《尔雅》记载：薃即侯莎，它的果实别名叫“媞”。很容易生长，会妨碍农作物。

青木香 可以抵御瘴气，见《北史·樊子盖传》。

藿 香 俗称鱼香。

茴 香 俗称马尾香。

金银花 《说文》中叫“忍冬”。

贯 众 《尔雅》记载：泺即贯众。

山 药 古代所谓的“山芋”，俗名风车苕。非常美味。

百 合 吃起来很可口，可以打成粉。

射 干 俗称“寸干”。

蓖麻籽 在西医中是重要的药物原料。

木鳖籽 可以榨油。

五倍籽 六月摘下，用沸水浸泡，待其虫瘿全部死掉后，可供染色所用。

茯 苓 古代作“伏灵”。云南有栽种茯苓之法。荣县只出产土茯苓，医方里用来疗疮。荣县北面老林口一里多路的地方，有松结成篷状，日光照射下，光明灿烂如孔雀、翠鸟的羽毛，相传已经有数百年之龄了。该地日光照射处生长有茯苓，市场所售与之相比，有天壤之别。

枸　杞　北宋沈括说：陕西路极边地区生有一丈多高的枸杞，可为柱。《千金翼方》说：质量上乘者，果实长得像樱桃。少核，暴晒后做成饼，水分也非常多。县里出产的枸杞略小，枸杞的苗是很好的菜蔬。

地骨皮　即枸杞根。

冬　青　又叫“女贞”，俗名“爆格蚤”。《宋史·五行志》记载：大中祥符九年（1016）十月，公井县冬青树枝干连理。《蜀语》记载：冬青，俗称蜡树。民国《志》按：现在蜡有专树，没有用冬青产蜡的。据此可知，冬青在古代可以产蜡，不是无用的木材。它的籽蒸制之后暴晒，可以成为很好的中药材。

楝　花信风之楝花风，说的就是这种“楝”。楝的籽叫苦楝籽，能杀死疣虫。

茱　萸　是茱的属类，《尔雅》叫“椴”。《礼记·内则》记载：将三牲（牛羊猪）的肉配以藙。注：藙，即煎茱萸。

巴　豆　《华阳国志》记载：江阳郡有巴菽。“菽”即“豆”。荣县东南就是原来汉代江阳郡的属地。《淮南子·说林训》云：鱼吃了巴菽会死掉，老鼠吃了巴菽会长得肥大。

青　果　即橄榄，又叫谏果。西洋人将其所榨之油叫橄榄油，用作药材，或滴在蔬菜上生吃，都是很好的。

五加皮　又名文章草，可以作为酒曲。《蜀异物赞》记载：“文章作酒，能成其味。”

寄生草　《小雅》叫“茑。”《尔雅》记载：寄生在树上的叫宛童。《本草》说：一般在桑树上寄生。

南　藤　宋代苏颂说：南藤产自荣州，又叫“丁公藤”。《南史》记载：解叔谦的母亲患风痹病，得到神人所赐的丁公藤而痊愈。

另有夏枯草、鸡儿花、兔耳风、荆芥、蒙花、槐角、桑皮、瓜蒌仁、栀子、仙茅、木通、麦门冬、鸡矢藤、一支箭、箭秆风、龙胆。

第五节　禽鸟类

一、家禽

鸡　鸡有多种，荣县无祝鸡，都是平常的品种。《尔雅》记载：鸡中个头大的叫蜀。“蜀”，就是“独”的意思。凡是独一无二者，都含有“大”的意思。有人家饲养蜀鸡，重量超过了十斤。在鸡肉中，人们喜欢吃乌鸡肉，杜甫诗“愈风传乌鸡”说的就是这种鸡。黑白色相杂的，叫竹斑鸡，相传食用之后会引发老毛病。雄鸡，俗称“叫鸡”，因早晨报晓而得名。鸡一旦吃了有毒的东西，就不会按时打鸣。关在鸡笼中的公鸡和母鸡，能互相见到，却不能相互靠近，雄鸡也会因闷气郁积而形成“鸡卵”，这种卵像板栗一样坚硬，用它治疗眼睛生翳有神奇的功效，详见纪昀《阅微草堂笔记》。母鸡，西方有高产品种，一个月累计能下二十余枚鸡蛋，但肉很少，现在也没有这个品种了。孵出的小鸡，有的是两个头共用一个身体，这是卵气导致的，并不是鸡祸灾殃。线鸡，即阉鸡。宋代戴复古诗云：“区别邻家鸭，群分各线鸡。”自注曰：每只线鸡各带一群小鸡，自然分群。这是“线”得名的缘由。

鸭　《尔雅》记载“舒凫，鹜”，注“鸭”。荣县有很多鸭贩，他们将鸭数百成群地放养到数百里之外。冬季把鸭肉做成干肉，叫“板鸭”，其在荣县非常有名，把它重重叠叠悬挂在门店之上，是为一景。

鹅　《尔雅》记载：“舒雁，鹅。”民国《志》按，《诗经》云：“弋凫与雁。”说的是田猎所得的野物。由于礼数需要，雁供不应求，只能以家禽来充数。舒，从舍，从予，予亦声；舍，即旅馆、客舍，引申为家。舒雁、舒凫，即家雁、家凫；家雁，即鹅；家凫，即鸭。

鸽　养鸽子的人分辨鸽的好坏，能如同《相鹤经》所说的那样分辨得非常准确。《周礼》载有六禽，鸽子位列其一。宋代曲端用鸽子检点兵马，西夏人用鸽子设下圈套，均明明白白地载于史籍。而西洋人偶尔在军事上使用鸽子，崇洋媚外之人争相夸赞，其痴狂无知真是可笑，不知《天宝遗事》《酉阳杂俎》等书有载，我国早已将鸽子用于系书通信。荣县衙署以前养了数千只鸽子，官员先后任接替时一并移交，进入民国后，没有留下一只。

二、鸟类

（一）乾隆《志》所载

雉、鹊、啄木、画眉、凫、白头公、鸳鸯、鹌鹑、鹳、鹭鸶、鸦、雀、鸽、鹰、鹞、竹鸡、八哥、子规、撒火、鹧鸪、秧鸡、山和尚、水道士、伯劳、鹡鸰、黄鹂、箐鸡[①]、鸠、鹏、姑恶、蝙蝠。

（二）民国《志》所载

燕　常鸟也，犍为舍人注《尔雅》，以“巂周”当“燕”，郭璞说是“子规”。从前，荣县衙署的树林中有白燕筑巢，可惜没有像袁凯那样的诗人为之赋诗。

鸎　又叫“黄栗留”。现在作“莺”。《诗经》云：“有莺其羽。”用“莺”给“鸎”命名，就如同用“翠”给“鴗”命名一样。

梁山伯　此鸟美丽漂亮，因此，人们以晋代善卷洞的故事来比喻它，红的叫“祝英台”，白的叫“梁山伯”。贵州一带叫山凤凰。宋代以来，诗词中称它为“红练”“白练”，又叫“拖练尾”。又根据时节以及它的花纹色彩，说它是《山海经》中的“戴胜”。曹魏时宋均注《孝经援神契》云：“朱鸟戴圣，荷胜似之。”“圣”“胜”语音相通。现在这种鸟的头部如同鸭头，绿色，鸟冠如同角一样，即“胜”。绛色的身体，长长的尾巴，在花竹间鸣叫，即朱鸟。之所以叫“练”，是因为它的尾部下垂像练；之所以叫“胜”，是因为它的头部颜色绚丽。《礼记》说：戴胜鸟降落在桑树上。春和景明之时，除了这种鸟，没有别的鸟可以称朱鸟，因此可以断定它就是戴胜。师旷《禽经》记载：练鸟亦名带鸟。“带”，即“戴”。

① 箐鸡：雄者白羽红嘴，长尾可爱，亦名雪鸡。

桐花凤 但献之说，荣县北山有之。

阳　雀 即子规。《尔雅》记载："巂"，一名"周"。刘逵引《蜀记》说：昔日杜宇在蜀地称王，号称望帝。杜宇死去后，人们说他变成了子规，听到子规的鸣叫，都认为是望帝之魂。古蜀风俗质朴，人们信奉神灵尤其虔诚，不只是对子规才这样，《山海经》里的内容都很神异。又叫"杜鹃"，《玉篇》叫"鷤鳺"。王逸注《离骚》称其叫"鹈鴂""买鶬"。凡是鳺、鴂、鶬、规，都接近其鸣叫之声，因此俗称"里桂阳"。清代李心衡《金川琐记》又称之作"桂桂阳"。宋人邵雍在洛阳天津桥听到杜鹃鸣叫，感慨国家将命运多舛。泸州高楷说：鹞鹰饮用秧田里的水之后，变化成杜鹃。赵熙曾经用笼饲养，夏天时羽毛渐渐枯萎，到秋天时又变成了鹞鹰。清朝末年，京城也听闻有杜鹃，大概是"裂帛湖上新种稻"，跟高楷说的一样。

布　谷 即古代的鸤鸠。《礼记·月令》记载："鹰化为鸠。"郑玄认为是"搏谷"。《周颂·小毖》郑玄笺"题肩"。这种鸟是由鷂变来的。陆玑认为"鷂"就是"鷂鹩"，"隼"就是"题肩"，恐怕大小不相当。《左传》注引《方言》，认为鸤鸠、戴胜是同一鸟类。赵熙认为，这些都是古代说法中不审慎的情况。《列子》称"鹞化"，则是可信的。

秧　鸡 出生即聚集在秧田中，有长长的脚。被追得太急时，它就会藏起头。

镦　鸡 夏天在秧田中鸣叫，黑色，长长的腿，个头大得像鸡一样，能发出"等等"的声音。郑珍诗云："镦鸡断翘凫败翁。"民国《志》按，扬雄《蜀都赋》云"粳田鴽鷟"，之所以叫"鴽鷟"，是因为比鷟小，并不是说它就是雉的属类。

八　哥 即"鸜鹆"。《荆楚岁时记》记载：五月五日，取鸜鹆，教它说话。八哥喜欢在绝壁上筑巢，乡童中有人用绳拴住身体，从绝壁崖穴吊下去捕捉它。

竹　鸡 可以制服白蚁。苏轼说：竹鸡即蜀人所说的鸡头鹘。《黄州》诗有"泥深自厌鸡头鹘"之句。梅尧臣《禽言》诗以其鸣叫声作为诗的开头。《竹鸡》诗云："泥滑滑，苦竹冈。雨潇潇，马上郎。"欧阳修对此诗非常推崇。

野　鸡 即雉。《尔雅》分了很多类，《急就篇》把雉、野鸡分为两种。《史记》《汉书》载"野鸡夜鸣"，说的就是乡中鸡，是与家鸡相对而言的。王引之认为雉一定不是野鸡，他的看法与常识不同。荣县野鸡有赤色的、黄色的、白色的、青色的，都与黑色相杂，形成花纹。雌雉占据某山之后，如果有别的雉再来，就会与之发生争斗，如同封疆大吏一般。蕨密集生长之处，就是雉做窝的地方，叫"蕨笼"。

山　鹧 长得像鹊，但尾巴很长，嘴巴弯曲，像钩一样，会发出"查查"的叫声，朱彝尊诗"查查山鹧绕檐飞"说的就是这种鸟。王士祯《山鹧》诗亦说"秋叶下庭树，飞来山鹧鸪"，可知唐人《山鹧鸪》词，说的就是这种鸟。

鹭　鸶 《尔雅》记载：鹭即春锄。注云，即白鹭。头、翅、背上都有长羽毛。现在江东地区的人取以为睫檷，取名叫白鹭缞。民国《志》按："睫檷"即"接䍦"，杜甫诗"狂遗白接䍦"说的就是这种鸟。

牛矢八 冬天时，千百成群而飞。大概给鸟取名多依据其鸣叫声或羽毛，所以称其"八"，大约是因为它飞的时候会发出"啪啪"的声音。《老学庵笔记》记载：鸜巴，北方叫札八。这就是例证。

白头公　俗称“白公头”，与白头翁有所区别。白头翁，其头纯白，能“说话”。

黄　雀　土黄色，翅膀是黑色，中间嵌入一片白色，乡人称它“黄党党”。《广雅》记载：党，即美、善。钱绎说：相亲爱叫作善。《吕览》所谓“夷吾（管仲）善鲍叔（鲍叔牙）”，指的就是这个意思。相亲昵也叫作“党”，《左传》“无田从党”，没有田土的就跟从亲族而立，说的就是这个意思。现在妇人疼爱子女，笑骂子女的聪明调皮，便称“党党儿”。称黄雀为“黄党党”，也有疼爱之意。

阿　鹊　俗称“阿如鸦”，即《说文》中所说的“知来事鸟”。有客人将至，它就在庭院中喧叫，因此又叫喜鹊。

斑　鸠　《方言》作“鳻鸠”，“鳻”音“斑”。舍人把鸣鸠解释为“今之斑鸠”，由此可知，西汉时已经称其为“斑鸠”了。

叫　斑　即隹隹。陆玑《毛诗草木鸟兽虫鱼疏》说：隹隹，就是现在的小鸠。又叫“鳺鸠”，灰色，没有花脖颈。阴天时会驱赶配偶，晴天时则对着配偶呼叫。“鳺”是“夫不”的合声。因此，《毛传》说：“隹隹，夫不也。”《尔雅》作“鳺鴀”。

乌　因其颜色而得名。《说文》云“孝鸟”，说的是它的品德。颜色为纯黑色，因此，《诗经》说：“莫黑匪乌。”

黄颈乌　俗称“黄颈老鸦”。世人认为一旦听到它鸣叫，乡里就可能有丧事。

鸦　古作“雅”。其声“鸦鸦”，因此得名。古代叫“鷽斯”“卑居”。《小尔雅》说：身体小，腹部下呈白色，且不反哺的一种鸟，称之为“鸦乌”；纯黑色，能反哺的，叫作“慈乌”。实际上，鸦、乌，古代是同一个声部。

水老鸦　即鸬鹚，是一种捕鱼的鸟。

雀　能发出“节节”“足足”的鸣叫声，因此得名。因其栖息在人们的屋顶上，所以又叫“宾雀”。俗称“麻雀”，是“瓦雀”的音变。南方人叫“荷花雀”。常常入水捉蛤，乡里人曾亲眼看见。

鹌　鹑　长得像小鸡。平时成对生活，飞翔时配偶相伴而飞。因此，《诗》以起兴，曰：“鹑之奔奔。”

画　眉　因它的眉眶美丽而得名，声音清脆动听。

点水雀　即脊令、鹡渠。飞的时候鸣叫，走路的时候摇晃不停。诗人常用“脊令”来比喻兄弟之谊。

大嘴巴　即桑扈。《尔雅》记载：“桑扈，窃脂。”注云：长着弯曲的大嘴巴，食肉。

啄　木　《尔雅》记载：“䴕，斫木。”纪昀说：仆人李福爬上树梢，以一头尖的短木塞住它的巢穴，然后把多出的短木锯掉，使之与树齐平。啄木鸟返巢时，飞到树下，在沙上画出符篆一样的图案，短木就自动脱出。又说：《万法归宗》记载了这种符，纵横交贯，略如小篆两个“無”字并列的形状。不知道是否真的与啄木鸟所画一样。

鸢　现在所说的老鹰、岩鹰都属于鸢。《尔雅》记载：“鸢，乌丑，其飞也翔。”郑玄注《周官》云：乌鸢善于抢劫。现在所说的老鹰、岩鹰，在天上盘旋，翅膀直直的不动，发现猎物时就突然袭击，由此可知就是鸢了。

鹖　《尔雅》记载：“鷃，负雀。”注云：“鷃，鹖也。”有褐色、白色两个品种。古人说鲁仲连是个矮小而狡黠的人，就像善于捕捉鸟雀的黄鹞子一般，黄鹞子呈褐色。白色的叫“鸑”，《尔雅》记载：“鸑，白鹰。”

鹰 即鹈鸠。《尔雅》记载：“鹰，隼丑，其飞也翚。”《说文》记载：“翚，大飞也。”鹰小于鸢，大于鹞。鹞飞行时快如掷物，鹰飞行则如同击打物体一般，迅猛刚劲。唐代有五坊小儿，鹰坊就是其中之一。现在京城有很多以手臂架鹰鹞的人，大概是唐代遗风。傅玄《鹰赋》云：“劲翮二六。”杜甫特别善于写鹰，其《角鹰》诗云：“耩上锋棱十二翮。”又“目如愁胡视天地”。可见其眼神之凶恶。

猫儿头 《尔雅》记载：“萑，老鵵。”郭璞注云：“木兔也。”兔头，头上有角，脚上生毛，常在夜间飞行，今之猫头鹰。《广雅》云：鸺鹠，即茅鸱。又《尔雅》“狂茅鸱”，郭璞注云：就是现在的鵵鸱。民国《志》按：“萑”下从“隹”，“丫”象其角。“鵵”，从鸟从兔，“鵵鸱”即“鸺鹠”。但是看起来其有大有小，于是有多个名称。乡里所称“猫头”，就是古代的“兔头”，是根据其形状来取名的。自古人们都视其为妖鸟，说它的鸣叫会带来灾祸，见《周礼》“庭氏之官”。唐代韩愈在《射训狐》诗中用之指代王伾、王叔文等人。

鴗 《尔雅》记载：“鴗，天狗。”郭璞注云：它的颜色青如翠玉，喜吃鱼。现在叫“打鱼子”，今之翠鸟。

癞厉壳 即枭，会吃掉自己的母亲。人们认为在它鸣叫的地方会有口角之争。汉代律法规定夏天来临时，要捕杀枭。

别有鹳、撒火、山和尚、黄金雀、艳山红、护花鸟、水道士、箐鸡、姑恶，不再详细记载。

第六节 畜兽类

一、家畜

牛 雄的叫羖牛，雌的叫牸牛，“舍”声变为“沙”，俗称“沙牛”；被割去睾丸的叫“犍”。《广韵》记载：犗，即用刀割去公牛的生殖器。小牛叫犊。自古以来，人们就用牛来耕田。《山海经》记载：稷之弟叫台玺，生叔均。叔均是最开始使用牛犁地的人。因此，冉耕，字伯牛；司马耕，字子牛。《说文》记载：“耕，训犂。”《新序》邹穆公说：百姓喂饱牛，然后耕田。《考工记》贾公彦疏：两脚耜，用牛耕种。可见，用耒耜耕作，即用牛耕，远在神农时代就已有之，叔均还在其后。有人说，《汉书·食货志》有赵过牛犁的记载，《后汉书》中有王景犁耕的说法，这只是一方习俗，是一种原始的说法。荣县用来耕田的都是水牛，《上林赋》注云：沈牛，即水牛，能沉入水中。金花殿山附近家家都培育牛种，用黄牛来运输煤炭。古代黄牛都是用来耕田的，《国语·晋语》云：“宗庙之牺，为畎亩之勤。”说的就是黄牛。以前，父老辈大多不吃牛肉，近代以来，受医药保健学说的影响，世人的看法渐渐改变。又以牛的皮和角谋利，为追逐财富而不惜违背情理，致使牛越来越少，越来越贵。民国《志》按，《淮南子》高诱注：牛是用来耕田的，是百姓的命脉所在。因此，律法禁止杀牛，触犯法令者将处以死刑。《魏志·陈矫传》记载：耕牛很少，杀牛的人要被判以死刑。《晋书·张茂传》记载：杀牛有禁令。唐代赦文说：十恶五逆等重罪之中，放火抢劫、持刀杀人、贪赃枉法、屠牛、铸钱、合造毒药等罪行，不在赦免的范围之内。《五代史·唐庄宗纪》记载：对杀牛的人，应就地正法，然后上奏。宋淳化年间，朝廷下诏说：屠牛者要处以斩刑。《青箱杂记》说：张咏治理益州时，李顺党徒杀了耕牛，张咏准许他们自首，后来亲自巡视时，又将其斩首。明太祖朱元璋定下了杀牛充军的法例。历代严厉的禁令让人不寒而栗，难道人们都不知道牛肉有保健作用吗？为什么不杀牛的天理仁心古今都如此一致呢？有人拿古代太牢作为说辞，哪里知道天子不会无缘无故轻易杀牛，一年之中，重要祭典的次数是有限的。有人将伊斯兰教吃牛肉的习俗作为说辞，哪里知道《古兰经》也说过"市有悬牛，圣化不入"。况且孽罪的说法并非只是佛教才有，凡是操刀屠宰的人，身处市井，其形象也不同于一般人，猪见到他就会嗥叫，狗见到他就会狂吠。西方人说牛被解剖之后，用透镜观察其视网膜，厨子的面目服装都在上面留下影像，难以磨灭，其冤屈之气，真是令人畏惧啊！荣县乡土气息浓厚，幸好乡人没有奴性，不会盲目跟从世间的习气，从而大开嗜杀的风气。敬请仁爱之人公允地思考一下：耕牛少了，土地则难以耕种，人间之事还有比这个更值得担忧的吗？牛从远古时代起就服事效劳于人类，竭尽毕生之力来耕种，帮助百姓获得生存的口粮，却要被屠杀分割，无法得到人类的怜悯，天道能容忍这样的事情吗？答案显然是否定的。

猪　农家靠养猪积累财富，叫"血财"。它的粪便和肉都可以卖钱，其自身还可以繁育小猪。颜色多为白色，隆昌所产品质优良。猪毛远销海外，黑毛、白毛不相混杂。如果能学到西方的技术，用猪毛自行制造生活用品，才是最为明智之举。乡人用以喂养它的食物有鹅肠草、青菘、糟糠、油滓等，等它长大些再用玉米、麦子来饲养。扬雄《蜀都赋》云："粢米肥猪。"难道汉代农民就有余粮来喂猪了吗？《尔雅》对猪的分类最为清晰，其中说"奏者猛"，郭璞注云：现在所谓的猛猪，头短，皮肤皱缩。民国《志》按："奏"有"聚集"的意思。《说文》记载：凑就是人们在水上聚会的地方。"腠蹙"正好用来解释"奏"，俗则通行"皱"字。《急就篇》记载：豕（彘的总称）中一个毛孔丛生三根毫毛的，叫猪。这个"奏"是用于猪的专称。现在骂人蠢笨，就叫"瘟猪"，也叫"皱额髅"。"瘟"即猛，"皱"即奏，实为雅洲之遗风。到明代正德年间，武宗（朱厚照）因国姓为朱，音同猪，生于亥，本命为猪，下诏禁止民间喂养宰杀猪。事见沈德符《万历野获编》。这实在是太荒诞了！

犬　普通犬以外，小的叫京狗，是猲獢（短嘴的猎狗）的一个品种。近来有西洋狗，体形较大，是狣（体壮高大的狗）的一个品种。雄的叫"牙狗"。《易经》云："豮豕之牙。"意幼豕中的牡猪。西汉时，冒顿给高后写信时提到"狐偾"。偾、豮，意义相近，因此，把用于"豕"的词汇移到"犬"上而有"牙狗"之称。雌的叫"草狗"。《尔雅》记载："马牝曰牸。"注："草马名。"母马是不用服役的，常牧于草地，因此把用于马的词汇移到犬上，叫"草狗"。

猫　《诗》、《礼》、《尔雅》、诸子等都记载有猫之名，许慎《说文》偏偏没有"猫"字。民国《志》按：《诗经》中有猫有虎，《传》曰："猫，似虎而浅毛者也。"《尔雅》云："虎窃毛，谓之虦猫。"意即毛色浅淡的老虎称虦猫。这种猫是一种猛兽，现在被家养的是狸。其被叫作"猫"，就如同"犬"被叫作"狗"一样。《尔雅》说"熊虎丑，其子狗"。《尸子》叫"猫"为"猫牲"，《庄子·秋水篇》叫"狸牲"。《广雅》也说：貔，即狸猫。现在所说的"猫"，仍然发这个音，例如"猫狸"。成都多老鼠，有悬赏捕捉的惯例，这是模仿西洋做法，旨在防止鼠瘟。荣县几乎每家都养猫，但偷吃粮食、在墙体上打洞的老鼠还是有很多。苏轼曾说"养不捕之猫"，这是很可笑的。

二、兽类

（一）乾隆《志》所载

虎、豹、猴、兔、鹿、麂、野猪、豪猪、獾、獭。

（二）民国《志》所载

虎 荣县原来有很多老虎。�山虎，陆游咏虎洞，牟阿回打虎，都有诗作。光绪年间，杨家场猎获一只老虎。民国时，刘家场猎获一只老虎。

赵熙说：我住在礼园，常见活虎。总的来说，老虎的习性是喜欢干净，排泄粪便的地方、有灰尘的地方、有瓦砾的地方，它都不会伏卧；在洞穴中筑巢，不喜欢在林间居住，非常爱惜自己的花纹。它容易受到惊吓，一个铜钱掉在地上的声音都会惊吓到它，用剑晃一晃会惊吓到它，用笔指着它也会让它受到惊吓，甚至细微的声音或影子都会让它受惊，大概是由于它比较警觉。它习惯与人接近，安静的时候一动不动。不穿衣服的人靠近它，它会发怒；穿裘衣的人靠近它，它也会发怒。这是因为这些是带皮毛或者肉类的东西，难怪它想吃。虎的颜色各有不同，《居易录》称蓑衣虎、朱虎最凶猛，意即“狮”。有个豢养老虎的李姓老头说，他所见到的老虎都是带黄斑的，其他野兽听见它的声音都吓得踉跄，闻到它的气息都会感到胆寒，在虎柙之外很远的地方，还能闻到它的腥臊之气；春秋两季时咆哮，如同猫叫春一般。李姓老头六十岁了，弯着身子走路，咳嗽时发出“孔孔”的声音，身体羸弱，行将就木，但无论是亲近、叱骂、玩弄它，还是监督它大小便，拔取它的胡须，都可随意为之。老虎回到笼中后，即使打开笼门，也吓得不敢出来。一日，老虎钻出笼子，老头把它拴住拉进笼子它便进笼。老头说打滚，老虎就马上打滚，没有不听从命令的。李姓老头就是天生的梁鸳①啊！有人说，老虎在深山中恐怕就不是这样了。

香为子 赵熙说：此即果子狸，当作“香狎子”。唐代皮日休诗：“果教狎子供。”《吴都赋》云：“狎子长啸。”是猿的属类。因香狎子和狎子都喜欢吃果物，所以叫狎，而用“香”字来做二者的区分。“狎”或作“蛫”，《上林赋》云：“蜥胡豰蛫。”郭璞没有作注。又叫“牛尾狸”，苏轼有《送牛尾狸与徐君猷》诗。宋代韩驹引《酉阳杂俎》云：肉质很美味。《本草》注：“牛尾狸，专上树食百果，冬月极肥，亦名貔狸。”宋代沈括说：契丹把貔狸作为珍品，其物形体像老鼠，但个头比老鼠大，喜欢穴居，以果谷为食，喜欢吃肉。它的味道像豘子一般，脆而适口。刁约诗：“密赐十貔狸。”又叫“玉狸”。陆游《成都大智寺》诗：“新糟厌玉狸。”又叫“玉面狸”。明仁宗初年，光禄卿井泉上奏，请派遣正官前往南京捕捉玉面狸，皇帝叱责了他。又叫“香狸”，俞正燮引《酉阳杂俎》记载：香狸有四个外肾，雌雄同体，自我繁殖。又名“香髦”，杨慎曰：《楚辞》称“文狸”，云南称“香髦”，雌雄同体，自我繁殖，大概是《山海经》所记载的亶爰山上的一种叫作“类”的野兽。粤地的人谈论肉食，认为蛇肉是

① 按：梁鸳，传说中周代掌管驯禽兽之事的官吏，十分了解禽兽的喜怒，禽兽经其驯化无不柔顺听话。《列子·黄帝第二》云：“周宣王之牧正有役人梁鸯者，能养野禽兽，委食于园庭之内，虽虎狼雕鹗之类，无不柔驯者。”

最美味的，它天生喜欢吃蛇，因此肉质肥美。在荣县西北山中，香为子如白玉一般的脂肪到秋天积累得十分肥厚，其珍贵程度超过了熊背上的脂肪。捕捉它的方法是拿蛇作为诱饵，在酸枣树里捕捉。

豪　猪　长得像刺猬，但体型比刺猬大，全身长满了豪刺，刺的根部是白色的，尖端是黑色的。发怒时，它能把豪刺耸立起来，刺向别的东西。《山海经》注：貉，即貆。清朝时，在西北山上时常能见到。民国时，在长山桥地区忽然成群结队地出现。乡农一天打死了十余头，之后就不常出现了。

獾　《说文》记载："獾，野豕也。"乡人又叫作"狗獾"。

兔　古代认为白兔鸣叫是祥瑞。荣县有很多白兔，其毛像白雪，眼睛像珊瑚。也有黑色的，色彩驳杂的，褐色的，跑跑跳跳，到处都是。旧称吐而生，其实并不是这样。兔毛是做笔的材料，晋人崔豹《古今注》记载：秦朝蒙恬造笔，鹿毛为柱，羊毛为被，即所谓苍豪，并非兔豪。兔豪始于晋、汉之间。唐人封演《封氏闻见记》认为蜀地没有兔子、鸽子，是隋朝杨秀被封为蜀王时将它们携带到了益州。《太平寰宇记》同样有此记载。翻阅扬雄、左思的两篇《蜀都赋》，果然没有谈到兔子、鸽子。而西晋张载的《白兔楼》诗却是在蜀中所作。

野　猫　形体像猫，古代叫"狸"，善于埋伏。

黄鼠狼　《尔雅》叫"鼬鼠"，郭璞说："江东呼为鼪。"即《庄子·秋水篇》所说的"狸狌"，《徐无鬼篇》所说的"鼪鼬"。它的毛可以做笔，叫作狼毫。

猩　猩　民国16年（1927），偶然出现。

其余，豺、豹、野猪、猴、獭、狐、鼠，均产。

第七节　鱼虫类

一、鱼类

（一）乾隆《志》所载

鲤、鲫、鲢、白条、红尾子、鳝、鳅、虾。

（二）民国《志》所载

鳊　头缩小，穹背博腹，如玉瓶。孟浩然"槎头缩项鳊"说的就是这种鱼。《诗经》云："必河之鲂。"鲂，即鳊。

鳜　音"桂"。张志和称"桃花流水鳜鱼肥"，说的就是这种鱼。时常能在贡井溪中捕到。

牛皮鱼　贡井时常捕到一种像鲤的鱼，皮坚硬，刀都刺不进去，于是取名叫牛皮。古代有牛鱼皮，叫鱼狸。《采芑》云"簟茀鱼服"，说的就是这种鱼，但是它的形态与现在的鱼不同，见陆玑《毛诗草木鸟兽虫鱼疏》。又《神异经》载：北荒有千里湖，出产一种如鳢的鱼，用刀刺它，无法穿透其皮，用水煮它也不死，用乌梅、三七烹煮，马上就熟了。吃了之后，可以治愈邪病。不知品种是否与牛皮鱼相同？

暴　沙　拥斯茫水、小井沟所出产。秋收时，成群结队地出来，喧闹不已，就像沙子洒在水里发出的声音一样，人们于是称之为“暴沙”。

鳝 黄色的是普通品种；白色的与青色的，只有拥斯茫水才有。白鳝在当时特别贵重。

泥 鳅 《尔雅》一名“鳛”。合江的鳛部水，大概是因鳅而得名。

虾 荣县出产得少。赵熙说：虾是水乡鲜美的食材，通过繁育，可以获利。虾在荣县极为少见，但在奢侈恶习的驱动下，虾竟然成为不可缺少的传统食材。

蛙 古作“鼃”，《尔雅》记载：“在水者黾。”就是《考工记》里所说的用颈项鸣叫的一种生物。它的种类大小不一，世人称之为“田鸡”。《说文》记载：“鷄，水虫也。”有人于是误认为是田鸡。目光所及之处，万千生灵都是可供口腹之欲的食物。殊不知《孟子》说过：“饮食之人，贱人也。”即只讲究吃喝的人，实在可鄙。

蜗 牛 《尔雅》记载：“蚹蠃，螔蝓也。”俗称“山螺”，头上有四个角。《庄子》记载：在蜗牛的角上建立一个国家。极言其小。从它的外壳顶部向左旋转，转四周才到它嘴的位置，因此，又被叫作“蜁蜗”。《江赋》云：“鹦螺蜁蜗。”

白 小 杜诗云：“白小群分命，天然二寸鱼。”

沙 虫 《尔雅》云：“蜎，蠉。”《广雅》云：“孑孓，蜎也。”《淮南子·说林训》云：“孑孓为𧍙。”𧍙，即蚊。民国《志》按：静止的水容易腐败，就容易产生这种沙虫。沙虫为红色，行走的时候，则把尾巴调到头的前面，头尾轮流发力。快要变成蚊时，尾端生出四只脚，在水面上蜕变。又名“蛣蟩”。

马 蟥 《尔雅》名“蛭”，钻入人肉之中吸血。对付它，用盐卤、烟油都很有效。

蛇 有“乌骚”“莱花”“青竹儦”等名称。《说文》记载：儦，行走的样子。以“儦”为蛇命名，是形容它爬得很快。紫色的蛇毒性最强。广东人谈论肉品，以蛇肉为难得的美味。蛇还可以治疗风湿。但中原地区没有人吃蛇，是因为害怕它面目狰狞。《山海经》记载有“操蛇”“弭蛇”“践蛇”等不同名称。上古时代，人类在洞穴或野外居住，最害怕的就是蛇，看到时一定要说“无它”。因为人们畏惧蛇类，所以那些被视为有神力的贵人一定要有降服蛇类的本领，因此《山海经》才有“操蛇”“弭蛇”“践蛇”的记载。印度有人吃蛇。佛经云：摩睺罗伽，即大蟒神，都来会坐。虽有佛法无边之因，也有印度本地习俗不怕蛇之因。吃蛇的动物有孔雀、白鹤、香狸等。荣县只出产香狸。土地日益开辟，所产蛇类便只有虺，而没有蟒了。用蛇卵泡酒可以治病，疗效甚佳。枳首蛇也能偶尔见到，并不是灾异之象。

四脚蛇 即守宫。张华《博物志》称：给蜥蜴或蝘蜓喂食朱砂，它的身体会全变成赤色，等到喂的食料达到七斤时，将其捣碎，点在女人的肢体上，一辈子都不会褪色，只有房事后，守宫砂才会消失。李昌谷有诗：“花房夜捣红守宫。”张岱《夜航船·二酉余谈》记载：有人被蛇所伤，极其痛苦，一个小孩告诉他，用两把刀在水里相磨，取磨刀的水服下，有奇效。小孩说完，变为蝾螈，钻入墙壁中。于是世人称蝾螈为“蛇医”。这些都是荒诞不经的传说。民国《志》按：郑玄、韦昭都认为“蜴易”像龙。《本草》名“石龙子”，也叫“山龙子”。因此，峨眉山、西湖龙井僧都认为四脚蛇是龙的儿子。古人认为它很神奇，能降下冰雹。汉代时，石碑以及陶器上龙的形象都跟蜥蜴一样。郑玄、韦昭一定是从中得到了启发。《尔雅》别名“蝾螈”“蜥蜴”“蝘蜓”，有黑的、绿的，有生活在壁间的、草里的、水里的。

二、介类

乾隆《志》所载：

鳖、龟、蚬、田螺、蚌、蟹。

三、虫类

（一）乾隆《志》所载

蚕、鼠、蛤蟆、蜘蛛、壁喜、蟋蟀、蝉、蝌蚪、蚱蜢、蝼蛄、蜂、螟蛉、蝇、蚊、蚋、蜉蝣、蜥蜴。

（二）民国《志》所载

蜜　蜂　“䆅”“蜜”为古今字。荣县以前没有专门养蜂的人，只有农家偶尔悬挂几个蜂桶罢了。西方人饲养蜜蜂的方法，现在已经翻译成书。如果把养蜂作为产业，获利也是很丰厚的。乡下以菜花、柏花作为蜜蜂酿蜜的主要来源。蜜蜂产的蜡叫“黄蜡”。喝醉酒的人切忌观看蜂，否则会惹怒蜂群。蜂之刺叫“爝”，指痛得像火灼烧一般。《山海经》记载：“草木之刺曰伤。”《方言》叫“壮”。沈括说：“医生采用灸的疗法，灼一次就算是一壮。”灸、灼等得名，跟蜂之“爝”有关。黄庭坚《蜜蜂》诗云：“秋成想见香租人，菊露枫胶蜜几脾？日日山童扫红叶，蜂衙知是主人归。”

土　蜂　叫青丝、黄丝的，是小蜂。据《尔雅》郭璞注，体型大的就是俗称的“土蛮禽”。宋代沈括说，刘易隐居在王屋山，看到蜘蛛网住了一只大蜂，其被蜂螫后掉到地上，腹部鼓起，快要裂开了。蜘蛛便啃咬芋梗，用汁自磨，被咬处的包块逐渐消散。芋茎叫蒁，见《广雅》。蜘蛛的办法，对于治蜂毒有很好的疗效。

胡　蝶　今作“蝴蝶”。《广雅》叫“蛱蜨”。种类繁多，根据蛹的大小、虫的花纹和颜色予以区分。《列子》记载：“胡蝶”，即胥，变化成为虫。胥，即苏。虫成为蛹，如同动物冬季冬眠蛰伏一般，忽然变成蝶，如同梦中惊醒一样，所以叫“苏”。东晋张湛在给《列子》作注时，在此处未做详细说明。其中形体大的叫凤子，特别光彩美丽。

蜻　蛉　今作“蜻蜓”。《尔雅》记载：“虰蛵，负劳。”《列子》叫“厥昭”。六只脚，四个翅膀，颜色不完全一致，都很漂亮。《淮南子》云：“水虿为蟌茈。”因此，俗称“虿虰”。虿、马，一声之转，燕地叫“马郎”，因此又叫“马马虰”。

蝉　《尔雅》对其名字区分得特别细致，郑樵《通志》认为七月后鸣叫的叫作“蝉”，五月以前鸣叫的叫“蜩”。个头大得像麻雀一样，颜色为黑色，并发出鸣叫声的，叫“马蜩”。

天牛虫　段成式《酉阳杂俎》说：长安在夏天时，凡有天牛虫从篱壁间钻出来，就一定会下雨。天牛虫，即黑甲虫。有人试验七次，次次都应验了。民国《志》按：这种虫甲壳坚硬，有两条长长的触角。它的嘴最为锋利，可啃噬树木。将要下雨时，就会发出悠长的鸣叫声，远远地传到树林之外。俗称“天”为“牵”，故又叫“牵牛虫”。

蠛　蠓　《庄子》中叫“醯鸡”。凡是有阴、晴、雨的征兆时，它就会在空中乱飞。也就是郭璞所说的“风春雨硙”。意即蠛蠓上下飞动，则天要起风了；蠛蠓打转，则天要下雨了。它会叮咬人。其中个头像针孔那么小的，叫蠛蚊。

萤　即“萤火虫”。《礼记》记载：“腐草为萤。”《诗经》云：“熠耀宵行。”《诗经》“熠耀其羽”，难道是形容仓庚的吗？这些都没有肯定确切的解释。《夏小正》云：“九月，丹鸟羞白鸟。”“丹”指“萤”，“白”指“蚊蚋”，“羞”指的是“吃”。可见萤火虫也能为人们消灾除患。荒乡老屋，有一种虫长得像蚕，喉咙下面发光，跟萤火虫一样，蠢蠢而动。它的名字无从考证。浅学之人不认识它，把它叫作“宵行”。

蚊　水草处有很多，它的生殖能力非常强，不仅仅是由孑孓变化而成。《尔雅》云：“鷏，蟁母。”注云：“俗说此鸟常吐蚊。”宋代周密说：岭南地区有蚊子木，塞北有蚊子草，姑且将其作为谈资罢。范仲淹诗：“饱似樱桃重，身如柳絮轻。”苏轼诗：“飞蚊猛捷如花鹰，风定轩窗飞豹脚。”它的嘴特别毒，近来西方因蚊子传播疟疾，就栽种金鸡蜡树用以治疗相关的疾病。

蝇　在《诗经》中叫“青蝇”“苍蝇”。是一种污秽的昆虫，能传播疾病，它的卵会变成蛆。

虻　痘症转为黑色时，就非常危险了。用七枚狗虻，捣碎后混合醋酒吃下，有神奇的疗效。夏天，虻在狗耳之中，见周密的记载。种牛痘流行起来后，这种病灾就很少了。

打卦虫　即“叩头虫”，又作“磕头虫”，是小羽虫中有黑色甲壳的那一类。把它背朝下，它能挺胸自己再翻过来，如同投杯珓。大的长近一寸，头为赤色，身体为金绿色。《说文》叫“蛶”。《释名》云：绨，跟蛶虫的颜色近似，绿色而有光泽。唐人叫“夜飞蝉”，即韦侍御使妇人送给杜甫夫人的礼物。宋祁《益部方物略记》云：金色的虫子，像蜜蜂那样的身体，全身绿色，发出金星般的光泽，平民妇女用作钗环一类的装饰。

绿　物　“物”，音如“舞”。《尔雅》云：“蚊，蟥蛢。”注云：“甲虫也，大如虎豆，绿色。”郑玄注认为偏黄色。孙炎说：翅膀收在甲壳里面。

推矢虫　即“屎壳郎”，今学名“蜣螂”。《尔雅》记载：“蛣蜣，蜣蜋。”注：“黑甲虫，啖粪土。”就是《庄子》郭象注中所说的“智在转丸”的那种昆虫。小孩子反复发烧，吃了推矢虫，可以化去食积。荣县人张信昆说：有个痔漏患者用了很多种药而肛门处仍然无法痊愈，被折磨得快要死了。有人给他用了一种药，立刻就好了。其他患者多次向他询问药方，此人说，使用大蜣蜋三枚、麝香二分罢了。患者又询问制作方法，他说：将蜣蜋放在阴处晾干，研成细末，加入麝香，又继续研磨，以黄古格纸匀铺药末，加入一根头发，把纸搓成条，根据肛门患处的深浅来决定长短，一天换一次。换药的时候，有头发在中间，纸条不至于折断。疗效非常好。又有一小孩患无皮症，家里贫困，无力医治，有人用蜣蜋粉末来治疗，也很有效果。大概蜣蜋得到粪便“精华”，适合治疗多种疾病，又可以确保没有副作用。纪昀《阅微草堂笔记》记载：蜣蜋晒干制成粉末，替代火药，威力最为强劲。

蚕　养蚕业以蜀地最为繁盛，因此，蜀地有蚕丛的传说。蜀，也就是蚕。《诗经》云：“蜎蜎者蠋，烝在桑野。”当时，草木丛生，群兽满山遍野奔走。有个叫蚕丛的人教导百姓养蚕，百姓受惠良多，因而拥戴蚕丛称王。善于充分发挥那些破败无用的东西的作用，这就是变废为宝的“进化”之道。现在，桑蚕业兴盛，国人趋之若骛，而山蚕却很少有人关注。荣县山上有很多杂树，如果因利乘便选择栽种，《樗茧谱》则可作为合适的教材。有的蚕形状如猫尾，生长于椒树、柏树、樧树之上，叫蚕鲸。乡中多以其丝制作鱼线。

毛　虫　《尔雅》云：“蛅，毛蠹。”郭璞注云：“即蛓。”《说文》记载：“蛓，毛虫也。”四月八日相传为佛的生日，民间多在墙壁上张贴红纸，写上偈语，也有人用秧草黏着在墙壁上。《周礼》记载：庶氏负责驱除危害人的毒虫，以攻祭、说祭除去毒虫，用嘉草熏毒虫。这是古代留下的习俗。

花毛虫　古代叫“蟔”，又叫“蛅蟴”。郭璞注《尔雅》云：蛓的属类。呈五彩斑斓状，毛可以刺人，有毒性。

猪儿虫　《尔雅》记载：“蚅，乌蠋。”《韩非子》云：蚕似蠋，它看到蠋，毛就会竖起来。《广志》云：“蠋有五色者。”化为蝴蝶，海上人因此种凤仙来饲养它。

蜘　蛛　大小、形状、颜色不一致，段成式《诺皋记》云：唐代裴旻在山间行走，看到一种山蜘蛛，长得像车轮一般大，垂下的丝如同一匹布一样。裴旻射杀了它，并截断其丝数尺收之。有金疮患者，剪下方寸大的丝贴上去，就立刻止血了。民国《志》按：现在通用蜘蛛网的白膜止血。又，蜘蛛在墙壁之间结膜，取其卵七枚，放入打过孔的鸡卵中，用纸封好蒸熟后食用，对于治疗疟疾很有效，但是忌疟疾患者知道实情。

蟢　子　指的是小蜘蛛中长着长脚的那一类，《诗经》中叫“蠨蛸”。

曲　蟮　即今之“蚯蚓”。古代叫“蚓”。“蚓”就是“引”的意思。崔豹《古今注》云：“一名曲蟮。”“蟮”有“转”的意思。曲蟮身上沾满沙子，就意味着要下雨。谚语说：“天将雨，蟮先出。”

土　狗　郭璞注云：“蝼蛄也。”《夏小正》中称之为“螜”。

蚱　蜢　品种和颜色都不一致，都属蝗虫类，但是不会形成虫灾。《诗经》云：“五月，斯螽动股。”《毛诗传》云：“斯螽，蚣蝑也。”它腿上的花纹像玳瑁的花纹，两腿相互摩擦就能发出声音。《尔雅》云：“螒，天鸡。”郭璞注云：“莎鸡也。”

螳　螂　即“螳螂”。《吕氏春秋》叫“拒斧”，即《庄子》中所说的“怒其臂”的那种生物。《抱朴子》称之为“勇虫”。腹中间有虫，名叫铁线，如同小蛇一般，但没有鳞片。虫钻出来的话，螳螂就死了。《尔雅》记载：“其子蜱蛸。”

蟋　蟀　俗称“叫鸡子”。外表光泽亮丽，发出悉悉窣窣的声音。又叫作“蛩”“蜻蛚”“王孙”“促织”等。

蚁　即“螘”，大的叫蚂蚁。《尔雅》的惯例是小的生物叫女；大的叫王，叫牛，叫马。黄色品种的蚁很聪明，有君臣佐使之类的组织。赤色的、黑色的就要稍逊一筹了。有翅膀且能飞动的，《尔雅》叫“螱”。蚁在爬行时一个挨着一个，如同一条线一样。它搬迁巢穴，从低处搬到高处，则表示天要下雨；由高处搬到低处，则表示天要放晴。有人说：蚁顺路搬家，则表示天要放晴；横路搬家，则表示天要下雨。

草鞋虫　《说文》记载：“蝨，多足虫也。”

千脚虫　长得像草鞋虫，但脚是黑色的。截成小段，每段都能成活。古代叫“蚿”，也叫“马线”。

地乌龟 它的体型是圆扁状的。《尔雅》叫“蟠”，《广雅》叫“蟅”，《本草》叫“地鳖”。能够治疗血症、折伤。钱易《南部新书》说：鲜于叔明喜欢吃蟠虫，与权长孺喜欢吃人的指甲，刘邕喜欢吃结痂一样，都是非常怪异的癖好。

地 虱 《尔雅》云：“蛜威，委黍。”郭璞注云：鼠妇，别名。与蟠、鼠负有所区别。陆玑《毛诗草木鸟兽虫鱼疏》说：蛜威、委黍、鼠妇在壁根下、瓮底土中生长，长得像白鱼。白鱼，就是蟫。据此可知，“委黍”就是“地虱婆”。

偷油婆 即今之蟑螂。有人说叫鼠妇，这是不对的。它生在厨房中阴湿的地方，身体略有臭味，不叮咬人，可以解蜈蚣的毒，是有功之虫。

黄 虫 《尔雅》记载：“蠸，舆父、守瓜。”有一种全身都是黄色，有一种身体是黄色而臀部呈黑色，有一种背是光亮黑色而腹部呈黄色，它们都啃咬叶子。

咬木虫 即蝎。《尔雅》记载：“蝎，蛣蝙。”注：“木中蠹虫。”橘蠹，能够治愈痨病。

蠹 鱼 即书中虫，又叫“脉望”。《尔雅》叫“蟫”。

臭 虫 《说文》记载：“臭虫，负礬也。”即“蜚”。现在咬人的臭虫，长得像鳖，圆形。

窃 虫 形体类似臭虫，有两个角，呈白色，大的窃虫如半个胡麻大小。头部振动发出声音，频率均匀，如同时钟一样准确，听到人声就会暂停。过一会儿，又开始振动，是难得一见的物种。唐孟匡朝有《窃虫赋》。现在老房子阴暗处还有很多。

八角螯 《尔雅》叫“螺”。

蜈 蚣 有很多只脚，天生可以制服蛇。暗夜里发出绿光，如同彩霞一般，能螫人。《庄子》云：“蝍蛆甘带。”意即蝍蛆以蛇为美味。蝍蛆，即蜈蚣。钱易《南部新书》记载：唐代海南漂来一只蜈蚣，到陆地上就死了；割下它其中的一个爪，得到一百二十斤肉。在蜀地可以称为奇闻了。

土 蚕 古代叫“蝆”，《尔雅》作“蟊”。《诗经》说：“去其螟螣，及其蟊贼。”意即把螟螣、蟊虫、贼虫等害虫全部除掉。土蚕呈灰色，长得像蚕，旱灾时出现。《左传》用其比喻那些横征暴敛、压榨百姓的人。

第八节 货 类

一、乾隆《志》所载

盐、蜂蜜①、砂糖②、棉花、棉布、绵紬、丝、苎布。旧产茶③。

---

① 原注：不佳。

② 原注：近年始有。

③ 原注：在莲花、天堂、定理等寺。先是，僧有演少林艺者，载僧兵册，有边警调遣之。甲申岁，贼屠荣城，焚堞署，知县秦民汤依寺为营。贼委伪官到寺索印，秦率僧兵斩之。贼党星赴成都，发兵万余骑。僧兵不支，尽遭屠戮，山尽赭童，茶种遂绝。近惟天堂寺栽百余本，亦不佳。

二、民国《志》所载

茶　《尔雅》记载："槚，苦荼。"郭璞注云："早采为荼，晚取为茗，蜀人名之苦荼。"《晏子春秋》有"茗菜"的记载。王褒《僮约》云："武阳买茶。"武阳，是当时蜀郡的属地。《方言》称：蜀地西南地区的人称茶为"蔎"。扬雄《蜀都赋》云："蔓茗荧郁。"常璩《华阳国志·巴志》云："园有香茗。"可见茶在巴蜀地区是自古以来就有的，今音敕加反，古代则是"荼"那个音。张华《博物志》云："饮真茶令人少眠。"《桐君药录》云："巴东有真香茗茶，煎饮，令人不眠。"可见晋代以前茶不流行，唯有蜀地非常兴盛，到唐代时，则成为普天之下的风尚了。这也是家乡掌故中的美谈。施肩吾《蜀茗词》诗云："越碗初盛蜀茗新，薄云轻处搅来匀。山僧问我将何比？欲道琼浆却畏嗔。"荣县山谷间茶种各有不同，以天堂、定理、莲花诸寺居多，明末时被乱兵焚毁。近年，双古坟开始制作绿茶，色香味都非常好。西北多山，如果广泛种植，并精心焙制，可以从中获得丰厚的利润。

甘　蔗　《说文》记载："藷，藷蔗也。"古代，吃甘蔗主要食用它的汁液，《楚辞》有"柘浆些"，注："柘、藷，蔗。"红的叫昆仑蔗；白的叫竹蔗，也叫蜡蔗、泡甘蔗、剑南蔗，小而躁者叫荻蔗，因制糖而栽种。

落花生　即"花生"。是一种常备食品，可以榨油，榨油后的渣滓可以喂猪。

酒　《说文》记载：酒，从水，从酉。古时，仪狄作酒醪，杜康作秫酒。赵熙说：《风俗通义》帝喾中的"喾"字，指的是考明法度，醇美到了极致，如同美酒散发着芳香。《列女传》云：瞽叟让舜饮酒，想将他灌醉后杀掉。舜告知了帝尧的两个女儿（娥皇、女英）。娥皇、女英给了舜一些药吃，并让他在池子里沐浴，舜于是前去喝酒，终日不醉。《孔丛子》云：尧、舜可以饮酒千盅，孔子可以饮酒百觚。孔融《嘲曹操酒禁书》云：尧如果不饮上千杯酒的话，难以成就他的圣明。可见酒确实出现在仪狄、杜康之前。《礼记》有"玄酒明水"之载，还保存着伊耆氏的风尚。《说文》记载："醫"从殹，从酉。殹，恶姿也，医之性然。得酒而使。据此可知，酒在医之前就已经出现。古代，巫彭是最初行医的人。《竹书纪年》记载："神农氏辨水泉甘苦，味尝草木，作方书。"巫彭是古代十巫之一，可知医出自上古时代，亦可为上古酿酒的确切证据。而许慎引用仪狄、杜康，是为了解说"酉"的意义。《说文》"酉"下："八月黍成，可为酎酒。""黍"下："黍可为酒，禾入水也。"可见黍是专门的酿酒原料，酒之名是由黍确立的。其他种类的酒都是在黍酒之后出现的。因此，许慎称"仪狄作酒醪"，一定要增加"醪"字而联称；称"杜康作秫酒"，一定要在"酒"字之前加上"秫"字。由此可知，醪取汁滓都是甘甜的，与秫酿都是新的制作方法。上古时代是"玄酒明水"，中古时代专门用黍来酿酒。到仪狄、杜康以后，才采用秫、糯、麦、杂粮等作为原料。黍，是禾的属类中具有黏性的一种，不具有黏性者也是禾的属类，就是现在的高粱。《广雅》叫"木稷"，《齐民要术》叫"蜀黍"。北方称高粱秆为"黍秆"，可知高粱也是禾的属类。清代程瑶田把"稷"当作"高粱"，秦汉时代的人都没有这种说法。用高粱酿造的是烧酒，用糯米酿造的是上酒。"上"即"尚"，读如"常"，如同古《尚书》之"尚"音"常"。荣县向来重视上酒，用糯米酿造而成。糯，即黏稻，古代的糯，也就是现在的酒米。市上出售的酒，过滤酒渣时用很多水去浸泡，呈绛红色，提取第一次呈鹅黄色，提取第二次、第三次就变成赤色了。光绪以后，烧酒大为兴盛。烧酒又叫“烧春”“烧刀”，都是用来比喻酒力的强劲。白香山诗：“烧酒初开琥珀香。”牛峤，乾符年间进士，在前蜀王建朝做官，有诗云“卓女烧春浓美”。陆游说：“唐人喜赤酒。”又说：“荣州酒赤而劲。”他在《建安思蜀》诗中说：“杯觞滟滟红烧酒。”可知，当时荣州的赤酒，也就是唐代所谓的琥珀酒了。民国时，荣县制酒技术有所改进，烧酒坊在蒸馏用的釜还未被加热烘烤时用其滤酒，专门滤去渣滓，叫“冷气酒”。一种制作方法仅能得到少半酒。一种制作方法，一次性成酿，一户家庭就可以制作，家家户户，竞争较量。荣县酿酒业由此强大起来，制酒精良。原材料有谷、麦、豆、苞谷、蓏，以及各种杂粮，凡是耗费百姓主粮的原料均被禁止。

黄　糖　中国砂糖，始于西域。《长阿含经》云：“天地初成，诸天来食地味，渐为释迦先祖之王。”《十二游经》云：“阿僧祇时，小瞿昙于甘蔗园中为精舍，是当中国太古时也，其后世称甘蔗王。”《摩德勒伽论》云：“砂糖浆亦得非时饮。”有蔗必有糖，后者渐渐流行起来。根据佛经记载，砂糖在周代以前就产生了。古代的甜食只有所谓的“饧”。《说文》记载：“饧，饴和馓者也。”是用米制成的。甘蔗，古时只是吃其浆汁，即宋玉《招魂》所说的“柘浆”。后来变成了“饧”，就是文献中所说的“孙亮使黄门就中藏吏取交州献甘蔗饧”。砂糖从南印度沿海而来，南印度与中国南方边境地区自古有所交往。因此，砂糖的名称可见古《神弦歌》第三《圣郎》曲：“酒无沙糖味，为他通颜色。”但不是通常使用的物品。到六朝时，通称为“糖”，也就是现在的“糟物”。唐太宗派遣使者到摩揭陀国，寻找熬糖的方法，说扬州进献甘蔗，压榨蔗汁制作成剂，其颜色、味道均胜过西域所制。到宋代时，苏轼《送遂宁僧》诗、黄庭坚在戎州所作《答雍熙长老》诗才有“糖霜”之说。遂宁后来开始制糖，其品种和器具详见宋代王灼的《糖霜谱》。现在荣县只产黄糖，又叫砂糖。设厘征税，但产量很少。

盐　古时夙沙氏已经开始制作食盐。现在供奉井神的人并不知道这个情况。陆游说：蜀地吃的是井盐。仙井、大宁仍然有产量很大的盐井，而像荣州盐井口径那么小，仅容一筒，真可以算得上是泉眼了。又有诗云“煮井人忙下麦迟”，自注：“荣多盐井，秋冬收薪茅最急。”据此可知，小井仅用茅火煎煮。如今在城乡时常可以发现古代的井眼，父老辈说，清朝雍正、乾隆年间仍然如此。百年来，小井几乎绝迹了。二十年来，荣厂天然气量充足，转而胜过了富厂，真如左思《蜀都赋》所言“高焰飞煽于天垂”。其所产食盐的品质只有德国盐可以与之媲美，其余则是川盐冠于天下。

棉　近人俞樾在书信中说：桑蚕作茧本来是为隐藏自己，可人们一定要将其在大锅中煮烂，然后抽出丝来，这实在是太残忍了！自唐代以来，木棉业越来越兴盛，后又从种植木棉改为种植草本棉花，种植日益繁多，可供全天下人穿着，其普及程度远远超过蚕丝，这大概是造物主有意用棉来替换蚕丝吧。湖州地区的养蚕业天下第一，但太平天国运动以来，所受损害最为严重。菱湖荻港等处，向为蚕桑业渊薮，如今村落化为废墟，人民埋尸沟壑，所剩无几。这恐怕是养蚕的罪孽郁积数百年突然爆发出来的结果吧！……因此，与其多种桑树，不如多种木棉。天地之间，生命最为宝贵，凡是蠕蠕生灵，都是与人类同生于天地之间的物种。民国《志》按：俞樾所说可谓仁者之言。西陵氏嫘祖教民育蚕的初衷，是为了改变百姓穿兽皮的旧俗，改善百姓生活。孟子提出的种桑树、穿帛衣，取供养老，与那些杀害亿万生灵、在江海中张网捕鱼的人相比，如同饲养“五鸡二彘”的普通农家之于血肉狼藉的屠户，其因果报应大有不同。现在全国上下争相追求经济利益，以强弱大小作为判断是非曲直的标准，积极鼓励百姓参与剧烈的商业竞争，讲求仁义者难免会被视为蠢人。但是，仁爱是人类最基本的美德，选择逐利的方法不能不慎重。荣县人李难听说西方有缫丝业，就激动地敦促劝勉蚕师寻访并学习他们的技术。赵熙曾阅读明代李日华的《杂记》，得知于阗国不杀蚕，总是等蛾飞尽才去泡煮蚕茧。可见缫丝业在西域早已存在，应用很广。像棉这种作物，全天下之人每天都在使用，跟精美丝织品相比，此物的需求量要高出百倍，是百姓赖以维持生活的，可以消除贫富的界限，其益处等同谷食，家家种植，确实是农事之祥。

第九节　矿产类

流水桃花石　在荣县县城东北十余里处，诸山出产花石，外貌奇特，质地较脆，颜色黯淡。如果觉得其颜色不合人意，可将其打磨，石则变成青色，呈现黄白花纹，华丽明亮。把它镶嵌到桌椅围屏之中，尤其雅致。前任县令陈之玙因其纹理如同水波，花纹如同桃瓣，故而为之取名“流水桃花石”。城东荣梨山、贡井，城北宋坝、城西白石铺一带都有出产。那些没有花纹的叫“油矿”，是刻碑的材料。

铁　始建县在县西北五十五里处，原来下辖六个乡，本来是汉代武阳县属地，隋开皇十年（590）在此地设置始建镇。大业五年（609）改镇为始建县，治所最初在拥斯茫水，唐圣历二年（699）迁到荣祉山。铁山在始建县东七十里处。《周地图》说：蒲亭县有铁山，诸葛亮曾在此地开采冶炼，以打造兵器。至此，封宇文度为铁山侯。

铁山，在荣县西八十里处，山从仁寿绵延而来，横亘在井研、犍为、荣县、威远之间，延伸数百里，出产铁矿。诸葛亮曾在此地开采，用来铸造兵器。晋代以后，因僚人占据此地，故被称为“铁山僚”。铁矿有山矿、穴矿之分，穴矿杂在石炭之中，山矿则浮露在地表。《汉书·地理志》记载：南安有盐官、铁官。《元和郡县志》曾记载荣州向朝廷进贡利铁，但现在只剩下青㭎铺一座铁厂了。盐、铁自古以来就利润丰厚，但荣县冶铁业固守旧法，因此产量极低。民国《志》按：《汉书·地理志》说南安有铁官，冶官县得名于此。汉代制度：郡国中不产铁的，设置小铁官，主要负责熔铸故铁；产铁的，设置铁官，主要负责冶炼铸造新的铁器。《汉书·地理志》叫“铁官”，《隋书·地理志》叫“冶官”。此地依靠铁山之利，诸葛武侯曾用其铁铸造兵器，故以“冶官”作为县名。

石　炭　荣县叫“煤炭”，北方单言“煤”。煤、墨，一声之转，即古代的石墨。《水经注》“浊漳水”条记载：冰井台，其井深十五丈，藏冰及石墨焉。石墨可用来写字，又难以燃尽，也被称为石炭。陆士龙《遗兄士衡书》说：三台上有曹公石墨数十斤，说燃烧此石墨，等它熄灭后可再用其燃烟制墨，寻常人不知道，兄长对此是否有所了解？现在奉送二螺。崔铣《彰德志》作“炠”。民国《志》按：“炠”是俗体字，“煤”也是借字，都是由墨转入声为平声而来。其字正应作“炭”。《说文》徐锴《系传》云：“炭，烧木未灰也。从火，屵声。”可知，现在的木炭是“炭”的专称，实际上石墨从山中产出，从火、屵，是会意字。“炭”的意义不用解说就很清楚了。西方人说：这是地热所产生的，其气体为火，就是现在的井火；液体为油，就是现在的石油；固体为炭，就是现在的煤矿。上古草木繁茂，中古林政稳定，百姓生活日用燃料充足，因此，煤炭只供制作颜料使用，与丹雘属同类物品。《禹贡》记载：“铅松怪石。”注：怪异好石似玉。把铅和松并列，是由于二者均为用于书写的材料。《孝经援神契》记载：王者有德，山陵就会出产石墨和丹砂。据此可知，自古以来，石炭就闻名于世。《逸周书》“沙”“炭”并举。也就是现在的煤炭。煤炭作为燃料使用，始见于《史记·外戚世家》记载窦少君为其主进入山中烧炭，《后汉书·党锢传》记载夏馥进入林虑山中，亲自烧窑添炭劳作，及《郡国志》“豫章郡建城”注云：县有葛乡，有石炭二顷，可以用来烧火做饭。可见当时煤炭开采已经卓有成效。徐陵诗云：“石炭捣轻纨。”还可作为闺房中的清雅玩品，即现在的炭精。隋朝时，王邵上表请求改变烧火的原材料，把石炭与柴火、竹火等相并列。由此可知，煤炭已作为主要燃料渐渐推广开来。《宋史·陈尧佐传》云：河东地区土地贫瘠，百姓贫困，全靠石炭谋生。此时，石炭已成为常需的日用物品。苏轼《石炭》诗云：“岂料山中有遗宝，磊落如磬万车炭。流膏迸液无人知，阵阵腥风自吹散。”这一风气向南方扩散，彭城首先发现石炭。陆游云：北方多产石炭，南方多产木炭，而蜀地烧巨大的竹子来制炭，用牛车将炭运到城里。邛州炼铁，专门使用竹炭。由此可知，宋朝时蜀中烧炭的原料极其丰富。因此，陆游在荣州做官时曾有诗云：“城孤屋老草木茂。”又说：“荣多盐井，秋冬收薪茅最急。”又说：“地炉堆兽炽石炭。”可知除了薪茅以外，石炭还与松炭、㭎炭、竹炭等同时使用。如今，荣县四面山上的树木已被砍伐殆尽，而在西北方向诸山之中，开采煤炭的洞穴密密麻麻，如蜂房一样排列。自从公井镇使用机器生产食盐，荣县每天所产煤炭都不够用。但如果不改变原来的开采方法，不改善运输条件，这一无尽的宝藏无论如何也不能得到充分利用。又，清人王文诰注苏轼诗，说粤地以石炭养护沙田，每年获利丰厚。这也是荣县所不知道的好办法，一并记载下来，以励农事。

石　油　井肆出产的叫“井油”，可惜提炼不得法。石油是由地热结聚而成，液体为油，到处都有。有浮油漂浮在外，汩汩流动，发出阵阵臭味，如西北臭水河。

石　灰　古代白色的涂料用垩，即白土。宗庙用蜃灰进行涂抹。汉代已有石灰，杨璇与桂阳乱党作战时即以马车装排囊石灰，顺风而吹，令贼无法睁开眼睛。《释名》记载：“垩，先泥之，次以白灰饰之。”《博物志》记载烧白石作白灰，经过一天冷却后，遇雨及水浇，就会燃起烟火。由此可知，当时此种方法创造不久，人们对此感到神奇。荣县有岩矿，烧油矿而成。有河矿叫膏石胎，“膏”即“油”，所谓“胎”，就是指一边提取，一边又不断产生。一块母石孕育了千百子石，燃烧时会发出刚劲有力的硁硁之声。“胎”声转为“汤”，有人称之为膏石逿，说的是子石呈现天青色，美如宝玉一般。河矿过钓鱼台就没有了。

硝　城中有一间硝房，可从中挖掘硝土。

碗　城北金子沟、城西老君台均有设厂。赵熙说：我在宋坝的宅院东面有一条沟，即赫连沟的弯曲处，其中平地处叫瓦子土，瓦砾深入土地超过一丈。曾经在挖地时发现一批碗，一摞有几十个，或者单独一摞，或者几摞连在一起，有破的，有泥土塑形时黏在一起的。那些完整的，形体粗大，亦有瓶盎之类，跟现在所制碗的品质相比，工艺水平相差很远。又有如鸭蛋那样的丸，中间是黄色，数以千计。仔细看后，都无法使用，难道是炮弹吗？《明史》记载英宗一朝，四川制作火器，观其形态，似乎与记载相合，又似乎不相合，而瓦砾中没有一个留有文字的器物。看这批器物的粗劣程度，可以知道当时并未对相关技术有所研习。民国 12 年（1923），县人张国玺在城中清富山修整住宅，疏浚佛耳池，将其拓宽，掘地数尺，发现宋光宗铜质小印，上面写着“皇天锡策之家”，佛耳池即唐宋刺史衙署、光宗龙潜之邸，因此古代的文物特别多，尤其是瓶、碗、盂、碟之类，与宋坝所出器物属于同一材质，是瓦器，而非瓷器。南宋时，浙江处州龙泉窑之瓷器，由章生一、章生二所制，因其颜色而得名“雨过天青”，到现在仍然宝光四溢，古物收藏家称之为“哥窑”。为何山乡日用物品与哥窑之器相比有这样大的差别呢？现在碗厂的产品跟出土古物相比，其精良程度几乎没有增加多少，由此可知，荣县工业不兴盛的原因是长时间安于现状、不思进取。

第二章 户口田赋

第一节 户 口

光绪《志》云：《周礼》司民掌管百姓，从婴儿长出乳齿开始，就将百姓丁口之数记载下来，这是把百姓视为国家根本的做法。自明末战乱之后，世代定居荣县的人很少，而从别的省份移居到荣县的人越来越多，经多年休养生息，到现在可以说是人丁兴旺了。

一、唐

户口，只是一个大体上的数字。荣地在唐代时为州，地域较广，《旧唐书·地理志》记载：荣州下辖6个县，有住户12262户，人口56614人。天宝年间，有住户5639户，人口18024人。用这个数字来推算，平均一户将近5人。天宝时，平均一户只有3人多，而贞观、开元年间蜀中无事，由于赋税征收严苛，户口数量有所减少。

二、五代

五代时，史籍上没有户口和人数的相关记载。

三、宋

宋代崇宁年间，荣州有住户16667户，人口52087人，平均一户有3人多，马端临所说的“蜀无丁赋，漏口少”，恐怕是不对的。

四、元

宋代末年蜀地为兵家必争之地，元代初年，荣州土地荒废，后流民聚居，《赡思传》说有“数千户”，《元史·顺帝本纪》记载居民有20多万，《百官志》说有20多万户。《赡思传》数千户的说法，恐怕是根据州治所在地来统计的。

五、明

明代户籍分为三等：民户、军户、匠户。盐区有灶户。洪武十四年（1381），有民户 591 户，人口 4997 人；军户 513 户；灶户 78 户。永乐十年（1412），有民户 660 户，人口 6929 人；军户 513 户；灶户 78 户。嘉靖元年（1522），有民户 924 户，人口 19639 人；军户 90 户；灶户 49 户。根据前后统计数据推算，洪武年间平均一户有 8 人多；嘉靖年间，平均一户有 20 人，而军户减少了一半数量，大概是军籍要求严格，逃亡人数众多。宣德、景泰年间，朝廷要求原来隐瞒丁口及改换户籍的自首归籍，当时有容许军户悄悄依附于民户的情况。宣德年间，富义等井户挖井煮盐，不久朝廷开始征税，取名为增羡盐。盐课征银 197 两 9 钱。

六、清

清代因袭明代的制度，以 110 户为一里，荣县编户三里。根据记载，康熙二年（1663），有丁 29 人，征粮 8 斗 4 升 1 合 4 抄 7 撮。于是招徕百姓，繁殖人口，聚积物力，到康熙五十二年（1713），有丁 1270 人，新增人口永不加赋，以前那种隐瞒丁户数量的弊端差不多就消除了。

至康熙六十一年（1722）征输止，开垦详报注册花户 3435 户，男性 11652 丁，妇女 10121 人，男女共计 21773 人。

雍正元年（1723）至十三年（1735）征输止，详报新旧注册花户 4167 户，男性 16648 丁，妇女 13424 人，男女共计 30072 人。

乾隆元年（1736）至六十年（1795）征输止，详报新旧注册花户 20836 户，男性 60836 丁，妇女 51380 人，男女共计 112216 人。乾隆十六年（1751），根据规定，编订审核户数，计有 8105 户。把户数作为人丁数，是乡里害怕服徭役的缘故。于是，李翰上奏，请求停止编订审核户数，朝廷果断地采纳了他的意见。从此以后，总督和巡抚每年上奏朝廷的都是州县所呈报的数据，只是遵循惯例罢了。

嘉庆元年（1796）至十七年（1812）征输止，详报新旧注册花户 24648 户，男性 59641 丁，妇女 54945 人，男女共计 114586 人。

道光元年（1821）至二十五年（1845）征输止，详报新旧注册花户 30212 户，男性 72241 丁，妇女 61934 人，男女共计 134175 人。道光二十六年（1846）至光绪四年（1878）征输止，详报新旧注册花户 88577 户，男性 203809 丁，妇女 121767 人，男女共 325576 人。

光绪二十八年（1902），荣县有 183032 户，482513 人，大概都是根据估算编制表册向上级报告，上级官员对此数据也都不会过于深究。

七、中华民国

民国承袭保甲之法，先进行编订核查，除了年老的、幼小的、残废的、有病的、不能承担正常工作的人外，其余都轮流替换去值炼，这叫“门户炼”。如果一个人未在甲、团核牌编产范围内，遇事是不能向县署陈情申诉的，这已成为明文规定。因此，百姓数量不能隐瞒不报，从此户籍数渐趋真实。城乡共有十个区。据民国 12 年（1923）编查的情况来看，户数为城区 9019 户，程家镇 9193 户，龙潭镇 15783 户，五宝镇 13450 户，镇紫镇 16665 户，长山镇 13589 户，双古镇 10160 户，贡井乡 5494 户，董家乡 8626 户，东兴乡 6596 户。总计 108575 户。大体上，男性多于女性。城区男性 21014 人，妇女 18612 人；程家镇，男性 21455 人，妇女 17781 人；龙潭镇，男性 35810 人，妇女 32432 人；五宝镇，男性 31010 人，妇女 27165 人；镇紫镇，男性 36518 人，妇女 29166 人；长山镇，男性 33181 人，妇女 33294 人；双古镇，男性 24721 人，妇女 22489 人；贡井乡，男性 12124 人，妇女 10715 人；董家乡，男性 22810 人，妇女 19654 人；东兴乡，男性 16729 人，妇女 14298 人。总计 480978 人。人口很多了！如果治理得法，这些人就是富裕和教化的根基所在；如果治理不得法，那就只能是人满为患。

第二节　赋　役

一、古代

（一）明代

明洪武至嘉靖 200 多年间，旧志已保存了户口税粮的大体情况。至于夏税、秋粮分别起运，丁条、徭役、杂税银两暨岁支等事项，在《四川赋役全书》中均有详细记载，这里不再赘述。明末原额税粮 5156 石 3 斗 5 升 5 合。

（二）清代

清康熙朝编户三里，从康熙二年（1663）丈量后起，至康熙二十四年（1685）止，旧时管理田地共 21 顷 93 亩 1 分 6 厘 5 毫 2 丝 1 忽，共载粮 39 石 1 斗 2 升 3 合 9 勺 6 抄 4 撮 1 圭 5 粒，人丁 29 人，征粮 8 斗 4 升 1 合 4 抄 7 撮，丁、粮、条共征银 81 两 4 钱 5 分 6 厘 3 毫 2 丝 6 忽 1 微 6 尘 8 纤 2 渺。康熙九年（1670），奉文加闰银两，照旧时全书各项，遇到闰年进行加征，将原额人丁、税粮合算摊派，每丁粮 1 石征闰银 4 分 3 厘 8 毫 6 丝 2 忽 8 微 8 尘，共征遇闰银 3 两 2 分 5 厘 4 忽 8 纤。以上丁、条、粮，正闰共征银 84 两 4 钱 8 分 1 厘 3 毫 3 丝 1 微 7 尘 6 纤 2 渺。又，旧时管理学田 2 亩 5 分 2 厘，征租银 2 分 4 厘。

清征粮章程碑

又，威远县康熙六年（1667）归并荣县，自康熙二年（1663）丈量后起，至康熙二十四年（1685）止，威远旧时管理田地共 9 顷 13 亩 4 分 5 厘 4 毫 6 丝 8 忽，共载粮 17 石 4 升 7 合 3 勺 8 抄 7 撮 9 圭 6 粒，人丁 19 人，征粮 5 斗 2 升 2 合 3 勺 2 抄 9 撮，丁、条、粮共征银 35 两 8 钱 6 分 6 厘 8 毫 4 丝 3 微 3 尘 8 纤，遇到闰年，征银 1

两1钱2分5厘3毫5丝5忽7尘3纤。以上丁、粮、条，正闰共征银36两9钱9分2厘1毫9丝5忽4微1尘1纤。

十三年（1674）复设威远，二十年（1681）仍旧归并荣县，陆续奉文清查，至康熙六十一年（1722）征输止，上等田有89顷29亩3分5厘2毫6丝9忽4微，每亩载粮3升，共载粮267石8斗8升5勺8抄8圭2粒。中等田有100顷24亩8分9厘2丝5忽6微8尘，每亩载粮2升，共载粮200石4斗9升6合1勺8抄5撮1圭3粒6粟。下等田有140顷10亩5分9厘8毫3丝，每亩载粮1升2合，共载粮167石7斗6升7合1勺7抄9撮6圭。上等地有39顷87亩1分5厘1毫6丝，每亩载粮1升8勺7抄5撮，共载粮43石3斗6升2勺7抄3撮6圭5粒。中等地有60顷71亩2分5厘8丝4忽4微，每亩载粮5合，共载粮30石3斗5升6合2勺7抄9撮2圭。下等地有63顷56亩7分5厘1毫7忽，每亩载粮3合，共载粮19石7升2勺5抄3撮3圭1粒。上中下等田地共493顷49亩8分1厘8毫7丝6忽4微8尘，共载粮728石9斗3升7勺5抄1撮6圭1粒6粟。

每粮1石，征银1两8分9厘9毫1丝5忽8微，共征粮银794两4钱7分3厘1毫4丝3忽2微9尘1纤。每粮1石，征条银4钱7分2厘7毫2忽8微5尘5纤，共征条银344两5钱6分7厘6毫4丝7忽4微5尘7纤。每粮8斗7千3合2勺2抄4撮，载丁1丁，共有丁834人，征粮7斗5升8合3抄五撮，每丁征银4钱7分2厘7毫2忽8微5尘5纤，共征丁银394两5钱9分7厘9毫6忽3微7尘6纤。丁、条、粮共征银1533两6钱3分3厘2毫9丝7忽5尘5纤。

荣县对农田计亩征收钱粮的成规是，自康熙三年（1664）至四十三年（1704），每田、地10亩，分上、中、下三项。上等田1亩载粮3升，中等田1亩载粮2升，下等田1亩载粮1升2合。上等地1亩载粮1升8勺7抄5撮，中等地1亩载粮5合，下等地1亩载粮3合。康熙四十四年（1705），根据朝廷公文，修订规则，每田10亩改为上等田3亩、中等田3亩、下等田4亩，载粮如旧。征银则每亩增银1分多。地也一同修改规则。

荣县陆续奉文清查，至康熙六十一年（1722）征输止，上等田有183顷39亩9分9厘5毫2丝3忽3微8尘，每亩载粮3升，共载粮550石1斗9升9合8勺5抄7撮1圭4粒。中等田有258顷42亩1分2厘7丝2忽，每亩载粮2升，共载粮516石8斗4升2合4勺1抄4撮4圭。下等田有293顷66亩5分4厘4毫2丝3忽，每亩载粮1升2合，共载粮352石3斗9升8合5勺3抄7圭6粒。上等地有110顷94亩4分4厘4丝，每亩载粮1升8勺7抄5撮，共载粮120石6斗5升2合3抄9撮3圭9粒。中等地有150顷82亩6分6厘5毫1丝5忽5微2尘，每亩载粮5合，共载粮75石4斗1升3合3勺2抄5撮7圭7粒7粟。下等地有168顷40亩8分6厘9丝，每亩载粮3合，共载粮50石5斗2升2合4勺2抄7圭。上中下等田地共1165顷66亩5分7厘3毫6丝3忽9微，共载粮1666石2斗8合5勺8抄8撮1圭2粒7粟。

每粮1石，征粮银1两1钱3分9厘8毫6丝2忽4微5尘，共征粮银1899两4分3厘4毫2丝8忽8尘7纤。每粮1石，征条银5钱3分4厘4毫7丝9忽5微5尘6纤，共征条银894两4钱5分8厘2毫1丝8忽9微9尘7纤2渺。每粮1石3斗1升1合7抄8撮，载丁1丁，共丁1170人，征粮7斗3升1合7勺9抄1撮，每丁征银5钱3分4厘4毫7丝9忽5尘6纤，共征丁银679两1钱8分2毫8微6尘2纤。丁、条、粮共征银3468两6钱8分1厘8毫4丝7忽9微4尘6纤2渺。

雍正元年（1723）及七年（1729），根据朝廷公文清理丈量，土地钱粮有所增加，至十三年（1735）征输止，上中下等田地共有 3047 顷 89 亩 8 分 5 厘 4 毫 5 丝 1 忽 5 尘 7 纤，丁、条、粮共征银 7986 两 1 钱 2 分 8 厘 1 丝 1 微 9 尘 2 纤。雍正六年（1728），复设威远县，仍将前项田地钱粮拨出。

雍正七年（1729）奉圣旨清查丈量以后，补首加增至乾隆十六年（1751）征输止，除籍田 4 亩 9 分不征丁、条、粮外，册载上中下等田地共 3055 顷 5 亩 9 分 3 厘 3 毫零，共征丁、条、粮银 7991 两 4 钱 8 分 6 厘 1 忽 2 微 9 尘 5 纤，闰银仍然按照旧时全书核算征输。

乾隆元年（1736），根据朝廷公文清理丈量，自首升科，至六十年（1795）征输止，上等田有 262 顷 15 亩 3 分 6 厘，每亩征丁、条、粮银 6 分 2 厘 4 毫 6 丝 1 微 8 尘 6 纤，应征丁、条、粮银 1637 两 4 钱 1 分 7 厘。中等田有 526 顷 51 亩 9 分 1 厘，每亩征丁、条、粮银 4 分 1 厘 6 毫 4 丝 1 微 2 尘 4 纤，应征丁、条、粮银 2192 两 4 钱 3 分 3 厘。下等田有 1502 顷 8 亩 8 厘，每亩征丁、条、粮银 2 分 4 厘 9 毫 8 丝 4 忽 7 尘 4 纤，应征丁、条、粮银 3752 两 8 钱 9 厘。上等地有 75 顷 63 亩 7 分 1 厘，每亩征丁、条、粮银 2 分 2 厘 6 毫 4 丝 1 忽 8 微 1 尘 7 纤，应征丁、条、粮银 171 两 2 钱 5 分 6 厘。中等地有 254 顷 36 亩 6 分，每亩征丁、条、粮银 1 分 4 毫 1 丝 3 尘 1 纤，应征丁、条、粮银 264 两 7 钱 9 分 4 厘。下等地有 586 顷 24 亩 9 分，每亩征丁、条、粮银 6 厘 2 毫 4 丝 6 忽 1 尘 9 纤，应征丁、条、粮银 366 两 1 钱 7 分 2 厘。上中下等田地共 3607 顷 57 亩 4 分 4 厘，丁、条、粮共征银 8385 两 8 钱 7 分 2 厘。

乾隆十六年（1751），奉圣旨，鼓励百姓自首升科，据士民补首新垦上中下等田地 3 顷 57 亩。

乾隆二十六年（1761），遵照条例编订审核户口并登记于簿册之上，共计 8789 户，男性 12227 丁，妇女 11899 人。盛世滋生 366 丁，流寓 231 户。

乾隆十八年（1753），根据此前藩司所议定，按照浙江按察司同条奏请定报垦给照之例等事案内，四次颁发报垦执照共四十张，陆续填写发放给乡民，按年升科。乾隆二十一年（1756），奉宫傅大人开檄行，凡民间一切有关田土的诉讼事件，地方官须亲往踏勘，认真丈量，秉公审断结案，如有田土多于征粮数量的，则分别登记，把朝廷宽大的法令告谕百姓，免除他们漏报之罪，并按照条例，汇入升科册内详报等因在案。自乾隆十八年（1753）起，至乾隆二十八年（1763）止，补首新垦上中下等田地 143 顷 33 亩 8 分 6 厘 5 毫 1 丝 6 忽 6 微 4 尘，共征丁、条、粮银 382 两 7 钱 4 分 3 厘 9 毫 8 丝 2 忽 8 微 2 尘 6 纤 2 沙 8 渺 7 漠 6 埃。旧时有牙行银 2 两 4 钱，乾隆二十一年（1756）准予废除。

嘉庆元年（1796）至十七年①（1812），丁、条、粮银并无拨出增入，仍然按照旧额征输。籍田 4 亩 9 分，不征。牙行银 4 两。

道光元年（1821）至光绪四年（1878），仍然按照旧额征输，并无增减。

光绪朝田房税契银 1492 两 8 分。牙行银 4 两。

清代严禁加赋，正赋之外，杂税只有田契、牙行、井课、盐课，其数额不大。田房税契银 1492 两 8 分，牙行 4 两，井课 1366 两 4 钱。盐课计口授丁，陆引 690 张，每引正税 2 钱 7 分 2 厘 4 毫，羡截 4 钱 9 分 5 厘 6 毫，共计银 536 两 6 分 4 厘，岁综银 3434 两 5 钱 4 分 4 厘。咸丰初年，军费匮乏，于是别立名目来筹集军粮给养。咸丰四年（1854）置津贴，别设公局来收进与解出，每粮银 1 两征市平银 1 两 1

① 十七年：光绪《志》误作“二十五年”。

钱，共计库平银8385两8钱7分2厘。同治三年（1864），内阁又议定，在四川州县，让百姓因粮输饷，取名为“捐输”。其中，征粮不及5分者免于征收，于是有人便分割土地进而逃避缴税。光绪十二年（1886），唐选皋担任荣县知县，规定析产卖业者，即使化整为零，也不能逃脱捐输。因此，按征粮统计，免于征税的额度达828两5钱4分3厘，应征的数额为7504两6钱，并将其写在了簿册上。但征收额度的多少，每年常常没有确定的标准。有时遇到饥荒、旱灾、水灾，藩司根据灾害轻重程度，平摊到丰收的县，以此减免受灾县份的赋税。但是县人戆直，不肯到官吏那里去活动游说，因此历年增派不止。起初，每粮银1两征市平银3两7钱9分9厘，岁计银2万8000两，此为常捐。光绪末年，把逐年递加的额度，汇为定额，曰新捐，岁计银又1万6000两。至此，每粮银1两征市平银5两9钱3分1厘，共计银44500两。光绪年间，督臣上奏增加文武学额，荣县学额12名，岁试增加4名，科试增加5名，这是都是捐输奉献给官府多才得到的。

征解之期：丁、条、粮二月开征，五月扫解；津贴十月开征，二月申解，秋季扫解；捐输十月开征，冬季预先解银16000两，从富有的绅士那里预支。

征解之费：丁、条、粮86000户，每户票钱12文，供给房书口食，平时结余1200两，解费等一切费用，从这里开支。光绪末年，赋税押送藩司后，津贴余银700多两，充作公费，不够的地方，由社仓局给补。捐输每粮银1两，加银9分5厘7毫，用作公费，剩下的储备起来，每年可存银800两，曰“捐输节存”。光绪末年，县里因有人留学日本，向学政申请学费。总督了解情况后，将历年所留存的经费押送到藩司，于是按照惯例予以减少，不足的部分，由三费局给补。

征解之责：丁、条、粮由户吏主管，津贴捐输各有局士。清朝末年，全都归经征局管辖。有滞纳的，由粮差扫数，叫作台垫。官府有定额利息，月计3分，而差役索取拖欠的赋税大概要花几个月时间，差役中的奸诈之人往往会加算数月的利息作为耗费。破产之人面临被囚禁的威胁，号啕大哭，即使向官府控诉，但浮粮、利息、耗资等皆是官员增加俸禄的来源，故官府并不会深究。杂税、井课如旧。

盐课：从光绪初年，盐商病殁，官府请求将其摊到人头上，每粮银1两，盐税羡截加价收市平银3钱。

其外田契、茶课、当课、铁税、肉厘、酒税、油捐、烟土之属，逐年有所增加。

田房税契银：9876两2钱4分。

茶课：咸丰元年（1851），商人领取腹引200张，每引课1钱2分5厘，税2钱5分，羡9分6厘，截1钱2分，凡为银118两6钱。随引照票20张，每票息银1两8分，共计耗银21两6钱。光绪二十六年（1900），每课银1两加三成，共计耗银35两5钱8分，每票息银1两零者加一成，共计耗银2两6钱1分。

当课：最初每铺银5两，光绪三十年（1904）加为50两，荣县两商征银100两。

铁税：始于光绪十七年（1891），年征库平银25两9钱2分，遇到闰年，增加4两3钱2分。

肉厘：岁解银6000多两。

酒税钱：2万9000多贯。

油捐：7000多贯。

烟土分行，始于宣统元年（1909），1两烟土纳钱8文，七成解送省里，约钱1000多贯，岁综银1

万6000多两，钱3万7000多贯。

从清朝初年至末年，其赋税的大体情况就是这样。

纳赋的时间安排是，二月开征，五月停忙，八月接征，十一月全部缴纳。闰年，每粮1石，增银4分3厘8毫6丝2忽8微8尘。用银子上交的，都采用市平。倾销亏折，故有敷平、火耗等名目，乡民不了解正业以外的事务，不敢到城里去，很少有人能到胥吏那里去核对，因此胥吏以多收、滥算为天职。至县里投诉的人，前有余占先、王开文，后有刘春棠。

最初，差役征粮，把粮柜放在萧曹庙，然后各自在城中旅店落脚。缴纳粮食的人如讨论粮价，听从差役的，则过于吃亏；不听从差役的，则打点耗费又太多，控告又未必能获得公正对待，于是只能吞声下气，希望得到些微通融。余占先是河口人，是童子启蒙老师，曾替其馆主缴纳粮食，因发现赋税征收不符合规定，向官府申诉，官府打了他一顿。余占先很愤怒，馆主出于道义资助他，他又向府一级衙门申诉，刚进城，跟踪他的人就到了，并把他锁拿回去，可以说是在众目睽睽之下，让他含冤入狱。过了很久，因有人担保才被释放。余占先被释放后，历经险阻，跑到京师上诉，诉状辗转交回四川总督处审理。当时的审定章程，其详情始终不为人知晓。但从此之后，粮柜被移到官衙厅堂旁边，由户吏管理，以为此不良之风可以有所消减。但户书主管粮柜，来得很晚，走得很早，栅门一步之距，缴粮之人人山人海，排在后面的人很难近前，有人便多出钱以托包户，有人则另外出钱贿赂。不这样的话，历时十天都不能完成缴纳。贫弱之人受害最甚，数分一钱之税，往往要付出缗钱数千才能完成缴纳，每年所费还没有定数。农人王开文颇有气魄和才干，对此很愤怒，向县衙申诉，县里不予理睬他便继续上诉。县衙跟踪他，把他抓起来示众，他便向百姓呼喊说：跟我情况一样的，请资助些钱财来。百姓纷纷扔钱，声如潮涌。县令非常害怕，这才抚慰并释放了他，纳粮的弊端才稍微得到了治理。

此后几十年又有刘春棠事件。光绪初年，刘春棠在凤鸣书院读书。他的朋友梁书安、吕瑞堂纳粮时被侵害，并遭到斥骂。梁、吕二人不服气，知县想以喧哗公堂的罪名惩罚他们，但听说他们是书院学生，只好作罢。百姓非常愤怒，集募资金发起诉讼，刘春棠为主讼人。当时距离余占先诉讼事件已经很久了。每次开征赋税时，书吏有一百多人，顾盼左右。除了正常的赋税外，还有房费、火耗、票钱、升尾等名目，缴粮者偶尔有异见，就会遭到责骂，畸零小粮，1厘征至钱200文。因此，刘春棠请求公布余占先案当时官府议定的制度，又以1厘征200文之票作为依据进呈知县。知县却推脱年代久远，事情已经无法核实了，之所以收取得多，也是一时疏忽所致。此事还未明了，恰逢有个叫戴龙恩的人，被津捐局的书办重复收费缴纳津捐，他上诉请求归还多收的钱财，局士没有答应。于是戴龙恩与刘春棠联合起来向省里申诉，并将粮、津、捐等弊端全部揭发出来。此后，刘春棠被拘押在省里，戴龙恩转到京师申诉。不久，户部下令交由四川审讯，第二年由按察使司判决。其章程铸为铁碑，大意云：

一、每粮银1两，无闰之年，共火耗加平加色一切，缴纳市平银1两4钱5分；遇到闰年，加银5分，每两完纳市平银1两5钱。

二、每粮银1钱，无闰之年，缴纳市平银1钱4分5厘；遇到闰年，缴纳市平银1钱5分，每正粮1分者，以此类推。

三、每粮一柱合算，共计缴纳正粮几两几钱几厘者，准津贴章程，以数毫升作1分合算。

倘一柱只有正粮1厘及数厘者，准以制钱缴纳。每厘正粮完纳制钱3文，如至1分者，不得以此推算。

四、每票取票钱12文，大小粮户一样，不得区分多少。

五、县里适用九八市平。其中，库平的大小，每每有很多争论，现在仿照捐输津贴章程，用局内砝码，较为准确，且公平允当。如有异议，允许和房书一起，到局里核对。

六、粮户有以制钱缴纳的，仿照津贴局牌定的当时的价格，根据银价的涨落来进行增减，随时变更。

七、开征后，每日晨时，在大堂设柜征收，申时才能停收，主管之人不得擅离职守，让粮户迟延等候。

这块碑立在城隍庙，百姓稍得其便，即使一些不法绅士与民众企图勾结胥吏想方设法藏匿这块碑，但最终还是有所忌惮。

二、中华民国

（一）农业税

民国时，丁、条、粮曰正税，津捐曰副税，经征局改征收局。每正税1两，共副税征银8两2钱，大体因袭清朝的旧例。民国3年（1914）将正税、副税分别计征的办法，改为正副合一计征，当时正税征银8333.14两，副税征银5.46万两，约6.5倍于正税。民国4年（1915），省里颁布法令，改征银两为银圆，每正税1两加银1圆8角，名叫“四川收回军票临时附加税”，每正税1两，征银16圆2角3仙2星，但都是根据每年情况予以征解的。7年（1918），军队往来频繁，开始有了预征制度。8年（1919），“收回军票附加税”被废止，每正税1两征银14圆4角3仙2星，共计征银11万760余圆。当时州县解款，驻防军队奉文划拨军饷，荣县每月给嘉定陈鸿范押解6000银圆。8年（1919）以后，陈鸿范被委任为局长，一年之中，没有过度征收赋税，而且赋税还多有拖欠，民国7年（1918）预征的税款也予以抵偿。14年（1925），驻扎东郊的陈鸿范军离开，正副税用尽，筹借银26万圆，给存印收，以正副税作为抵押。15年（1926），军主换人，赋税预征至民国18、19年了，而旧存印收只偿还了两成，后都成了废纸。16年（1927），赋税预征到了民国20年、21年。17年（1928），预征22年、23年之税。预征越多，隐藏粮食就越多。

起初，荣县有地保，雍正七年（1729），田民自首升科，界限没有区分清楚，乡分错杂，征收缴纳赋税很困难。乾隆十九年（1754），黄大本把24堡区分上下，分别隶属四乡，各立一长，清厘保甲。凡是有粮花户，则归入甲分，重编清册。民国时荣县的征收局粮册就是当时留下来的。凡是以此乡买彼乡业的，拨粮只能换名字，不能改变乡的归属。负责督促缴纳赋税的人叫地保，每月三日、八日验纳粮多少于官府，这叫作点卯。凡所辖粮户，他都很熟悉，因此浮粮只有52两7钱3分，著录在簿册之上。民国时，地保制度被废除，预征只向粮食大户收取，小户则从缓。原来登记于粮册上的名字都是依次排列，没有人能识别出田主的姓名，一种赋税还未收完，别的赋税又来了，辗转强征，百姓只能通过拖延闪转腾挪，团甲上报，仅得正粮6000多两，一二年间，积欠税额达65000圆。17年（1928）六月，向各保借款，大概用租谷出银，每石三四角，有多至1圆的。不久又预征，此前的借款抵偿两成，尚欠4万多银圆。知事、团保聚集商议，对纳粮之户，每银10圆摊加5圆，已缴纳的人需补交，没有缴纳的人一并征收，每正税1两为银21圆7角8仙2星，但隐藏粮食的人就能从中获利了。票由财政厅印给，民国时，每票8文。九年（1920），加钱40文，8文上交财政厅。15年（1926），改为8仙。17年（1928）有所减少，大粮每票收银4仙8星，小粮收银2仙4星，其分厘小粮，还抵不过票资的费用。

（二）工商税

民国时期的工商税，有直接税、间接税和地方税，是财政收入主要来源之一。征收办法有三种：由税务机关自征，委托基层代征，招商承包。征收之法常有变更，其中地方税的税制和征收办法变动较为频繁，先后征收的有屠宰税、碾磨、营业牌照、筵席娱乐、使用牌照、房捐、煤炭捐、灯捐、牙税、当贴、土地增值、证券存款所得税、茶类统税和各种附加等26种。税目繁多，货物税目就有1136个，印花税目有31个。

（三）杂税

旧者加额，无者继起。

油　厘　光绪三十四年（1908），奉文开办，每斤税4文。民国12年（1923），改征银4厘，隶属教育局、征收局，用笮来计算税额，每笮80斤。征收局征银3角2仙，叫正税；教育局征钱80，以32给所在学务，叫附加税。月有衰有旺，业户按笮分纳，岁综税2400圆。

糖　税　不设局，隶属威远。宣统元年（1909）下令征税，产出很少。民国5年（1916），税额开始固定下来，每斤4文，相关产业零散而不成规模，难以清理，放弃又觉得可惜，于是招募地头蛇来承担相关工作。岁纳银800圆，分别向各户征收，纳局之外多余的钱款，全部归催收之人。14年（1925），糖税局派遣人员驻扎镇紫镇，根据簿册征税，以礶蔗之滚为计算单位，滚日征银1圆8角或2圆，取簿开滚，赋税根据天数缴纳，天数由委员自行书写，如果不这样的话，审察的人就会太多，因此，实际数字没有人知道。

契　税　顺治四年（1647），藩司颁给制契尾，以杜绝偷税漏税。但是知县的养廉银也来自契尾，没有印尾而征税的情况有很多。朝廷知道其中的弊端，多次商议征提，却未能推行，只是契税每年都有押解的数额，且渐次增加。清末时，荣县契税解银9876两2钱4分，剩余部分都归县令支配。谚语说“不贪不滥，年三万”，靠的就是这笔收入。凡是县令卸任，一定会减少征税，这叫放炮税。荣县购买产业，折价投契，每契价1贯作银1两，征银4分8厘，也有减到3分6厘的情况。宣统元年（1909），州县官确定以公费设立经征局来统筹此事，县官的契税之利就被夺走了，但并未给百姓增加负担。民国2年（1913）定验契费，下令凡是民间陈契分券都需呈验，每纸取费1元2角，以一年为期，逾期者取2元4角作为惩罚。旧契验定完毕，在新的契税中寻找能够与之相对应的。分田房价为大小契，银120圆、钱500缗以上叫大契，税费为4圆4角，这个标准以下叫小契，税费为1圆2角。由县署押解财政厅，也叫验契费。其中进入征收局的，每纸1圆5角5仙，叫作官契；每缗68文，叫正税。据说岁入银13000圆。其中，地方附加的叫契底、中资捐、公告费。契底，即宋代的头子钱，教育局、团练局、收支所都有这笔钱，荣县以 994 文为 1 贯，6 文叫贯底。光绪年间，每业价 1 贯，取钱 6 文。清末时，增加到 16 文。民国仍然依照此前的旧例征收。民国 4 年（1915），议参会经费附加钱 20 文。5 年（1916），省里下令每贯加钱 20 文作为团练费。教育局每贯 4 文，团练局 20 文，收支所 30 文，都是之前的标准。凡是田房买卖，中间人都有酬劳，叫中资。民国 3 年（1914），省里筹集学费，下令征收，标准为契价的 1%。11 年（1922），又加征到 2%。不久，又以游学贷费，加收 5‰。17 年（1928），教育厅又加费 2‰，每契价百元，征银 3 圆 7 角。多少准之，措注皆由教育局。凡买田房者，请县署公告，以防蒙卖，杜轇轕，立文如是，讫无请者，而投契则此为先务。民国 7 年（1918），省令百分取一，以给蚕务。16 年（1927），又加 5‰，每契价 1 圆征 1 仙 5 星，钱 100 缗征 1 缗 500。大体买价百缗者输 20 余缗，而印花、书契、拨粮、胥吏等费用不预其中。

肉　厘　同治初年，每猪钱 200 文，入三费局，这是征收肉税的开始。民国时，每猪递加至 2500 文。教育局、收支所、团练局、城区团务、城区学务共五所，各以固定比例分配。其数额多少以国税为依据，承税者给之，不是根据具体数量进行征收。光绪二十七年（1901）庚子赔款，每猪征钱 200 文，这是征收国税的开始。宣统二年（1910），每猪加钱 200 文，用以抵扣土地税。民国改征银 5 角。民国 13 年（1924），防军划给学务。成都另外设立教育收支处来管理，收支处招募百姓占纳。荣县每年占 44000 头猪，共收税 22000 圆；第二年，降为 32000 头猪，共收税 16000 圆。17 年（1928），军主征募，承办之人观望不前，于是仍然按照以前的惯例。企图以多杀牲口来牟利，这不是仁者该做的事。

酒　税　宣统二年（1910）开始征缴，供给北洋新军作为军费。荣县设立酒税局，由士绅主管，每斤税 4 文，每年产酒 600 万斤，卖钱大约 24000 缗。民国时，成都委员专管此事，叫烟酒公卖局。后来，由当地防军主管，每斤征银 2 角 5 仙。因防军稽察烦扰，歇业者很多，以致连正税都难以收齐。于是招募酿酒之家，预定酿具酿次，向酒税局承担酒税，如数缴纳，每年产酒达 300 万斤，总计征银 30000 圆。16 年（1927），招募百姓占纳，征银 29000 圆。17 年（1928），征银 31400 圆，每月征收有多有少，每酿需要粟米 7 斗，衰月纳银 2 圆 5 角，旺月纳银 2 圆 7 角 5 仙。但不时有战事，也会进行预征，跟正副税的情况一样。

印　花　凡券契字据都要粘贴。起初，成都有印花税处，遵领者很少。15 年（1926），军主颁发，每月征银 100 圆。不久，修改旧制，每月征银 1500 圆，知事黄维义请求减为每月 500 圆。16 年（1927），于 600 圆外，颁租买印花，叫“特别印花”，征银 6 万圆。17 年（1928）叫“陆字印花”，每月征银 100 圆。其纸有分、角、圆的面值，以银价为准，分为钱百，黏率以角，取钱 1 缗，印花数额根据银钱数量设等，强行摊派给平民，也不管是否合适。

灯　捐　民国时，烟禁废弃懈怠。14 年（1925），各区将灯捐充作公费，不久就移交给防军管辖。一二年间，每年征银 30000 圆。

荣县赋税总计 23 万至 24 万圆之间，但不包括预征与非常规的征税。名义上说是为了国计民生，由官府向百姓收取，实际都假公济私，因此，赋税繁重而苛刻，岁无宁日。又加上币制恶滥，物价昂贵，百姓难以忍受。清代用银以两为计量单位，民国 4 年（1915）下令改用圆来计算，每两折银 1 圆 6 角。民国时，以纸币代替银圆，其后纸币价格跌落，于是政府下令缴纳赋税时，银圆和纸币各占一半。8 年（1919），督军熊克武定赋税银占七成、券占三成，券截角解送省里，第二年才用完。当时荣县用制钱，大钱还很少，为了旅途方便，有用制钱110文来换取大钱100文的。民国11年至12年间，镕毁制钱的情况越来越严重，奸民用大钱200文买制钱100文以牟利，而制钱就越来越少了。零售小生意支付找零不便，于是县人制作了五文纸券。而纸券容易损毁，于是改铸锡钱，以一当五。14年（1925），商议制钱以一当五，铸造不佳者以一当二，仍然有拣买之人。16年（1927），又商议制钱以一当十，市面上便没有制钱的踪迹了。

第三节　财政支出

一、支应数额

（一）乾隆《志》所载

1. 春秋二祭祭祀银

文庙及山川、社稷各坛祠，原编银48两。康熙十一年（1672），根据朝廷公文酌情削减。后请给祭祀银16两，在条银内支取，到藩库领取。康熙五十年（1711），根据朝廷公文，于本县地丁内扣支。雍正九年（1731），商议增加文庙祭祀银12两，社稷、山川各坛每坛增银2两，共计耗银80两，到藩库领取。

武庙素来没有专门的祭祀，雍正五年（1727），为知会事案内额定春秋二祭银16两，于本县地丁银内扣支。

先农坛，每年奉部择期致祭，即以上年所收籍田谷，变价办祭，剩下的粮食贮藏到官仓中，报明充公。

文昌祠、忠孝节义祠，统一在文庙内分祭。乾隆八年（1743）十月，内奉文为咨覆事案内，文、武两庙春秋二祭银32两，通融拨银2两，以为致祭厉坛的费用。每年分春、秋、冬三次备祭。每年春、秋的两祭，拨银6钱6分6厘，还剩下2厘，冬祭给发银6钱6分8厘，以符合额款。

2. 俸银

本县知县旧额，每年支出俸银27两4钱9分，薪银36两，心红纸张银20两，油烛银10两，伞扇银2两。顺治十三年（1656），为钱粮入不敷出等事案内，将薪、伞扇减作银17两5钱1分，添入俸银内，照满洲笔帖式哈方例，算给俸银45两，其他的补贴全部裁撤。此后，多有增减。康熙二十一年（1682）四月，内奉恩诏一款内开，在外文官俸银照旧支给，实支全俸银45两，现在仍然照此办理。

本县县丞一员，于雍正八年（1730）五月内为知照事案内添设，分驻贡井，每年俸银40两。

本县教官，旧额二员，每年给俸银19两5钱2分，薪银12两。顺治十三年（1656），根据朝廷公文，不再派给柴薪皂隶，总算给俸银31两5钱2分。雍正七年（1729）十一月内奉文，将训导一员分拨威远县管理学务，每员食分俸银15两7钱6分，到藩库领取。当今皇上登基之初，将教官加给品级，各得一俸。本县教谕一员，俸银40两，在地丁银内扣支。

本县典史，旧额俸银19两5钱2分，薪银12两。顺治十三年（1656）奉文，不再派给柴薪皂隶，总算给俸银31两5钱2分，现在仍然照此办理。

3. 饩粮银

本县旧额，进学6名、廪生20名，每名每年支饩粮银9两6钱，遇到闰年，加银8钱。康熙二十四年（1685），根据朝廷公文，为圣治当重熙等事案内，廪生饩粮量给三分之一，每名给银3两2钱，闰银也照此递减。雍正七年（1729），根据朝廷公文，将十名廪生分拨威远县，本县十名廪生共给饩粮银32两，遇到闰年，共给银34两6钱6分6厘。

4. 工食银

本县衙役，旧额103名。因钱粮入不敷出，只招募了37名，每名每年给工食银7两2钱。顺治十三年（1656），为钱粮入不敷出等事案内，每名裁留银6两。康熙七年（1668），根据朝廷公文，在请旨酌省存留钱粮事案内，仍旧招募37名，因钱粮入不敷出，每名每年摊支2个月零9日，工食银1两1钱5分。内门子2名、皂隶16名、马快8名、灯夫4名、轿伞夫7名，每年支出工食银42两5钱5分。内增仵作1名，参照皂隶工食标准。康熙五十七年（1718），为恳请援复旧例等事案内，每名加增银4两8钱5分，每年给工食银6两。雍正五年（1727），为敬陈管见事案内，裁撤灯夫4名。乾隆二年（1737），根据朝廷公文，为就近相验事案内，裁撤皂隶2名，工食支给仵作。实际共有衙役30名，每年支银180两。

本县旧额，有民壮20名，每名每年支出工食银6两。雍正十三年（1735），为节省无益之钱粮等事案内，裁留民壮16名，每名除支工食外，加增器械银2两。乾隆五年（1740），于敬陈管见事案内，裁留民壮8名，每年共给工食银48两、器械银16两。

本县旧额，禁子4名，每名每年支出工食银7两2钱。顺治十三年（1656），为钱粮入不敷出等事案内，每名裁留银6两，因钱粮入不敷出，由本县自行负担。雍正九年（1731），为知会事案内，添设禁卒10名、更夫8名，共18名，每年支出工食银108两。又于雍正十一年（1733），为遵旨据实奏明事案内，添设捕役4名，每名每年支出工食银6两，共计耗银24两。又于雍正九年（1731），为遵旨详议事案内，设立斗级1名、仓夫2名，每名每年支出工食银6两，共计耗银18两。

本县旧额，仵作1名，参照皂隶工食标准。乾隆二年（1737），添设仵作1名，每名每年支出银6两，添设学习仵作2名，每名每年支出银3两，共计耗银18两，将扣除皂隶工食支给。

本县县丞，额设衙役10名，内门子1名、皂隶4名、快手4名、马夫1名。每名每年支出工食银6两，共计耗银60两。乾隆二年（1737），根据朝廷公文，为就近相验事案内，裁撤皂隶2名，其工食用来添设仵作。旧设民壮6名，现在予以裁撤。外设巡盐役14名，每名岁给工食银6两，共计耗银84两，在盐羡银内支给。

本县教谕，旧额衙役13名，因钱粮不敷，只招募门斗2名、膳夫2名，现在仍然遵循旧例。历年增减工食与县案同。共支出工食银24两。

本县典史，旧额衙役6名，内门子1名、皂隶4名、马夫1名，现在仍然遵循旧例。历年增减工食亦与县案同。共支出工食银36两。旧设民壮4名，现在裁撤。

本县自康熙五十八年（1719）设置铺递24铺，每铺设司兵各1名。雍正五年（1727），根据朝廷公文进行裁留，自县城底塘起，东至富顺，设立观音铺、石坑铺、龙滩铺、硚头铺、赖远铺共5处；西至犍为，设立白石铺、铁厂铺、老君铺、啸天龙铺、踏紫山铺、来牟铺、竹园铺共7处，每铺司、兵数量根据规定的额度派遣。雍正六年（1728），根据朝廷公文，予以裁撤，往来公文由差役递送。乾隆元年（1736），根据朝廷公文又重新设立，西路裁去老君铺，东路改设高山铺、界牌铺，其余的都予以裁撤。现存 8 铺，共有铺司、铺兵 16 名，每名每年支出工食银 6 两，共计耗银 96 两，遇到闰年，支银 104 两。原来设立的铺递名目，详见建置条内。

乾隆《志》按：以上俱系地丁银内支留，其耗羡银两素来是用于补贴县官的。一切费用，只要有事，则按田亩数加派，滋生的弊端确实很多。雍正年间，设立养廉银以给官用，耗羡归公。知县养廉银 600 两，县丞养廉银 120 两，典史养廉银 80 两，剩下的部分押解到藩库上交。

（二）嘉庆《志》所载

1. 春秋二祭

文庙及山川、社稷各坛祠祭祀银 16 两。又续增武庙春秋祭祀银 16 两，内酌拨银 2 两致祭厉坛。

2. 县

廪生原额 10 名，每名每年支出饩粮银 3 两 2 钱，共计耗银 32 两，遇闰年，每名加银 2 钱 6 分 6 厘 6 毫 6 丝 6 忽 6 微 6 尘 4 纤。

本县知县 1 员，每年俸银 45 两。设置定员：衙役 30 名，内门子 2 名、皂隶 13 名、马快 8 名、轿伞扇夫 7 名，每名每年支出工食银 6 两，共计耗银 180 两。又改设仵作 2 名，每名每年支出工食银 6 两，随学仵作 2 名，每名每年支出工食银 3 两，共计耗银 18 两。又设立民壮 8 名，每名每年支出工食银 8 两，共计耗银 64 两。设置定员：禁卒 10 名、更夫 8 名，共 18 名，每名每年支出工食银 6 两，共计耗银 108 两。又添设捕役 4 名，每名每年支出工食银 6 两，共计耗银 24 两。又设立斗级 1 名、仓夫 2 名，每名每年支出工食银 6 两，共 18 两。又设立县属底塘铺、高山、界牌、白石、铁厂、啸天龙、踏紫山、竹园共 8 铺，共设铺司、铺兵 16 名，每名每月给工食银 5 钱，共计耗银 96 两，遇到闰年，按照相关数额予以增加。

本县县丞 1 员，每年额定俸银 40 两。设置定员：衙役 8 名，内门子 1 名、皂隶 3 名、快手 3 名、马夫 1 名，每名每年支出工食银 6 两，共计耗银 48 两。又改设仵作 1 名，每年支工食银 6 两，随学仵作 2 名，每名每年支出工食银 3 两，共计耗银 12 两。

本县典史 1 员，每年额定俸银 31 两 5 钱 2 分。额设衙役 6 名，内门子 1 名、皂隶 4 名、马夫 1 名，每名每年支出工食银 6 两，共计耗银 36 两。

本县教官 1 员，每年额定俸银 40 两。设置定员：门斗 2 名、膳夫 2 名，每名每年支出工食银 6 两，共计耗银 24 两。

孤苦贫寒之人的口粮向来属于留支经费范畴，嘉庆十年（1805），根据朝廷公文，呈文申请领取发放，每年没有固定的额度。

以上祭祀、官俸、饩粮，每年共计支银 220 两 5 钱 2 分；衙役、民壮、禁卒、更夫、仵作、捕役、斗级、仓夫、铺司，每年支出工食口粮共计耗银 628 两。乾隆五十二年（1787），钦奉谕旨，应支各款随时按照季节呈文申请领取，由相关部门核实后发放；至于铺司银两，由按察司移领支给，都在年底造册奏销。嘉庆三年（1798），根据朝廷公文，除道府养廉银由相关部门核实后发放外，其余均从县里扣支，年底造册报销。

（三）光绪《志》所载

1. **春秋二祭**

圣庙及文昌宫，每季祭祀银共22两；关帝庙及社稷坛、神祇坛，每季祭祀银共11两。

2. **县**

本县廪生10名，每名每年支出饩银3两2钱，遇到闰年，各加银2钱6分6厘6毫6丝6忽6微6尘4纤。

县衙役30名，全年工食银180两。嘉庆二十四年（1819），根据朝廷公文，每两扣银2钱，共扣银36两，实发银144两。道光二十四年（1844），根据朝廷公文，每两扣减平银6分，共扣银8两6钱4分，实发银135两3钱6分。以一半折旧炉钱67千680文，以一半折九九赏番钱67千3文。

民壮8名，全年工食银64两。嘉庆二十四年（1819），根据朝廷公文，每两扣银2钱，共扣银12两8钱，实发银51两2钱。道光二十四年（1844），根据朝廷公文，每两扣减平银6分，共扣银3两7分2厘，实发银48两1钱2分8厘，以一半折旧炉钱24千64文，以一半折九九赏番钱23千820文。

禁卒10名，每名全年工食银6两。每两扣平银6分，各应领银5两6钱4分，每两折钱1000文，以一半折钱全发，以一半照九九例折钱2791文，各应领钱5600文。

更夫8名，每名全年工食银6两。每两扣平银6分，各领银5两6钱4分，每两折钱1000文，以一半折钱全发，以一半照九九例折钱2791文，各应领钱5600文。

捕役4名，每名全年工食银6两。每两扣平银6分，各领银5两6钱4分，每两折钱1000文，以一半折钱全发，以一半照九九例折钱2791文，各应领钱5600文。

经制仵作2名，每名全年工食银6两。每两扣平银6分，各领银5两6钱4分，每两折钱1000文，以一半折钱全发，以一半照九九例折钱2791文，各应领钱5600文。

学习仵作2名，每名全年工食银3两。每两扣平银6分，各领银2两8钱2分，每两折钱1000文，以一半折钱全发，以一半照九九例折钱1395文，各应领钱2800文。

常平仓仓夫2名、斗级1名，每名全年工食银6两。每两扣平银6分，各领银5两6钱4分，共16两9钱2分。

底塘、高山铺二塘铺司、铺兵4名，每名全年工食银6两。每两扣平银6分，各领银5两6钱4分，共22两5钱6分，遇到闰年，相应增加。

县丞衙役8名，全年工食银48两。道光二十四年（1844），根据公文，每两扣平银6分，共扣银2两8钱8分，实发银45两1钱2分，以一半折旧炉钱22千560文，以一半折九九赏番钱22千334文。

教谕门役4名，全年工食银24两。每两扣平银6分，共扣平银1两4钱4分，实发银22两5钱6分。

典史衙役6名，全年工食银36两。每两扣平银6分，共扣平银2两1钱6分，实发银33两8钱4分。

二、支应机构

清初，官吏、皂隶、廪饩、铺递、典祀之费，每年从赋税中领取。有其他事项，就按亩平均征收赋税，百姓相当贫困。清中叶，政务繁兴，财富开始增多，而各种事务依靠官府治理，都由属吏具体执行。吏、户、礼、兵、刑、工六部门被称为“房”，赋税收支按照类别分属六房管理。咸丰以后，筹饷、善后蠲振等事务，不是书吏所能办理的，就委派给士绅，于是局、所相继而起。其中，已经裁撤的部门，如平粜局、租股局、捐输局、津贴局之类，不再详细记录。现在把其中与会计相关的部门记录下来，记载其混乱的状况，从而得见全县财政宽裕或困窘的缘由。

收支所　最初名为三费局、社仓局。所谓三费，即相验、缉捕、招解等三种费用，原来取自罪犯，而罪犯中富裕的人不多，于是向邻里摊派，近者叫“血地邻”，远而签者叫“飞邻”。官府文书早上送达，追捕晚上就到了，老幼骚动，鸡犬惊扰。同治初年，总督下文兴办三费局。荣县仿照仁寿县征肉厘，每猪钱200文，每月得钱300余贯，支给以章程依据，盈余用来购买产业。清末，每年进租谷149石，每猪减为100文。民国时，招解费已不存在，相验费归入知事公费，只有缉捕及囚粮、医药、守役、棺埋之属仍然照旧，其方法已经简化，而省里以其费作为司法经费。民国元年（1912），下令各州县上表呈报，因按实际复核的少，于是下令妥善保存了事，每月补助县署司法费银260余圆。战事兴起后，犯法的人很多，囚犯口粮的缺口越来越大，不得已，商议加案费、状纸费来周转。起初，民事各出钱2贯500文，叫案费，刑事免征。至此，民事各出钱4贯，刑事也照此标准，只有杀盗案免征。状纸，民事附加钱200文，刑事附加钱160文。民国3年（1914），省里下令征收局接管三费田土房屋，以合川知事请求按照旧制执行却没有成功。5年（1916），费用仍然不足，又在案费外加油烛钱1贯，覆讯400文，诉讼双方标准一致，县署司法费减为每月支钱300贯。11年（1922），知事王铭新革除了差役，设立司法警察，每年用钱1万余贯；自贡设立审检分厅，每月解银40圆。12年（1923），状纸费加倍征收。14年（1925），县署司法费又有所增加，为每月120圆。15年（1926），司法警察被废除，缺口仍然很大，都从社仓里补充。三费的名称叫代办官费处，因其收解状纸等费用而得名。

社仓没有专项用途。光绪年间，每年进租谷500余石，兼收取6万石一年的利息，或增广仓廒，或购买产业，凡是不时之需，都从中开支，十余年间，官员和百姓都安定太平。清末，新政繁兴，经费方面取一方以补另一方的情况很多。民国时，改为地方自治经费收支所，将三费局、同善局合并，社仓就名不副实了。4年（1915），改为经费局，其地方附加厘税，由征收局收取，而征收局则在暗中使用。5年（1916），社仓仍归经费局管理。7年（1918），军人卖掉社仓一大半粮食，利润收入开始减少。但是数年之间，地方无事，加之谷价越来越贵，便予以妥善保存，以便等待较好的时机出手。12年（1923），改为地方税收支所，交替之际，存银1700余圆、钱5450余贯、租谷1030余石、息谷京斗130余石、仓息1万余贯，元气可以说恢复了。14年（1925），联军之役，荣县为军事要冲，因战事而设立军粮交易所、交涉处、特别费、招待费、地步哨，共用钱13080余贯、银1570余圆，损失报银1190余圆、钱8770余贯。但常规费用有确定的支出项，不能削减，当所办事务经费紧张时，大多都通过借贷的方式解决，等到秋收后偿还，所以差不多到五月时，新谷还未收获就已经被预先卖出了。

同善局 之前叫济贫局。嘉庆二十三年（1818），宫鉴桂捐出养廉银，招募人手，设立普济堂、养济院二所，以赡养孤儿、老人以及残废、患病、穷困的百姓。普济堂有孤贫 60 名，大月各给钱 420 文，小月各给钱 406 文；养济院有孤贫 42 名，月各给钱 400 文。因病去世后，公示验补。产业分布在两个地区，分别是瘦冲、程家大冲。每年收入租谷 36 石，租钱 406 贯 500 文，由公房出纳。而书吏本性贪婪，勾结贪墨，于是光绪元年（1875）移归三费局管辖，另立簿册记录收支，以便管理。徐传善到任后，又筹措养育婴儿、抚恤寡妇的经费，下令征收契底税。罗汉洞寺僧人违法，于是没收了他们的产业，当时命名为同善局，但只开了一个头，没有最终办成。十年（1884），唐选皋出任荣县知县，详细制定了育婴恤寡的办法，使同善局脱离三费局而独立，每猪征钱 100 文，契底每价 1 贯钱 6 文，历年之间在 20 多个区域购置产业，曰晏家庙、石凤山、过街楼、宋家冲、龙宝塘、磨石荡、雷打山、秧子沟、滥包冲、石板田、漆匠湾、柞林、塘角、白果冲、温家冲、刘家嘴、陈家坡、蛮洞、黄葛洞、笔管冲、观音岩、新屋基、东门桥、桥头铺。共收租谷 481 石，钱 680 余贯。有寡妇 50 名，每月给钱 500 文；无父母的婴孩 48 名，每月给钱 800 文；有父母的婴孩 90 名，每月给钱 500 文；贞女 4 名，每月给钱 600 文。赡养的范围以县城百姓为限，各保也有育婴经费。其养济、普济跟旧时一样。当时米斗钱数百，生养都很宽裕，但利润收入有限，因此各额度仅有数十名，也有申报了很久而不能增加的情况。现在谷物贵了十倍，名额有所增多，有寡妇百余名、婴孩有父母者百余名、无父母者百数十名，养济堂、普济院有 300 余名，议者想减少名额、增加钱数，但名单上的都是同等的穷人，去取两难，因此照旧执行。初附收支所，光绪九年（1883），县人认为做善事的经费不应当被别的经费牵制，争取经费独立，故立同善局。十一年（1885），租谷增加为 539 石 9 斗，钱 890 余贯，佃稳 14300 余贯。

团练局 咸丰时，爆发李、蓝之乱，县城设守望局，叛乱平息后就撤销了。光绪二十四年（1898），唐选皋在火神庙设立团练局，荣县常设团练从此开始。有丁 40 名，冬天治安防卫，后又增加 20 名。二十八年（1902），犍为拳匪进入境内，丁增加到 100 余名，事定遂裁。最初，各保摊派丁助费，每猪加征厘税 200 文，储存在三费局。第二年，在三个区域购买产业，曰茄家堰、蛮洞山、干柏场，收租谷 61 石、钱 76 贯，兼每年得肉厘钱三四千贯，团练才有了基本的保障。每年用钱六千数百贯，当时匪患很少，团丁通常担任护送职责，局士主管此事。民国时，改为警备队，隶属于官。4 年（1915），省里下令田房税契每贯加钱 20 文，作为团练费，却未成功。4 年（1915），增租谷至 78 石，钱 90 余贯，年计 2 万余贯。6 年（1917），匪患猖獗，县人请求设立团练局，从警备队拨给一半的器械和人员，以队长作为练长，根据省令征费，团练又得以恢复。8 年（1919），省里颁发新的团练章程，局长由总局委任，分划防区，于是隶属军队，以肉厘税底租息作为收入。13 年（1924），移交之际，存银 1690 余圆、钱 21400 余贯，虽税收有衰旺之别，但也应当尽力节约和经营。14 年（1925），损失报银 450 余圆、钱 1980 余贯、枪 24 支。而军人减税，地方附加税停止，以前留下的经费快要用尽，团练局几乎难以支持。15 年（1926），商议增加租谷捐，统一管理收支，扩大团练。16 年（1927），欲附加田粮，最终因意见不一而被搁置。大概是当时统领军队只需靠空话，抵御盗匪在于团而不在练，因此仍然承袭旧制，常设团练仅 20 余人而已。

教育局 起初为学田膏火。所谓的膏火，就是士子的学校之费，由工房、礼房主管。同治末年，工房所管理的产业分布在十二个区域：桂林山、滥扶冲、郝家坝、白蜡嘴、莲花场、来葵湾、王家坝、虎岩、高笋冲、高脚楼、游家山、江家山。收租谷 30 石 3 斗，银 260 余两，钱 520 余贯。礼房所管理的产业分布在六个区域：大石匣、花金纪、油笮冲、一儋丘、河坝、汪家滩，收租钱 420 余贯。而书吏贪墨，日渐短亏。同治十年（1871），把工房所管辖的膏火费移交三费局。光绪三年（1877），礼房也如此办理，所支出的书院义学月课等费用，每年计银 380 余两、钱 949 贯。所谓学田，是以其地租收入供学校、书院用费的田地。最初，按照惯例，入学覆试由学官判卷，然后根据考生家庭贫富情况收取费用，所收之费叫院费。富裕家庭有的收百金，贫困家庭也要收二三十两，甚至有寒微之士终身负债的情况。唐选皋担任荣县知县后，首先建立了同善局；其次把院费改由学田承担，由三费局、社仓局代办，不再设置局士。当时地价很便宜，数年之间购买的产业分布在 20 多个区域：熊家岩、蛮洞湾、龟山、瓦陶湾、张干冲、宋家冲、张家湾、鱼塘、石坛、李家湾、登甲堰、牛鼻桥、沙田坝、竹新屋基、沥水坝、瓦陶嘴、桃屋基、碾子湾、斑竹林、团山堡、糖房坝、房儿湾、梯子冲、铸铧冲、新屋基、黄花寺、袁家坝。总计收租谷 500 余石，银 30 余两，钱 1200 余贯。学官每月由局给银 32 两、钱 8 贯。入学时，只需要缴纳贽银 4 两，士子感到很便利。科举废除后，改为劝学所，学田、膏火都归其管理，杂征如油淀、牛羊马皮捐、斗秤、牙行、代当等类别，每年收入不超过千余贯。当时只有高小校一所，每年用度在八九千贯之间。

民国以后，谷价虽然昂贵，但中校、模范小学、女校、师范校相继兴起。11 年（1922），增加中资捐千分之五，约得钱 5000 贯，而省令有统一规定，教员薪俸，经费加钱 3000 贯。视学离职，又追加高小校、女校、模范校四千数百贯，共增 8000 余贯。一二年间，递加租捐、稳捐，又冬腊卖谷，按时价而获利，以填补经费不足。14 年（1925），教育局及各校薪俸，改钱为银，但当时干旱，闹灾荒，租入短少，团练费移用银 7000 余圆，损失报银 160 余圆，钱 1700 余贯，到冬天又谷物耗尽。15 年（1926），加征肉厘，每猪加钱 200 文，又加佃稳数千贯。夏天，以借贷度日，希望到秋收时能予归还。秋谷已经用尽，于是用租谷 225 石，质押银圆 5000 圆，负债共 7000 余圆，人们担忧这样下去教育局可能会破产。冬月，张鸿仑主管教育局，5000 圆之利减为谷 150 石。16 年（1927），增加学费，省去不实用度，附加肉厘，偿还了 4000 银圆。17 年（1928），偿还了 1200 银圆，所欠债务只剩 2000 余圆，而现谷还存有数百石，总计收到租谷 878 石 9 斗、钱 987 贯、稳 12135 贯。

实业局　光绪三十一年（1905），朱国琛创立蚕桑学堂，征取斗厘，每年用度不过 2000 贯。宣统元年（1909），周善培担任劝业道，在成都设立蚕桑传习所，于是州县设有蚕业公社。民国时，改叫蚕务局。每业价 1 贯，分契底钱 3 文，年入钱二千数百贯。7 年（1918），省加公告费，于业价百分取一，荣县契税一年以一百四五十万计算，可得钱一万四五千贯。8 年（1919），劝工局隶属于它，改为实业所，所产出的大概是巾袜、斑布、草鞋之类。14 年（1925），省里设立了实业厅。16 年（1927），加公告费 5‰，契底由收支所划给，自负盈亏，跟其他局比起来，相对是比较宽裕的。

凡此诸局，都是光绪年间荣县知县唐选皋努力的结果，县人从中获利长达近 30 年时间。此后，经民国 7 年（1918）的军事行动和 14 年（1925）的联军之役后，除实业局、同善局外，其余诸局收支失衡，都处在拮据之中。结算进出账，十六年收支所入银 154300 圆，支出 188200 圆；团练局入银 3400 圆，支出 5000 圆；教育局入银 12000 圆，支出 15000 圆。

第四节 物 价

清初，银与钱等值，钱10文兑换银1分，此为标准。咸丰年间爆发李、蓝之乱，银价增贵，叛乱平息后恢复常态。同治年间，每银1两值钱1100至1200文。清末，每银1两值钱1500至1600文。民国以后，旧钱销毁，大钱旁出不一。当20文面额的铜币不够用了，就发行当50文面额的；当50文的铜币不够用了，就发行当100文面额的；当100文的铜币不够用了，就发行当200文面额的；当200文的铜币还不够用，就把当50文的旧币进行镕铸，即人称“小二百”的铜币，该币不久在市面上大量充斥。私铸钱币越来越多，货币更加混乱，银币物价更加昂贵。最初，银用一圆、半圆，零散的很少。13年（1924），广东银角输入，一角叫单角，二角叫双角，防军赋税限用大圆，但商业零散而衰微，多以钱为单位进行计算。大圆流入少，于是下令银角与大圆并用，其价值有差异，大圆值钱8缗多，银角大概要少1缗。

光绪年间，米价很便宜，虽然光绪十年（1884）、十一年（1885）连年歉收，但米1斗仅值1500文，百姓非常忧愁。民国7年（1918），军队换防频繁，米1斗值钱5缗，百姓也还是高兴不起来。从此以后，每斗值钱二三缗的情况持续了数年。14年（1925），西北天旱歉收，军队开支达数十万，米1斗值钱十八九缗。灾事平息后，斗半价也有十余缗之多。

田地不以亩为单位，而以通俗的说法叫“挑”或“石”。大概5石相当于1亩，石计谷4斗，斗计米40斤。买田论挑，租称石，利率都是一样的。光绪年间，田地和谷物都很便宜，上等田百挑1000余贯，中等田1000贯，下等田数百贯，房地附之。当时，有田难卖，常常有人到官府诉讼，这叫买卖案。民国以后，出卖土地的很少，但买家很多，因此田价越来越贵。上等田百挑一万五六千缗，中等田一万二三千缗，下等田一万缗。但赋税繁多，团练费加重后，买的人就越来越少了。

地主和佃户分利，百挑谷计40石，通常各占一半。但田有肥沃和贫瘠之分，因此，地主和佃户的分配比例也据此调整：上等田，地主得十分之七；中等田，地主得十分之六；只有下等田，地主和佃户各占一半。不需要施肥就能收获的，叫上等田；较少施肥而能收获的，叫中等田；不施肥则不能收获的，叫下等田。上等田百挑大概寄稳1000贯，中等田600贯，下等田200至300贯，其载粮中者3钱多。土也分上、中、下，租叫干租。上土出粟1石的，地主入租约20贯；中土，地主入租一半；下土，存在不收租的情况。其价钱为40贯的，是按照谷1石为标准。但是房土零散卖的情况比较少，因它们都附在田产上，买时不单独议价。有特别好的房土只能由买家据自身意愿酌情加价。城市店房利率3厘。

第五节 蠲 政

康熙二十五年（1686）奉上谕，对二十六年（1687）应征收的地丁各项钱粮都予以免除，对二十五年（1686）还没有纳完之钱粮也全部予以免除。三十二年（1693）奉上谕，对三十三年（1694）应征收的地丁银米全部予以免除。四十二年（1703）奉恩诏，对四十三年（1704）应征收的地丁之各项钱粮，全部予以免除。四十九年（1710）奉恩诏，对五十年（1711）应征收的地亩银、历年旧欠等全部免征。

雍正七年（1729）闰七月奉上谕，对雍正八年（1730）额定应征收的地丁银两全部予以免除。

乾隆十一年（1746）奉上谕，对应征收的地丁钱粮全部予以免除。十三年（1748）奉上谕，对应征收的地丁钱粮下令缓征。三十一年（1766）奉上谕，则全部免除。三十五年（1770），恭逢皇上六十寿诞，次年恭逢皇太后八十寿诞，下令直隶及各省免征税粮。三十六年（1771），皇太后八十寿诞，奉上谕，将应征收的地丁钱粮全部免除，对所有火耗银两全部缓征。三十七年（1772）奉上谕，对额定应征收的地丁钱粮酌情免除。三十九年（1774）奉上谕，酌情免除。又奉上谕，对四十年（1775）额定应征收的地丁钱粮适当缓征。四十一年（1776）奉上谕，对额定应当征收的地丁钱粮分别酌情免除。四十二年（1777），圣母皇太后去世，皇上为推广慈仁，以寄托人子对母亲的无尽哀思，特下谕旨，对额定应征收的地丁钱粮全部予以免除，自乾隆四十三年（1778）开始，分年予以免除。四十三年（1778）恩诏，对额定征收的正闰银全部予以免除。五十五年（1790）恩诏，对额定征收的正闰银全部予以免除。六十年（1795）钦奉恩诏，减免十分之一额定征收的地丁钱粮。

嘉庆元年（1796）恩诏，钱粮全部免除。七年（1802），奉上谕减免十分之三额定征收的地丁钱粮。八年（1803），奏奉谕旨减免十分之三额定征收的地丁钱粮。二十五年（1820），奉恩旨减免十分之二额定征收的地丁钱粮。

第三章　盐政榷例

第一节　盐　政

最初荣地盐井原本依靠盐户煮盐，时间一长，盐井含盐量越来越低，资源日渐枯竭，缴纳虚高的赋税，祸及子孙，盐户有的被鞭笞得体无完肌，而官宦之家偏偏可以免于征收。宋荣州刺史李畋对此感到忧虑。王梦易与其伯父带领百姓向州府申诉。按照法律，官户可免除色役，但不免除科配，故王梦易请求让官户平摊，希望以此纾解一方困境。李畋还朝后，向文懿公孙抃极力陈说，孙抃写序赞美说：对抗上意，体恤百姓，有古君子之风。□□痛述其中弊端，奏章上达朝廷后，却未能呈送上听。此后，官宦之家提起诉讼，诋毁中伤王梦易，王梦易含冤离世。

蜀地食盐，自古以来都是由民间自行熬煮，每年缴纳利钱银绢总计八十万缗。南宋绍兴二年（1132）秋，赵应祥总体规划，开始修改盐法，全部予以征税，仿照蔡京东南、东北钞盐条约，设置了合同场来查核盐的产销数量，每斤纳引钱 25 钱，土产税及增添约 9 钱 4 分，所过税钱 7 分，住税 1 钱半，每引另外征收提勘钱 60 钱。之后，又增贴纳等钱。四川共 20 州 4900 多口盐井，每年产盐约 6000 多万斤。盐引之法刚开始施行的时候，每 100 斤为 1 担，又允许增加 10 斤，不纳入统计数量，以示优待。其后递增至 400 余万缗。战事结束后多次减免，尚存 300 余万缗。起初赵应祥设立榷法，让商人交钱换盐引，井户只需按额定量煮盐，到官府交土产税就行了。但是卤水多寡不一，时间一长，井户每月煮盐之数不足额度，而官府所给盐钞大于实际产量，多收盐税，引法从此败坏。又有逃废绝没之井，允许人们提高出盐额度来认领，小民获利在于盐井，每界递增，盐税越来越多，以致到了无法经营的地步，而引息土产所纳之税难以缴纳，因此盐户有相继自杀者，公家和百姓都深受其害。绍熙三年（1192）夏，赵子直出任吏部尚书，奏言：赵开盐法最为精密，今井户很多开凿私井，以斤重多少相互竞争，因此盐越来越多，价钱越来越便宜，赵开盐法愈发败坏了。请求参照旧法施行。朝廷同意了他的建议。当时，杨嗣勋统管其事，因此派遣官员核定删去虚高的额度，“栈闭助筒”两千多，严格执行合同场旧法，严禁产盐重量超过规定的限度，对私自贩售的予以重罚，食盐的价格因此迅速上涨。嘉泰二年（1202），陈郎中昱统管相关事务，又将官井所增的额度全部废除。自庆元后，州县及井户的负担稍微减轻了一些，而百姓也开始食用昂贵的食盐了。

蜀中官盐，有隆州的仙井，邛州的蒲江，荣州的公井，大宁、富顺的井监，西和州的盐官，长宁军的淯井，这些都是较大的盐井。像隆、荣等十七州民间所煎煮的都是卓筒小井，用力非常艰难。只有大宁的盐井，咸泉从山窦间流出，如同瀑布一般，民间可从中引流。又有彭山的瑞应井，味道接近于硝，得隆、荣卤饼杂煎煮，然后成盐。元丰、崇宁年间曾两次禁止，是因为食用之人大量患病。绍兴末年，禁令松弛。隆、简、嘉、荣之人，病其侵射商贩，因代输课息再行栈闭，后称之为石脚钱。但彭山的百姓仍然私自煎煮。仙井每年产盐200余万斤，隶属转运司。蒲江产盐量次之，隶属于总领所。大宁产盐250余万斤，每年取其四分，即1037000余斤，总计价值9万余缗，亦隶总领所。每斤旧为300钱，绍兴十七年（1147），宣司减为50钱；二十二年（1152），又减为20钱。淯井年产盐40余万斤，每年取其盈余5万余缗作为军需用度。旧有定额490200斤，取拨钱引4万8千805道570文。绍兴十六年（1146），实际产盐419400斤，其中除了33600斤用于犒享，7800斤用于资助办学，3万斤属于成本外，剩余348000斤，每斤222文，总计77319贯500文。而长宁军省计应用23087贯812文，余下折官价钱引37682缗。每年科考用23000余缗，漕运司负担一半，还亏11000余缗。二十二年（1152）十二月，全部予以废除。只是盐官每年产盐总计羡缗钱3万，作为利州钱监铸造的本钱。但官盐大多粗劣，不可食用，往往降价卖给百姓，州郡只是顾着谋利，而无人去纠正不良之风。

观山镇板桥古盐井

蜀地的盐业，以富顺、荣地为大宗，富顺的叫自流井，荣地的叫贡井。而自流井从前属于贡井。贡井，就是公井，后周设公井镇，唐武德初年设荣州，宋熙宁前设县。自流井距城墙十里，古称自流井在荣溪水边。早在汉代，南安县就设立了盐官来管理盐政，可见这里产盐的历史相当悠久。唐代荣州井隶属剑南东川节度使管辖，每月督促缴税。开元初年，荣州井有 13 所，总计当钱 400 贯。元和年间，除旭川外，共有 26 所。五代时期，荣县产盐大多在西川贩售，其盛衰无法记载。宋代规定，规模大的盐井设立监，规模小的盐井设立井。监由官府直接掌控，井则由本地百姓管理，按照规定数额，缴纳赋税。荣地有监，有井。嘉祐年间，陈希亮请求免除每年定额缴纳的食盐 30 余万斤。这就是"井"。常有开担任荣德县令时，当时盐政收入减少，商旅往来不通，盐税强行摊派，成为祸害，于是他整治奸邪，为民除害。这就是所谓的"监"，也叫"官井"。公井是大井，其他的都是小井，叫"卓筒井"。元代初年，州治荒废。至元年间，来自襄汉的流亡百姓聚居于此，私自开凿盐井，从此全县都是井，不限于贡井一区。明代，贡井盐课司名曰新罗。洪武年间，新罗二井盐课司每年办盐 72 万 5500 斤；弘治年间，每年办盐 99 万 5878 斤，井的数量没有记录。清朝初年，自流井与贡井属于同一厂，叫富义厂。雍正八年（1730），贡井开始设立县丞，裁撤白沙、桐麻二巡检司，自流井叫富厂，贡井叫荣厂，分引分岸。水引 2086 张，由合江转贵州行售，叫"仁岸"；陆引 698 张，运售本县境内及宜宾。道光二年（1822），代行犍为计口陆引 22560 张。当时盐户灶里没有剩余的食盐，商人没有滞销的盐引。咸丰四年（1854），贵州匪徒暴乱，运输道路中断，而蓝朝鼎、李永和等人又入扰邻境，商号歇业，盐船无法航行，于是荣厂积压盐引多至 5000 余张，欠税、羡银达 5 万余两。同治二年（1863），骆秉章出任四川总督，奏请分为新引和旧引。荣厂以咸丰十年（1860）、十一年（1861）及同治元年（1862）积压的盐引为旧引，从同治二年（1863）开始，以六年为限，陆续采配，运往楚地销售；新引从同治二年（1863）开始，照旧领配，运销本岸。到同治八年（1869），旧引还存有 1000 余张，又积压新引 5000 余张。总督吴棠于是上奏延长此前的盐引时限，从同治元年（1862）至同治七年（1868），犍为、富顺、荣县积压的盐引均为旧引，与咸丰时期所积压的旧引运往楚地，其同治七年颁发的盐引为新引，行边如旧，限五年完成。于是荣厂改为富顺、犍为厂配运，而犍为、富顺等地商人称荣县商人以少害多，以轻害重，操控盐茶道，盐茶道启芳召集商人讨论，认为荣县商人若改为富厂，应当遵守新的章程，将荣县积压的盐引与富顺、犍为积压的盐引根据税额和成本大小比较均配，彼此之间同心协力，克服困难。不久，盐茶道孙濂确定章程，五边中荣县仅允许入其一，但荣盐成本较轻，商人避重就轻，并不是章程所能限制的。

光绪三年（1877），丁宝桢创办官运局。数年之内，虽然积压的盐引一扫而空，但其弊如同脓包溃破一样，从根本上来说已经无法挽救了。正值商运的年份，自流井与贡井自行凿井，自行煎煮，互不妨害。等到改为官运后，其后果开始陆续显现。起初，自流井天然气多，贡井卤水多，官运局统筹其事，予以协调，把荣厂之水用长竹管接到富厂，这就是所说的"移水就煎"。而贡井萧条，又考虑到其盐积压，于是禁止富厂煎售票巴，把它作为荣厂一家的专利，几十年来，两地各得其便。清朝末年，地气转移，贡井天然气多，自流井卤水多。贡井火井有 48 口，锅 920 口，水井 10 余口，锅只有 59 口，自流井黄石坎所产黑卤水含盐量极高，大坟包盐崖堆积如山。积压卤水之患，与贡井初年相同。而场业衰耗，奸诈的盐户于是以石炭煎票巴销售，不顾此前惯例，最开始的时候多是私人行为。民国 5 年（1916）东岳庙暴露其事，荣井灶商户议论纷纷。于是，盐运使严格执行此前的禁令，这件事才得以平息。自流井乃盐贩所必经之地，在当地就能进行销售，那么，挑夫谁肯多走十里到西边去卖？荣地的巴盐就被垄断了。而自流井的人说："地势西高而东低。西边的火衰弱了，其水本就可以用长竹管接引到东边来；东边的火衰弱了，其水则没办法用长竹管接引到西边来。无计可施，情势紧迫，不能不烧票巴来谋划救济，且盐贩也得其便，他们想的是引水就近煎煮，这是有好处的。"但分工协作乃人之常情，此方获利而彼方受害则难以施行。民国时期，转运使以土地坡作为富、荣两厂界限，上边的叫西场，下边的叫东场，自从票巴确定后，彼此之间相安无事。十五年（1926），东场井商倒引盐崖咸泉，越煎西场，西场电告转运使电文说：西场黑水虽然重，一碗水产盐约二两左右，盐崖的水产盐三两多，东西混合，那么盐崖是少见的珍奇，而黑水则无人问津了。况且井火必然与水相邻，有的水出而火就出来了，有的此火而彼水，大都水停则火弱，水废则火灭，如果黑水被盐崖所压制，则卤水汲取就会停止，取水停止，那么火就会熄灭，火灭，则笕卤就没有用了，并非仅仅是对西场不利。转运使下令东场停工，事件才得以平息。富、荣虽然分为两个厂，荣县的井灶也多为富人所有，但是在官言官，处理有关事务并不会因其财富而对其有所袒护，这是因为事涉公共利益的缘故。

关于盐政的讨论有很多，富顺、荣县的盐法相同，其所说的"法"都是不成文的法，强行盘剥百姓之利罢了。民国以后，就连这样的不法之法也没有了，如果军阀混战不停息，那么就没有良法可言，这里只记载有关事项。盐每年产出 4000 余万斤。瓦滓滩每月可出盐 300 担，隶属犍厂。小井沟也有一口盐井。

第二节　盐　引

荣县产盐，古代有八口盐井：白沙、桐麻、滃沱、沙滩、洞门、杜家、鹿角、国富。现在只有杜家井还保存，其余都废弃了。

贡井与自流井相距十里，以前属于一个厂，叫富义厂。从康熙二十年（1681）起，贡井原额中水井，有塘角、永福、中福、三元、邹家共 5 眼，共载煎锅 119 口，地脉火井 1 眼，载煎锅 1 口，并入塘角井煎烧。后来，从康熙四十二年（1703）起，至雍正六年（1728）止，据井户陆续开凿，上报新增下水井，有富石、中元、岩头、武家、顺岩、中盛、郑家共 7 眼小井，沟井 1 眼，杜家小井 3 眼，共载煎锅 163 口。

雍正八年（1730）奉文分立贡井，自行设立为一厂，添设县丞，分驻盘查。内有武家水井 1 眼、小井沟水井 1 眼，于雍正十一年（1733）及乾隆六年（1741），两次报坍开除。又于雍正十二年（1734），新开报增顺江、教官下火井 2 眼，载锅 2 口。乾隆十一年（1746），新增隆盛下水井 1 眼，载锅 23 口，复兴、福阳、回龙下火井 3 眼，载锅 3 口。乾隆十三年（1748），新增永旺、岩脚下火井 2 眼，载锅 2 口。乾隆十六年（1751），新增河坎下火井 1 眼，载锅 1 口。乾隆二十一年（1756），永旺火井分筒引火，添锅 1 口。乾隆二十三年（1758）、二十四年（1759），新开长福、兴旺下火井 2 眼，添锅 2 口。新旧共水井 15 眼，火井 10 眼，煎锅 296 口。

锅课定例：上井煎锅 1 口承课 5 两，中井煎锅 1 口承课 4 两，下井煎锅 1 口承课 2 两。贡井向来没有上井，其塘角等中水井 5 眼、火井 1 眼，共煎锅 120 口，共征税银 480 两。富石等下水井 10 眼、火井 10 眼，共煎锅 176 口，共征税银 352 两。此外，按照惯例，井课每两税银增加耗银 1 钱 1 分，共征耗银 99 两 8 钱 4 分。

引有水引、陆引之别。水引 1 张，征收正税银 3 两 4 钱，羡余银 5 两 5 钱 9 分 5 厘，截角银 1 两。时水引 2086 张，总计征收正税银 7102 两 8 钱 3 分，羡余银、截角银 13757 两 1 钱 7 分，共计征收正税银、羡余银、截角银 20860 两。

陆引 1 张，征收正税银 2 钱 2 厘 4 毫，羡余银 4 钱 7 厘 6 毫，截角银 4 分 8 厘。时陆引 698 张，总计征收正税银 190 两 1 钱 3 分 5 厘 2 毫，羡余银、截角银 345 两 9 钱 2 分 8 厘 8 毫，共计征收正税银、羡余银、截角银 536 两 6 分 4 厘。

水引运道，由合江换截引纸，转运贵州省仁怀县口岸销售。陆引运道，运本县及各场销售。

本县营销水引，从来没有固定额度，统归富义厂，在泸州、纳溪、永宁、合江、江津、仁怀、綦江等七州县营销。雍正九年（1731），根据朝廷公文划分界线，后来从富顺县拨回水引 1450 张，每张配盐 5750 斤，由合江县转贵州仁怀县口岸营销，每张征收正税银 3 两 4 钱 5 厘，羡余银 5 两 5 钱 9 分 5 厘，截角银 1 两。共计征收正税银、羡余银、截角银 14500 两。雍正十年（1732），于分留井产盐斤等事案内，将本县分行内江县陆引 450 张奉文拨回，因无处行销，将陆引 12 张半折水引 1 张，共折水引 36 张，详准改拨宜宾县代销 24 张，剩下 12 张归本县营销。乾隆元年（1736），于盐务之章程未备等事案内，报坍武家井课，开除水引 74 张。乾隆二年（1737），于详请改配盐引等事案内，详增水引 423 张。乾隆十一年（1746）起，至二十四年（1759）间，陆续上报增加水井眼、火井眼，共计增加水引 24 张。乾隆二十五年（1760），于盐井见咸等事案内请求增加水引 120 张。总计销往贵州的水引 1953 张，每年额定征收正税银、羡余银、截角银 19530 两。

本县井产花盐，荣县、威远二县额配计口食盐陆引 657 张。雍正年间，陆续议增陆引 679 张，共 1336 张，每张正耗盐 460 斤。雍正七年（1729），分设威远县。本县额定营销陆引 393 张，分行威远县陆引 195 张，分行富顺县陆引 298 张，分行内江县陆引 450 张。又于报增杜家小井案内请增陆引 9 张，在本县内营销。雍正十年（1732），将分行内江县陆引拨回，折作水引，后来又将分行富顺县陆引 298 张内开除 51 张，剩余的 247 张归内江营销。乾隆二十七年（1762），又请求增添陆引 210 张赴贡厂采配。荣县自乾隆六年（1741）于井坍难修等事案内报坍小井沟，井课开除陆引 3 张，现行陆引 398 张。乾隆二十四年（1759），于请增计口陆引等事案内请求增加陆引 300 张，每张征收正税银 2 钱 7 分 2 厘 4 豪，羡余银 4 钱 4 分 7 厘 6 豪，截角银 4 分 8 厘，共征正税银、羡余银、截角银 536 两 6 分 4 厘。

本县井产角盐，新旧额度配发宜宾县，共计口陆引 700 张。

火井不需要借助柴草，日夜自燃，得火气的精华。其锅面盐胆可擦牙浴面，能固齿明目。有人说，吃了还能补益身体。

贡井每年产盐约 1300 余万斤，配引之外还有不少盈余。但地处山区，商人都是流动人口，井眼筒索损坏较少，各井彼此可以通用通换，互相补救。如上年奉宪确查产盐数量后，而隆盛、顺岩二井不久就损坏了，停产了差不多一年时间。因此，计筹尽善，盐户灶内没有剩下的食盐，商人没有滞销的盐引，这是由于贤能的官员能根据情势变化斟酌损益。

第三节 盐 井

县中制盐工业历史悠久，汉时南安有盐官，唐开元初（713）荣州有盐井 13 所。宪宗元和时（806—820），旭川有盐井 26 所。元朝初年，年产盐 362.75 吨。明弘治年间（1488—1505），年产盐 498 吨。清道光二年（1822），陆运盐销犍为 11.25 吨，灶无余盐，商无库存。清末，县中有火井 48 眼，锅 920 口，水井 10 余眼，锅 59 口。

《蜀中广记》引《太平寰宇记》说荣州有盐井 57 所。

荣州和义郡，武德元年（618）拆分资州而设立，治所在公井；六年（623），把治所迁到大牢；永徽二年（651），把治所迁到旭川。进贡的土产有䌷、斑布、葛、利铁、柑。户数 5639，人口 18024。下辖六个县，有威远军。旭川，贞观元年（627），拆分大牢而设立。应灵，本名大牢，景龙二年（708）撤销云州及罗水、云川、胡连三县，并入大牢县。天宝元年（742），改名。产盐。公井，武德元年（618）设立，产盐。资官，原来隶属嘉州，武德六年（623），划归荣州，出产盐和铁。威远，贞观元年（627），分设婆日、至如二县。二年（628），把泸州的隆越县划归荣州。八年（634），撤销婆日、至如、降越，并入威远县。产盐。

蜀地盐井之繁盛没有可与富顺、犍为相比的。荣县夹在这两县之间，但盐井很少，晚清以来更是大不如前，盐水变淡，盐井枯竭，锅灶日趋减少，但课税跟以前一样多，当权者应当顾念此事。

一、嘉庆中办纳

贡井距离自流井仅十里，向来属于一个厂，即富义厂。从雍正八年（1730）分立贡井，添设县丞盘查以来，有因井眼年久坍塌而被废弃的，也有历年井户开凿见到卤水后陆续加增的。

嘉庆年间办纳如下。

（一）中水井

塘角，中水井 1 眼，灶户 25 名，课锅 25 口（内火锅 1 口）。

永福，中水井 1 眼，灶户 25 名，课锅 25 口。

中福，中水井 1 眼，灶户 25 名，课锅 25 口。

邹家，中水井 1 眼，灶户 24 名，课锅 24 口。

三元，中水井 1 眼，灶户 21 名，课锅 21 口。

以上中水井 5 眼，共锅 120 口，内火锅 1 口，每口榷课银 4 两，共计耗银 480 两。

（二）下水井

郑家，下水井 1 眼，灶户 24 名，课锅 24 口。

崖头，下水井1眼，灶户24名，课锅24口。

中盛，下水井1眼，灶户24名，课锅24口。

顺崖，下水井1眼，灶户24名，课锅24口。

中元，下水井1眼，灶户21名，课锅21口。

富石，下水井1眼，灶户21名，课锅21口。

隆庆，下水井1眼，灶户24名，课锅24口。

富泉，下水井1眼，灶户18名，课锅24口。

长福，下水井1眼，灶户24名，课锅24口。

太平，下水井1眼，灶户23名，课锅24口（内火锅1口）。

咸海，下水井1眼，灶户27名，课锅25口（内火锅1口）。

四通，下水井1眼，灶户13名，课锅25口（内天福火锅1口）。

镇荣，下水井1眼，灶户18名，课锅24口。

杨家，下水井1眼，灶户18名，课锅24口（内火锅1口）。

四盛，下水井1眼，灶户4名，课锅24口。

以上下水井15眼，共锅356口，每口榷课银2两，共计耗银712两。

（三）下火井、下小水井

下火井10眼，灶户11名，课锅11口。

杜家，下小水井3眼，灶户3名，课锅3口。

以上下水火井13眼，共锅14口，每口榷课银2两，共计耗银28两。

通计中下水火盐井33眼，载课锅490口，应征收正课银1220两，每两耗银1钱2分，共收正耗银1366两4钱。

二、光绪中办纳

有年久井眼坍塌开除的，历年井户开凿见到卤水后陆续加增的，光绪年间办纳新旧水井、火井如下。

（一）盐井19眼

新盛井、泰兴井、恒盛井、开泰井、永盛井、永咸井、四通井、五陵井、泰亨井、玉盛井、积盛井、即兴井、大兴井、荣旺井、福全井、天荣井。以上老井16眼。

永兴井、和兴井、东兴井。以上新井3眼。

（二）火井6眼

玉兴火井、永盛火井、和兴火井、天荣火井、泰顺火井、天福火井。

有煎炭锅 139 口，火锅 43 口，所征收正课银、耗银仍照旧额。

第四章 塘堰仓储

荣县编户七里，分为七乡，百姓用以谋生的资产只有土地而已。沟壑堵塞，溪流荒废，如果不未雨绸缪，预作准备，一旦旱涝成灾，将如何承受？既然有前人制定的规章制度，那么应根据情势变化慎重行事，这只有高明之人才能领会吧。

第一节 塘 堰

境内多沼泽的地区通常会竞相兴建水利设施。荣县以山区为主，虽然有内条、外条之水，但不能用于灌溉庄稼，为了耕作，只能首先考虑在山沟小溪上截流筑堰。其次，根据地势，或修筑堤坝，或疏浚水塘。至于用筒车汲水灌溉田土，桔槔备旱，都是因地制宜的好办法。近年来，荣县户口日益增多，荒地开垦殆尽，现将新旧堰塘列举如下，以备将来查考。

一、乾隆《志》所载

（一）清流乡

时雍堡，旧塘 66 口，新塘 13 口，堰 10 座。

普变堡，旧塘 38 口，新塘 25 口，堰 6 座。

循良堡，旧塘 36 口，新塘 78 口，堰 6 座。

负耒堡，旧塘 24 口，新塘 39 口，堰 9 座。

（二）仁义乡

敦诗堡，旧塘 12 口，堰 1 座（吴姓八户公用）。

务本堡，旧塘 69 口，新塘 13 口，堰 52 座。

平章堡，旧塘 22 口，新塘 10 口，堰 12 座。

咸熙堡，旧塘 62 口，新塘 11 口，堰 36 座。

乐利堡，旧塘 17 口，堰 8 座。

亲贤堡，旧塘 41 口，新塘 10 口，堰 1 座。

（三）荣川乡

横经堡，旧塘 98 口，新塘 22 口，河堰 19 座，堰 10 座。

大有堡，旧塘 4 口，新塘 12 口。

力田堡，旧塘 29 口，新塘 19 口。

明善堡，旧塘 26 口。

悦新堡，旧塘 26 口，新塘 5 口。

好义堡，旧塘 11 口，新塘 35 口，堰 4 座

知方堡，旧塘 82 口，新塘 96 口。

睦邻堡，旧塘 143 口，新塘 92 口。

（四）来苏乡

恒足堡，旧塘 24 口，新塘 46 口，堰 4 座。

执礼堡，旧塘 69 口，新塘 39 口。

慈幼堡，旧塘 14 口，新塘 31 口。

兴让堡，旧塘 11 口，新塘 82 口。

敬老堡，旧塘 19 口，新塘 60 口。

安康堡，旧塘 9 口，新塘 85 口。

二、民国《志》所载

荣县是山区，没有沟渠的便利，百姓为了灌溉，在水边筑堰，在山上修堰。明洪武年间，朝廷分派国子生及相关人才到各地督修水利，总计开掘塘堰 40987 处。荣县并未参加相关建设。到清乾隆时，清流乡有新旧塘堰 350 座，仁义乡有新旧塘堰 377 座，荣川乡有新旧塘堰 727 座，来苏乡有新旧塘堰 463 座，总共开掘塘堰 1907 处。塘有私塘、官塘之分。私塘为一家所有，官塘为众人所有。大体而言，私塘狭窄，官塘宽阔，但泄水有限度，排淤有期限，虽然数姓人共用，但都能遵守约定。

只有溪流是众人共享其利，运输与灌溉有时会相互妨碍，争执往往由此而生。荣以拥斯茫水为大，而旭川次之。拥斯茫水流经县百余里，只有小井沟山岭高大，其余大都是平坦宽广之地，田地纵横交错排列，土地大多以坝为名，这是蜀地的旧称。每年十月修堰，是石堰，乡里人称之为“滩”。滩有会，会有禁，车不增设，下滩不得过高，否则会淹没上滩。滩有两车，不得擅自占有水源，如有违反者，大家会共同斥责之。宜宾县境内行船，旧时由高洞停泊装载，后来因为上游水少而退移到新桥。每月通行一次。嘉庆十一年（1806），米谷昂贵，舟船转运接济，县里获益，知县许源于是予以疏通，商定每月行驶两次，并刻石纪事。如遇旱灾，民田用水急迫，也应该酌量时势而行，不能再局限于一月通行两次的定例，致使妨碍农事。百余年来，夏秋水涨，肆意往来，只有冬月灌田的时候溪农架车过半，一如此前旧例。到了每月初一日和十五日堰期，上下行船集中于水门，通过后则关闭，没有敢擅自越界的。

旭川长 400 余里，堰 200 余座，源流短浅，不能行船，西北石炭常常靠人马之力运到汪家滩，然后取舟航行到贡井。秋水之后，船行，则堰不能修筑；筑堰，则船不能通行。如果筑堰，河道水泄出后就无法再蓄满。因此，农民和商人有不同的工作时节，运输与灌溉应互不妨害。汪家滩有案例可以作为后

事之参照，与从骑龙场到贡井河段有关，争议经过很久才得以判决。嘉庆二年（1797），舟人掘溃汪家滩车堰，农民向府、省控诉，犍为徐知县奉命调查，判决说：舟泊以汪家滩下车凤堰作为界限，其上筒车 90 余，载粮 550 余两，都是沙田旱坝，由各食田农户筑堰车水灌田，舟不得越逸，也不得私行窃掘，妨碍水利。于是百姓设水官会，于十五年（1810）把判词刊刻在石碑上。光绪三十年（1904），贡井堰工局因运输食盐修筑石堰数所。水官会首钟星庆等上讼称，每石堰高丈余，蓄水过多，则上游之水车径直被淹没，淹没后就无法转动，一遇到洪水，田地庐舍全部变成水乡。不久，泸州官运总局林委员、苗知县会同勘察，制定协议：

一、该堰仍旧遵照水官会原案，每年从十月一日开始，运煤船只停靠骑龙场，次年四月一日后才能回汪家滩。

二、水官会界内只改修尖角石堰一所，它的高度以见尖角堰两岸旧址为限，每船装煤炭 12000 斤，以炭户的秤为准，如装载过多，将予以处罚。

三、水官会界外新修第一石堰，如水尾淹积，使水官会界内筒车不转，堰工局首应立刻设法整改，否则禀县查办。

四、水官会界内食田熟土被堰水淹没崩塌的，堰工局按亩计算赔偿，如系天灾，则免于赔偿，土内小春作物也如此办理。

申请大宪立案，后一直遵守。

民国时，汪家滩下从骑龙场到贡井河段，农民援引上游水官会之例，说同一条溪流的利害关系也是相同的，请求仿照水官会立案。县交议事会讨论，减上游一月，每年七个月归商人使用，五个月归农民使用；从四月一日到十一月一日，为行船之期；十一月一日到四月一日，为筑堰之期。而堰工局首呈自贡商务分会商议，到农民运商，已仿照成例施行。只有掘堰时，有时上游挖掘而下游溃决，船于是随水而下。后来又商议，堰虽溃亦不能行船，这些隐患才得以消除。

白石山水也是沙堰，与旭川相同。每年九月、十月藉稻草修筑，在上面夯实泥土，从半边山到笛口共有 12 座堰，不通舟船。荣堰大体以车为计量单位。只有城北 5 里宋坝，明代时由居民 14 家合力修堰，从山峡中名为狗钻洞的地方起，沿山通渠，5 里至坝，14 家按日分灌，每日一家名一股，一股中分十二时为小股，买田必带水分，否则就没有灌溉的水源。因此，相地高度适宜，自然受溉，没有使用水车的烦劳，这是最好的。

第二节 田 坝

荣县地处山区，靠近县城的田土地坚硬瘠薄。山田有大小土之分，小土仅产稻谷，种植什么都不合适；大土绵延到犍为、宜宾二县，凡木棉、豆、麦、芝麻、苎麻、黍、稷、薏米等作物都易生长，收获颇丰。东路冲田，农民历来会储蓄冬水。南路高岩，边界连接宜宾，谚语说“山高水高，田号肥美”。西路，肥沃和贫瘠的土地各占一半。北路，崇山峻岭，冲田冷浸居多。那些地势平坦宽广的土地，居民烟火相望，名叫坝田。

一、乾隆《志》所载

龚家坝，城东 8 里。茭草坝，城南 30 里。栗子坝，城南 40 里。水星坝，城南 20 里。铁炉坝，城西 40 里。西土坝，城西 45 里。席草坝，城西 50 里。五通坝，城西南 40 里。分上、中、下三坝，塘堰环绕，居民相望，颇称沃野。赖河坝，城西北 70 里。周围方圆 15 里，居民田亩犬牙相错，距离水源太远，土壤瘠薄，不产杂粮。荔枝坝，城北 3 里。阳西坝，城北 60 里。郑家坝，城西北 90 里。绵延伸展 15 里，中隔仁寿境 20 里，又与井研界交错，居民淳朴，很有古代遗风。

乾隆《志》按：荣邑四境坝田不下百区，这里不详细记述。统计全县上、中、下等田地 3058 顷 62 亩 9 分。乾隆十九年（1754）新垦荒地除外。

二、光绪《志》所载

龚家坝，城东 8 里。郝家坝，城南 5 里。茭草坝，城南 30 里。栗子坝，城南 40 里，水星坝，城南 20 里。铁炉坝，城西 40 里。西土坝，城西 45 里。席草坝，城西 50 里。五通坝，城西南 40 里，分上、中、下三坝，塘堰环绕，居民相望，堪称沃野。赖河坝，城西北 70 里，周围方圆 15 里，居民田亩犬牙相错，距离水源很远，土壤瘠薄，不产杂粮。荔枝坝，城北 3 里。宋家坝，城北 5 里。阳西坝，城北 60 里。郑家坝，城西北 90 里，绵延伸展 15 里，中隔仁寿境 20 里，又与井研界交错；居民淳朴，很有古代遗风。大河坝、毕家坝、刘家坝、吴家坝、戴家坝，以上诸坝附近新桥场、董家场、李家场，居民稠密，河水环绕，有筒车灌田，堪称沃野。河坝塘，县西 70 里，靠近长山桥，长二三里，周围环绕五山，可用以灌溉。

第三节　仓　储

一、乾隆《志》所载

旧志载：平济仓、预备仓，东正街。以上仓储都已废弃。

（一）常平仓

县东。遵照雍正年间额贮，常平仓斗谷 4790 石，额定设立仓廒 21 间。每年于青黄不接之时，按照惯例详奉批允，卖出三成，保留七成。如百姓口粮不够，可以不拘定例出卖粮食，待秋收后买补回购，填满定额，剩余的银两押解藩库。

（二）社仓

县城与贡井旧有社仓 2 处，共贮谷 300 石。近年官捐 18 石。乾隆十八年（1753）十一月，奉黄大人教令，分别管理，广为劝捐。陈府宪倡捐社谷10石，官捐社谷100石，士人和百姓都很踊跃，根据自己的力量予以捐助。至乾隆十九年（1754），共计官捐与乐输谷5770石9斗2升，造册申报，四乡设立社仓收贮。每社遴选殷实老成之人二名承充社正、副长，管理出纳之事。遇到年岁歉收，详请出借，照例还仓，以息谷十分之二为修理仓廒及给社长饭食纸笔的费用。不许胥吏与差役干预其事，开启滋扰勒索的弊端。乾隆二十年（1755）九月，奉宫傅大人饬令各属劝捐，又根据士人和百姓报捐，并奉前督部堂黄发还士民捐助回澜塔公费，采买社谷共496石6斗8升8合，汇入造报社谷案内。续自乾隆二十一年（1756）至乾隆二十六年（1761），逐次劝捐，并出借还仓之息谷，总计新、旧社谷13885石6斗6升7合1勺。

飞仙铺社仓8间。程家场修立社仓5间。贡井盐厅仪门内立仓房2间。贡井湖广会馆内设社仓1间。龙滩场东岳庙中场共修立社仓7间。清凉寺修立社仓4间。五宝镇修立社仓4间。旺兴坪修立社仓5间。二台子修立社仓4间。长山桥修立社仓5间。观山场修立社仓6间。

（三）籍田

雍正四年（1726）间，钦奉上谕，令各地通行耕籍之礼。经九卿论议并答复，各府、州、县、卫、所择东郊洁净的地方，按照九卿所议定的耕籍田4亩9分之数，设立先农坛。从雍正五年（1727）开始，每年仲春遵照部颁的日期，统一祭祀。雍正六年（1728），知县陈颙捐俸购买钟家冲民田一区，东到虎洞常住，南到古坟嘴，西到钟岳申田坎，北到后山石洞。雍正七年（1729），知县王惟滓捐建正房3间、配房2间，祭品按照社稷坛来陈设。祭祀完毕，行耕籍礼，九推九返。耕种完毕，朝着宫阙的方向，行三跪九叩首礼。籍田谷石用以祭祀，存留余谷，每年详细呈报。

二、嘉庆《志》所载

常平仓，在县署左侧，即旧主簿署改建，额定贮仓斗谷4990石。设立仓廒21间。

社仓，飞仙铺8间，程家场5间，贡井盐厅仪门内2间，贡井湖广会馆内1间，龙滩场、东岳庙、中场共7间，清凉寺4间，五宝镇4间，旺兴坪5间，二台子4间，长山桥5间，观山场6间。

嘉庆《志》按：县城、贡井，旧只社仓2处，共贮谷300石。从乾隆十八年（1753）起至二十六年（1761）止，逐次官捐及士人、百姓乐输并借出还仓的利息总计贮新旧社谷13885石6斗6升7合1勺，以上设立仓廒共51间。又自乾隆二十六年（1761）起至嘉庆十七年（1812）止，历年详请出借还仓之息谷总计31941石，在常平仓左侧添设社仓1处，共计仓廒16间。又在各处共添21间。总计城内外共有仓廒88间。

三、民国《志》所载

仓储有常平、社仓、积仓、义仓。常平、义仓，官谷也。社仓、积仓，公粮所在之地。而荣县的公粮有县与地方之别，因此，社仓由县局管理，积仓由地方管理。战事兴起后，常平仓被消耗殆尽。起初，社仓谷有京斗 61462 石，积仓有 17013 石 4 斗 5 升，民国 7 年（1918）被刘湘变卖，14 年（1925）又被军阀白驹强行征用。至赵熙修民国《志》时，社仓仅存京斗 21201 石 8 斗 9 升 3 合，积仓仅存市斗 2514 石 4 升 8 合 5 勺。京斗每石为市斗 3 斗 2 升。

其仓廒所在的地区如下：

社仓凡 23 所，城旧 2 所。14 年（1925），飞仙铺并火药局为 1 所，谷 4529 石；东 2 所：程家场、贡井，谷 1156 石；南 12 所：过水坳、汪家滩、乐德镇、李家堰、古文场、双石桥、河口、李子桥、鼎新寺、龙潭场、桥头铺、五宝镇，谷 10730 石 3 斗 3 升 3 合；西南 4 所：文昌宫、杜家井、杨家场、董家场，谷 1687 石 6 斗；西 4 所：铁厂铺、长山桥、观山场、刘家场，谷 4098 石 9 斗 6 升。

积仓，清末凡 69 所，今 52 所，习惯用市斗来计算。东 6 所：附城、鸦鹊冲、程家场、张家场、洞云寺、玉皇观，谷 184 石 9 斗 5 升。南 18 所：附城、钓鱼台、汪家滩、双石桥、李子桥、睦邻团、道澄寺、桥头铺、过水坳、乐德镇、河口、古文场、积育仓、五宝镇、恒丰庙、莲花场、南禅寺、牛尾河，谷 1631 石 6 斗 8 升 4 合。西南 8 所：文昌宫、杨家场、镇紫场、新桥、董家场、雷音寺、老农场、金花殿，谷 186 石 8 斗 2 升。西 10 所：附城、三清殿、铁厂铺、长山桥、蔡家沟、五通坝、石笋铺、竹园铺、桐麻寺、瓦滓滩，谷 247 石 9 斗 5 升 7 合 5 勺。北 10 所：张公祠、同心保、东川沟、双古坟、观山场、复兴场、但家寺、但家庙、镇安场、墨林场，谷 262 石 6 斗 3 升 7 合。

义仓 2 所，署侧旧 8 间。光绪三年（1877），知县王峨峰重修，共 10 间，有产业 1 处，收入租谷 80 石，纳入平民工厂。贡井，谷 208 石 5 斗 6 升 3 合。

荣县有常平仓、济仓、积仓，以常平仓平抑粮食价格，以济仓抵御凶灾之年，以社仓、积仓应付每年的借贷。

常平京斗 1400 石，济仓京斗 7436 石 2 斗 8 升 5 合 2 勺，战事兴起后，消耗殆尽。郝家坝每年收租 80 余石，已入平民厂。社仓京斗 61462 石，廒 24 所。积仓京斗 17013 石 4 斗 5 升，分别储藏，各自保存。民国 7 年（1918），军人以粮饷难以为继，卖了大半。剩下的粮食，社仓 29409 石 6 斗 5 升，积仓 7000 余石。十四年（1925），军人驻防荣县，又移用谷 9126 石 7 斗 5 升 7 合。十六年（1927），汇册表报社仓京斗 22201 石 8 斗 9 升 3 合，积仓市斗 2514 石 4 升 8 合 5 勺。积仓始建于光绪六年（1880），由总督丁宝桢下令创办，存立时间短暂，利息各归所在，数额也无多。因此，大家都十分珍惜和爱护各县最主要的倚靠——社仓。

社仓以官府不得参与牟利为原则，但其创办之初，经费和资源都来自官府，官府必定将之登记在册，汇册必然呈报，呈报必然移交，一旦移交，就成为官仓。有盈余，官府就使用；没有盈余，也无须偿还。移交之日，需扣抵亏空，往往用文书来搪塞。而荣县贤明官员辈出，前有黄大本开创经营，后有洪瞻陛规划建设，终由唐选皋完成，荣县社仓成为四川的典范。

社仓从南宋起成为诸路之法，此后的详细情况就无人知晓了。乾隆三年（1738），朝廷下令四川修建社仓，以买卖常平仓谷物的余钱购买粮食作为基本储备，倡导捐募。现在的社仓，大概就是源自那个时候的。起初，贮藏于荣县与贡井的谷物共有 300 石。十九年（1754），黄大本任知县，捐廉相助，兼募绅民，共有谷物 5770 石 9 斗 2 升，因而分乡设仓，除了城里飞仙铺、贡井盐厅外，计有龙潭场、河口、董家场、长山桥、观山场、二台子，总共 6 所。大概是《周礼》所说“野积”的意思。二十年

（1755），募集谷物496石6斗8升8合；二十六年（1761），募集与利息又有7623石5升9合1勺，共计13885石6斗6升7合1勺。黄大本离任后，新旧县令必定统计数量，以便清楚地移交，与常平仓、济仓相同；而钥匙则由书吏管理，盈耗美恶信口造端，倒廪倾仓耗财费事。出贷之时，或匿名冒借，却因负债而难以偿还，如果不能答应书吏的要求，他们是不会给钥匙的。当时规定，吏胥按例可免除徭役，那些殷实的人家就有寄籍公门以求规避徭役的。道光二十九年（1849），洪瞻陛忧心其中的弊病，把原属仓吏管理的钥匙交给社首保管，社仓这才名实相副。当时，布政使颁布社仓章程，洪瞻陛又与士绅讨论其中不适合的地方，在后面附加了几条规定：

第一，社首本来应当由殷实之户，按年输充。但荣县向来贫瘠，食16两以上者不多，其一两二两之户都算不上殷实。有的只有先代的一个粮名，子孙递次分产后所得田产也没有多少；有的家道中落，产业已经抵押殆尽，但粮名还在，难以查实，况且十年之内，盛衰难知。现在，每社仓公举食多殷实者六人，造册二，注社仓实谷若干，盖上红色大印，一份给值年社首，一份保存在衙署之内。

第二，社首原应每年上报。现在拟每仓每年以一人为正，一人副之。如甲、乙、丙、丁、戊、己六人，第一年甲、乙共事，即公举二人，为次年社首换届预做准备；第二年丙、丁共事；第三年戊、己共事。这样一来，所推举的六人依次上任，权责分明，熟习事务，便于通商办理。

第三，借户本来应当有存粮。有产业没有完全抵押，而借粮过多，租谷不足以抵偿借粮之需的，若一概同意借贷，不只是难以催收，恐怕存储的谷物都要难以为继。现在准备在开仓之时，要求值年社首取具保人字据并将借户姓名登记在册。如保人不可信，即使有粮也不予借贷。

第四，上报更换社首，应当有固定的日期。如果没有固定的日期，先后不齐，未免造成工作烦琐，且会出现社首觊觎取利、长期不更换的弊端。拟定每年十月十日，各社首到县里，同士绅和年老有声望的人公举二人，第二年二月初开仓量谷，新旧社首于十日到县里，各自出具移交接收的文书。

第五，所推举充当社首之人，在借谷时到任。值年社首仅两人，但借户很多，有可能造成因借谷多少而产生纷争以及恃强逼借的情况；或谷价昂贵，难以确保值年无私卖侵吞的弊端。因此，未值年的四人事前会商，互相监视。若托故不至，谷有亏损，那么值年二人与未值年四人，各负担一半损失。

第六，息谷应当积贮。以前社首用得太多，息谷未能全部回到社仓，现在听任百姓自治，那么所费有限，拟每年除耗谷及饭食一切外，实际上剩下息谷若干，登记在册。新社首上任时，旧社首须将原有收支明细及有关章程全部移交新任社首。今后如果积贮数量太大，因公事变卖，务必同城乡各绅士商议，不得私自动用。如丰年未发，也不加息。

第七，士绅不得挂名借谷。既然叫士绅，就应当保全体面，有借而不还的，即使禀报官府追究，也难于处置。现在拟定，如果士绅借谷，须由子弟挂名，并由保人负责担保，不能逼借。

第八，官府给予木制印章，社首非公事不能冒用，以免滋扰和拖累。社首换届时，木章及章程须当众移交，务须避免遗漏及隐匿等情况。

这几条规定一直沿用，民间称之为“小本”。洪瞻陛离任后，县人为他树立了木主，在东门外谷神祠祭祀，大概是以洪瞻陛配享谷神，以此纪念他的功劳。

自社仓归还给百姓后，即使荒年出卖粮食，也一定如数补偿，因此社仓有粮没有损耗。过了很久，李、蓝农民军起事，四乡社仓有被叛贼焚掠的，有被移做团练粮饷的，士绅为此感到忧虑。起初，保管完善的社仓商议卖谷存钱，取十分之一的利息，但借贷烦扰，时有拖欠债务的情况，时间一长，难以为继，于是移钱购买产业，以所入租谷慢慢填补亏空，以求恢复。当时，仓廒已增加为12所，分别在衙署左、飞仙铺、程家场、贡井、乐德镇、龙潭场、五宝镇、河口、董家场、二台子、长山桥、观山场。其购买产业的有贡井、乐德镇、龙潭场、五宝镇、河口、董家场、长山桥、观音场，共计8处。社仓有租，就是从此时开始的。李、蓝之乱后，法令废弛，社仓由民间管理，官府不再过问。谷变为租入，百姓视其为私产，朋比鲸吞，空文具案，仓无故宇，雨漏风穿，有欲揭发其事的，或碍于情面，或陷于贿赂，最终默不作声。

光绪十年（1884），唐选皋任荣县知县。正值光绪十年（1884）、十一年（1885）的灾荒之年，他把仓储作为首要政务，考察审核文卷，向相关人员追索积欠的钱谷，充实库存。又成立社仓局，慎选局士进行管理。起初，仓廒各不隶属，洪瞻陛在任时议定：城中公举总管绅士六名，于每年二月十日集会。城乡社首到龙王庙，出其簿书，算注谷数，从众取据，没有管辖的职权。而每年使用多少，局士又不得过问，其花费难以节制。又人心日变，事故滋多，社首有情隐之处难以向官府报告，文书也不能按时呈具，这样一来，非常不便。到此，城里有局，只能接近官府，乡之社首承于局，消息灵敏，讯息便捷。每年十月十日集会，叫“仓会”，商议租谷存仓若干，自修仓租息之人倡议开始，或置产业，或应不时之需，都属于官方行为。

清朝末年，新政繁兴，开支都从其利息中支付，因此，社仓并不充盈，但常年册报藩署，如有不实，则有隐匿的过错；如果实报，则有被提解的忧虑。故谷报全数，而借贷只上报一般数量，使得每年没有多余的利息，以杜绝上级官员的窥视，这也很令人苦恼。辛亥革命中，荣县社仓没有损失。民国2年（1913），大获丰收，仓谷没有全部借出，收入的利息很少。当时经费局派人测量检验，并规定此后每年归仓不得沿用先例，立以为案。3年（1914），谷价过高，奸商多冒名借谷销售，恶绅土豪有的妄指多人为佃户，威逼强借，超过限量，知事加以禁止。而借谷之户，大多延长到第二年才换票，致使仓储不充实。4年（1915），知事下令各仓填补回定数。7年（1918），军人借国税抵卖，其表册所注仓斗，即京斗以3石合1石，而各仓都以市斗为借口，报有敷斗折斗耗费，核与京斗不符。八年（1919），经费局派人测量社仓，以仓斗确定仓储正常的额度，其亏损的部分明明是被装入了私人腰包，却借口说是百姓拖欠，又或虚报欠额。这种情况比比皆是。于是呈请知事严令各仓填补，限时守催，社仓才得以恢复。在此之前，社仓利息充裕，用之购置产业，局买者由局收租，以作公用；各仓购买的产业由各仓收租，折价纳入经费局。因此，产业佃取之权，不属该局。而收租合价，升降多少，其中弊端由是滋生，同一产业而有城局各场之别，至此以贡井8所产业改由局直辖。自7年（1918）军人卖谷后，荣县隶属嘉定，县人请师长陈鸿范以国赋抵偿，但军饷没有剩余，此事未成。14年（1925），联军之役，筹措军米，团商设军食交易所，借用社谷，由团商归还，事过不能如议。社仓惯例是十月十日封闭，而无谷填偿者最迟到年末用钱银按照谷物折价，这就是所说的“上乾仓”。其仅纳利息，改书借票的叫转票。来年如故。因此，仓首已改变，借额依然亏空。这也是仓储虚空的原因之一。

民国7年（1918）、14年（1925），川军刘湘和杨森部队驻荣，拍卖和耗用社仓存谷4.12万石（京斗），积谷仓存谷先后被拍卖1.5万余石（旧斗）。

第四卷　分封职官

开明帝留下遗封已经很久远了，周荣公“茅土之锡”恐也难以考证。今荣地志书，从汉代以后，也仅对南安公、犍为公、铁山侯等数人有所记载，详略参半。宋人所称“荣州世为藩镇”，是从唐代开始的，尤其大历、天祐年间，朝廷封赐嘉王名号过繁。前蜀、后蜀时期，荣州多次作为藩王封地和武信军节度的驻地，故《蜀梼杌》有所谓“贤王”之说。

所谓“秩官”，即主政一方的官吏的简称。官员各司其职，各有其品位。青阳氏的时代已经很遥远。汉代，县万户以上者设“令”，少于万户者设“长”。据《华阳国志》记载：汉和帝永元八年（96），南安以扶风王君为县长，派遣掾吏何童、史道兴等整修平乡明亭大道，有碑记载其事，但不知王君具体叫什么名字。南安将军张表，字伯达，成都人，为张松之子。晋代阮孚担任南安县侯，这时的南安县则是东晋朝廷侨置郡县，南梁时萧方矩担任南安县侯。自从义熙年间设置冶官县后，荣地与故南安县判然有别矣。

自从废除西周封建制度而施行郡县制以来，虽然朝廷在名义上封赐列爵，但实际上受封这些爵位并不意味着管理该地百姓。荣地自古以来就常作为藩王封地，屡出贤王。至于设官分职，善政宜民，如李畋之便宜盐政，誉著来苏；宋中和之节俭勤廉，传称循吏；陆游公余吟咏；晁公武退食读书。琴鹤风流，甘棠遗爱，廉政爱民的风气自古盛行。设官分职以亲民为重，朝廷对官员的任命一定要考虑其是否有利于百姓。有的官员事迹已无从考证，而百姓在一些官员离任后仍颇多思念，对后者，不能埋没了他们的姓名。至于那些驻防边境的将领，他们的功劳足以勒石铭记。对于这些人，难道能不予以记载，使其彪炳史册吗？

《尚书》称“三载考绩”，即是说官员一定要有政绩可考，也就是所谓“克称厥职”。嘉庆《志》对政绩记载很详细，其中不乏有为舆论所称颂、能指其事迹者，如果不趁现在记载下来，怎能确保再过数十年之后的传闻不失其真呢？

第一章 周至隋

一、周

荣 公 生卒年未详。荣公封国相传在今天荣县境内。《尚书·序》记载：荣伯为姬姓之国，辅佐周成王。成王时，东夷叛乱，成王亲自率军前往讨伐，叛乱被平定后，肃慎国前来祝贺。成王赐给肃慎国财物，并命令卿大夫荣伯作策书以策命肃慎国。曹学佺在《蜀中名胜记》中认为，荣伯曾被册封于荣县。

荣夷公 生卒年未详，“荣”为国名，“夷”为谥号。荣国为姬姓之国，荣夷公为荣伯之后。贪图小利，但周厉王对他很是倚重。芮良夫曾劝谏厉王疏远荣夷公，但厉王根本听不进去，反而任命荣公为周朝的卿士。后来，周厉王因为一系列倒行逆施的做法，被国人流放到一个叫“彘”的地方（今山西霍县境内）。相传，荣夷公的墓地在荣县城南十里，明代学使潘璋曾为之竖立墓碑。

二、晋

何 观 生卒年未详，字巨忠，何随长子。廉洁公正，和善谨慎，知名州里。察孝廉，历任西都、南安县令，平西长史。后来，张昌在荆州作乱，他的党羽向西进犯，沿路郡守望风投降，叛军直抵江阳。平西将军罗尚保举何观出任安远护军，讨伐叛贼，将其平定。朝廷升任他为巴郡太守。朝议想让他出任宁州刺史，适逢何观病逝，因而作罢。

三、北周

宇文度 生卒年未详，被北周朝廷封为铁山侯。铁山在今天荣县和威远县境内，因产铁而得名。

四、隋

卫 玄 541—618，字文升，河南洛阳（今河南洛阳）人。祖父卫悦，担任过北魏的司农卿；父亲卫摽，担任过侍中、左武卫大将军等朝中要职。

卫玄年少时就很有才干和见识，北周武帝尚在藩镇的时候，曾任命他作记室官。后升任给事上士，承袭兴势公的爵位，食邑四千户。不久，又改任宣纳下大夫。周武帝亲政后，任命卫玄为益州总管长史，赐给他万钉宝带。后逐渐升为开府仪同三司、太府中大夫，管理内史之事，并担任京兆尹，被人称赞办事精明干练。北周宣帝时，卫玄因忤逆旨意被免官。

当时，和州蛮反叛，朝廷任命卫玄为行军总管前去平叛。到隋文帝受禅时，他升任淮州总管，并进封同轨郡公，后来因事获罪被免职。

不久，又起用为岚州刺史。恰好遇到修建长城，文帝下诏命卫玄监督工程修建。后担任朔州总管、卫尉少卿。仁寿年间，山僚叛乱，朝廷任命卫玄为资州刺史，前去镇抚。卫玄到任时，山僚正在围攻大牢镇，卫玄单骑前往山僚的营地，对他们说：我是刺史，奉天子诏命来安抚你们，你们不要惊恐害怕。诸山僚无人敢动。于是，卫玄向他们陈述利害，山僚的首领深受感动，带领众人离去。前前后后来归附的僚人有十余万。隋文帝非常高兴，赐给卫玄二千匹缣，调任遂州总管，仍命他在剑南地区做安抚工作。

隋炀帝即位，征选卫玄担任卫尉卿。一年后，升任工部尚书。后拜魏郡太守，仍任工部尚书。辽东之战，他担任检校右御卫大将军，率领军队从增地道（今朝鲜平壤南境）出兵。当时，各路军队大多进展不利，唯独卫玄把军队完整地带回来了，因功被授为金紫光禄大夫。

隋大业十一年（615），诏命卫玄安抚关中地区。当时，盗贼蜂拥而起，百姓饥寒交迫，卫玄最终未能有效救助饥民，而官府更加腐败，贿赂公行。于是，卫玄以年事已高，上表致休，隋炀帝使内史舍人封德彝急速前往告谕他，说：京城是国家的根本，是宗庙园陵所在之地，全靠您继续留任才能镇守得住。卫玄这才打消了退养的念头。卫玄于隋恭帝义宁年间去世，享年七十七岁。

袁天纲　又作袁天罡，生卒年未详。益州成都（今四川成都）人。袁天纲幼年丧父，家境贫困，但他喜好道术，尤以相面之术闻名于世。隋大业年间，出任资官县（在今荣县境内）令为荣地历史上的一大传奇人物。

袁天纲于大业元年（605）到达洛阳，杜淹、王珪、韦挺请他相面。袁天纲对杜淹说：您鼻子的左侧成器，靠近于耳门之处宽阔，一定能得到类似纠察的官职，将因文章出众而获得重用。他对王珪说：您的三亭成就，天地相临，十年之后，一定能得到五品的要职。他对韦挺说：您的脸像大兽之脸，交友非常诚恳，一定能得到朋友的提携与帮助，最初可能担任武职。他又对杜淹等人说：二十年后，恐怕最终你们三人会一起被贬黜，只不过是暂时离任，不久就会官复原职。杜淹不久升任侍御史，武德年间又担任天策府兵曹、文学馆学士。王珪担任太子中允。韦挺，隋末与隐太子交好，后太子任命他为左卫率。武德六年（623），三人一同被流放到嶲州。

等杜淹到了益州，见到袁天纲后说：您在洛阳说的那番话，我们都信了。但不知今后又会是怎样的情况？袁天纲说：你们三人的骨相特征，大大胜过从前，最终应该都能享受荣华富贵。

武德九年（626），三人被召入长安，他们再次一同拜访袁天纲。袁天纲对杜淹说：你很快就要担任三品要职，年岁就不是我所能预知的了。王、韦二公，此后应该能得到三品官职，且都能长寿，但晚年都不会称心如意，韦公尤其如此。杜淹到了京城，担任御史大夫、检校吏部尚书。他在赠袁天纲的诗中这样写道："伊吕深可慕，松乔定是虚。系风终不得，脱屣欲安如。且珍纨素美，当与薜萝疏。既逢杨得意，非复久闲居。"王珪不久担任侍中，出任同州刺史。韦挺历任御史大夫、太常卿，后贬象州刺史。一切都如袁天纲所说。

贞观初年，唐太宗召见袁天纲，说：古时有严君平，我现在有您，您觉得是不是这样呢？袁天纲说：严君平生不逢时，从这一点来说，我已经超过他了。

武则天还是婴儿时，袁天纲到她家中，对她母亲说：看您的骨相，必生贵子。于是，武则天的母亲又叫来了儿子们，让袁天纲相面。看到武元庆、武元爽，袁天纲说：这两个儿子都是保家之主，官职可到三品。袁天纲又对韩国夫人说：此女也会大富大贵，但对她的丈夫不太有利。乳母当时抱着武则天，她穿着男孩子的衣服，袁天纲说：这位公子神色爽彻，不容易看清面相，我来试试看。于是走到床前，让武则天抬眼，袁天纲大惊失色，说：这位公子龙睛凤颈，将是富贵至极的人。又转过身看了看，惊异地说：如果这是个女儿，实在是深不可测，今后当成为天下的君主。

贞观八年（634），唐太宗再次召袁天纲到九成宫相见。当时，中书舍人岑文本让他相面。袁天纲说：舍人近于耳门之处成器，眉毛盖过了眼睛，文才名震海内。头又生骨，还没有完全长成，如果得到三品官职，恐怕是损寿的征兆。后来，岑文本官至中书令，不久就去世了。那一年，侍御史张行成、马周一同请教袁天纲，他说：马侍御前额至发际骨骼隆起，兼有玉枕骨，又背上如同背负了东西一样，应当是富贵不可名状的。近古以来，君臣之间道义相互契合的，很少有像您这样的。而您脸色赤红，命门颜色暗淡，耳后骨没有隆起，耳朵没有根，恐怕不是长寿之人。马周后来位至中书令、兼吏部尚书，四十八岁就去世了。袁天纲对张行成说：您的五官成器，下亭丰满，得官虽然晚一些，但最终会身居宰辅之位。张行成后来官至尚书右仆射。袁天纲相人所言中的，都是如此。

申国公高士廉曾问袁天纲：您还能做什么样的官呢？袁天纲说：我知道自己的命运，今年四月就要到头了。果然到四月他就去世了。

其子袁客师传承袁天纲的相面之术，曾担任廪牺令。唐高宗曾放了一只老鼠在奁中，让术家猜测是什么东西，大家都说是老鼠，只有袁客师独说：强行把老鼠放进去，但进去是一只，出来就会是四只。打开一看，老鼠生了三子，颇让人惊异。袁客师曾乘船渡江，敲了敲船就回来了，左右之人问是什么缘故，他说：船中人鼻下之气都是墨色，不可以同他们同坐一条船渡江。一会儿，有一个跛脚男子背着东西径直上船，袁客师说：有贵人在，我可以乘船了。突然，江中刮起大风，几乎覆灭，却最终得以幸免。跛脚男子就是后来官至宰相的娄师德。

第二章 唐

据唐代制度，武德初年有行台、大行台，设置总管来统率军队。武德九年（626）六月，改总管为都督。十州设立一位大都督，州又分为上、中、下三等。武德元年（618），改太守为刺史，加使持节。上元二年（675），诸州别驾以诸王之子担任。景云二年（711），庶姓之人得以出任别驾之职。天宝元年（742），又改刺史为太守，县令分为上、中、下三等，丞、主簿、尉采用相同的分级。隋开皇时，人口繁盛，于是拆分州县。大业年间，又加以省并。进入唐代以后，对于豪杰据地来归附者，朝廷为他们分割州县予以安置，因此州县数量倍于隋代。贞观三年（629），因民少吏多，于是大加省并。

第一节 荣地封爵

一、荣王

李 琬 ？—755，唐玄宗的第六子，初名李嗣玄。开元二年（714）三月，被封为甄王。十二年（724）三月，改名李滉，封为荣王。十五年（727），担任京兆牧，并遥领陇右节度大使。二十三年（735），加官开府仪同三司。二十五年（737），改名李琬。

天宝元年（742）六月，担任单于大都护。同时，玄宗下诏令其亲自巡查陇右等边塞地区，挑选关内、河东五万骑兵，以防深秋时敌人入寇。天宝十四年（755）十一月，安禄山在范阳叛乱，朝廷任命李琬为征讨元帅，高仙芝为副元帅，命令高仙芝征发招募河东、陇右的士兵，屯驻陕郡进行抵御。几天后，李琬就去世了。

李琬声望极高，素有雅名，风度秀美，朝廷内外都很倚重他。当时，士人都希望李琬能有所成就，但其突然离世，朝廷上下都为之叹惜不已，莫不为国家失去这样的人才而遗憾。朝廷追赠他为靖恭太子，葬于见子西原。

李琬子女众多，男女共有五十八人。天宝年间，封为郡王的有二人，李俯被封为济阴王、太仆卿同正员，李偕被封为北平王、国子祭酒同正员。

李 愦 生卒年未详，唐宪宗第二十子。咸通三年（862），封荣王。广明元年（880）八月十九日，被授予开府仪同三司，守司空，同年十月九日去世。其子李令平继承荣王爵位。

二、荣国公

高满政 ？—623，朔州（今山西朔州）人。武德六年（623）六月，唐高祖任命满政为朔州总管，加封荣国公。秋七月，唐高祖派遣右武卫大将军李高迁协助朔州总管高满政驻防马邑。不久，刘武周旧将苑君璋带领突厥骑兵一万多人攻城，高满政预先埋下伏兵等待时机。突厥骑兵刚到城下，高满政带领伏兵出击，大破突厥军队，斩首二百余级。颉利可汗大怒，发动大军再次围攻马邑。此时，督兵前来救援的李高迁十分害怕，率领所部援军二千人弃关逃跑，突厥军队半路截杀，李高迁军损失过半。颉利可汗亲自率军攻城，高满政率兵抵御，有时候一天之内攻战多达十几次。唐高祖命行军总管刘世让前去救援马邑，军队到达松子岭后，刘世让就再也不敢前进了，于是带领军队返回保崞城。恰好颉利可汗派遣使者向唐朝求婚，唐高祖说：先解除马邑之围，才可能商讨婚事。颉利可汗想罢兵息战，其妻义成公主坚持继续攻打马邑。颉利可汗认为高开道善于使用攻城器械，于是召高开道一同猛攻马邑。久攻不下，颉利可汗诱使高满政投降，高满政大骂拒绝。粮食即将耗尽，但救兵迟迟未到，高满政计划突围前往朔州。右虞候杜士远认为突厥军队强大，突围恐怕难以脱身。于是，杜士远杀掉高满政，投降突厥。苑君璋入城后杀掉城中与高满政共同谋划守城的豪杰三十余人，退守恒安。但苑君璋的部属大部分都是中原人，此时都叛逃离开了他。苑君璋走投无路，只得向唐朝投降，主动请求抵御外敌以赎罪。后来，唐高祖封高满政之子高积为上柱国，承袭高满政的爵位。

第二节 职官政绩

一、荣州都督

樊 偘 生卒年未详。早年以文学知名，敏锐务实，临机行事果断，历任黄门大中大夫、荣州都督、益州大都督府司马、蜀州防御副使等职。

二、荣州刺史

韦 玠 北齐韦粲玄孙，荣州刺史。

柳 奭 ？—659，字子邵，蒲州解（今山西永济虞乡）人，唐高宗王皇后的舅舅。其父在隋朝时出使高丽而亡，柳奭前往迎丧，啼哭伤心到了极点，为高丽人所称赞。贞观年间，累迁中书舍人。后来外甥女王氏晋封皇太子妃，遂被任命为兵部侍郎。皇太子妃晋封皇后以后，柳奭又升任中书侍郎。永徽三年（652），代替褚遂良担任中书令，兼任监修国史之职。五年（654）六月，中书令柳奭因王皇后失宠，内心不安，主动请求解职。

当初，武则天在贞观末年与唐太宗的妃嫔一起居住在感业寺，皇后及左右众人多次为她说情，唐高宗因而把她召回宫中，立为昭仪。不久，武则天获得高宗的宠爱，与王皇后以及萧淑妃相互诋毁。唐高宗最终没有接纳王皇后的劝谏，反而对武则天愈发宠爱。皇后感到害怕，十分不安，与母亲柳氏私下求助于巫祝，企图以巫术致武则天于死地。东窗事发后，高宗大怒，禁止柳氏入宫，罢免了中书令柳奭，并准备废黜王皇后，因长孙无忌、褚遂良等苦苦劝谏才作罢。

永徽六年（655）秋七月，柳奭被贬为遂州刺史，走到扶风时，岐州长史于承素上奏说柳奭漏泄朝中秘密，又被贬为荣州刺史。其在荣州经历了两个寒暑，前后约三年时间。显庆四年（659）七月，由于许敬宗等陷害，朝廷使者在象州杀害了柳奭，并抄没其家，其姻亲都被流放到岭南地区。

神龙初年，朝廷根据武则天的遗诏恢复了褚遂良、韩瑗等人的官职和爵位，受牵连者均予免罪。开元初年，柳涣为中书舍人，上书说：我的从伯祖柳奭在显庆三年（658）与褚遂良等五门一同被杀，子孙几乎消灭殆尽，只有曾孙柳无忝客籍龚州。况且我的伯祖无罪被杀，到现在尸骨仍流落他乡，未能还乡，愿陛下能让伯祖归葬，使其孤孙北迁。于是玄宗下诏，让柳无忝护送柳奭灵柩归葬乡里，官府资助丧葬费用。柳无忝后来官至潭州都督。

于志宁 588—665，字仲谧，京兆高陵（今陕西西安高陵区）人。曾祖于谨，有功于北周，被封为太师、燕国公。父亲于宣道，担任隋朝内史舍人。

唐高祖即将入关，于志宁率众官在长春宫迎接，高祖因他闻名当世，对他礼遇有加，授予银青光禄大夫。唐太宗为渭北道行军元帅时，召于志宁担任记室官，与殷开山等一同参议军事。唐太宗封秦王、天策上将，于志宁被授予天策府从事中郎、文学馆学士。贞观三年（629），累迁中书侍郎。

有一次，唐太宗在内殿设宴招待重臣，因没有见到于志宁，感到非常奇怪。左右回奏说："诏命是召三品以上的官员，于志宁并非三品，所以来不了。"于是，唐太宗特别下令预备酒宴，加授于志宁为散骑常侍，行太子左庶子，累封黎阳县公。

唐太宗对于志宁说："古时候，太子出生后即由士大夫背着，同时朝廷会立刻委派辅佐之官。当初周成王年幼，周公、召公做他的老师，每天让他听闻正道，耳濡目染，修身养性。现在皇太子年幼，希望您用正道辅佐他，不要让邪念在他的心里生根发芽，要勉励他不要懈怠。"于志宁认为太子李承乾在礼法和制度等方面多有不足，于是有意补救，撰写了《谏苑》二十卷来劝勉他。唐太宗非常高兴，赐予他黄金十斤、绢三百匹。贞观十四年（640），于志宁兼任太子詹事之职。

李承乾曾经在农忙之时营造宫室，连续几个月都不停止，且有较多不法行为。于志宁上书劝谏，承乾拒不接纳。承乾又命令宦官在他左右侍奉，于志宁上书劝谏，承乾看了之后很不高兴。承乾曾长期驱使管理车马的小吏，不许他们轮休，又私下带突厥达哥支进入宫内，于志宁又上书劝谏。李承乾大怒，暗中派遣刺客张师政、纥干承基前去刺杀他。二人潜入于志宁府第，见于志宁在草庐中守丧，垫着草苫，枕着土块，最终不忍下手。李承乾败亡，经过审问，唐太宗才知道事情的来龙去脉，对于志宁说："知道你多次规谏太子，毫无保留。此事罪不在你。"右庶子令狐德棻等因未能上书规劝太子，都遭到了贬责。

唐高宗为皇太子时，于志宁又被授予太子左庶子之职，不久，升任侍中。永徽元年（650），加光禄大夫，进封燕国公。

武则天因于志宁不肯归附，对他怀恨在心。等到许敬宗审问长孙无忌时，有人诬陷于志宁为长孙无忌同党，于志宁因此免职，不久，被贬为荣州刺史。麟德元年（664），转任华州刺史，因年老请求归养。二年（665），在家中去世，享年七十八岁。后朝廷追赠他为幽州都督，谥号"定"。

三、荣州长史

冯昭泰　生卒年未详，字遇圣，长乐（今福建长乐）人。志气刚强，不畏强权，为政之风，雷厉风行，异乎寻常。最初担任左奉裕之职，后来调任荣州长史。下属官员轻慢法度，冯昭泰将其绳之以法。进入计会府后，仇家肆意诬告，冯昭泰对那些诽谤诬陷者都处以杖刑。不久升任宋州司马。

景龙元年（707），由邢州刺史调任睦州刺史，拜鄂州刺史。后来因遭小人诬陷，被贬为荣州司马。不久，调任温州长史、括州刺史。景龙三年（710）去世，后朝廷议谥"诚"，追赠工部尚书。

第三章 五 代

第一节 荣地封爵

王宗智 生卒年未详，前蜀高祖王建第五子，母亲陈妃。武成三年（910），被封为荣王，后来徙封为韩王。乾德六年（924），被罢免军使之职。

第二节 职官政绩

一、刺史

赵延进 926—999，澶州顿丘（今河南清丰西）人。父亲赵晖曾担任过后周太子太师。赵延进很爱学习，曾与军中少年进入百姓家索取财物，赵延进仅带着数十编书籍而去，同去诸人都嘲笑他。

五代后汉末年，赵晖担任凤翔节度使，还没来得及赶赴藩镇，王景崇就据城叛变，于是朝廷任命赵晖担任都招讨，率军前去平叛。赵延进此时年仅十八岁，就已多次担任军队的前锋。王景崇之乱平定后，赵延进因功被授凤翔牙内指挥使，领贵州刺史。赵晖调任宋州，赵延进担任牙前将校，后改任荣州刺史。睢阳有盗寇数百人，为当地百姓心腹大患。赵延进根据父亲的命令，率亲兵千余人将其悉数擒杀，朝廷下诏予以褒奖。

宋初，升任右羽林军将军、濠州都监。恰逢宋军讨伐蜀地，赵延进上书指出襄州是进入四川的津要所在，于是被朝廷任命为钤辖、同知州务。蜀地平定后，赵延进全权掌管襄州政务。汉江每年都会发大水，冲坏河堤，破坏民田，因此需要经常维修。赵延进累石为岸，杜绝了汉江水患。后调任两浙地区，担任漳泉国信使。开宝二年（969），被授予右龙武将军，知灵州。因母亲年迈，不愿调任，于是担任权判右金吾街仗使，后历知河中府及梓、相、青三州。

辽人骚扰边境，朝廷命赵延进与崔翰、李继隆带领八万军队抵御，并颁发了布阵图，将军队分为八阵。军队驻扎在满城，辽军的骑兵一起赶到，赵延进登高远望，见辽人军队向东西方向绵延布阵，看不见边际。崔翰等按图布阵，各阵相距百步，士兵心生畏惧，毫无斗志。赵延进对崔翰等说：主上把边疆之事委托给我们，希望我们能克敌制胜。现在敌人如此之多，而我军像星星一样散布其间，形势非常危险，敌人如果与我相持，将如何摆脱危险呢？不如合兵一处，一决胜负。违背命令而获得战果，难道会辱没国家吗？崔翰等说：万一不能取胜，又该如何呢？赵延进曰：倘若失败，我一人承担责任。于是改为二阵，前后相倚。士气大振，大破敌军，俘获人马、牛羊、铠甲数十万。因功迁右监门卫大将军、知镇州。

至道二年（996），升任右金吾卫大将军。咸平二年（999）去世，享年七十三岁，追赠左武卫上将军。赵延进长相俊美，涉猎经史，喜爱赋诗，士大夫因此给予他很高的评价。他的妻子是淑德皇后的妹妹。

二、荣州录事参军

仲廷预　生卒年未详，不知何郡县之人。通晓古代典籍，但不屑于从事农业生产，因此常常饥寒交迫。曾任前蜀嘉王王宗寿的启蒙老师，因没有显赫之名，未受到王宗寿的礼遇。一次，恰逢冬天天气寒冷，嘉王府将旧的取暖器具送给王府学院的人使用，仲廷预独坐烤火，用竹筷子划拨炭灰时，突然发现了一双金质拨火筷子，于是求见王宗寿。王宗寿最初以为他另有所求，并未打算马上接见他，但仲廷预坚持求见，王宗寿才勉强召见了他。仲廷预从袖子里拿出金箸，详细讲述了发现的经过。王宗寿称赞说："我家中失去这个物件已经十多年了，您得到了它，还了回来，真有古人之风啊。"于是，下令给予仲廷预丰厚的赏赐。不久，又推荐他担任荣州录事参军之职。

第四章　宋

根据宋代制度，州分节度、防御、团练、刺史四等。节度为三品州官；防御、团练为四品州官；刺史为五品州官。开宝年间，一州只有一位刺史、一位司户。此后，又设立了推官、通判，且又设立监库、监酒、榷税、算，共计四员。曹官之外，又增加主管刑狱的官员。于是官员数量越来越多。

第一节　荣地封爵

一、荣王

赵元俨　？—1044，宋太宗第八子，小时候非常聪慧。太宗特别喜爱他，每次朝会宴请，都让他侍奉左右。太宗不希望赵元俨过早出宫，希望等到他二十岁时再去封地，且他在兄弟中行八，故而宫中称其为"二十八太保"。

真宗即位，授予检校太保、左卫上将军之职，封曹国公。第二年，升任平海军节度使，拜同中书门下平章事，加检校太傅，封广陵郡王。大中祥符元年（1008），进封为荣王。因他的侍婢纵火，火势蔓延到禁宫，被剥夺武信节，降为端王。每次见到真宗，他都痛心疾首，真宗很同情他的遭遇。

赵元俨额头宽阔，下巴丰满，严厉刚毅，有不可侵犯之势，天下之人都对他异常尊崇。他事奉母亲王德妃非常孝顺，母亲每次生病，他都亲自端药去，一早一晚都要在熏沐之后焚香祷告，忧虑得吃不下饭。母亲去世后，伤心哀痛超过常人。他平生没有什么其他嗜好，只喜欢书籍，爱好文辞，擅长王羲之父子的书法，尤长于飞白书。

赵曮条教碑

庆历三年（1043）冬，天气寒冷、大雪不断，赵元俨已经病得非常厉害。仁宗非常忧虑，亲自到他病榻之前为他调药，然后屏退左右，跟他密谈了很久。元俨所说的都是忠直之言。仁宗于是赐给他白银五千两，赵元俨坚持不受，说：“我衰弱到了极点，马上就要死去了，何必浪费国家大笔费用呢？”仁宗听后，为之流泪不已。庆历四年（1044）正月，元俨去世，获赠天策上将军、徐衮二州牧、燕王，谥号“恭肃”。朝廷下诏，以元俨墨迹及所写诗作分赐重臣，其余收藏于秘阁。

赵德雍　生卒年未详，字仲达，魏王赵廷美的第四个儿子，受封荣州。淳化年间，被授予右骁卫将军，后历任右羽林将军、龙武二将军、蔡州观察使、咸宁郡公等职，以天平军节度观察留后终老，被追赠予宣德军节度、同中书门下平章事，谥号“康简”。当初，宋真宗对王旦等说：“在我身边担任护卫的人很多，应该按照供职时间的长短，逐步安排他们担任郡职。”于是，左监门卫大将军赵德雍等八人各被授予刺史。宋仁宗明道年间，被追封为广陵郡王。

赵曮　1192—1220，原名赵与愿，为宋太祖之后燕懿王赵德昭的九世孙。宋宁宗庆元四年（1198）八月，京镗等以宁宗没有子嗣为由，请求选择宗室之子养育。于是，朝廷下诏养赵与愿于宫中，与愿时年六岁。不久，任命他为福州观察使，赐名曮，封为卫国公。

开禧元年（1205）五月，下诏进封卫国公赵曮为皇子，赐今名，封为荣王。赵曮在荣州颁行法令，又修筑城墙二百丈。其荣王府邸至今尚存，即现在的废城址。

嘉定十三年（1220）去世，享年二十九岁，谥号“景献”。

二、荣国公主

兖国大长公主　1060—1083，宋仁宗第十一女。嘉祐六年（1061），初封于永寿，后进封荣国长公主。治平四年（1067），进封邠国大长公主。熙宁九年（1076），改封鲁国。下嫁左领军卫大将军曹诗。公主生性节俭，从不扩修池台苑囿等。熙宁十年（1077）夏，大旱，当时公主生日快要到了，曹家很隆重地为她做庆生准备。公主说：“今上正减少膳食，撤去宴会的奏乐，皇上尚能如此，我怎么能心安呢？”于是把庆生仪式全部取消。元丰六年（1083）去世，享年二十四岁，追封荆国，谥号“贤懿”。徽宗时，又追封兖国，后改为贤懿恭穆大长帝姬。

陈国公主　？—1117，宋哲宗的女儿，最初封德康公主，后进封瀛国公主、荣国公主。大观四年（1110），下嫁石端礼，徙封陈国，后改封淑和帝姬。政和七年（1117）去世。

三、和义郡王

赵士珸 靖康间人，岐简献王赵仲忽小儿子。士珸天资聪敏，儿童时，就俨然如成人一般老练。曾担任贵州团练使，带领义兵收复洺州，时年仅二十岁。后被封赠为太师、和义郡王。

四、荣国公[1]

赵士雷 生卒年未详，字公震，宋宗室，官至襄州观察使，封荣国公，谥号“良”。他以绘画享誉当世，宋徽宗曾为其《湘乡小景》题字。《宣和画谱》称其作画“有诗人思致”。至于画作中的绝胜佳处，往往难以用语言来形容。而他所画之花与竹，多在风雪荒寒之中，落笔时已与一般画家有所不同。

范百禄 1029—1094，字子功，成都人，进士，范镇之兄范锴之子。熙宁年间，邓绾推举他担任御史，他推辞不就任。

宋哲宗即位，升任中书舍人。司马光恢复差役法，担心吏人受贿，想对受贿者处以流放之刑。范百禄据理力争，说：百姓现在服役，接受别人的酬谢；免去差役，又会贿赂他人。如果用重法来处罚这种行为，那么脸上刺字和穿红色囚衣的犯人必将满大街都是。司马光恍然大悟，说：要不是你这番话，我都还不知道其中缘由呢。于是停止差役法。

元祐元年（1086），范百禄升任刑部侍郎，不久又兼任侍读、翰林学士。他向哲宗建言如何区分邪恶之人和正直之人，提出引导君主做某事的人是公正的，做某事的人为奸邪的，并分类说明，一共20多条。希望总结类似的经验，以观察分析其中各类情形，从而把奸邪者和正直者较容易地区分开来。后来，他以龙图阁学士职衔担任开封府尹，勤于百姓之事，断判及时，监狱中没有超期羁押的囚犯。

右仆射苏颂因稽留任命官员的制书而被免职，范百禄因同在中书省被罢免，出任资政殿学士、河中知府，后调任河阳府、河南府。绍圣元年（1094）去世，享年六十五岁，被追赠银青光禄大夫、荣国公。著有《荣国集》《奏议》《内制》《外制》等。

何执中 1043—1117，字俗[2]通，处州龙泉（今属浙江）人。进士及第，调任台、亳二州判官。此前亳州先后换了几任太守，政治都难以清明。曾巩到任后，很想有所改变，但环顾众多僚属，感觉没有值得信赖的人。而唯独对何执中一见如故，事无巨细，都委托给他裁决。后来亳州出现了邪教大案，久久不能结案，株连牵扯之人越来越多。于是，何执中审讯囚犯，听他们相互称牛羊之角为“股”，就问他们为何这样说，犯人们却闭口不言，相互之间对视，连脸色都变了。何执中说：“这一定是为其教祖张角避讳。”囚犯们纷纷磕头认罪。当时，蒋之奇素以强干精明著称于世，官吏们望风震慑，他见到何执中时，也高兴地说：“一州六县，全仰仗你了。”

当初何执中做太学博士时，因母亲去世而离职。当时他寓居苏州，半夜邻家着火，何执中正独守母

---

① 国公：爵名。晋朝时即指“公”。宋置，位郡王下，郡公上，从一品。

② 俗：《宋史》《续通志》同，《宋史新编》作“伯”。

亲灵柩，惊恐万分又不能离开，只好抱着灵柩号啕大哭，发誓与灵柩一起被焚。围观的人既悲悯他的孝心，又担心他的安危，过了一会，大火熄灭，灵柩安然无恙。

宋徽宗即位，破格提拔他担任宝文阁待制，后升任中书舍人、兵部侍郎、工部、吏部尚书兼侍读。当时，官吏大多把选任官员的有关档案藏在自己家里，借机向他人索取贿赂。何执中建议设置库架阁，命官员加强管理，后来六部机构都纷纷效仿这一做法。

崇宁四年（1105），拜尚书右丞。大观初，进职中书、门下侍郎，累官至金紫光禄大夫。

何执中与蔡京一同担任宰相，凡所实施，都是既定的成规，并没有什么建树。等到张商英任宰相时，何执中嫉妒他比自己强，与郑居中联合起来排挤他。

政和二年（1112），大长公主去世，徽宗取消了上元节端门观灯活动，何执中进言："不应当因为长主的事而扫了大家的兴，希望陛下下令改日举行，以表示与民同乐的意愿。"徽宗接受了他的意见，还延长了五天的观灯时间。

后来，他因负责编修《哲宗史纪》，被授予少保衔。参加太清楼的宴会，被赐予白玉带。适逢订正宰相官名，转任少傅，为太宰；又迁少师，封荣国公。

政和七年（1117）去世，享年七十四岁。徽宗亲临其家，以未能及时探望病情而深感遗憾，罢朝三天，追赠太师、清源郡王，谥号"正献"。

刘光世 1089—1142，字平叔，保安军（今陕西志丹）人，北宋徽宗时保信军节度使刘延庆次子。最初，刘光世因先代的功勋补三班奉职，累升鄜延路兵马都监、蕲州防御使。

靖康元年（1126），金兵攻打汴京，夏人乘机进犯杏子堡。该堡有两山对峙，地势险要，刘光世凭险固守，敌军大败而逃。升任侍卫马军都虞候。后金兵再次攻打汴京，刘光世带兵救援，听闻范致虚传布檄文通知各路勤王，立即准备率兵前往会合。

康王赵构即帝位，任命他为省视陵寝使，不久改任提举御营使司一行事务、行在都巡检使。斩山东盗贼李昱，迁奉国军节度使。平定镇江叛军后，改任滁濠太平州、无为军、江宁府制置使。高宗在扬州，金军骑兵突然来到天长，刘光世率军迎敌，还没赶到，宋军就溃散了。高宗仓促渡江，任命刘光世为行在五军制置使并令其屯驻镇江府，控制江口。不久加检校太保、殿前都指挥使的职衔。

伪齐刘豫修筑刘龙城以图谋淮西地区，刘光世遣王师晟将其击败。朝廷加授刘光世保静军节度使，统领三镇。

张浚巡抚淮河地区各军，刘豫带领金兵分多路入侵，朝廷命令刘光世屯驻庐州招降刘豫部众，同韩世忠、张俊鼎足而立，杨沂中率领精兵为后援。刘猊驱使乡民伪装成金兵，分布在淮河地区。刘光世上奏庐州难以守卫，秘密同赵鼎联系，想返回太平州。张浚命令吕祉急速前往军中监督，刘光世已舍弃庐州退走，张浚派人约束其部众，说："如果有一个人渡江，立即斩首示众。"刘光世迫不得已，率军与杨沂中相互呼应。同时，派王德、郦琼领兵从安丰出谢步，同金军交锋三次，大获全胜。张浚入朝回答宋高宗的询问，说刘光世骄惰不战，不能担任大将，请求罢免他。高宗命他与赵鼎商议，赵鼎说："刘光世将门子弟，将士很多出自刘家门下，罢免他恐怕会动摇军心。"于是改任护国、镇安、保静军节度使。

后来，朝廷任命他为少师，充任万寿观使，封为荣国公，赐上等宅邸一所，将其麾下军队拨给都督府统辖。

绍兴九年（1139），沿用同金朝讲和对臣属加封官爵的旧例，赐号“和众辅国功臣”，晋封为雍国公、陕西宣抚使。卒年五十四岁，追赠太师，其子孙、甥侄获封官者有十四人，谥号“武僖”。乾道八年（1172），追封安城郡王。开禧元年（1205），追封鄜王。

钱　忱　？—1161，字伯诚，开封府（今河南省开封市）人，吴越王钱俶五世孙。父钱景臻，娶仁宗第十女秦鲁国大长公主。生钱忱，宋神宗赐今名，后担任庄宅副使、骑都尉。

神宗曾对景臻说：“秦鲁国公主贤淑，理当有子，日后务必为你们的儿子选择好的配偶。”后来钱忱娶唐介孙女，又娶晁迥外孙女，因而得以跟两家交往，加之伯父钱勰又在翰林院，因而结识了不少达官名流。

哲宗在位时非常喜爱他，常常让他侍奉左右。徽宗登基后，任命他为邕州观察使，迁武宁军观察留后，因欣赏他的恭敬谨慎，又任命他为泸州节度使。宋钦宗时加检校少保，不久纳还符节。宋高宗即位，任命他为检校少保、泸州节度使、中太一宫使，并御笔题写“忠孝之家”四字给他，又升开府仪同三司。绍兴十五年（1145），因秦鲁公主丧期结束，授少保，封荣国公。三十年（1160），迁少师，因袭旧节，退养，给实俸。次年去世，享年八十余岁，追赠太师。

郑　藻　生卒年未详，开封府（今河南开封）人。绍兴九年（1139），升任陇州防御使。郑藻跟宋徽宗之显肃皇后郑氏的血缘最近，因而衔命出使金朝。回朝后，于绍兴二十一年（1151）由镇东军承宣使知阁门事干办皇城司升任保信军节度使，领阁门事。郑藻前后四次出使金朝，加封太尉。卒后追封荣国公。

赵　挺　生卒年未详，宋孝宗孙。乾道二年（1166）六月，被封为荣国公。

五、荣国夫人

韩肖胄母文氏　生卒年未详，北宋名相文彦博孙女。绍兴三年（1133），韩肖胄即将使金，母亲文氏对他说：“你家世世代代接受国家恩惠，你如今马上就要受命出发了，请不要因我老迈而有所顾虑。”高宗称她为贤母，封其为荣国夫人。

六、和义郡夫人

高宗宪圣慈烈吴皇后　1114—1197，开封府（今河南开封）人，曾受封为和义郡夫人。父亲吴近因吴皇后地位尊贵，官至武翼郎，被朝廷赠予太师衔，追封吴王，谥号“宣靖”。

康王即帝位，是为宋高宗，吴氏常穿戎装服侍左右。吴氏知书达理，随高宗驾幸四明，卫兵谋叛，闯入皇宫，询问高宗所在，吴氏以计骗叛军离开，高宗得以幸免。不久，高宗出海避难，有鱼跃船上，吴氏对高宗说：“这是周人白鱼入船的吉祥之兆。”高宗非常高兴，册封她为和义郡夫人。返回临安后，晋封为才人。吴氏广泛涉猎书史，又善文章书画，高宗对她的宠爱日甚一日，与张氏同列婉仪之列，不久又进封为贵妃。绍兴十三年（1143），吴氏被册立为皇后。

高宗的母亲显仁太后韦氏秉性严肃，吴后亲自侍奉太后的起居，顺承太后意旨。曾绘制《古列女图》，放在座位上以为借鉴；又取《诗序》大义，给自己的正堂题匾曰“贤志”。

高宗传位皇太子赵昚（宋孝宗），手诏称吴后为太上皇后，迁居德寿宫。孝宗即位，给吴氏上尊号为“寿圣太上皇后”。乾道七年（1171），加尊号“寿圣明慈”。淳熙二年（1175），为太上皇举行庆寿礼，又为太上皇后加尊号“寿圣齐明广慈”。淳熙十二年（1185），又加尊号“备德”。高宗去世，遗诏改称吴氏为皇太后。孝宗准备接太后吴氏回内宫奉养，吴氏因高宗生前所用的几筵在德寿宫，不忍离开，于是命名所住宫殿为“慈福”，并长期住在那里。

光宗即位后，她改号“寿圣皇太后”。绍熙四年（1193），吴氏已 80 高龄。光宗觐见太后，行封册礼，为其加尊号“隆慈备福”。五年（1194）正月，光宗率群臣为太后举行庆寿礼，嘉王（后来的宋宁宗）在身旁侍奉，吴氏勉励他认真读书，以明辨邪正、树立纲常为当务之急。这年夏天，孝宗去世，于是改太后尊号为“太皇太后”。

庆元三年（1197）十月，太后吴氏重病，光宗下诏祈祷天地、宗庙、社稷，大赦天下，月余，吴氏去世，享年八十三岁。

孝宗蔡贵妃 生卒年未详。最初入宫时，其封号是红霞帔，后被封为和义郡夫人，又升为婉容。淳熙十年（1183）冬，被册封为贵妃。淳熙十二年（1185）秋去世。其父蔡滂曾担任宜春观察使。

光宗黄贵妃 生卒年未详。淳熙末年，于德寿宫被封为和义郡夫人。光宗为太子时，身边没有侍姬，孝宗把黄氏赐给他，于是黄氏独受宠爱。光宗即位后，册封她为贵妃。绍熙二年（1191）冬十一月，为皇后李氏所杀。光宗闻此消息，忧郁而病。

第二节 职官政绩

一、荣州知州、刺史

王 明 918—991，字如晦，大名成安（今河北成安）人。后晋天福年间，考进士屡屡不中。骁骑将药元福时任原州刺史，征召他担任从事官。冯晖为灵武节度使时，上表推荐他出任观察巡官。后周广顺初年，药元福担任陈州防御使，上奏朝廷保举他为陈州判官。此时，刘崇进犯晋州，朝廷命令药元福领兵救援，诸事大多向王明咨询。

宋初，荆南高继冲入朝觐见，被授予彭门节度使，王明被任命为武宁军节度掌书记。乾德初，宋太祖召集公卿近臣，让他们各自推举身家清白且有官吏才干者一人，给事中马士元推荐了王明，王明由此被朝廷征召，任左拾遗。蜀地平定后，王明被选任荣州知州，是北宋立国后第一位出任荣州最高地方长官的人。任满回朝，升任右补阙。后担任岭南副使，在任期间，王明走遍辖区，视察民间疾苦，凡是以前没有名目的苛捐杂税，全部上奏太祖请求废除，岭南地区于是得以安定。

太宗即位，王明兼任江南诸路转运使。后来，朝廷征召他为右谏议大夫，充三司副使。太平兴国七年（982），与侯陟同判三司事。八年（983），王明改任左谏议大夫、盐铁使，又升任给事中。雍熙四年（987），改任光州刺史，出知并州。淳化二年（991）去世，享年七十三岁，入祀名宦祠。

刘　蔚　生卒年未详。开宝三年（970），以秘书丞的头衔担任荣州知州。以文学闻名于世。当时，应灵县前任知县勾延庆著《锦里耆旧传》，刘蔚认为该书用词芜秽，于是请勾延庆加以修改，改名为《成都理乱记》。对后唐天成年之后的事迹重新进行编定。书成，时间上起咸通九年（868），下至乾德四年（966），百余年间的蜀地主要历史大事借此得以保存。

刘　兼　约生于五代至宋初，长安（今陕西省西安市）人。宋太祖曾下诏命令刘兼等人修编五代史，同时刘兼又有《长春节》诗。刘兼曾担任荣州刺史，乾德三年（965）五月，朝廷下令起居舍人刘兼担任泗州通判，兼领兵马都监。撰有《初至郡界》《登郡楼书事》《郡斋寓兴》等诗。

张　佖　五代至宋初，常州武进（今江苏省常州市）人，张训之孙。曾为南唐进士第一名，于南唐后主李煜朝担任考功员外郎，后晋升中书舍人。

建隆二年（961），担任句容县尉，上书提出十条建议。南唐后主非常赞赏，擢升其为监察御史。开宝五年（972），因南唐降低制度规格，改任内史舍人。开宝八年（975），归附宋朝，随后主李煜入宋，以南唐旧臣的身份被录用。朝廷授予他赞善大夫、吏部判官，后出任荣州知州。

宋太宗在位时，有一天张佖在史馆，太宗问他："爱卿家里每天吃饭有多少人，都谈论什么事情？"张佖回答说："我的亲戚和故友大多客居都城，穷苦潦倒，缺衣少食。我家拖累比较轻，而俸禄相对优厚，因此，他们常常到我这里来吃饭，我没有办法拒绝，不过吃的仅仅是菜羹罢了。"第二天，宋太宗派人前去查看，果然，宾客吃的仅仅是米糁和菜羹，所用的餐具都是陶器。太宗赞赏他的坦白，升他担任郎中。张佖在故乡的宅第被乡人称为"菜羹张家"。太宗至道年间，升任给事、判大理寺。不久去世。

张佖为人厚道，在洛阳地区做官时，每到寒食节，必定亲自拜谒后主李煜墓地，哀痛哭泣。李煜子孙家道渐衰，张佖常常分出部分俸禄资助他们。

张　枢　生卒年未详，曾任秘书丞之职。宋太宗淳化五年（994）十二月，王小波、李顺农民军攻入荣州，张枢此时担任荣州刺史，把郡守印及所受告敕献给农民军，并接受任命，出任荣州刺史。农民军失败，张枢被俘，王继恩向宋太宗报告此事，将张枢斩杀于州市。

李虚己　生卒年未详。字公受，建州建安（今福建建瓯）人。五世祖李盈在光州时，随王潮迁到福建，于是在建安定居下来。其父李寅节操高尚，曾在南唐政权为官，官至诸司使。南唐政权覆亡后，宋廷授予李寅殿前承旨，被他拒绝。后举进士，担任衢州司理参军。因母亲年老，弃官而去。

李虚己亦中进士，历任沈丘县尉，知城固县，后改任大理评事，累迁殿中丞，提举淮南茶场。朝廷命他出任荣州知州，未及赴任，又改任遂州刺史。

李虚己生性平和旷达，事奉双亲至孝。李虚己的母亲失明了，医生说："凡眼睛如果有浮翳内障，若能用舌头舔舐千日的话，不需用药即可痊愈。"李虚己坚持舔了两年，母亲的眼睛就能看见东西了。

其平生喜爱作诗，多次与同年进士曾致尧（曾巩的祖父）及女婿晏殊唱和。当初，曾致尧曾对李虚己说："您的词诗虽然不错，但在音韵方面使用了太多的哑韵。"李虚己当时未领会其意，后来通过沈休文所说的"前有浮声，则后须切响"而有所领悟，精通格律。著有《雅正集》十卷。

折惟忠　生卒年未详，字荩臣。最初因其兄折惟信战死，补西头供奉官，擢阁门祗候。到折惟昌死后，朝廷任命折惟忠担任六宅使，知府州兼麟府路都巡检使，领普州刺史。又升任左藏库使，出任嘉州刺史，后改任资州，又任简州团练使。其母亲去世后，朝廷起用他担任云麾将军，死在任上。民国《志》载：旧志说他在荣州做过官，或许史籍记载有所佚失。

折惟忠通晓军事。宋仁宗天圣年间，契丹与西夏在境上会合军队，名义是因为两国之间有婚嫁之事，折惟忠探查到其中实情，率所属部队前往，并告诫士卒切勿轻举妄动。一天，风吹尘起，天色阴晦，突然有马匹跑到宋军大营中，大家纷纷认为是敌人快到了，折惟忠坚持不可轻动，然后命令先把进入营中的马抓住，结果抓到数匹未配备鞍辔的马，原来是敌人故意放出来的。折惟忠死后，朝廷录用其弟侄子孙等七人，并让其子折继宣承袭州郡官职。之后，还特别追赠折惟忠耀州观察使之职。

李　畋　生卒年未详，字渭卿，自号谷子，成都人，淳化三年（992）进士。年少时，曾师从任奉古，博通经史，以著述为毕生志向。李畋生性恬淡谦逊，不热衷功名仕途。廷试之后，曾隐居于永康军的白沙山，跟从他学习的人非常多，由此为士大夫所赞赏，北宋名臣张咏（字乖崖）对他尤其器重。任中正向朝廷推荐他，请求给予"处士"称号，朝廷任命他为校书郎；凌策又向朝廷推荐他，朝廷授予他怀宁主簿、国子监说书，后改任大理丞，又知泉州、惠安县等地。后因自己所撰之书未成，再向朝廷乞求国子监说书之职，以便完成著述之业。后出任荣州刺史。宋神宗熙宁年间，以国子博士辞官归乡。著《孔子弟子传赞》六十卷，又与门人宾客作《该闻录》十卷、《集》十卷，编有《张乖崖语录》四卷，所著歌诗杂文总计有百卷之多。享年九十岁，入祀名宦祠。

宋仁宗明道年间，李畋任荣州知州届满还朝，力言荣州盐政的弊端，朝廷因此废除岁捐额度三十万斤，发还从事杂役的人315家。荣州人非常感激他，把他待过的地方起名叫"来苏"，后荣县来苏乡即得名于此。

当初，李畋在担任国子监直讲时，一直希望外任州郡而未能如愿。一天，学生们早晨起来拜见，突然发现他的头巾角上起火，当天，朝廷奏报就到了，任命他为荣州刺史。这就是李畋"两火为荣"的传说。

罗　拯　1016—1080，字道济，祥符（今河南省开封市）人。北宋进士，宋仁宗时，出任荣州知州。荣州位于两江之间，每次江水上涨，水都会冲毁城墙。罗拯修筑了东西两道大堤，消除了水患。后来，他出任秀州知州，又历任江西转运判官、提点福建刑狱。

熙宁四年（1071）五月，高丽国来朝贡。高丽被辽国阻隔，已经有四十三年不与中国交往了。此时，福建转运使罗拯命商人黄真、洪万招代表朝廷暗中与高丽结交，高丽国派代表王徽跟随黄真一同返回福建，并向宋朝递交国书，表示高丽国愿意纳贡称臣。罗拯向朝廷汇报此事，朝廷商议后认为可以与高丽国结盟以对抗辽国，命令罗振向高丽传达结盟意愿。王徽于是派遣民官侍郎金悌等，由登州入朝纳贡。从此，高丽国与中国恢复了外交关系。朝廷给罗拯加官天章阁待制。在任七年后，改任永兴军及青、颍、秦三州刺史。卒年六十五岁。以其功绩，入祀荣州名宦祠。

王　淮　生卒年未详，郪县（今四川三台南郪江乡）人。父王求，进士及第，宋神宗熙宁年间担任平羌县事，闻名当时。

王　淮　宋神宗元丰二年（1079）进士，官至荣州刺史。节操高尚，闻名当世。去世后，入祀荣州名宦祠。

狄　咏　生卒年未详，字子雅，汾州（今陕西省汾阳市）人，北宋名将狄青第二子。因父亲的缘故，得封内殿崇班、閤门祇候。宋神宗熙宁七年（1074），出任泷州刺史，有政绩。皇帝下诏予以奖谕，不久即以如京副使身份出任荣州知州，后升为皇城使兼閤门通事舍人。

西夏入侵洮西，狄咏力战，将其击退，升任西上閤门副使，知广信军。熙宁九年（1076），改任成都府、利州路钤辖。后来，敌寇入侵威州、茂州一带，狄咏带兵平叛，亲冒矢石，奋勇杀敌。战后，升任客省副使、西上閤门使，权环庆路副总管。宋神宗元丰四年（1081），出使辽国。

神庙大长公主成年后，宋哲宗想为她挑选合适的丈夫，在士族中广泛挑选，都没有合意的人。狄咏风度仪态非常优美，近臣问："不知陛下想要选一个什么样的人？"哲宗说："要像狄咏一样才行。"从此，天下称狄咏为"人样子"。

宋昌宗　生卒年未详。宋徽宗宣和初年，担任荣州刺史。曾刊刻宋真宗的诏条。先后出任资州、荣州刺史。即将出任梓州路转运使时，适逢当时施行的盐酒法弊端丛生，狱中人满为患，唯独宋昌宗认为此法不当，从而引发争论，盐酒制度因此得以改进。但宋昌宗仍然争论不已，因此被罢官归家。《氏族谱》记载：宋氏家法虽然严厉，但对于百姓却非常宽容。例如宋昌宗争论盐酒法，就是典型的事例。因此，宋昌宗致仕后得享高寿。

滕　祷　生卒年未详，字光美，北宋吴县（今江苏苏州）人。因祖上功勋，荫补为石埭县尉。历任淮南发运使、知资州、广安军、荣州。徽宗、钦宗被金军俘虏，押往北方，滕祷与兄长侍郎滕茂实、宗正丞滕裪亦同时被俘，坚贞不屈，当时人们称他们为"三滕"。

史　炜　生卒年未详，眉州（今四川眉山）人。宋高宗绍兴九年（1139），在荣州知州任上刻《九域图碑》。绍兴十年（1140）四月，史炜任利州路提点刑狱公事，不久转任潼川府签书节度判官厅公事。当时，吴玠弹劾范正己、陆彦钦专权轻慢，二人被罢免后，吴玠怀疑范正己等私藏印章，命潼川府查办此事，史炜认为此事子虚乌有，据实上奏。朝廷察觉实情后，终止了调查。

薛仲邕　生卒年未详，河东（今山西省境内）人。知荣州，在任期间曾上奏朝廷，请求赐予荣州年长而有德行之人官冠和玉带。有一次，他对宋高宗说："如今君主贤明，臣子忠心，上下同心同德，一定能实现太平之治。如果不随意使用官吏，不横征暴敛，则郡县不会遭到骚扰。"请求对下级官吏严加管束，高宗最终采纳了他的意见。

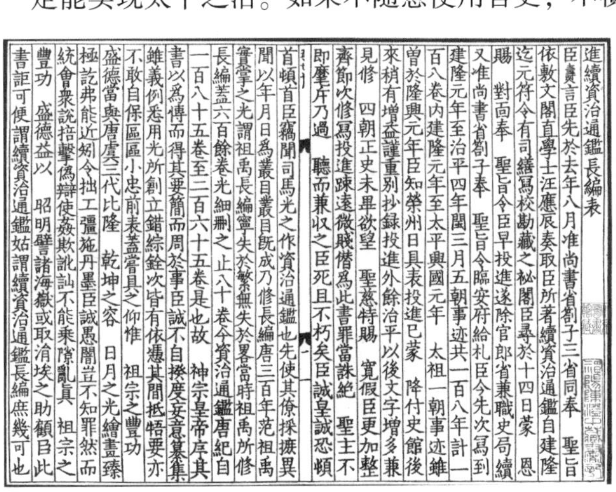
進續資治通鑑長編表
臣燾言臣先於去年八月准尚書省劄子三省同奉 聖旨
依敷文閣直學士汪應辰奏取臣所著續資治通鑑自建隆
迄元符令有司繕寫校勘藏之祕閣臣尋於十四日蒙 恩
賜 對面奉 聖旨令臣早投進遂除官郎省兼職史局續
又准尚書省劄子奉 聖旨令臨安府給札臣令先次寫到
建隆元年至治平四年閏三月五朝事迹共一百八年計一
百八卷內建隆元年至太平興國元年 太祖一朝事迹雖
曾於隆興元年臣知榮州日具表投進已蒙 降付史館後
來稍有增益謹重別抄錄投進外餘治平以後文字增多兼
見修 四朝正史未畢欲望 聖慈特賜 寬假臣更加整
齊節次修寫投進踈遠微賤僭爲此書罪當誅絕 聖主不
即麾斥乃過 聽而兼收之臣死且不朽矣臣誠惶誠恐頓
首頓首臣竊聞司馬光之作資治通鑑也先使其僚採擴異
聞以年月日爲叢目叢目既成乃修長編唐三百年范祖禹
實掌之光謂祖禹長編寧失於繁無失於畧當時祖禹所修
長編蓋六百餘卷光細刪之止八十卷今資治通鑑唐紀自
一百八十五卷至二百六十五卷是也故 神宗皇帝序其
書以爲傳而得其要簡而周於事臣誠不自揆度妄意纂集
雖義例悉用光所創立錯綜銓次皆有依憑其間抵牾要亦
不敢自保區區小忠前表蓋嘗具之仰惟 祖宗之豐功
盛德當與唐虞三代比隆 乾坤之容 日月之光繪畫臻
極訖弗能近矧令拙工彊施丹墨臣誠愚闇豈不知罪然而
統會衆說掊擊僞辯使姦欺詭訕不能乘隙亂眞 祖宗之
豐功 盛德益以 昭明譬諸海嶽或取涓埃之助顧臣此
書詎可便謂續資治通鑑姑謂續資治通鑑長編庶幾可也

宋刻本《续资治通鉴长编》

李　焘　1115—1184，字仁甫，眉州丹棱（今四川丹棱）人，唐宗室曹王的后代。父亲李中登进士第，知仙井监。李焘成年后，对靖康之耻未报感到愤懑，于是撰写《反正议》十四篇。他于绍兴八年（1138）登进士第，调任华阳主簿，再调雅州推官，又改任双流知县。

李焘以读王安石的著述为耻，他博览典籍，搜罗百家，把史学作为自己的责任与担当，于本朝典故特别用心，仿司马光《资治通鉴》体例，将当朝史事上起建隆，下至靖康，编为一书，取名《续资治通鉴长编》。又仿效司马光《资治通鉴》体例，编著《百官公卿表》。

宋高宗绍兴年间，从四川制置任上调任荣州知州。荣州以两条溪为护城河，夏秋两季，大雨常常造成水患，李焘于是筑堤以抵挡水患。后升任潼川府路转运判官，入境之时，弹劾不称职的太守和县令四人。所属县多聚敛民财，李焘总计一路财赋数额，通算有无情况，酌取三年中的平均数，确定收取标准，上报朝廷，颁行州县。

乾道四年（1168），他向朝廷进呈《续资治通鉴长编》从建隆至治平年间的部分，共计108卷。五年（1169），升任秘书少监兼权起居舍人，不久又兼任实录院检讨官。

李焘担任左史官时，曾请求恢复明堂礼制；在周必大担任礼部尚书后，又向其反复申说其中的意义。在其努力下，明堂礼才得以实行。

淳熙七年（1180），《续资治通鉴长编》全书完成，上呈皇帝，皇帝下令珍藏在秘阁中。李焘纂修此书，宁可失于烦琐，也不失于简略，记载了北宋一祖八宗之事，总计978卷，《总目》五卷。依照熙宁年间修纂《三经》的体例，损益四千四百余件史事，孝宗称此书可以与司马迁《史记》相媲美。李焘曾举汉代石渠阁、白虎观的先例，请孝宗做出裁决，并请求其在全书前面加一篇序文，孝宗答应了他，可惜却未能完成。

十一年（1184）春，李焘告老还乡，孝宗特下诏予以挽留，并多次询问他的病情。给事中宇文价负责传达孝宗的旨意，李焘说："臣子怀念朝廷，若不是年老多病，谁又忍心讨还这把老骨头呢？"他还向宇文价询问当前政事，勉励后者忠心报国。他又听说四川请求削减酒税数目，还上手札赞同朝廷实行此事。

病重之际，朝廷授予他敷文阁学士之衔，并准予他退养。朝廷命令下来，李焘高兴地说："事情总算完结了。"并口授遗表说："臣下已经七十岁了，死了也不算夭折，所遗憾的是报效国家还不够。希望陛下仿效太祖，经略远大规划；以唐太宗为榜样，任用贤才。"语气舒缓，说完就去世了，享年七十岁。

宋孝宗听闻此事，叹息哀悼，追赠他为光禄大夫，谥号"文简"，此后又追赠他为太师、温国公，入祀名宦祠。一天，孝宗对宇文价叹息说："我曾经答应李焘题签'续资治通鉴长编'七个字，并且按照神宗旧例写一篇序言，没想到就这样结束了。"

晁公武 1105—1180，字子止，巨野（今山东巨野）人，著名目录学家、文献学家。晁冲之之子，世称昭德先生。晁氏原籍为澶州清丰（今河南清丰），到六世祖晁佺时，全家搬到彭门（今江苏徐州）。五世祖晁迥，著有《昭德新编》等书。"昭德"二字源自皇帝赐予晁氏京城住地所在牌坊的名字——昭德坊，晁氏子孙因之以"昭德"为文集命名。

靖康之变后，宋室南迁，晁公武带领全家迁到蜀地，此后世世代代均在蜀中居住。晁公武与仁寿喻汝砺、丹棱李焘世代交好，为一时名士。晁公武长于讨论当时理乱兴衰的原因，追溯历史，回溯

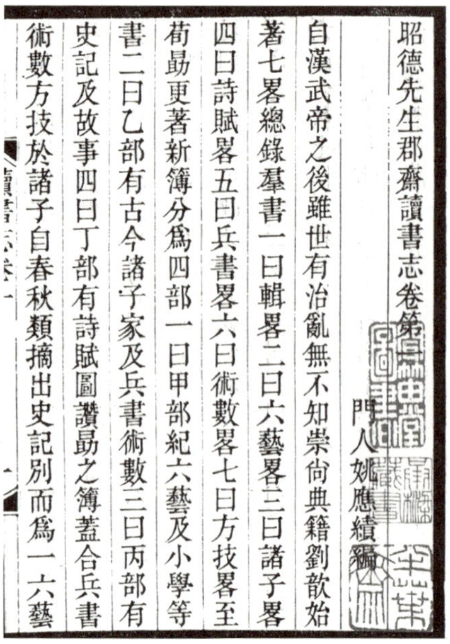
昭德先生郡齋讀書志卷第
門人姚應績編
自漢武帝之後雖世有治亂無不知崇尚典籍劉歆始
著七畧總錄羣書一曰輯畧二曰六藝畧三曰諸子畧
四曰詩賦畧五曰兵書畧六曰術數畧七曰方技畧至
荀勗更著新簿分爲四部一曰甲部紀六藝及小學等
書二曰乙部有古今諸子家及兵書術數三曰丙部有
史記及故事四曰丁部有詩賦圖讚勗之簿蓋合兵書
術數方技於諸子自春秋類摘出史記别而爲一六藝

《郡斋读书志》书影（一）

北宋遗风，又善文辞。高宗绍兴初年，晁公武中进士。绍兴二年（1132）二月，为吏部员外郎兼国史院编修官。三月，以枢密院检详诸房文字。二十一年（1151），以侍郎身份改任荣州刺史。在任期间，动用民工两万多人重建四座环城石桥，又在东山摩崖纪事，至今遗迹尚存。晁公武家富于藏书，又得井度藏书五十箱。他在荣州刺史官邸撰成我国第一部私家书目提要——《晁氏郡斋读书志》。晁公武后来又担任成都知府，官至敷文阁直学士、吏部侍郎，又任扬州、潭州、四川制置使。他严格管束官吏，爱护百姓，百废俱兴，没有积压的案件，人称“良吏”。死后葬于嘉定州（今四川乐山）符文乡。著有《昭德文集》《石经考异》《中庸大全》等。

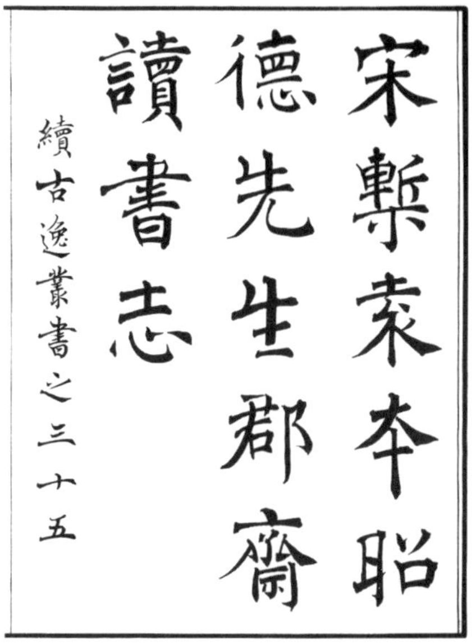
宋鼂袁本昭
德先生郡齋
讀書志
續古逸叢書之三十五

《郡斋读书志》书影（二）

费　庭　生卒年未详，字直夫，安仁（今湖南安仁）人。绍兴二十六年（1156）担任荣州知州。赵开曾在高宗建炎年间担任四川转运使，变革酒法，设置隔槽，并派遣官吏主管。该法令任凭百姓取米赴官自酿，分槽酿酒出卖。官府根据所交来的米征收酒税，如果以后卖酒亏损了，则由百姓负担亏空。在实际操作中，官府只认定每月的税额，不再复核米的数量，目的只是收钱，百姓认为这是弊政。费庭担任荣州刺史前四天，入见高宗陛辞，乘机建言：“酒户拿米容易卖酒难，一定会伤害民本。只要听从百姓的意愿，顺应民心，就不会有问题了。”朝廷下诏说：“近来荣州刺史费庭认为蜀中隔槽酒的制度非常扰民，这是当初张浚、赵开因为军事需要而做出的变通处理，主要是为解决地方财政紧张的问题，现在既然已经讲和，这项制度自然应当更改。”

赵　愭　1144—1167，宋孝宗嫡长子，母郭皇后，光宗长兄，世称庄文太子。初名愉，先补右内率府副率，不久赐名愭。绍兴二十八年（1158），任右监门卫大将军、荣州刺史。宋孝宗为皇子时，授予赵愭蕲州防御使之职。宋孝宗即位，赵愭被授予少保、永兴军节度使，封为邓王。按照惯例，皇子出就封国，会封王，兼任两镇，然后加“司空”衔。赵愭从防御使越级提升为少保，可见朝廷对他礼遇特殊。

宋孝宗乾道元年（1165），赵愭被立为皇太子，册封广国夫人钱氏为妃。孝宗下诏增加东宫的侍从和卫兵，太子赵愭委婉地加以拒绝。三年（1167）秋，太子中暑热，御医用药有误，使太子病情加剧。太上皇宋高宗与皇帝宋孝宗亲自慰问病情，为此还大赦天下，但其三天后就去世了，享年二十四岁，谥号“庄文”。

赵　惇　1147—1200，宋孝宗第三子，母成穆皇后郭氏。绍兴十七年（1147）九月生于藩邸。二十年（1150）被赐现名，授右监门卫率府副率。绍兴三十年（1160）五月，任荣州刺史，时年十三岁。世人相传他离开荣州时，由和义门上驾天桥而出，和义门因此改名为“绍熙门”。三十二年（1162）五月，宋孝宗即位，赵惇被任命为镇洮军节度使、开府仪同三司，封恭王。

庄文太子赵愭去世后，孝宗认为赵惇英武很像自己，就想册立他为太子。乾道六年（1170）七月，虞允文担任宰相，请求早立皇储。孝宗说：“我早就有此意图，但担心储位确定后，他容易骄慢放纵，不再勤奋学习，渐渐失德。我之所以没有立太子，是想让他得到更多的历练。”

七年（1171）二月，孝宗立赵惇为皇太子。四月甲子，命太子担任临安府判，不久，掌管临安府尹事。在临安期间，用心民政，审查实情。孝宗多次称赞他，并对丞相赵雄说："太子资质很高，每次派人来问安，我必定告诫他要留意问学。"淳熙十六年（1189）二月，宋孝宗禅位于赵惇，是为宋光宗。

庆元六年（1200）八月，光宗病逝于寿康宫，享年五十四岁。十一月，加谥号"宪仁圣哲慈孝皇帝"，庙号光宗。嘉泰三年（1203）十一月，又加谥号"循道宪仁明功茂德温文顺武圣哲慈孝皇帝"。

陆　游　1125—1210，字务观，越州山阴（今浙江省绍兴市）人。十二岁时就能写诗作文，凭借祖上的功勋补登仕郎。参加锁厅试，被推为第一，秦桧孙子秦埙排名在他后面。秦桧大为恼怒，遂降罪主考官。第二年，应礼部考试，考官又把陆游放在前面，秦桧遂公开黜抑他，从此陆游为秦氏所嫉恨。秦桧死后，陆游才到福州宁德担任主簿。淳熙元年（1174）十一月，他出任荣州知州，时年五十岁。第二年正月十日离任，在州仅七十天。

宋孝宗即位后，升任枢密院编修官兼编类圣政所检讨官。史浩、黄祖舜向孝宗推荐陆游，说他善于辞章，熟悉典故。召见后，孝宗说："陆游致力于学术，名声很大，言论切实。"于是赐陆游进士出身。

王炎宣抚川、陕等地，征召他担任干办公事。陆游为王炎陈说进取之策，认为经略中原必定从长安开始，攻取长安必定从陇右开始。应当囤积粮草，训练军队，有机会就进攻，没有机会则专事防守。

范成大统管蜀地，陆游担任参议官，以文章相交，而不拘泥于礼法，人们讥笑他颓放，他索性自号"放翁"。后来，升迁至江西常平提举。

绍熙元年（1190），任礼部郎中兼实录院检讨官。嘉泰二年（1202），朝廷以孝宗、光宗两朝实录及三朝史没有完成，命令陆游担任权同修国史、实录院同修撰，免于参朝请，不久又兼任秘书监。三年（1203），书成，升任宝章阁待制，退养。嘉定二年（1209）十二月去世，享年八十五岁。著有《剑南诗稿》《老学庵笔记》《渭南文集》等。

张　价　生卒年未详，字少卫。宋孝宗淳熙间，出任荣州知州。崇尚教化，清正耿直，卓尔不群，兴办学校，传播文化，颇多功绩，诸生在学宫中为其塑像。入祀名宦祠。

杨　高　生卒年未详，夹江（今四川夹江）人，任荣州刺史。精研道学，是儒家学派的正宗，名士卢蹈尝于其门下学习，曾对人评价说："杨高是一代鸿儒。"

虞刚简　1164—1227，字仲易，一字子韶，雍国忠肃公虞允文之孙、直秘阁光禄大夫公虞亮仲之子。虞刚简兄弟八人都很好学，而以虞刚简最为出名。

宋高宗绍兴年间，虞刚简曾守简阳。有盗贼从普州、遂宁逼近简阳城，气焰非常嚣张。虞刚简拼死守卫，最终挫伤敌人的锐气。又修建四先生堂，鼓励道学，百姓称之为"见思堂"。

宋孝宗乾道八年（1172），任承奉郎。二十六岁时担任成都府郫县犀浦酒税，后转任华阳县丞。虞刚简从小受到家庭的熏陶，又与赵文定之子赵昱交好，广泛地涉猎程朱理学，颇有心得。著有《易说》《书说》《论语说》来阐发其中的大义，蜀人都非常尊仰他。后来，他辞掉了华阳县令之职，在成都东门外的合江亭修了一座书院，与学者相互论学，仲黼为他题写"沧江书院"四字。常来书院参加论讲的人有豫章李修平、张士佺，汉嘉邓谏、薛绂，同郡陈遇孙、李心传、道传兄弟、唐安宋德之，临邛魏了翁，这些人后来都成了有名的大儒。

后经多次提拔，官至朝请大夫、利州路提点刑狱，最后以主管冲佑观而告终。他于所到之处都能取得很好的政绩，学者称他为“沧江先生”。宋理宗宝庆三年（1227）去世，享年六十四岁。

宋中和　生卒年未详，字时发，眉州（今四川眉山市）人。宋孝宗隆兴元年（1163）进士，宋宁宗庆元初年担任荣州刺史。廉勤节俭，为西蜀守法循理官吏中之第一人。入祀名宦祠。

吕文修　生卒年未详，汲县（今河南卫辉）人。知荣州，崇文兴学，入祀名宦祠。

冯　伒　生卒年未详，字望之，安岳（今四川安岳）人。被授予乾州判官，因长于作诗而知名。在荣经知县任上时，沈黎部落来犯，冯伒修筑雄边寨以保全百姓，军民得以安居。后担任荣州刺史，在大佛啸台留有摩崖题刻。

李　刘　1175—1245，临川崇仁（今江西崇仁县）人，因其父葬在梅亭，遂以“梅亭”为字。与魏了翁交好。李刘的祖父李彦华，字仲实，其父号次琮，都由魏了翁撰写墓志铭。李刘两次担任中书舍人，三次进入翰林直学士院。后来，入蜀佐制司幕府。第二次入蜀时，历任荣州、眉州等地知州，后升任总漕事，并总蜀帅成都、守本路宪四川都大卖茶买马等司。在荣州刺史任上，留下了不少往来应和的诗文作品。宋理宗淳祐五年（1245）去世，享年七十岁。著有《语纂闭门录》《理语》。

何友谅　生卒年未详，字子益，夹江（今四川夹江）人，博雅有才，任荣州知州。时捐赋税盈余二万四千钱，其遂为四县社仓购买谷物，并立下定规，各以本县正直的士人管理出纳事宜，以避免官吏侵吞。后来朝廷将这个法规颁行于其他地区。作《白居易年谱》一卷，与陈傅良所作互证，非常详该。此举大约是出于对白居易的仰慕，堪称雅趣。

高　稼　？—1235，字南叔，邛州蒲江（今四川蒲江）人。真德秀见到他后，赞其为“国士”，对他寄予厚望。嘉定七年（1214）中进士。后来，调任成都尉，转任九陇县丞。母亲去世，免于服丧，被征选为潼川府路都钤辖司干办公事。制置使崔与之听闻了他的名声，改派他担任本司干办公事。

桂如渊被罢免后，李𡌴代替了他的职位。高稼因长久操劳，被委任内郡，调任荣州知州。殿中侍御史汪刚中是桂如渊的同党，想要让高稼一共分担他们的罪责，说蜀地的失败实际上是由高稼造成的，朝廷因而罢免了他的职务，又将其官阶削去两级。李心传见到皇上，替高稼辩白，说他无罪，不应当被罢免。

蒙古军队入侵凤州，东部军队难以抵御，敌人随即直捣河池，到达西池谷，距离沔州九十里。官吏百姓全都逃走，上司计划退保大安。高稼对赵彦呐说：“现今只能前进，不能后退，如果能够占据险要之地，捍卫蜀地，使敌人有后顾之忧，其必定不敢深入；如果慌忙召集军队退守内地，敌人便会长驱直入，蜀地恐难坚守。”赵彦呐表示赞同，并说：“这正是我的所想的。”谁知不久后，后者竟然脱身逃走，留下高稼独自守卫沔州。

高稼又写信告诉李心传说：“我一定坚守沔州，若沔州不保，则蜀地也难以保全。我自认为，这样也算对得起知己了。”城池被攻陷后，众人拥着高稼出门，高稼不停叱责蒙军。蒙军的步兵和骑兵从四面围住了他，高稼力战而死。朝廷下令晋升高稼官阶七级，封为正议大夫、龙图阁直学士，谥号“忠”。后来因为其子高斯得执政，追赠太师。著有《缩斋类稿》三十卷。

王万里　？—1234，太常博士，任绍熙府知府，累官至朝散郎。担任学官时，诲人不倦，浩气凛然，不谋私利。他替郡守管理百姓，极其顾恤民众疾苦，并严格约束官吏。为人节俭，审理狱讼案件，必定据实判决，深受百姓拥戴。端平元年（1234）三月死于任所。

李鼎汉 生卒年未详。宋理宗宝祐年间任荣州刺史。行政宽厚，百姓安居乐业。

二、遥郡刺史①

曹 琮 生卒年未详，字宝章，真定灵寿（今河北灵寿）人。

高继勋 959—1036，字绍先，亳州蒙城（今安徽蒙城）人。

焦守节 生卒年未详，字秉直，许州长社（今河南许昌）人。

钱守让 ？—1020，字希仲，杭州临安（今浙江杭州）人。

高 化 生卒年未详，字仲熙，真定（今河北正定）人。

冯伸己 生卒年未详，字齐贤，孟州河阳（今河南孟州）人。

李 纬 生卒年未详，字巨傅，又字仲文，宋州楚邱（今山东曹县）人。

范 恪 1011—1060，字许国，开封（今河南开封）人。

李 评 生卒年未详，字持正，潞州上党（今山西长治）人。

高遵裕 1022—1085，字公绰，亳州蒙城（今安徽蒙城）人。

刘昌祚 生卒年未详，字子京，真定（今河北正定）人。

时君卿 生卒年未详，郑州人。

苗 授 1030—1096，字授之，潞州（今山西长治）人。

张 蕴 生卒年未详，字积之，本为开封将家子弟。

张 俊 1086—1154，字伯英，凤翔府成纪（今甘肃天水）人。

杨存中 1102—1166，本名沂中，字正甫，宋高宗绍兴年间赐名存中，代州崞县（今山西代县）人。

王 德 1088—1155，字子华，通远军熟羊寨（今甘肃渭源）人。

曲 端 1091—1131，字正甫，镇戎（今宁夏固原）人。

牛 皋 1087—1147，字伯远，汝州鲁山（今河南鲁山）人，岳飞麾下的杰出将领。

李惟德 生卒年未详，绍兴元年（1131）三月，金岷州知州、武德大夫李惟德率领官吏，举城归附宋朝。朝廷升他做右武大夫、荣州刺史。

韩 京 生卒年未详，字世京，安仁（今湖南安仁）人。

申世景 生卒年未详。宋高宗绍兴二年（1132）十二月，福建盗贼范忠起事，朝廷命令申世景担任神武前军左部统领，与御前忠锐第六将军单德忠一同前往抓捕范忠。暴乱平息后，其因战功从武功大夫升任荣州刺史。

薛安靖 生卒年未详。因父亲薛奕战死，薛安靖得以递补官职。绍兴四年（1134）出任武节大夫、业州刺史、閤门宣赞舍人，又以武义大夫身份担任荣州刺史、全州知州，兼充本州沿溪洞事都巡检使。

---

① 按：宋代遥郡刺史非实职，今仅存其生年与籍贯。详见文言卷。

刘　泽　生卒年未详。宋高宗绍兴二十九年（1159）十二月，时任武功大夫、带御器械刘泽担任荣州刺史、襄阳府知府。

吴　挺　1138—1193，字仲烈，信王吴璘之子，以家族功劳得以补任官职。绍兴三十二年（1162）正月，以右武大夫职衔出任荣州刺史。

张　说　？—1180，开封（今河南开封）人。任右武大夫、荣州刺史。

三、荣州长史

丁处荣　生卒年未详，富顺（今四川富顺）人。宋真宗咸平年间，王均发动叛乱，围困富顺，主要官员都逃走了，丁处荣在谯楼设宴招待王均，于席间将其擒获，斩之。朝廷下诏擢升丁处荣为荣州长史。

四、荣州推官

宇文昌龄　生卒年未详，字伯修，成都双流（今成都双流）人。宋神宗时，以进士甲科调任荣州推官。宋神宗嫌司农寺管理图书不严，于是选拔官员整治。恰逢宇文昌龄因出使夔州路入朝辞行，遂被留下做寺主簿，就任监察御史。鄜延的主帅奏称部属刘绍能与西羌勾结，将酿成祸患。神宗察觉事情并非如此，命令宇文昌龄到鄜州追查此事，果然与实情不符。宇文昌龄于是请求朝廷严诫守将，令其不得挑起事端以求封赏，而要安定边疆地区的人心。

建立尚书省时，他被任命为比部员外郎。后来，宇文昌龄护送辽国使者到雄州，在宴席上，使者的随从不作揖就自行坐下，宇文昌龄责备辽使说：“两国相互访问，友好关系持续了一百年，入境安排宴席，不是今日才有的，作揖而后入座，这个礼节怎么可以缺少呢？”使者表面上很不服气，但内心也知道随从的做法确实欠妥当，最终只得按照礼节辞行归国。

宋徽宗即位，征召他担任刑部侍郎，后又调任其为户部侍郎。以宝文阁待制职衔，担任开封府知府，又再次出任户部侍郎，青、杭、越三州知州。去世时享年六十五岁。诏命沿途各关护送归乡，官府给予丧葬费用。入祀名宦祠。

五、荣州判官

史克恭　生卒年未详，丹棱（今四川丹棱县）人，其祖先是太原人。祖父史灏，曾担任临邛县尉属官。唐末，史家不再向东迁徙，遂定居丹棱县，成为当地显赫的氏族。宋哲宗元祐六年（1091）中进士，从荣州军事判官调任荣德县令。因向朝廷军队输送粮饷有功，朝廷命令他在家乡丹棱任长官。在蟠鳌峡奋勇抵御贼寇，不幸战死。宋宁宗嘉泰年间，朝廷下令建庙祭祀，褒扬他的忠义行为，追封其为忠佑侯。

六、荣州州掾

郑　蛟　生卒年未详。宋太宗淳化间担任荣州司理判官。按宋代制度，州县一级官员的家属不得随行，郑蛟违反禁令，带妻赴任。李顺叛乱，其党羽田子宣攻陷城池。郑蛟抓获田子宣，因功被提拔为推官。梓州知州张雍将郑蛟携妻赴任之事向朝廷奏报，按律处斩。宋太宗下诏：剑南地区州县官不能带亲族赴任；有胆敢假称妻子是奴仆、携带赴任者，直接罢免。

王　巩　生卒年未详，字定国，大名莘（今山东莘县）人，魏国文正公王旦之孙，懿敏公王素之子。自号清虚先生，有才能出众，长于作诗，与苏轼交好。绍圣初年，任签书荣州判官厅公事。

苏轼在徐州为官时，王巩前往拜访，与宾客游历泗水，攀登魋山，吹笛饮酒，乘月而回。在黄楼接待王巩时，苏轼对他说："李太白死后，世间再也没有这种快乐，迄今已经快三百年了。"王巩被视为苏轼同党，因而受到牵连，被贬为宾州酒税。苏轼自海南北归后，王巩让侍妾柔奴劝东坡喝酒。苏轼问柔奴："岭南地方恐怕不太好吧？"柔奴说："只要内心安定，哪里都是我的故乡。"苏轼于是写了《定风波》，其词说："谁羡人间琢玉郎，天教乞与点酥娘。自作清歌传皓齿，风起雪飞炎海变清凉。万里归来颜愈少，笑时犹带岭梅香。试问岭南应不好？却道此心安处是吾乡。"

后来，王巩得到外祖父邓国公张士逊的砚台，向苏轼求一篇铭文，苏轼铭文写道："邓公之砚，魏公之孙。允矣其物，展也其人。思我魏公文而厚，思我邓公德而寿。三复吾铭，以究令名。"

刘仪凤　1110—1175，字韶美，安岳（今四川安岳）人。年轻时曾拿着文章去拜见左丞冯澥，冯澥对他非常推重，于是闻名当世。宋高宗绍兴二年（1132）中进士。刘仪凤抱负远大，不事劳作，对于仕途却看得很淡，中进士十年才开始做官。历任遂宁府蓬溪县尉，监资州资阳县酒税、果州属官。绍兴年间，担任荣州缘。

绍兴二十七年（1157），起居郎赵逵推举刘仪凤，称他"富有词藻，恬于仕进"。不久，担任诸王宫大小学教授。宰相因为他是名士，提拔他做秘书丞、礼部员外郎。他所起草的公文奏章庄重典雅，被时人称赞。乾道元年（1165），升任兵部侍郎兼侍讲。

乾道三年（1167）十二月，辅佐大臣上奏推荐曾被免职的人，高宗说："刘仪凤无罪，可以恢复集英殿修撰之职。"起用其为邛州知州，未及到任，又改任汉州、果州，后罢官还乡。宋孝宗淳熙二年（1175）十二月去世，享年六十六岁。

何　普　生卒年未详，字德厚，蒲江（今四川蒲江）人。宋宁宗庆元五年（1199）进士。开禧年间，担任荣州司户参军，兼任司法官。腐败的官吏接受贿赂，所收公库之粮劣质而易腐，有的甚至削减军队供应，以充公库存粮。何普极力禁止此类弊端，坚持收支统一，士人都佩服他的公允，太守亦认为他是人才，让他兼任其他职务。后因劳累过度死在了任上。

七、荣州教授

勾　演　生卒年未详。宋孝宗隆兴初年，担任荣州教授，撰有《荣州图经》。

马　范　生卒年未详，字器之，临汾（今山西临汾）人。任荣州教授。被嘉定李壁、吴猎等称引和推重。死后，魏了翁为其撰写墓志铭。

八、荣州助教

樊　谭　生卒年未详。宋徽宗政和四年（1114）十一月，仙井监上奏朝廷：百姓樊谭的母亲赵氏生病，樊谭割大腿上的肉给母亲治病。五月的时候，母亲想吃橙子，樊谭在橙树下哭泣，最终如愿以偿，得到橙子。朝廷下诏，任命樊谭为荣州助教。

张　颐　生卒年未详。宋徽宗宣和五年（1123），三馆参校、荣州助教张颐向朝廷进献图籍二百二十三卷，都是秘书省缺失和散佚的文献。上司请求加以褒奖，张颐被赐予进士出身。入祀名宦祠。

九、荣州迁阶防御使[①]

卢守懃　生卒年未详，字君锡，开封祥符（今河南省开封市）人。明道年间，任荣州防御使兼邠宁环庆路安抚都监。

邓保信　生卒年未详。宋仁宗景祐三年（1036），朝廷下诏让邓保信、阮逸、胡瑗等人制订音律，详细考定得失可否后奏上。皇祐五年（1053）九月，因钟律制定完毕，升邓保信为荣州防御使。

燕　达　生卒年未详，字逢辰，开封（今河南开封）人。后因平定蛮族有功，被授予荣州防御使。

刘仲武　1048—1120，字子文，秦州成纪（今甘肃天水）人。宋神宗熙宁、元丰年间，因平定吐蕃有战功，进升荣州防御使。

赵令畤　1051—1134，字德麟，涿郡（今河北蓟县）人，燕懿王赵德昭的玄孙。绍兴二年（1132）四月，受命任右监门卫大将军、荣州防御使。

王　赡　？—1101，秦州宁远（今甘肃武山）人，客省使王君万之子。后因攻取青唐立下战功进升荣州防御使，并主管一州事务。

王继先　1098—1181，开封（今河南开封）人。宋高宗建炎初年，因医术得到宠幸，此后地位逐渐尊贵，成为皇帝的亲近之臣，世称“王医师”。建炎四年（1130）七月，破格升任荣州防御使。

关师古　生卒年未详。绍兴元年（1131）五月，从拱卫大夫、贵州防御使调任荣州防御使。

吴　璘　1102—1167，字唐卿，德顺军陇干（今甘肃静宁）人，宋代名将吴玠之弟。绍兴三年（1133），升任荣州防御使。乾道三年（1167）去世，享年六十六岁。

巨师古　生卒年未详。宋高宗绍兴四年（1134）四月，担任荣州防御使兼都督府统制军马。

邵　隆　1095—1145，字晋卿，解州安邑（今山西运城）人。曾任左武大夫、荣州防御使。

---

① 按：宋代迁阶防御使非实职，今仅存其生年与籍贯。详见文言卷。

十、荣州团练使

李惟贤 生卒年未详，字宝臣，潞州上党（今山西长治）人。北宋名臣李昭亮之子，明德皇后兄长李继隆之孙。宋仁宗时受召还朝，提举诸司库务，又出任荣州团练使、冀州知州。恰逢升补禁军，自隶属军籍后犯贪污罪的人，都被降为下军。李惟贤说：“对武士怎么能苛求其廉洁呢？况且现在不可以用新的法令去处罚他们的旧罪。”朝廷因此改变了诏令。后改任恩州，又升任四方馆使。

杨 燧 1016—1080，开封（今河南开封）人。宋仁宗皇祐年间，随军征讨侬智高，多次冲锋，亲手杀掉几十人，众人士气大振，由此取得胜利。擢升万胜都指挥使，又升任荣州团练使、京城左厢巡检。去世后，朝廷追赠“侍中”，谥号“庄敏”。

和 斌 生卒年未详，字胜之，濮州鄄城（今山东鄄城）人。安南入侵时，朝廷将和斌调任广西。他布列八阵等待敌军，把骑兵分开列在两旁，自己披着盔甲，身先士卒，步行向前，与敌军拼死搏斗。蛮军大败，于是，朝廷将和斌从荣州团练使调任宜州知州。又升任西上閤门使、邕州知州。和斌因年老请求退养。朝廷授予他高阳关副总管，又历任永兴军路副总管、龙神卫四厢都指挥，最终官至步军都虞候而卒，享年八十岁。

赵思忠 ？—1077，本名木征，西蕃族，本为河湟地区青唐吐蕃部落首领瞎毡长子。宋神宗熙宁七年（1074）四月，率领洮州、河州军民前来归降。神宗赐名赵思忠，授荣州团练使，并封诰他的母亲、妻子，儿子们也都越级授官。

王文郁 生卒年未详，字周卿，麟州新秦（今陕西神木）人。以供奉官职衔出任府州巡检。韩琦向朝廷推荐他，使其加任閤门祗候、麟府驻泊都监。西夏举全国之力围攻皋兰，王文郁登上城墙奋力抵抗，杀伤敌人无数。九天以后，包围解除，他下令收集敌人的尸体，封土而成高冢，以庆贺胜利。后加任荣州团练使。以捧日、天武都指挥使职衔出任副都总管，又以殿前都虞候职衔出任河州知州。在知州任上，他先后修筑了安西城、金城关，进而升为秦州防御、冀州观察使。去世时，享年六十六岁。

高永能 1013—1082，字君举，世为绥州（今陕西绥德）人。起初，他的伯祖高文岯带领全州百姓归附宋朝，朝廷封其为团练使。其不久弃官北迁，高永能的祖父高文玉独自留下，住在延川。到高永能时，全家开始定居青涧。宋神宗元丰四年（1081）西征西夏，因功进升为东上閤门使、宁州刺史。因年老请求退养，朝廷没有答应，又晋升他为四方馆使、荣州团练使。高永能世世代代为州将，所率领的多是家将旧部，他对这些人抚之以恩惠，遇到敌人身先士卒，部下有伤就把自己的备马让给他骑，所以士兵都能为他拼死力战。远近的人喜欢谈论他的事迹，称他为“老高”。

程 迪 ？—1128，字惠老，开封（今河南开封）人。父亲程博古战死永乐。程迪因家族恩荫得以为官。宋徽宗宣和年间，跟随杨惟中征讨方腊，立下战功，加封武功大夫、荣州团练使、泸南潼川府路走马承受公事。

建炎二年（1128），金兵接近城池，程迪想挑选军队迎战，使老人和小孩能够有时间退到地势险要的地方躲避，这样可以让至少十万人活命。守将傅亮坚持在城上防守，金兵从四面八方加紧进攻，城外又没有援军，程迪率领各司及统制偏裨以下的人在东乡会盟，盟誓说：“危急时刻，一定拼死一战，发誓不与敌人共存。”慷慨流涕，同盟的人都感动得流泪。城池陷落，傅亮先出城投降，众人都溃散了。程迪带领部下巡行，并告知民众说：“敌人很痛恨我们，投降是死，抵抗也是死！”他拼尽全力与敌人战斗，愤怒地大声呼喊，嘴里流出鲜血，士兵都感动激奋，斩杀了很多敌人。程迪冒着飞箭，手持短刀与敌人大战几十个回合，体无完肤，气绝之后又苏醒了过来，仍然不停地高声叫喊，鼓励大家继续作战，最终战死沙场。他的部下抬着他的遗体，把他放到了一所空房子里，战火将相连的屋子都化为了灰烬，只有这间房子没有着火。等到入殓时，他的面貌气色跟活着时一样。朝廷下诏追赠他为明州观察使，谥号“恭愍”。他的事迹被载入《忠义传》中。

李　道　？—1171，字行之，相州（今河南安阳）人。他的次女是宋光宗的李皇后。两宋之际，伪齐刘豫派人拿着自己的亲笔信招降李道，李道没有答应，而把刘豫的使者捆绑起来解送朝廷，高宗下诏予以嘉奖。刘豫大怒，派部将穆楷进攻李道。李道顶住了进攻，最终大败穆楷。升任邓州、随州镇抚使兼邓州知州。枢密院因李道能够体察军情，不接受镇抚之类的任命，认为理应褒赏，于是，命他领荣州团练使，升任武义大夫。

金将背叛盟约，朝廷命令李道带领所属兵马驻守荆南府。宋孝宗隆兴初年，湖北诸司弹劾他的过失，孝宗说：“李道仗着自己皇亲国戚的身份胡作非为，应罢免其官职。”过了很久，又任命他为湖北副总管。去世时，被授庆远军节度使，追赠太尉，谥号“忠毅”。李皇后显贵以后，李道进封楚王。其孙李孝友、李孝纯都官至节度使。

郝中正　生卒年未详，曾任荣州团练使。宋徽宗宣和末年，郝中正驻守泾州，城池陷落后阵亡。宋高宗绍兴七年（1137）三月，特赠翊卫大夫。九年（1139），又特赠翊卫大夫。

李子厚　生卒年未详，以荣州团练使职衔出使北方金朝。宋高宗绍兴十九年（1149）正月，秘阁修撰张邵上书说秦桧立有大功，应当交付史馆立传。张邵在奏折中说：“荣州团练使李子厚曾言，秦桧替宋徽宗撰写了一封长信给金军主帅尼玛琀，用大义去责备他，尼玛琀面露惭愧之色。”

孔彦舟　？—1160，字巨济，相州林虑（今河南林县）人。曾任武经大夫、荣州团练使。宋高宗建炎四年（1130）七月，因抓捕钟相立下战功，实授利州观察使，又出任辰州、沅州、靖州等处镇抚使，兼辰州知州。

赵延寿　生卒年未详，曾任荣州团练使。绍兴二年（1132）五月，吕颐浩统领军队驻扎常州。赵延寿所部忠锐军叛变，刘光世派遣部将王德追至建平，将其全歼。

杨　政　1098—1157，字直夫，原州临泾（今宁夏镇原）人。曾任荣州团练使、环庆路马步军副总管同统制军马。宋徽宗崇宁三年（1104），西夏举全国之力大举入侵，其父杨忠战死，杨政这时才七岁，但悲哀之状如同成人。他的母亲很惊奇，说：“对双亲孝顺的人一定会忠于君主，这个孩子恐怕可以光大家族啊！”宣和末年接受招募，成为弓箭手。靖康初年，因抵抗西夏人有功，杨政逐渐声名鹊起。于宋高宗建炎年间，跟从吴玠抗击金兵，九战九捷，积累战功，官至武显郎。绍兴二十七年（1157）去世，享年六十岁。

刘　纲　生卒年未详，刘位之子。曾任荣州团练使，兼阁门宣赞舍人，后出任泗州知州。曾经在横山聚众守卫，至今山上还有石墩，人们称之为磨旗墩，相传说是刘纲树立旗帜的地方。

十一、荣德县令

杨仲修 生卒年未详，临邛（今四川邛崃）人。于宋孝宗淳熙年间担任荣德县令。与士大夫李昌龄等九人议论政事，阐明治道，提刑张孝方称赞他施政允洽。① 入祀名宦祠。

常有开 生卒年未详，字子先，富义（今四川富顺）人。庆元年间，调任荣德县令。以勤政廉洁为座右铭，日夜不忘。公井盐税收入、往来商贩日趋减少，于是他整治奸邪，为民除害。

十二、荣德县主簿

宋　蕴 生卒年未详，字元发，彭山（今四川彭山）人。宋孝宗淳熙五年（1178）进士，任应灵县主簿。当时县里的赋税收入全靠盐井，而百姓拖欠赋税，不能偿付。宋蕴担任县令后，询问其中缘故，有人回答说："盐井湮没已久，却无端将百姓跟盐井捆绑在一起，所以拖欠的税款只能越来越多。若您释放他们，让他们自行约定，都会按期把盐交来。"此外，百姓中有人仗着家中有钱，多次触犯法律，宋蕴到任后，有人曾赠之以瓜果来贿赂他，他却笑着婉拒了。从此，没有一个豪强敢于放纵犯法。后其官至果州流溪县令。著有《论语解义》二十卷。

第五章　元

第一节　荣地封爵

元朝荣州隶属嘉定路。元代制度最初规定：超过一万五千户者为上州，超过六千户者为中州，六千户以下者为下州；之后又规定：五万户以上者为上州，三万户上者为中州，不到三万户者为下州。其属官有达鲁花赤、知州、同知、判官等。至于诸县，最初规定：六千户以上者为上县，二千户以上者为中县，不到二千户者为下县。其属官有达鲁花赤一名、县尹一名、县丞一名、主簿一名、县尉一名。起初，朝廷没有定制，只是以万户统帅军队，并负责行政、司法等事务。元世祖采用刘秉忠、许衡的建议，使官制逐渐完备。以蒙古人为主官，而以汉人担任副职；官职的繁简因时因事而不同。南宋覆亡（德祐二年，1276）之后六十二年，绍熙府废置（宝祐年间）之后八十年，元廷始在荣地设立绍熙府宣抚司。正官六员，宣抚使同知、副使各二员。首领官二员，经历、知事、提控案牍各一员，司狱一员，蒙古、儒学教授各一员，令史八人，驿使、知印、怯里马赤各一人，奏差四人。其州县巡检司，各设官

① 载《宋题名碑》。

如制。

撒　敦　生卒年未详，燕铁木儿之弟。元泰定帝在上都驾崩，燕铁木儿当时掌管宫廷保卫之事，留在元大都。燕铁木儿自认为身受武宗宠爱提拔之恩，武宗之子应该继承帝位，因此与公主察吉儿、族党阿剌帖木儿及腹心之士孛伦赤、剌剌等商议，众人立誓说："祖宗正统的继承权应属于武皇帝之子，有敢不顺从者必死。"于是，封禁了官府和仓库，扣押了所有官署机构的印信，派遣士兵在众多要害之处警戒。他的弟弟撒敦、儿子唐其势当时正滞留在上都，后来都抛下妻子和儿女回到大都。文宗即位后，改元天历，大赦天下。元统元年（1333），妥欢帖睦尔即位，是为顺帝，任命撒敦为左丞相。二年（1334）四月，授予撒敦开府仪同三司、上柱国、录军国重事、答剌罕、荣王、太傅、中书左丞相，赐给他庐州路作为食邑，答应赦免他世代子孙九次死罪。

第二节　职官政绩

一、绍熙宣抚司长贰

赡　思　1277—1351，字得之，其祖先是大食国（今阿拉伯）人。大食国归顺之后，他的祖父鲁坤举家东迁到了丰州（今内蒙古河套北）。元太宗时，因才干突出，被朝廷授予真定、济南等路监榷课税使，于是定居真定（今河北正定）。父亲斡直开始跟随儒生学习，轻财重义，不求做官显达。赡思九岁时，每天能背诵古代经传文字上千言。等到20岁时，以所学求教于翰林学士承旨王思廉门下，博览群书，广博深厚，身体力行，所做的都是切切实实的学问，因此，他虽然年龄小，已被乡里所推重。

元仁宗延祐初年，下诏开科取士，有人劝他参加科举考试，赡思笑着没有回答。不久，侍御史郭思贞、翰林学士承旨刘赓、参知政事王士熙纷纷上书向朝廷推荐他。泰定三年（1326），下诏以遗逸征召他到上都（今内蒙古多伦），在龙虎台谒见泰定帝，深受垂爱，待遇优厚。

元文宗天历三年（1330），朝廷召赡思担任应奉翰林文字。他在奎章阁接受召见，文宗问他："爱卿有什么著作吗？"第二天，赡思即进献所著《帝王心法》。文宗非常称赞，下诏让赡思参与编修《经世大典》，因为议论不合请求辞官，文宗命奎章阁侍书学士虞集传谕挽留他，赡思以母亲年老坚决推辞。于是文宗赏赐给他钱财，遣送他回故里，又命令虞集传旨说："您暂且回去，不久会再召您回朝。"

襄、汉一带的流民聚居在故宋绍熙府所在地，多达有数千户，他们私自开掘盐井，自行结成武装，常常劫持囚徒，杀死巡逻的士卒。赡思设法擒获了他们的首领，而释放了其他党羽。他又上书说："绍熙府土地肥沃，出产丰厚，流民户口日益增加，如果把这些人遣散回原籍，恐怕会成为边境的祸患，因此，应该设立官府来安抚治理他们。"于是，朝廷下诏在该地设立绍熙宣抚司。

元惠宗至元三年（1337），升任佥浙西肃政廉访司事。到任后，他立刻审讯都转运盐使、海道都万户、行宣政院等官员的贪赃罪行，从此浙右的郡县没有官员敢贪污。四年（1338），改任佥浙东肃政廉访司事，因病请辞回家。

至正四年（1344），授其江东肃政廉访副使；十年（1350），召其入朝任秘书少监，议论治理黄河事宜，他推脱有病，没有赴任。十一年（1351），卒于家，享年七十四岁。二十五年（1365），朝廷追封他为恒山郡侯，谥号“文孝”。著有《四书阙疑》《五经思问》《金哀宗记》《正大诸臣列传》《审听要诀》，及文集三十卷，藏于家中。

脱　脱　1314—1355，字大用，即托克托。他十五岁时就担任皇太子的怯薛官，番直宿卫。至顺二年（1331），文宗授予脱脱虎符，让他出任忠翊侍卫亲军都指挥使。后来陆续担任太禧宗禋院使、御史中丞、虎符亲军都指挥使，又提调左阿速卫。至元四年（1338），晋封为御史大夫，依旧担任提调左阿速卫，整肃纲纪，使朝廷内外秩序井然。他又担任元惠宗出巡时的护卫侍从，跟随惠宗从上都回朝，走到鸡鸣山的浑河时，惠宗计划在保安州打猎，不料坐骑失足摔倒。脱脱劝谏说：“古代的帝王都是端坐在宫殿之上的，每天与大臣宿儒谈论治国理政之道。至于放鹰纵狗，都不是皇帝该干的事情。”惠宗听从了他的建议。十一月，命御史大夫脱脱兼绍熙府都总使。六年（1340），因驱逐伯颜立下大功，脱脱出任枢密院知事，兼绍熙等处军民宣抚都总使。至正元年（1341），朝廷命脱脱担任中书右丞相、录军国重事，并诏告天下。十五年（1355）十二月，哈麻假传圣旨，派人毒死了脱脱。其时年四十二岁。

二、荣州判官

曹　诗　生卒年未详，字必才，河南罗山（今河南罗山）人，元顺宗朝进士。曾在南京做官，后因剿杀红巾军有功，升任南城大尉。后出任荣州判官，在任十八年。荣州百姓在城东罗汉寺雕刻了曹诗的塑像，在崖壁上题写“塑公之像，刻公之形，一十八载，惠爱斯民”，以示赞誉。

第六章　明

洪武初年，荣为州一级建制，设知州一人，同知、判官无定员，学正一人。洪武九年（1376），降为县，知县一人，县丞、主簿有时缺员，典史一人，教谕一人，训导二人。

一、荣州判官

马公辅　生卒年未详，襄阳（今湖北襄阳）人，因才干获得官职。明太祖洪武初年，出任荣州判官。当时战乱刚刚平定，荣州制度规划都出自马公辅之手。洪武九年（1376），分益昌乡隶属威远，改荣州为荣县。卒后入祀名宦祠。

二、荣县知县

孔克宜　生卒年未详，曲阜（今山东曲阜）人，孔子五十五代孙。任荣县知县，有德政，入祀名宦祠。他的两个儿子后来都在荣县居住。

马 福 生卒年未详。明太祖洪武十二年（1379）任荣县知县，增修荣县治所。

朱如鲁 生卒年未详，繁昌（今安徽繁昌）人，进士。明成祖永乐初年任荣县知县。靖难之役时，胡子昭受到株连，宗族外戚或被遣送至边远地方充军，或被没为官奴。朱如鲁极力为他们申辩，保全了很多人，可以称得上仁人了！他在荣县时施行了很多仁政，卒后入祀名宦祠。

雷 震 生卒年未详，泌阳（今河南泌阳）人。到任数月没有发布一道政令，不久后新的政令就普遍地施行起来。雷震聪敏而不固执，在其治下豪强奸邪之人不敢为非作歹，一县之内安定平静，秩序井然。卒后入祀名宦祠。

尹士恭 生卒年未详，楚雄（今云南楚雄）人。明成祖永乐十五年（1417）丁酉科举人，任开封同知。明英宗正统年间任荣县知县，有德政。

刘 清 生卒年未详，衡山（今湖南衡山）人。明英宗天顺四年（1460）任荣县知县，曾主持修缮学宫事宜。

郎 玉 生卒年未详，仁和（今浙江杭州）人。明宪宗成化六年（1470）任荣县知县，曾扩建修缮孔庙。

王 昱 生卒年未详，晋宁（今云南晋宁）人。实施仁政，给予百姓实惠。

刘 逵 生卒年未详，沔阳（今湖北仙桃）人。任荣县知县，有仁政。

鲍 圭 生卒年未详，青阳（今安徽青阳）人。明宪宗成化末年任荣县知县。县城城墙荒废，即将倒塌，鲍圭缩减规制，修筑城池。

张 隆 生卒年未详，醴泉（今陕西礼泉）人。特别重视自己的名声和节操。

杨 凤 生卒年未详，凤阳（今安徽凤阳）人。为官清正廉洁，不骚扰百姓。

毛 秀 生卒年未详，江陵（今湖北江陵）人。明孝宗弘治十四年（1501）辛酉科廖珊榜举人，明武宗正德年间任荣县知县，曾修建县儒学。

李 锐 生卒年未详，大理（今云南大理）人。赈济百姓很有办法，长于诗文。撰有《东川谒胡公里》诗：“一代孤忠此地生，望中无处不伤情。鸟啼林谷悲春静，云拥檐楹锁月明。碧血有灵抽劲草，青山万古护佳城。我来照影东川水，独倚阑干抱不平。”又有《石门》云：“先生古忠臣，我来访故里。下马过高梯，清风只在此。”

熊大辂 生卒年未详，字用商，号心斋，麻城（今湖北麻城）人。性格直爽，喜怒常常显露于外，有人嘲笑他说：“您现在就这样理不清头绪，以后做官管理百姓又该怎么办呢?”熊大辂回答说：“我是有才能的。”人们问：“有什么样的才能啊?”熊大辂说：“我爱民如子。”不久，以举人身份被授四川仁寿知县职。四年后因服丧离任。嘉靖年间又补荣县知县。在任九年时间，所有的施政举措都如同他自己说的那样：培养人才，爱护百姓，精神层面和物质层面都很全面地兼顾到了。等到他离任的时候，全县的百姓为他修建生祠，并塑像加以祭祀。退养还乡后，族人有拖欠税款者，想变卖家产给熊大辂以筹款，熊大辂把自己的俸禄搜罗殆尽，一并给了对方。族人感到熊大辂的钱来得容易，欺骗他说：“我的家产价值很高，金额应该增加一些。”熊大辂说：“我确实没钱了，已经囊中羞涩。”最后，熊大辂把田退还回去，烧掉了族人的抵押文书，也没有任何责备之辞。享年八十岁。

刘 轩 生卒年未详，新化（今湖南新化）人。明世宗嘉靖十六年（1537）丁酉科举人。嘉靖三十三年（1554），出任荣县知县，有惠政。当时，有司考核政绩的评语称赞他“学问醇厚，行为严谨，清正廉洁，才能突出”。乡人亦非常敬重他。

李石岭 生卒年未详，字国瞻，醴泉（今陕西礼泉）人。明世宗嘉靖三十四年（1555）乡试中举，分授嘉定学正，先后任荣县知县，商州知州，沈、唐二府长史。重视礼仪，整顿教化，为政很得要领，比如他如果不戴帽子，就不会见众位生员，而生员也少有不遵守礼法私下跟他见面的，颇有古时遗风。明神宗万历二年（1574）出任商州知州。为人宽厚，掌管政事严肃而公正。“四知白壁坚操，百姓青天播颂”，这是当时士民为其呈上的祭语。他去世时，身无余物。

张九思 生卒年未详，韩城（今陕西韩城）人，举人。明穆宗隆庆年间出任荣县知县。增修城隍庙，大量兴办实业。后升任夔州府通判。离任后，百姓为他建立生祠。卒后入祀名宦祠。

乐继国 生卒年未详，字子野，江西新建（今江西新建）人。明神宗万历年间出任荣县知县，在任上建立文庙奎阁，增办学田。县城南边的安聚桥有《遗爱碑》纪其事。

张接武 生卒年未详，字肖甫，号云程，河南人。生性聪慧，颇有卓识，气质威严。明神宗万历二十五年（1597）选贡，出任荣县县令，曾移建文庙。

黄　儒 生卒年未详，字三未，福建永福（今福建永泰）人。明熹宗天启七年（1627）戴震雷榜举人。在荣县知县任上培育人才，爱护百姓。升迁离职时，父老乡亲哭着为他送行，并在西南门外立《去思碑》。入祀名宦祠。崇祯年间，担任荥经县知县长达五年时间。奔赴京城时，船上有一位凶恶的乘客，同船的人对此人说：“这就是黄荥经，你不能冒犯他。”后来，张献忠余党攻陷城池，黄儒被俘，敌军在堂上把他的两个妾侍吊了起来，并用火烧，以此恐吓他。黄儒并不屈服，不停责骂敌人，被车裂而死。他的妾侍林氏、李氏也都被烧死。

秦民汤 ？—1644，汉阳（今湖北汉阳）人，曾任荣县知县。明毅宗崇祯十七年（1644），张献忠进犯，秦民汤穿着官服端坐在厅堂上，随后被叛军捆绑起来。他责骂贼寇，毫不屈服，贼寇乱箭齐发，将他射死。秦民汤最终在莲花寺慷慨就义。卒后入祀名宦祠。

三、荣县主簿

周宗濂 生卒年未详，贵州人，吏员。有消灭盗贼、救济灾民的德政，百姓对他称颂不已。

四、荣县教谕

夏伯时[①] 生卒年未详，吉水（今江西吉水）人，举人，善于启发教育生员。

汪　敏 生卒年未详，荣县人。举于明经科，被授予成都训导。任满后，到京师述职，朝廷下诏让他到奉天门给皇帝讲解诗书文史等。汪敏议论简明通畅，授太子左谕，后因侍养双亲改任荣县教谕。

钟　诚 生卒年未详，庐陵（今江西吉安）人，举人，任荣县教谕。以赤诚之心教化百姓，从未

① 伯时：乾隆《志》同，民国《志》作“时伯”，据道光、光绪《吉水县志》改。

谈及个人利益。卒后入祀名宦祠。

王　永　生卒年未详，字孝思，昆山（今江苏昆山）人，举人，任荣县教谕。以易学教授生员，用八法开启文字之学，修整添置祭祀用器。他的诗文和品行堪称学习的楷模。卒后入祀名宦祠。

罗　青　生卒年未详。明神宗万历年间，任荣县教谕，督促修建学宫。

胡　山　生卒年未详，字拱辰，云南左卫（今云南昆明）人，明孝宗弘治十七年（1504）举人。任四川荣县教谕。因母亲年老，请求辞官回家。家中贫困，只能以教授学生糊口，人称“卷石先生”。有著作藏于家。

谢　聘　生卒年未详，字席珍，楚雄（今云南楚雄）人，贡生。任荣县教谕。秉性谦虚，博览群书，从不恃才傲物。不当得到的东西，他从来不拿；不当给的东西，他也从来不乱给。人们都很敬仰他。晚年授徒，谆谆不倦，循循善诱，购买了很多学田，跟随他学习的人很多在科举考试中高中，从此仕途显达。后升任离开荣县。入祀名宦祠。

刘　简　生卒年未详，铜仁（今贵州铜仁）人，明世宗嘉靖三十五年（1556）贡生，隆庆初年任荣县教谕。撰有《重修飞仙桥碑记》。

刘朝用　生卒年未详，临桂（今广西临桂）人。署理荣县政事仅八个月，致力于修葺学校，增加学田。为人慈祥，和乐恻隐。升迁离职时，士民都为之流泪。卒后入祀名宦祠。

五、荣县典史

樊　资　生卒年未详，字文质，朝邑（今陕西大荔）人。明宪宗成化年间任荣县典史。为人慈祥，和乐平易。有一年发生饥荒，樊资拿出自己的俸禄买米熬粥，赈济灾民。盗贼聚众起事，樊资监督修缮城池，以作为保护百姓的屏障。他单枪匹马与盗贼会面，群盗被他的恩义所感动，自行解散。樊资在修缮城池、缉捕盗贼、赈济灾民等方面有功劳，荣县人伍性对此有专门记载。离任后，百姓为他立碑。后入祀名宦祠。弘治、正德年间，荣县到陕西做官的人，大多会登堂拜谒，有人甚至会落下眼泪。

其孙樊得仁在荣县出生，后来曾担任分守参议。樊得仁《再过荣州·其一》云：“我祖当年此宦游，我生宦邸七经秋。溪山乍见如清梦，耆旧相逢半白头。弭盗救荒成往事，筑城督捕尚传流。堇原墓道松楸合，遗绩应劳太史收。”

马如圮　生卒年未详，陕西人，荣县典史。明毅宗崇祯十三年（1640），死于张献忠之难。赵熙有诗云：“野狗磨牙噬众生，微官殉国史无名。大名睒睒当天半，夜照荣山作火声。”

六、荣县学正

张朝祖　生卒年未详，庐陵（今江西吉安）人。明太祖洪武初年，任荣县学正。洪武六年（1373）四月八日，赐给荣州儒学印。当时荣州判官为马公辅，学正为张朝祖，在唐代桂林山旧址重新修建学宫。

七、荣县训导

胡子昭 生卒年未详，字仲常，初名志高，荣县东川沟人。举明经科，被授予本县儒学训导，时年二十一岁。他听说大儒方孝孺在汉中讲学，于是辞官跟随他学习。蜀献王曾给他赠诗一首，诗云：“促装何所往，驱车入汉中。”后来升任翰林院检讨，又任兵部侍郎。陈壂在《崇仁祠记》记载胡子昭的事迹说：“胡子昭二十岁时，因经学博洽，德行美善，被授予荣县训导之职。蜀献王知道他很贤明，于是向朝廷举荐他。明太祖亲自考试，并向他延请求教，下诏升任他为翰林院检讨，不久又升其为刑部右侍郎。”此与县志的记载稍有不同。

黄　莪 生卒年未详，与吴惟中是同时代的人。监督修缮学宫。

第七章　清

清代固定设置知县一员，县丞一员，典史一员，教谕一员。原设训导一员，雍正七年（1729），训导奉令裁撤，移至威远县。威远县于康熙六年（1667）归并荣县，康熙十三年（1674）复设，康熙二十年（1681）仍归荣县，雍正六年（1728）复设。原定县学名额，童生八名，后经申请增加四名，荣、威两县学各六名，廪缺各十名，岁贡名额由两县学共享。荣县设教谕一员，威远设训导一员。

一、荣县知县

刘应时 生卒年未详，字瑞生，浙江遂昌人，拔贡。顺治年间出知荣县。究心于理学，杜绝异端学说，特别不喜欢佛家、道家学说。言行举止严格正当，符合礼义经典要求。刘应时学识渊博，品行端正，擅长培育人才。担任四川荣县知县时，向朝廷上书《免运茶税盐引折》。政声卓著，颇有廉洁的美名，后因被他人牵连而罢官。著有《易经解》《四书讲义》等书。卒后入祀名宦祠。

陈　谟 生卒年未详，湖广德安（今湖北安陆一带）人，举人。康熙二年（1663）出知荣县，重新修缮启圣宫。

蔺　松 生卒年未详，辽东人，镶白旗荫生。康熙六年（1667）出知荣县，恩威兼顾，政令宽简。撰有《白雀寺碑》。卒后入祀名宦祠。

荆乔蕃 生卒年未详，山西猗氏县三相坊（今山西临猗）人，举人。顺治十四年（1657）丁酉科第二名。康熙十九年（1680）出知荣县。吴三桂举兵反叛，荣县很幸运地没有遭到侵犯，百姓大多安居乐业。他设法重修了文庙。不过，文庙还未修成，他就辞官离任。赵熙称赞他说：“八字可珍，史事之仅见者也。”

韩荩光 生卒年未详，字笃臣，高阳（今河北高阳）人，进士。韩荩光生性聪敏，喜爱读书，学业优异。在家时，对父母孝顺，对兄弟友爱，乡人都推重他的品行。顺治十七年至十八年（1660—1661），因见《高阳县志》修纂年代久远，于是与孙紫渊一起修订增补，刊行传世。

康熙九年（1670），出任河南中牟县知县，创建广学院，设立义塾，聘请师傅，培育人才。亲定等级，并重建官衙大堂，续修县志。又疏通沟渠，根据时节变化来蓄水或泄洪。他断案明白合理，百姓没有冤屈。康熙二十三年（1684），调任荣县知县。在任上修文庙，出力颇多。韩荩光以勤政安民为己任，兴利除弊，倡修荣县县志，为世人所称道。

朱大任　生卒年未详，字若仔，号淑庵，大冶（今湖北大冶）人。顺治十一年（1654）被乡里推荐，仍闭门苦读。康熙九年（1670）中蔡启传榜进士。选授四川井研知县兼摄荣县事，后升任山西霍州知州，行取礼部祠祭司员外郎，加兵部武选司郎中，督理大通桥仓场，又改任按察司佥事，提督广西学政。井研县自古就是险要之邑，当时蜀乱未平，朱大任带着仆人从蜀地小道赴任。他召集剩余的百姓，安抚存恤，无微不至。后出任霍州知州，施政崇尚宽厚简明，藩台和臬台因他奉公守法，上书举荐，当地士民纷纷挽留他。后又升任礼部、兵部属官。接管大通桥，所到之处，政声卓著。他还曾担任春闱和秋闱阅卷官，主持粤西地区的考试，选拔了不少知名之士。康熙二十四年（1685）出知荣县知县，当时，朝廷正在修纂《明史》，四川也在编纂《通志》。第二年，《荣县志》也正好修成，朱大任为之作序。任满后，以奉养父母请辞。后卒于家，享年八十四岁。

易其极　生卒年未详，湖广监利县（今湖北监利县）人，贡生。康熙二十五年（1686）出知荣县，在任上修缮县衙。《荣县志》载其《序》。

陈士献　生卒年未详，字梅亭，揭阳①盘溪（今广东揭阳市）人。康熙十七年（1678）举人。康熙三十四年（1695）出知荣县，施政兼顾教育和经济，兴办学校，鼓励农桑，重视人才培养，爱护百姓。两次主持四川科考事宜，时论均称其善于选拔人才。离任时，士民为他建立生祠，四时祭祀。萧曹庙有其《德政碑》。享年七十七岁，卒后入祀名宦祠。

王　泽　生卒年未详，山西人，拔贡。康熙四十一年（1702）出知荣县，在任上重新修缮明伦堂，碑记乾隆时尚存。卒后入祀名宦祠。

李　鏋　生卒年未详，字砺矼，直隶（今河北、内蒙古一带）人。李鏋学问渊博，以贡生的身份被推举为房山县训导。康熙四十九年（1710）出知荣县。在任上培育人才，选拔俊乂。又把前明的察院行台改建为凤鸣书院。卒后入祀名宦祠。

王国相　生卒年未详，镶黄旗人，岁贡。康熙五十九年（1720）出知荣县。捐出俸禄银十两五钱，买下凤栖山修义冢②，并为古佛寺增田产。卒后入名宦祠。

王发善　生卒年未详，知府王荣恩之子，直隶正定府（今河北中部地区）人。举人。王发善自幼丧父，家道中落，专心致志刻苦学习，尤擅长科考文章。其为人温和有礼，安静祥和，很有儒者气度。醉酒后，常常高谈雄辩，不受世俗法度的拘束。康熙六十一年（1722）中拔贡。雍正元年（1723）中举人，出任四川荥经县知县，后调任中江县知县，在任上以学术引领吏治。雍正十二年（1734）出知

---

① 揭阳：嘉庆《志》卷五误作“山东”。光绪《志》卷二十七云：“萧曹祠，康熙中生祠碑，作‘广东’。”
② 义冢：即收埋无主尸骨的坟场。

荣县。

刘宗贤 生卒年未详，字次颐，江夏（今湖北江夏）人。雍正四年（1726）举人，雍正八年（1730）进士。乾隆元年（1736）出知荣县。其弟刘崇文以贡生的身份出任靖州学正。刘宗贤的儿子刘之照为府贡生，侄子刘之煦中乾隆四十四年（1779）己亥科乡试举人。

黄大本 生卒年未详，浙江嘉兴（今浙江嘉兴市）人，乾隆四年（1739）己未科进士。乾隆十六年（1751）四月出知荣县，乾隆二十八年（1763）离任，前后在任十二年。在任上修缮城墙与护城河，整修书院，清理义冢，修纂《荣县志》，带领百姓筑堤修堰，建树良多。荣县士民至今依然对他称颂不已。当时乡里愚昧之人竞相流传说这些建设会妨害荣县风水，这就是《法言·学行》所谓“一閧之市”而已，不值一驳。卒后入名宦祠。著有《旭川纪事》《己卯秋葺城工竣》《濬西河》《题龙山》等诗文。

王槚芳 生卒年未详，字云木，王思深之子，山西蒲县人。乾隆十三年（1748）戊辰科梁国治榜进士，乾隆二十八年（1763）出知荣县。后调任四川威远知县。在任上勤政爱民，施政宽严得当。回乡后，教育子孙后辈，口讲手画，没有一天间断过，深受乡民拥戴。

贾廷彦 生卒年未详，字吉士，阳曲（今山西阳曲县）人，举人。贾廷彦以优贡身份进入当地最高学府学习，补正白旗教习。乾隆二十四年（1759），他领受顺天府乡荐教习。任满后，参与朝廷选拔，得选出任四川知县，历知江安、纳溪、永宁、荥经、江油等县。所到之处，约束县府各级官吏，听讼断狱，公正廉明，为政平易。乾隆三十二年（1767）出任荣县知县。后调任清溪县知县。清溪是通往炉藏、云贵的必经之路，住户稀少，往来的差役络绎不绝。贾廷彦在办公闲暇之余，对百姓给予特别安抚与体恤，历经四年，清溪县满目疮痍的局面得以改观。后调任华阳县，正值朝廷在金川用兵，面对繁重的运输、征召、制造等任务，他详细筹划，以方便百姓。需审理的案件堆积如山，贾廷彦常常工作到半夜，不辞劳苦。不久，他升任忠州知州，权成都知府，又转任潼川府。以父丧归家，他的母亲已经年近八十岁。他因老母患有痰疾，日夜在旁侍奉，聘请医生进行调治，母亲出入都由他背着。后来母亲去世，守丧期满，补任四川龙安府知府。

龙安府城城东靠近大江，城堤常被江水侵蚀，他捐出养廉银，倡导修筑堤坝，并在堤上种植柳树，以求巩固坝基。又修复先农坛等坛庙，修建书院，购买书籍，倡议捐资设立膏火津贴，使穷乡僻壤的士子们得以立志求学。东南鸽子崖石壁峭立，下临大江，以前都是靠江面上架设的木头渡江，来往行人常常头晕目眩，十分害怕。他采用悬空栈道的样式修建了三里偏桥，大大方便了两岸往来。所辖城邑江油中坝、太平两个场镇，商贾云集，但货物因水运损失超过半数，他查看详情后，主张在当地修筑堤坝。一年后江堤建成，中坝、太平二场恢复了以前的繁盛，人们称此堤为贾公堤。贾廷彦在龙安府八年，正俸和养廉银因军需核减扣除了一半，他不再聘请幕宾，案件和公文都自行打理；府衙内也没有眷属，上上下下不过十余人而已；宴请宾客，陈设的饭菜不超过五个。

后升任福建延平、建安、邵武等地道员。龙安府百姓听说了这个消息后，如同失去了父母一般痛苦，扶老携幼赶来拦住他的车驾，不忍心让他离开。抵达福建后，他勘查各营汛炮位，往来于烟瘴酷暑之中，居官三个月即因病辞官归家。贾廷彦虽然位居州牧的高位，却丝毫不受贪污腐化之风的沾染，归家的行装只有布被和布帷而已，与赴京赶考的举子没有什么区别。享年七十三岁。他的儿子贾澄亦中进士，后官刑部主事。孙子贾志先，贡生，候选训导。

李南晖　1709—1784，字仲晦，号青峰，又号西海云樵，通渭（今甘肃通渭）人。生于康熙四十八年（1709）十二月二十八日，雍正十三年（1735）乙卯科举人。雍正十二年（1734）初，李南晖参加岁考即获得第一名，不久又中拔贡，次年举乡试第七名，后赴京会试，六次参加礼部考试都名落孙山。先后主持本省秦州、河南桐柏、陕西中部等书院讲席，所到之处，人称其为“巨公”。诗字留题，信手拈来，很多都是传世之作。李南晖潜心研究易理，曾阅读《系辞》，读到“言行枢机”章时，曾若有所思地说：“谨言慎行，恐怕是学习《易经》最好的实践吧?”当读到“圆神方智”章时，又顿悟说：“斋戒洗心，恐怕是学习《易经》的诀窍吧?”在秦州时，他在墙壁间画太极、河图等图像，反复玩味。一天，他梦见古帝王召见，容貌和衣冠如同当地所传言的样子，还梦见伏羲赐给他食物。第二天早上，他起来再看太极、河图等图，突然有所领悟。从此以后，体验更深，明智如神，躬行不言，默而成事，达三十余年。著《读易观象》，认为六十四卦三百八十四爻以及三圣所系之辞，没有一句话不是出自河图的，这大概是古往今来儒者所未阐发过的要旨。

乾隆三十年（1765）授四川威远知县。政事闲暇，以观看卦象、玩味卦辞为乐，主持修筑城池，修纂县志及兴建桥梁、河堤、书院等工作，百废俱兴。深受百姓爱戴，官民融洽，如同一家人。人们称李南晖所修的万年桥为“李公桥”。

乾隆三十三年（1768）出任荣县知县，在任上爱护百姓，培育人才，刚正不阿。

乾隆四十四年（1779）因病退休，士民请求他留任，朝廷没有答应，于是士民为他建造了生祠。李南晖倍感欣慰地说：“我应当会再回来。等到县城的西南角亮起红灯，就是我回到荣县了。”回乡后，重订《周易》，独坐一室，即使家人也不能随意进入。

乾隆四十九年（1784）春，李南晖忽然说：“我县将有大难。”于是将其书稿藏在夹壁之中。不久，回民叛乱，李南晖协助县令，与其约定誓守此城。不久，县令因害怕找了一个托词便逃跑了。李南晖说：“此地不是我真正的归宿。”回家后，坐于家祠中，叫来次子李思沆、侄子李师沆侍立左右，仆人三儿也持烟火在旁侍奉。城池陷落后，一起痛骂叛贼而死，只有三儿获救，但他已被缠在臂膀上的火绳灼伤了皮肤。后来当三儿详细地述说李南晖等人被杀害的情形时，听的人没有不感动流泪的。五月十六日夜，威远县城西南角有火光，县里的人就说李公红灯来了。不久，李南晖殉难的噩耗果然传来。叛贼被平定后，文襄公福康安到通渭县搜集李南晖事迹上奏朝廷。朝廷命福康安以知府礼仪规格，祭葬，追赠李南晖太仆寺卿，入昭忠祠。不久，又奉旨入乡贤祠，命史馆为之立传。李南晖著作曾刊行于世，现存《易象图说绪论》十卷、《读易观象惺惺录》二十二卷。

李南晖曾自书诗刻于石，云：“天地无可图报，只是勉力为善。圣贤无可图报，只是反己自修。君父无可图报，只是守身尽职。”又有《过朝天峡》诗云：“呼吸风云近，人从天路行。山光低鸟道，水气湿猿声。改步千峰异，达观万壑平。可能通帝座，方寸向神京。”

姜　绣　生卒年未详，字锦凡，一字斯才，贵池县（今安徽贵池）人，监生。乾隆年间，姜绣由三礼馆议叙选授山东章邱县丞，因政绩突出、才能优异而闻名于世。不久，因母亲去世归乡守丧。丧满后，补任四川盐源县丞，后授汶川知县。乾隆三十四年（1769）出知荣县。曾于万寿寺书“万寿无疆”榜，非常典雅。朝廷叙录其云南省军功，升任合州知州。上司考察他的才能后，让他随营办理金川军务，又调任酉阳州知州，护建南道，督催粮饷，稽查台站，后卒于三松坪。姜绣奉行公事，竭尽心力，去世后众人都为之感到哀伤惋惜。乾隆四十二年（1777），合州士民上书呈请，将其列入忠义祠祭祀。

曾承谟 生卒年未详，字从典，号噩斋，湖南临武人，拔贡。自幼聪颖，颇异于常人。长大后，身材高大，二十岁入县学。乾隆十八年（1753），经学政叶花南遴选，赴京应举。参与廷选以后，被授予州判一职。乾隆二十二年（1757）被派往湖北，任江陵县丞，主管堤工。他于是每户指定民夫，每圩任命圩长，督导百姓种植杨柳，聚积土石。几年之后，百姓不再遭受溃坝水淹之灾。后来，曾承谟升任蕲州别驾，在任六年，先后署理嘉鱼、谷城、远安、通山、黄陂等县。乾隆三十年（1765），总督吴达善、巡抚李因培联名保举曾承谟出任钟祥县知县。曾承谟施政平正公允，杜绝请托。后因父丧回籍，丧期满后，出任四川芦山县令。乾隆三十四年（1769），调任荣县知县。

刚到蜀地时，朝廷命他监修威远县城，其于收支一丝不苟，众人都觉得很方便。乾隆三十六年（1771），正值小金川之战，奉调出口，总管南路粮草事宜，驻扎在章谷。乾隆三十七年（1772），清军进攻小金川，随营管理种台。乾隆三十八年（1773），跟随将军阿桂攻打大金川，驻扎噶尔拉。五月，升任成都司马。六月，西路清军进攻噶尔拉失利。当噶尔拉被包围后，曾承谟的同僚都神情沮丧，只有他忠靖自持、奋不顾身，将军阿桂越发赞赏他。随后又跟随参赞大臣富由约咱，从巴底、巴旺进攻得林卡马奈。因督办粮饷有功，多次升迁，官至山西兵备道。在任上捐出俸禄修筑河堤，又修建河神庙，当地百姓至今还记得他的恩情。

符兆熊 生卒年未详，字渭起，河南宁陵县人，监生。为人豪迈，志向卓尔不群。少小开始从事举子业，参加科考却屡次不中，遂放弃科举，研习兵家之说，每次出言都有很神妙之处。乾隆三十三年（1768），符兆熊捐官获四川郁山巡检之职，以才能著称，深受上司器重。金川之战，巴勒布进犯，他跟随大军从廓尔喀进兵，先后长达十余年时间。在军中筹办粮储，综理军务，多次获得嘉奖。乾隆三十七年（1772），擢升荣县知县，又担任忠州知州、打箭炉同知，后升任顺庆府知府，调任宁远府。所到之处，兴利除弊，政绩显著。乾隆五十八年（1793），授官四川盐茶道，后改任川东兵备道。第二年，苗民叛乱，四川、湖北、贵州三省骚动，乾州失守。符兆熊督促军队，渡水运输，军威大振。终因积劳呕血，卒于永绥幕府。事迹上报朝廷，令以按察使衔给予抚恤。其子符永培荫封为州同知。道光十年（1830），入祀四川名宦祠，并获准在原籍乡贤祠中祭祀。

龚　巽 生卒年未详，字木夫，江苏江宁（今江苏江宁）人，乾隆三十年（1765）举人。乾隆五十五年（1790）出知荣县。龚巽以文词自许，有很多碑刻行世。

许　源 生卒年未详，字汇泉，湖南湘潭人，乾隆三十九年（1774）举人。朝廷大挑，派往四川任职，历署新都、汉州、内江、仁寿等县知县。凡外出遇调查检验诸事，许源都自备夫役和马匹，尽量不骚扰百姓。担任内江知县时，进犯普州的盗贼窜入内江县境，其他县邑都关上城门以求自保，导致百姓无可逃避，不少人因此投水坠岩而死。只有许源打开城门，接纳难民入城，很多人的性命得以保全。他下令团堡戒严，修缮守城器械，誓与城池共存亡。盗贼知道许源有所防备，于是从资阳大道离去。嘉庆七年（1802）补荣县知县。到任后，他增加书院膏火，修建考棚，专注于振兴文教。在任十年间，凡遇到旱灾，他都会虔诚地向荣梨山山神祷告，每每都有应验。撰有诗作传世，如“朱盖青骢按部来，悬知问俗每迟徊”等句，脍炙人口。

三台县为潼川府附郭，盗贼常出没其间，上司命许源前往处置，他到任后，加强地方治理，百姓安居乐业，盗贼绝迹。第二年，返回本任。嘉庆九年（1804），参与四川乡试校阅科考，选拔了很多贤士良材。许源在荣县任职时间很长，经其治理，百废俱兴，狱讼几乎绝迹，境内祥和安乐。七十岁时，他决定退养还乡，士民追着给他送行，一直送到嘉定府，甚至还有人想陪他到省城。嘉定知府宋鸣琦留许源小住，请许源在大佛寺聚集送行百姓，让他们回去。众人伏地痛哭不起，过了很久才离去。还乡后，许源有很多义举。享年八十一岁。

许源性情和平，特别喜欢提携出身寒微而才能出众的士人。他喜欢写文章，与龚巽一同修纂《荣县志》并为之作序。

周宏濂　生卒年未详，嘉庆十三年（1808）出任荣县知县，在任上体恤民间疾苦，铲除地方恶势力，安抚善良百姓，颇受县人称许。

李　苞　生卒年未详，字元芳，甘肃狄道州（今甘肃临洮县一带）人，拔贡，乾隆四十八年（1783）癸卯科举人。授官崇信县训导，以政绩卓著，升任广西阳翔县知县。嘉庆十五年（1810），出知荣县。丁忧，服丧期满，又官授四川剑州、蓬州知州，后官至山东滨乐分司盐运司。因才干出众，深受器重。李苞喜好作诗，在家乡时，与史联及李实之等名士结成诗社，交流诗作。闲暇之余，以作诗吟赋为乐，著有《牵丝诗草》《敏斋诗草》《巴塘诗钞》等，吴松崖为之作序。

狄梦钧　生卒年未详，字文音，狄咏饶之子，江苏溧阳人，贡生。历任安徽池州、凤阳府通判，升任庐州府同知，又改补任四川汉州知州。嘉庆十八年（1813）署荣县知县。

陈汝秋　生卒年未详，原名玉海，字颖甫，江苏宝山（今上海宝山）人，进士，陈依仁之子。乾隆五十四年（1789）中进士，未被授予官职，于是返归家乡。后主讲浙江温州、台州等各府书院，所教授院生中有不少人成就非凡。嘉庆初年任威远知县，兼任石柱厅分校官。参与省试考校，选拔了不少贤明之士。不久，督饷完成后，按照惯例应对陈汝秋予以提拔重用，但士民都恳请他留任，遂继续留任威远县。嘉庆十八年（1813）出任荣县知县。

宫鉴桂　生卒年未详，字补亭，云南昆明人，拔贡。以教谕身份凭军功升任知县。嘉庆十八年（1813）出任荣县知县，在任时建立书院，设立义学，倡导礼教，作训民俚语以教导百姓。

李应元　生卒年未详，字超五，云南晋宁州（今云南昆明晋宁区）人，乾隆五十七年（1792）壬子科中式第十八名举人。

李应元孝顺父母，友爱兄弟，学问渊博，善于写作。在乡里办学时，跟随他学习的人很多。他主张治学须把器局与见识作为第一要务，蔡琼、李文耕、李廷璧等人皆出其门下。以知县职衔被派遣到四川任职，嘉庆十九年（1814）任荣县知县。后历任新都、仪陇、丰都、绵竹、合江等县知县，并任汉州知州。所到之处政声颇著，合江百姓对他尤其感激爱戴，为之建祠堂祭祀。李应元受上司倚重，每遇疑难案件，都委派他审讯，很多冤案得以平反。任满归乡后，捐资修建桥梁、道路，疏通河道，改建闸口，添置埋葬贫民的公共坟场，置办夫役乡保田，为民称颂。著有《十不可箴》《左传碎锦》等，未及刊刻即去世。

陈之玙　生卒年未详，号毓溪，安徽阜阳人。自幼丧父，母亲程氏守节，教其读书，之玙非常聪颖，异于一般孩童。后以拔贡的身份参加京畿地区科考。嘉庆二十五年（1820）中进士，出任四川邻水知县。陈之玙到任后，施政宽猛兼顾，风教纲纪井然有序。每坐堂处理政务，或者在县境内考察，常以正道告诫众人，对县内的不正之风常加中肯规劝，让人很是感动。有一对兄弟常年争讼，陈之玙让他们长跪在台阶前，为他们解说伦理大义，最终使二人惭悔悟过。陈之玙训诫后就释放了他们。他教化百姓的事例大多与此类似。道光二年（1822），出知荣县。母亲去世后，他回家守丧，后因病卒于官署。士民为他树立石碑以称颂他的功德，此碑被称为“没思碑”。

杨岳东 生卒年未详，字晓岩，一字愚山，山东宁海（今山东牟平一带）人，嘉庆十三年（1808）进士。曾任合州知州。道光三年（1823）出知荣县。六月，出资整修王庠墓。著有《羲经精言》三卷，撰有诗文，如“东坡仙人也，海外文更奇”等。

赵 时 生卒年未详，字后杨，号及庵，山东莱阳人，乾隆五十四年（1789）进士。道光四年（1824）出任荣县知县，颇多德政。他对内严格，对外宽厚，广泛设立免费学校，崇重师儒，了断多年留下的大案和悬案，为世人所称颂。辞官归里时，他竟因贫困无法启程，只好在荣县寓居数月，士民给他送来钱粮助其返乡。很久之后，荣县百姓还在怀念他。著有《及庵吟草》一卷。

张翚飞 生卒年未详，字昭宇，别字寅卿，广东四会人，进士。他是张炆中之子，自幼聪颖好学。中嘉庆十八年（1813）拔贡。当时学政程国仁号为“知人”，张翚飞与仲兄张鹏飞同被程国仁所赏识。程国仁对二人说：“你们二位的才学本在伯仲之间，但要说到气宇不凡，则弟弟胜过了兄长。”于是拔擢张翚飞，并让张鹏飞协助他。张翚飞中嘉庆二十一年（1816）丙子科举人，道光六年（1826）丙戌科进士，以知县的身份委派到四川任职。请假回乡时，其父张炆中已经去世月余。服父丧期满，他又被委派前往四处理积压的案件。有学官与诸生为争夺产业而打官司，张翚飞断案公正，判决结果让双方都很服气。

道光九年（1829），上司委派他署理荣县政事。其在任上平息盗贼，安抚百姓，施政平和，诉讼平顺。他很爱惜人才，把所录取的士子召入官署中，亲自教诲。

在荣县任上，多有诗作。其《代治及庵归装镜香亭》云：“波心端合置轻桡，花气撩人欲语娇。得似竹垞吟处否，夜间凉雨滴芭蕉。”王橡山《和寅卿明府》诗云：“山县风流似水滨，一官萧散思无尘。镜香亭上邀诗客，自与荷花作主人。”对他的德品政声进行表彰。

补任彭水县知县，施政如同在荣县的时候一样。设立老人院，每月供给衣食，使老人们免于挨冻受饿。又捐资修建考棚，让众多士子考试时免受喧闹扬尘之苦。彭水县士民对他非常感激，赠送给他一块匾，题曰“悬鉴虚堂”。此语大概取自陈良翰知瑞安时的话，但这绝非仅是溢美之词。在任三年，最后卒于任上。

张翚飞性情平和，他所做的文章如他的为人一样淡雅，尤其爱好吟咏，著有《隆溪草堂稿》若干卷，兵燹后亡佚，只留下了道光九年在蜀中任职时的四首留别诗，传诵至今。有子六人，张锡荃增贡生，张锡荷岁贡生，张锡璜廪膳生。

马映辰 生卒年未详，字钟房，顺天府宛平（今北京丰台）人，进士。兄长马映奎、马映壁，弟弟马映垣、马映台、马映庚、马映杓、马映阶。同胞兄弟八人，都长于文学。春秋两季科考，并驾齐驱。道光十年（1830），出任荣县知县。彝民暴乱，马映辰抓捕了一百多人，地方大员将要全部诛杀他们，马映辰请求释放其中的胁从者。担任马边同知时，他恩威并施，妥善处理少数民族事务。历任辰州知州、铜仁府知府。颇有政绩。年老辞官归里，致力于修桥筑路等善举，终于乡里。

陈长墉　生卒年未详，广东揭阳人，拔贡。道光十五年（1835）出知荣县。为赶运军粮，自行购买粮食充填官仓，捐俸银八百两以资军需。朝考列为二等，后历任四川开县、荣县、新繁、安岳、富顺等县知县，升授雷波厅。

胡　沄　生卒年未详，浙江绍兴人，道光三年（1823）进士。道光十八年（1838）出知荣县。胡沄擅长看风水，为固伦公主挑选葬地。皇帝称赞其高雅。他又特别精通拳术。他在荣县虽然没有留下太多值得书写的功绩，但赠予别人的留别纪念诗文却写得情真意切，如有“戏场何必认为真，圣主亲呼高雅人”等诗传世。

王培荀　生卒年未详，字雪峤，山东淄川（今山东淄博）人，道光元年（1821）举人。道光二十一年（1841）出知荣县。王培荀喜好著述，经术精湛而深厚，见识高超而卓绝。批阅生童课卷，不畏艰辛，均为之认真修改提点，县境文风自此大振。公务之余，以读书著述为乐，刻有《管见举隅》四卷、《寓蜀草》四卷，又集有《听雨楼随笔》十卷，纂修《荣县志》六卷。时与书院山长、诸生等往来唱和，将其汇聚成集，名曰《吟杜诗钞》，风流儒雅，倾倒一时。王培荀能模仿孙过庭的书法，但在诗文方面却超过了孙过庭，著有《署中杂咏》《凝翠楼落成》等诗传世。

洪瞻陛　生卒年未详，字书云，又字雨芗，号书林，浙江台州临海（今浙江临海）人，举人。道光间恩贡洪枰之孙。道光二十九年（1849）出知荣县。荣县社仓向来由胥吏掌管钥匙，百姓非常不满。洪瞻陛为此专门颁布管理章程，将社仓交由士民共管，不仅使百姓获得实惠，社首也免于赔偿之累。社仓储谷至今造福于民，都是洪瞻陛的倡导之功。他又捐出养廉银资助学子，为荣县造就了大批人才。至于其杜绝贿赂，铲除奸邪贪墨，公案上没有积压的公文，监狱里没有冤屈的百姓，其事繁多，难以一一述说，俨然有古循吏之风。洪瞻陛任官一年多即离任，士民怀念不已，为他立去思碑，称颂说：“善用兵者，无赫赫功；善为政者，无烈烈风。公固循良，不矜施济。士习民风，日新月异。裕我仓廪，振我文章。我公之德，没世不忘。”得知洪瞻陛去世的消息后，士民把他的木主立于谷神祠祭祀。著有《台郡形胜记》《书林拙存稿》等。

姚宝铭　生卒年未详，字蓝坡，福建福州人，道光二十五年（1845）进士，历任四川华阳、巴县、荣县、富顺、大邑、犍为等县知县，涪州知州、泸州直隶州知州。朝廷考核，政绩卓异。他为政和乐平易，爱护百姓，审理案件不用酷刑，蜀人称之为“姚婆婆”。

咸丰五年（1855）出知荣县。到任后，姚宝铭颁布施政纲要二十条，主要内容在于惩办狡诈之人，杜绝贿赂，清除贪蠹，整理团练等，都是当时急务。姚宝铭坐在厅堂办公，前来围观的百姓众多，他从不加以禁止。又捐出养廉银奖励士子，与生童讲论学术，娓娓道来，不知疲倦。他聘请山长主讲书院，不屈从上司的指派，一心聘任能胜任教职的人主持教席。县里有多余款项，上司来函想要提走，姚宝铭顺应乡绅百姓的恳求，请求上司将之留作地方公费。他又考虑到保甲团练的费用不够开支，于是买粮充实义仓贷给民户，待秋收时加收利息偿还，既充实了义仓，又有助于通过借贷生息以备荒年。从此以后不但公事无碍，也消除了分派税赋的弊端。第二年正月，姚宝铭即离任。虽然他在任仅百余天，但满路都是称颂之声。百姓听说他将要离开，都叹息不已，甚至为之落泪，竞相为他立去思碑，以记载他的德行，称颂曰：“矫矫元之，公其后身。仁慈如佛，威重如神。公来何迟？公去何速？德动四民，官居百日。民怀众母，士庆名师。公身虽去，公德常贻。”

在涪州知州任上时，姚宝铭修筑城池，公家经费难以为继，他捐出自己的俸禄以促成其事。竣工刚五天，石达开的军队就逼近县城，围攻三年也没能攻破。根据当时法令规定，被掳百姓头发超过三寸者都将被杀头，姚宝铭就用比普通尺子长一寸多的量尺测量，由此得以保全性命者不计其数。为此涪州百姓对他非常感激，为他建立生祠。春秋两季农事完毕后隆重祭祀，尊称为“姚公”。

刘齐衢 生卒年未详，字绮田，福建福州人。道光二十一年（1841）进士，以即用知县派往四川任职。先是补任兴文知县。兴文县为偏僻之地，土地贫瘠，他在任三年，百姓在他的治理下安居乐业。

咸丰五年（1855）出知荣县。刘齐衢品德高尚，性格温和，接见士民，和蔼得如同家人一般。凡是地方之事，他都虚心走访，绝不以才能自负或意气用事。他办公勤勉审慎，特别关注团练事务。每次校阅团练，他都要捐出自己的养廉银厚加赏赐，于是团勇都勤于操练，家家户户都铸造兵器以自卫。李太守巡视嘉州地区时，对之赞叹不已。刘齐衢在任将近两年，办事沿袭惯例，虽然没有特别的功劳，但士人感悦他的德行，百姓信服他的教化，就如同子弟跟随父兄一样，诸事顺遂。刘齐衢生性极为谦让，有人给他送万民伞、德政匾，他都坚决拒绝。离任时，士民相约拦路为他饯行。他不到五更天就乘车离去，到了约定地点，乡里饯行之人看见他，感动落泪，刘齐衢也哽咽得几乎说不出话。士民为他树立去思碑，称颂曰：“公心慈厚，公性谦冲。如夏之菁，如春之风。保我疆宇，谷我士女。德重荣山，恩流旭水。《甘棠》思召，《黍苗》思郇。公车不复，悠悠我心。”

宋恒山 生卒年未详，字紫临，直隶天津人，举人。咸丰七年（1857）出知荣县。宋恒山施政崇尚宽厚简明，惩办奸邪，剔除弊病，广施恩惠，慎用刑法，凡是好的政治举措无不实施。按县里的惯例，如果发生命案，相关费用都会摊派到乡里，下级官吏乘机鱼肉百姓，很多百姓因之破产。宋恒山捐出养廉银除去此陋习，酌情修订条规并颁布四乡，一扫此前积弊。

遇到歉收的年份，一斗米往往要卖到一千钱，于是他向上司请求减价卖出官仓中三分之一的粮食，保全境内无数百姓。当时公款累积有盈余，他认为时间长了容易生出弊端，于是告谕主事乡绅们，用盈余置办田产，收取田租，补贴公费。百姓有诉讼纠纷，宋恒山随诉随结，从不积压案卷。凡是下乡走访，不让跟役、行厨跟随，丝毫不惊扰乡里。

卸任时，宋恒山又捐出养廉银聘请山长，增修学校，储备人才。将要离开时，宋恒山邀请本县乡绅连饮十天，当地官员和百姓都对他依依不舍，为他立碑，将其排在姚、洪、刘三位县令之后，并修屋宇覆于其碑之上，号曰清官亭，至赵熙修志时几近七十年了。颂曰：“汉宏唐璟，吏治兼长。得公继美，可号三良。清慎勤明，谈何容易。公任一年，公量百世。性非嗜酒，乐与人同。饮和食德，长怀醉翁。”百余年后，人们还在传颂四君子的美名。个人才华被其高尚德行的光辉所隐，政令举止被其良好的教化效果所掩盖，他正是古代《循吏传》所描写的那种人。古人所谓“乐只父母”，看来确有其事。

罗廷权 生卒年未详，字鉴平，云南昆明人，举人。咸丰十年（1860）出知荣县。这一年，云南李、蓝起事，往来于县南一带，但守城之具还未准备就绪。罗廷权到任后，修筑城堡，修缮器械，聚集粮草，严加防守，每天到四个城门口核查出入情况。等到乱兵抵近城池时，罗廷权让士民登上城墙，并亲自带领他们巡视，常常数十夜不睡觉，管理精细严谨，布置严密，工作得法，为保全荣县立下大功。

同治九年（1870）调任资州，叛贼不敢进犯。若不是罗廷权反应神速，处置得当，又如何能让资州百姓免遭祸乱？这一年，他捐出粮食二千石、俸银一百两，作为赈济的启动费用，又劝各乡捐资，将仓库所存粮食平价出售，赈济灾民。

国　璋　生卒年未详，字子达，京口驻防蒙古旗人。同治四年（1865）出知荣县。国璋本姓赵，后入蒙古旗籍，改今名。生性慈祥，善于听案审断。刚到任，即安排人抄录讼师的姓名，加强监管。常常微服私访，违法作乱的人于是收敛形迹，不敢再放肆。他曾在除夕时发放粮米赈济百姓，安抚贫民。至于其下令修缮武庙、禁止演戏，都是些有益于风俗教化之事。他还在汪家坰摩崖书写“忍气”二字，并撰写跋语，意在劝诫百姓停止诉讼，专注本职工作。

谢伯春　生卒年未详，字仁圃，号霭廷，河南信阳州（今河南信阳市）人。道光十七年（1837）以第十名举于乡，选授考城县教谕。当时捻军兴起，考城多次被围攻，几乎濒临危亡之境。谢伯春协助县令督促、率领军队和百姓尽力防守，他日夜巡逻，安抚士卒，镇定人心，让敌军无隙可乘，全城得以保全。因功被保奏知县之职。

同治五年（1866），谢伯春被选授四川荣县知县。他施政宅心仁厚，气度庄重，从大处着眼。适值境内“教匪”互相串通聚集，党徒也很多，正打算图谋不轨。谢伯春亲自率领兵丁，出其不意，直捣匪徒巢穴，抓获匪首数十人，将其诛杀。查阅匪徒的名册，上面竟然记载了数万人的名字。谢伯春当着众人的面烧毁了名册，并说：“这都是乡里愚昧的百姓受人蛊惑所致，我不忍心靠着这个名册升官，而多行杀戮。”

县里生童膏火费素来归房书管理，时间一长，亏空越来越大，难以为继。谢伯春为此专门立案核查，旨在杜绝弊病，垂之久远。

后来，他奉督宪之命，规范诉讼费用，订立府衙规矩，又召集绅士和粮户，对照章程，形成了十六条律令，将其刻在碑上，立在城隍庙。等到他离任时，作诗云：“读书漫道为官好，养子方知作母难。”其慈惠之心，可见一斑。颂曰：“公怀淡定，慈惠为师。慎求刑允，清恐人知。留浑朴风，绝苞苴路。爱士爱民，同其好恶。名追太傅，政媲宣城。公归于洛，公德在荣。”

同治六年（1867），担任四川乡试同考试官。七年（1868），调任盐源县知县，因双亲年迈，路途遥远，最终未能成行。十年（1871），因父亲去世，回乡守丧。丧期满后，被授予东城兵马司，不久，卒于任上，享年六十七岁。著有《憩云山房诗稿》。

马佩玖　生卒年未详，河南举人。同治九年（1870）出知荣县。擅长书法，作龙门书院榜，震动一时，可惜被市民误毁。

沈　鑫　生卒年未详，同治十一年（1872）出知荣县。百姓称他为“沈马棒”。离任时，竟与百姓拳脚相向，结果倒地不起，这也是历代官场中可笑罕见之事。

吴师贤　生卒年未详，字齐之，贵州黎平人，道光二十三年（1843）举人。同治十二年（1873）知荣县。在荣县任上时间很长，人称“吴婆婆”，是说他年老且慈祥，却没有什么才干和魄力。

涂翔麟　生卒年未详，号恩九，江西安义人，举人。生性纯孝，人品和声望为时人所称道。还没有发达时，父亲已年迈，家中贫困。他就学的学馆在几里之外，每晚必定赶回家，亲手端着食物供养父亲，等父亲吃完饭，脱衣入睡，才又赶回学馆完成功课。对此，他早就习以为常。父亲去世后，他哀痛至极，又合乎礼仪，孝子之名为世所称道。道光二十六年（1846）中举，任四川雅安知县。光绪元年（1875）出知荣县，在任上多施仁政，政绩比那些暴戾之人要好很多。

徐传善 生卒年未详，字子习，号春漪，驻防广州正黄旗汉军丰年佐领下人。同治七年（1868）署理资州。清正廉洁，听讼审案，光明公正，特别于士子多施恩惠。每次官课，捐资数十两，以添加膏火，使贫寒的学子有所依靠。当时有惯例，每临近新年，若有要员路过州境，上至道府下到杂职，都由急公局备办宴席接待。类似接待越来越多，每年需要耗资五六千钏或七八千钏不等，成为百姓的沉重负担。徐传善向上级禀告实情，请求予以裁减接待规模，认为道府以上大员可仍按照原来的章程支应，但对道府以下的人员则可免于接待。同时，他制定章程，规定赠送给过路官员的礼品均由当地官府负担，丝毫不累及百姓。至于两湖桩马署中杂费，以及过道差务，共计二十条，一并请求裁撤，并刊刻在石碑上。百姓对此举非常满意。

光绪元年（1875）署理荣县，也有善政值得记录。徐传善生性亲善，平易近人，光明磊落，尤其擅长听讼断案。凡是他亲手宣判的案件，诉讼双方无不心服口服。县里的土地税和劳役税，由于下吏超额征收，弊端很多，他根据实际情况制定章程，请上级官府刻在石碑上，以期垂之久远。经过治理，官署内的丁差、公干、夫马，发誓不再随意动用局钱，结果比以前节省了一半开支。他又告谕绅士和粮户捐助税底、置业收租以作为保育婴孩、抚恤寡妇的费用，其他如资助月课、加奖、宾兴、助卷、施衣药，用以赈济贫困和患病之人等诸多仁政，无法一一列举。县人感激其恩德，打算在谷神祠中给他设立长生位，以与洪瞻陛相媲美。又考虑到城外有罗汉寺，是徐传善判归同善局的，并以利息作为保育婴孩、抚恤寡妇的费用，于是在寺中设立神龛，为之撰写《生祠记》，立去思碑。称颂曰："惟我徐公，乐只君子。同好同恶，士民仰止。如鉴斯清，如衡斯平。折狱惟允，用洽舆情。利普大同，弊除已甚。惟克果断，浇漓自靖。随车雨泽，载路口碑。公来群喜，公去群思。"

张迩邃 生卒年未详，宁夏人，进士。光绪二年（1876），出知荣县。动用刑罚果断刚猛，人称"张破皮"，然而县里治安环境却因之大有改观。

庄定域 生卒年未详，字范邨，武进（今江苏武进）人，监生。光绪三年（1877）出知荣县。在任上除恶刚猛，偶尔画些小幅画作奖励士人，也算是他为政风雅之处。

王峨峰 生卒年未详，字桐华，直隶河间府交河县（河北沧州）人。实录馆供事，议叙从九加捐通判。光绪四年（1878）出知荣县。因津捐重收一案，受牵连而被革职。

葛起鹏 生卒年未详，字味荃，溧阳（今江苏溧阳）人，举人，颇识人才，主考乡闱。威远解元傅光弼，就是葛起鹏所选拔的。光绪九年（1883）出知荣县。葛起鹏生性骄矜自大，但以振兴教育为己任，这是王培荀之后所没有的。

唐选皋 生卒年未详，字直夫，贵筑（今贵州贵阳）人。同治九年（1870）举人，光绪二年（1876）进士。由工部主事改任荣县知县，光绪十年（1884）到任。在荣县任职期颇长，熟悉民政事务，没有人能比得上他，施政则常给予百姓实惠。虽然在任时没有太大的名气，等到他离开时，却找不到能发扬其事业的继任者，因此过了很久，百姓对他依然很怀念。后转知汉州、兴文，又调任名山，所到之处，均有政声。而他在荣县前前后后十五年，政绩尤为卓著。光绪二十六年（1900）去世，享年五十三岁，归葬贵筑县。

孟积伸 生卒年未详，字引之，富平（今陕西富平）人，举人。光绪十九年（1893），任荣县知县。孟积伸脾气暴躁，曾有甲乙二人诉讼，鞭笞乙之后发现冤枉了他，遂以鞭打甲来道歉，其行为大多如此，令人啼笑皆非。但他不醉心于谋利，也算是他的一大长处。

濮景贤　生卒年未详，字丹五，江苏人，濮士从之子。有才干，施政多良策。

杨锡澍　生卒年未详，字克绳，贵州人，举人。光绪年间出任荣县知县。其为官不遵循官场中的常规，人们对他有很多非议，而所非议的事实际往往未必真如人们所议。

唐枝中　生卒年未详，字薪传，乐平（今江西乐平）人。光绪九年（1883）癸未科进士。二十九年（1903）出知荣县。为人温顺恭谨，没有市井习气。

王　郅　生卒年未详，字佩秋，怀宁（今安徽怀宁）人，举人。祖父王俊，父亲王延庆。王郅生性温和厚道，从小丧父，与兄长王郊、王祁、王郦最为友爱。他天资聪颖，让长辈都很吃惊。十六岁入县学，时与友人开诗酒社，种植花竹，漫游取乐。科举之学并非他的志向所在，但每次为文无不师法古人，诗作也在同侪中出类拔萃。

同治十二年（1873）优选入京，以中书的身份供职内阁，不久就担任侍读一职。光绪十四年（1888）中顺天府乡试，出任四川城口厅同知。光绪三十年（1904）知荣县。不久，授官理番抚夷府。处理案件时，从来不疾言厉声。他曾经创立学堂，亲自为诸生讲授，上司以勤政爱民称赞他。按照惯例，土官承袭，每年收纳数百金，王郅全部都拿来作为生员的膏火和奖学资金。光绪二十九年（1903）担任乡闱的分校官，选拔了不少贤明之士。大盗陈匪叛乱，王郅设法将其捕获，全蜀因而得以安定。所著《诗草集》俊逸清新，可惜大多已经散佚。

陈熙辅　生卒年未详，字佐卿，宝应（今江苏宝应）人。凡是俗吏就如同鱼儿一样，在浑浊的水里游动，昏昏然却自得其乐。陈熙辅颇有才干，与前后任知县大为不同。光绪三十二年（1906）出知荣县。

萧培芬　生卒年未详，字蕙畬，县增生，乡试屡次不中，根据惯例捐钱谋了一个县丞的职位，历任涪州鹤游坪州判及绵州丰谷井通判。在任内擒获匪首梁朝堂，记大功七次。光绪三十一年（1905），四川总督锡良保举他以知县留原省补用，历办成都、华阳、新津等各县盐运差事。后任荣县知县。在任内又拿办全海龙、陈昭武等两大匪首，记大功十三次。宣统初年，调任荥经县。到任之初，保路运动发生，民间告饥，情势危急。萧培芬苦苦周旋，撑持达四十五天之久，内忧外患渐次消弭。不久，驻藏大臣傅华封率领一万多巡防军欲进驻成都，计划与成都城内的清军内外夹攻，驱逐保路同志军，所过州县，大肆屠杀。傅华封到达荥经县，即开出名单，让他按照名单秘密缉拿凶犯。萧培芬核查名单内所列之人，发现均是正士良民，心生怜悯。有王崧兰等已先被巡防军拘押，傅华封一定要置其于死地。萧培芬说："通过杀人来取媚于人，我难道非要做这样的事不可吗？"于是坚持为他辩白，甚至不惜用辞官来抗争。最终，众人才得以免遭冤屈，而王崧兰也得以获释，地方百姓最终避免重大损失。事件平息后，萧培芬想要奉养双亲，以尽孝道，决心辞官归里，荥经士民经多次挽留无果，知道他去意已决，于是倡议为他建立生祠，以志不忘。

萧培芬归乡不久，为父服丧。丧期满后受广西大吏委派，负责怀集县的厘税事宜。第二年，出任东兰县令，后因积劳成疾，请求退养还乡，卒于家中。四川、广西吊唁函电纷至沓来，上千荥经士民聚集在生祠内追悼，就如同死了父母一般，萧培芬的恩德可以说深入人心了！时论甚至把他与西汉的尹翁归、东汉的廉范相提并论。

李淇章 生卒年未详，字竹溪，陕西城固（今陕西城固）人，举人。父亲李鉴，进士，曾出任浙江会稽、缙云知县。兄长李瀛章，岁贡，同治初年在原籍殉难。李淇章八岁时，跟随母亲到汉中避难，城池被攻陷后，与母亲离散，被迫到了安徽，后乘机逃了出来，投奔提督尹某。尹某疼爱他如同自己的儿子，把他送到开封的私宅中，专门聘请老师教他读书，而李淇章却非常思念母亲，往往在半夜哭泣。正巧亲族高华见到他，于是接李淇章和其失散的母亲到官衙。母子见面抱头痛哭，悲痛过度，泣不成声。李淇章带着母亲回到家乡，家里虽然很贫困，但是他昼夜苦读，不久进入县学。

光绪五年（1879）举于乡，会试不中。朝廷大挑，李淇章被委派教职，授韩城县教谕。后来按照惯例改任知县，被派遣到四川任职。在任上以办理赈济有功，加同知衔，历官西昌、金堂、荣县，补任西充。他在西昌任上时，有一年遭遇大饥荒，李淇章捐出养廉银购买粮食赈灾。他仿效元代人的做法，计算人口，揭红帖，以五天作为期限，几个月下来，保全无数百姓。县境内番夷聚居，经常出现抢劫掠夺的事情，于是李淇章擒治其党魁，其余党徒因此敛迹。民妇某氏，独自在林麓穿行，被歹人逼迫至死。李淇章捕杀凶犯，并刻石表彰该妇的贞烈事迹。红灯“教匪”蔓延，在金堂县焚烧教堂，屠杀教民，烧毁房屋一千多间。李淇章到任后，察阅团练，巩固城防，酌情赔偿，民心得以安定。又遭遇旱灾，李淇章募捐请款赈济灾民。总督岑春煊、锡良先后以其政绩上奏朝廷，朝廷传旨予以嘉奖。任职五年，新旧政治措施次第推行，但又不骚扰百姓，县人特别感激他。宣统纪元，称病离任。民国后，回到家乡，不久去世，享年六十四岁。

二、荣县县丞

倪　鹏 生卒年未详，直隶永平府临榆（今河北抚宁）人，监生，捐官至县丞。乾隆二十五年（1760）三月出任荣县县丞。二十七年（1762）五月，因为母丧解任。守丧期满，借补布政司正八品照磨。三十七年（1772），清大军围剿金川“逆匪”，被委派到西路跟随总督官署听候差遣。三十八年（1773），木果木之变，登春失守，遇叛贼，被困而死。事迹上闻朝廷，朝廷追赠他为銮仪卫经历，赐银150两用于丧葬祭祀事宜，入祀忠孝祠。

史绍雍 生卒年未详，陕西洛川人，拔贡。恭谨谦逊，孝顺父母，友爱兄弟，乐善好施，为乡里所推重。乾隆二十七年（1762）十月，以拔贡身份出任四川荣县贡井丞，曾代理知县一职。其子史宗丑亦为岁贡。

许凝文 生卒年未详，字能平，安阳县（今河南安阳）人，拔贡。乾隆四十五年（1780），任荣县县丞。

许凝文以孝顺父母，友爱兄弟著称，后担任四川绵州州判。赴任时，路过兰溪，遇江水暴涨，淹没居民。许凝文出资招来舟船打捞落水者，一旦找到溺水之人，则想方设法救治，期望其能苏醒过来。历时两三天才离开。叩谢者想要为他画像，建立生祠，被他坚决拒绝。后来，他出任汶川县知县。有一位孝子背着父亲的遗骸返乡，夜里却被小偷当作财物偷去，这位孝子号哭流涕，痛不欲生。许凝文安慰他说：“小偷只不过想偷人钱罢了，如果他发现没有钱财，一定会放弃尊父的遗骸的。”他带领衙役四处寻找，终于在草丛中找到了孝子父亲的遗骸，人们都很佩服他。有寡妇苏胡氏，抚养孤子苏浩。苏浩八岁时，被苗人偷去，苏胡氏悲伤过度而死。许凝文听说这件事后，告谕土司，用礼义感化对方，苏浩最终得以回家，而苗人偷窃抢劫的风气也有所收敛。

守丧期满后，许凝文被补为福建岚下县县丞，署理建安县，有德政，后病死于任上。

张敬书　生卒年未详，宛平（今北京丰台）籍，阳湖县（今江苏常州）人。嘉庆十二年（1807）出任贡井县丞。修理旭川书院，广施恩惠，很得士民欢心。

孙家蓝　生卒年未详，直隶清苑（今河北清苑）人，吏员。乾隆五十五年（1790）署理镇洋县丞。他常常屏退仆役，混迹于茶坊酒肆之中，看见有赌博酗酒以及欺侮平民者，就出言相阻止，若对方不听，马上予以责罚。道光二年（1822），出任荣县县丞。

顾复初　生卒年未详，字子远，上元（今江苏南京）人，咸丰同治间，任荣县县丞。父亲顾元熙，字耕石，因此顾复初又字幼耕。此即易顺鼎诗所谓“江东清华侍讲之家，精通书法，立志想要整合南北书风，诗词也有所修改润饰，只不过没有深意罢了。”又云：“佳妇三生范络娟，故人一代何蝯叟。”晚清时，顾复初乃大员的座上宾，算得上是三百年来蜀吏中善于书法文章的人才。

三、荣县教谕

鲁仲文　生卒年未详，康熙二年（1663）出任荣县教谕。与知事陈谟重修启圣宫。有碑记其事。

赵发祥　生卒年未详，字式九，宜宾（今四川宜宾）人。二十岁时遭遇贼变，不屈抗争，以武勇闻名于世。清初，投效肃亲王，多次立下战功，前后斩杀叛贼首级三百多颗。肃亲王把他留在身边，准备破格提拔。适逢肃亲王聘请老师考核士人，执礼非常恭敬，于是幡然醒悟，要求读书。肃亲王对此非常称赞，赵发祥于是弃武习文。后来改任文职，升岁贡，出任荣县训导。他的儿子赵暐是康熙四十五年（1706）进士。

冯廷赓　生卒年未详，永宁（今宁夏永宁）人，拔贡。父亲冯宏学，被赠修职郎；母亲邓氏，被赠孺人。乾隆五十二年（1787），出任荣县教谕。

郭杰梈　生卒年未详，号乔轩，寄籍四川，入巴州学。乾隆五十四年（1789）拔贡，乾隆六十年（1795）中举人。后改归原籍，被派任四川知县，历署茂州、中江、德阳、邻水等县。嘉庆五年（1800），改授荣县教谕。后被保举为知县，又被朝廷选授广东高州府吴川县知县。其《赠赵钟麟》书云：“振翼南溟，书势团结。”

李醇信　生卒年未详，字塔山，富顺人，副榜。嘉庆十五年（1810），任荣县教谕。质朴而不善言辞，醉心于经史之学。曾自题联云：“不因禄薄常生事，且喜身闲再读书。”离任后，百姓对他颇为怀念。

王志灼　生卒年未详，字见三。定远（今安徽定远）人，举人。咸丰三年（1853）出任荣县教谕。品行方正，文章深厚，善于启发诸生，指教诸生勤勉而不知疲倦。

四、荣县典史

刘文德 生卒年未详，陕西商州（今陕西商州）人。康熙二十四年（1685）出任荣县典史，组织修建荣县学宫。

冯大荣 生卒年未详，山西汾阳（今陕西汾阳）人，监生。乾隆十六年（1751）出任荣县典史。在任上操守廉洁，办事用心，后因公务上的过失而离职。

赵由青 生卒年未详，字养愚，号畏亭，南丰（今江西南丰）人，乾隆四十四年（1779）副贡生。以县丞的职衔派往四川任职，历任渠县、蓬溪、屏山县丞。在屏山任上时，一次在乡村间走访，他看见山中尸骨暴露如麻，内心不忍，遂派人四处搜寻，得到十余担之多，便修建大墓用以安葬尸骨，并为之撰文立碑，以记其事。又捐钱给山寺，让寺中僧人每年定期致祭。赵由青言谈雅致，喜欢作诗，擅长书法，终其一生而未得重用，人们都对此感到惋惜。乾隆五十六年（1791），出任荣县典史。

五、防汛

谭贤佐 生卒年未详，成都人。因父亲谭公义从征湖北白莲教阵亡，荫封为云骑尉。道光十八年（1838）任。

郭玉麟 生卒年未详，因父郭本仁从征白莲教病故，荫封为八品，监生。二十四年（1844）任。

第八章 中华民国

一、荣县县政府

（一）荣县知县

蒲询 生卒年未详，又名寿昌，广安县人。中国同盟会会员。经吴玉章推荐，于宣统之年（1911）9月25日至民国元年（1912）7月14日任职。

（二）荣县知事

萧应湘 生卒年未详，字云浦，安县（今四川绵阳安州区）人。民国3年（1914），由附生出任荣县知事，能究办强盗。胡景伊主管蜀军，命抄没县人义士王天杰家族的财产，萧应湘据理力争，绝不执行，胡景伊遂怪罪于他。

廖世英 生卒年未详，字芷才，成都（今四川成都市）人。光绪十九年（1893）举人。民国5年

（1916）出知荣县，在纷乱之中，却多所成就。民国 6 年（1917）秋离任。不久后，还任，任期为民国 8 年（1919）至九年（1920）。

王铭新　生卒年未详，字又新，温江（今四川成都市温江区）人，举人。先在别的县为官，有奉公守法之美名。喜好读《易》，是一位儒者。民国 11 年（1922）夏，出任荣县知县。民国 13 年（1924）秋离任。王铭新历任游学豫备、潼川中学、四川铁道等学校校长。民国时历官富顺、眉山、大邑知事，守卫眉山，功劳尤为卓著。著《修身学》一卷，是编首序录云：第一是立心，第二是励志，第三是知本，第四是存养，第五是省察克治，第六是处人应事，继而陈述宋明诸儒二十八家生平事迹概况，然后选择他们的观点学说，以类编辑，成书一册，旨在酌取两朝学案的精华。

邓邦植　生卒年未详，字犀灵，泸州（今四川泸州市）人。清附生，重庆镇守使署秘书。民国 15 年（1926）十月出知荣县。因施政不公，激起民愤，民国 16 年（1927）春，被驱逐下台。

刘承仕　生卒年未详，字学优，巴县（今重庆市巴南区）人。荣县知事。时人说他行事有天赋之善心，而无世俗之圆滑。

荣县 1911—1912 年其他知事见下表：

姓名	职务	任职年限
孙树猷	荣县知事	1912 年 7 月 14 日至 1913 年 8 月 25 日
乔得寿	荣县知事	1913 年 9 月 11 日至 9 月 25 日
蒋道援	荣县知事	1915 年 1 月 21 日至 6 月 15 日
黄克修	荣县知事	1915 年 6 月 15 日至 10 月 20 日
侯昌镇	荣县知事	1915 年 10 月 20 日至 1916 年 6 月 7 日
傅荣一	荣县知事	1916 年 6 月 7 日至 8 月 22 日
袁正嵚	荣县知事	1917 年 11 月 1 日至 1918 年 2 月 22 日
谢永崧	荣县代知事	1918 年 2 月 22 日至 3 月 13 日
贺重熙	荣县知事	1918 年 3 月 12 日至 1919 年 1 月 4 日
冷遇春	荣县知事	1920 年 7 月 8 日至 1921 年 3 月 21 日
肖福臣	荣县知事	1921 年 3 月 21 日至 1922 年 6 月 8 日
陈洪基	荣县知事	1924 年 10 月 10 日至 1925 年 8 月 9 日
沈衍增	荣县知事	1925 年 8 月 9 日至 1926 年 4 月 11 日
黄维义	荣县知事	1926 年 4 月 11 日至 10 月 14 日
王汝忠	荣县知事	1927 年 3 月 19 日至 7 月 12 日
卢学涵	荣县知事	1927 年 7 月 12 日至 1928 年 9 月 17 日
江载英	荣县知事	1929 年 4 月 19 日至 10 月 8 日
龚策群	荣县知事	1929 年 10 月 8 日至 1930 年 9 月 16 日

荣县 1911—1929 年议事会议长见下表：

姓名	职务	任职年限
张国猷	荣县议事会议长	1912 年至 1918 年 11 月
刘光璐	荣县议事会议长	1918 年 11 月 28 日至 1927 年

第五卷　学校教育

《尚书》曾云，建立国家，管理百姓，须把教化民众和传播学术放在优先位置。文翁以儒化蜀，建立石室兴学育才，培养了大批蜀中人才，巴蜀人文之兴，史称与齐鲁之地相当。江汉所在之地，人杰地灵，自古人才辈出。荣县这个地方虽然地处僻远，但北宋王庠王序兄弟素以文学著称于世；南宋著名学者晁公武也曾在此读书习文，编成我国第一部私家书目《郡斋读书志》；大诗人陆游曾在荣州做州官，亦在此地留下令人景仰的诗篇。荣地自古人文荟萃，流风余韵，滋养后人。更何况当今荣县文教昌明，俊杰之士不断涌现呢！

第一章　古代学校书院

第一节　文庙沿革

唐武德元年（618），在桂林山上首建县学。贞观四年（630），太宗下诏，令天下学校皆各自立周公、孔子庙。于是，荣州始建文庙。宋乾德三年（965），迁移至靠近兴贤门的地方。绍兴十三年（1143），郡守孟侯将文庙迁移至莲宇山。开禧二年（1206），太守袁桂建两座雁塔，在上面题写荣州科举中榜者的姓名。荣州教授刘道成略云：荣县虽然是藩邸重镇，然而学校经三次搬迁，才在一块风水宝地安顿下来。元朝末年，文庙因战火而毁坏。

明洪武六年（1373）四月初八日，朝廷赐降荣州儒学印。时任判官马公辅、学正张朝祖仍在桂林山创建文庙。天顺元年（1457），荣县孝廉龚汇上奏朝廷，请求把文庙迁到莲宇山旁。旧《县志》记载说，此地金水相生，地势高且平坦，山川明朗秀美，不愧是建设学校、培育贤才的风水宝地。天顺四年

（1460），按察使佥事汪浩①、知县刘清重建书院讲堂和师生斋舍。成化十七年（1481），佥事俞泽、署县判官御史戴中修缮尊经阁。正德十四年（1519），佥事王雩、知县毛秀把尊经阁迁移至文庙的右侧。万历四十五年（1617），知县张接武在西街修建了圣门石坊和云龙石屏。

简敕重修文庙碑拓片

清康熙二十一年壬戌（1682）六月六日，文庙倒塌，先师孔子的塑像却巍然不倒。邑孝廉刘世璋召集志同道合的人，打算向主管此事的官员报告并准备修复文庙。时任知县荆乔蕃设法帮助了他们，继任知县韩亱光先后捐款修缮文庙。康熙二十三年（1684）冬至日宣告新建文庙竣工，竖碑立石记其事，但所建文庙的规制并不完整。康熙三十六年（1697），知县陈士猷开始修建两庑、戟门以及名宦祠和乡贤祠等建筑。乾隆十二年（1747），知县徐德龙改建明伦堂于文庙右侧，把魁星阁迁移至棂星门的左侧。乾隆十九年（1754），知县黄大本捐献出自己的俸禄，重修文庙，恢复文庙旧制，耗时七月才完工。乾隆五十二年（1787），知县张兆星依次修葺。嘉庆十一年（1806）及十二年，知县许源装绘孔子圣象，以及颜渊、子思、曾参、孟子四圣和子渊、子骞、伯牛、子有、子贡、子路、子我、子游、子夏等十哲龛像，补修文庙大成殿及戟门等处建筑，新修棂星门，疏浚泮池，把圣门坊迁移至泮池前面，并在它旁边修建德配天地二坊，购西侧李姓墓址以便把礼门、义路二门迁移至圣门坊前，左右两侧设龙屏、照壁作为屏障。事后作文记录了此事的经过。

第二节　文庙规制

一、正殿

共有五间。

木主神位，位于正中央，面朝南。古代制作的孔子圣象坐于木主之后。

（一）东配殿供奉两人

复圣颜子　名回，字子渊。鲁国人，郳国之后。

述圣子思子　名伋，字子思。

（二）西配殿供奉两人

宗圣曾子　名参，字子舆。鲁国武城人。鄫国之后。

亚圣孟子　名轲，字子舆。邹国人。鲁公族孟孙氏后代。

① 按：浩，原脱，今据光绪《志》卷八补。

（三）供奉东哲六位

先贤闵子　名损，字子骞。鲁国人。

先贤冉子　名雍，字仲弓。鲁国人。伯牛的后人。

先贤端木子　名赐，字子贡。卫国人。曾经做过信阳县宰，后来出任鲁国、卫国的相国。

先贤仲子　名由，字子路。鲁国卞城人。在鲁国担任过蒲地的大夫。

先贤卜子　名商，字子夏。卫国人。在鲁国担任莒父之地的宰臣。

先贤有子　《史记》记载说："字，有若。"《孔子家语》记载说："字，子有。"鲁国人。过去他的牌位在东庑七位之中，乾隆三年（1738）应徐元梦请求，将其升格至正殿内东侧卜子之下，把朱熹移至西侧颛孙子牌位之下。

（四）西哲六位

先贤冉子　名耕，字伯牛。鲁国人。曾做过中都宰。

先贤宰子　名予，字子我。鲁国人。曾担任齐国临淄大夫。

先贤冉子　名求，字子有。与冉雍（字仲弓）同族，曾为季氏宰臣。

先贤言子　名偃，字子游。吴国人。曾在鲁国担任武城县宰。

先贤颛孙子　名师，字子张。

先贤朱子　名熹，字元晦，号晦庵，婺源人。死后谥"文"。康熙五十三年（1714）升列东哲，乾隆三年（1738）改列于西哲。

二、东、西庑

各有五间。

（一）东庑供奉先贤三十九位

先贤蘧瑗　字伯玉。明代由于严格审查从祀孔子的资格，因而取消蘧瑗配享孔子的资格。雍正二年（1724），孔子神位置于大成殿祭祀，于是将蘧瑗的神位安置在两庑，这也是理所应当的事，于是恢复蘧瑗配祀孔子的资格。

先贤澹台灭明　字子羽。鲁国武城人。

先贤原宪　字子思。鲁国人。《檀弓》记其名曰仲宪，曾是孔夫子家的宰臣。

先贤南宫适　字子容，另有说法称南宫绥，孟懿子的兄长。由于住在南宫，因而以"南宫"作为姓氏。死后谥"敬叔"。

先贤商瞿　字子木。鲁国人。

先贤漆雕开　字子若，另有记录称作漆雕凭，字子开。蔡国人。郑玄认为他是鲁国人。

先贤司马耕　字伯牛。宋国人。《孔子家语》作司马犁耕。

先贤梁鳣　字子鱼，《史记注》作梁鲤，字叔鱼。齐国人。

先贤冉孺 字子鲁，《孔子家语》作冉儒，字子鱼。鲁国人。

先贤伯虔 《孔子家语》记录他字楷，另有史籍记录他字子析；《弟子解》记录他字子楷；《史记》记录他字子析。鲁国人。

先贤冉季 字子产。鲁国人。

先贤漆雕徒父 字子有，《孔子家语》作漆雕从，字子文，另书有记录他字作子期。鲁国人。

先贤漆雕哆 字子敛，《孔子家语》作漆雕侈。鲁国人。

先贤公西赤 字子华。鲁国人。

先贤任不齐 字子选。楚国人。

先贤公良儒 《孔子家语》记作良儒，《史记》记作公良孺，字子正。另有史籍记录他字子幼。陈国人。

先贤公肩定 《孔子家语》记录他字子仲，《史记》记录他名公坚定，字子中。鲁国人。另有说他是晋国人。

先贤鄡单 《史记》中有名为鄡单者，字子家，没有关于县亶的记录；《孔子家语》记录有县亶，字子象，没有关于鄡单的记录。疑鄡单、县亶本是同一人，但徐广认为鄡单就是“鄡善”。

先贤罕父黑 《史记》记载他字子索，《孔子家语》记载其名为宰父黑，字索，又字子黑。鲁国人。《氏族略》也记载其名为宰父黑。

先贤荣旂 《史记》记载他字子旗，《孔子家语》记载其名荣析。鲁国人。

先贤左人郢 《史记》记载他字子行，《孔子家语》记载其名左郢，字子行。鲁国人。

先贤郑国 《孔子家语》记载其名为薛邦，字徒。鲁国人。《史记》因避汉高祖刘邦讳，改“邦”为“国”。“郑”字疑应为“薛”字的笔误。

先贤原亢 字子亢，《孔子家语》记载其名作元亢，字子籍。《史记》记载其名原冗，字籍。《正义》记载“亢”作“冗”。鲁国人。

先贤廉洁 《史记》记载他字庸，《孔子家语》记载他字子庸，又字子曹。卫国人。《古史》记载为齐国人。

先贤叔仲会 字子期，《文翁图》记载其名为叔仲哙，《孔子家语》记载其为鲁国人，而郑玄则认为他是晋国人。

先贤公西舆如 字子上。鲁国人。《史记》记载作公西舆。

先贤邽巽 《孔子家语》记载为邦巽，字子余。《史记》将“邦”误记为“邽”，字子敛。《文翁图》因避汉高祖刘邦讳，把“邦”记作“国”，记录其名为“国选”。鲁国人。

先贤陈亢 字子亢，又字子禽。陈国人。

先贤琴张 又名牢，《孔子家语》记其字子开，《文翁图》记其字子张。卫国人。

先贤步叔乘 字子车。齐国人。

先贤秦非 字子之。鲁国人。

先贤颜哙 字子声。鲁国人。

先贤颜何 字冉。鲁国人。明代，以《孔子家语》中没有关于颜何的记录，所以不再祭祀他。雍正二年（1724），又因为《颜氏家训》及《颜高赞》中都称他为“颜氏八贤”之一，如果不祭祀颜何，则八贤变为了七贤，因此恢复对他的祭祀。

先贤县亶　明时考虑到《史记》中没有关于县亶的记录，而且疑似其与邬单是同一人，所以不再祭祀。雍正二年（1724），时人认为没有证据证明县亶与邬单是同一人，于是恢复了对他的祭祀。

先贤乐正克　孟子弟子。孟子称他是善人、信人，又说“他为人好善”，由此判断他必在孟子弟子之列，因此把他增加到祭祀者之列。

先贤万章　孟子弟子。《史记》记载说：孟子所称述的唐尧、虞舜以及三代德政与当时诸侯所需要的功利之说不相合，于是退而与其弟子万章等人编次《诗经》《尚书》，阐述孔子仁学之道。因此把他增加到祭祀者之列。

先贤周敦颐　字茂叔，世代居住在宋代道州营道县的濂溪，因此学者把他称作“濂溪先生”，谥“元”。

先贤程颢　字伯淳，北宋河南洛阳人，文彦博为其墓碑题名曰“明道先生”，谥“纯”。

先贤邵雍　字尧夫，北宋范阳人，谥“康节”。

（二）东庑供奉先儒二十三位

先儒公羊高　齐国人。出生于东周末年。

先儒伏胜　字子贱，邹平人。出生于秦汉交替之间，研习《尚书》。秦始皇焚书坑儒，《尚书》因藏于孔壁墙中，得以流传后世。

先儒董仲舒　广川人。汉武帝时，董仲舒以试“贤良对策”，为武帝所器重。

先儒后苍　字近君，西汉东海郯城人，精通《礼经》，并将之发扬光大。明嘉靖时探求古礼，认为后苍是制定《礼经》的宗师，因而配享孔庙。

先儒杜子春　河南缑氏人，出生于东汉哀帝和平帝年间。

先儒诸葛亮　蜀汉时山东琅邪人。诸葛亮存有仁爱宽容之心，对人坦率真诚、真心相待，志节高远，大义凛然。认识上纯乎天理，行为上与圣人之道相符合。因而增加其配享。

先儒王通　字仲淹，隋代龙门人，曾教授于河汾之间。他去世后，弟子们私下为他制谥号，称“文中子”。

先儒范仲淹　字希文，北宋吴县人，受封汝南公，谥“文正”。

先儒欧阳修　字永叔，北宋庐陵人，谥“文忠”。

先儒杨时　字中立，北宋将乐人，学者称他为“龟山先生”。

先儒罗从彦　字仲素，北宋南剑州人，学者称“豫章先生”，谥“文质”。

先儒李侗　字愿中，南宋延平人。李侗把“洛学”传授给朱熹，朱熹则把李侗的语录编纂为《延平问答》，称他为“延平先生”，谥“文靖”。

先儒吕祖谦　字伯恭。他的先祖是“东莱吕氏”，后来迁徙至婺源。谥“成”，后来又改为“忠亮”，墓碑上题“东莱先生”。

先儒蔡沈　字仲然，南宋建阳人，隐居九峰山，因而世号“九峰先生”，谥“文正”。

先儒陈淳 字安卿，号北溪，南宋龙溪人。朱熹曾说："很高兴，我的道学得自陈淳先生。"因而增其配享。

先儒魏了翁 字华甫，南宋邛州人。南宋时，歪理邪说迷惑人心，魏了翁从维护正统学术的角度出发，著《九经要义》等，发明孔儒大道，因而增其配享。

先儒王柏 号鲁斋，南宋金华人，曾点校四书、经史，阐明推演《河图》《洛书》以及《洪范》九畴之意。著有《经书衍义》一书，阐发濂学、洛学之渊源。因而增其配享。

先儒赵复 元初著名儒者，德安人。著有《传道图》《伊洛图》《希贤录》等书，北方学者知晓程朱理学，是从赵复开始的。

先儒许谦 号白云，金履祥弟子。读书致力于探索书中蕴含的奥妙之处，以诗文阐释经义，维系名教纲常，著有《四书丛说》等书，因而增其配享。

先儒吴澄 字幼青，号草庐，崇仁人。明代嘉靖九年（1530），以其忘记大宋的恩德转而投奔元朝被废除从祀资格。如今考察吴澄的著述，对于五经、四书都有诠释注解，而《学基》《学统》及《矫轻》《警惰》等文章对于朱熹的著作实在是有新的阐发。乾隆二年（1737），朝廷同意尚书甘汝来之请，恢复了吴澄的从祀地位。

先儒胡居仁 字叔心，明代余杭人。著有《居业录》。他以"敬"命名其书斋，人称"敬斋先生"。

先儒王守仁 字伯安，明代余姚人，在阳明洞读书，受封新建伯，谥"文成"，世称阳明先生。

先儒罗钦顺 字允昇，号整庵。明代泰和人，以实行教育士子，著有《困知记》。周敦颐、二程的思想理论因罗钦顺的阐发而得以流传后世，因而增加其从祀。

（三）西庑供奉先贤三十八位

先贤林放 鲁国人。明代以《孔子家语》没把他记在孔子弟子之列为由，取消了他的从祀资格。雍正二年（1724），因林放通过向孔子问礼而直接得到了圣人的教诲，就算不是弟子，从祀也是理所当然的，因而恢复他的从祀地位。

先贤宓不齐 字子贱。鲁国人。曾为单父的宰臣。

先贤公冶良 字子长，《孔子家语》记作子苌。鲁国人。《史记》记作齐国人。范宁认为他字子芝。

先贤公析哀 字季沈。齐国人。《史记》记作公皙哀，字季次。《史记索隐》记作公皙克。

先贤高柴 字子羔。《孔子家语》记作齐国人，《史记》记作卫国人。曾在卫国担任士师。①

先贤樊须 字子迟，曾在季氏家做官。《孔子家语》说他是鲁国人，郑玄认为他是齐国人。

先贤商泽 《孔子家语》记其字子秀，《史记》记其字子季。鲁国人。

先贤巫马施 字子期。陈国人。《史记》记其字子旗，曾为单父宰臣。

先贤颜辛 字子柳。鲁国人。《史记》记作"颜幸"。

先贤曹邮 字子循。蔡国人。

---

① 按：士师亦作"士史"，古代执掌禁令刑狱的官名。《周礼·秋官·士师》云：士师的职务，掌握国家五禁之法，以主管刑罚：一叫宫禁，二叫官禁，三叫国禁，四叫野禁，五叫军禁。

先贤公孙龙 《孔子家语》记作“公孙宠”。卫国人。郑玄认为他是楚国人，孟子认为是赵国人。字子石。

先贤秦商 字子丕，《孔子家语》记其字丕兹。鲁国人，郑玄认为是楚国人。

先贤颜高 字子骄，《孔子家语》又作颜刻。鲁国人。

先贤穰驷赤 《孔子家语》记其字子从。秦国人。《史记》中“穰”作“壤”，字子徒。

先贤石作蜀 字子明，《孔子家语》作石子蜀。秦国人。

先贤公夏首 字子杰，《孔子家语》中“首”作“守”，字乘。鲁国人。

先贤后处 《史记》记其字子里，《孔子家语》记其字石处。齐国人。

先贤奚容蒧 《孔子家语》记其字子偕，《史记》记其字子皙。《文翁图》说他是鲁国人，《史记正义》说他是卫国人。《氏族大全》说他是奚仲的后代。

先贤颜祖 字襄，《孔子家语》记其名为相，又名祖，字子襄，鲁国人。

先贤句井疆 字子疆，《史记》作句井疆，《五经正义》作勾井疆，卫国人。《阙里志》记其字子野。《山东志》记其字子孟。

先贤秦祖 字子南。鲁国人。郑玄认为是秦国人。

先贤县成 字子祺，《孔子家语》说他字子横。鲁国人。

先贤公祖句兹 《孔子家语》作“公祖兹”，字子之。鲁国人。

先贤燕伋 字思，《孔子家语》说他名级，字子思。《史记》作燕伋。秦国人。

先贤乐欬 《史记》说他字子声，《孔子家语》记作乐欣。秦国人。

先贤狄黑 《孔子家语》说他字皙之，又说字子皙。《史记》作字皙。卫国人。

先贤孔忠 字子茂，《孔子家语》作孔弗。《史记》说他是孔子长兄孟皮的儿子。

先贤公西蒧 字子尚，《史记》说他字子上。鲁国人。

先贤颜之仆 《孔子家语》说他字子叔。《史记》说他字叔。鲁国人。

先贤施之常 字子常。《史记》说他字子恒。鲁国人。

先贤申枨 《孔子家语》作申绩，字子周。《史记》作申党，字周。《文翁图》作申堂。后汉碑记作申棠。郑玄认为他就是申绩。在郑玄看来，绩、党、堂、棠，应该就是同一个人。

先贤左丘明 中都人。《授经图》说他是鲁国人，是楚国左史官倚相的后代。

先贤秦冉 字开，蔡国人。明人怀疑《史记》记录有误，因此罢黜从祀。雍正二年（1724），认为《史记》列传不但著录了他的姓氏，而且也标明了他的表字，此人一定存在，于是恢复了他的从祀地位。

先贤牧皮 《孟子》赵岐注云：牧皮与琴张、曾皙都曾服侍过孔子。毫无疑问，牧皮一定是孔子门下高徒。因而增其从祀。

先贤公都子 孟子的弟子，精研孟子的人性论和性善论，驳斥杨朱异说，拓展了孟子“性善论”的深度与范围。因而增其从祀。

先贤公孙丑 孟子的弟子。《孟子》赵岐注云：孟子死后，万章、公孙丑记录孟子所说的王道仁政学说。对于孔孟之道的发展与传承做出了贡献。因而增其从祀。

先贤张载 字子厚，居住在郿县横渠镇，所以后人把他称作横渠先生，谥“明”。

先贤程颐 字正叔，后人称其为伊川先生，谥“正”。

（四）西庑供奉先儒二十三位

先儒穀梁赤 《尸子》中作穀梁俶，颜师古认为其名为“穀梁喜”，字元始。鲁国人，出生于东周末年。

先儒高堂生 《史记索隐》记载他字伯，鲁国人，出生于西汉初年。

先儒孔安国 字子国，孔子第十一代孙，出生于汉武帝时期。

先儒毛苌 西汉赵人，长于讲说《诗经》。后人称毛亨为大毛公，毛苌为小毛公。毛苌出生于汉武帝时期。

先儒郑玄 字康成，东汉高密人。注释《诗经》《论语》《三礼》计有百余万字，囊括各种重要的典籍，网罗了诸子百家的学说。出仕与隐退都遵守圣人之道，因而恢复他的从祀地位。

先儒范宁 字武子，东晋鄢陵人。曾任南昌太守，在任上兴办学校，培养学生。著有《春秋穀梁集解》，文章精细周详，对儒学做出了贡献，于是恢复其从祀地位。

先儒韩愈 字退之，唐代修武人，受封昌黎伯，谥“文”。

先儒胡瑗 字翼之，北宋海陵人。曾任湖州教授、国学直讲。后世学者称他为安定先生，谥“文昭”。

先儒司马光 字君实，北宋夏县人，受封温国公，谥“文正”。

先儒尹焞 字修明，北宋涪阳人，程颐弟子。研究学问善于追问本质，崇尚道德，为人处世中正平和，淳朴正直，志向远大，意志坚定。著有《论语解》，御赐和靖处士。增其从祀。

先儒胡安国 字康侯，北宋崇安人，谥“文定”。

先儒张栻 字敬夫，南宋绵竹人，其父亲是忠献公张浚。张栻号南轩先生，谥号“宣”。

先儒陆九渊 字子静，南宋金溪人，学者称象山先生，谥“文安”。

先儒黄幹 号勉斋，南宋闽人，朱熹女婿。朱熹把所著的书交给黄幹，并说：“我的大道都记录在这里！”黄幹的学生以及再传学生何基、王柏、金履祥、许谦称金华四先生，他们传承朱子之道，使程朱学术道统得以绵延不绝。

先儒真德秀 字景元，南宋蒲城人。宝元年间进士，历任户部尚书、参知政事。后世称西山先生，谥“文忠”。

先儒何基 南宋金华人，黄幹弟子。他得到了黄幹的真传，学问切实明确。何基所著《学庸解释》《书大传》《易启蒙》对宋明理学都有所阐发。

先儒陈澔 字可大，元代南康人。著有《礼记集注》，明代将陈澔的著述陈列在学宫之内，供士子学习，后世称他为云柱先生。因而增加其从祀。

先儒金履祥 号仁山，元代兰溪人。他是何基的学生，著有《大学章句疏义》《论孟集注》，其中包含较多前代儒者没有阐发的义理。增其从祀。

先儒许衡 字平仲，元代河南人。学者称鲁斋先生，谥“文正”。

先儒薛瑄　字德温，明代河津人。学者称敬轩先生，谥“文清”。

先儒陈献章　字公甫，明代新会人。隐居在白沙，学者称“白沙先生”。

先儒蔡清　号虚斋，明代晋江人。其学术主要讲究清净无欲，修身正己，砥砺而行，不做亏心之事。著有《易经理解》《四书蒙引》流传于世。增其从祀。

先儒陆陇其　字稼书，清代平湖人。专注于孔孟之道，精研程朱之学，端方孝友，以德化民。增其从祀。

（五）改在乡里祭祀者三人

郑　众　字仲师，东汉开封人。

卢　植　字子干，东汉涿郡人。

服　虔　字子慎，东汉荥阳人。

（六）罢黜祭祀者十一人

公伯寮　字子周，鲁国人。因其诋毁仲由而罢黜对他的祭祀。

荀　况　字卿，东周年末赵国人。因其支持性恶论而罢黜对他的祭祀。

戴　圣　字次君，汉代梁人。因其贪污而罢黜对他的祭祀。

扬　雄　字子云，汉代成都人。因其协助王莽作恶而罢黜对他的祭祀。

刘　向　字子政，汉代宗室。因其称颂神仙、方士术数而罢黜对他的祭祀。

贾　逵　字景伯，东汉扶风人。因其发表关于图谶牵强附会的言论而罢黜对他的祭祀。

马　融　字季长，东汉扶风人。因其贪婪卑鄙，依附权贵而罢黜对他的祭祀。

何　休　字邵公，东汉人。因其用鲁国记年，贬降周而以鲁为王之事，以及注释卜筮书《风角书》而罢黜对他的祭祀。

王　肃　字子雍，魏国剡人。因其伙同司马氏篡夺曹魏政权而罢黜对他的祭祀。

王　弼　字辅嗣，魏山阳人。因其遵奉老、庄之学而罢黜对他的祭祀。

杜　预　字元凯，晋杜陵人。因其攀附权贵、自行缩短丧期而罢黜对他的祭祀。

三、崇圣祠

在文庙后。肇圣王木金父，自宋国迁徙至鲁国，开始姓孔。裕圣王祈父。贻圣王防叔父。昌圣王伯夏父。启圣王叔梁父，在鲁国担任陬邑大夫，后来娶颜氏，颜氏在尼山祈祷，于是生孔子。

（一）东配供奉二人

先贤颜氏　名无繇，字路。《孔子家语》作颜繇，字季路，颜回的父亲。

先贤孔氏　名鲤，字伯鱼，孔伋（字子思）的父亲。

（二）西配供奉二人

先贤曾氏 名点，字皙。《孔子家语》作字子皙，《史记》作曾蒧，曾参的父亲。

先贤孟氏 名激，字公宜，鲁国公族，孟轲父亲。

（三）东庑供奉三人

先儒周氏 名辅成，周敦颐的父亲。

先儒张氏 名迪宗，张载之父。宋神宗时任涪州知州，为人端庄高洁，为官清廉正直，因为贫穷无法归乡，死后葬于郿。增祀。

先儒蔡氏 名元定，字季通，蔡沈之父。隐居西山，谥“文节”，世称“西山先生”。

（四）西庑供奉二人

先儒程氏 名珦，字伯温，程颢、程颐之父。受赠“永年伯”。

先儒朱氏 名松，字乔年，朱熹之父。历任吏部司勋郎，饶州知州。元代追谥“靖献”。

四、其他建筑

神　库 左。

神　厨 右。

居仁、由义二斋 附建在两庑的下方。

戟　门 三间。

棂星门

泮　池 四面有石柱环列，以朱栏围绕之。

启圣祠 殿后。

礼门、义路二坊 在泮池的左右两边。

文昌祠 在礼门南侧。乾隆《志》按云：祠的左边有社学地基一座，东西长八弓，南北长三十弓，石碑上的文字已经磨灭。

魁星阁 过去在文昌祠南面，占地面积东西长约二十三弓，南北长约十九弓。乾隆十二年（1747），知县徐德龙在棂星门左侧改建魁星阁。

名宦祠 在戟门左。所祀名宦如下：

宋：荣州知州李畋、李虚己、吕文修、陈希亮、李焘、罗拯、王明、宋中和、张价、王淮，教谕张颐，推官宇文昌龄，长吏丁处荣，荣德县令杨仲修。

明：知县秦民汤、朱如鲁、雷震、张九思、黄儒、孔克宜，教谕刘朝用、谢聘、王永、钟诚，判官马公辅，典史樊资。

清：知县刘应时、李锈、蔺松、王泽、陈士献、王国相、黄大本。

乡贤祠 在戟门右。所祀乡贤如下：

汉：合浦太守费贻。

后汉：谏议大夫费诗。

晋：散骑常侍费立。

宋：进士，累官至礼部尚书刘光；进士，洪雅县令宋迈；进士，累官火井县令陈宁；翰林院学士，特赠大中大夫王颁；正议大夫，礼部尚书兼侍读学士，谥“文简”尤袤；进士勾龙传；进士杨九泽；进士，官至右正言张震；进士，官至雅州知州杨仁；谥“靖节先生”王庠；受赠通议大夫[①]王梦易。

明：进士，两浙都运司杨易，汉中府同知何子奇，东楼先生何鲁，苏州府教授曹赏，徐州学正龚汇，岳州府教授刘宗明。

清：举人，刘世璋，丹棱教谕吴良璧，重庆府训导邹养浩，尉氏知县，充任乡饮大宾吴孔章。

儒学门　过去临近正街，时久荒废，后在北街改建。

尊经阁　仅有旧址尚存。

希贤坊　教谕刘朝用在棂星门附近所建，后来荒废。

忠孝祠　在戟门左侧。所祀忠孝如下：

明：平凉知府简仁瑞，蒙化经历李国柄，庠生王维屏，廪膳生员李亨吉，孝子张世思[②]，孝孙程崇德、丁孝孙。

清：昌化知县杨州英，大竹县训导谢朝玉，举人邹珊，瑚松额巴图鲁候补道刘存厚[③]。

崇仁祠　在戟门右侧。暂时权设崇仁祠一间，供奉明代兵部侍郎胡子昭的神位，春秋两季举行祭祀。

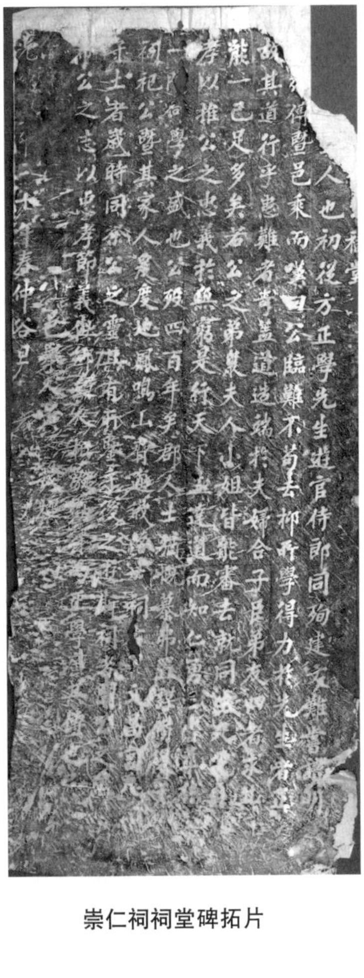

崇仁祠祠堂碑拓片

节孝祠　位于城北清富山，地处偏僻，人迹罕至。其地东西长四十七弓，南北长三十四弓，乾隆十九年（1754）八月在西门正街重建。后改建在泮池左侧。供奉节孝如下：

宋：孝女牟阿回、王梦易妻向氏、王纶练妻杨氏[④]。

明：郝明德妻沈氏、杨健妻江氏、陈伯纶妻白氏、孝女胡金奴、龚混妻刘氏、吴九经妻朱氏、杨沧妻郝氏。

清：吴良屏妻王氏、张之蕃妻李氏、谢朝恩妻李氏、吴履泰妻王氏、吴志清妻王氏、谢治中妻李氏、谢宁妻李氏、张弧妻王氏、赵源渶妻曾氏、杨纻妻柳氏、邓玉珀妻杨氏、陈世碧妻邓氏、李应山妻朱氏、龚勉学妻朱氏、刘元珠妻李氏、杨灿阳妻李氏、邱国元妻罗氏、邱思诚妻邹氏。

敬一亭　乾隆年间建在山巅，后被废弃。后来在文庙改建，嘉庆年间再次废弃。

---

① 按：通议大夫，旧志作“通奉大夫”，据光绪《志》卷十七改。

② 按：张世思，民国《志》卷十二作“张世恩”。

③ 按：忠孝祠内原无瑚松额巴图鲁候补道刘存厚，今据民国《志》卷十《礼俗》补。

④ 按：“王纶练”，当为“宋纶练”。宋纶练，宋迈之父，乾隆《志》作“宋宠光”，嘉庆《志》改作“宋纶练”。

尊经阁 乾隆时被废，嘉庆时旧址仍存。

魁星阁 旧时在文庙礼门右侧，乾隆十二年（1747），知县徐德龙移至棂星门左侧。四十五年（1780），知县符兆熊改建于凤鸣山麓。民国时在文昌宫前，万寿寺左侧。

雁　塔 在文庙内。

教谕署 乾隆年间，在文庙右侧。嘉庆年间，改建在明伦堂的后面。

训导廨 雍正六年（1728），分设威远县，裁撤荣县的训导。训导廨因缺少训导，后被废弃。

学　仓 共三间，后被废弃。因荣县的学田被周围居民侵占，一直没有人捐建学仓。

明伦堂 在文庙的右方。

御制卧碑 在明伦堂内。

钦颁书籍 《圣谕》二本、《易经》一部、《书经》一部、《诗经》一部、《春秋》一部、《性理》一部、《新颁学政全书》一部、《御制训饬士子文》、《明史通鉴纲目》一部、《明史》一部、《资治通鉴》一部。

学　田 无。

膳　堂 废弃。

考　棚 位于文昌宫内，左右各有九间考棚，共有考试座位一千二百多个。嘉庆十三年（1808），由荣县知县许源修建，有人作记记录了此事。道光二十三年（1843），被敕封为奉直大夫的刘廷选在龙门外左右两边各修建四间雨棚，有文章记录此事。光绪元年（1875），荣县有士绅富和裕户在启圣宫后又修建十一间考棚，共有座位五百八十多个。

嘉庆新建考棚碑拓片

演武厅 位于南门外官府土地，过去比较宽敞宏伟，后来多被附近居民侵占。嘉庆十三年（1808），知县许源派人勘察，命令居民全部退到原边界之外。在演武厅的东边、南边各立石碑为界，禁止侵占，并为演武厅修建照壁，重修马道。经过整治，演武厅才成为练习骑马和射箭的演练场所，有人刻碑记录了此事。

射　圃 废弃。乾隆十九年（1754），知县黄大本改设在奎星阁后方。

第三节　学校沿革

最早的学校一般指书院、讲舍和义学。

明代荣县人胡子昭在荣县设立书院，命名为崇仁书院。清初该书院废弃。康熙四十九年（1710），知县李锜把明代察院行台改作学院，以凤鸣山作为书院之名，故曰“凤鸣书院”。嘉庆十九年（1814），知县宫鉴桂创建桂林书院，这是旧时荣县的县学。二十二年（1817），宫鉴桂又在贡井文昌庙内创建书院，以唐时荣县的旧名“旭川”作为书院之名，故曰“旭川书院”。又在程家场乐岭寺内设讲社，取名为“云程”。同治五年（1866），知县国璋在长山桥设立云龙讲社。九年（1870），知县马佩玖设立龙门书院，不久被废除。十一年（1872），沈鑫设立两座讲社：一座在五宝镇宝镇庵，取名为“五桂”；一座在龙潭场道澄寺，取名为“玉成”。古代官员卸任后，一般都愿意回乡从事教育事业。而书院与讲舍中的先生，多数由没有做官或是不愿意做官的人充任。

义学，明代称作社学。明代计有清流、长山、荣川、来苏、乐阳、兴贤、荣德、仁义共八所社学。除长山社学之外，其余的都以当时该乡的乡名来命名。这些社学的校址其实都在荣县城中，严格说它们并不属于真正的社学或义学。清代，将荣德社学改称景行社学，设在魁星阁下。将乐阳学社称作“养正”学社，道光时期，移至凤鸣山的左侧。其他十八所义学皆设在各乡上，各有各的名称：东面，建在高山铺的叫作高山社学，建在程家场文昌宫的叫作云程社学；南面，建在过水坳的叫作逢源学社，建在鼎新寺庵子冲的叫作复兴学社，建在古文场的叫作学古学社，建在双石桥的叫作双士社学，建在五宝镇兴隆坳的叫作五桂社学，建在南禅寺的叫作修文社学，建在龙潭场东岳庙的叫作龙潭学社；西南面，建在杜家井文昌宫的叫作汲古学社，建在镇紫场的叫作东来学社，建在新桥的叫作日新学社，建在董家场文昌庙叫作正德学社；西面，建在长山桥的叫作云龙学社，建在来牟铺的叫作思文学社，建在刘家场梓潼观的叫作玉成学社；北面，建在东川沟三圣宫的叫作东兴学社，建在双古坟川主庙的叫作临江学社。

光绪三十年（1904），朝廷下诏改书院为学校，以上书院、义学等全部改制，依次设立小学、中学。高等小学设在凤鸣山，建于光绪二十九年（1903）；中等学校设在凤鸣书院，光绪十四年（1888）迁移至万寿寺，重新修葺；高等小学女校，是过去的景行义学，清末时为桑蚕学堂。此外，荣县城中尚有公立、私立和初级小学共十四所。荣县城外四个乡镇，共有学校一百四十五所。其中，高级兼有初级学校的，称作两等小学。东部有两所，分别在程家场和贡井；南部有五所，分别在李子桥、鼎新寺、河口、龙潭场和五宝镇；西南有两所，分别在新桥和李家场；西部有两所，分别在竹园铺和刘家场。总计一共是十一所。

第四节　书院

书院，是古代党有庠、术有序等旧有育人制度的延续。荣县历史上曾经有五所书院，以凤鸣、桂林书院最为有名。各乡镇也大多设立了义学和社学。官府和主管部门按时安排考课。无论是发给老师的俸禄，还是发给学生的生活补助，都准备得比较妥当，使在书院内学习的院生可以潜心治学，体现了政府培育人才的用意。

崇仁书院　废弃的旧址在东门外曹家街。大门三间。仪门三间。正气堂、寝门、号房都已经废弃。乾隆年间，在乡贤祠左侧设置崇仁祠一间，用以供奉明代兵部侍郎胡子昭的神位，每逢春秋两季举行祭祀。

凤鸣书院　位于凤鸣山的前面，过去曾是察院行台、布政分司的旧址所在地。东西长三十五弓，南北宽四十七弓。康熙四十九年（1710），知县李锈改建为凤鸣书院。凤鸣书院一所，为三间两进结构。教读之师既讲经学义理，也讲蒙学文字，后来逐渐荒废。乾隆十七年（1752）十月，知县黄大本捐俸对凤鸣书院进行了整修，建成内外讲堂共六间，东西与前后书房共十间，书厅三间，牌楼一架，大门一间，厨房两间，一切家具用品，悉数准备妥当。后来，还逐次增加书院的租税与利钱收入。

到了乾隆十九年（1754），乡绅丁凤溥等人倡议士绅自愿捐助，荣县各官员再捐俸以补不足，购买了位于楼房嘴的一块义田，田价费用为五百九十两，税契费用为十七两七钱，另外补偿业主费用为十两。田地的四至与面积都在契纸上标明，贴在官契的卷首。办理以钱抵粮需一两七钱零。所收取的租谷均充作书院师生的日常办公费用，但需向上官详细汇报其具体用途并获得批准，批准后一并交付给书院使用。每年还须贤明的官员捐赠俸禄以补充书院经费之不足，以助书院办院之用。

乾隆二十八年（1763），刘富、郝若桂将位于老虎岩的一块公田充作学田，每年可收租谷钱六千文。三十一年（1766），知县张成器捐赠养廉银，购买位于高笋冲的一块田地充作学田，每年可收租银十六两。五十八年（1793），知县龚巽划拨东街、西街二处的门店房共四十的户租金归书院支配使用，每年共收店租钱二百八十二千五百文。嘉庆九年（1804），知县许源划拨先农坛、社稷坛多余的田地给书院，每年可收租钱十千文。嘉庆十年（1805），他又划拨大、小南门坝的官地给书院，每年收租钱三十八千八百文。书院每年的收入总计为银一百一十六两，钱三百三十七千三百文。山长每年的酬金为一百二十两，另外每月拨发薪水钱六千文，还有聘任钱以及端午、中秋、春节的礼钱各四两。书院的正课生员四名，正课童生十名，附课生员六名，附课童生十六名。每年另行划拨钱三十二千文，作为吕真君庙焚香和祭献之用。书院的一切收入及支出，由工房经理人每年造册统一核算与报销。

桂林书院　位于桂林山麓。嘉庆十九年（1814），知县宫鉴桂捐养廉银，并划拨公款与书院，与乡绅百姓共计筹款银二百两，钱九百二十千文，购买位于桂林山旁边的一所房屋修作书院。共修三间讲堂，另左边一间厨房，右边一间卧房。讲堂之下，建有左右厢房各二间，讲堂右边的小花园建有一间抱厅。书院大堂共有三间房屋，大堂左、右各有两间耳房。山长每年酬金银六十两，伙食银十二两，聘仪、席仪、两节仪各二两。道光九年（1829），知县赵时另外增加四十千文作为山长的酬金，山长入馆、出馆所用的马夫钱也根据远近酌情给予。书院有正课生二名、正课童生四名，副课生员二名、副课童生八名。

龙门书院　建于凤鸣山麓的龙王庙内，同治九年（1870）知县马佩玖创办。山长每年酬金银六十两，伙食银十二两，聘仪、席仪、两节仪各二两，入馆、出馆所用的马夫钱根据远近酌情给矛。书院有正课生二名、正课童生四名，副课生二名、副课童生八名。

以上凤鸣、桂林、龙门三书院的膏火钱，正课生每月七百二十文，正课童生四百八十文；副课生每月四百八十文，副课童生三百六十文。每年在阴历的正月录取院生入院，每月官府安排官课一次。由官府给予点心和奖赏钱，其中，超等生员奖励四百文，特等生员奖励三百文，上等童生三百文，次等童生二百文。每次考试都排名靠前者，外课生升为副课生，副课生升为正课生；每次考试排名都靠后者，正课生降为副课生，副课生降为外课生。如果有旷课不到者，即按缺课数目扣除奖赏钱，作为书院的办公费用。

凤鸣、桂林、龙门三书院的监院，都由本县的儒学教谕兼任，每年发放纸札杂用银共二十两。

凤鸣书院看门人一名。书院将院内土地给其租种，所得作为看守书院的工钱，不再另外发放伙食钱。桂林书院看门人一名，将院内的两块土地和院外的一块土地给其租种，除了不收土地租金外，每年还给银四两作为伙食补足。

旭川书院　位于县城东边九十里远的贡井文昌庙内，建院地基由吴姓人士捐赠。嘉庆二十二年（1817），知县宫鉴桂创建，专门告谕众人，不得在书院内增塑佛像，不得多招僧人道士。每年收斗租银一百两，秤租钱二十四千文。山长每年酬金银六十两，伙食银十二两，聘仪、席仪、两节仪银各二两，入馆、出馆所用的马夫钱根据远近酌情给予。正课生二名、正课童生四名，副课生二名、副课童生八名。院生每年正月录取完毕。此前，书院院生一直由县城考取后送至书院，每月官课由县城封题送县丞衙门考试，再将试卷送县城阅定后榜示。道光中，知县马映辰改由荣县县丞代县令考核，山长的酬金和院生的膏火、奖赏费用由县丞及该处经管的绅士筹措并酌情发放。

第五节　其他

一、社学

荣川社学　位于南正街。明正德年间，教师杨奇以教学严格、为人刚毅著称，所教学子大多有所成就。民国《志》按：南门内左边有两处社学，第一处东西长二十七弓，南北宽八弓；第二处东西长二十八弓，南北宽弓。

来苏社学　位于泮水街。地址在东门内。社学右边东到西长八弓，南到北宽九弓。

乐阳社学　位于桂林街。

清流社学　位于西城。明嘉靖初年，教读之师但友之以善于教学而为时人称道，御史冯璋旌表其住宅。

兴贤社学　位于东街。明代景泰年癸酉（1453）科教读之师伍从式中举人。

荣德社学　位于凤鸣山左侧。明代正德年间，教读之师吴天禄因孝顺友善而为时人所称道。他在社学内重建四柏堂，知州杨桂丹撰文做了记录。

仁义社学　在城西。

另有长山社学。

以上社学都已经废弃。

民国《志》按：西门内右边挨城墙有一所社学，东西长十弓，南北宽三十弓。石埂下还有一处，东西长十弓，南北宽十三弓。

云程讲社　靠近程家场，在骡岭寺内。

云龙讲社　靠近长山桥，在文昌宫内。同治五年（1866）知县国璋设立。

五桂讲社　靠近五宝镇，在宝镇庵内。

玉成讲社　近龙潭场，在道澄寺内。

两处系同治十一年（1872）知县沈鑫设立。

以上讲社的教读之师，每年酬金都是钱八十千文，马夫钱二十千文，聘仪银一两，节仪银一两。

二、义学

景行义学　在城内后山，即古时四柏堂旧址。

养正义学 在城内后山，过去在城内桂林街，道光二十年（1840）知县胡浤将其改作汛署，迁到现在的地址。

以上两处义学，每年酬金银各四十两，聘仪各二两，每一节仪银各一两。

玉成义学 在县城西九十里刘家场出场数里许的梓潼观内。教读之师每年酬金银四十两。

云龙义学 在县城西六十里长山桥后。教读之师每年酬金银三十两。

云程义学 在县城东六十里的程家场文昌宫内。

龙潭义学 在县城南七十五里龙滩场东岳庙后。

以上两处义学，教读之师每年的酬金钱各五十千文。

五桂义学 在县城南六十里五宝镇场右兴隆坝。教读之师每年酬金钱四十千文。

临江义学 在县城北六十里双古坟场川主庙内。教读之师每年酬金钱三十千文。

以上六处义学，每年聘仪银各一两，没有节仪钱。与此前城内两所义学，都是知县宫鉴桂于嘉庆十九年（1814）及二十二年（1817）设立。

高山义学 在县城东二十里高山铺东。

正德义学 在县城西南九十里董家场文昌庙内。

逢源义学 在县城南二十里过水坝场东北。

复兴义学 在县城南六十里庵子冲寺内。

汲古义学 在县城西四十里杜家井场文昌宫内。

东兴义学 在县城东北四十里东川沟场三圣宫内。

思文义学 在县城西七十五里来牟铺东。

以上七处义学，教读之师每年酬金钱各四十千文，聘仪银各一两，无节仪钱。都是道光六年（1826）由知县赵时设立。

双士义学 在县城东南三十里双石桥。同治五年（1866）由知县国璋设立。

学古义学 在县城南七十里古坟场。

日新义学 在县城南七十里新桥场。

东来义学 在县城北八十里镇紫场。

以上四处义学，教读之师的酬金钱各四十千文，聘仪银各一两。

修文义学 在县城南九十里南禅寺。酬金谷十二石八斗。

第六节 学额膏火

一、学额

荣县招收生员，文武各取六名。后来又增加了二名，各取八名。廪膳生员、增广生员各十名。

雍正六年（1728），分东里乡、益昌乡设威远县，裁撤了铺驿。知县陈颙捐钱购买学田，并向上官请求增加四个名额，文武生员名额各十二名。廪生、增生各二十名，与威远县平分，训导署也迁移到了威远县。

廪膳生员，过去名额二十名，自设置威远县后拨走十名，存名额为十名。

增广生员，过去名额二十名，自设置威远县后拨走十名，存名额为十名。

附学生员，每年录取十二名，自从设置威远县以后拨走六名，名额为六名。同治中期，因为每年向京师上缴津贴，获准永久增加六个名额，得以恢复原来的名额。

武生每年的录取名额为十二名，自从分置威远县以后拨走六名，录取名额仅为六名。同治中，因为每年向京师上缴津贴，获准永久增加六个名额，得以恢复原来的名额。

按照旧有惯例，县学每隔二年可挑选一名岁贡，自从分置威远县后，每四年才能挑选一名岁贡。如遇皇帝开恩科，则以正贡作为恩贡，次贡作为正贡。

按照旧有惯例，县学每隔十二年才能选拔一名拔贡，自从分置威远县以后，有时在荣县选拔，有时在威远选拔，实际上并不确定多少年才能选出一名拔贡。同治九年（1870），荣县和威远县分别向朝廷请示，请求两县拔贡各自选拔，获朝廷批准，荣县才得以恢复每十二年选拔一名拔贡的惯例。

二、膏火

同治十年（1871），荣县士、绅、富户等禀告：经前任县令谢伯春主持案议查明，原由工房管理的膏火钱渐日亏损，已经到了入不敷出的地步，所以经过研究后决定将膏火钱从工房提出，交给三费局局首亲自打理。唯有孤贫救济款仍归工房管理。这样有利于各司其职，各清各款，不致款项纠缠混乱。其中，膏火钱一项，每年原进租银一百一十两，谷子五石，钱八百五十五千六百文，其钱系按月呈缴。孤贫款一项，每年原进租钱五十七千六百五十文，银三十一两，谷子二十石，银、谷在秋后收纳。所以打算从膏火款内提出店租钱三百四十一千一百文作为孤贫款，以便工房每月收支；打算从孤贫业内提出田租银三十一两、谷子二十石作为膏火费用，由三费局局首在秋后收支。以上二项，理当另立账簿并注明原有本金数额，重新立案造册，作为永久定规。

（一）计开膏火管业

滥扶冲田业，年收租银九两。郝家坝田业，年收租银十五两，租谷二十石。白蜡嘴田业，年收租银七两。莲花场田业，年收租谷五石。来葵湾田业，年收租银七十四两，谷十石零二斗。王家坝田业，年收租钱三十四千文。老虎岩田业，年收租钱六千文。高笋冲田业，年收租银十八两。高脚楼田业，年收租银一百四十六两。游家山田业，年收租钱十二千文。江家山田业，年收租钱十一千文。桂林山田业，年收租钱四十五千文。清流乡，年收官租钱三十千零六百文。仁义乡，年收官租钱三十三千五百文。荣川乡，年收官租钱五十九千二百文。来苏乡，年收官租钱二百七十五千二百文。西街店房两间，年收租钱十八千文。凤鸣书院看厮，年收官租钱一千文。以上共计收银二百六十九两，钱五百二十五千五百文，谷三十石零二斗。

光绪三年（1877），荣县士、绅、富户等禀告：经前任庄某提议，因此前礼房用数处管田业的收益支应书院、义学的各项费用的事情还没有办理完毕，所以建议将礼房所管的膏火费一并交付给三费局统一核算管理，以求达到一支笔管理的效果。

（二）计开膏火管业情况

大石匣田业，年收租钱二十千文。道光六年（1826），知县赵时任内，由张敦履捐钱购买。

花金纪田业，年收租钱一百二十千文。道光六年（1826），知县赵时任内购买。

油榨冲田业，年收租钱三十千文。旧县志记载，道光八年（1828），知县赵时任内，由张敦叙捐其凤鸣山产业购买，年收钱十六千文。光绪三年（1877），由荣县士绅建言，且经吴某劝说，张敦叙的儿子张必遵以凤鸣山的产业换得油榨冲田业，每年多进钱十四千文。

一石垢田业，年收租钱二百二十千文。道光六年（1826），知县赵时任内购买。

城外河坝田业，年收租钱八千文。道光二十年（1840），知县胡沄任内由举人吴容经手购买。

汪家滩田业，年收租钱二十三千文。

养正义学看厮，年收租钱二千六百文。

以上共收钱四百二十三千六百文。

（三）计开膏火支出情况

儒学监院，银二十两。

凤鸣书院，书院山长酬金银一百二十两，聘仪四两，席仪四两，节仪共八两，薪水钱七十二千文。后来增加书院山长酬金，由三费局负责支出。

桂林书院，书院山长酬金银七十二两，聘仪二两，席仪二两，两节仪共四两，薪水钱四十千文。后来增加书院山长酬金，由三费局负责支出。

龙门书院，聘仪二两，席仪二两，节仪共四两。又，书院山长酬金、薪水与桂林书院相同。由三费局负责支出。

景行、养正两义学，各教读之师酬金银四十两，聘仪一两，席仪一两，节仪共二两。

玉成义学，教读之师酬金银四十两，聘仪一两。

云龙义学，教读之师酬金银三十两，聘仪一两。

云程、龙潭两义学，各教读之师酬金钱五十千文，聘仪一两。

五桂、东兴、逢源、复兴、思文、正德、汲古、高山，以上八处义学，各学校教读之师酬金钱四十千文，聘仪一两。

临江义学，教读之师酬金钱三十千文，聘仪一两。

剩余双士、学古、日新、东来四处义学，教读之师酬金由三费局支出；修文义学教读之师酬金在南禅寺出谷。其他讲社的四处教读之师酬金，也由三费局支出。

月课每次需要钱四十三文。每年约八、九课不等。

桂林书院看门人工钱、伙食银四两。

礼房纸张银六两，钱十千文。

催差钱二千文。

第二章 科 举

古时候乡里举荐人才，是由乡里考察选拔优秀之才后再向上司逐级举荐，可见取士之法在古时候非常重要。荣地境内的人才，在北宋、南宋时最盛，如王氏、景氏、勾龙氏，整个族的人都是很优秀的人才，至今为人所称道。其他时代人才仕进各有不同，但他们为国效力、为民办事之心却都是一样的。

第一节 进士

一、唐

王 禹 不知道哪一年登进士第，所以不能查到他考试的年代和科第，更无法据此判断他的学问造诣。通过对唐代科考情况的考察可知，凡是进士，文采大概都不错。民国《志》按：进士科取士最早始于隋朝大业年间。唐朝取士有秀才、明经、童子等十二科，进士是其中之一。唐高祖时，诏令诸州，明经、秀才、俊士、进士，由县官主持考试，州官再次考核，每年随各地物产一同进贡，这就是所谓的"乡贡"。被举荐者都需要呈递文章自我举荐。宝应中，开始按照古代察举孝廉之法，由县推举到州，经州考察其学行后再送到省，不允许自行呈递自荐。经、策都懂，则为上等；通八经，通两策，则为中等，赐予出身。唐代各种科目，虽然以进士最为贵重，然而与明清进士又有很大不同。

二、宋

勾务滋 大中祥符八年（1015）蔡齐榜，位列第一甲第三名。

袁 恕 天圣五年（1027）王尧臣榜。

张昭文 天圣八年（1030）王拱辰榜，第三甲。

杨若冲、何至 景祐元年（1034）张唐卿榜。

勾奖、王梦易 皇祐元年（1049）冯京榜。

张昭及、杨约、张复 皇祐五年（1053）郑獬榜。

张璞、张非宾、勾伸 嘉祐二年（1057）章衡榜。

勾仲通、勾龙纲 熙宁三年（1070）叶祖洽榜。

张禹珪、王颢、勾纯、杨九泽、杨镛 熙宁九年（1076）徐铎榜。

王 华 元丰二年（1079）时彦榜。

高 迈 崇宁二年（1103）霍端友榜。

勾龙传 绍兴八年（1138）黄公度榜。

袁通明 绍兴十二年（1142）陈诚之榜。

勾龙骥 绍兴十八年（1148）王佐榜。①

李 概 绍兴三十年（1160）梁克家榜。

尤袤、勾龙湜、曹卞、杨璟、孙子立、王曾献、刘硕、勾龙骧、杨宗兴、李杰士、杨仁、王望、杨基、张衡、刘嵩老、杨镗、勾龙衢、孟师、张奕、杨丙、杜廉夫、曹汝舟、李师一、杨垕、武成、李廷俊②、张仪凤、李札、杜舜、景遇、景攸、景任、景孝、景通、景进 以上三十五人，都是绍兴年间进士，具体年份无法考证。

曹汝翼 乾道二年（1166）萧国梁榜。

赵驯、李复老、景吉祥 五年（1169）郑侨榜。

景 旦 淳熙二年（1175）詹骙榜，据《四川省志》记载，“景”又作“寻”。

陈宁、宋宠光、勾士奇、宋迈 五年（1178）姚颖榜。

史记、张坤、杜公才、杨圭、寻昂、袁楠、蹇震、宋纶练、张德成、杨光、申杨光、李廷表、王曾点、李廷老、张鼎、蹇巽申、张充、李廷俊、曹祖忠、李伯翼、杨允、杨勉、薛年、寻森、王元辅、刘充、张伯道、温安强、景谦光、李朝老、李克俭、杜功、李淳老 以上三十三人在淳熙年间中进士，具体年份无法考证。按《梅尧臣集》记载，李廷老曾三次出现。梅尧臣是北宋初人，自然不会论及南宋之事。此处“李廷老”与《梅尧臣集》中所载“李廷老”应当不是同一人。而宋人喜好以“老”为名，类似晋朝王氏以“之”为名，南朝以“僧”为名，五代以“彦”为名，难道不是一时的风气吗？

张 震 嘉定四年（1211）赵建大榜。

刘 光 宝庆二年（1226）王会龙榜。

牟搢绅、张伯达、王之逵、赵骎、勾龙思之、牟汉和、袁子垓、何景昌、赵孟操 以上见宋代袁桂修建的荣州雁塔题名。

曹鹏飞 旧县志有此人，嘉庆《四川通志》却没有记载。

曹鹏举、王三畏、张舟材、李伯宸、宋选、宋造、宋道、宋适、李伯翌、鲁清、李一飞、杨勉仁、杨勉中、杨若思、杨若纳、杨若畴 嘉庆《四川通志》称，以上十六人，嘉庆《四川通志》称他们中进士的朝代、年代无法考证。

另据刘道成所计，尚有曹鹏飞等进士四十五人，总计宋代荣州可考进士人数，总计最多一百七十六人。

民国《志》按：宋代沿袭隋唐旧制设立进士科，虽是诸科之一，然而录取的人较前为多。秋天选送中式举人应试，冬天集中在礼部，春天参加考试。考试合格及第之人，姓名会被列在榜上张贴于尚书省。宋代依照唐制，采用公卷考试制度。每到秋天进贡，由县令、县佐考察学子行义并予以保举，上报给州官、州佐，经审察确认后送所在路学使复试，与明清时期进士考试大不同。自祥符年间勾务滋开始，进士科已确定弥封、誊写、校勘等各种考试举措，上二等称进士及第，三等称进士出身，四等称进

---

① 按：勾龙骥原无，据宋佚名著《绍兴十八年同年小录》增补。原文云：“第十八人勾龙骥，字文举，小名罗汉，小字应祖，年二十六。……籍贯本是荣州荣德县荣川乡归政里，以祖父籍为籍。”

② 据《四川通志》记载，李廷俊分别见载于宋绍兴、淳熙间进士榜。

士同出身。景祐初年，朝廷认为录取的士子过少，下诏令对南方各省参加进士等诸科考试的考生十取其二。自天圣至嘉祐年间，进士有四千五百七十人。荣州中进士而时间无法考证的人，有可能多数就是在此四十年间登第的。熙宁初年，取消诗赋考试。三年（1070），专门考策论，限定一千字。这正是勾仲通、勾龙纲登进士第的那一年。元祐年间，朝廷下令录取名额不得超过考试总人数的一半，加考经义、辞赋，赋限定三百六十字，策论限五百字。绍圣年间取消诗赋考试，专考经义。而荣州二十年间，仅高迈登第。近四十年没有一人中进士，并非全因典籍缺乏，士子无书可读，而是由于徽宗任用奸臣、贬黜贤臣，荣州人品质正直，又有蜀党的高风亮节，不懂得顺势变通，所以被奸邪之人压制。大观年间，阉人宦官都染指科举，小人肆虐毫无忌惮，十分可怕！朝廷南渡后，因为读书人无法到皇帝行在所应试，绍兴元年（1131），为方便四川学子应试，朝廷令川峡举人可以到所在的州治参加考试。于是四川的科举考试全部隶属于制司。九年，川峡分开考试。二十四年，确定夔州路考试日期在中秋，四川其余各地则在季春。二十九年，同四川一类的进士科试开始由朝廷派遣官员主持，然除了大院监试、主文各一员外，其余都是制司选派之人。因此这时进士考试类似于明清四川的乡试。绍熙年间，确定二月初一省试。宝庆年间，四川锁院考试改在二月二十一日。这一年的廷试，四川考生到达杭州时间最迟，每年都要推迟日期来等待四川考生。到了嘉泰年间，有人说四川考生图谋利益，很多人带着货物乘船，所以滞留在津关渡口，于是确定四月上旬廷试，不再改期。咸淳末年，殿试拟定在五月五日，四川考生到达的更少。又延期到五月末，又延期到六月七日，又延期到七月八日。成都已归附元朝了，廷试竟然还没有结束。因有关四川的掌故，一并记录。

三、明

聂　籽　永乐二年（1404）甲申，曾棨榜。

刘　文　正统元年（1436）丙辰，周旋榜。

吴道弘　天顺元年（1457）丁丑，黎淳榜。

伍　性　成化十四年（1478）戊戌，曾彦榜。

曹　山　成化二十三[①]年（1487）丁未，李春芳榜。

曹　迈　嘉靖十一年（1532）壬辰，林大钦榜。

何显淑　嘉靖三十五年（1556）丙辰，朱大绶榜。

吴于诗　嘉靖三十八年（1559）己未，丁士美榜。

杨　镕　嘉靖四十四年（1565）乙丑，范应期榜。

黄纪贤　万历八年（1580）庚辰，张懋修榜。

简敕、简文瑞　天启五年（1625）乙丑，余煌榜。

总数十二人。

---

① 按：二十三，原误作“二十六”。按：成化朝无二十六年，今据其后干支纪年“丁未”改。

四、清

廖朝翼 道光十五年（1835）乙未，刘绎榜。

曾省三 咸丰二年（1852）壬子，章鋆榜。

曹俊亮 咸丰三年（1853）癸丑，孙如瑾榜。

蓝瑾章 同治七年（1868）戊辰，洪钧榜。

赵 熙 光绪十八年（1892）壬辰，刘福姚榜。

以上总数五人。其中廖、曾、赵被选入翰林院。

第二节 举人

一、元

赵兴隆 元代末年中举。①

旧志注：唐宋时所称举人是指被举荐的人，由州郡长官保任，就像举荐孝廉和方正一样。元代皇庆年间开始确定乡试时间为八月二十日。汉人第一场考经疑二问，限三百字以上；经义一道，限五百字以上；第二场古赋诏诰章表内科一道；第三场策一道，限千字以上。汉人名额，四川五人。次年二月初一日会试，仍分三场。赵兴隆，不确定哪一年中举。统计元代统治天下八十九年②，从至元十六年（1279）到皇庆二年（1313），有三十四年；四川在至正十七年（1357）已经被明玉珍占据，四川人参加乡试不过四十三年而已。荣地之境，元代不设县，所以不知道赵兴隆是哪一年中举。

二、明

程 逵 洪武庚午（1390），沅州知州。

刘文达 癸酉（1393），褒城知县。

董文秀 丙子（1396），眉州训导。

聂 籽 壬午（1402）举人，永乐癸未（1403）进士。

蔡 鼎 永乐乙酉（1405），湄县县丞。

李 庄 戊子（1408）举人。

吴 琳 戊子（1408），于顺天中式。

卢 鹏 辛卯（1411），汉阴教谕。

① 按，嘉庆《志》卷六“举人”条云：“赵兴隆，元末中式，洪武二年（1369），授泸州通判。”

② 按：元朝共计九十八年，传五世十一帝，此处言“八十九年”。非是。

李 绘 辛卯（1411）举人。

刘 贤 辛卯（1411），府通判。

宋 珪 辛卯（1411），应天教授。

胡 信 甲午（1414），解元。

郑 咸 甲午（1414）举人。[①]

熊 弼 甲午（1414）。

丁 铎 甲午（1414）。

周 郁 甲午（1414），开封府同知。

昌 盛 丁酉（1417），中第二名举人。

赵 本 丁酉（1417），浙江道御史。

张彦忠 庚子（1420），云南监察御史。

毛 毬 又作毛毯，庚子（1420）举人。

杨 森 庚子（1420）举人。

李良能 庚子（1420）举人。

罗 振 癸卯（1423），中第二名举人。

韩 泰 癸卯（1423）举人。

刘 文 宣德乙卯（1435）举人，正统丙辰（1436）周旋榜进士，历官行人司监察御史、按察司佥事。

刘 倬 正统戊午（1438），训导。

张 英 辛酉（1441），江陵训导。

伍从教 景泰癸酉（1453），伏羌教谕。

祁 棏 癸酉（1453），崇阳知县。

曹 贯 癸酉（1453），训导。

吴应时 癸酉（1453）举人。

龚 汇 癸酉（1453），顺天中式，徐州学正。

吴道弘 癸酉（1453）举人，天顺丁丑（1457）黎淳榜进士。

鲍 孜 丙子（1456），临潼知县。

吴 均 成化戊子（1468）举人。

刘 汉 戊子（1468）举人。

伍 性 甲午（1474）举人，戊戌（1478）曾彦榜进士。

杨桂丹 丁酉（1477），建水州知州。

刘景舜 丁酉（1477）举人。

刘景爵 丁酉（1477），归州知州。

---

① 按：据万历《四川总志》卷十五所载，“郑咸”又作“郑臧”。

吴　冕　癸卯[①]（1483），兴平知县。

曹　山　丙午（1486），户部员外郎。

何子奇　弘治壬子（1492），汉中府同知。

刘　玉　壬子（1492），训导。

吴　愚　乙卯（1495），叙州府学、南郑知县。

杨　焘　戊午（1498），常德府通判、陆州知州。

韩　超　戊午（1498），渭南训导。

邱　岳　戊午（1498），户部司务。

白　汉　戊午（1498）举人。

李云骖　辛酉（1501），吉安府通判。

刘存诚　甲子（1504），顺天中式，富民县知县。

吴　拙　正德丁卯（1507），叙州府学，庆阳府通判。

黄　鳌　庚午（1510），耒阳县知县。

杨　易　己卯（1519），湖州府通判。

祁凤毛　己卯（1519），乐安知县。

曹　迈　嘉靖壬午（1522）举人，壬辰（1532）林大钦榜进士。

朱六德　壬午（1522）举人。

赵可庆　乙酉（1525）举人。

伍多庆　戊子（1528），宜良知县，升知州。

谌　忠　戊子（1528）举人。

何景涉　戊子（1528）举人。

陈所敬　辛卯（1531）举人。

陈所达　甲午（1534），临潼知县。

吴　谡　丁酉（1537），新野知县，南阳府知府。

刘一惇　癸卯（1543），三任寻甸府通判，民多怀德。

严　杰　丙午（1546），高邮州知州。

吴　谓　壬子（1552）举人。

何显淑　壬子（1552）举人，丙辰（1556）朱大绶榜进士。

李桂开　乙卯（1555），公安知县。

吴于诗　乙卯（1555）举人，己未（1559）丁士美榜进士。

刘　扶　戊午（1558）举人。

李迎春　戊午（1558）举人。

杨　镕　辛酉（1561）举人，乙丑（1565）范应期榜进士。

---

① 癸卯，原作“癸酉”，按成化朝无癸酉年，今据上下文所载科举年份径改。

张　维　甲子（1564）第三名举人，元谋知县。

何颍叔[①]　甲子（1564）举人。

吴九易　甲子（1564），顺天中式，知县。

黄纪贤　万历丙子（1576）举人，庚辰（1580）张懋修榜进士。

程　挺　丙子（1576），太康知县。

童世彦　壬午（1582），夷陵知州、云南金沧道。

吴明昌　丁酉（1597），汀州府推官。

简文瑞　丙午（1606）解元，天启乙丑（1625）余煌榜进士。

童养淳　丙午（1606），广州通判，世彦子。

程　鋋　乙卯（1615），清源知县，铤弟。

黄　慎　壬子（1612）举人。

黄　恪　壬子（1612），累官榆林道。

黄　恂　戊午（1618），广济知县，慎、恪、恂都是黄纪贤之子。

简　敕　天启辛酉（1621）举人，乙丑（1625）余煌榜进士，简文瑞侄子。

简仁瑞　丁卯（1627），平凉知府。

余弘道　崇祯癸酉（1633）举人。

童　琳　丙子（1636），惠州府推官。

吴象铉　己卯（1639）解元，思南府推官。

丁献廷　己卯（1639），□嘉知县。[②]

丁若廓　己卯（1639）举人。

余　智　科举年代无法考证。

都数九十五人。

三、清

杨　焕　顺治辛卯（1651），汾阳知县。

税常春　辛卯（1651），崞县知县。

刘世璋　康熙癸卯（1663）举人。

张　容　甲子（1684），青阳知县。

汪　淇　甲子（1684）举人。[③]

杨州英　庚午（1690），昌化知县，告终养回籍。

张子介　庚午（1690）举人。

---

① 按，叔：民国《志》卷八记作“淑”。

② 按：据民国《志》卷八记载，童琳、丁献廷同为丙子科举人。

③ 按：民国《志》卷七注：“淇，《四川通志》作大邑人。据旧志记载，汪淇曾寓居大邑。”

吴孔章 癸酉（1693）举人。

丁时英 癸酉（1693）举人。

喻　倩 癸酉（1693）举人。

王曰俞 癸酉（1693）举人。

邹　珆 丙子（1696）举人。

邹　炎 丙子（1696），阡江知县。

王梦贤 己卯（1699），候官知县。雍正六年（1728），改隶威远。

倪象恺[①] 己卯（1699），历官天津。雍正六年（1728），改隶威远。

李　芳 戊子（1708），蓬州学正。

邹　理 戊子（1708），曹县知县。

邹　璋 戊子（1708），灵寿知县。

谢　伦[②] 辛卯（1711）举人。

邹　璲 辛卯（1711），乐陵知县。

黄　松 癸巳（1713）举人。

王元享 癸巳（1713）举人。

邹士[③]**杰** 甲午（1714），普安知县。雍正六年（1728），改隶威远。

程于京 丁酉（1717）举人。

荀丝霖 丁酉（1717），平乡知县，改任茂州学正。雍正六年（1728），改隶威远。

徐若稈 丁酉（1717），达州学正。雍正六年（1728），改隶威远。

邹　玳 丙午（1726），苍梧知县。

吴履晋 己酉（1729）举人。

谭兴讷 乾隆壬申（1752），第七名举人。

吴懋仁 癸酉（1753）举人。甲戌（1754）明通榜，选授西昌教谕。

吴允观 丙子（1756）举人。

邓锡纶 庚寅（1770），湖北知县，未赴任，卒。有贤良之声。

张应鹏 丙午（1786）举人。

邓绍昆 己酉（1789）举人。

吴　斌[④] 己酉（1789），合州训导。

侯镇固 己酉（1789）举人。

邹学山 甲寅（1794）举人。

---

① 按：民国《志》卷七注："旧志记载，曾历官天津道；《四川通志》记载，曾官福建台湾道；《嘉定府志》记载，曾官芦运使。"

② 按：伦，《四川通志》又作"纶"。

③ 按：士，民国《志》卷七作"仕"。

④ 按：斌，民国《志》卷七作"赟"。

谢　聘　乙卯（1795）举人。

张怀谦　嘉庆戊午（1798）举人。

朱映阳　辛酉（1801）举人。

杨春华　丁卯（1807）举人。

侯章固　庚午（1810），第四名举人。

曹兆亨、吴容　丙子（1816）举人。

侯圻固　己卯（1819）举人。

廖朝翼　道光乙酉（1825），第五名举人。①

王德淳　壬辰（1832）举人。

张轩鹏　乙未（1835）举人。

蓝玉章　丁酉（1837）举人。

蓝瑾章　癸卯（1843）举人。

李希白　甲辰（1844）举人。

杨调元、曹俊亮、周室辅、沈维镛　己酉（1849）举人。

曾省三　辛亥（1851）举人。

吴　会　乙卯（1855）举人。

吴俶培、赖礼元　戊午（1858）举人。

龚世莹、林炳菁　己未（1859）举人。

龚晋祺、刘炳勋　本为辛酉（1861）举人。同治三年（1864）甲子带为举人。

但抡元　癸酉（1873）举人。

黄　茂　壬午（1882）举人。

黄英、曹显宗　戊子（1888），显宗后更名为佺。

梁谦、李春霈　己丑（1889）举人。

赵熙、黄书、徐成章　辛卯（1891）举人。

范光辉、刘镕　丁酉（1897）举人。

周经礼　庚子（1900）举人。壬寅（1902）带补为举人。

总计清代，共七十五人。

第三节　贡生

一、明

明代国子一类的学校招录学员，可以不经过科举选拔。学校有两种：一种叫国学，入学者即监生，

① 按，光绪《志》卷二九原注："乙未刘绎榜进士。"

监生有四种；另一种是贡监，有岁贡，有选贡，有恩贡，有纳贡。旧志记载的明代贡生，不能确定他们属于哪种生员。照录如下：

伍成章[①] 明经教授。

袁志中 江浦知县。

吴仲胜 知县。

余　贯 知县。

张　简 交趾通判。

朱友谅 通判。

余　宪 卫所经历。

胡　浩 景陵典史。

余　浩 事迹不可考。

刘　暹 兰陵知县。

朱　研 都司断事。

曹思旻 沙湖驿丞。

吴　琳 顺天中式。

张本立 府检校。

尧　辅 潜江县丞。

谢　愈 仓大使。

万　钟 通城知县。

伍　景 兴平县丞。

但　聪 岷府伴读。

杨　澄 昆阳州同知。

伍从中 平凉府通判。

李　沈 息县训导。

夏　时 事迹不可考。

艾　旻 长沙知县。

张　濬 邵阳知县。

余　相 会宁县丞。

徐　瑄 楚雄训导。

易　贯 孝感训导。

熊　威 蕲阳训导。

陈　玮 事迹不可考。

张　谨 州判。

---

① 按：伍成章，嘉庆《志》卷六无此人，今据民国《志》卷八补入。

伍　淮　宣城知县。

方　灵　事迹不可考。

汪志隆　事迹不可考。

张　济　事迹不可考。

董世荣　事迹不可考。

丁　镃　事迹不可考。

张　谧　事迹不可考。

邹　儒　县丞。

曹　铭　知县。

邹　敏　事迹不可考。

张　继　事迹不可考。

王　宪　县丞。

胡　龄　事迹不可考。

吴道廉　州判。

邹自然　事迹不可考。

姜①渭　事迹不可考。

汪②瀫　事迹不可考。

王如川　事迹不可考。

宋　贤　事迹不可考。

董志道　事迹不可考。

杨　楚　事迹不可考。

梅　洪　布政司检校。

张　翱　县丞。

王宗昌　事迹不可考。

汪　淑　事迹不可考。

刘　本　宁波检校。

龚　昙　事迹不可考。

熊惟一　主簿。

方　正　事迹不可考。

赵　昌　淳化知县。

李　实　经历。

莫　昂　都司断事。

---

① 按：姜，民国《志》卷八又作“江”。
② 按：汪，民国《志》卷八又作“江”。

夏　凤　事迹不可考。

王　辅　羽林经历。

张　澄　周府典宝。

宋　艮　事迹不可考。

汪　易　事迹不可考。

吴　渊　道州同知。

昌　寿　事迹不可考。

卢　翊　训导。

刘景亨　事迹不可考。

徐　实　训导。

吴秉珪　事迹不可考。

黄　凤　事迹不可考。

夏　铭　所吏目。

李　蕙　鹤鹿检校。

李　楚　训导。

莫　良　延安训导。

汪　宽　事迹不可考。

刘拱南①　靖州训导。

李　球　巩昌训导。

伍　仁　事迹不可考。

赵　武　事迹不可考。

魏　珠　七品冠带。

朱　翰　事迹不可考。

李文英　宿迁知县。

曹　赏　苏州教授。

吴可庆　教授。

昌　永　事迹不可考。

吴可宾　事迹不可考。

邓甫济　秦府教授。

郝　宗　延安训导。

吴　光　寿县教谕。

汪　念　事迹不可考。

严加宗　冠带。

---

①　南，民国《志》卷八作“北”。

但一阳 荣府典仪。
张 榜 秦州训导。
伍惟贞 易门知县。
陈 諆 事迹不可考。
吴 诚 延城教谕。
黄云缟 事迹不可考。
何 鲁 事迹不可考。
伍自省 崇阳训导。
刘 藻 事迹不可考。
刘 法 襄阳训导。
刘 密 松溪训导。
程 威 上高教谕。
曹 驯 郧西教谕。
程 铸 周府教谕。
邱 宪 事迹不可考。
刘辅勋 蜀府教谕。
冯 泉 事迹不可考。
汪 敦 事迹不可考。
税 宾 均州训导。
曹 用 永川训导。
杨梦兆 事迹不可考。
庞天伦 重庆训导。
刘 祉 事迹不可考。
吴九渊 事迹不可考。
莫若孚 事迹不可考。
简 谅 事迹不可考。
吴世应 延川知县。
杨汝槐 湘潭知县。
吴应昌 教谕。
简登庸 事迹不可考。
胡世彦 忠州学正。
董 述 井研训导。
曹士元 宜宾训导。
简朝正 重庆学正。
刘宗明 岳州教授。

伍　琼　事迹不可考。

王佐才　澄迈知州。

李国柄　蒙化经历。敌军抵荣县城，搏战牺牲。

谢　宽　事迹不可考。

江振鲤　事迹不可考。

陈葵心　柏乡教谕。

简明瑞　事迹不可考。

程云路　事迹不可考。

周昌祚　事迹不可考。

程　恩　事迹不可考。

曹世德　事迹不可考。

童　璋　副榜，通判。

曹　缙　事迹不可考。

李介初　事迹不可考。

童　玠　事迹不可考。

明代规定参加科举考试者必须在学校接受教育，非国学监生或者府州县学学生不能参加乡试。考试时专门从四书及《易》《书》《诗》《春秋》《礼记》中命题，文体用排偶，叫作“八股”。

每三年举行一次考试。省内考试叫作乡试，考中者称举人。第二年在京师考试，叫会试。考中的人，皇帝亲自在朝廷策问，叫殿试。分一、二、三甲，一甲只有三人，分别叫做状元、榜眼、探花，赐进士及第；二甲若干人，赐进士出身；三甲若干人，赐同进士出身。每逢子、午、卯、酉年举行乡试，每逢辰、戌、丑、未年举行会试。乡试在每年的八月八日举行，会试在每年的二月八日举行。考试共三场，每一场考三天。清代承袭明代的科举考试制度。

二、清

（一）优贡

李均林　光绪甲午（1894）。

黄　芝　光绪庚子（1900）。

刘光璧　丙午（1906）。

（二）拔贡

王梦贤　雍正己酉（1729）。

吴一恒　乾隆辛酉（1741）。

吴樾仁　癸酉（1753）。

吴履晋　乙酉（1765）。

黄元中　丁酉（1777）。

下己酉（1789）缺一人。

朱炳阳　嘉庆辛酉（1801）。

曾习传　癸酉（1813）。

王德淳、张怀瑾、廖朝翼　道光乙酉（1825）。

廖兴哲　咸丰辛酉（1861）。

廖发英　同治癸酉（1873）。

林芝兰　光绪乙酉（1885）。

刘镕、谢尧　丁酉（1897）。

虞兆清、虞书、马致周　己酉（1909）。

以上拔贡计十八人。

（三）副贡

吴良璧　康熙壬子（1672）副榜，曾任丹棱教谕。

赵　琇　癸酉（1693）副榜，曾官长宁教谕。

吴益章　乙酉（1705）副榜，丹棱教谕，后升任成都府教授。

官　俨　雍正壬子（1732）副榜，官郫县教谕。

谭仁源　乾隆丙午（1786）副榜，人多称其节概。

吴达修　壬子（1792）。

丁光陛　道光乙酉（1825）。

滕绍周　戊子（1828）。

欧大容　乙未（1835）。

刘建勋　光绪甲午（1894）。

（四）恩贡

谢鉴、邹仕权、邹仕悦、曹极　均在乾隆年间。

谢思诰、唐耀云、龚廷肃　均在嘉庆年间。

吴健修、丁光瓛　均在道光年间。

廖朝汇、欧大章、马述融、杨公华、张利用　均在咸丰年间。

张大典、吴国炳、郝映清　均在同治年间。

俞琛、吴国炳、林荫棠、赖国端　时间无考。

名单未尽。

（五）岁贡

谢朝玉　康熙年间曾官大竹训导，时间无考，有孝行。

邹养浩、刘元玉、吴良平、龚在田、黄九芝、邹琬、邹琚、邹瓖、邹琠、刘世荣、刘瓖、范英 均在康熙年间。

王遂仁、邹珑、邹苞、余为柱、车天章 均在雍正年间。

吴履中、李子霖、熊恕、吴志睿、刘镒、刘仕敏、刘占鳌、谢时用、邹锡琏、吴懋敬、温懋猷、刘容、吴懋智、欧登第、侯廷仕 均在乾隆年间。

谢治扬、邹天民、谢荣钦、刘瀚、龚于端、欧文整、陈焘、李钟岳、邓衷恒、吴冠祥、杨升、彭鸣盛、杨诠、张怀德、邹心鲁、曾廷瑞、陈畴、邹学明、杨绍修、曹垲、王载熙、张士鹏、方昆奇、杨联拔、李琼、郝元琛、罗芳、董豢龙、吴永健、李桢、俞琮、熊焕龙、吴江春、梁绍鸿、梁绍韩、吴靖南、温其恭、林兆香、宋应喜、刘常禄、詹鸿章、张光昭、廖维张、张国维、廖元善、邱维藻 时间无考。

第三章 新学成业者

晚清之际，开放海禁，西方学术向东方传播。荣县学子在欧美、日本以及省内外学业有成者为数颇多，今据民国《志》卷八列举如下。

一、成业日本者

黄芝、詹鸿章、吴永琨 均为弘文师范。

黄　英 陆地测绘专科。

罗　纬 士官学校，清给工兵科举人。

谢奉琦 早稻田大学。

丁苹子 早稻田法政。

吴景英 海军大学。

蓝作栋 早稻田法律，清用法官。

龚　潜 早稻田蚕桑。

吴造陆 东京法政。

张国猷 早稻田大学。

龙鸣剑 早稻田法政。

周室屏 明治大学法政。

赵士尚 药科。

赵士昌 医科。

甘廉泉 帝国大学政治经济。

二、成业法国者

吴永珊　巴黎大学政治经济。

吴端甫、吴震寰、吴甘泉、杨卫群　均为里昂大学工科。

三、成业美国者

龙　夷　矿务大学。

四、成业北京者

虞兆清　清末京师大学堂经科。

尹克任　大学法科。

张军欧　大学经济。

王乃刚　大学商科。

李清远、吴本长　均为高等师范。

沈继周　师范研究院。

辜　澄　法政。

曹士烈　法律。

张大陶　农业专校。

胡　旆　陆军大学。

吴树藩　保定军官大学。

尹克臣　军官学校。

徐思平　高等测量学校。

吴树成　华英高等大学。

五、成业成都及他省者

张鸿仑　高等优级理科师范，清廷给予举人，学部司务。

王　寿　高等学堂，清廷给予举人，选分甘肃知县。

严奎、严群、吴英贵、龙显宾、丁雨村、任文郁、甘醴泉、李光第　均为高等学堂。

曹如灿　优级师范选科，清廷给予举人。

陈怀珠、蓝鸿藻、吴冕南　均为优级师范。

刘丕谟、谷武乡　均为高等优级师范。

王缉光 师范。

余维翰 选科师范。

丁熙明、张鸿嘉、熊伯楚、赵寿衡、沈继周 均为高等师范文科。

朱璠、李可清、赵代洲、周以炯、汪彦 均为高等师范英语。

漆家桢 高等师范理科。

朱植民 高等师范。

张仲儒、吴铁雄、曹仲颖、钟英、邱述棻、吴玉权、蓝其昌 均为英语专校。

胡宗经 法语专校。

刘蓁、杨亶、邓乐国 均为蚕桑学校。

蓝植群、刘振镛、蓝鸿杰、张子琳、谷定均、张礼宣、丁翰忠、但吉 均为高等农业。

蓝荫德 农业专校。

尹克学、赵士铸、李童、冯濬、吕宗仪、杨元佛、刘振瀛、叶开蓂、尹鹏翮、冯仕厚 均为高等工业。

曹士选、谢池生、朱国经、邱葵、刘智濬、曹腾骧 清法政学校。

叶芝、刘义昭、刘宗尧、朱淑潮、樊呈祥、邓镕光、吴明初、黄德富、杨汉卿、邓镕经、刘昱道、李全、唐赓云、唐述虞、龙云昭、龙尔骥、罗伯齐、谢敦、范沽、周世潘、周学成、林云昭、王昌厚、宋述郊、程述猷、蓝铭鉴 均为四川法政专校。

廖廷英、曹成玉 均为岷江法政。

蓝文藻 高等商业。

范　蓁 清武备学堂。

张常昭 清弁目学堂。

张伯纯 武备速成班。

刘瑞文、蓝文杰 均为军官学校。

杨佐忠、樊启明、龙尊三、俞家祥、董逵钰、张伯明、詹特群 均为陆军测量。

吴邦翰、李衡均、钟琨麟、廖立宗 均为陆军医学专门。

杨大章 军医高等专校。

曹良榘 川东法政专校。

范　菁 东三省讲武堂。

刘振书 南京东南大学。

谢昭倩 沪艺术大学。

从新式学校毕业的人越来越多，档案散乱无法考征。能访察到的都已记录在案，如有缺失，容后补录。

第四章　武科

第一节　武进士

黄　槐　清雍正甲辰（1724）武进士。

张济川　清嘉庆乙丑（1805），注册兵部，任官蓝翎侍卫。

第二节　武举人

一、明

简　勋　事迹不可考。

吴荣贵　事迹不可考。

钟斌臣　事迹不可考。

徐献斌　拔将。

二、清

倪象节　康熙庚午（1690）。

郝天龄　丙子（1696）。

曹升元　己卯（1699）。

王金銮　壬午（1702）。

谢其锡、朱贵鼎、刘启福　俱乙酉（1705）。

谢其禄　丁酉（1717）。

王　惟　庚子（1720）。

黄　槐　雍正癸卯（1723）。

吴兆麟　乾隆戊子（1768），补省提塘。

辜耀川　甲寅（1794）。

曹国柱　乙卯（1795）。

张济川　嘉庆甲子（1804）举人，乙丑（1805）进士。

胡三元　己卯（1819）。

张豹臣 道光乙酉（1825）。

吴安邦 戊子（1828）。

王定国 乙未（1835）。

张廷元、张廷彪 俱丁酉（1837）。

张廷英 同治甲子（1864）。

罗朝元 光绪己卯（1879）。

杨定邦 壬辰（1892）。

总数二十七人。

第五章 近代教育

第一节 教育行政机构

辛亥革命推翻了中国最后一个封建专制朝廷，建立了中华民国，政府开始在全国大力推行现代教育制度并逐渐建立现代教育体系。民国元年（1912）至民国13年（1924），当时的荣县政府先改劝学所为教育公所，旋改之为知事公署第三科，不久又改为劝学所。民国14年（1925），劝学所改称教育局。

第二节 学 校

一、幼儿园（班）

民国9年（1920），美道学会在荣县县城创建私立华英幼稚园。

二、小学

（一）公办小学

民国元年（1912），全国改称学堂为学校，发展现代教育。到民国17年（1928）时，全县计有县立男、女高级小学各一所，乡镇高级小学十三所，公、私立初级小学一百五十五所。

（二）民办小学

清末，从日本留学归国的县人詹鸿章在城内首办民办詹言小学。民国16年（1927）9月，谷醒华邀集赖君奇、张植如、邹固元等倡办旭光小学。

三、中学

（一）公办中学

民国 2 年（1913）春，荣县创建首个县立中学，校址在万寿寺（今荣县中学校内）。民国 4 年（1915）迁至凤鸣书院（今旭阳镇镇人民政府内）。民国 14 年（1925）再次迁回万寿寺，定名“县立初级中学”。

民国 16 年（1927），荣县首次建立县立女子中学，校址在原蚕桑学堂（今荣县中学校内）。

今荣县中学校

（二）小学附设初中班

民国 5 年（1916），华英两等小学男校开始附设初中进修班。民国 11 年（1922），华英两等女子小学开始附设初中进修班。

（三）私立中学

民国时期，县内中学多为私人所办。民国 9 年（1920），基督教会在自贡创办私立华英中学。民国 14 年（1925）更名培德中学。

民国 12 年（1923），基督教会在荣县县城内分别建立华英初级中学校和荣县华英女子初级中学校。民国 20 年（1931），两校合并为华英初级中学。

民国 13 年（1924），谷醒华、张植如、赖君奇等在县城创办荣县旭阳初级中学，由谷醒华兼任校长，教师多系中共地下党员和进步人士。学校开办不久，吴玉章曾到学校对师生做了题为“革命与读书”的讲演。学校提倡新文化，鼓励学生阅读进步书刊。“追求科学知识，探索革命真理”，在学校渐成风习，学校成为县内进步知识分子集聚的场所。民国 18 年（1929）下学期，荣县驻军军官余中英派其部属进驻学校，不准学校招生，学校被迫停办。

民国 16 年（1927）下学期，李云智、刘淑才等在县城创办荣县私立自立女子初级中学。办学仅一年，就因经费无着落而停办。

华英女子初级中学校毕业照

四、职业学校

荣县师范学校最早位于旭阳镇后山“钟鼓楼”后面，始建于光绪三十年（1904）。最初在荣县女子学堂内附设初级师范速科，学制一年。宣统二年（1910），开办简易师范先修班，学制一年。民国16年（1927）停办。

二十世纪九十年代初荣县师范学校

第三节 教 师

民国时期，全县各级各类学校教师均实行聘请制。公立学校的教师由校长聘任，呈报县政府备案，聘期一般为半年或一年，可连聘连任；私立学校由校长提名，经校董会同意后聘任，报县教育主管部门备案。聘用的教师分为正式和代用两类。

第六卷　名人乡贤

荣地文脉悠远，自古人文兴盛。自汉而清，再民国而近现代，名贤辈出、代不乏人。他们中有建功立业影响时局的一代巨擘，有读书不辍的贫寒士子，有为国家民族肝脑涂地的英烈志士，还有很多贤良淑德、相夫教子的温顺女子，亦不乏性格刚烈、矢志守节的贞节烈妇，他们是荣县历史上永不磨灭的耀眼光辉。比如王梦易家族、邹学山家族，数代人都在为国效力，为民请命，无论宦海浮沉、世事艰辛，都能坚守道义，保留文化根脉与特质。在他们的身上，可以看到中华文化传统中高尚的道德情操与优秀的精神品质。总括而言，最重要的是在他们身上体现出了恪守孝道、勤劳笃实、清廉爱民、乐善好施、侠肝义胆、耿直端正、坚贞不移等崇高品质与风格。这不但反映出荣县之民重视耕读传家、乐于上进、尊奉礼制等优良传统，也体现出荣县之地敢于褒扬正义、表彰先进的良好民风士习。“名人乡贤”这部分的内容，主要从历代史传、方志及诸子百家文集中辑录而成，亦参考了部分今人的最新研究成果。由于文献不足，不能搜罗载录历代荣县全部名人乡贤，但足以借此窥其全貌，光泽后学并存教化于来者矣。

古代，选举乡间名人贤士需从德行、道艺、品行等诸多方面进行考察，而品行考察可谓重中之重。荣县自汉以来，人文昌盛，贤才英烈辈出，被誉为诗书之乡。凡荣地之嘉言懿行、卓卓可传之乡贤名人，或可作为乡间百姓榜样与模范者，都记录如下。①

① 按：古代的乡举之法，须考核被荐举者的德行、道艺，而尤重品行。荣地自汉以后，德业“行谊”所载，颇多才俊。

第一章 德业行谊

德业行谊所举，皆荣县历史上或曾建功立业、造福一方，或能坚守节操、传承道德的历史人物。从功勋卓著的一时豪杰到沉潜乡野的乡塾师儒、匹夫匹妇，凡是能反映荣县之精神风貌、优秀民风习俗者，悉加收录。不仅将宋代名进士王梦易夫妇父子、明代死于靖节的忠义之士胡子昭、清代恪守孝道的进士廖朝翼、为民请命的蓝玉章等人事迹搜罗于斯，就连乐善好施、倾其所有修路筑桥的贫民黄九文、黄芝等也照录不误。他们是历代荣县人文历史与精神当之无愧的脊梁，值得荣县人民永志不忘。

一、汉

费　贻　字奉君，犍为南安县人。西汉末，公孙述割据蜀中称帝，听闻费贻是个贤才，于是征召他出来做官。费贻为保全名节，将自己全身涂满油漆，扮作麻风病人，假装癫狂，以避公孙述之召。后建武十二年（36），东汉朝廷派遣大司马吴汉征讨蜀中叛逆，公孙述果然败亡，全族悉被诛灭。汉光武帝听闻费贻忠介贤能，于是征召他入朝为台辅，专门辅佐太子。之后又升任他做合浦太守。蜀中广泛流传着关于他节义守仁的歌谣，云："节义至仁费奉君，不事乱世避恶名。"费贻在蜀中修身励志以成贤才，在交趾刺史部做官，以善于治理而美名传扬。汉代以后，费氏家族成为蜀中大族。

光绪《志》按：《华阳县志》认为（费贻）是犍为南安人。这是因为在汉代，荣县之地已经归属南安县，隶属于犍为郡了。因此，说费贻是荣县人是有根据的。《全蜀艺文志》记载，汉光武帝起用费贻做蜀郡太守。

吕　孟　东汉南安人。《华阳国志·先贤士女总赞》记载，吕孟是可以承担托付孤儿及重任的耿介贤良之士。对于这类忠贞的地方名人，老百姓往往都会为他们竖碑铭传。直到现在，蜀中还有很多他们的后裔。常璩为此感叹说：可惜我出生太晚，又长于乱世，那些知道吕孟故事的长者已经去世了，再没有可资询问的人，所以对于吕孟的生平事迹记录得并不详细。

赵孟麟　南安人，官至青衣尉。永初六年（112），曾专门治理羊窦道。羊窦道本来上临高山，下临深谷，老百姓行走其间可谓苦不堪言。赵孟麟更改了此路的原有走向，其主持新修的道路比较平缓，人们既可以骑马，也可以肩挑背负徒步经过，江水水量小时可以直接通行。赵孟麟为百姓解除危难，凡经此道的人都感受到他的恩惠。老百姓为了感激他，专门为他立碑刊铭，歌颂他的恩德。

费　诗　字公举，东汉末犍为南安人。刘璋担任益州牧时，费诗担任绵竹县令。刘备发兵进攻绵竹时，费诗率先举城投降，使得百姓免受战乱之苦。后来，成都被刘备攻取，蜀中局势终于安稳，刘备取代刘璋担任益州牧，任命费诗为督军从事。后来，费诗又被任命为牂牁太守。任满归来后，又被任命为益州前部司马。

刘备自立为汉中王后，派遣费诗前去荆州拜关羽为前将军一事。关羽听说黄忠被拜为后将军，勃然大怒，说："大丈夫终不与老兵同列。"不肯接受前将军之职。费诗劝解关羽说：对于那些成就王霸大业的人而言，他们不止任用某一种类型的人才。比如，萧何、曹参与汉高祖自小就是亲近至交，但是当陈平、韩信等亡命之徒来投奔他后，陈平竟能和萧何、曹参平起平坐，甚至韩信还排在众人之首。可是没人听说萧何、曹参就此发过牢骚。现今主公刘备重用黄忠，实为奖赏其在定军山之战中的功劳，如此封赏黄忠，只不过是论功行赏罢了。他虽被封为五虎上将，但主公与他的情谊怎么能和与将军您的相提并论呢？主公与您一直都是兄弟一体、肝胆相照、休戚与共，因此我认为，以您君侯之尊，何必在意官号高下、爵禄多少呢？我受主公的派遣前来，领受的是主公的命令。君侯如果实在不愿意接受诏令，我这就回去如实复命就是了，但是心里却不免为君侯惋惜。您今天做出这样的举动，恐怕以后会后悔的！关羽听了此话，深有感悟，立即接受了诏拜。

不久，群臣建议推汉中王，称尊号，费诗为此上疏劝谏说：殿下因为曹操父子逼主篡位，故而羁旅万里，纠合天下士众以讨汉贼。现今曹操父子等大敌未克，而您先自立为汉中王，恐怕会使人怀疑您起兵恢复汉室的真正意图。从前，汉高祖与楚王项羽约定谁先攻破秦都城谁就称王，等到攻破都城咸阳城并俘获子婴后，高祖心中想的却是如何推让王位。如今，您尚未出汉朝门庭便想自立为王。我真的认为这不是您应该做的事情。由是忤逆刘备之意，被贬为永昌从事。

建兴三年（225），费诗跟随诸葛亮南征。班师归来到达汉阳县时，降将李鸿前来拜见诸葛亮。诸葛亮接见李鸿时，蒋琬和费诗一同陪坐在旁。李鸿说：前不久与孟达见面，恰好见到从南方来的王冲。王冲说以前孟达背叛蜀汉投降曹魏后，您恨得咬牙切齿，当时就想杀掉他的妻儿，多亏了先主没有听从这话。孟达回答说：诸葛亮行事端正，一定不会做这种事。他全然不信王冲构谄您的话。由此可见，孟达是信任您的！诸葛亮对蒋琬、费诗说：我回到成都后，就写信给孟达以通好。费诗进言说：孟达这个小人，以前就不忠诚，后来又背叛了先主。这样反复无常的人，根本不值得与他通信交好。诸葛亮听后沉默不语。诸葛亮为了诱使孟达做替蜀汉攻打魏国的外援，最终还是给他写了一封信，说：南征不到一年就胜利归来了，恰好在汉阳见到了李鸿，从他那里知道了你的消息，我为此非常感慨。我这样做不过是满足你平生的志愿，哪里是为了自己的名声而挑拨离间呢？孟达啊，你不得已投奔魏国这件事，确实是因为刘封想要诬蔑你而造成的，他这样做无非是想破坏先主礼贤下士的诚意罢了。另外，李鸿说王冲歪曲事实，又说你知道我对你的情意，而没有听信王冲之言。为了表达我对你的谢意，追念你我平日的友好关系，东向而望，特意给你写这封信。孟达收到信后，屡次与诸葛亮暗地联络，字里行间表达了背魏投蜀的意思。魏主知道这件事后，派司马懿率军征讨他，不久便诛杀了孟达。诸葛亮也以孟达心不诚为由，没有前去营救他。

蒋琬主持蜀汉朝政时，曾任命费诗为谏议大夫。后来，费诗在家中去世。

孙盛在《蜀世谱》中记载，费诗之子叫费立，是晋朝的散骑常侍。自此以后，益州有名气、有地位的费姓人，可能都是费诗的后代。

谢　褒　汉代著名学者，南安人。

五　梁　《三国志·杜微传》记载：五梁，字德山，是犍为南安人。因崇尚儒学、有节操而被人称赞。曾经做过议郎，后来升任谏议大夫、五官中郎将。他的名字在常璩《华阳国志》里又被写作伍梁。

郭舍人 《经典释文·叙录》说：《尔雅》是犍为地区的文学官所注，共三卷。该书一处注语说：犍为郡的文学官、卒史臣舍人；汉武帝时当过待诏；缺少中卷。《隋书·经籍志》记载：梁时有汉代犍为文学官注的《尔雅》三卷。清代郑珍根据《广韵》的解释说：舍，又可作为姓氏。各经疏文引《尔雅》旧注，大多直接称“舍人”，这与孙炎、李巡、樊光等人的称呼是一样的。由此可知，“舍”是姓，“人”是名。否则，在某官名下，又说某官，这样就会使文辞不通顺。但李善在注《羽猎赋》时，明确提出“郭舍人”之说。另外，汉代的官方文书不写姓，这也是史书的通例。因此，郑珍说的也不一定正确。汉代人在取名字时，有很多用“人”字的例子。若以徐夫人这个名字为例，则不如说其姓郭名舍人更恰当些。郑珍又考察了文学、卒史二官，认为当时薪俸为四百石以下的官员，是由郡国自行任命的。郭舍人的文学官之职，是由犍为郡国自行任命的，由此可知，郭舍人就是犍为郡人。

民国《志》按：犍为治所在鳖县，是夜郎旁边的地区。那里民风尚未开化，高才硕学之人一时难以出现。盛览虽然很有名，但出名也是在向司马相如求学之后。而汉武帝时，郭舍人就开始注解经书，做前人未做之事，通晓绝学，造诣深厚，很早就完成了对古经的注解。以当时的实际情况考察，只有南安属于蜀郡，很早就接受了文翁的教化，说当地人文兴盛是合乎情理的。另外，南安城郊之山有尔雅台，相传为郭舍人曾经居住的地方。由此可知郭舍人就是南安人，这是有一定依据的。汉代南安地域宽广，不能确指郭舍人的具体居住地，正是因为这个原因，各地方志才没有对其事迹做记载，这可是数典忘祖啊！哪里比得上如古郡县记载那样可以互载互见有用呢！这样既谨慎，又能让祭奠先师的人能够礼敬乡贤，知其事而后继其志。

二、晋

费　揖 字君让，南安人，担任过巴西（今四川巴中、阆中一带）郡太守。

费　远 南安人，担任过江原县令。

费　立 字建熙，犍为南安人。父亲费揖，字君让，担任过巴西的太守。费立的学问做得细致精深。他通过举孝廉当了王国中尉。王当时年纪尚小，喜欢穿上便服外出游玩，费立常常严肃进谏。等到上疏奏事时，他言辞严厉恳切，完全符合规谏之制。

费立到成都当县令。成都县一向以难治著称，但费立到任后却做出了不少政绩。因为性情公正秉直，他被提升为州里的大中正，又被任命为巴西太守，但他没有去上任，转而出任梁州、益州、宁州三州都大中正，并兼任尚书。恰逢皇帝西去长安，费立就与大臣们在洛阳长期留守。后加官员外散骑常侍，被封为关内侯。每次领命品评三州官员，他都会对他们的品德、秉性做出褒、贬两方面的评价。由于他严格按规矩办事，做到无论亲疏一视同仁，因此没有人不敬畏他。但那些想要拉关系的人却怨恨他墨守成规，不会变通。费立多次想辞去京师附近的州郡长官之职，打算到河、泰、汝、颍等边远之地做官。多次请辞后，朝廷商议让他去做荆州刺史。永嘉六年（312），他和儿子都死于胡寇入侵。

费立在世时，汉国有个叫吕淑的人，字伟德，以清正廉洁被征辟为别驾。后被举荐为秀才，出任尚书郎、秦国内史、长水校尉、员外常侍、梁大中正等官职，他与费立都死于胡寇入侵。

民国《志》按：认为费立的父亲是费揖的说法，与《蜀世谱》的记载不同。常璩是四川人，他的说法应当比孙盛的说法更准确些。

费　缉　字文平，南安人。为官清正廉洁，有政治才能。曾被举荐为秀才，历任城令、涪陵等地太守，后来出任谯国内史。

三、唐

张　武　《新唐书·地理志》记载：青神，是上等县。太和中，荣夷人张武等百余家请求在青神开垦田地。他们凿山开渠，灌溉的良田达二百余顷。

民国《志》按：宋代李璆出任四川安抚制置使。原来三江口所修堤堰可以灌溉眉山之田百万顷，但因时间久远、无人修缮而早已荒废，导致良田荒草丛生。李璆于是率领都刺史合力修复堤堰，使在这里耕种的百姓都得到了实惠。因此，老百姓绘制了李璆的画像挂在堰所里祭祀。清人陶澍（字云汀）在《蜀輶日记》中记载：眉州有红花堰，即古代的鸿化堰。鸿化堰的沟渠最早就是唐人张武所开凿的。鸿化堰，亦见《元史》。陶澍于嘉庆庚午（1810）曾经典试眉州，后来又出任东川观察使。

王　禹　进士。

民国《志》按：唐代选举进士，录取比例大约是二十取一，故而很多人直到头发花白、牙齿脱落都未能被录取。此外，进士必擅长翰墨辞章，所以当时的宰辅十分厌恶他们浮华无实。荣地为山乡僻野之地，王禹能够以文采而显扬于世并考中进士，登难得之科，也算得上是一枝独秀了。

王知珏　长安人。唐广明中，任荣州和义县令。任满后落户荣州，他的后代子孙在此繁衍壮大，王知珏成为荣县王氏的始祖。

荣隐公　《旧志》援引李畋《该闻录》、李石《续博物志》中的记载，称从前有七个神仙，荣隐公即七仙之一。除荣隐公之外，还有尔朱先生、朱真人桃椎、神和子屈突无为、海蟾子刘昭远、火井县许山人和前蜀杜光庭。

民国《志》按：《龙川别志》记载，隋朝道士屈突无为，字无不为。朱真人，名朱桃椎，成都人，事迹见于《唐书·隐逸传》及《高士廉传》。尔朱先生，名洞微，唐咸通时人，荣隐公为其同伴。而李畋作为北宋人，他的《该闻录》中所记载的都是古士。另外，荣县城南十五里有荣隐公的钓鱼台。唐人用篆书刻有“心月矶”三字，由此可见荣隐公是唐时人。杜光庭称其为汉代人，则是因为前蜀王建通正元年（916）的国号为“汉”。《�山虎诗》就是因为这个原因被称为“汉诗”的。将其列在唐代之前，无疑是错误的。

四、宋

王蕴舒　王知珏的孙子。素来以豪放侠义自任。乾德中（963—968），朝廷废和义县并入威远县。当时，丧乱初平，残余的贼寇经常骚扰百姓，盗贼们谣传说县城马上就会被他们攻破。王蕴舒趁夜利用绳索縋城而出，向邻近的县城乞求救兵。救兵到达后，那些盗贼立刻四散奔逃。全城的老百姓都感念王蕴舒的恩德，但是王蕴舒却表现得极为谦逊，认为这不是自己一人的功劳。所谓“积善之家必有余庆，积不善之家必有余殃”，因此有识之士据此预测，王蕴舒的家族一定会更加繁荣昌盛。后来，王蕴舒之子王伯琪，孙子王梦易，曾孙王廱、王庠、王序，都相继显扬于世。王伯琪，《宋史·王庠传》记载说：王庠先祖王伯琪以忠义的声名著于乡里。官府规定盐井借民力凿井采卤、熬制食盐并上缴官府，百姓因负担繁重而家破人亡，只有那些有权势的官宦俸禄之家可以幸免。王伯琪于是据实向州官请示，希望把这些繁重的煎输负担也分摊到官户头上。由于他的这一建议触及了官宦人家的利益，反而被仕宦之家诬告，含恨离世。

王梦易　字潜夫，王伯琪之子。皇祐时考中进士，被任命为绵州法曹掾，后来升任青石县县令。由于包拯的举荐，曾担任右军巡判官一职，多次为人平冤昭雪，政绩突出，遂屡增俸禄，升任果州通判，并代行州守职权。起初，王梦易的父亲王伯琪因为建议均摊盐法不成反被诬告怀恨而死，王梦易努力完成了父亲遗愿。当时的情况是这样的：陈希亮在勾院为官，听说梦易的建议，于是向三司陈述了此事缘由，皇帝也因此听闻了此事并采纳了梦易的建议，由此还籍没籍户就有三百五十家，一年就减免百姓三十万斤的盐额赋税。梦易曾在兴州当官，按照旧例，四川的茶叶要招募民工运到秦地。百姓苦于差役，一年内逃亡的人就多达数万人。王梦易为此向朝廷上奏，陈述公私利害，认为应该采用驿传的办法，设置茶铺运输茶叶，以此免除老百姓繁重的劳役，每年的课税也应照此办理。部刺史因为这个奏议不是以自己的名义所上，对王梦易越级上奏的行为非常不满，后来就借其他事情中伤他，使朝廷将其连降三级，罢官回家。回家后，他在双溪岸边建了个亭子，起名为“归来亭”。王梦易家世代同堂居住，有“义门王氏”之称。他的伯父和父亲议论盐法、伸张正义，他为官也以伸张正义、坚持原则著称于世。元祐元年（1086）去世。其妻向氏将棺柩停放在家里，发誓要将儿子培养成人并使丈夫官复原职后才下葬。后来，王梦易凭借儿子王序而显贵，获赠通奉大夫。次子王庠隐居不仕，以文辞为业。季子王序，赐进士出身，累官至光禄大夫、礼部尚书、徽猷阁学士，死后谥“文安”。

杨见素　官至虞部郎中。石昌言为他写有墓志铭。杨见素的墓在县城以南二里的地方。文与可曾说：杨见素喜欢结交宾客，两蜀之地的名人没有不曾到过他家的。杨见素以孝名家。其妻袁氏病了，其子将大腿上的肉割下来烹制后给她吃，病遂愈。

杨若冲　杨见素之子，考中进士，曾在尚书省当侍郎。文与可非常欣赏他。

杨若冲之兄　先生名某，字某，是荣州荣德人，杨见素之子。他小时候就很聪敏，曾经拜在唐安罗勉先生门下学习经学；长大后学识渊博，善于讲论与阐发经义，与他辩论的人都不是他的对手。晚年工于诗，沉潜学问多年，技艺愈发精湛，于诗歌立意和用词，往往能别出心裁、不落窠臼。先生品性方正廉洁，信守承诺。如果觉得别人与自己不是同道中人，就以与他结交为耻辱。如果看到别人有一件事做得很好，就连连夸奖，称赞不已。

杨　约　杨见素的孙子。皇祐五年（1053）考中进士。曾任遂州小溪县主簿。哥哥叫杨纲，弟弟分别叫杨緼、杨纪、杨纮。文与可对他们兄弟称赞不已，认为他们都是俊杰才士。

李有庆　著名道士，自号“南荣浪翁”。他与石昌言、任师中是好友。以诗《赠答十二绝》闻名。著有《琴轩集》一卷，见载于《文献通考》。

赵　缜　字子智。黄庭坚在《与鲜自源书》里评价他说：文章写得很好，胸中有气蕴，与当下只知道拾人牙慧的进士是不同的。又听说他出身行医世家，在地方也有义举。遗憾的是他生活贫困，衣食难以自给。曾跟随别人学习，但因贫穷没能完成学业。

王 剀 王梦禾之子，熙宁年间中进士，以才干和德行知名于世。王剀是翰林院学士，与苏轼是好朋友。后来因奉诏上书议论时政，触犯了权贵，入了元祐党籍。绍兴六年（1136），朝廷以其品德耿直，特别赠授他大中大夫。儿子王廷坚，官至右朝奉大夫，通制岷州、河东制置司机宜。

张昭及 为人刚毅，不畏强权。在栎杨主簿任上，陈尧咨家的仆人仗势干涉县政，不按时缴纳赋税，张昭及逮捕了他并施以杖刑。陈尧咨听说这件事后赞叹说：张家之子虽是个小小主簿，竟能做出如此举动，日后应该举荐他为御史。并派人召见他，但张昭及始终都没去见他。

杨九泽 元丰间进士。杨氏世代以恪守孝道、讲仁义闻名乡里。家中地里长出几十棵五色灵芝，他为此写了一篇《瑞芝图记》。他的家乡应灵县遗址尚存，有雁塔题名，其中就有杨九泽的名字。《嘉州府志》将杨九泽记为犍为县人，而现在的雁塔题名上却有杨九泽的名字，所以说，杨九泽的家乡当时应该归属荣县而不是犍为县。

贾 瑄 生平事迹不详。文同在《利州绵谷县羊摸谷仙洞记》里说：绵谷县羊摸谷内山洞中曾有神仙显灵，我就要了一幅山洞图画的摹本回去。熙宁五年（1072）秋天，我到兴元当太守，有个叫贾瑄的新任从事从南荣到陵阳来拜访我，看到我屏风上的这幅图画时，就说他以前在洋川做官时，曾经与太常博士陆丕到宁武考较进士，也听说了神仙显灵的故事。回去时，他还与陆丕到洞下一起站着看了很久，就图画幅本的情形而言，应当是有一定依据的。从图上的山洞丘壑、溪流古道以及弯弯曲曲、时隐时现的山洞情状来看，这些都与他此前的所见所闻相吻合。

王 廱 字教源，王梦易之子，王庠、王序前母所生的哥哥。王梦易是皇祐元年（1049）进士，其妻向氏皇祐三年（1051）生子，那么王梦易之前娶妻，一定是很多年前的事了。张商英为王梦易所写的墓表，对于这些事写得很简略。王廱有《题云顶山》诗，其中有“五色琉璃白昼寒，当年佛脚印栴檀”句。山在三台县，这首诗大概是他任梓州路学政时作的。黄庭坚在《与王廱提学书》中写道：某顿首。连日来在别人家做客吃饭，吃出病来了。现在吃得少一些，身体才有所好转。又担心影响宾客们的作息，因此觉得很不方便。头晕眼花，再加上两处癞疮发作，像火烧一样难受，不想长时间在别人家里停留。今天偶然觉得有些兴味，就写几篇回信吧。大概佛法和《论语》《周易》的宗旨相近。《论语》的主要理念就是劝人向善改过，不自我掩饰，所以说“君子坦荡荡”，“入太庙，每事问”，“知之为知之，不知为不知”。天和地有同样的根源，万物有相同的气息。《周易》说：要真正明白一件事物的奥妙，主要得看各人的领会。只审视如何做圣贤人，不要只顾着追求一些虚华的东西；若是有合适的人出力，任何事情都不难办成。而合适之人本来也不少。北窗外的太阳将要下山了，有人来请我外出了，不能一一把我想说的话写出来，请千万保重身体。

民国《志》按：宋朝的学官，大抵最开始只是各自设立的，后来才成为通制，就像教授一职一样。史书里对于提学一职没有详细记载，只大概记载其建置和裁撤。《王庠传》说，王庠把田地均分给庶兄和前母所生的姐姐。由此可知，王廱有姐姐。《地仙洞碑》里说：向夫人坚守节义。又说：王廱已经过了20岁了。黄庭坚在《答周彦书》里说：承庄叔、王廱相继过世。不知道王廱有没有儿子，其子是否是可塑之才？当时黄庭坚在荆州，时间是建中靖国元年（1101），那么王廱去世时年仅40岁。

王　庠　字周彦，荣州人。世代同堂居住，有“义门王氏”之号。祖父王伯琪，以仁义而声闻乡州。当时有盐籍百姓苦于赋税，甚至破产，只有有俸禄的官户人家才得以免除。王伯琪故向州县请命，要求把百姓的盐赋负担也分摊给官户，反被官宦人家诬告，最终含恨而逝。王庠的父亲王梦易，皇祐年间登科第，努力继承父志，向州县进言献策。州县不采纳他的建议，他又向三司陈述此事，皇帝知道此事后采取了他的建议，得以还籍的户数有三百五十家，一年减免的盐户赋税有三十万斤。他曾经在兴州为官，改革川地的茶业运送，设置茶铺，以免除茶农的劳役。岁课也一并照此办理。当地的刺史因为这个建议不是以他的名义上奏而怀恨在心，就用别的事情中伤王梦易，使他连降三级，最后使其被罢免回家。王庠的母亲向氏，是钦圣宪肃皇后即宋神宗皇后的从祖姑。

王庠年幼时非常聪明有悟性，七岁就能写文章。十三岁时，为父亲守丧，内心哀痛深切，对弟弟王序说：父亲因为正直敢言而被排挤，母亲抚着棺柩发誓，一定要把我们兄弟培养成人，只有我们兄弟成才，朝廷赠授父亲官职，才会埋葬父亲，我们要以此共勉。并且，参加制科考试、做官也是父亲的遗愿，我也有志做成此事。于是闭门苦读，遍读经史百家之书，精研传注之学，不远千里拜师求学，深刻领会书中的要旨。早年曾向范纯仁、苏辙、张商英致信，都能不偏不倚地秉持中正之论。吕陶、苏辙都很器重他。他曾经作《经说》寄给苏轼，说：二帝、三王的大臣们都有志于道，正是因为道得之不易，所以才守之至坚。自从孔子、孟子作六经，关于“道”才有了定论，但现在读书人的修养反而不如古人，可见后人觉得理解六经很容易，就忽视它，就不践行其中的道了。苏轼回信说：你在《经说》里讲得很好，确实是这个道理啊。

元祐时，吕陶举荐他应贤良方正直言极谏科试，王庠因为宋邦杰已学有所成，却没人推荐他，就让宋邦杰先去了。吕陶听了，更加敬重他。不久，正赶上绍圣诸大臣当政，罢停了制科，王庠感叹说：这是命啊，我无愧于先父遗训，现在只需修身养性就足够了。

崇宁元年（1102），王庠应试能书科，被评为第一。京城闹蝗灾，王庠上书议论时政得失，他说：朝廷上下昏聩慵懒，堵塞直言劝谏之路，迟早会引发外寇入侵或战争忧患。张舜民见此言论，感叹说这是耸人听闻之危言。不被选用后，王庠直接回家，一边奉养亲人，一边修身养性，八年内没有再去应试。

大观庚寅（1110），全国施行三舍法，州县再次让王庠应召。王庠说：我之前因为母亲五十二岁需奉养而不愿意出来做官，现在母亲六十岁了，我还奉诏，岂不是更有违我的本心？当时元祐党禁很严酷，王庠说：苏轼、苏辙、范纯仁都是我的知己，吕陶、王吉曾举荐过我，黄庭坚、张舜民、王巩、任伯雨都与我有交往。因此，我不愿应举求官，只愿意闲居田里乡间。因弟弟王序入朝为官，父亲获恩荫赠授官职，才最终下葬。父亲下葬后，母亲也去世了。

王庠为母亲守完丧，朝廷再次推举八行之士，由太学统一组织。通过考评，大司成认为王庠是天下第一，下诏表扬他的家族。朝廷知道王庠不屈从时俗，赐号“处士”。不久，改任潼川府教授，赐出身和礼服。一天之内来了四道命令，王庠都力辞不受。但他即使身处山林，唱酬赋咏也都是忠君爱国的言辞。太后念及自己的姑姑，曾经想让他出来做官，王庠却把这个机会让给了弟弟、侄子和外甥，并且把田地平均分给了庶兄和前母所生的姐姐。王庠死后，孝宗颁布谥号为“贤节”。

王序在宣和年间凭借皇恩官至徽猷阁直学士，王庠因而浮沉于富贵名利之间，与弟弟分别修造高楼与大宅院居住，有人说他晚年于节操有所减损。

宋代眉山的史季温曾为黄庭坚的《山谷诗》作注，文中附有王庠写的两首诗。在诗序里，王庠曾说：我观览黄庭坚先生的《题此君轩》诗，谨慎地用原韵和诗一首，向先生请教。用词非常谦虚。有“惟有青青四时性，笑杀千载空浮云。平安为报春依旧，珍重道人怜特秀”等诗句。

王庠在与黄庭坚的书信中说：王庠拜手顿首禀告：承蒙学士九丈两次赐诗文，我斗胆轻率附和，期望您能看一看。王庠再拜。有“我不愧天欺日月，何须更扣杯珓说。玉局洞天云绕椽，渔竿远信烦公传”句。

大概是因为黄庭坚寄给他的《荣州祖元大师此君轩》题诗里有“公家周彦笔如椽，此君语意当能传”句，所以王庠和诗有“涪翁心似月”句。元符二年（1099），黄庭坚看到王庠的诗，又写了一首，并在诗序里说：戏用《题元上人此君轩》的诗韵作诗，回应王庠的和诗。我眼花了，无暇顾及用律，字也写得不好。中有“平生窃闻公子旧，今日谁举贾生秀。未知束帛何当来，但有一筇相倚瘦”句。诗后题句说：这首诗若元公想要刻出来，可以向他要摹本。

王祖元的《此君轩》刻好后，黄庭坚为之写有跋文：我已经追韵写了这首诗寄给王庠，王庠抄了一份给元师，元师拿到我的文字，于是翻写成草书。草书，近来士大夫难得古法，只是拿笔左右纠缠后就自称为草书了，殊不知草书与蝌蚪文、篆书、隶书写法、笔意相同。几百年来，只有张旭、永州狂僧怀素和我三人领悟到了草书的写法。苏舜元有所领悟，但不能完全领悟到其中的旨趣，其他人就更不用说了。江安城北滩上盖了一座茅亭，县尉李相如为我开了两扇窗子，非常明亮暖和，所以能轻松地写书法了。史季温说：黄庭坚的墨迹收藏在前忠南太守刘子晖家里。

文天祥为黄庭坚诗手迹作跋文说：黄庭坚的《题荣州祖元大师元上人此君轩》，像炉火铸铁一样，笔力遒劲，字画笔势飞扬，像猊虎斗争，蛇龙变幻，行迹莫测。天上的日月星辰彰显，地上的山川草木现形，却不知道是什么能让黄庭坚的书法如此有神。古人的诗句、字画，以唐人作品为最佳，当时的诗人有李白、杜甫，书法家有颜真卿、柳公权，没有比他们更好的了。到了宋代熙宁、元丰、元祐年间，黄庭坚横空出世，不仅能与古人比肩，而且能兼取众家之长，集于一身，真是高妙啊！吉州文山文天祥跋。

这篇跋文收录于《王渔洋杂录》，说明清初黄庭坚的这幅墨迹还在。

而黄庭坚题诗时，王庠刚二十九岁，所以有公子、贾生的比拟。王庠得诗后两次唱和，于是围绕玉局观作诗。黄庭坚后来在《别元诗》中说：“家有晓事扬子云。”虽然给王庠写了信，但正急着东行，所以王庠没有来得及唱和。《宋史·艺文志》有两处对《王庠文集》五十卷有记载，但其文集现在都不传世了。幸亏史季温捡拾而出，但只得到了这些诗的残句。

王庠二十四五岁时，苏轼给他写过几封信，其中一封说：承蒙你写了这么长的信问候我，对我的关心爱护真是周到细致。……我罪孽深重，皇上不忍心杀我，只是把我流放到岭南了。

黄庭坚也前后与王庠通过几次信。例如其中一封就说：有辱您勤勤恳恳给我写信，并寄来诗文，意气骎骎，翼翼出门……像您这样的笔力，以后谁能比得上呢？

王　序　字殷彦，因避宋宣祖名讳“弘殷”，所以改成了商彦。宋人朱承为他撰写墓志，大意说：先生的母亲向夫人是钦圣太后的从祖姑，所以他通过恩补做了承务郎，调任果州司法参军。崇宁初年，任云阳令，还没到任就改派监东惠民局，因他人举荐又改为宣教郎。吴玠为都水使者，征召他为下属，因为功劳很大，被任命为都水丞。屡次升迁，直到官任直秘阁，后到河阳当知县。他的政绩上奏朝廷后，朝廷赐予他进士出身，进封待制，再次被任用。

宣和年间，朝廷下令讨伐金人，王序为随军转运使，赐金鱼袋，以徽猷阁直学士的身份担任京兆府路安抚使，兼管京兆府。过了两年，改为管理鄜延路。靖康之变期间，恪尽职守。建炎三年（1129），到凤翔当知县，因有人弹劾被革职。绍兴六年（1136）去世，累计加封银青光禄大夫、徽猷阁直学士、文安郡开国侯等官爵，食邑一千四百户。

《宋史·王庠传》记载说：王序在宣和年间凭借恩宠被选拔为徽猷阁直学士。王庠随其弟沉浮宦海，他曾有的隐士节操稍有减损。李心传在《建炎以来系年要录》里也说：建炎三年（1129）十二月皇帝下诏，令徽猷阁直学士王序任凤翔知县，宝文阁待制程唐任陕西都转运使，不许推辞不就。如敢违背圣意，必定会加重处罚。王序是荣德人，他的母亲是钦圣宪肃皇后的从祖姑。王序、程唐两人在宣和年间都是凭借恩宠而得以进升，蜀地的人对此很不屑。

民国《志》按：墓志按照其任职情况记载了他的功绩，所记载的都是很光彩的事情，但这都是为官之职责。唯独对其中的始末原委讲得很粗略。童贯奸佞祸国，将其剁成肉酱都不能偿其罪责。王序很不幸通过结交童贯来谋求晋升，难怪被人如此非议。不过考察他为官的经历，宣和之前他就已经被皇帝赏识，又有济世才能，在官位上能恪尽职守，即使偶然接近地位重要的奸佞之人，也与那些谄媚阉党的人不一样。令人奇怪的是，张商英是个市侩小人，专门残害正直之人，甚至想要毁坏司马光的墓冢，把宣仁皇后比作吕后、武后，可谓极尽阿谀之丑态，但王序却请他为自己的父亲写墓表。冯澥第一个上书请求废元祐皇后，极力排挤李纲，最后死在张邦昌的伪楚王朝，但王序却请他为自己的母亲写墓志铭。呜呼！有道德的人对自己的出身非常谨慎，但王序对自己名声不谨慎的地方看来还真多啊。然而这些行为与童贯相比，也是有很大差距的。为什么他有才能却不懂得爱惜自己呢？

墓志称王序作乐府诗是跟晏几道学的。晏几道的词在两宋写得最好，那么王序的词也一定不比别人差。可惜他的《雅歌》二卷已不传于世了。苏轼曾经写信给王序说：“你专门派人远道送来这长信，对在下评述过高，慰劳有加。”

民国《志》按：这是绍圣初年的一封信。苏轼在绍圣元年（1094）六月被贬谪到惠州。这一年因为胡三省的上奏而罢停了制科。绍圣二年（1095）开宏词科。王序生于熙宁五年（1072），此时他应该只有 21 岁。

王卿孙　字虞仲，王序长子。起初因父亲获恩荫，补将仕郎。因治河获得赏赐，升修职郎、从事郎。后因边功被赏赐，改任承奉郎，磨勘承事郎。最后以钦宗即位恩赏，迁为宣义郎。去世很早，没有儿子。

王庆孙　王序次子。官至右从事郎，阆中知录事，也很早就去世了。

王兴孙　字陈仲，是王序的小儿子。年幼时因亲获恩荫，授承务郎，经 14 年，最终升迁至奉直大夫。最初，他在某州做税官。因两个哥哥去世很早，父亲辞官后居家无人侍奉，他上奏朝廷请求改任荣州税官，以便养亲。父亲去世后，遵礼主持丧事，得到了族人的一致称赞。服丧期满后，改任四川都大提举茶马司干办公事。任满后，担任汉州绵竹县丞，不久调任普州监税，接着做了临邛县丞。任满后，两次任职茶马司，后调任嘉州犍为知县。不久，任潼川军府通判。任满后，再到眉州任通判。后来到忠州任知州，因病卒于任上。

六十九岁去世，共有六个儿子、五个孙子。在任上都做出了好的政绩，在家乡也以义举著称。事迹详见他的宗弟王敦诗所撰写的墓志。

王曾崇　王兴孙长子，儒林郎，官泸川军节度判官。

牟子才　生卒年不详，字荐叟，井研人①。牟子才是魏了翁、杨子谟、虞刚简的学生，还曾跟从过李方子学习。李方子是朱熹的学生。嘉定十六年（1223）考中进士，对策批评丞相史弥远，降调嘉定府洪雅县尉。那时李心传正在纂修《中兴四朝国史》，请牟子才协助，升任史馆检阅。临安发生大火灾，牟子才奉诏上言议事，言辞十分恳切正直，于是兼直舍人院。明堂落成，举行大典后，皇帝打算到西太乙宫致谢，实际上是想游览西湖，牟子才极力谏言阻止。以集英殿修撰的身份到太平州做知州。在此之前，按例当兼管提领江淮茶盐，牟子才以不善理财为由恳请免任。到太平州后，首先教导百姓孝悌之义，将前人所作的《慈竹》《义木》二诗刊刻颁发，并不时到学校去为诸生讲说经义。

开始时，牟子才在太平州修建李白祠，自己写了篇记说：李白遭受贬谪，实际上是因高力士故意激怒了杨贵妃，以此报脱靴之仇——那时候高力士正好得势，怎么会甘心以奴才的身份自居李白之下呢？李白不仅仅是以自己的气势压制高力士的傲慢，大概也是想担当起扫除奸邪的职责，所以才对抗强权。国君昏庸无知，反过头来放逐了高力士所忌讳的李白。高力士因此更加张狂，宦官地位显赫自此而始。从此之后，他们随意指挥禁军，在朝廷残害忠良，即使是天子也不能把他们怎样。牟子才又画了高力士脱靴的画像，写了篇赞刻在石头上，嘱咐人拓下来送给董宋臣。董宋臣大怒，拿着两块碑的拓本找皇帝哭诉。于是他与丁大全合谋，唆使御史交章诬陷弹劾牟子才，说他在州郡的宴会上把别人进献的财物都据为己有，最后被判官降两级。还没有执行，皇帝心生怀疑，暗地里询问安吉太守吴子明。吴子明上奏说：我曾经到牟子才家中，四周墙上空空荡荡，人人都知道他很清贫，皇上不要听信谗言。皇帝对经筵官说：牟子才的事情，吴子明说是子虚乌有，这是什么原因？大臣们都不敢回答。戴庆炣说：我记得牟子才曾经逮捕了吴子明哥哥吴子聪。皇帝说：确是如此。此事于是作罢。不久，大全势败，宋臣被斥责，诬陷弹劾牟子才的人都被流放到海外。于是牟子才官复原职，到玉隆万寿宫任职。

度宗还是太子时，非常敬重牟子才，开品闭口都称呼他为先生。即位后，授牟子才翰林学士、知制诰，牟子才均力辞不就，请求皇帝收回成命。后来加封端明殿学士，以资政殿学士的身份致仕归家。死后，赠四不官衔封号，荫封他的两位后人当官。

牟子才侍奉双亲十分孝顺。当时，他的弟弟牟子方客死在公安，他把弟弟灵柩带回安吉下葬。他的妹妹在眉山，家在战争中被烧毁了，也搬回安吉居住。在吉州，文天祥以童子的身份拜见他，他就期许文天祥有远大志向。他所举荐的士人，如李芾、赵卯发、刘黻、家铉翁等，后来都成为忠义之士。平江太守吴渊将罚没的富民良田千余亩赠送给牟子才，都被他谢绝了。他去世后，家里没有多余的钱，把金带卖了才办完葬礼。著有《存斋集》《四朝史稿》《故事四尚》《易编》《春秋轮辐》等。儿子牟巘，是

① 按：宋代井研县地与荣州资官县（今属荣县）多处接壤。子才故居“赖牟镇”，宋时属井研县，后划归荣县管辖。“赖牟镇”即今来牟镇。乡民有感于牟子才之德行，曾在来牟镇为其建祠。故现将牟子才归入荣县名人之列。

大理少卿。

杨　仁　绍兴间进士。在雅州知州任上，兴办学校，劝勉耕作，百姓都称赞他的德行政绩。后来被征召，回朝廷任职。百姓争相为他设立祠堂，绘制画像，并在他为官之地刻石，记载他的政绩。

勾龙传　字明甫，绍兴间进士。以善于儒学著称，撰有《春秋三传分国纪事本末》。刘光祖在《序略》中说：勾龙传知识渊博，考证翔实，按照不同侯国分别记事，从东周以后，大国、次国专门列出，小国、已被消灭的侯国附见于后。不只是记载各国史事和文献，还一并解释含义。一共采集了几十家的注解。看来嗜古尊经的学者，都是很自信的人。

雍正《四川通志》记载勾龙传是夹江人，现在根据荣县的《雁塔题名》列入。

黄　淑　陆游在其《剑南集》里说：我收集黄氏法帖，得到《赠元师及王周彦》共三首诗，非常喜欢。有个叫黄淑的，是荣县人，看到后笑着说：这是绍兴中重刻的，原石在党禁时已经被磨毁了。于是拿出这一卷，说这是原石的拓本。笔力劲道，十分有力，于是抄录下来小心收藏。淳熙元年（1174）二月二日，陆游书。

赵熙说：光绪年间，县里的举人刘镕，不知道从哪里得到一首《赠元师》的诗，用朱砂拓印在白布上，字体像《松风阁》诗字体。可惜没有模勒上石，现在已经很难找到了。

陈　宁　淳熙年间中进士，调火井县任县令。旧志称赞他说：贫苦疲惫的百姓像爱戴父母一样爱戴他，横行乡里的强盗像害怕神明一样害怕他。

宋　迈　淳熙年间中进士。他的父亲宋纶练也是进士，但去世很早。母亲杨氏坚守节操，独自将他们抚养长大。宋迈侍奉母亲最为孝顺。他躬身践行父亲遗训，发誓要教育好宋选、宋道、宋造、宋适四个弟弟，并说如果他们不成名，自己就不做官。后来四个弟弟都相继考中进士，他才出任了洪雅县令，在任上有清正耿直的名声。

光绪《志》按：《选举志》“进士编”里记载，宋纶练、宋宠光都是淳熙年间的第一甲进士。乾隆年间，知县黄大本所修县志记载宋迈的父亲叫宋宠光。嘉庆年间，知县许源重修县志，把宋宠光改成了宋纶练。根据“列女编”记载，宋纶练妻杨氏，教导五个儿子都中了进士。查阅“进士编”，宋氏家族宋迈、宋选、宋道、宋造、宋适五兄弟都是进士。由此可知，宋迈的父亲应该是宋纶练。

刘　光　二十来岁就善写文章，下笔千言，洋洋洒洒。刘光生平特别遵守礼法，闲暇在家也不会摆出慵懒的姿态。宝庆年间中进士，一开始出任仙居县令，不把妻子和孩子带到官邸居住。因为平反了冤案，升任台州知州。州郡的人听说他来了，都说“这是仙居县的神仙县令，争着烧香磕头迎接他。贪赃枉法的官吏看到这个场面，赶紧逃走了。改任忠州知州，离任时，台州的男女老少都在巷路上哭泣，堵在城门口不让他离开。后来官至礼部尚书。

五、明

伍成章　从小就非常重视诵读，六经、子、史，都能融会贯通，尤其擅长于《诗经》与《尚书》。洪武二十七年（1394）考中明经，选配到州学任教。经过他指点的读书人大多成名立望，成为名师。他对于教书育人之事，始终勤勤恳恳，不知疲倦。永乐五年（1407）参与纂修《永乐大典》，后来致仕回家，九十岁时寿终正寝。

伍从中　曾任平凉府判官。

邹必荣　洪武四年（1371）从楚地来到四川，落户荣县清流乡。永乐年间，当过南京工部屯田司主事官。辞官后，清流乡的老百姓都以他为荣，在来牟铺为他塑像，四时祭祀。荣县人的祖辈大都来自湖北麻城，邹必荣就是这些湖北移民的骄傲。

胡子昭　字仲常，初名胡志高，明太祖朱元璋赐他改名子昭。他的祖先是江西庐陵人，后来迁移到大足。父亲叫胡复初，在荣县的东川沟一带以教书为业，后来胡家就在那里落户定居。胡子昭是嘉定荣县兴贤乡人，是荣县县学的生员。

洪武年间，胡子昭中明经。蜀献王朱椿很器重他，以其明经儒士的身份举荐其为荣县县学训导。当时天台人方孝孺在汉中当教授，提倡道学，胡子昭前往拜谒，跟从他学习，尽得其真传。献王曾经有诗赠之，有“丈夫志远大，岂肯屈樊笼”等句。从汉中归来，胡子昭已经学到了方孝孺之学要旨。胡子昭曾在建文初年担任史官，参与纂修《太祖实录》，后来升任翰林检讨、兵部侍郎。

建文元年（1399）乃革除旧岁之际，明成祖朱棣举兵靖难，驻军金川门，围困皇宫。漏下二更时分，曹国公李景龙、指挥王显大开国门迎降朱棣。战报从东门传入，皇宫一片火海，宫人等相自焚。兵部尚书齐泰溃败逃窜，文武百官都劝胡子昭进降，向他追索传国玉玺，并催促他草拟诏书。胡子昭与方孝孺已经提前相约，誓死捍卫建文帝。他与方孝孺、黄子澄、曾凤翔、何典宝等 18 人先后被捕。建文四年（1402）九月，他们在锦衣街西市被斩首。胡子昭死时仅 41 岁。临刑时，他面不改色，写了一首《绝命诗》，有“寄语朝中朱紫贵，铁人无泪也心伤”等句。胡子昭从容就义，京城的人没有不传诵他的事迹并为之落泪的。后来彭汝实又用“革命之师，实维帝心”等诗句来赞扬他。

胡子昭的父亲胡复初，母亲郭氏，当时都是八十多岁，也被充军流放。长子胡继、次子胡缜都被判了死刑，其他年纪较小之子胡给、胡缉、胡继都被流放戍守边疆。

胡子昭弟弟胡子义，原名胡志远，应举荐做了官。哥哥遇难时，他辞去官位，藏到丹棱百姓家中，后来不知去向。

当时朝廷对荣县的党禁很严酷，官府在荣县抄没了 48 家，胡家的亲戚朋友中受牵连的有四族。胡子昭妻王氏、女儿胡金奴都被收为官奴，永乐六年（1408）蒙大赦才得以回家。胡金奴一直在宫中侍应，天顺初年已经八十多岁了，想到父亲、祖父没有后人，就向宫中主事者求情，请求让自己回老家。不久，经过礼部商议，皇帝下旨赐她还家，在祖先居住的东川地区安家养老。死后，族人胡大宽安葬了她。

古人曾经说过，两代王朝的臣子，各自忠于自己的君王。因此，不能因为以此为非而以彼为是。现在国家教化昌盛，四时风调雨顺。花鸟感时也各有各的特点，所以绿草有时在夏天也会枯萎，鸟儿的叫声有时也会不那么动听，所谓美中不足，阴阳相生相克，其实都是造化之主公平对待万事万物的表现！

永乐年间，有人说建文帝的老臣不顺应天命，当时永乐皇帝就说：他们享受建文帝的俸禄，也是各尽其心了。其他一概不多问。这么说来，永乐帝暗地里还是欣赏那些建文帝忠臣的气节的，哪里会对他们有深仇大恨呢？严格遵照礼制行事，难道不是国之大典吗？

福王时，赠胡子昭太子太保刑部尚书，谥文愍。清代乾隆四十一年（1776），赐谥节愍。旧志和

《全蜀艺文志》都记载了胡子昭的《东川》诗，有“古水留云暖，清泉漱石骄”等句。

一百五十年过去了，往事几乎都要湮没无闻了，弘治、正德年间才有为建文帝的各位忠臣们说话的人。当时禁忌渐渐松弛，有好事者刻了《备遗录》记载各位忠臣的姓氏和主要事迹。此时胡子昭已经在家乡受到祭祀，但还没有祠堂。正德十二年（1517），巡按御史熊相在乡里集合众人，为胡子昭拟定了私谥，在城西建“忠节祠”祭祀他。由于房屋又矮又窄，不久就塌毁废弃了。兵备副使江阴薛甲到川南做提刑官，于所到之处整饬风纪，于是代巡官金灿在九峰山改修熊御史的官邸建书院，作为祭祀胡子昭的祠堂。胡子昭祠堂周围山川明秀，庙宇宽敞，景色优美，祠堂上仍然悬挂有“得圣之清”的匾额。那些自比管仲、狐偃的人，看到这种景象时又该做何感想呢？人们让胡子昭的弟弟胡子义、女儿胡金奴也在此处受祭。正如汤殷旧事一样，忠臣魂魄飘散，在风雨中度过无数个凄凉的夜晚，他们哪里会想到只有在百年之后，才得以与亲人重聚一堂呢？这真是令人悲哀！也真是令人感叹其伟大啊！

祠堂建好之后，兵部大宪薛甲对彭汝实说：段秀实死节之事，若没有老兵们叙述，韩愈修史哪里能写得出来？你是胡氏兄弟的同乡，怎么能无一言以记之，作为后之修史者的素材呢？彭汝实再拜首，带着众人拿着礼物请兵部大宪薛甲作文以记之，说：此番作传，上振国纪，下扬风教，如果没有您，胡子昭的事迹就不会有人知道了。我们曾经想把自己的住宅改建为胡子昭的祠堂，却没有实现，只能因同乡崇尚德义而冒昧地请您来为胡子昭写传，不知可否？

赵熙说：我家世代住在城北的宋坝，坝西的山叫夏家塥，是夏氏家族的居住地。夏氏与赵氏世代联姻。我的高祖就是夏家人，我曾经索要谱牒观看——那是乾隆以前的老谱，记载说夏氏就是胡子昭的后裔。永乐年间，胡氏家族为了避祸，希望在人间留一线血脉，所以改了姓氏。“胡”与“夏”，意思相反而相互联系，后人可以体会到其中的奥妙。

胡子义　胡子昭的弟弟，字志远。曾应举荐做过威远训导，后升任山东佥事。不久便辞官回家，奉养双亲，改任四川府典宝。没几年，因听说胡子昭守节而死，乔装打扮成商人模样逃遁，辞去官职回家藏在丹棱百姓家中。蜀献王知道了此事，非常怜悯他，让他削发为僧，藏到寺庙中去。胡子义说：“我受哥哥的教导，知道身体发肤是父母给的，不能随意毁弃。”最终没有听从献王的建议。胡子义有两个儿子，分别叫胡贞、胡鉴，都才只有几岁。胡子义说：“我哥哥没有后人，上天如果无意断绝我胡氏的祭祀的话，两个孩子应当可免于被杀。”于是逃走了，谁也不知道他去了哪里。胡子义写有两首《怀乡》诗，有“早知天道无端的，何不持竿学钓翁”等句。这两首诗意悲壮，受了他哥哥的影响，兄弟二人都表现出了同样的气节与品格。

读这两首诗，感受其中的韵味与意境，可见胡子义也不是平庸之人！四川人至今仍称道他们的事迹。

龚　汇　字文渊，景泰四年（1453）考中举人，任徐州学正。据旧志“知县李清奏请建学”条记载，天顺元年（1457）七月十七日，四川等地方承宣布政使：嘉定州荣县上奏，为修建学校，事准许儒学进呈牒文曰：

根据举人龚汇之前呈报之事，伏读诏书，上言：凡是有关军民利害之事，准许众人直言不讳。钦此。钦遵。（龚）汇听说，山川灵验，文化就会昌盛，学校气象新，贤才就会多起来。现在皇帝在上，日月重光，天下昌明，这是百姓的福气。我在景泰四年（1453）侥幸通过《易经》考试得中顺天乡试第十三名。我想天下之事，最重要的莫过于修葺学校。荣县县学地势低洼，文庙破旧，讲堂斋所狭窄，生员们连住所都没有。这本是主政者的分内之事，但他们却视而不见，不闻不问；师儒与生员们想修缮学校设施，却又无能为力。

宋代荣州刺史袁桂在《进士题名记》中写道：荣州虽是藩邸旧镇，但学校经过三次搬迁，才到了这个好地方。恳请皇上顾念，学校确实是天下之根本大事。请下旨让地方官在农闲时期，由官方派人将学校移修到古学校遗址上。按照统一的标准建文庙、殿庑、厨库、堂斋、房舍，以满足祭祀之需。府城是宋时各封王居住的地方，让地方官在里面修建宿舍，让生员们在那里吃饭住宿，完成学业，以准备科举考试。凡是修建学校的费用，都由官方支出。一定要保证不侵害百姓财产，不损伤民力。利用农闲完成长久大计，不仅可以让圣贤感到欣慰，也是为了当代师生相授的方便。将来在明伦堂、彝伦堂一起学习的士子，一定会世世代代忠君爱国、奉养亲人，感恩皇帝恩德的。恳请各位长官具奏皇上，希望皇上降旨修缮荣县县学，让荣县的主政者便宜行事，满足我们兴修学校培养人才的愿望。

经与荣县七个乡的老人核实，得知荣县县学的准确旧址。因为移修县学事体重大，我们不敢自作主张，所以才具奏进呈朝廷，请皇帝下旨明示。天顺二年（1458）四月某日。工部力字三百六十三号。

朝廷经过讨论认为，所请符合皇帝旨意，准许荣县的地方主官办理此事。

公文下发所请示的州县，相关人员要按旨办事。

文庙建成，龚汇写了篇记，说圣明的太祖皇帝极力推崇君师道统，尊奉孔子，严格执行祭礼，建置石碑，设置科举。荣县的学校正是因此而重修的。

吴道弘　字文博，景泰年间举人。天顺元年（1457）中进士，授南京太常寺博士，后任监察御史。

成化十五年（1479）五月甲子，监察御史吴道弘升任大理寺右少卿，到郧阳等地抚理流民。当时分管湖广行都寺的太监韦贵上奏说：请酌情为吴道弘升职，赋予他便宜行事的权力，让他治理郧阳等处流民问题。吏部讨论后上奏说：长期以来，荆、襄地区的流民问题都非常严重，最近命都御史原杰到那里管理，开始在那里设郡划县、设置行都司以控制局势。原杰死后，又命巡抚湖广、河南的都御史刘敷、李衍一起管理，但两地相隔较远，若果有紧急事情发生，难以会同商议。御史吴道弘到那里当巡按后，地方军民渐渐安定下来了，但他任职还没满两个考评期，请皇上裁断，是否可以为他升职。皇帝说：既然河南、湖广的巡抚官难以一起管理郧阳等处的流民，就把吴道弘提升为大理寺右少卿，让他全力提督抚治流民。

成化十六年（1480）二月丁丑，原任云南按察佥事的张宽，在之前征讨荆襄时滥杀无辜。等他回家居住时，同乡人告他违法。抚治郧阳的大理寺右少卿吴道弘严令捉拿张宽。张宽让自己弟弟击打登闻鼓，攻讦吴道弘公报私仇。朝廷经过讨论审核，把张宽放逐到贵州的镇远，也停发了吴道弘一个月的俸禄。

成化十八年（1482）四月壬子，抚治郧阳的大理寺右少卿吴道弘等上奏：从去年冬天以来，河南、陕西、山西、北直隶的流民扶老携幼涌入荆、襄境内，偷偷地跑到山里。究其原因，都是由于当地的官府不能安养招抚，使他们安居乐业。他们一路逃来，沿途军堡、巡司又不闻不问，以致日积月累，情况越来越糟糕，再这样下去，恐怕又要发生像以前那样的灾祸了。请皇上严加管理，以警诫不作为的官员。此事发到户部去讨论，户部上奏说：应该让河南、陕西、山西、山东、四川、江西、南北直隶的镇守、巡抚、巡按、三司、分巡、分守等机构的责任官员亲自到县里去，详细地查一查某乡某里原有多少户，现在逃跑了多少，留下的粮草有多少，列出一份名单，派人到他们滞留之地，把流民招回原籍，让他们重操旧业，并根据老百姓复业实际所需发给耕牛和粮种，暂时免除他们的粮差。如果招回的人多于千名，就免除问罪停薪等处罚，但仍要负责督促百姓劳作；招回五百人以上者，只停发俸禄，不做其他处罚；招回不足三百人者，就要问罪。只有全部招回了流民，才准许发放俸禄、重新处置政事。

建议报上去后，皇帝说：荆、襄地区的流民，以前是因为区域规划不合理，才养成大患。自从派官员去管理之后，多次降下圣旨、榜文告知政策，禁止迁徙，而现在吴道弘又为此事上奏，这都是地方官收养无方，巡抚者渎职造成的后果。应该让各地官员把流民招回原籍，让他们重操旧业。招回得少的，就照所拟办法处置，停发俸禄、捉拿问罪。流民经过的地方，守官也要严加询问，如果还有像以前那样不加阻拦的，一定要问罪，绝不姑息。

成化二十一年（1485）八月甲申，吴道弘因父母去世而离任。服满后，改任南京大理寺右少卿，不久升为南京大理寺卿。弘治三年（1490），言官说他庸碌无为，于是他自己请求退职回家。十五年（1502）九月去世后，朝廷按照惯例赐予他相应的祭葬礼仪。儿子吴愚，弘治八年（1495）举人，曾经当过南郑知县。

刘景爵　成化十三年（1477）中进士，还没有显贵时，曾经有拾金不昧、归还原主的行为。后来任归州知州时，曾捐出自己的俸禄救济穷人。

伍　性　字宗诚，别号龙溪，成化十年（1474）举人，十四年（1478）进士。第二年，到华州做太守。办事顾全大局，他经手的疑难案件都能迎刃而解。不到一个月，华州的风气明显好转。

浙江涨潮，淹死了很多百姓，朝廷多次派官员去治理，都没有处理好。于是任伍性为按察佥事，前往兴修水利，治理水患。那些权贵所修的阻塞河道的津口，都被伍性拆毁。治水才取得成功，朝廷又让他兼管南直隶苏、松、常、镇等地的屯田事务。这四个府非常重要，所收的赋税占了全国的一半。伍性因地制宜，管理得恰到好处，所有粮仓都很充足。为了方便转运粮食，伍性还专门开凿了河道，大臣们都向朝廷举荐了他。

山西地势险要，民风伪诈，朝廷又命令伍性去治理。伍性捉拿罪犯如有神算，百姓也就不敢再作奸犯科了，当时就有“伍明镜”之类的歌谣在民间流传。不久，伍性升任广东参议。在任期间，督促储备粮食，对于未及时交税的百姓，根据实际情况灵活催征，救活了数以万计的人。后来自己请求辞官归家，优游于山林郊野之间，过了30年的乡间生活。

伍性严于律己，遵守纲纪，县里的人都很仰慕并倚仗他。他居家时每天教子侄辈读书，空闲了就与地方的十位乡老游山玩水，饮酒赋诗。他的快乐，别人不能完全体会。正德、嘉靖改元时，两次蒙受恩典，官进二级，赠授大中大夫。嘉靖六年（1527）去世，享年八十一岁。儿子伍惟贞，向朝廷叙述其德政，请求允许父亲入庙从祀。

曹　彦　因为有战功被任命为陕西固原卫镇抚。

伍惟扬　字元名，伍性长子。他性情聪敏，诗文写得很豪放。以孔宅旧经应试，不中。皇帝下诏任命他为成都前卫指挥同知。正德初年，在征剿蓝、鄢两个寇贼团伙的过程中，他的功劳最大，得到了十二面银牌作为赏赐。皇帝还钦赐他两件虎豹锦衣，授予他成都府指挥同知、轻车都尉的官爵，让他的子孙世袭其禄。

伍惟贞　字元吉，伍性次子。从小聪明颖悟，侍奉在浙江做官的父亲。伍惟贞拜提学宪副广安人吴石谷为师学习经学。老师讲《周易》，他常常日夜苦读，于是得以精研易理。伍性到山西做官，把他送回老家入县学读书，通过科举考试，补为廪生。每次县学考试都是第一名，远近知名。奉养继母王氏、赵氏，都能恪守孝道。父亲去世后，他十分哀痛，以致哭坏了身体，但始终坚持循礼守丧。父亲下葬后，他将父亲的德行、政绩写出来，请求朝廷准许父亲入庙从祀。哥哥去世后，侄子还很小，他负责将其抚养成人。

伍惟贞考了 12 次举人都没有考中，正德十六年（1521）到京城应贡。嘉靖四年（1525），国子监选拔他参加顺天乡试，仍然没有考中，于是通过选拔求得功名。嘉靖十二年（1533），任云南昆阳州易门县知县。他在这个职位上工作了 6 年，革除弊政，安抚百姓，兴办学校，培养人才，当地同僚都称赞他。

嘉靖十七年（1538）退休回家，每天以训导后代、催促农耕为乐。勤俭持家，与人宴饮平和，与他交往的人没有不喜欢他的。受邀参加黄大本主持的乡饮礼酒，他是被聘请的 12 位宾客之一。他就是人们经常以之为幸的善始善终的人。伍惟贞七十多岁了还常在夜里用信笺练字，骑马远行。他有 4 个儿子、11 个孙子。

方　海　弘治二年（1489）闹饥荒，方海把自家的粮食拿出来赈济灾民。第二年，增设豫备仓。方海尤其以公事为重，因授义官。龙窝寺里有他的塑像。

黄　鳌　正德年间考中举人，任湖南耒阳县县令，有政绩。

曹　山　明代康海在《武功县志》里记载，曹山字东阳，四川荣县人。天性聪敏好学，善于发疑辩论，讲学问道。教导学生勤勤恳恳，唯恐学生不能成为贤才。当时，士风渐渐转向实事求是，不再崇尚浮词虚言之学。曹山继承林、刘两位先生的学问，而更有造诣。因此他的学生们学习更加笃实，远近范围内没有能超过他们的。

浒西子说：曹山先生讲学时，我正是生员，亲身接受过他的教导。与此同时，赵先生也是训导，杨一清、王云凤两位先生又亲自督促学习。那时候，读书人经受了太多的坎坷，所以都专心学问了。曹山先生后来做官做到工部员外郎。

赵熙评论说：清代的训诂之学直接延续了汉代学者的学风，只有诗比不上明代。在明代，康海又是前七子中的优秀诗人，他还受过曹山的教导。曹山本是荣县人，但他却长时间讲学于武功地区，以致家乡荣县就没有写诗写得好的人了。本来，局限于一个小的地方，缺乏对外交流，往往有自以为是的毛病。殊不知自古以来就有矢志不渝、多见多闻的古训，通达之人难道不应该这样做吗？这正是孟子担忧自己成为碌碌无为之人的原因啊。

何子奇　年纪很轻就考中了弘治五年（1492）举人。做官时以清正勤恳闻名，在汉中府同知的任上退休。

何于鲁　何子奇之子。从小聪明颖悟，做事情一定遵守礼法。为父亲守丧三年，悲痛之情始终如一。与弟弟分家产，器具只要朽坏的，产业要收入微薄的。向来以诚意、恭敬为原则教导别人。独自居住时，也要正襟危坐，仿效古人做投壶的游戏以自娱。别人从没见他表现出懒惰的样子。家里人再多，也没有吵吵嚷嚷的现象。四十岁时，他应贡到国子监就学，勤于读书、著述，没有丝毫放松。回家后，盖了一座东楼，每天将家中子弟叫到里面训育教导，让他们一定要以古代的优秀传统做自我勉励。何于鲁一生勤勤恳恳，去世后大家称他为东楼先生。儿子何显淑，嘉靖三十五年（1556）考中进士。侄子何颖淑，嘉靖四十三年考中（1564）举人。父兄子侄又以文学知名，文质彬彬，济济多士。同乡之人因而更加认为何于鲁是贤才，说他不仅德行好，而且有文学之才。

蔡　康　在县城南五十里的栗亭讲授《周易》。赵熙为栗亭题词说：蔡先生以勇猛闻名，栗亭的名气也大起来了。

杨　易　字道元，习惯过清苦的生活。家里穷，在回龙山读书，就烧柴火照亮读书，发誓长大后一定要成才。正德十四年（1519）中乙榜进士，到武功县做儒学训导，扶风、盩厔等地的读书人都慕名前来问学。后来改任慈利县令。嘉靖年间，他被推举出任湖南桂阳县令。在任时纂修县志，所购藏书都送给了县学的师儒弟子。还修建养老院收养老弱病残。升任平凉府通判，以清廉耿直，励精图治著名。尚书刘天和把他推荐到京城做京官。他在外为官十一年，妻子和孩子都未跟随他到过做官的地方。后来，又调他到湖州府做官。湖州以盛产丝绸闻名，但他却一件丝织品都没有。过了一年多，他又被推举为两浙都运司。因为生病，恳请退休。回家时，连一件好的衣服都没有，由抚院行府资助钱财才得以回家。在家住了九年，从不到城市去。为官五任，前后二十年，家里却仍然像以前一样贫穷，最后老死在家中。他写的诗文都很有古风。

刘宗明　选贡生。他担任岳州府学教授时，坚持先教做人、再学作文的育人原则。他教育学生读书，认为参加科举考试并不重要，重要的是加强忠、孝、节、义、礼、让、廉、耻等方面的修养。他曾经对人说：读书人只要把根本的道德树立起来了，细枝末节的自然就能学好了。等到退休时，由于没有积攒下钱财，他始终过着清贫的生活。他在城里居住，却从不到官府里去走动关系。有人想托他办事的，都被他拒绝了。知县杨崇忠为他题词“高风可仰”。士子官绅很多人都以师尊之礼对待他。

曹　赏　单县县丞曹鼐次子。自幼爱好学习，做事踏实，没有任何纨绔子弟的习气。做了四任成均馆的主管官员，担任过苏州府学教授，培养了很多人才。儿子曹迈，中嘉靖十一年（1532）进士，曾任行人司官。父亲曹赏去世，曹迈因悲伤过度而去世。他的精神品德没有传扬开来，不只是同乡的人，世人都为之感到痛惜。

曹　迈　曹赏之子。嘉靖十一年（1532）考中进士，担任行人司官。蜀藩王曾因故送给他重礼，他一物不取，亦不为请托所累。后改任南户科给事中，知宁国府兵备、固原副使。父亲去世，他因悲伤过度逝世。

杨　镕　考中嘉靖四十年（1561）举人，四十四年（1565）中进士，曾任户部主事、刑部右给事中等职，后升任南京礼部郎中。以擅长写文章闻名，荣县境内的碑版很多都是他书写的。

吴可宾　字惟敬，五十岁了也没有考中举人，便到顺天府应试，结果考了第一名，充贡生，进入国子监学习。多次梦到自己的母亲彭氏，梦醒后哭泣说：我父母年纪大了，我却远离家乡，这是爱护他们的行为吗？于是回家，不再做官。吴可宾生性孝顺友善，把已经营好的产业让给自己的哥哥吴容。哥哥死后，抚养侄子，督促他学习。有一年闹饥荒，他收养了近 200 个小孩，直到收成好了，才让他们离去。

黄纪贤 万历四年（1576）举人，万历八年（1580）进士。任浙江道监察御史、太仆寺少卿，历任郧阳巡抚。做官取得了很多政绩。儿子黄慎、黄恪，万历四十年（1612）一同考中举人。黄恪官至榆林道。黄纪贤的另一个儿子黄恂，也在万历四十六年（1618）考中举人，后任广济县知县。

民国《志》按：明代的制度，巡抚、镇守、经略、安抚、抚治、巡治等，都是相同的官职，其中巡抚是定官，抚治、巡治是临时特设的官职。成化十二年（1476），郧阳设抚治官，85年后裁撤，正是黄纪贤中进士的第二年。等到黄纪贤以太仆卿的身份到郧阳做官，已经是万历十一年（1583）重新设抚治官之后了。旧志里把“抚治”写成了“巡抚”，是错误的。

童世彦 童氏的先人是湖北孝感人，明代初年才迁移到荣县。四世祖童院在乡学读书，有特立独行的君子之德，每次施舍他人，都不让人知道。童院生有五个儿子，次子叫童蒙弟。蒙弟之子是诰封奉直大夫童颜。

童颜长子叫童世彦，字士美，号双溪。生下来就神采秀异，长大后面庞端方，须发美观，身材魁梧，双目亮若星辰。母亲张氏怀他时，梦见神人赐祭祀贡品给她。生产时，天上出现了雷、电等吉兆。童世彦三岁一发蒙就能诵读。二十来岁到外地上学，居住在外，读书写字从无半点闲暇。万历十年（1582）考中举人，此后四次参加进士考试，都没有考中。这时候他父亲已经六十岁了，祖父也八十岁了。他的祖父拉着他的手说：“我想看到你赶快做官啊！”

万历二十四年（1596），童世彦到彝陵州当知州，重振州治，铲除豪强，清查户籍，逮捕强盗，收容生活困苦之人，赈济灾荒，声名清廉，很有为官才能。曾经修建桥梁，便利过河之人；打造船只，方便渡河之人。因此，人们给他修的桥起名叫“童公桥”。鹤庆府的知府赵文炳称赞他说“廉弃千金，惠普万姓”，并非虚言。

童世彦将换帖纳银、半级赔累的旧例都加以革除。清算麦税，广建仓库，四方百姓都称赞其治理得法。后人因此在寺庙写上“生慈祠”，以纪念他的仁心德政。他还接受了堪舆家的建议修建东山寺，以庇佑一方平安，老百姓至今感激。不久，他掌州篆，正赶上税矿使到处作威作福，没有人敢反抗他们。童世彦拔除了他们的旗帜，禁止他们欺压百姓，让他们的图谋未能得逞。

童世彦在山西做官时，请地方官负责征收藩王庄田的税赋，使藩庄主人不能苛责虐待百姓。他亲自监管商人纳税，出入都按照统一的标准执行，多出来的一律上报府院。万历二十八年（1600），他监督修建了太原贡院，用所得捐款及罚没的钱财新盖百余间号舍，百姓们都高兴地赞扬他。潞、襄两地闹饥荒，童世彦打开粮仓，施舍粥食，救活了很多人。他到长子县为官，夏初时下冰雹，庄稼尽毁。他先把仓库打开分发粮食，再上报朝廷，当年秋收后，再弥补此前的亏空。童世彦因此得到上司举荐，升任鹤庆府知府。后因父亲去世，回家守丧，未能就任。

万历三十四年（1606）守丧期满，到柳州做官。当地的傜僮之民烧杀抢掠，童世彦依法灵活处置，傜僮相互劝诫，把抢来的东西都还了回去。童世彦还为他们兴建学堂，聘请老师，教他们明白敦厚礼让的道理。七个月后，他因母亲去世而辞官。为母亲守完丧，再到永昌府做官。在永昌任上，他禁止百姓宰杀耕牛，将云南沐王属下作奸犯科的人绳之以法，还修建了九龙池水利工程方便当地的老百姓。老百姓为他立祠，以示纪念。他管理金腾兵备道时，把祠堂改成收生堂，以很低廉的价格出租给需要分娩的民户。因为按照当地习俗，妇女是不能在自己家里分娩的。历任分巡金沧道，兼任四道分巡，公务繁多，案牍如山，他都能判决如流，早上接手的案子，晚上就能了结。在革除小税、清查乡里、禁信巫鬼、判决疑狱等方面，他的善政就更多了。最终因秉公执法而罢官回家。

由于蔺酋奢崇明占据富顺，叛乱滋事，童世彦捐金募兵，与富顺的官员相约一起剿灭乱兵。盗贼从威远前来，童世彦立即让部下在城东的屏风山迎战，诛杀了贼首，俘虏的人不计其数，荣县县城得以保全，富顺的治安也得以恢复。而此时，童世彦已经八十岁了。事情上奏到朝廷，朝廷商议想让他官复原职，但他并没有同意，后来官府出资在荣县的大道上为他建造牌坊，以示颂扬。一年后去世。

童世彦重恩义，老朋友蔡德仁之子被卖为奴仆，不久出家为僧。童世彦把他赎出来，帮他娶妻，使蔡氏不至绝后。其子童养淳，于万历三十四年（1606）中举人，任广州府通判。孙子童琳于崇祯九年（1636）中举，任惠州府推官。

民国《志》按：省志里将其名写作“童彦”是不对的。据《童氏家谱》，其入乡贤祠受祀。

古　泰　很可能是莲花寺的僧人，以擅长拳术闻名。奢寅之乱，荣县县城沦陷，古泰曾占领屏风山御贼，用海螺做军队号角。叛贼出兵围剿，正好赶上千总梁伟之从南边赶来救援，军角声四起，盗贼吓得逃到威远。荣县城因此才得以保全，这都是古泰的功劳。

简文瑞　万历三十四年（1606）参加乡试，考中解元，天启五年（1625）考中进士。任吏部文选司郎中。

简　敕　简文瑞侄子，与叔父文瑞同宗。天启五年进士，任户部主事，写有《重建文庙碑记》一文。

简仁瑞　字季麟，考中天启四年（1624）举人，后以举人的身份任西安同知，升任平凉知府。崇祯十六年（1643）冬，李自成攻入潼关，诸王及监司以下的官员都计划逃走。简仁瑞去拜见韩王说：长安有重兵为后盾，讹诈传言都不足为信。殿下如此轻易地舍弃传承三百年的宗庙社稷，想要到哪里去呢？即使叛贼来了，延、宁、甘、凉等地的军队足以援救。如若真的抵抗不了，那就与国家共存亡，也不至于使列祖列宗蒙羞受辱！韩王不听。当天晚上，守卫吵嚷喧哗，挟送韩王与各郡王、宗室斩关逃跑，还想胁迫简仁瑞一同出逃。简仁瑞说：我是平凉城的太守，我跑了，谁来守城？众人趁机逃走。

简仁瑞把城外的居民都撤到城内，用土石把城门堵住，做好了死守城池的打算。不久，盗贼劝降檄文传来，他召集此前被赦免的死刑囚徒说：以前我让你们活命，现在你们愿意报答我吗？都回答说：我们听您的命令。他把小儿子托付给他们，让他们护卫他出城。第二天，盗贼兵临城下，士绅与几个百姓草拟了降书，请他签字盖章。简仁瑞愤怒地斥责他们，穿好官服，戴好官帽，在公堂上上吊而亡。

平凉城被攻陷后，其属下的城市都投降了。华亭县有个姓邹的教谕，援引曾子居武城之义，想出逃避难。训导何相刘制止他说：我们都是国家的臣子，怎么可以把自己仅仅当成宾师呢？于是他带领县学生们共同守卫华亭县，城池沦陷后，与教谕一同殉难。

旧志说：崇祯十五年（1642），简仁瑞以京兆郡丞的身份出任盩厔知县，当时国家遭受兵患，乡里空虚，他尽力安抚百姓，厘除奸盗，对于地方豪强与彪悍的兵痞都一一依法管束。适逢大旱，简仁瑞疏通广济渠的支流灌溉田地，以减少旱灾带来的损失。有盗贼占据南山为非作歹，简仁瑞想方设法剿除盗贼，使处于危难中的城池得以转危为安，使民众安居乐业。他兴办学校，培养人才，劝勉诸生行义举、走善道。新的县令到来后，他又回京任职，百姓们就像失去了母亲一样伤心。清乾隆四十一年

(1776)，朝廷赐给他的谥号为“节”。

民国《志》按：《明史》说简仁瑞是崇祯举人，《嘉定府志》说其是天启时期的进士。考察旧《四川通志》、诸本旧县志，都记的是天启七年（1627）考中举人，“进士编”里也没有他的名字。《甘肃通志》把他当作成都人，是错误的。

但由父子　据《但氏宗谱录》记载：但由有三个儿子，分别是但应常、但应寿、但应星，他们都是成都的总兵，在都察院差管重兵。张献忠攻占成都时，但由在井研高滩被杀，但应寿把父亲的尸骨带回但家湾安葬。但应常到嘉定府请兵，为父报仇，与盗贼在马儿山开战。随后盗贼攻下牛头寨，追赶他们至荣县的烟坡山上，同乡范氏在战斗中中箭而亡。张献忠败逃后，但应常辞去官职，解散军队，回到但家湾，竖碑庆祝御贼胜利之事。

六、清

邹太元　李芝在《邹玉川善行录》中写道：邹玉川先生名太元。遭遇明朝末年兵乱，在兵荒马乱中过着艰苦的生活，20年间从没读过《诗》《书》。平定兵乱后回到家乡，听说自己的哥哥被盗贼俘虏，还没来得及洗尘休息，就带着钱四处打探消息，千方百计把他赎回来。从弟失手杀人被抓，论罪应当偿命，邹太元变卖家产，挽救从弟。原告说从弟犯杀人罪，要想其活命，邹太元就必须去事主家当奴仆才行，邹太元慷慨地表示愿意从命。大家都服膺他讲义气并为他说情，他的从弟才因此得以免死。

邹氏先人世代经营盐业为生，由此致富，田产连绵几十里。邻居黄朝非常嫉妒，就贿赂县吏，用欺诈的手段侵占了他家几十亩地。邹太元有八个儿子，都很有才干，他们到县府去质问县令。县令把黄朝抓进监狱，打了三十大板。邹太元很可怜他，把争取回来的田地都送还黄朝。儿子们对此很不理解，就询问他其中的道理，邹太元说：我们家还有很多地，何需争夺这么一点呢？况且喜欢阴谋算计别人的人，一定居心叵测，还会想方设法报复的。我这样做，是为了免除你们的后患。黄朝果然很感激他。后来黄朝转而谋害倪氏一家，给倪家带来了四年灾祸。

邹太元住宅后面居住着杨氏一家。杨家是穷苦人，夫妇二人以种桃为生。邻人之子来偷桃吃，杨氏妻子叫喊制止，孩子吓得从树上掉下来摔死。邹太元去杨家查看，发现杨氏夫妇正上吊自杀，赶紧把他们解救下来并救活了他们。杨氏说：我们犯了人命案，就要倾家荡产了。我们家一贫如洗，又遭遇这样的事情，还不如死了好。当时镇守盐井厂的赵总兵，向来以贪财暴虐闻名。邹太元就借了五百两银子给杨氏救难。赵总兵怀疑还有隐藏，每天拷问夫妇二人，渐渐了解了实情，对邹太元佩服不已。邹太元乘机向他诉说盐籍井民的疾苦，劝他体恤盐民，施行宽松的政策。从此，赵总兵比之前稍微宽容了些。后来赵总兵犯了罪被谴放边地，其子赵帝简生活窘迫，只得改了姓氏，靠沿河拉船度日。邹太元仔细打量他后，说：你是赵总兵之子，现在怎么会这样呢？于是送给他衣服和粮食，又给了他二百两银子，使他得以置产。

邹太元家里有个婢女与别人私奔，三天后被抓回来，儿子们想要把他们送到官府去。邹太元说：我亲自送去官府。半道上，他问那个勾引婢女的男人说：你也算个人，怎么做出这种违法乱纪的事情？那个人跪在地上哭泣。邹太元说：你现在后悔，那我就不追究了。就把他放了，让他离去，仍然把婢女带回家。过了一个月，有奸诈之人来到他家，说：某人是我的侄子，你为什么因婢女的事把他杀了？邹太元不能自证清白，给了他三百两银子。那个人还不答应，直接到县令那里去告状。正好之前那个勾引婢女的男人出来做证，邹太元的冤情才得以大白于天下。然而对于那个诈骗者，他始终没有与他计较。

明代末年闹饥荒，有个穷人家的孩子愿意到他家当奴仆，借此挣口饭吃，躲过饥荒后却逃跑了，并且傲慢、不讲理。儿子、侄子们想去把他找回来治罪，邹太元说：这是我的意思，他能怎么样呢？你们如果再多说，就是跟我过不去。

邹太元对自己读书不多深感遗憾，聘请师儒教育子弟，对师儒十分尊敬，礼遇有加。他的孙子中考中科举的就有六人，应贡到学校读书的也不少。

邹养浩 做事端正得体。康熙九年（1670）在县学读书。后来吴三桂叛乱，割据四川，他回家守节，不参加选举。清代恢复对四川的统治后，他才出来参加科举考试，后成为廪生，再后来被选中岁贡。康熙四十九年（1710），任重庆府学训导。他为士子讲学，首先强调忠孝，将读书治学放在次要地位。重庆府内的读书风气为之一大变，人们称他作道学先生。

刘世璋 考中康熙二年（1663）举人。经历了明代末年的叛乱，荣县的文化事业遭受严重破坏，刘世璋重修了当地学校，康熙二十五年（1686）纂修《荣县志》四卷。当地人一直都称颂他的贤能与勤劳。

吴良璧 字梦星。参加康熙十一年（1672）乡试科考，考中副榜。吴三桂割据叛乱，到处拉拢读书人。吴良璧隐居在群山之中，讲学授徒，直到祸乱平息才出来。康熙五十一年（1712）到丹棱当教谕。他教书育人，不知疲倦。

张　容 字心如。吴三桂占据云南、四川时，迫使读书人参加科举考试，张恕考中第一名。朝廷平息了吴三桂的叛乱后，张恕改名为张容，到县学读书，康熙二十三年（1684）乡试考得第九名，被选任为青阳县县令。他廉洁奉公，做事不苛刻，离任时非常贫穷，青阳的百姓凑钱资助他回家。大学士桐城张英赠予他诗，有“雅化崇儒分薄禄，高风课子富鸿编”句。他做官很有政绩名望。翰林院侍读宜宾樊泽达送他上任，写有“诗成谢朓多相寄，我愧嵇康七不堪”之句鼓励他。

张容常年在青岩寺教书，四面八方的读书人都前来求学，当时犍为、井研各县考中科举者有一半都曾是他的弟子，其中，宜宾的赵暐、犍为的余光祖都考中了进士。县里的人们都很推崇他。张容教书育人，坚持以经术为文章之根本，所以到他这里学习的人，所写文章都以学术志行著称。其著作有《九华山志》《青阳宦迹草》二卷、《荣县志》多卷。王培荀写诗称赞他说：“敢望俗情无白眼，应知时命有苍天。善事上官非屈即，恩留下里岂邀名。”

邹　葖 字孟和。参加乡试，考中康熙三十五年（1696）举人第十六名，后任广西思恩府迁江县知县。

邹　琲 字石若。与邹葖同科考中举人第二十六名，任福建建宁府建阳县知县。

邹　璲 字廷献。考中康熙五十年（1711）举人第六十一名。五十一年被选为内阁中书，到山东武宁府乐陵县做官。

邹　理 字灿然。考中康熙四十七年（1708）举人第十八名，在安徽巢县为官，后调到泾县。

邹　玳 字筵华。考中雍正四年（1726）举人第五十名，到广西苍梧县为官，很快又到梧州任职。

邹　璋　字睿夫。考中康熙四十七年（1708）举人第十四名，到直隶真定府灵寿县当官。

自邹珇至邹璋，兄弟五人都考中了科举，当地人称为“五凤齐飞”。

他们的后人有邹士杰，字轶凡，考中雍正十二年（1734）举人，在贵州普安县当官，后来到威远县任职；邹恕，字心田，考中乾隆二十五年（1760）举人第十七名，任资州学正；邹学山是最后中举，也是最有名的。

大概清代时，邹氏家族最兴旺。他们居住在城南十二里处的核桃林。风水先生说：那个地方有蟹石、鲤鱼石、螺蛳石、和尚石、狮子石，石头上都有吉祥的纹样。乾隆五十九年（1794）六月初二，忽然飞来一块大石头，尤其令人惊奇。这一年，邹学山考中举人。

邹学山　字至堂，考中乾隆五十九年（1794）举人。做事规规矩矩，依礼行事，并能用礼约束自己。乾嘉时期，研治经学者尊崇汉儒，工治辞章者以唐人为尚。他们在诗坛文坛叱咤风云，全国上下都盛行这种为文治学之风气。但荣县人却对此一无所知，依旧恪守乡里先贤的教诲。引导风气逐步改变的，最初就是邹学山和侯镇固等人，二人做得尤其好，称得上县中学林领袖。邹学山著有《罗星阁赋》，当地人都十分喜欢并称赞有加。荀子曾说，读书人首先要忠诚正直，然后才需要有才能。邹学山就是那种忠诚正直的人。

邹学明　邹学山的弟弟，字海山，贡生。也以教书育人为业，荣县名士廖朝翼、曹后亮、蓝瑾章都是他的学生。邹学明著有《步月山房稿》。在为哥哥邹学山庆贺六十大寿时，其作有“老来物论君相化，身外荣观百不思”句。邹心鲁所作祝寿诗，也有“扶杖一乡徐自笑，无名公传倩谁书”句。这些都讲的是实话，可见社会安稳之时荣县的乡土掌故。

邹氏所居核桃林离观音铺很近，邹学山后来搬家到县效武侯祠以西居住，邹心鲁的诗句以纪实的方式记载了此事。邹志魁科举未中，却生了个儿子，他写诗调侃自己说：“我不举人卿举子，工夫还让细君多。”王培荀在《听雨楼随笔》中曾赞扬邹志魁的这首诗。

黄　松　字翠含。考中康熙五十二年（1713）举人，后任陕西浪庄县知县。在家时孝顺父母，与人友善，对自己要求严格，为人正直。乾隆二十一年（1756），知县黄大本聘请他担任乡饮酒礼的大宾。

邹昌炳　字德玉。康熙年间从湖北迁居四川，他在路上拾到四百两银子，就一直坐在那里等待并归还失主。在荣县置业安家，后来回湖北，重续家谱，整修祖坟。他讲义气，救济穷人，帮助了很多孤寡的人，尤其优待族人，享年八十九岁。他共有六个儿子：邹锡瑹、邹锡瑺、邹锡琨、邹锡琸、邹锡琫，都是掾吏。邹锡琺又名邹赤心，任绍兴府经历，在山阴、上虞、会稽、诸暨等县做过官。侄子邹锡琏，是岁贡生，担任过温江县儒学之职。这些子侄都是邹昌炳教导成才的。

曹家甫　福建长汀县人。雍正三年（1725）带着三个儿子来到四川，在西城底塘一带租房子住。起早贪黑做买卖，赚了钱就买房子，最后整条街都是他家的，人称此地为“半边街”。

吴履晋　字接三。以拔贡考中雍正七年（1729）举人，后出任江西龙泉县知县。他在任上事必躬亲，为人正直，爱民如子。退休回家，以读书治学，教养子弟为事。儿子吴懋敬，是岁贡生，曾任内江训导。吴履晋九十五岁时充任乡饮酒礼的众宾。

龚飞雄　荣县籍廪生。龚飞雄做事有序而举止文雅，乾隆二十四年（1759）出任乡饮酒礼的介宾，当时他已九十一岁。儿子龚斯奭、龚斯宗，孙子龚凌，都是县学学生。

刘洪瑞 德高望重，乾隆十八年（1753）任乡饮酒礼的众宾，当时已经九十五岁。

邹仕权 县学廪生。为人诚信忠义，乾隆二十一年（1756）充任乡饮酒礼的介宾。

刘祥瑞 在乡邻间声望很高，其善行堪称一乡之首。乾隆二十一年（1756）充任乡饮酒礼的众宾。

谢朝选 家庭富有，谢朝选为人崇尚仁义，为人敦厚，和睦宗亲，与人无争，一辈子都没跟别人打过官司。他有五个儿子，教导儿子们要讲义气，为人端正。长子谢其祚，任州同。次子谢其禄，武举人。三子谢其位，县庠生。四子谢其名，增生。五子谢其寿，国子学学生。乾隆元年（1736），适逢皇帝即位，广布恩德，经绅士邹琬等人共同推荐，朝廷赏赐给谢朝选八品顶戴。八十五岁去世。

黄联芳 为人忠厚，处事平和。侍奉双亲以恪守孝道闻名，做事情以守信义著称。城东的飞仙桥因年久失修而倒塌，他独自出资修建。后来他的孙子黄瑢，曾孙黄国梁、黄果又两次重建。他教导儿孙们必须世世代代遵守家规，不要把资产金线借给外姓之人。他有两个儿子，长子黄成章，县庠生；次子黄来章，国子学学生。乾隆元年（1736），皇帝登基后广布恩德，经绅士吴孔章等人推举，朝廷赏赐给他八品顶戴。知县黄大本把他的事迹德行上奏朝廷，朝廷以“绳武克家”表彰其家。八十八岁去世。监生黄国梁是他的重孙。

林元贡 从广东来到四川，在荣县安家，娶李氏为妻，生了七个儿子，个个都朴实敦厚。林元贡教导他们耕读传家。乡里凡有争执吵闹不休者，他都平心静气地进行劝解。乾隆年间平定金川之乱，官府按照土地征发劳役，若穷人没钱交税，就会被征去服役。林元贡替他们交税，免除穷人的兵役之苦。九十岁去世。孙子林志高是增生。玄孙林翀凤是庠武生。

皮世凤 素以仰慕义士、轻鄙钱财闻名，前后一共施舍棺材一百多副。只要是为大家办事，他没有不慷慨捐助的。

李廷元 监生。嘉庆十年（1805）冬施舍米粮数十石。十一年（1806）、十二年（1807）冬，施舍寒衣二百件。又捐银二百两，修建了从牛尾河至龙滩场的石板路。

萧汝呈 监生。嘉庆十二年（1807）冬，他劝自己的父亲萧再凤、叔叔萧再斌施舍米粮数十石，在沙河堝修筑了五百多丈长的路。

刘元桐 县学学生，恩赐举人。刘元桐为人忠厚，诚实。乾隆九年（1744），捡到李某遗失的一百两银子，坐在原地等待并归还失主，一丝一毫都不曾占有。五十五年（1790），儿子刘文保、刘文化拾到黄氏的一百二十两银子，也让他们还给失主。这一年，两个儿子都入县学读书。四十二年（1777）、四十三年（1778）连续发生旱灾，他捐出米粮赈济灾荒。乡邻中凡有疾病残废的人，他都舍药救治。他扶危济贫，对族人尤其敬重。八十六岁去世。有六个儿子：长子刘文保、次子刘文化、五子刘文仕都是增生；六子刘文偀是监生；三子刘文伸、四子刘文侯都以教书为业。

谭仁源 字长卿。考中乾隆十七年（1752）举人，是谭兴讷的小儿子。谭兴讷曾中雍正四年（1726）副贡。谭仁荣曾师从邓锡纶就学，后邓锡纶死于湖北任上，两个儿子邓衷恒、邓宝谦没钱上学，谭仁源就让他们到学馆里读书，每天的钱米及考试的资费都由他一体承担，二十多年始终如一。后来，邓锡纶的两个儿子成了县学生，邓衷恒由廪生选为贡生，全靠谭仁源的资助提携。谭仁源生平刚强正直，担任过南川县教谕。他退休时已经快九十岁了，还手不释卷。

吴　瓒 字美若。考中乾隆五十四年（1789）举人，担任过合州训导，在任上喜欢奖掖后进，培养人才。有个州学生员欠别人的钱，合州州牧欲借此事褫夺他的州学生员资格。吴赟竭力争辩，坚称该生员没有大罪，他说：生员家里穷，欠了别人钱财，这不属于犯罪。由于吴赟全力保全，该生员才得以免予处罚。其他像这样的事例还有不少。

侯镇固　字拱北，号龙田。考中乾隆五十四年（1789）举人。学问渊博，经史注疏之学无不融会贯通，于四书着力尤多。每次给别人讲论学问，对于字、句都解释得非常清楚，并广泛援引古人论说以及明代以来的课艺之文加以补充。他讲课滔滔不绝，学生都为他的博学而惊叹。他在本县书院作主讲，县里的士子都是他的学生，邻县也有不少慕名前来向他求学的人。从官课的角度来看，主讲时文课艺之术无疑是重点，但其所反映出来的尊崇道德、劝勉读书之风，也比那些狂妄无知、任性胡为者淳朴高雅得多。当时龚巽在荣县做县令，在书院的左边另外开了个小门，曾经悄悄地溜进去听他讲学。侯镇固以指导教育兄弟们应试科举闻名。他的兄弟侯甸固是生员，侯章固、侯圻固都考中了举人。荣、威、富、宜、兴文等县考中科举者，有一半都受过他的指教。侯镇固教育人才不知疲倦，去世前一天还在为学生批点课业。两百年来，论荣县士人学识渊博而又循循善诱后进诸生者，没有人能超过他。

吴达修　字可人，号特奄。酷爱读书，乾隆五十七年（1792）考中副贡，仍然跟着老师读书，这在乡学中是很少见的。嘉庆初年，被推举为孝廉方正，却力辞不就。道光四年（1824），被选聘为蓬溪教谕。他节录《礼部则例》几十条，以使生员们明白哪些是必须遵循的规范。在任六年，以善于引导生员问学著称。平时不苟言笑，绝少交游，守丧期间因过度悲哀而形毁骨立。曾经教导同族的后辈说：一个人要懂得忍耐，才能成就大事业。

张怀谦　字吉六，乾隆三年（1738）中举。张怀谦学识渊博，修养淳厚。大热天即使自己一个人在家中，也不袒露胸背。教导别人，以身作则，从不讲大话。同县的举人朱映阳是他的朋友，朱去世后，张怀谦前去吊唁，并为他立定后嗣才回家。晚年，县令赵时聘请他做桂林书院的山长。他在山长任上对学生循循善诱，一年到头从没有去街市上闲逛过。

李　通　乾隆时期金川战事正酣，百姓负责交纳运输军饷，很多人家一时难以置办齐备，李通往往先自己垫上，再慢慢向百姓收取，且不收取利息。金川战乱平息后，嘉定府知府表扬他“踊跃办公”。弟弟李郁，与李通一样有名。

廖廷谏　为人公正，乐善好施。知县黄大本表扬其“树德维风”。

蓝应万　字永赖。家产富足，但很有仁义之气。侄子蓝维茂生活贫困，蓝应万拿出田地给侄子耕种，一年就可以收获一百多石谷子。当时同村的人苦于舂粟不便，他就做了石碾供大家使用。邻里几十家每天来碾米，石碾白天根本没有闲着之时。蓝应万叮嘱家人，自家夜里才用石碾碾米。遇到冻饿少衣之人，就把自己的衣服脱下来给他穿，把自己的食物送给他吃。这对他而言，都是习以为常的事情。

丁暘阳　字含晖，特别喜欢读《诗经》《尚书》，推重节义。曾经在住旅店时遇到醉酒后丢失口袋者，那个口袋里装有很多银子。丁暘阳怕被别人取走，就把口袋捡起来藏着，等到那个人酒醒后才还给他，并嘱咐他要少喝酒，旁观者都很感动。丁暘阳享年八十岁。儿子丁光陛中道光五年（1825）副贡。

王升耀　小时候跟着父亲从峨眉搬迁到仁寿，后又搬迁到荣县的乐德镇居住。王升耀通过做生意发家致富。他怜悯贫民死后没有地方安葬，就买荒山作为义冢。聘请师儒到家里来教育家族子弟读书。他的哥哥年迈而生活贫困，他就在生活上资助兄长，在其死后又出钱安葬。王升耀活了八十多岁，五世同堂。儿子王实勋、孙子王家瑞、曾孙王席珍都是监生。

吴其昌 字自忠，监生。吴其昌生性正直，经常用礼义来训诫家族子弟，对于不肖者每次都是直言不讳。吴其昌生平喜欢读书，七十岁了还每天坚持诵读。去世时八十多岁。儿子吴冠祥是岁贡生；儿子吴履祥，孙子吴国仁、吴国兴、吴国飏，都是庠生。

吴兆昌 字自能，监生。吴兆昌喜欢读书，生活十分俭朴，对族人非常厚道，从不说长道短，议论是非。如果有人说三道四，他就沉默以待，不予过问。有人向他借钱而不能及时偿还，他也不催促。佃户租种他家的田地，收成好时也不多收租谷。有人侵占他家的田产，他就像不知道一样。他有生以来从没打过官司。去世时八十岁。孙子吴国炳是增生。

杨　越 字立群，号桂山，庠生。曾经当面指责别人的过错，但在背后绝不再说。同村有一位生活贫困、无家可归的人，杨越让他住在自己家里长达八年之久，却从不收取租金。等那个人死后，还买了棺材给他下葬。遇到旱灾，他厌恶那些关仓闭粜的人，把自己的仓库都打开，把粮食拿出来卖，不限数量也不抬高价格，很多人都因此而保全了性命。他从来没跟别人打过官司。乡里邻居起争议，他都极力劝阻。儿子杨焞是庠生。

杨　章 字来庆，号吉庭，廪生。性情刚直方正，不苟言笑，谄媚的人见到他也一定会肃然起敬。小时候父母双亡，成了孤儿，靠祖父抚养长大成人。他讲授《论语》，每次讲到“子生三年”一节时，就会痛哭流涕。弟弟某，继承叔叔家业后，有人觊觎其财产，多次想害死他，杨章都把他救了回来。叔叔某家道中落，将女儿许配给某氏，却因为某氏贫困，叔父想悔婚。杨章苦苦劝说，叔父不听，他就跪下哭着劝叔父，叔父才渐渐答应。叔母却说：如果男方继续婚约，必须要给我们家一百两银子，女儿才会嫁过去。三天内必须准备好这些银子，否则就悔婚。杨章赶紧回家，和自己的夫人商量。其妻丁氏深明大义，典当了首饰、衣裙，凑钱促成了这门婚事。地邻亲族靠他完成婚丧嫁娶者多达二十余家。他曾经在二十来岁时拒绝过私奔投靠他的妇人。他的子孙都是读书之人。

官文广 性情刚正直率，读书明晓大义，学重躬行实践。他曾对人说：如果做事对现实没有用处，即使努力谋得一处房产或一官半职，也没有用处。乾隆五十二年（1787），需要运送军粮到泸城。泸城冰天雪地，气候恶劣，大家都想方设法逃避劳役。官文广毅然说，这正是我们报效国家的时候，想方设法按时将军粮送达目的地。县城中的各项建造事务，他都积极参与。他坚决反对恃强凌弱等行为。官文广去世时96岁，一家六代同堂。孙子官夔理是庠生。

萧再凤 和他的弟弟萧再斌施舍粮米给贫困之人，从来不计较自己的得失。

曹其春 曹家甫之孙，曹文科之子。曹其春有才干，有谋略。他考虑到县里有很多福建人，于是倡议凑集银两在县城西街上修建福建会馆。无论是选择建材，还是督促施工进度，他都做得很好。每天吃了早饭就去上工，晚上众人都休息了才回家，修造三年，才把会馆建成。按照习俗，福建会馆祭祀天妃。他颁行祭祀庆典，主持春秋二季的祭祀，同乡的福建籍人都赞扬他。

杨元仁 很小就成为孤儿，家里很穷，读书仅能识字就辍学了。长大后，向同里有学问的人询问字义。提笔作诗，大多属于规谏风俗、宣扬风化之类者。他曾在劝勉孙子的诗中写“记取广寒修月斧，焚黄那及眼前真”，获得人们盛赞。著有《广见论》《长乐歌》《戒食牛犬文》等劝世文章。那些按照他的劝诫行事的，他就敬重表扬他们，并把他们的名字写在册子上，这样的人总计有三千多人。同乡邻里之间发生矛盾，他一定会尽力劝解。晚年与贵州周某友善。周某给人家当佣人，辛辛苦苦积攒了一百多两银子，悄悄地交给了杨元仁，请他用这些钱为自己料理后事，这件事没有其他人知道。周氏去世后，杨元仁为他处理了丧葬诸事，把剩下的钱捐给了城中和贡井的荣禄宫，在荣禄宫中竖立周某的神位附祀，每年有很多来祭祀的人。杨元仁的孙子杨诠是贡生。

杨维鸿　小时候贫穷，等生活稍微好一些后，凡遇到穷苦无告的人，他都会倾囊相助。自己出钱在杜家井、双河口修桥，花了将近二百贯，但他的儿子仍然像以前一样过着苦日子。

彭鸣和　字元音，善于写文章，前后教授学生五十八年，门生有一千多人。八十岁时去世。门人吴迈为他写了《寄庵先生行述》，详细叙述了他的文章行事。“寄庵”是彭鸣和的号。

周兴宇　字龙冈。做事谨慎，恪守礼节，有德性。在乡塾里当老师，村里的人都很敬重他，以他为榜样。

赵钟麟　字玉书。赵氏家族在张献忠之乱时有个叫赵应法的人，年龄很小，靠跳下山谷才得以保命。他长大后连父母的名氏都不知道，后来在城北的赵家山找了块田地来耕种过活。过了三代，赵氏家族才开始兴旺起来，有人成为廪生。农家之人，相隔一世交往就得少，互相了解亦很不够，问及各家的情形，就如同问周、秦那样久远的事，一无所知。又过了三代，赵钟麟的哥哥赵芝麟入县学，不久赵钟麟也进入县学，赵钟麟的从子赵德修、儿子赵国璧也跟着进了县学。从这时候开始，赵家成为书香士族。

赵芝麟很有才能，一生都把县里的事当成自家的事。而赵钟麟则把自己关在家里，每天读书度日，非要到城里不可，至多去凤鸣书院而已。赵钟麟平时寡言欢笑，在乡里很有威望，与邻里之间也没有纷争。他病重时，让家人们站在院子里，儿子站在东边，儿媳们站在西边，教导他们要孝顺要和睦相处。儿子们肃然称是，一个儿媳却上前对他说：家里穷，想恪守礼节也难啊！赵钟麟抚着几案，遗憾地说声“唉！”就断气了。后来同乡的人梦到他成了神。现在集中把他的子辈的名字记录如下。

赵德修　城北赵湾人，小时候父亲就去世了，母亲杨氏苦守贞节抚养教育他长大。生性颖悟，学赵孟頫的书法学得很好，文笔清奇。二十来岁到县学读书，学官即赵佩湘。赵德修不久去世。他的孙子赵同生，生活贫困，眼睛又瞎了，只能要饭吃，后来死去。赵德修曾经在啸台题诗，有“前人有字留崖石，万事传疑付酒杯”句。

赵国璧　字瑞堂，赵钟麟之子。赵国璧有道德修养，人也非常聪明，读书用功，非常博学。他侍奉双亲，天不亮就起来，从来没有睡过懒觉。弟弟不成器，父亲不给他娶媳妇，赵国璧就跪下给他求情，最终使弟弟成了家。弟弟生了孩子也不成器，赵国璧说起来也很悲恸。众人都说他的文章写得好，但才到中年就去世了。赵国璧与杨华关系最好，门生中只有李春晖得以入官学读书。孙子赵熙查找他的遗著，发现只有《登清富山》诗传下了来，有“客来寒食连朝雨，春入乡村是处花”等句。

赵有蔺　原名时阳，字晓楼。不到二十岁时，父亲赵国璧就去世了。他生活非常贫困，以教儿童读书为业。他曾经在墙壁上题诗云：“悔不当初再读书，上负亲恩下负吾。今日培根书屋坐，训蒙还肯去当奴。”像这样过了四十年，绝不随便接受人家的衣服食物或其钱财，与别人交往也没有半点冒犯之处。熟读《礼记》《左传》，融会贯通，研精覃思。教导儿子赵熙读书十二年，遂入县学。赵有蔺的门人中，有三人入县学读书：赵士高、丁绍兰、丁绍松。赵熙在翰林院当御史，赵有蔺被诰封为中宪大夫。光绪三十三年（1907）去世，享年八十二岁。

以上即赵家子弟有卓然秉行者。

张泰然 字南塘，庠生。性格刚正，喜欢谈论经世济人之术。办事从不徇私枉法，读书勤奋谨严，人们尊称他为“南塘先生”。

丁象贤 字松亭，岁贡生。家里很穷，但廉洁守法，尤其讲究伦常之义。

胡富恒 他的父亲在他小时候就去世了，生活贫困，几无立锥之地，后来依靠勤耕苦做发家致富。胡富恒乐善好施，看到文正福朴实勤劳，就分出田地让他耕种，并借农具和钱米给他。后来文正福渐渐积攒起了一些钱，常常对其子说：我家穿的吃的，都是胡先生赐赠的啊。胡富恒招用佃户，从不收取重租。遇到饥荒时，刘淮焦虑自己交不够租子，胡富恒就宽慰他说：少了我的没关系，不能少了你的。亲戚中有叫邓孔安、蓝奇勋的，苦于饥荒，胡富恒经常资助钱财给他们。他收债时也经常减让利息。在市场上卖米，秤都是高高的，人们都很敬重他。

范坤洪 在长山桥场做买卖，白手起家，成家立业。范坤洪做人笃亲好义，哥哥范坤元、从父范宗维、从兄范坤佐以及妹夫林某、滕某都很贫穷，他就出钱资助他们，使他们各得其所。他还经常送棺材给那些无钱下葬的人，送衣服给那些贫寒没有衣服穿的人。八十二岁时去世，子孙众多。

杨　田 小时候读儒家之书，中年家道中落。杨田将家里的田地卖给别人，但自己又返租了一年，对山林里的竹木一棵都没有砍伐。并盖好了房屋，修缮了田垄才离开。田主按照习俗给他脱业钱，他拒绝说：您的好意我心领了。如果我的子孙不成材，得了这些钱最终也会败光；要是我的子孙有才能，也用不着这些钱。最终没有接受。后来以教书养家糊口。两个儿子，都是庠生。

黄体位 号寿山，监生。以团防保荐任五品衔。性情孝顺友善，乐善好施，乡里人都称他为善人。

吕鸣和 号延溪，庠生。友善仁爱，品行端正。八十多岁了还健步如飞。

郝干城 武生。性情刚直，不避嫌抱怨。八十岁时去世，乡里人都称赞他。孙子郝升域是附生。

邹志魁 号极垣，性情刚直。一开始时庶兄见他读书花钱很多，就跟他分了家，他忍让着不计较。到县学读书后，又与庶兄和好如初。著有《妇女一说晓》《要紧事情》等书。

龚朝桢 字良材，郡学庠生。性情端庄谨严，不苟言笑。仗义疏财，教导学生一定要品行端正。每天要找一件善事给学生详细解说，以此教导学生。尤其倡议刊刻善书、兴办讲学、修家谱，并编纂了《龚氏家规》，请县令刘某为之写《序》。病重时，提前嘱咐家人，举办丧礼要遵照古礼。

曹元谟 号曲溪。小时候读书，每次考试都名列前茅，但最终没有中第。他性情宽厚，乐善好施。看到邻里有才能的子弟们没有能力读书应举，就经常资助他们。有人欠他钱却没有能力偿还，他就把借条烧了。家里有个佣人曾经用口袋偷了两斗米藏了起来，他发现后却没有告发，只是把他打发走了。宗族中没有钱财举行祭祀，春秋二季都由他资助完成。他特别重视伦理，兄弟之间从不说长道短。七十一岁时去世。儿子曹俊亮，中咸丰三年（1853）进士；曹柱亮，从九品；曹栋亮，监生。孙子曹熙，附贡生；曹克隆、曹克陞都是监生。

曹桂彰 字元山，是曹其春的小儿子。小时候热衷于读书学习。父亲去世后，两个哥哥靠做买卖赚钱养家，侄子们都能帮助父亲打理生意。他们看曹桂彰读书迂腐，儿女们也都很幼小，就商量跟他分家。半夜里，嫂嫂们悄悄地把家里的财产拿到自己屋里。有看见的人告诉了他，曹桂彰说：人都有自己的命运，怎么能凭这种事情论定贫富呢？我读书，应当崇尚道义忍让，不要因此而引起是非。听到这些话，别人都嘲笑他愚蠢柔弱。但他做事情却坚强不屈。曾经参加院试，参加考试的人很多，点名时他迟到了，学使因此严厉地责备他。曹桂彰站出来说：读书人所看重的是志向骨气，进身之初，就在大庭广众下受辱，即使考取了功名，又有什么光荣可言呢？发誓不再参加考试，回家后发愤严厉督促儿子读书。次子曹俊，后来到县学读书；长子曹杰，勤奋经商，苦心积累，颇有家资。十多年后，两个哥哥家的孩子到湖北经营盐业，因为贪婪而赔钱，结果把家里的财产都赔光了。

刘荣山 字寿南，号海山。性情正直诚实，多次参加科举考试都没有考中，就在乡里教学生。傅光弼为他撰写了行状说：刘荣山在乡里教书时，弟弟们已经跟他分家了。时间长了，有的借了钱还不上，刘荣山就把收的学费拿出来替他还债。有个侄子迁居贵州后死在那里，而他的弟弟又是个瞎子，无依无靠，刘荣山就收留了他。终其一生，族中有贫穷无业、不能养活自己的，他一定借钱给他们，让他们租田耕种。白天去田里督促他们耕种，晚上回自己家吃饭，比自己种地还要辛苦。刘氏家族并非向来富有，但很少有无家可归的人，都是因为刘荣山在其中辛苦维持。族人有闹矛盾，到刘荣山面前评理，他都晓之以理，动之以情，从不偏袒任何一方，结果双方很快就和解了，从不会因此打官司。邻居之间也是这样，有人侵犯他家的田地，他也不计较，只是守护好自家的田地而已。教授学生前后共二十多年，七十六岁时去世。有三个儿子：刘炳勋，举人，任乐安县知县；刘绍勋，从九品；刘建勋，副贡。

张敦叙 号一心。做人光明磊落，乐善好施，特别善于为他人排忧解难，解决纠纷。家里虽然富裕，却一点都不傲慢。县里像诸生膏火、社仓、团练、军饷及修桥补路等公共事务，他没有一次不捐钱资助的。前任县令奖给他匾额，上面写着“古处独敦、义重胶庠”八个字。著有《醒世俚语》。

赵熙在《张封公传》里记载：先生名叫某某，其家是县里最富有的家庭。他应科举试时署的名是“条”字，所以县人都称呼他为“条三公”。张敦叙的父亲从乐德镇迁到野客山，刚去时只有八十挑田地。何休曾说：畚，是草编成的工具，就像现在集市上量谷物的器具。可知这是取法汉代。晚年富有，是之前的百倍之多。张敦叙兄弟四个分家，用石计算的话，每人收租子就有四百石。

张敦叙认为，要想种田致富，就要勤劳节俭；要想把家业做得又大又长久，就要有仁德。所以，他立志做一个宽厚的人。每次卖米，他都要多给一些给买主。年终时，他把钱粮借给贫穷的人，延长他们偿还的期限，就算不还也不责备他们。第二年又是这样。还不上钱的人很惭愧，他就安慰他说：我知道你负担很重，你就用着吧，慢慢还我。他周围方圆几十里的乡亲，就像他自己的同族后辈一样尊敬他。

李永和在叙府叛乱，有巨匪逃窜到五宝镇，想要打劫张敦叙家。贫苦百姓们都争先恐后地对土匪说：条三公是我们的天啊！众口一词，连土匪都感叹他的德行，就此离开。县里没有设三费局，凡是在路上死掉的人，就责令当地的人出钱下葬。曾经有乞丐死在他的土地上，其他乞丐们就连忙把尸体转移走，并说：不要连累好人。

张敦叙家的产业日益增大，卖田者都想把田卖给他。有一个无赖，凭着自己奸诈狡猾，想占更多的便宜，张敦叙拒绝了他。这个人恼羞成怒，把匕首藏在身上伺机报复。张敦叙本来就长得高大威猛，袖子里还藏着丝绦系着的铁锥，叫作“流星”，抡起来能击退几十个人。一天，狭路相逢，他趁其不备，抓住无赖的手臂，说：我和你本来可以好好地，你为什么要戏弄我？你来我家喝酒吧！到了家里，杀鸡做饭，又以好酒招待他。那个无赖感叹：真是个厚道人啊，我之前的所作所为真不是人做的事。立刻把田地卖了，张敦叙也出高价买下。

县里的公共事务，无论大小，没有他不出力的。官员和读书人都到他家门口树榜刻字表彰他。

赵熙说：野客山，乡人们称之为崖上。大概是《唐书》里的罗水、云川、湖连三县之地。张敦叙住的地方叫“曹家园”，山林颇为优美。

张敦叙的曾孙张国玺是昭通县令，曾任邮传部主事。张国熙和赵熙是儿女亲家。民国12年（1923），张国玺邀请他到山中游玩，瞻仰了张敦叙所创家业，田地纵横宽广，大有周朝子男之国的气象。祭祀时，有异姓的人也一起前来，赵熙感到很惊讶，就问他怎么回事。张国玺说：他们的先人把田卖给了我曾祖父。我曾祖父让我们都要按时祭祀卖田者，不要让卖田地者断绝了祭祀。

吴　容　字山谷，考中嘉庆二十一年（1816）举人。为人敦厚，学养丰厚，从不干涉政务，不惹官司。现在读书人专喜参政、诉讼，哪里知道古人是善于自我节制的呢？他也能作诗，曾经为他的老师邹学山祝寿，有“说经一一探奇笈，载酒时时访啸台”句。

廖朝翼　字东崖，号扶九，拔贡。品行端正，品学兼优，凡是朝廷所定立的考试科目，他每一科都学得很好很扎实。不愿意当官，隐居在家。荣县自唐、宋以来，从廖朝翼开始才有参加馆选的人。待散馆后被派到外地做官，他却选择归田教书，直到去世。家在县东荣梨山，人们称他“东崖先生”。本县和相邻的县，都争着请他去讲学，他弟子中做官的人不计其数。庶常曾省三，进士蓝瑾章、吴克昌是其中最有名的弟子。廖朝翼没有考中举人，被选为本县的拔贡生，后来其子廖兴哲也是拔贡生，孙子廖发英也是拔贡生，因此成了一段美谈，乡里人都交口称赞。他讲论文章条理清晰，用律精研，苦心经营，以求一定程式。他所编著的《宝砚斋文》问世时，关中的“路德之法”还没有发出，可见其确实有心得和力求扭转风气的决心。

廖朝翼尤其恪守孝道，继母眼睛瞎了，十二年后又重见光明，人们都说这是廖朝翼的孝心所至。其《喜赋》里有“闷极常思天有眼，谁将秋水剪双瞳”句。

嘉庆十九年（1814），曾到郡学读书，后故地重游，写诗表明心志，有“泮水游来六十年，重番意到已华颠”句。民国7年（1918），地方官奏请入祀圣庙乡贤祠。

曾省三　字佑卿。以庶常的身份改任兵部主事，出任江西南康守。太平天国兵兴，他亲自带领军队到边境抵御。恰好重庆奉节人鲍超带领团练也到达了，他惊讶地说：敌人太嚣张了，我以为你们不敢和他们交战，没想到你居然胆子这么大，敢用团练来抵御强敌。没过多久，就把鲍超的团练编到自己的队伍中去作战。敌人来了，见到军队人数增多，心生疑惑，就自己逃走了，后来也没有发生任何惊扰事件。当时沈葆桢巡抚江西，向上司奏疏举荐他，称其“操行坚苦，勇敢有为”。皇帝降旨加封道员衔，调往吉安府任职。到任一年，建设武备，筹集军费，就像在南康时一样。又利用闲暇时间整顿吏治，严除积弊，颁布条令，设立禁忌，便利百姓生活。他曾说：想要治理百姓，就先要鼓励他们读书，把兴办学校作为第一要务。开始时，吉安的青原、白鹭两书院在经历战乱后已经没有钱继续开办了。于是他募捐了二万余两银子，二千余石谷子，聘请刘殿撰担任书院主讲。又为各县的书院筹集经费兴办学校，吉安士风日盛，百姓渐渐安居乐业。

为守父丧，他回到故里，对县里的事尽全力维持。丧满除服，在赴官任职的途中卒于江西省城，时年四十一岁。

曾省三小时候非常贫穷，爱乡里的老师资助，读书成才。等到应府试时，知府又非常赏识他，所以他通达显名的速度很快。等当了官，又渐渐被曾国藩所知重。从这时起，他购买了很多唐宋时人的著作，想精心研读，但直到去世，也没有研习完。不过，他的文章立意很高，与一般人的观点都不一样。他虽然生长于山野之中，但能有非同一般的高论。清代三百年间，读书人不因为居住环境的偏远而自我封闭的，恐怕只有曾省三一个人而已。

同治二年（1863）十月，曾省三写了《兴复书院经费告示》，中有“所有每年考课章程，应即一体知照，合行晓谕，为此示仰”之语。

同治三年（1864）二月，曾省三写了《重捐白鹭洲书院膏火记》，有“佥以干戈之后，物力维艰，请缓图其栋宇，先备其资脯。廷评王君鹤书力为筹划，学使赞善何公按临吉，遂董成之”句。

此外，曾省三又写有《拿办会匪片》，有“经各该县募勇集团，乘匪徒未聚之时，严密查拿”等语。

曹俊亮　字灼三。考中进士后曾任刑部主事，后到云南武定州做官。州里的汉民和回民相互争斗仇杀。曹俊亮到任时，正好赶上斗殴。汉民中有个乡绅，势力超过了官府，坚决主张剿办回民。回民害怕，也谋划着铤而走险。曹俊亮下令停止械斗，乡绅不予理会。他亲自去见乡绅，对方却不愿相见。侦查到乡绅所在之处后，前往命令他停止争斗，譬喻讲理乃至声泪俱下，乡绅才答应与回民讲和。于是他独自一人骑马到回民村，回民们跪在道路两旁，呼喊救命。于是召见回民首领和乡绅，订立盟约，都改从汉教，汉回械斗之事才得以平息。这次行动，救活了几万人，回民们设立神位祭祀他。曹俊亮为父亲守丧期满，改到陕西任职，出任潼关厅同知。

曹俊亮为人标新立异，当时县上的读书人大多出自廖朝翼门下，只有他不是。他常常对廖朝翼所说的作文之法嗤之以鼻。知县王培荀，号称知文，非常欣赏曹俊亮。后来，他的诗文果然自成一体。等到做了官，有才干，名声也很好，他与廖朝翼之间到底孰是孰非，一时很难说清楚。不过世道一变，以前很有名气的人大都不值得称道了。

蓝瑾章　字宝山。中进士后曾任广东长宁县知县。他的文章令众人叹服，教的学生也很有成就。曾经七次参加会试，五千里路程，都靠步行往返，吃苦耐劳的确有超过他人的地方。

从事科考制艺的人，对于《凡将》《滂喜》这些篇目不愿学，朱子的《小学》也很少有人读。所学发蒙都是头悬梁、锥刺股一类的话。这也许就是班固所说的追逐利禄之途使然吧。所以人们争着劝说读书为官，即使从“贪图安逸、行为粗野”等行为中，也可以看出古人的厚道之处。

蓝玉章　字辉山。由监生考中举人。历任甘肃两当等县县令。在任上仁慈施惠，爱民如子，以宣讲圣谕为第一要务。断理案件、调解纠纷，有“蓝青天”的美誉。后来升任肃州州同，刚到任上，就遇到回民在肃州叛乱，他守节至死。回民向来感念他的恩德，为他厚敛下葬，在棺木上题词写“好官蓝某之灵”，相互告诫不要触动其棺椁。

蓝玉章辞世的那一天，妻子刘氏、女儿适龚都相继跳井而亡。长子蓝世翼被俘后宁死不屈，最终遇难。次子蓝世尊于前一天出城，幸免于难。叛乱平息后，袭封云骑尉。过了几年，蓝世尊从两千里外背着父亲的尸骨步行回家，将之葬在祖坟里。

周室辅　字东藩，举人。为人正直，能写文章，常在书院、讲社讲学，特别是在刘家场课育生徒影响深远。吴迈，字兰谷，是廪生，能通读《编年》等史书。那时候，廖朝翼在凤鸣书院主讲，学生众多。周室辅作文章喜欢引据经典，吴迈善于援引史书，别人称他们是“东书房经，西书房史”。从那时起，县里考中科举的人接连不断。邹思孟为书院写楹联，题云“千古文章千古事，一时风气一时人”。

王安宇 号石亭，文生。以团防的身份被授予六品衔。孝敬父母，友爱兄弟，乐善好施。族弟王德淳到北方去，王安宇为他筹集资金。王德淳死后，又为他立后嗣，刊刻遗稿。王安宇曾倡议修建牛峰寨，开办长山桥社仓，还修了两座桥。喜欢写诗，著有《问月堂诗兴》，部分诗作被县令王培荀收入《听雨楼随笔》。王安宇写有《觉世真经诗》一百多首，纂辑了《节烈合编》《度世金针》《书法正宗》等书。其家住在獭子山附近，前书大多是在獭子山西北的山中编写成的。《观渔》诗有“鱼命虽极微，好生意可度”句。《秋试落榜归舟作》诗有“扁舟乘夜泊，远火入江明”等诗句。村里人要建八仙楼，他没法制止住，心生感慨，就写了一首诗，有“白云紫府竟何如，失祀乡人皆未除”句。《门神》诗有“桃符岁岁旧翻新，古俗由来事百神”句。

王德淳 字橡山。道光五年（1825）拔贡，考中道光十二年（1832）举人，道光十四年（1834）去世。大城市人才多，偏远地区人才少。清代三百年里，荣县的读书人能抛弃山乡之气的，只有王德淳一人。他的行书雅致苍劲，有唐人遗风。他的文章有通人的见识，写诗一落笔就能看出立意不凡。济南王培荀赞扬说，他一下笔很快就能写出千言。著有《小王屋山房稿》。《鹰》诗里有“从今一脱金绦去，万里秋空任尔飞”句，民国《志》加按说：这是其小时候写的诗。等进了学，人们以为这是谶语。《笔》诗有“我与江淹同一梦，不知五色属何人”句。《沽酒》诗有“今朝依旧是迂儒，知否明朝得意无”句，民国《志》加按说：“这首诗是选拔次日写的。”《石炭》诗有“救得一乡无饿法，乌金真个胜黄金”句，《卢生庙》诗有“人生是处邯郸道，只有卢生作梦看”句，《伏城驿》诗有“欲寻古迹无寻处，驿路题诗记界牌”句，《腊月登啸天龙》诗有“日午长山有市声，拥斯茫水一丝横”句。

王德淳住在刘家场的大屋山，所以写城西的诗最多。

张轩鹏 号海云，乙未恩科举人，甲辰大挑一等，立即分发湖北试用知县。张轩鹏担任枝江知县之初，正值广东等地的盗匪侵扰湖北，百姓苦不堪言，一时风声鹤唳。枝江邻县封宜正月初一竟然还有匪盗在庙里磨刀敬神，枝江百姓听闻此事极为恐惧，纷纷逃窜。张轩鹏为了稳定民心，保卫枝江，亲自登上县城城墙，告诉百姓，此非盗匪侵占庙宇，而是封宜县失火了，大家不必因烟火而恐惧逃亡。百姓才得以安心，不再乱窜，同时也有力地保卫了枝江。此后，张轩鹏负责管理东湖，有个人号称拦江盗，党羽甚众，经常打劫过往东湖的商船，张轩鹏于是筹谋抓捕他。他招收勇士进行训练，将抓捕之事筹划得详密完备。这次行动由知州李光荣带队，先是攻取了华容附近几个县，最后将湖北省全境收复。张轩鹏后来历任来凤、恩施、汉川等县知县，俱有实政，深受百姓爱戴。在他署理巴东时，还刊刻了劝民化俗的《俚言》进呈朝廷，得到了朝廷肯定和嘉奖。后来他加知州衔，又被借补为荆门直隶州州同。但张轩鹏还没有赴任便又奉部文，被调补松滋县。他在松滋县任内积极理政惠民，修补月堤，抵御水患，并且补修百里堤。后遇邓正雷等人聚众作乱，全县震恐，张轩鹏亲自带领团练围剿盗匪，立擒首犯，将其押解到府衙正法。他担任巴东知县时，有李、邓二家因争田产斗殴导致数人毙命，两家十余人在狱亦十余年，张轩鹏立即将此案审讯结案。松滋县处在学使到施南县的大道上，劳役力夫不胜其苦，但是在张轩鹏担任知县时，每次遇到学使赴任他都自己捐办，毫不侵扰百姓。在他离任时，百姓作俗歌，选百余个儿童为他诵祷告别。张轩鹏后主政武昌，期间补修长江沿岸堤坝，虽工程巨大，但他没有退却。除了补修之外，他还在地势较低的地方新修了十余里堤坝，以防外溃。主政武昌时，他在官署的时间极少，多数都在乡里踏访体察民情，随时随地都在审理案件，百姓都认为他为官清廉。关于催钱粮、纳漕米之事，对于那些家境贫困、收入低者，张轩鹏都予以免除，不再要求他们纳交。后来他又奉部札调补宜城，恰逢县里长期受地痞流氓扰乱而苦不堪言，张轩鹏大力剿除，百姓得以安居。李锦扬、陈作楷等百余家因为数十里水沟多年聚讼，张轩鹏经一次审理即结案。他又修建长渠水路百里，用来灌溉民田，利民远久。湖北巡抚胡文忠以自己没有能保举推荐张轩鹏为憾。卸任归家之后，张轩鹏变卖家中产业用以偿还欠下的债务，清苦自守的节操可见一斑。长子张吉修，六品军功候补巡检；次子张自修，候补县丞；三儿子张淑修，廪生。

李希白 字栖霞。考中道光二十四年（1844）举人。他于家庭乡党没有特别可称道的事迹，但是能做到恭敬谦让。县北六十里的牛峰寨，是群山中的险要地带，避乱的人都聚集在那里。赵友泰当知县，说他们图谋不轨，要大肆捉拿。曹俊亮和李希白到省里去，通过大儒李惺（字西沤）传话给总督黄宗汉，事情才得以解决。战乱年代，要保全身家性命很不容易。他晚年在荣县的书院任主讲，前来学习的人很多都成为庠生。他于空闲时曾作一首题为《墨竹》的今体诗，聊以自娱。

沈维镛 字镜堂。家住桥头铺的沈家坝，曾拜侯龙田为师。考中道光二十九年（1849）举人，历年在旭川书院、凤鸣书院、龙门书院做主讲，认为：为师之道，首先要以精简应酬为主。县令吴思贤非常敬重他，但除了公事，他坚决不会去拜谒吴思贤。有私下托他办事的，他都婉言谢绝。如果确实有冤屈的，他就私下找县令，绝不标榜自己的恩德。

曾经经过汪家滩时，有一个赶牛车的人把他的车子撞翻了，使他陷于泥泞中，衣服鞋子都弄脏了。车夫很生气，想要打牛，沈维镛制止了他，打开箱子换了衣服就离开了。父母病了，他在一旁很小心地服侍用药。

继母刚嫁过来时，脸上时有悲伤的神情。问后才知道，她对自己年纪尚幼的子女不放心，因此很不快乐。沈维镛让她将他们接过来抚养教育，等他们长大成人后又让他们回去认祖归宗。这就是五宝镇燕嘴一户姓陈人家，后来，他们每年都会给沈维镛上坟，以表示感激。后来，继母怀孕了，怕家人不高兴，不想生育。沈维镛请她放心生育，像对待同母所生的一样疼爱这个异母弟。

李、蓝之乱，盗贼到了沈维镛的家乡，听说他是个举人，就想把他抓去当幕僚，沈维镛设计得免。过了一天，盗贼大兵又前来威胁他，他也不想去，盗贼就把他绑着去。沈维镛击退了几十人，纵身跃过溪流逃跑了。他身怀家传的武功，所以技艺娴熟，但从不轻易示人。儿子沈国标是廪生。

丁光陛 字紫垣。嘉庆二十二年（1817）入县学，道光五年（1825）被选拔为副贡生。道光十五年（1835），再次选为副贡生。曾在犍为当教谕，在县里的凤鸣书院任主讲。光绪三年（1877），他已经八十岁了，重回县学故地，写了四首诗以自纪，其中一首有“春梦层层如隔世，水芳重采夕阳天”句。又作《画兰》诗，有“手把离骚随意写，一花一叶一潇湘”句。

郝映青 字江亭，恩贡生。生性聪慧，喜欢拿《论语》《孟子》中的话讲笑话，正直之士认多有非议。但他孝敬父母，与人友善，教了五十多年的书，勤勤恳恳，尽心尽力。著有《初学沦灵文集》，对后人很有帮助。

杨公华 字黼廷。古人辞官回家，就在乡里教书。后世的书院都是仿效古人兴学育人之意建立的。书院都讲一职，一定要举人以上才能担任。杨公华以岁贡生的身份在桂林书院任主讲，可谓一大例外。他的文章清雅华丽，行为又有规矩，官员士人都很敬重他。道光、咸丰年间，荣县读书风气盛行。周应体，字敦仁，也是岁贡生，比杨公华年龄稍小一些，清正廉洁，能守节操，教了一辈子书。他去世后，人们怀念他，表明他教化士人，确有成效。跟随周应体学习的学生中有个叫曹俊的，字丹墀，住在县城的北街。他终其一生都没有遭他人非议的举动，为人宽厚低调，洁身自好。他曾经标榜自家门户，说："圣朝无阙事，春风复多情。"他宽和平易的性情可见一斑。曹俊的友人叫陈涵，字竹泉，待人接物恭恭敬敬，每走一步都小心谨慎，家里非常整洁，卧室里的衣服都摆放得整整齐齐。他对其他事情也是如此一丝不苟。

马应祥 号甫田，增生，以擅长书法而显名。山乡小民作诗大多文辞鄙俗，书法也多有野气。马应祥先学赵孟頫，后学唐人碑刻，中规中矩，怡然自得。凡是县里的祠堂庙宇、亭台楼阁，都请他题字。论及他字的长处，孙过庭说其"温之以妍润，和之以娴雅"，应该是很恰当的。

王　荣 字翼东，庠生。以书法闻名乡里。凡是题榜以及供神牌位者，都争着请他书写。荣县之地，在马应祥之前，没有提倡书法者。不同的人对于书法有不同的认知，王荣的书法横平竖直，号称学习颜真卿。颜真卿书法流传至今，在山野之间非常罕见。正因如此，找他求取书法的人越来越多。马应祥和王荣是清代荣县书法开先河的人物。学习颜体的都是正直之人，王荣的品性正如其字。古代的学者学习道艺，是有其追求和目的的。

陈均远 湖北监利人王柏心在给他写的《神道碑铭》里说：

先生名均远，字竹篠，荣县人，寄籍大兴。先辈是从广东迁来的。曾祖父陈连亮，祖父陈修文。父亲叫陈为光，做官从掾吏开始，做到了浙江杭州税课大使一职，后升任乌程主簿。陈为光有两个儿子，陈均远是他长子。陈均远小时候非常聪明，江西汤子燮见到他，对其才识很赞赏，教他应举子业。父亲死后归葬，家徒四壁。过了很久，才通过缴纳官资得到从九品的职位。听说汤子燮在吴中作县令，就前往吴中辅佐他。汤子燮因为父母去世而回家，陈均远就到了京城，加捐为县丞，被分配到湖北，专门审理积案。因为超过了到省报到的时间，所以被降两级录用。刚好这时汤子燮丧满后到湖北做官，将领命到荆州治江修堤。汤子燮奏请让陈均远随行，他所捐之职才得以恢复。汤子燮到襄阳上任后，当盗贼猖獗，请陈均远辅助缉拿。当时有人抢劫了运布的船，陈均远到了该地，役某甲就来拜访他。他看到此人年纪轻轻，但穿的衣服和鞋子都很新，就怀疑他，通过一番寻根究底的盘问，这个人最后承认他就是盗布贼，他的同伙也没有一个逃脱的。

崇阳钟某谋逆作乱，上司派兵前往弹压剿灭。陈均远上奏建议剿匪，叛逆平息后，他的功劳最高，朝廷下旨赏赐他戴蓝翎，优先补用。不久补任蒲圻县丞，后升襄阳府经历。汤子燮离开襄阳，又请他代为管理县里的事。不久，陈均远到枣阳、宜城上任。为母亲守丧期间，他穿着丧服被皇帝召见，后任命为知县，代为管理南漳。他到汉川为官，正好碰到发大水，因救助灾荒的功劳很大，又被派到嘉鱼做官。

咸丰元年（1851），调任崇阳县县令。崇阳县有很多百姓受邪道的迷惑，但在他劝导之下，都改邪归正。监利的江堤垮塌，筑堤的任务本来已经安排给了他人，那个人想方设法推辞。陈均远当时远在湖北，却自告奋勇请求前往。布政使高兴地说：别人都往后退，你却自己往前凑。以前就听说你很有才干，果然是真的啊！他去了之后，发现堤坝年久失修，于是立即召集官民增修。夏天，江水大涨，与堤相平，陈均远督促官民随时准备救灾。季党湾决堤，大风夹着浪涛往内陆灌水，上万人聚集在一起大声号哭。陈均远像山一样站在水中，发誓要用身体挡住洪水。不一会，有条破船卡在了决口处，他命人赶紧往水里面填土石，最终堵住了决口。

广东的土匪攻陷岳州，县里的百姓都惊慌逃窜，陈均远独自穿好官服，点上蜡烛坐在堂上。监狱里的囚犯大声喧哗，他呵斥说：我是执法者，谁敢再喧哗，斩。他命人像往常一样打更击鼓。盗贼从县境经过，没有来得及抢掠就离开了。在此之前，陈均远严查搜捕盗贼奸细，让盗贼没有可乘之机；在掌握盗贼的疏失之后，故意借机放他远去。白螺寺的僧人轮音，诬告村里一百多人与盗贼私通，跑到岳州告发。陈均远揭发了他的诬陷之词，将僧人正法，其他人一概不予问责。

咸丰三年（1853），调到江陵做官。江陵地处交通要道，但军备不足。陈均远用川盐羡余之资招募了一千多名壮士，打造了很多军事器械。兵士中愿意为他效力的，他就根据每人的能力给予不同的职位。又招募了土豪巨盗中的可用之人，给予冠带，让他们杀敌立功。第二年（1854），盗贼侵略汉阳，冒充官人惊扰百姓。荆地的土匪盗贼趁机聚众而起，在很长一段时间内，县级官府与上级失去了联系。邻县的局势一天比一天紧急，郡里监利、石首两处奸人聚众为乱，大的团伙有一万多人，小的也有几千人。他们到处抢劫，攻城略地。陈均远认为荆州是湖北的关键要塞，应当驻兵守卫，于是招募勇士出兵剿匪，经向上司请示后立即实行。

四川资助湖北的军饷，计有二万多两银子，陈均远截留下部分银子，用于招募士卒，修缮兵器。又请客居在湖北的云南王、佟二位镇军留下来协助剿匪。四川人前来投军的接连不断，陈均远都发给他们兵器，分兵援助剿匪的队伍。于是，清政府军队在郭西的龙会桥打了胜仗，在境北的浩子口也打了胜仗，军队依次收复了监利、石首、华容等地。又追赶盗贼到太平口，分兵击败了安陆、潜江、天门的盗贼，迫使其逃走。接着又攻下了蒲圻、嘉鱼、崇、咸各县。而林天道、李光荣二军，最终与少司马曾公一同光复了湖北省城，各县都派兵相呼应。出兵、收兵，都由陈均远领导。兼任通判及理事同知之时，境内流言四起，谣传不断，陈均远向内安定人心，对外鼓舞士气，有条不紊地施展谋略，每次都能切中要害。当时，湖北境内已有十分之七的地方沦陷，只有荆州固若金汤，并有克敌制胜的威力，这都是陈均远的功劳。湖北两次沦陷，抚军带领着撤退的部队前来，其他地方的逃兵也聚集到此，彼此相互争斗，荆州城为之惊扰。陈均远安抚他们，使他们都安定下来。此前，曾奏请升任同知，此时官员们上奏，都认为他功劳大。皇帝降旨赏戴花翎，将其以知府的身份留在湖北补用，之后又安排他管理荆州府事。

咸丰五年（1855），江汉还没有收复，汉江的百姓担惊受怕。陈均远带领三百勇士到达监利，伺机防御，督促团练。陈均远向来深得监利百姓之心，人们听说他来了，都奔走相庆，争着要见他，并为他建立了生祠。后来他突患重病，一直好不起来。上级上报朝廷，皇帝下诏优恤他，加赠太仆寺卿。

陈均远气度豁达，刚毅有为，能裁决外事，任用外人；遇到紧急事件或纠纷，能从容决断，谈笑间就能解决难题；议论爽快，为人诚恳周到；治理盗贼计谋神速，出人意表，但不滥用武力。贵州有五十七个人带着兵器相约去投军。他们从沙市路过，巡逻的士兵把他们抓住，马上就要行刑问斩。陈均远请求清查他们的原籍，经辩护，最后释放了他们。因他而保全性命的人不计其数。汤子夔从湖北战乱中逃出来，全家几十口人多靠他多年资助衣食，陈均远从来没有厌烦的神色。他对亲戚乡邻以及贫穷的读书人都会解囊救济，让人人满意。

陈均远生于嘉庆二年（1797）十一月二十八日卯时，卒于咸丰五年（1855）十月十八日丑时，享年五十九岁。妻子封耿淑人。有四个儿子：陈有钰，有军功，赏戴蓝翎，选为通判；陈有铦，六品顶戴；陈有钊，六品顶戴，选从九品，过继给陈均远的弟弟陈培远为嗣；陈有鑫，同知衔，湖南即补知县。陈均远有一个妹妹，嫁给了成都冯警庵少尉。有两个外甥：冯嘉熷、冯嘉麟。陈均远的一个女儿嫁给了同县的谢朝栋。陈均远有四个孙子：陈耀淳、陈耀渟、陈耀清、陈耀汉。咸丰七年（1857）四月初四日，葬于荣县北郊外姜家山。刻墓碑的料头已经备好，陈有钰兄弟派人来请我题写碑铭。陈均远所到之处，百姓一片赞誉，他安定地方、平定叛乱的功劳，要数在江陵任职时为最大。我为其写碑铭说：

屹屹南郡，环壤寇作。四战之冲，谁严锁钥？
励我戎士，丰我军储。千里蛇虺，以次翦除。
全楚西塞，兵雄上游。鄂恃以复，遂定数州。
方贼之盛，孰敢议攻？前筹抗辩，实惟陈公。
惟我陈公，奋其锋距。岂惟鄂安，功济全楚。
如何时栋，奄忽云萎。卿班加赠，亦有荣施。
郁郁松阡，蜀山巀嵲。我铭丰碑，式彰奇杰。

刘存厚 前任湖南藩司李榕为他写了传，说：

先生名某，字仲山，荣县人。咸丰六年（1856）六月与江苏巡抚吉尔杭阿在战争中去世。八年（1858）九月，他的四川同乡李榕得知他去世时的情况，为他专门作传。

余廷璋 威远人。道光年间入荣县籍。李逆乱时，有人向他借了五百两银子，兵乱平息后，那人却背信弃义，他也不过问。外甥欠了债，将要变卖产业，他拿出钱来帮外甥偿债。凡是救急济贫的事情，他都很积极，从不怠慢。弟弟余廷钦也乐善好施，准备了一百多副棺材专门施舍给穷人。每三年做一次水陆道场。还把田地交给交纳不起租子的人耕种，并免除租谷。

晏 恺 庠生。性情纯朴，行为端庄，很有儒雅之风。劝诫他人做人做事，一定要以身作则，亲力亲为。

林 端 字仁山。曾出任教谕，做事端正谨严，与他的名字很相称。

谢廷兰 字塔山，庠生。做事老成厚道，与世无争。精通医术，通晓养生之道。曾写下这样的话：读书人能立德才是重要的，医术若不能融会贯通，就终究是个庸医。表达了他治病救人的心得。

张济川 曾官侍卫。很有力气，曾经抱着牛给它洗脚。又曾经抱起寺庙门口的石狮子走了几百步。后来死于关外。道光年间归葬于白坡祖坟。他的族人张豹臣也是个武举人，伟岸有力，可惜去世很早，没有什么成就。

林志高 县学诸生，跟随陈卯生求学。他在《和张明府卿荷花》诗中有“亭亭红袖立银塘，坐爱伊人水一方”句。

黄尚恩 字澄波，增生。品行端正，不苟言笑。在乡里教书，积劳成疾，吐血而亡，读书人都称赞他的品行。

吴天香 字桂堂。温文尔雅，谨守礼节，考试曾名列前茅。参加院试，马上就要入场了，他的老师杨联拨却病死在旅店中，他立即抚柩返乡，没有参加考试。读书人很敬重他，为他纳粟进了国子监。

曹元才 塾师，以孝敬友爱启迪学生，收取的学费不自己私用，家里没有吵架之事发生。云南发生战乱时，还每天教儿孙读书，晚年以垂钓自娱。

余士杰 字伟夫，庠生。能遵守中庸之道，颇有德行，做事以忍让为是。

詹 崇 字季高，号长坡，增生。为人孝顺友善，刚正不阿，做事中规中矩，即使是盛夏也不袒露身体。小时候家里很贫穷，学习刻苦，手不释卷。詹崇刚毅威严，笃信程朱，不滥交朋友，不委曲求全。靠教书收取的学费奉养双亲，守丧期间坚守礼制。哥哥嫂子家道中落，他总是接济他们。照顾贫穷的侄子，就像对待自己的儿子一样，侄子们都依赖他生活。族人或邻居争吵，他一句话就能让他们和解。无论学生聪明与否，他都能慢慢引导他们向善。非常聪明的学生，他就让其研习性理；中材之人，就对他讲授因果。授徒四十多年，一直以朱子的《小学》为宗旨，要求学生先有德行，然后再学知识。跟他读书的人都严谨敦厚。对贫寒的学生免交学费，且发给他们钱物，所以他门下出名成才的人很多。六十九岁时无疾而终。民国12年（1923），乡人建议把他入祀文庙乡贤祠。他的墓在县城的北门外，赵熙为他写了碑文。

范炳旸 庠生。在五宝镇办理团务二十多年，能化解他人之间的矛盾与纷争。小时候被滇匪掳去，让他当小头目并负责四处寻找粮食。有一次到了一个大宅子，嘱咐同伴在门外侦察，他自己进到里面，发现有十几个年轻妇女在那里哭泣，要上吊自杀。他赶紧制止她们，让她们不要出声。出门去假装很气愤地说：是个空宅，幸好宅子里藏有很多酒可以喝。就招呼同伴们到别的屋子去喝酒。又假装丢了东西，再次进屋领着妇女从小门出去，藏在了树林中。同伴喝醉了，搂着几捆衣服被子呼啸而去。范炳旸曾对人说：一个人如果心生邪念，只要抬头看看天，邪念就会消失。

龙作霖 字辑五，太学生。父亲卧病在床，他每天写血书向上天祈祷，父亲果然病愈。守丧期间，不入内房居住，三年不喝酒吃肉。滇匪之乱，带着弟弟和儿子逃荒。危急关头，把儿子扔了，背着弟弟跑，同村的人从后面跟上来替他背着儿子，全家才得以保全。

同治三年（1864），遇到旱灾，一斗米卖到二千钱。有个被卖的妇女因思恋儿子，哭得极其悲伤。龙作霖给了他们五万文钱，妇女才没有被卖。除夕之夜，龙作霖悄悄往一个极其贫穷的人家里放了十两银子，那个人却说是上天赐给的，他也始终没有将这事告诉别人。战乱时期，他曾经借给别人很多钱，生活安定后仍有一半人还不起，他就把借条还给对方，说：不要给子孙留下官司。他家里有几十棵大树，树荫遮住了别人家的田地，别人仗势把树砍掉。村里人都为他抱不平，龙作霖却置办酒席，请来砍树的人，说：以前地界划得不明确，并把自家的地划归给了对方。其子龙云翥大略讲述了这些事情。龙云翥是县学的诸生，喜欢写诗。

李正鹏 担任石笋铺团正十多年，善于息事宁人，使地方上较为太平。从侄李世馨生活穷苦，想要卖妻还债，已经卖出好几天了，妻子却因为有孕在身，哭着不肯离开。李正鹏听说后，去责骂李世馨，并赶紧把其妻子赎了回来。过了四个月，其妻生下一个儿子，李世馨从此改掉了闲散游荡的毛病，并开始学习医术，家里逐渐积攒了钱财，以至丰衣足食。他非常感念李正鹏的再生之恩。李正鹏死后，李世馨每年都去给他上坟，并在坟前痛哭流涕。

李兴崇 字狮山。读书养性，与世无争。乐善好施，有德行。六十四岁时无疾而终。

虞老人 住在麻柳坳，以卖糖为生。咸丰十年（1860），已经八十多岁了。盗贼准备从文昌宫方向攻城，找他问路，虞老人说：这里人很多。问形胜如何，说：这个城易守难攻。你没看见东汇、来安两个寨子刀矛森立吗？盗贼远远望去，果然如他所说的那样，就离开了。其实城中百姓听说盗贼来了，正无计可施，结果虞老人仅凭只言片语就说退了盗贼，有人认为这与春秋时郑国的弦高退秦军可以相提并论。

但璧光 滇匪侵扰县境，县里办团防以防御，为此向各保摊派钱物。但璧光当时任团防之首，前后劳累，捐了二百多缗钱，并说：这个钱我自己就能负担，何必连累乡人。其他人像曹光宗、王荣安、伍暄、龙福春、蓝如筠、晏芳、谢开第、李正润、刘树纲、谢代喜、宋端、陈万兴、周述举、郝瀛州、马述融、晏廷英等人，都是团首，他们在保卫地方、管理乡里等方面都有很好的政绩，所以一并载录于此。

胡绍华 字藻廷。读书过目不忘，补弟子员。胡绍华家里穷，学使聂蓉峰非常赏识他，便资助他钱物，让他跟随奚大壮学习。成都人汤某听说胡绍华佳名，把女儿嫁给了他。胡绍华二十几岁时便去世了。擅长写诗，县令王培荀所编诗集中收录了他的几首诗。他是乡里出类拔萃之人。

杨焕章 县令王培荀收录了其《春莺》绝句，有“柳丝袅袅晓烟迷，谁促流莺上树啼”句。

吴士毅 吴元祥的孙子，吴国儒之子，庠生。他教的学生成才的有曹崇文、钟琳。其子吴济川、吴镇川，孙子吴大藩、吴大烈，曾孙吴本鉴，祖孙四代都是县学生。吴士毅懂医术，为救人活命，肯下本钱。去世时八十三岁。

长子吴济川，字渐九，屡次考试都成绩优异，仅补了增生。嘉庆二十一年（1816）在乡试中选为堂备。教学五十多年，学生中成才的很多。邻县也有很多人知道他的名字。八十岁时去世。

弟弟吴镇川，字北华，以孝道闻名。

陈怀珍 字达三，庠生。有才略，做事公正。黄茂为他作有传。

黄正位 字昆山，庠生。做事公正，学业优异，村里人很敬畏他。龙文说：黄正位是开五宝镇文化风气之先的人物。

刘纯杰 字鹏九，县学庠生。家里十分贫穷，但他能安贫乐道。喜读《周易》，于是通晓象术占卜。他给自己算卦，得出的结论是自己活不过三十岁，也没有儿子。所以他就不娶媳妇，并说：我怕耽误了人家的闺女。二十八岁时果然就去世了。龙文为他写了墓表。著有《易理钩玄》，校勘《来注证谬》《古今体诗》，现在都已经亡佚了。

龚翊辅、龚翎侯 兄弟二人小时候家里曾经遭难，没读过书，但都知道做人的道理。兄弟天生友爱。起初极度贫困，几乎不能养活自己，后来帮别人做买卖而得以成家。重义轻利，曾经独自出资修了两座石桥，还经常把余钱分发给族人与亲戚。尤其敬重贤士。兄弟俩活了六十多岁，在同一年去世，葬在同一个墓穴中。

王士选、王士绍 王士选字升庭。办理公事很称职，做过很多好事。王士绍，字心田。士选弟，性情行事与王士选相同。他们在家中悬挂写有先贤名言的匾额，以之教导子孙。这大概就是《礼记》里说：看乡饮酒礼，就知道王道教化的推行是比较容易的事情。

刘肇基 字松崖，廪生。多次被举荐做官却都没有如愿，于是回家教儿子读书。长山桥的社仓长期以来都由大姓把持，民众不交税即使遭遇灾荒也不发粮。遇到荒年，穷人十分困苦，刘肇基与众人联名禀报县里，县里不予理会；告到府道，府道也不理会。又告到藩宪，藩宪勒令大姓发粮，并拟定了章程，刻于石碑上。又倡议捐补仓储的损失。李、蓝叛乱时，他创修了和安寨，并参考《戚氏兵法》操练乡里的团丁。他就是《周礼》所说的"能者"。

刘元厚 字昆林。以盐业起家。对于弟兄多有帮扶，对于生者，就给他们钱财让他们做生意；对于去世的，就厚葬之，并把他们的后代抚养成人。对公众的事，像粜米赈饥、义冢收葬等，都愿意多出钱而从不吝啬。县令蒋道瑗、黄克修都表彰过他。凡是亲戚中有穷苦而无法生存的，他都按月送去钱粮。他在修建要道津梁方面投入的费用尤其多。长子刘锡荣也能够继承他的嘉言善行。

刘成钦 字靖江。父亲刘荣光，行医有德。刘成钦生性俭朴，一辈子没穿过华美的衣服。曾经主持社仓、三费等局，严厉纠察弊端，缓解了历来公费收支不平衡的矛盾。刘成钦把多余的钱节省出来，准备奏请专门立案。同事不同意，并说怎么可以凭一个人的廉洁就改变旧例呢？刘成钦最终不听劝说，用这些多余的钱为贫苦人纳税。刘成钦热心公益，捐钱修了高滩、磨子滩和南门各处的桥梁。养育亲族中的孤儿寡母，赈济乡里的贫苦百姓，年复一年，习以为常。道光四年（1824）发生旱灾，他把自家的谷米拿出来卖，附近百姓因此得到救济的就有几百户。县令唐选皋表彰他"禅兴文治"。

刘文灏 刘长钦之子，在其三岁时父亲便去世了。咸丰九年（1859），李贼闯入荣县，刘文灏半夜背着母亲走了十多里，脚趾头鲜血直流。伯父刘成钦被盗贼俘虏了，刘文灏带着钱去寻找并赎回，过了四个月才回家。长大该分家时，刘文灏哭着说：侄子我小时候成了孤儿，依靠您才活到现在，您就在家里养老吧。后又请求把老宅和高滩的四十石田送给伯父养老。伯父先是推让，最终答应了他的请求，他才同意把家业分成了两部分。

他在发生荒灾的年份卖米，价格比市价低十分之三四，荒年过后亦是如此。有人对他说：不如直接施舍更显恩惠。刘文灏说：我曾经仔细考虑过，但有自尊心的人以接受施舍为耻，而狡猾的人又会拿去贩卖牟利。我视买米者品性而决定卖给谁，这样救助的人更多。光绪二十年（1894），因连年歉收，运炭的人绕远道去买米，每天就像赶集一样。一天，来买米的人忽然少了，后来知道是溪水上涨，挡住了人们的道路，他于是出钱在半边山修桥，名叫"继述"。这是因为其伯父刘成钦曾经修了南门各桥，现在他又继承了伯父修桥的意愿。至于那些不便商贩行走的道路，他后来也募集工人对其进行修整，有的几里长，有的几十里长。民国年间去世，享年八十一岁。

张守鉴 字虚堂。住在乐德镇，是袍哥中的会魁，所以名气特别大。清兵入关时，遗民奉守明代制度，因害怕陷于文字狱，就悄悄地在江湖间联络，一般叫"袍哥"，取的是同袍之义。又叫"汉流"，表示决不做清王朝的臣子。有清一代，他们在浙江西溪附近盖了四五所茅草庵，不僧不俗地在那里生活。时间长了，自己也不知道自己的身份了。在普通百姓眼里，袍哥就是一个"会"而已。

张守鉴有侠肝义胆，曾经因为涉案而到嘉定去应讼。人们害怕他遇害，眉州、宜宾江边的百姓筹集了一担草鞋，希望赶紧把他接回来。他母亲去世时，前来送葬的有一万多人。张守鉴十分豪爽仗义，由他救助的穷困贫弱及遗孀孤儿多达几十家。有个姓吴的人从江西泰和前来，与张守鉴订交，来时孑然一身，不久就有了家室，去世时又把儿子托付给张守鉴。从受托之日起，他每天都去吴氏家里查看，除非自己生病，如此一直坚持到他去世。吴氏之子叫吴夏，庠生，后来在双流、洪雅、崇化做官，在罗泉井屯田，很有政绩。一说到张守鉴就感激涕零。谈论此事的人认为他们二人都很贤良。张守鉴喜欢士人，爱读书，没有儿子，就把侄儿当儿子一样抚养长大。这个儿子就是廪生张景侨，后任定远知事，国人都说他是贤才。

王嵩年 字蕴山，增生，议叙授予五品衔。为人做事讲义气，是县里的“汉流”之长。自从司马迁、班固以后，北方人称中国叫“汉”，在各史书里都有记载。王嵩年与张守鉴友善，张守鉴去世后，王嵩年的名声更是闻名四方。他做事中规中矩，审时度势，唯恐伤及他人。他去世时，前来送葬的有几千人，四通八达的路口全是人，就像祭祀大典一样。平生救济贫穷，关爱孤寡。王嵩年死后，就没有人能当豪士的首领了。

刘炳勋 字灿如，举人。在桂林、凤鸣书院主讲十九年，培养的人才很多。选为庆符训导，继而在昭通的凤池精舍主讲。光绪二十四年（1898）补任山东乐安县知县。黄河决口，刘炳勋连夜冒雨防御。没几天，小清河水溢出，从博兴高苑往外泛滥。他赶紧准备了许多船只，买饼救济灾民。之后筹集赈灾款项多达12000多两银子，救助了151个村子，得以活命的灾民多达九千余人。这次救灾，要数刘炳勋功劳最大。光绪二十九年（1903）辞官，1914年去世，享年七十五岁。刘炳勋工于书法，大家都公认他是曾省三之后县中第一人。他下葬后，赵熙给他写了墓志。弟弟刘建勋是光绪二十年（1894）的副贡，曾参与学使的考试并名列前茅。民国后，做官以有才干而知名。

黄　茂 字书年，举人。曾在屏山当教谕。《元史·黄泽传》说：四川人研读经书，一定先研读古人注疏。由此可知，蜀地自汉代以来治经的风气，到元代还有一定存留。从明代开始用时文取士，几百年选拔官员的方法，与以前就大不一样了。南皮张之洞到四川督学时，黄茂被选取为博士弟子，于是开始研治《说文解字》。在读书人普遍不研究“许学”时，他能融会贯通，研习精熟。他的弟弟黄芝与李均林在他之后继续研究“许学”，于是荣县当地的学风为之一变，县里的人渐渐开始读唐以前的书了。民国后，成都的书店人员曾说，两三年间，荣县士人购买的《说文解字》多达一百五十部。川南学术的昌盛，真是可观啊！然而，这正是黄茂提倡的结果。黄茂的弟弟黄英是举人，论勤奋刻苦，虽不如黄茂，但才思敏捷，精通算学，曾到甘肃做官。民国后，擢升道尹之职。回到四川后，又任县令之职，著作很多。

曹显宗 字渭清，举人，后改名曹佺。专心读书，不计较利益得失，是荣县的博学之士。可惜四十多岁就去世了，仅有《吾山阁诗》流传于世，故此特别多抄录几首，希望能以诗存人。《过仁寿》诗有“如何仙井监，终让道园名”句；《镜》诗有“怜伊日相对，宜笑复宜颁”句；《隆昌道中》诗有“地平林木少，谷贱酒人多”句；《山居》诗有“快晴余闰午，宿草苗初春”句；《访友》诗有“落日故人村，四山青到门”句；《吴溪呈外舅》诗有“有竹盈三亩，为农老一经”句；《石首》诗有“江潮落后洲争出，山木阴低雪四垂”句；《宿张家湾》诗有“醉有故交忘作客，诗吟新路苦无题”句；《移寓保安寺呈子休尧生仲锡》诗有“一代云龙能继轨，百年风雨几联床”句；《偕友人游天宁寺》诗有“南雁远将乡梦去，西山凉入酒杯中”句；《甲午六月生日尧生仲锡周孝怀吴铁樵觞予寺斋》诗有“久别衰亲还此日，不圆明月岂前身”句。此外，还有《哭刘裴村先生》《哭杨叔乔章京》《病起》《晚眺》《桂树》《送尧生》《富顺西湖》《鹧鸪滩》《潞河柳》《白沙》《宜都归梦》《换舟》《妃子园》《下牢关》等诗。

黄　书　字谷城。生性正直宽厚，读书循规蹈矩，不靠发奇谈怪论来引人注目，总是根据自己所知道的去做事。笃信修德报应之类的书，却不迷信释、道二家。为父亲守丧期间，三年不喝酒吃肉，不在内屋睡觉。三十岁时妻子去世，以后终身不娶。住普通的房子，过俭朴的生活。忽然借钱买了房产，人们对他的奢侈举动很惊讶，他哭着说：这是我父亲在世时未完成的心愿啊。六十岁时考中光绪十七年（1891）举人，从此历任旭川书院、凤鸣书院主讲。治理县里的事务，能做到秉公办事，不阿谀奉承。过了十年，国家施行新的制度，废除了科举，兴办新式学堂，以前的老师宿儒大半都失业了，此时黄书也年老体病，很快便去世了。子孙不能继承他的职业。他死后家人很不得志，子孙家人可不是上天所能保佑的！哎，这说起来实在让人叹息！

李春霈　字卓凡，擅长制艺时文，每年科考都名列前茅。乡试中举后曾做过灌县的教官。李春霈喜欢读《阴骘文》，自称从某寺罗汉那里学过。他教学生，以尽孝道、戒淫荡为第一要务，乡里的人都推重他的博学。

徐成章　字龙江，荣县举人。他的科举时文也写得很好，但略逊李春霈一筹，但牛华溪的读书人很推重徐成章，大多愿意拜他为师。

李均林　字衡之，优贡生，任高县训导。李均林酷爱学习，为人坦诚，胸无城府。研治许慎《说文解字》特别刻苦，肄业于尊经书院。自从湘潭王闿运在尊经书院任主讲，蜀地的读书人都遵循王氏之说。凡有人抬高自己，贬低别人，乡里的人就不爱听。李均林总希望比别人更胜一筹，别人传播谣言，他总喜欢辩驳，以让别人折服为目的，所以很不合时宜。时间一长，教官也当不下去，每天郁郁寡欢。他带着自己编著的《五州同文表》到北京去亦无人赏识。到广东，也没人欣赏。他气愤地说：世间竟然没有一个通达之人。宣统三年（1911）客死上海。过了一年，富顺胡铁华部郎把他送回老家安葬。

刘　镕　字汉星。拔贡后很快考中举人。性情倜傥，平易近人，做事情没有城府。四十岁时去世。

王义臣　字效忠，读书很久之后才入县庠。在城东谭家冲教书，赵熙小时候曾跟他学习。王义臣的文章雄实，做人也在规矩法度之内，没有浮华的言行，循循善诱，以身作则。广东有位学术大师陈澧，论学讲究汉宋兼采。如果四川有这样的人，王义臣能学习到这种思想，一定会大有成就，因他天生资质就与此相近。

龙　文　字沛然。父亲龙海臣于李、蓝叛乱时，为保卫乡邦，带领乡团击杀盗贼无数。龙文二十岁时，在当地考试为第一名，入县学读书。后管理县中三费、社仓、同善局等事务，亲手制定了《讼费章程》和《粮税规则》，官民都得到了实惠。三十岁时补增广生，四十岁时到云南龙陵做官。从前，在与缅甸交界的地方，地方长官均由世袭的土司担任，按照旧例，土司要为此交纳大量费用。这笔费用占官府收入的大部分。龙文反对这项政策，让各土司用这项费用兴办学校，教化各少数民族子弟，故他们都把龙文当作父亲、老师来看待，龙文也亲自为他们讲学。他在大关做官时，有个大恶人名叫通城虎。同治年间，云南督都岑毓英征讨叛官，龙文因有军功被授予都司之职。他刚到任的第三天，就逮捕诛杀通城虎。当时天降大雪，他被人们比作“龙青天”，说他“踏雪擒虎”。

社会上流传的谚语俗曲记述了他在云南时的政绩，其中尤其以他在昭通任上的贡献最大，对老百姓的恩泽也最多。鲁甸有个八仙海，又叫桃源，一百多里长，几十里宽，往下游与大关戈魁河合为大文溪，流到叙州府，汇入大江，水流湍急，是云南省铜运的必经之路。两岸引河水灌溉的农田有二百多里长。时间长了，河道淤塞，洪水横流，淹没了数万亩农田。饥荒非常严重，饿殍于道，大文溪下游连船都无法航行。光绪十八至十九年间，昭通守官隐瞒不报。正巧龙文从京城回云南，经过此地，详细了解情况后，给上司上书陈述赈恤、平粜、开河等事。上司深以为然，委托龙文督总其事，预算花费二十万两银子。龙文奉檄以工代赈。河道旧的出口已经找不到了，旧河道也恢复不了，他就在八仙海之北开挖新出口，历尽千辛万苦疏通了新河道。他招募饥民充当劳役，令老弱不能胜任劳役的人到粥厂吃饭。一年多以后，新河挖成了，八仙海的水从新口流入新河，长一百多里，仍然与大文溪汇合。到这时，民田都恢复了，铜运也畅通无阻。这项工程的花费仅为预算的一半。大府上奏他的功绩，按惯例，他应该被提升为知府，但龙文没有贿赂礼部的官吏，所以最后仅获传旨嘉奖而已。然而昭通的百姓却在八仙海边为他建了祠堂，塑了肖像，题名“龙公祠”。他对于昭通的贡献，从古而今都应该算得上是很大的。

龙文在属于西洋江流域的广南做官，位置靠近广西，广南本结露山支脉分布之地。土匪们聚集在山中，以排外为借口杀戮教民，拆毁教堂。府县逮捕了七个平民，他们实际并不是真正的土匪。此时龙文刚上任，七人的处斩判决已经下达。龙文坐堂审讯，把判决书重新封上，并为他们七人做担保。大府大怒，龙文坚持争辩，最终得到允许，改判七人不死。从此，广南地区才得以安定下来。他在腾越、巧家、个旧、思茅、武定当官，功劳多得数不过来，名声政绩也像在昭通时一样。民国年间退隐，居于云南梅园，读书终老，八十岁去世。

王国恩　字荣甫。世代居住在城南的王家坝，富甲一县，社仓、同善诸局都靠他家维持。清代交粮税，按照惯例都是提前征税，王国恩则常常先拿自己的钱粮垫上，再慢慢地征收补偿。光绪二十年（1894），选任陕西三水县知县。三水之地，回族和汉族杂居，动不动就会因为小事起争端。王国恩公平处理，双方各得其所。当地因布料很贵，女孩子及笄三年都还没有裤子穿，久之成俗。王国恩予以禁止，并缝制了裤子送给贫穷家的女孩子穿。任职两年时，朝廷下令从严征收以前欠下的粮税，王国恩看到土地贫瘠，百姓穷困，就捐钱为他们垫欠税。任职第四年，卒于任上，四方百姓哭着祭奠他，表达哀思。

张国熙　字子和。宣统时期曾任邮传部主事。光绪二十年（1894）中日甲午战争失败，朝廷向日本割地赔款，请求议和。光绪皇帝很愤怒，奋发图强。满大臣不支持，慈禧太后乘机专政，把光绪帝囚禁在瀛台，并杀害了朝中支持光绪帝的大臣，被杀者被称作“戊戌六君子”。四川的刘光第、杨锐一同遇难，而康有为、梁启超两个为首者却逃到了国外。紧接着又发生了庚子之变，中国已国将不国了。

张国熙当官后，号召四川、广东铮铮铁骨之士向都察院上书，请求开党禁，请皇帝下诏请康有为、梁启超回国。行事京机道等人犹豫不决，畏惧不敢上奏。事情失败之后，张国熙很快就辞官回家。第二年，宣统皇帝宣布退位。进言本不是张国熙的职责，但他十年间一直向朝廷请命，真是难能可贵。张国熙一声呼喊，四川就闻名天下了。然而清政府很快灭亡，这实在非张国熙所愿啊。

张国玺　字子玉，张国熙从兄。在云南做官期间，先后出任维西、昭通等地主官。他的政绩主要是在他候补任官期间做出的。每任一职，同僚们觉得按旧例办事即可，但他非要尽心竭力实地考察不可。

他游走于田野，完全没有当官的架子。回到家乡后，将田地卖了几千两银子，以填补宦游的费用。张国玺乐善好施，尤其对贫穷的亲戚很厚道。晚年游览峨眉山，在乌尤山修建了尔雅台。他虽生活在乱世之中，却能生发思古之情怀，读书人因此特别称赞他。他于张国熙之后去世。

李光星　字长兴。小时候父亲去世，成了孤儿。靠给人做工赚钱侍奉母亲，给母亲吃的饭却非常精良，自己吃的仅是野菜汤。长年开旅店，对待雇工就像对待家人一样。他为生病的雇工治病，为死者送葬，并照顾他们的后代。他以卖布终其身，其经营方法是：一尺布赚一钱，赚到五枚、八枚、十多枚钱就用稻草串起来，用于救济穷人。自己做任何事情都力求节俭，积攒了一千多缗钱，却全部用于施舍。如修桑梓园桥，培修二美桥，财力单薄却总是甘愿承担较大的份额。

李光星曾经为自己准备了价值一百多缗的棺材，后来换了个便宜的，将省下来的钱却都施予别人。他不吃荤，夜里不点灯，常坐着叙述善行格言，像妇人一样教育儿子，直到二更才休息。他曾对别人说，做人要自食其力，不要贪多。他年纪大了，还抱着布到集市上去卖，认为这就是他的职业。他还乐于尽力为他人排忧解难，如果出不上力，心里就很内疚。对于族中孤寡之人，李光星把他们接到家里奉养到百岁，保证其生活所需一应俱全。对于孤儿寡母，他一般按照实际情况每月给他们钱粮。对于年纪大的寡妇，他每年都要送米给她们。李光星死后，馈赠断绝了，人们才知道平时吃的米是从哪里来的。李光星悄悄地行善事，样子很忠厚木讷，常正襟危坐，从不向别人宣扬自己的善行以求取仁德的名声。用佛家的教义来说，他应该得到福报。

王焕然　乐德镇人。从镇里经过水坳到三河堝，将近三十里的石路都是他独自修建的，总共花了三千多两银子。捐钱粜米赈济饥民，花费三百多两银子。

王德轩　买山作义冢，每年施舍五石米。奉养孤老十多人，按月给他们米粮，从未停止过。

李三余　通过勤劳致富，在城北三里的双龙桥有田地，宋代王庠的故居离那里很近。光绪年间，县里戴福珊约众人表彰县里的先贤耆旧，计划恢复横溪阁，全都是李三余捐的土地。赵熙写诗赞扬他，说：“山僧说法日忘疲，真解悭囊是我师。是事非钱无办法，大悲第一学财施。”

赵　良　字江亭，北乡人。在西郊开了一家油坊，做小本买卖。在贡井卖油，买方算错了账，赵良实话告诉了对方。买方却坚持说自己没有算错，这大概是主簿、记账者都怕被主人责备的缘故。赵良最终还是把多收的钱还给了他们，并委婉地说明了缘由。他对族人非常友善，常出钱出力相助。对那些好斗者，积极劝和，教他们谦虚仁爱。他自己与别人交往也是这样。终其一生，他从没有做过任何伤天害理的事，也没有什么羞于启齿的事情。

龙淮森　字尹三，廪生。管理五宝镇的团务。光绪二十三至二十四年间，余栋臣发动暴乱，他平定暴乱安抚一方。他效仿湘乡传统，创作了团练俗歌《锣梆说》。后来又管理县里的事务，以公平正直被人称许。

龙禹门　字品三。他小时候，母亲便患有肺病，非常痛苦。长大后，专门研习医术，十分精通医理，并救活了很多人。他的父亲性情严厉，有时斥责他，他便跪着听取教诲，直至父亲面色愉悦才起身。正是《礼记》中所称赞的“有道艺者”。

钟仕魁　字笏山。小时候，旁人随手指一事物，他就能立即作诗成句。县令陈松龄惊异于其才能。每次考试，他都名列第一。父母去世后，他亲自绘制父母肖像，虔诚笃定地祭祀。每天读李白、杜甫的作品，临摹钟繇的书法，以求自保安宁。后来担任布政司理问加五品衔职务，皇帝封他为奉直大夫。其子钟星庆、钟趾美在当地兴办学校，均是大丈夫式的作为。他们父子的墓志铭都是赵熙写的。

蓝　鑫　字春台，县庠生。通过纳捐的方式获得光禄寺衔。二十多年里，总把县里的公务看作自己的事。据乡人彭量说，他家离程家场很近，常常带头做义举。

刘荣禄　字静斋。他小时候上学时曾被盗贼掠走，然而他的举动却不失常态，镇定自若。盗贼感到非常惊奇，于是又把他送回了家。光绪初年，县里将地丁银上缴到省里，按例交给银号代办，但是银号倒闭了，藩使就责令地方赔偿。这个案子拖延了半年之久，吴姓县令委托刘荣禄前往办理，这才得以解决。光绪十六年（1890），他被任命为典户吏。后来发生余栋臣之乱，唐姓县令委派他修城墙上的炮台，他一体效劳。修城墙、分发粮食等事，前后两位县令都委任他办理，他都办理得很好。他重视宗族，也团结族人。其子善于读书，入博士学，被称为“华鋆”。

王应闻　字瑞符。为人谦虚恭敬，对待异母弟像对待同胞弟弟一样好。平常喜欢谈论因果循环，并且能主动实践。

王荣绅　字赞襄，长山桥人。在本地管理公事八年，人们都称赞他清廉正直。先在成都警务学堂学习，后回到县里当警察，大事小事都能处理得井井有条，与前些年相比大不相同。后来担任县里的议员，知无不言。进入民国后培修沙盔寨，调度防卫，让前来避难的人得以保平安。他死后，人们都感到很惋惜。

刘必钊　字芝兰。庠生，肄业尊经书院。世代居住在县南的杨家场，地方上的豪强在乡里横行霸道，懦弱的人吓得四散逃走，就像集市上有老虎一般。刘必钊向官府诉讼，豪强被绳之以法，一乡老百姓才得以安宁。

吴　至　字云帆。是举人吴俶培之子，庠生。吴俶培在陕西做了很长时间的官，吴至一直留在家里侍奉曾祖父母和祖父母，承欢膝下。吴俶培在任上去世，吴至前往奔丧，并扶丧返乡安葬，一切事宜都符合礼制。

范　夔　字华阶，清光绪六年（1880）生，清流乡大屋沟人。生性好侠义，曾因窘辱官吏避难屏山。光绪三十三年（1907），由佘英介绍加入同盟会，秘密结识蜀中志士千余人，活动于富顺、威远、荣县间，趁清军出巡，率众伏丛林中袭其后，夺其枪械。被通缉后，逃往云南、贵州、缅甸等地。

宣统三年（1911），四川保路运动兴起，范夔回县，于“成都血案”发生后，组织乡军五百余人，奔赴成都会战，华阳秦载赓以范夔为前锋司令，率民军千余人与清军激战于东山庙、包家桥、三角碑等地，兵败。

会同龙鸣剑、王天杰率领的民军攻入仁寿县城。后于籍田铺与秦载赓、陈孔白、胡驳垓率领的民军会师，组成东路民军总部，再次攻打成都，激战于中兴场等地。后失利，东路民军分兵三路转战川南各地，民军总部委任范夔为统带。九月，同弟范模率军千余人，攻下井研县城，遂与清军战于贡井等地。十一月中旬，随王天杰率民军攻贡井，清巡防军败撤成都。

十二月二日，王天杰命范夔、范模率民军千余人进入高顺城，范夔为富顺县司令，范模为参谋长。三十日，大足县张桂山率同志军两千余人进入富顺东街，范夔将船只一律停靠县城右岸，不让张渡河进城。民国元年（1912）1月1日，范收编的巡防军哗变，局势无法控制。张桂山率部入城击溃叛军，自称东亚义字全军水陆大统领兼富顺军政府都督，范燮为副都督兼军政部长，范模为参谋长。十日，重庆蜀军政府北伐军中路司令但懋辛率军一营到富顺编遣张桂山、范燮等部同志军，任命张、范为北伐军统带。十二日，驻自流井滇军攻富顺，张、范率军抵御，滇军使人说和，范燮等轻骑入滇军营地被诱捕。十四日，范燮、范模等被杀于土主山下，富顺人民设奠十日悼念他们。

谢奉琦 字能九，号玮甫（亦作伟甫），光绪八年（1882）十月二十九日生，荣县贡井乡（今贡井区）人。光绪二十八年（1902）入富顺炳文书院，后转学贡井旭川书院。谢奉琦勤奋好学，关心时务，憎恶科举制度。认为：科举非改革不可，八股非废去不可。否则，睡狮沉沉，不亡何待？《辛丑条约》签订后，举国上下反清呼声日益高涨。邹容《革命军》，陈天华《猛回头》和《警世钟》相继问世，奉琦读之，大为感奋，说："今人为刀俎，我为鱼肉，国难深重，民族危殆，生灵涂炭，不倾覆清室，岂能振兴中华！"

光绪三十年（1904），东渡日本留学，探求救国救民之道。路经夔巫时，风雨交加，浊浪排空，船触礁石，舵手失措，众人惊恐，唯他正襟危坐，并赋诗一首，云："匆匆荡桨下渝关，风雨羁人意往还。回首西藩无净土，矢心东渡恋神仙。家庭忍系思亲念，途次多亏壮士颜。盼到文明输入后，数年应自谢阿蛮。"①

谢奉琦

到日本东京，谢奉琦考入成城学校，与吴玉章等同学。后入早稻田大学专攻理化。光绪三十一年（1905）六月二十日，由孙中山、黄兴为主盟人，加入中国同盟会。六月，孙中山任命黄树中、熊克武、谢奉琦为四川主盟人。是年冬天，谢奉琦回川从事宣传工作，并协助做成渝两分会的组织工作。

谢、熊等人回川后，积极准备发动军事起义。数月之内，十余次往返于成、渝、泸、叙等地，设立革命机关，宣传革命大义，联络会党，发动新军。奉琦同党人发誓说："吾辈生死所不计，流血非所惜，志不能以威武夺也！"

光绪三十三年四月，谢奉琦、黄复生、熊克武等在成都草堂寺多次召开军界、学界部分革命党人会议，决定分工负责，分头并进，同心同德，扩大革命军事力量。后在川东南各地相继发展同盟会员数百人，荣县黎靖瀛、邹固元、王天杰、赖君奇等有声望的人士均被吸收入会。

夏末，谢奉琦来到叙府，与罗仲渠、凌体萱、聂次荀、刘永年四位党人积极进行起义准备工作，谢租赁北当巷十八间房舍作为活动场所，准备暗杀知府宋联奎。一日，宋外出夜巡，谢持炸弹跟踪其后。狡诈的宋防范甚严，无隙可乘。谢担心刺杀不中或误中他人，反而泄露了机密，影响起义大事，即怅然而归。十一月中旬，由熊克武、佘英等领导的泸州、江安、永宁、成都等地起义均告失败，党人纷纷至叙府坚持战斗。时值雷波彝民兴兵，清吏调巡防军前往镇压，叙府兵力空虚。谢奉琦、熊克武便号召各路会党积极准备起事，动员叙府中堂勇管带刘绍峰、县幕詹树棠加入同盟会，得叙府宜宾县堂勇二百余人。

① 按：世传谢奉琦此诗文字与此处多有异同。今据谢奉琦之孙谢敦和所记补入。

谢奉琦、熊克武、佘英等经商议，定于光绪三十三年（1907）十二月廿三日起义。起义之事安排就绪时，中央团队士兵雷东垣向宋联奎告密。宋闻讯后，立即将党人依靠的舒新之所部调驻屏山，同时捕杀了刘绍峰、詹树棠二人。又派巡防军统带逮捕李飞鹏回屏山斩首示众，死难者多达二百余人。叙府起义失败。

谢奉琦返回贡井，宋联奎通电全省缉拿他。亲友劝谢避难，但谢坚定地说："丈夫要死就死，有什么可怕的？"光绪三十四年（1908）二月初八日，叛徒汪蔚然诱捕谢奉琦。捕役以为谢有飞檐走壁之功，唯恐中途逃走，遂以铁链穿透谢颈下左锁骨，断其脚筋，经富顺、泸州押往叙府。奉琦强忍剧痛，向沿途群众宣传革命大义，许多人悲愤填膺，潸然泪下。

谢被捕入狱后，多次拒绝清政府的威胁利诱，曾写绝命书数千言。公堂审讯时，宋联奎厉声道："有人密告说你是革命党人，你应从实招来。"谢理直气壮地说："我是中国同盟会的革命党人。"宋又诱惑说："如果能供出同党，就马上释放你，不然，立即判处死刑。"谢横眉冷对，不屑一顾地说："老百姓不怕死，又怎么能以死来威胁呢！"并怒斥宋说："你是汉族，甘心北面侍奉满人，羞死人了！"光绪三十四年（1908）二月二十五日夜，奉琦昂首挺胸，态度从容，神色自若，慷慨就义。

辛亥革命后，蜀军第五师师长熊克武率革命党人于泸州码头设奉琦灵位，杀叛徒汪蔚然以祭奠之。

民国元年（1912）3月18日，蜀军政府宣布谢奉琦为四川死义烈士。中华民国临时大总统孙中山以谢奉埼"在蜀运动起义""功在民国不小"，追赠为陆军中将，谥左将军，"准祟祀忠烈祠以慰忠魂，而垂不朽"。烈士家乡贡井街曾命名为"玮甫路"，并赠匾其故居云"谢将军府"。

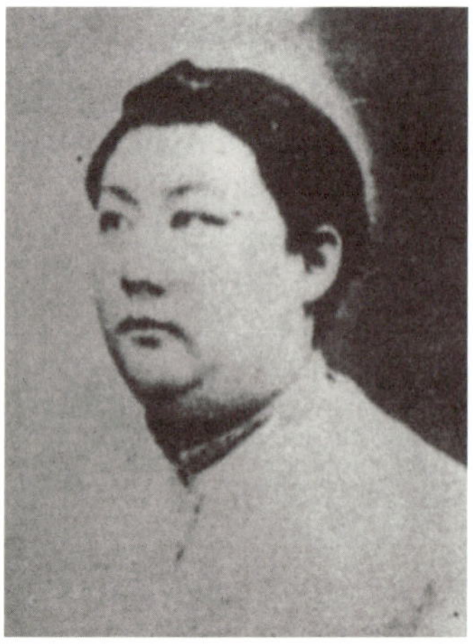

王天杰

王天杰（1891—1913） 字子骧，清光绪十七年（1891）生，附南乡王家坝人。以子骧之名显扬于世。他是三水知县王国恩的侄子。王氏累世富足，却对钱财出入很审慎仔细。王天杰收容轻侠义士，清政府点名逮捕他，最终他以计谋保全了自己。

宣统三年（1911），王天杰组织义军，号召乡人参加，当了起义军的统领。到成都南郊参加战斗，把部下分派到彭山、青神、眉州、井研、仁寿、宜宾、富顺七县参战。是年农历八月初四，荣县宣布独立。

民国建立后，历任四川省都督都想招揽王天杰，但他鄙视他们的行为，于是把家里务农积攒的粟米贱卖，将部下五千多人全都遣散。尹昌衡、张培爵两位都督都想让他去参与军政，准备加封他少将衔，他都婉言拒绝了，独自一人骑马回家。曾一度担任四川省议员，他说这是民众选举出来的，很乐意担任这一职位。

民国2年（1913），熊克武讨伐袁世凯，他正好在家养病。县里只有三百人的民兵团，他与副团总龚郁文仓促起义。袁世凯军以三营兵力压境。八月初十，在县城西边的白石铺与敌人交战，从早晨打到中午，子弹打光了，援兵用完了，最终不得不撤退。他准备带领队伍到重庆去，与熊克武会师。走到永川，被周骏、刘存厚的军队挡住了去路，众人陷入绝境。王子骧说：各位白白牺牲在这里，也于事无补，一定要逃散出去。他自己去与周骏、刘存厚交涉，却被周骏逮捕去邀功。八月十九日半夜，被害于永川城下，年仅二十五岁。

民国30年（1941），荣县建王烈士祠，于右任留诗纪念。解放后，四川省人民政府批准王天杰为烈士，发给家属光荣纪念证。

龙鸣剑

龙鸣剑　字顾三，五宝镇龙沛然之侄。光绪二十五年（1899）入县学，很快就考取了廪生资格。他在成都优级师范学校学习，不甘受辱，毅然东游日本，进入法政学校学习，钻研西学。他曾感慨地说：我们国家如果不革命，就不会发生根本变化。于是加入同盟会。毕业后到南洋，从越南进入云南省，在思茅很有名气。到成都创办法政学堂，被推举为省议会议员。

当全国讨论铁路国有事宜时，龙鸣剑以伸张民意为己任。赵尔丰蛮横地逮捕了蒲殿俊、罗纶等人，龙鸣剑非常气愤，号召荣县周边的同盟会会员，与王天杰一同起义，带着一千多人到省城去向赵尔丰问罪。临走出县城北门时，他击剑发誓："这次如果不能成功，我就不再踏进这个门了。"

部队到了秦皇寺，与民军东路统领秦载赓会合。交战时，龙鸣剑骑着白马，在枪林弹雨中指挥。粮食耗尽后不得不返回荣县，龙鸣剑留在嘉定谋划联合重庆的势力，与武昌黎元洪相呼应。这时端方已经到达资州，指挥军队从自贡、威远前来攻打荣县。端方实际上还没到达荣县，有谣传说荣县已经溃败了，同志军四散离去，龙鸣剑悲愤于自己的志向还没有完成，却祸及家乡，捶胸吐血，写绝命诗而亡。诗里有"不识同君还在否，可怜我哭不成声"句。

赵　亮　富顺宋育仁《赵赠君传》记载说：国史中的孝义列传，一定是根据方志、家乘写成的。我正在征集蜀地文献，以备纂修国史。赵熙和我曾是同事，现在他的哥哥去世，他请我为他哥哥写传，以表彰他哥哥的德行，我于是为他作此《传》。传文曰：

先生名亮，字龙云，因为他弟弟赵熙是翰林院编修官、监察御史，于是朝廷赠予他中宪大夫。

他周岁时眼睛就失明了，因家里十分贫穷，没有读书。但他天生记忆力很强，听了历朝历代小说中关于治乱兴亡的故事，就能讲给别人听，就像事情就发生在他眼前一样。家里的一应开支，包括每件事情发生的时间，他都记在本子上，并能说得出来历。他生性孝顺友爱，能继承父亲的遗愿。他给人家做佣人，经常吃不饱饭，却常常省吃俭用，买饼饵、器玩奖励勤于攻读的弟弟赵熙。赵熙自己说：我做官之后，母亲去世，全靠哥哥在左右朝夕侍奉父亲。我只不过名义上是个儿子罢了。民国12年（1923），赵熙所有的花费都是哥哥供给的，他自己却生活节俭，严于取予，即使是赵熙受了封赠，得了冠带，也仍然省吃俭用，无论严寒酷暑，都不舍得乘车。曾经借了别人家的钱，别人把借条弄丢了，到了归还时，仍然悉数把钱还给了别人，这或许就是古人所称述的笃行者吧。

古时候荐举乡里人才，主要按孝、友、睦、姻、任、恤六类标准举荐。眼睛瞎了的人，听力和记性都很好，让其学习音乐再合适不过了。所以《国语》说"师箴瞍赋"，不一定两只眼睛都是瞎的。他们有贤德，学有所专，应当在瞽宗中接受祭祀。清代末年政治混乱，人才得不到重用，才能也得不到施展，所幸还有诗书可读，品德优秀的人在都邑仍然很有声望。朝廷有贻封的典制，以劝勉孝悌勤劳之家，或者有助于教化风俗，对某一家族的兴起仍有一定影响。而民国以后，就没有这种风气了。写完了

《赠君传》，十分感慨，于是发了这段言论，呜呼！

黄芝三 善人黄九文之子。起初，黄九文家中贫穷，通过勤恳劳动发家富裕。他非常热心做善事。县里积善行德的共有两个姓黄的人：一个是贡井黄敦三，一生施舍钱财数万，声名震动朝野，这属于富人做善事；第二个人就是黄九文，其身家资产不及黄敦三的三十分之一，但却尽心尽力，恳恳未已，所以全家都受到了他感化。黄芝三是个农民，黄九文老后，家里内外事务、行善的事情都由黄芝三来负责。黄九文一年修一座桥，民国16年（1927）正月四日，黄芝三亲自前去监督劳作，忽然大石崩塌，黄芝三被当场砸死。县里人都很悲哀，将那座桥命名为大悲桥。

曹靖说：方志里记载的读书人最多，对于积德行善之人，大概因为没有足够的史料可以利用，编修方志的人只能根据传闻，选择较为真实可靠的记下来，所以很难为每个人都写传。有人建议按照《周礼》的六行分类，但宋代以前或是一个朝代只有一两个人，甚至几个朝代也没有一个人，没法分类。只有晚清时候人才济济，可以按类区分记载，不必一一标明。其前后次序因乡里向来没有《年谱》而大都以生卒年为次序排列。辛亥年是非常特殊的一年，开始时人才众多，很难一一详细记载。至于近代以来的荣县革命英烈与仁人志士，将专列为一大门类，乡乘所载多数无从稽考，仅作参考。任职的人员及职务也是变化无常，所以就按照国史之例，阙而不录。

第二章 节烈孝义

节烈孝义之类，包括节称者、贞烈者、孝称者和义称者。节称、贞烈类，主要辑录荣县历史上有节操的女性。她们或早年丧夫，或中年丧子，或孤苦无依，面对命运之不公，勇敢地挑起家庭重担，侍奉公婆，教子成立，传家继业，甘愿默默付出。在面对歹人欺辱时，亦不乏忠贞不贰、誓死守节者。她们以其柔弱之躯，坚强地承担着家庭的重任，践行中华民族的家庭传统美德，体现了荣县女子的刚烈忠贞和敦朴情怀。孝称类所记不限男女，义称类则都是男性。中国历来倡导以孝治天下，忠孝是中华民族几千年来最永恒、最宝贵的精神品质。荣县男子始终恪守忠孝之道，尊师敬长，孝敬父母，勇于承担家庭、社会责任，不乏割股救亲、乐善好施、救死扶伤、见义勇为和为民请命者。正是这种以忠孝为核心的乡风民俗，凝聚形成了荣县人独特的精神追求与性格气质。总体而言，节烈孝义一类所收人物，多为一般民众，他们虽然平凡，但却是荣县人心中的道德标杆，流传百世的人生榜样。

第一节　节称者

一、汉

曹　禁　字敬姬，南安人，周纪之妻。曹禁十七岁嫁给周纪，十九岁时丈夫因病亡故，有遗腹子周元余。守丧期满除服，曹氏父母又将曹禁许配给了孙宾。他们欺骗曹禁说母亲生病，将她从周家接回。曹禁得知父母的真实意图之后，为了保全自己的名节，毫不犹豫地投水寻死。当人们赶到把她救上岸时，已经气息奄奄，经过一日一夜救治，才慢慢苏醒过来。曹禁的父母不得已只能将她送回夫家。后来，她投靠周纪的弟弟，独居守节，亲自教育训导儿子周元余成才，人称元余为学士。曹禁九十岁时才去世。

赞曰："敬姬沈渊，诚烈邈然。"

仪成妻谢姬　南安人。武阳人仪成不幸早逝。其妻谢氏以自己壮年却无子嗣，提前准备好了殡敛工具和毒药，等到丈夫棺椁入墓，毅然拊棺吞药而死。于是，谢氏与丈夫仪成一同下葬。县里上表到郡，郡又上言到州，州乃上报到朝廷。天子为其节义感叹，下诏说：每遇大赦之年，都要赐给她的家人帛四匹、蜀谷二石。

赞曰："谢姬引决，同穴齐定。"

王梦易妻向氏　赵熙引旧志记载：王梦易妻向夫人，丞相向敏中孙女，少师向传师之女，宋神宗皇后的姑母。她三十六岁时丈夫去世，从此守节孀居。当时两个儿子王庠、王序都还年少，向氏将王梦易的灵柩停而不葬，决心教导抚养二子长大成人，直到儿子有了出息才将丈夫下葬。

赵熙说：太后念及姑母，曾经想让王庠做官。王庠以自己才学不如弟弟、侄子和外甥为由推辞，还把田地平分给了前母兄和前母所生的姐姐。说前母，是因为向氏是王梦易的继妻；说庶兄，则王梦易先纳妾后娶妻。王梦易考中皇祐三年（1051）进士。大观四年（1110）时，王庠的母亲 60 岁，那么王梦易考中进士时，向氏才刚刚一周岁。《梦易墓表》记载说：王梦易于元祐元年（1086）八月十五日去世，王庠当时十六岁，王序当时十四岁。可知史书上说"王庠十三岁"是错误的。从皇祐二年（1050）推算，向氏二十岁时生下王庠，二十二岁时生下王序，元祐元年（1086）时寡居，时年三十六岁。

王梦易获赠官后下葬，下葬之后不久向氏也去世了。根据《王序墓表》详考，向氏卒于政和五年（1115），时年六十五岁。只是史书称"向氏是钦圣宪肃皇后的姑母"，而王梦易与王序的墓表里都说是"从祖姑"，这里颇多疑问。

考《宋史》，向敏中被封为燕王，向敏中之子向传亮被封为周王，向传亮之子向经被封为吴王，都是由于向经女儿被封为皇后的缘故，这也是推恩于向皇后家族的结果。由此可知，向皇后是向敏中的曾孙女。但《志》里说"向夫人是向敏中儿子向传师之女"，向敏中有五个儿子：向传正、向传式、向传亮、向传师、向传范。向传师是殿中丞，家族的世次比较明确。《墓表》里说的"从祖姑"，难道不是大误吗？然而凭王庠的贤能，他不应该盲目不加辨析，而把母亲的身份弄错。向氏实为向敏中的侄女，县志延续了史书的错误，拘泥于丞相的大名，于是牵强附会成向传师之女了。

到宋绍兴七年（1137），因为仆射名分不正，所以改为左右丞相。这在《职官志》和《虞允文传》中均有记载。北宋没有丞相，这更不是乡里的人们所能考察的了。

荣县县城以北三里的地方，王梦易建造归来亭，向夫人凿石为讲教洞。黄庭坚特意起了个好听的名字，叫作“地仙”。当地有谚语说：讲教洞，隔溪曰望儿山。此乡野村民们之谈，颇不文雅。然而向夫人三十年间苦守贞节，教养儿子成名，可是妇孺皆知，由来已久。向夫人是清誉德行的典型，也是女子的榜样。

宋纶练妻杨氏 丈夫宋纶练病故，杨氏侍奉公婆极为孝顺，辛苦教养五个儿子，后来他们都考中了进士。

民国《志》按：旧志“选举类”记载，宋纶练是淳熙间进士，他考中进士的详细年代已不可考。宋迈，淳熙五年（1178）姚颖榜进士。其余宋选、宋造、宋道、宋适是什么时候考中的进士，也无从考证。兄弟正好五个人，但不知道他们的母亲是否就是杨氏？

二、明

胡子昭妻黄氏 胡子昭谥“节愍”，死于建文靖节之难，黄氏也一同死难。罗廷唯在《胡子昭传》中记载胡子昭之妻是王氏，是错误的。

余智妻李氏 余智，举人。李氏，宜宾诸生李合宗之女。张献忠乱兵至荣县，李氏与丈夫一起被抓，不屈降而死。

第二节 贞烈者

在程朱礼教的束缚下，旧时不少妇女以身殉节。这类行为虽与今天的价值观念差异颇大，但作为历史事实，予以叙录。

朱 姑 她被许配给李应山，但还没正式婚嫁。乾隆三十六年（1771）因遭李金山强奸，不屈从，被戳伤而死。乾隆三十七年（1772），有司将她的事迹上报朝廷，被旌表，从祀节孝祠。

吴聘妻王余氏 儿子吴有龄妻王余氏 富顺诰封奉政大夫王余权之女嫁给吴聘，生下儿子吴有龄。吴有龄妻王余氏，又是王余权的孙女。咸丰十年（1860）正月五日，云南贼匪李短辫劫掠荣县，婆媳二人相携投水而死。荣县诸生吴迈专门作诗哀悼她们，有“劫到红羊天亦醉，石沉精卫海能填”句。

吴轰妻李氏 富顺副贡、南充教谕李长第的孙女，李济次女。咸丰十年（1860）云南贼匪之乱，正月五日，与姐姐富顺蔡增义妻李氏一同赴水而死。

方大亮妻张氏 张立庸之女。咸丰庚申（1860），云南贼匪劫掠荣县，张氏奉养八十岁孀居的婆婆，因痛骂盗贼而死。

税德寅妻王氏 云南贼匪劫掠荣县，王氏当时二十多岁，背着年幼之子跳入池塘溺水而亡。

李大喜妻邱氏 府知事衔邱荣芝之女。云南贼匪劫掠荣县，邱氏跳入池塘溺水而亡，其时邱氏才二十岁。荣县诸生刘德纲作诗悼念她，有“青莲家世毓名花，嫁得邱迟旭水涯”句。

明应科妻左氏　左福彩之女，为明应科生有三个儿子、两个女儿。后来丈夫明应科去世。云南贼匪李短辫劫掠荣县，儿子、女儿中年龄稍大的都逃走了，而年龄小之子十多岁、女儿六岁来不及逃避，跟在左氏身边。盗贼掳走了她的儿子，左氏想要营救却没能成功，于是自刎而亡，而那些逃走的子女都得到保全。同治六年（1867）左氏被朝廷旌表。

万氏妇伍氏婆媳　咸丰庚申（1860）夏，贼匪劫掠东川沟。伍氏婆媳背着孙子逃窜到山中，被贼匪发现，为贼所逼，婆媳一同赴水而亡。

谢发仁妻邹氏　邹氏二十七岁时，丈夫谢发仁病故，邹氏过继抚养从子谢昭义为后嗣。同治戊辰年（1868），因为盗贼抢掠，她冒着刀枪之险救婆婆，头臂数十处受伤，最后竟然死里逃生。

吴基智妻黄氏　丈夫吴基智病故，黄氏苦守节义。有人想让她改嫁，黄氏剪断头发向天发誓。等到媒人来了，黄氏害怕无法逃脱改嫁他人的命运，便自杀了。

吴继春妻李氏　李位兴之女。夫妇二人被云南贼匪抓住，捆绑在道旁的池塘畔。李氏乘盗贼看守松懈时，奋身跃水而亡。

董芝洪妻杨氏　杨国周之女。丈夫董芝洪去世，父母劝说她改嫁，杨氏不从。她的父母私底下为她订婚，婚事也已经定妥了。杨氏听闻之后自缢而亡，年仅二十六岁。同治十三年（1874）被朝廷旌表。

张正元妻杨氏　同治壬戌（1862），云南贼匪曹卯儿纠集众贼到张家，逼迫杨氏。杨氏誓死不屈从，骂不绝口，后为盗贼所杀。

崔江成妻范氏　咸丰辛酉（1861），云南贼匪围攻井研，崔江成跑到贼营投降，回来后将盗贼带到家里。范氏执大义不从丈夫投靠盗贼，崔江成用刀逼迫，范氏自缢而亡。

周显能妻曾氏　曾德润之女。咸丰十年（1860），云南贼匪劫掠荣县，曾氏被逼带着三个女儿跳水而亡。

李孟妻刘氏　刘亮之女。

陈均远妾李氏　李成梁之女。陈均远，赠太仆寺卿。吴迈《鸦烟曲·序》云：陈均远太仆的小妾，是湖北襄阳的李氏，十六岁时嫁给陈太仆。李氏聪敏，识字精算，掌管着家中的钥匙，钱财出纳十分谨慎。咸丰二三年间，广东贼匪两度攻陷武昌。陈太仆年老且重病，派遣儿子陈有铦扶家眷回祖籍，李氏于是便撤掉环佩、戒断荤酒，遥向峨眉山神祈祷，希望山神能保佑家主。咸丰四年（1854）冬，陈太仆守荆州，贼兵人数减少，太仆虽身患重疾，但依旧巡视点检军队，加强戒备。半年后，因为辛劳过度去世，讣告传到家中，李氏悲恸欲绝，想要殉夫，有人安慰她说道："客死他乡的陈太仆灵柩尚未运回，还可以再缓缓，不要就这么死去了。"李氏哭泣从命。继而在峨眉山还愿时又要跳崖殉夫，被身边婢女发觉，没能成功。咸丰六年（1856）夏，陈太仆的灵柩返乡，李氏躺在草席上，自行断绝水浆十多天，也没有把自己饿死，于是又寻觅鸦片烟，和酒自尽。婢女急忙夺走她手中的酒杯，但是已经全部喝下去了。李氏入室更衣，出来跪拜并死于陈太仆灵柩前。家人认为李氏忠烈，将她与陈太仆合葬。吴迈作歌表彰其事，有"杀人如草不见血，可怜毒杀仙李花"句。

张文藉妻罗氏　罗四开之女。

周书台妻刘氏　刘正春之女。

虞世恺妻邓氏　邓永泰之女。

钟临勋妻刘氏 刘成贵之女。

范联禄妻邹氏 邹朝荣之女。

范兴铨妻郑氏 郑为良之女。

虞宗义妻李氏 李世常之女。

黎朝臣妻李氏 李光海之女。

黎朝恺妻帅氏 帅国海之女。

徐仲春妻钱氏 钱文德之女。

李乾裕继妻罗氏 罗正典之女。李乾裕原本在城南作生意，家境颇为富裕。五十岁时妻子病亡，二人没有生下儿子，于是他又迎娶了成都罗氏为妻，当时的罗氏才十五岁。不久，因为李乾裕的弟弟不务正业，导致家产败落。戊寅（1878）春，李乾裕病重，罗氏向天发誓，请求代夫去死，但是到了十月份，李乾裕还是因病去世了。罗氏倾尽所有，将丈夫如礼安葬。有人听闻她的行为，想要求娶她。十一月十五日夜，罗氏自缢，年仅三十一岁。

范氏的儿媳徐氏 徐腾榜之女。徐氏自幼读书，识大义。云南贼匪劫掠荣县，徐氏躲避在天堂寺深林中，咬破手指上血书云："妇女生当乱世，与其苟活，不如完归。"于是解带自缢而亡。

刘炳廷妻彭氏 彭正学之女。婆婆李氏因为节孝受旌表。刘炳廷身患残疾，家境又贫苦，没几年也去世了。彭氏辛苦抚养侄子，孝顺奉养婆婆，想要守节。但是她的父母却希望她改嫁，彭氏誓死不从，于是父母谋划强迫她服从。他们为她找了新的婆家，彩礼和接亲的车都到了家门口，彭氏备好酒肉给婆婆。婆婆吃完后，彭氏入室恸哭，人们以为彭氏是不忍离开而悲伤痛哭，很久之后却没有了声音。人们打破窗户看时，彭氏已自缢而亡。

范兴全妻郑氏 郑氏二十七岁时遭逢李、蓝之乱，背着婴儿躲避到威远的南乡。步行途中遇到盗贼，为盗贼所逼迫，誓死不屈，投水塘而亡。

李氏的儿媳邱氏 邱荣枝之女，名三英。邱氏嫁到李家才一年就遭逢李、蓝之乱，她因为婆婆生病不忍离去，被盗贼劫掠。邱氏知道自己不能幸免，于是骗盗贼说愿意跟他们走，还表现出欢喜的神色。盗贼相信了她，没有多加防备。路过一个深塘时，邱氏突然从马上跃入水中，说：我死得值了。盗贼打捞未果，只好离开。第二天，人们看见邱氏端坐在水塘里，就像活着时一样，头发一丝不乱。围观的人们纷纷感叹这件异事。

刘汉泽妻徐氏 徐氏嫁给刘汉泽十余年，先是生下儿子刘友生。刘友生十二岁时，次子才一岁。刘汉泽家境贫困，外出给别人当佣工。族人刘正德，在民国 2 年（1913）闰二月初一的夜晚潜入徐氏房间，对她威逼利诱，意图强奸。徐氏大怒，高声呼喊，刘正德用头巾勒住她的嘴。徐氏以死相拒，形势十分危急。刘正德凶残异常，竟然用手撕破徐氏阴肠，肠子跟着流了出来。十二岁的刘友生听到母亲的嘶喊之声，被惊醒，直接冲上前咬住刘正德的手，后又大声呼救。邻里都赶来了，但是刘正德却逃跑了。徐氏喷血控诉刘正德的兽行，然后就死了。邻里抓捕刘正德并将其送到官府。官府依法将他斩首，还募集钱财抚恤徐氏之子。

简福贞 简朝仪之女。咸丰庚申（1860），云南贼匪窜扰其家，闭门自缢而死。

蒋辛英 蒋忠瑛之女。

刘四姑　刘祥麟之女。许配给了袁大凤。

龚　女　庠生龚朝桢之女。龚女被许配给了赵继侯。赵继侯十七岁时便去世了，她忠贞守节，过继抚养丈夫的侄子为后嗣，继承香火。龚女孝顺地奉养公婆，监督儿子读学习书。龚女善于种麻，勤于纺绩，七十岁时受到朝廷旌表。

廖　女　廖正玉之女。廖女很小就许配给了黎氏。廖女十五岁时尚未成婚，丈夫却病故了。廖女向父亲请求说："母亲失明了，需要人扶掖，女儿愿奉养母亲终身。"于是不再嫁人。八十五岁时被朝廷旌表。

李未姑　李国胜之女，年幼时与雷家订婚。

刘二姑　刘祥尧之女

李善姑　李国玢之女。

詹　女　增生詹崇之女。詹女年幼读书，晓大义。许配给张慎，还没有成婚，丈夫就病故了。当时詹女才二十一岁，听闻未婚夫的讣告悲恸痛哭，绝食三日。后跪下向父母禀明意愿，欲过门守贞。詹女在张家备尝艰辛，张家族人过继了张慎的侄儿给她以继承后嗣。詹女六十六岁时，儿子又死了。她与孀居的儿媳茕独相倚，直到去世。癸卯年（1843）被朝廷旌表。

降淑贞　监生降仕本之女。降淑贞读书识大义，许配给威远傅荣武。离出嫁还有几天，傅荣武却去世了。于是她便向父母请命奔丧，丧礼过后便不愿意返回父母家。父亲对她说：你的想法很好，但是我年老而且生病，你的兄弟们又多在外经商，你什么时候回来奉养我，以尽你女儿的孝道呢？等到降淑贞回到父母家，有人劝她的父亲将她嫁给别人。降淑贞剪断头发以明志，闭户诵经。她的夫家为之立祠。同治八年（1869），御史吴镇上奏请求旌表，于是在观音坡为她修建了牌坊。

周　女　周成章之女，许配给简叙义。尚未成婚，丈夫病故，于是周女过门守贞，过继抚养侄子承祧。没几年，丈夫的兄弟相继去世，家境极为窘迫，周女靠日夜纺绩的收入奉养公婆。因为连续数次丧葬，家中贫困，只得千方百计地找别人借贷，以保证祭葬如礼。

罗　女　富顺罗廷全之女。罗女被许配给林世伦，但是二人尚未成婚，林世伦即病故。罗女过门守贞，过继抚养侄子为后嗣，继承香火。

简　女　简朝麟之女。简女被许配给王泽昭，但是二人尚未成婚王泽昭即病故。简女过门守贞，过继抚养侄子为后嗣，继承香火。十年后，简女去世。

董玉清　董兴林之女。董玉清年幼读书，忠贞守孝不愿意嫁人。她精于女红。唐选皋任荣县县令，聘请她为女儿的师傅。晚年在虎洞修行。光绪中，赵熙为避暑偶然路过，敬佩她的斋心洁行，作诗称赞她说："白发人间玉样清，谶除仙业董双成。洞门虎迹花封处，秋色禅天一女贞。"

曹　女　曹女年幼时许配给徐家。十八岁时尚未成婚，未婚夫却不幸病故。曹女过门守贞，抱养儿子继承祧祀。

唐贞姑　唐世纲之女。唐贞姑守贞不嫁人。

邓乙秀　虽然家境贫困，但是依然守贞不嫁人。

沈　女　沈廷忠之女。年幼时就被许配给曹家。不料二人尚未成婚，未婚夫就去世了。沈女没有改嫁，过门守贞，抱养子继承祧祀。沈女在二十七岁时便去世了。

杨　女　庠生杨樾之女。杨女年幼读书，通《列女传》及《贞顺篇》《节义篇》，曾感叹说："身为女子，做不到这样，不配做人。"杨女年幼时被许配给刘世勋。刘世勋的父母很早去世，世勋被兄嫂虐待，后因激愤而死。杨女听闻噩耗，悲恸几绝。后杨女向父母请求，缟素奔丧。父母以其年少为难她。杨女说："男子有再娶之义，女子却无二嫁之文。假如要让我违背这个志愿，我只有一死。"于是便不再饮食。父母哀求她，将她送归刘氏。杨女礼防自持，即使是亲族都不能轻易看到她。后来杨女过继抚养侄子为后嗣，继承香火。杨女心地善良，凡是那些孤贫困乏、请求救济的人，她都尽力帮扶。里中依靠她救助吃饭的有好几家。君子说："有更生者，彤管炜之。"

程　女　父亲程志礼。程女十二岁时嫁给丈夫朱正元，没多久朱正元就去世了。二人尚未合卺，程女贞守终身。

刘本贞　刘本贞在四岁就断绝荤腥，如果家人强迫她吃，就会呕吐不止。年幼时就喜好读佛书。刘本贞十六岁时，父母去世，她便长年诵经，不愿嫁人。

黄瑞莲　黄文凤之女。母亲张氏没有生育儿子，黄瑞莲便矢志奉养母亲，不愿嫁人，后抚养堂兄弟黄学校继承宗祀。父母去世，丧葬尽礼。民国 8 年（1919），县令廖署其门云"贞孝之门"。

向　女　向阳春之女。向女年幼读书，知大义。许配给吴继德长子吴基崇，二人尚未成婚，吴基崇便不幸去世了。向女当时十七岁，听到丈夫的讣告，自己向父母禀明志向愿过门守贞。其后虽然在吴家辛苦备尝，并无怨悔，而且能得婆婆欢心。吴家堂叔吴敬舆替他抚养侄子，以承后嗣。

李淑馨　李仕勋之女。李淑馨八岁时其母亲就去世了，当时父亲和哥哥都在湖北经商，她自己在女校读书。她把女校当成自己的家，完成学业后又留在学校任教。人们问她对选择配偶有什么要求，她说："一定要是大学生。"自流井华英中学校长龚龙章请媒人与其约订婚期，约定大学毕业后结婚。不久，龚龙章进入大学学习，却因积劳成疾，回家修养。稍稍有所好转，又继续做教学工作，结果导致病情更加严重。李淑馨常常探视，喂汤喂药、端屎端尿的事情都亲自动手，没有忌讳。龚龙章去世后，又为他装敛，扶丧回家，拜谒婆婆，祭祀祖先，矢志守节，代替丈夫侍奉双亲。她打算收养子，有人向她发难，她指着天发誓说："山河可以改变，我的志向不会变。"于是身穿素服，将兄长龚龙光之子立为子嗣，继承香火。丈夫的祭祀丧葬都符合礼节。婆婆给她起名叫"淑馨"。乡里人对于龚龙章的殉学感到悲痛，在程家镇开会悼念他。李淑馨登台演讲，对人们的追悼表达谢意，并表明自己过门守节的志向到死也不会改嫁。她情词恳切，大家都很感动。于是她代替丈夫履行家庭责任，敬养婆婆，教导儿子。家里的事情都由她一人操持，过了一年就病了，一直没有痊愈，去世时才二十六岁，死后与龚龙章合葬。甲子（1924）十二月十五日。

胡全贞　守贞不嫁人。本人与其名可谓名实相符。

萧桂芝　守贞不嫁人。

廖必秀　廖正典之女。从不吃荤腥的东西，也不喝酒。

颜　女　颜女两岁时，父母俱亡。七岁时，颜家族人将她许配给邹锡龄。十五岁时，尚未成婚，恰逢李、蓝之乱，邹锡龄外出逃难，到了颜女三十岁时都杳无音信。颜女后来抚养族中人之子为邹锡龄立后嗣。家贫如洗，日夜以纺织谋生。清朝时被旌表。

熊桂莲　熊世明之女。五十年不吃荤。

廖富贞　廖必煜之女。守贞奉养母亲四十多年。

吴　女　吴成光之女。守贞不嫁人四十多年。

第三节　孝称者

一、宋

牟阿回　明按察佥事范纯在《诗叙》里记载：宋嘉泰四年（1204）七月二十九日，荣德县北箐口民女牟阿回，一个人在龟子山放牛。傍晚时，阿回的母亲来接她回家。不料，在二人回去的路上，一只猛虎突然跳出，将阿回的母亲叼跑了。阿回号哭着挥舞手里的放牛竹梢追赶猛虎。追上后，用竹梢使劲打了虎背四五下，猛虎立即放下了她的母亲，坐在了地上。阿回径直冲上前去扶住自己的母亲，这个时候母亲尚能说话。过了一会儿，阿回的父亲召集邻里众人赶到，这时猛虎已经跑了，但阿回母亲也不幸死去。当时阿回才十多岁。县里人将阿回追虎救母的事情禀告郡里，郡守朝奉某公旌赏了阿回。当时的荣县县令莫伯祥又将这个故事刻在石头上，用以劝世。范纯巡察辖区，到荣县读了这块石刻，特恭地写了这首诗。阿回的母亲姓王，父亲叫牟回老。诗中有“荣德有女身姓牟，媞媞作苦长牧牛”句。

民国《志》按：范纯，苏州人。当时嘉定州知州魏瀚在他所作诗后有《跋》。跋语的内容都是一般性记载，这里就不再过录了。今在武侯祠（旧址在荣县境内）的墙壁上嵌有一小块方石，用隶书写着“孝娥鞭虎救母之图”，这大概就是范纯所说的石刻吧，但是不知道是否就是莫伯祥所刻的那一块，抑或是其他人所刻。但是说到图，那应该就像武侯祠画像一样吧。我怀疑这个石刻已经不存于世已很久了。此事发生的嘉泰四年（1204），陆放翁年八十，居住在山阴，离开荣县已经 30 年了，可惜他没有写一首诗来彰显阿回的孝顺事迹。

赵熙说：南朝梁时宣城的宛陵县，有一个女子与母亲同床共寝。不料母亲被猛虎叼走，这个女儿号哭着挠抓猛虎，虎毛都被她抓落了。猛虎叼着母亲跑了数十里后，将母亲丢弃。女儿将母亲抱回家，但不久后母亲还是气绝身亡了。这个事情与阿回的事迹很相近。而宣城这个女子的事迹受到了当时太守萧琛的赞许，上表朝廷，禀明这件事，朝廷下诏旌表女子的家族与闾里。唐人姚思廉推举此事当列《孝行传》之首，阿回生在宋朝，但是她的事迹并没有得到朝廷的旌表，也没有记录在史书之中，这难道不是太守不学无术，史臣没有史才所导致的吗？

至于阿回到底是在哪里放牛，箐口或龟子山，各种传说在东川保内流传，没有准确的说法。过去赵熙曾有《题箐林》诗云：“当年北郭尽荒陬，不见阿回晚放牛。觅得箐林知箐口，惜无度尚表荣州。”后来他又见文同《丹渊集·题荣州王氏北溪》有云“石龟州北群峰起”，由此推知龟子山即今耸云山，箐口就是双溪口。唐薛能有诗云“出箐鸟巢孤”，并自注说：蜀人谓竹林叫“丛箐”，不称作“篁篠”。

二、明

张世恩 张世恩十岁时，母亲饶氏病重，他向上天祈祷，请求代替母亲生病，且割下自己的大腿肉救治母亲，最后母亲痊愈。生员杨易、郝宗等将他的事迹上报给县衙，御史黎某题其宅曰“张孝童之门”。母亲去世后，他在母亲的墓边守孝三年，在墓上竟然直接长出一棵大树，亭亭如盖，人们都认为是他的纯孝感动了天地。其子张维，考中嘉靖甲子（1564）举人。

丁孝孙 名字不详。丁孝孙十多岁时便割下自己的大腿肉治愈了祖母的疾病。知县毛秀申旌表其门。

程孝孙 本名程宗德。嘉靖三十七年（1558）七月初八日，祖母尧氏病重，程宗德割下自己的大腿肉救治祖母，祖母很快痊愈。有司旌表了他们家族。

王维屏 县庠生。天生淳朴厚重，祖父病重，各种医药都没有效果，于是王维屏割下自己的大腿肉来救治祖父，最终祖父痊愈。没过几年，他的父亲又病重，医生说是不治之症，王维屏又采用他救治祖父的方法救治父亲，不久父亲也痊愈了。县令申表他家曰“孝子顺孙”。甲申年（1644），贼匪盘踞县城。一天晚上，盗贼抓住那些士绅，将他们全部杀死，王维屏因为前一天出城背米而幸免于难。等到他回到家中，盗贼抓住他，没有杀他，反而将他释放了。后来王维屏死于饥荒，但在那动荡岁月里，最终可以全尸而死，也算得上是福报了。人们都说这是他孝顺的果报。王维屏并非幼童稚子，他的朴厚真挚也绝非沽名钓誉，而是完完全全地怀有一颗赤子之心。

胡金奴 胡金奴，节愍公胡子昭之女。胡节愍以身殉义，胡金奴被罚在掖廷充役。后来她在80岁时，以归乡安葬家人告老还乡，最终得到有司的同意。胡金奴归老东川故里。后来县人赵熙为她的墓题诗云：“故宫何处乡山在？炯炯东川一大星。合与娲皇分片石，特题风烈比银瓶。”

三、清

杨州英 县庠生。杨州英虽然家境贫苦，但是却能够孝顺地奉养双亲，艰苦养志。后登康熙庚午年（1690）举人。此后又被朝廷任命为广东昌化县令。到任不久，听闻父亲杨枢病重，于是竭力请求朝廷允准他归家为父亲养老送终。杨州英回到家中，侍奉父亲汤药。父亲去世，杨州英竭力营葬。因父亲去世，哀毁异常，形销见骨，不久也生病去世。人们将他与“王戎死孝”相提并论。

吴孔章 字绍庵，吴良璧之子。康熙癸酉年（1693）举人。吴孔章历官河南尉氏县及贵州龙里知县。后因父母去世丁艰，服阕，奉旨分发到河南补用。到河南不久，便告病归里，闭户自修。吴孔章为人孝友兼至，如果不是公事绝不入公门。乾隆癸酉（1753）冬天，奉礼部文慎重乡饮礼，知县黄大本举行乡饮酒礼，聘吴孔章充当大宾，举乡叹服。吴孔章为官清白自守，他的子孙继承他的廉洁之风，圭璧自持，孝友兼至。也像他一样，如果不是公事，不会去拜谒邑宰。吴孔章在老家居住二十八年，足迹罕至城市。他的文章与事业都堪称“三荣”之地的杰作，去世时八十六岁。

谢朝玉 性至孝。谢朝玉家境贫苦，但是奉养双亲至孝，备极甘旨。双亲去世，居丧期间朝夕哭泣，三年不入内寝。后来他被举荐明经，担任大竹县训导，因为年老辞归故里。

邹　珆　字石若，是与邹蒅同科的第二十六名举人，分发担任福建建宁府建阳知县。邹珆年少时母亲就去世了，当时邹珆与弟弟都还是幼童，但是却能尽哀慕。继母舒氏虽然生下了他们的小弟弟，但是她对待邹珆兄弟很好，刻意厚其衣食，超过自己的亲生儿子。邹珆一方面接受继母的爱护，另一方面则偷偷地将衣食分给自己的小弟。在冬天夜里读书，邹珆把自己的衣服拿给小弟维钧御寒，护惜备至。继母舒氏屡次偷看到这样的情景，越来越相信邹珆友爱至诚，暗自为自己的矫情而后悔，从此对家中的三兄弟一视同仁。人们都说这是被邹珆孝友所感，舒氏亦可以当作那些做继母的人的榜样。默默孝敬双亲，友爱兄弟，可以成为一乡榜样。乾隆元年（1736），邹珆被题名上奏从祀乡贤祠，同年又被题名上奏请求入祀忠孝祠。嘉庆十年（1805），朝廷批复："部咨讫。"

邹发魁　奉养双亲最为孝顺。乾隆二十四年（1759），邹发魁的母亲胡氏病重，感觉浑身疼痛，却没有什么办法救治。于是他在夜半时分焚香向天祷告，割下自己左大腿上的肉给母亲吃，母亲的病很快就痊愈了。后来父母去世，邹发魁哀痛异常。他有两个儿子：邹学富是庠生，邹学明是廪生。嘉庆十四年（1809）恭逢盛典，名列耆民。

黄钟秀　她六岁时，父亲就去世了，由祖父黄际达抚养成人。后来祖父生病，百药罔效，黄钟秀割下自己的大腿肉救治祖父，祖父痊愈。

何良书　生性极孝。祖母八十九岁时，得了重病，何良书拿刀剖腹刳肝让祖母服食。几天之后，祖母的病痊愈，竟然能够饮食如故。嘉庆十二年（1807），县令周宏濂称赞他"至诚感神"，旌表他的孝行。

张　典　字徽五，是丹崖例贡生。很小就成了孤儿，由二哥张巽抚养长大成人。张典事兄如父，即使是在盛夏严寒之时都侍立不倦。兄长去世后，所有事情都要征求嫂子的意见。对两个侄子张宾鹏、张宇鹏教养兼至。张宇鹏进入县庠学习，但是后来与张宾鹏都不幸相继去世。张典因为自己二哥没有后嗣而悲痛不已，于是将自己次子过继给二哥为嗣。在分家产时，特意多分给次子一些财产。张典说：他虽然是我之子，但是既然承继兄长香火，就该多分给他家产，厚待他，这是为了报答兄长养育之恩。张典的大哥很早就去世了，也没有后嗣，他又把自己的儿子张轩鹏过继给了大哥。张宾鹏、张宇鹏两个侄儿的妻子在丈夫去世后，都没有改嫁，苦苦守节，于是张典又把自己的孙子过继给她们。家族中侄子某去世，张典替他抚养遗孤。邻人李姓人家之子去世，他也抚恤李家的家人，使他们能够自立。

张典处事有干才。县里的重要事务，主事的人都会找他商量。嘉庆庚申（1800），达州白莲教之乱，知县龚巽在城外修建来安、东汇两寨，以为城内声援。城门严察出入，县府积极编保甲，练团勇，备器械，清仓库，为守御计，都是倚靠张典才办置稳妥的。

张典为人性情刚烈，疾恶如仇，见到有人做了悖理之事，就会对其谩骂或批驳。如果那个人能改正，那么就会与他和好如初。张典还学习医术，活人无数，有人给他金子表示感谢，被他拒绝。张典家有田数顷，招了很多佃户耕作，但是却从不索取很重的租税。那些佃户听闻他去世了，没有一个不流涕痛哭的。他生平喜读书，手抄至数百卷。张典尤其尊师道，有人说，张典聘请老师，每次吃饭时都会亲自侍奉以致其敬。有一天在喝酒间隙，老师随口说道：春日风和，嘉州的墨鱼出来了。张典问：别的地方有墨鱼吗？老师说：要新鲜的口味才佳，因为路途远所以很难保鲜。然后，老师又说到苏东坡在江边洗砚的故事，认为是东坡倾墨于江水中，鱼吃了墨水后才变成黑色的。结果第二天早晨，张典就把新鲜的墨鱼盛放在老师碗碟中了。原来，他是听了老师所讲的故事后，立刻遣人前往嘉州，用大瓮贮水草，抬着奔走了两百余里，昼夜兼程买回来的。这样的事可谓古今罕有。

张典之子张士鹏、张青鹏都是廪生。张丽鹏，庠生。出继子张儒鹏，例贡生。张轩鹏，道光乙未年（1835）举人，甲辰大挑分发湖北知县。诸孙中也有入郡庠的。族中子侄，凡是贫困不能诵读的，他都供给薪米以资助读书，所以才成就了这么多优秀人才。

张应鹏 字扶万，号玉山，乾隆丙午年（1786）举人。张应鹏侍奉孀居的母亲极为孝顺。他还独立抚养弟弟，对弟弟友爱备至，并且严格教育，弟弟最终长大成人，有了一番作为。张应鹏平时居家，则“恒砺廉隅”，磨炼自己的节操，而且以干谒公家事务为耻。为人疏财勇义，敦睦乡邻，教育学生，先行后文，士林十分仰慕他。接受过他指教者，都知道修养德品。张应鹏去世时，威远邹德瑛为之写有挽联，云：“勿嗤道学欠风流；若论文章真作者。”他的及门弟子丁光瓛也写有挽联，云：“公门无事慵投刺；处事多情为睦邻。”士林称赞他品行端方正直，其行为有足够值得学习的地方。

张元鹏 字春仁，庠生，张应鹏之弟。张元鹏四岁时父亲就去世了，他对母亲十分孝顺。兄长张应鹏过继给叔叔作后嗣。在兄长进京后，张元鹏独自照顾两家老人，侍奉叔母就像对待自己的生母一样。母亲身体病弱，他勤谨地奉养多年，认真地研究中医，最后精通医理。后来他用自己的医术救治了多人，从不索取报酬，还会馈赠买药的钱财。他有个侄子家道败落，谋求出售田产给他。张元鹏推辞说：我不能因为借钱给你就买你家的田产，如果真的这样做，怎么对得起我们的祖先呢？但情势所迫，难以推辞，他就说：我就雇佣你耕作这些田地吧，只要我在世就不会买你的田产。遇到有侵占他田地的人，也总是谦让，从不跟别人计较。富顺黄富图要远赴他乡任官，向张元鹏乞求借贷二百两银子，但他在官时俸禄薄，一时难以归还。黄富图想要售卖田产以偿还借款，张元鹏却对借款的事只字不提。张元鹏常常标举古人的嘉言懿行以教育后人。不惜花费重金聘请老师教育子侄，年八十多岁，还作文写字教育子孙。

欧登第 字金门，岁贡生。不苟言笑，即使是在盛夏季节也从不袒露身体。知县黄大本嘉赏他的品行和学养，聘请他主讲凤鸣书院，很多士子跟随他学习。有一些想要向公门告状打官司的，欧登第知道后都一一劝解。他的弟弟欧文整刚出生时没有母乳，欧登第就让其妻张氏给弟弟喂乳，而用稀粥喂养自己的女儿。等到弟弟长大，欧登第又将他教养成人。兄弟俩分家产时，他将所有债务承担下来，没有给弟弟留一点债务。去世时七十八岁。

欧文整 字以暇，岁贡生。欧文整教育子弟十分严格，从不计较报酬多少。亲族里有家境贫困匮乏的，一定会想办法给予周济与抚恤。晚年时曾对别人说：我是依靠兄长的教养才长大成人的，如果不能将我的侄儿教育好，我会十分愧对兄长的。病重之时，欧文整将侄子欧铨叫来，把自己积攒的金子给了他，并叮嘱他可以用其放款收利，以这些利息作为孩子的读书费用。去世时七十四岁。

欧　铨 字公衡，欧登第之子。侍奉双亲十分孝顺，无论饮食、衣服都会征询双亲的意见，想方设法满足他们的要求。他有两个兄长，一个迁居珙县，一个很早就去世了。两个兄长留下的孩子中，凡是孤弱的，他都为其谋划生路，并为之娶妻成家。他居丧期间，正好遇到荒年，但是葬祭的礼仪一点没有减少。欧铨自学医术，救治病人无论贫富都一视同仁。其子欧大容、欧大章外出跟随别的老师学习，虽然没有取得很高的成就，但是侍奉老师却极为虔诚恭敬。欧大容为副贡生，欧大章为廪生。

吴煌、吴焜　吴煌，字伯辉；吴焜，字含光。兄弟俩都是庠生。兄弟二人的友爱，可谓根于天性。平时出入，二人必定在一起。虽然各自养了一匹马，如果独行，连马儿都不会走。等到年纪大时，兄弟二人常常一同住在一起，睡在一张床上。妯娌之间有矛盾，他俩便选择一起躲避在寺庙里。家人没有办法，只得去寺庙里迎接他们回家。他们说：我们是手足至爱，怎么会因为妇人之间猜忌之言扰乱亲情呢？如果你们一定让我们回家，必须发誓互相友爱。家人都被他们兄弟二人的言行所感化，分家产时都互相谦让。吴煌儿子多，吴焜的庭院大，于是他们互相换了居所居住，两相安宁。嘉庆中，知县许源表彰他们一家“雍睦一堂”。当时，有官宦人家的叔侄因财争讼，知县许源邀请吴煌、吴焜兄弟到官署，让他们二人与这叔侄俩一同居住。争讼的叔侄二人被两兄弟的亲情感动得流泪，最终止讼。吴煌去世前，给吴焜交代了遗言，吴煌死后，兄弟二人还一同睡了一个晚上。吴焜哭着说：以后再也不能侍奉兄长寝眠了。

吴焜之子吴健元是贡生，奉养母亲极为孝顺。母亲生病，他便向上天祈祷，请求让他替代母亲的病痛，还割下自己的大腿肉救治母亲，后来母亲痊愈。人们称赞他们一家说“孝友萃于一门”。

廖世璠　号燕溪，增贡生。廖世璠幼年时候读书十分刻苦，父亲在他二十三岁时便去世了，而他从未因为家境贫困而荒废学业。廖世璠以课徒为生，教育子弟极为严格，勤俭持家。他的从兄某去世了，留下了两个幼小的孩子。后来他的大侄子也去世了，留下之子更小。廖世璠将他们一同抚养，并教他们读书写字。县里的公事，有很多都要依赖他协助办理，县里的官长都非常看重他。廖世璠聘请老师教育子侄，对老师忠敬有加。八十岁高龄去世。他有四个儿子：廖朝濬，监生；廖朝汇，廪生；廖朝淳，增生；廖朝澍，从九。

蓝春荣　字裕德，蓝应万的曾孙子。他从小便失去父亲，侍奉自己的母亲极为孝顺。家族中有因为田产而导致纷争的，蓝春荣就多方劝说，直到双方和解。遇到家境贫困又没有耕地的族人，便把自己家的田地给他们耕种，而不收取田租。蓝春荣喜好读书，尊师重道，并以读书起家。其子蓝甸川，庠生；蓝旭川，监生；孙子蓝玉章、蓝瑾章，都是举人；蓝灿章、蓝焕章、蓝茂章，都是庠生；蓝蔚章、曾孙蓝世琛，都是监生。

谈　讷　字敏功，例贡生。年少之时父亲就去世了，奉养母亲十分孝顺。家族中有失去田地的人，谈讷便会替他们赎回。他的外甥杨性敏家境贫困，他便资助其读书上学，最后外甥不负厚望成为优秀人才。乡邻里有因为贫困揭不开锅的人，他都会予以扶助；有因为贫困而不能娶媳妇的，也会尽力帮助。同时，他还广施药物给那些没钱看病的人们，修建渡口方便大家出行，良善行为在此不能一一列举。

杨　超　字抑之，号荣山，庠生。杨超性情至孝，侍奉继母就像对待亲生母亲一样，居丧能尽礼数。生平友爱兄弟，和睦相邻。七十多岁还好学不知疲倦，常举书籍里的故事劝导教育子孙。他持家节俭，但对于老师、朋友、子弟们的学习供给，即使费用再昂贵也从不吝惜。他称自己居住的地方叫“三树湾”，是取树德、树人、树木的含义。著有《悔过》《务本》《训后》《善守》诸篇论著。他的孙子杨厚基是府庠生。

胡锡昌　字卜年。性孝顺，嗜好读书。胡锡昌的祖母苦苦守节，他为祖母向有司请求旌表，修建牌坊。母亲生病，手足麻木无法行动，侍奉母亲衣不解带。父亲生病，也是昼夜守护。居丧期间则哀毁骨立。他有四个儿子，次子胡维翰以廪生的身份获聘教职。

夏元珠 字怀溥。身长七尺，声如洪钟。夏元珠幼年时家境贫困，差一点就饿死。他长大后以勤俭致富。母亲生病了，医药已经没有效果，夏元珠便割下自己的大腿肉，调成羹汤给母亲服食，母亲的病很快就痊愈了。他的侄子夏仕朝去世，侄媳罗氏守节在家，夏元珠替他过继别家之子为他立嗣。有个姓张的孩子，因父亲去世而家贫不堪，夏元珠便资助他经商。族人、邻居中有守寡而贫苦的，他便施与钱米。有人去世，因家贫不能治丧的，就为他买棺木下葬。他的侄子有迁居到其他县的，夏元珠还会代替他们整理墓地并且树碑。九十二岁时去世。

杜其进 他家并不富裕，只有田地十多亩，但是却喜欢提携亲戚。侄子杜洪良自小失去了父亲，孤苦无依，杜其进将其抚养成人。他的外姑母余戴氏年老多病，儿子余宗祥贫困不能奉养，他就把外姑母迎接到自己家里奉养，十余年如一日。等到他外姑母去世，杜其进又为她治丧营坟，经理周至。女婿王在鳌，家贫且多拖累，杜其进替代他偿还债务，让他来家中一起生活，并奉养了女婿的父母。外孙王宾，五岁时便资助他读书。临终叮嘱儿子杜洪聪，一定要体察自己的苦心。王宾后来考入县庠，杜洪聪为王宾娶妻成家，所花费用亦不菲，不久王家在他们帮助下也渐渐丰裕起来。

丁光仪 副榜生，丁光陛的弟弟。父亲丁暘阳久病不愈，他把左腿上的肉割下来让父亲吃，治好了父亲的病。

邹　良 廪生，邹学明的小儿子。母亲病重，邹良割下自己的大腿肉给母亲吃，母亲由是痊愈。邹良用香灰涂在割肉的地方，丝毫没有觉得痛苦难忍，后来伤口处的结痂脱落，割伤的痕迹慢慢变白。

黄心恬 字枣园。十五岁时，母亲生病，黄心恬便割下自己的大腿肉救治母亲，母亲很快痊愈。兄长亡故，他奉养长嫂就像奉养自己的母亲一样，抚养侄子就像抚养自己的儿子一样，教养备至。

龚德盛 字裕旃。说话做事一丝不苟，孝友性成。父母逝世后，二弟、三弟想要分家。当时四弟、五弟、六弟都还年幼。龚德盛潸然泪下说：我如果不能将弟弟们抚养成人，怎么有脸面去见地下的先人们呢？请求二弟三弟，希望等到更小的弟弟们有恒产后再行分家立业。弟弟将要营建新宅，龚德盛又把自己的旧宅让给弟弟暂时居住。

龚廷弼 龚德盛之子，例贡生。兄弟四人晚年才分家，龚廷弼依依不舍，默默掉泪。过了一天，他召聚家人，以敦睦至情感动了他们。这样他们兄弟四人又居住在一处，和谐生活了十多年，友爱始终如一。

胡万举 家境贫困，七岁时父亲去世，母亲左氏改嫁他人。胡万举靠着给别人贩卖货物积攒了财富，迎娶了妻子余氏。胡万举每每想到自己与母亲身处异地，不能团聚，就会潸然泣下。后来，他听说母亲迁居到西昌县金川桥，贫窘无所依靠，便仓促收拾行装迎接母亲回家，往返千余里，终于将母亲接了回来。胡万举夫妇孝养母亲三十余年，从未违逆过母亲心意。母亲八十三岁去世，治丧完全按照礼数。后来家境更加富裕，可以算得上是小康生活。胡万举夫妇二人都以高寿而终。

范曰相 字勉之。家境贫困，以训蒙教书为业。他教学的书塾离家有十多里地，因为母亲年老极喜甜食，所以他常常买冰橘等物揣在袖中带回家给母亲吃。范曰相担心白天一上完课就赶回家会影响学生们的学业，便一直待到学生们睡觉后才回家。天刚刚亮，他就又返回书塾，这时学生们都还没有起床。范曰相曾向天祷告，盼望母亲长寿。母亲八十多岁去世，他哀毁痛哭，八天水米不食。母亲去世的第二年，他也去世了。

刘汉鳌　他出生才满月不久，父亲就去世了，由他的母亲独立抚养长大。刘汉鳌读书数年，为奉养母亲留守在家。他善于经营，数十年后成了巨富。按照惯例，他给自己捐了一个千总衔。后来，又为母亲请求旌表，修建牌坊。又独力修建宗祠，制定章程，以希望能垂久远。刘汉鳌在五根树募捐修筑渡口，在宜宾苦竹坝修筑石桥。遇到因贫困无法安葬的人家，会给他们购买棺木。他因这些善举所花费的钱财总计万缗以上。

刘子鸿　八岁时父亲去世。刘子鸿常常坐在父亲坟边哭泣。他有个同母异父的兄长，常想着加害刘子鸿，幸亏嫂子偷偷地庇护他。等到他长大成人，便与兄长分了家。不久，兄长家道败落，刘子鸿不时地给兄长钱财。兄长去世，他主持安葬，礼数也很周全。他还收养了兄长的遗孤，为他娶妻成家，给他钱财谋生。刘子鸿修建了古凼桥，补修了长山桥，两项工程所需费用、竹木等材料，都是他一个人独立承担的。

蔡相逵　幼年父亲去世，十分孝顺母亲。在他五十七岁时，母亲去世，他痛哭不已，就像孩童一样。分家产时，家里的田地、财物都听任兄长们拿取。弟弟很早去世，蔡相逵抚养侄子就抚养自己亲生的孩子一样。对于亲戚和邻居，他给予的施惠也很多。

丁联卿　从九品。行为节制，不苟言笑，慈爱而乐善好施。丁联卿很小时父亲就失明了，他服侍父亲衣不解带，不离左右。母亲余氏去世时九十五岁。丁联卿七十三岁时去世。

漆富长　家里穷，靠在场市上打工赚钱。粗识文墨，却重视德行，做事比别人更有毅力，更有耐心。孝敬父亲，尊敬兄长，一如既往。父母病了，他在床前服侍汤药；父母去世，就在墓旁搭棚子守孝。情真意切，没有丝毫勉强矫饰的样子，即使是读书人也没有比他做得好多少。四川都督刘某表彰他“纯孝格天”。

詹长卿　字子昭，从九品。詹长卿的原配妻子罗氏，三十岁时手足开始麻木，不能正常行动。但詹长卿毫无怨言，对她悉心照料。他的父亲想要给他纳妾，始终不听。邻居有一个遗孤，族兄欺负他弱小无助，因得到詹长卿的保护才得以平安长大。每到除夕之日，他就会准备钱米救济贫困之人。詹长卿还很重视教育，聘请老师教育子弟，不吝钱财。族侄詹崇立以教育严格闻名，于是他便命自己的儿子詹谦跟着他学习。后来，詹谦十六岁就进了县学。

赵代仪　号凤喈，监生。平时孝顺长辈，与人交往则注重诚信。他曾经专门准备了一本日记来记录每一天的功过。称自己的书室为“自省斋”。赵代仪在提携抚恤家中亲戚方面，从不吝啬。

吴元祥　字存恕，监生。十分孝顺父母，好学明理。吴元祥年幼时考学，屡次名落孙山，后改习医学，救人无数。父母去世后，为了给父母找安葬之所，年近七十不惮远行，亲自到峨眉山请地师相地。他极为尊师重道，注重后世子弟的教育，子孙很多都成为士人。

曹象濬　号东亭。家境贫困，幼年时父亲即去世，四个弱小的弟弟都是由曹象濬和其妻刘氏抚养长大的。曹象濬性格刚直不阿，善于谋生。他将自己经营的产业和四个弟弟平分，这样兄弟五个都过上了小康生活。四个弟弟中，小弟弟受曹象濬夫妇的恩育最笃，但是其后忽然开始觊觎长兄及二哥的房产。从道义的角度，两位哥哥同意让他三分，但他不同意；平均分配，仍不同意。后来小弟弟将二位兄长告上官府，结果自己反而被官府处罚。曹象濬为兄弟阋墙而悲伤不已，他极力同兄弟们和睦相处，最后终于感化了小弟弟，使他为自己的行为深感愧疚。曹象濬有两个儿子：长子曹极，恩贡生；次子曹抡，武庠生。

曹忠亮 庠生。母亲郝氏，为人良善，长期奉养公婆，无半点怨言。婆婆生病，郝氏割下自己的大腿肉救治婆婆，最终婆婆痊愈。婆婆去世后，郝氏恸哭泣血。郝氏生病，曹忠亮也割下自己的大腿肉给母亲进食，并刺血作书，向上天祈祷，请求减损自己的寿命以延长母亲的生命。曹忠亮妻子黄氏知书达理，开办女塾数十年，也曾三次割下自己的大腿肉救治公婆。曹家以“一门三孝友”被旌表。

杨光宗 年少时父亲就去世了，家境一贫如洗。兄长杨光元，为人旷达，不喜欢从事生产。杨光宗以给别人当佣工起家。为让母亲高兴，常常将兄长迎接到自己家中一同生活。母亲去世后，兄长曾外出不归，杨光宗便替他置办家业，并且为他过继抚养了族中的一个孩子作为后嗣。兄长杨常远感悟，返回故乡后，得益于杨光宗为他置办的家业，最终并未受到任何苦难，反以温饱终其身。

黄仕朝 妻子是傅乾沅之女。夫妇二人奉养继母极为孝顺。婚后六年，妻子傅氏病故。当时黄仕朝才23岁，从此鳏居不再娶妻，独自抚养儿子黄民上、黄民有，提携背负，历尽艰辛。

张廷良 字存仁，监生，以行医成家立业。张廷良在与弟弟分家产时谦让友爱。后来弟弟家越来越贫困，侄子又年幼，他便让弟弟搬来一同生活。弟弟去世后，张廷良厚葬了弟弟。他还有其他义举，不胜枚举。

云南贼匪攻袭荣县，张廷良不幸被俘虏，当时他已经七十岁了。其子张锡三拿了300两银子，与佣工张白胡一起外出寻找，为的是把张廷良赎回来。寻找了七天，也没有找到。张锡三以为父亲已经遇难了，便发誓要把父亲的遗骸找到，归葬于乡。凡是贼寇所经过和有杀戮的地方，他都一一寻访，后来得知父亲还活着，只是被贼匪转移到了富顺黄镇铺。张锡三偷偷在水沟里潜藏了三天，颗粒未食，泪尽血出。他哭着派遣张白胡，让张白胡以割草工的身份混到贼匪的大营里探听消息。贼匪拔营离开，张廷良因为年老疲惫落在贼匪队伍的后面。当时，黄镇铺市头有暗中呼应的人，告知张廷良儿子来营救他了，而贼匪闹哄哄地也没有发觉。于是张廷良故意走得很慢。张锡三等待贼匪全部离开，赶忙向前，背着父亲跑了两三百里才回到家中。张廷良八十七岁才去世。庶常廖朝翼为此作诗，有“自古善人天必相，炉中百炼出金钢”句。曹俊亮亦有“年过八旬天与福，谁知虎口去寻亲”句。曾省三亦有“厚恤里邻和戚属，晨昏待爨许多人”句。

吴语秩 号云庵。奉养孀居的母亲极为孝顺，他对自己的品行有着很高的期许。弟弟吴语纯，是遗腹子，生来就得了一种奇怪的病。吴语秩将弟弟带回家中，同吃同睡，尽心照料，服侍汤药十年之久，从未懈怠。等到弟弟长大成人，又为他娶妻成家，以获取母亲的欢心。兄弟分家后，他替弟弟谋划生计，弟弟家变得十分富裕，而他自己生活水平还未达中等。吴语秩训诫子侄刚正无阿，诚如严父。但是他对待那些有知识的贤才之士，却并不吝啬钱财。同里的孙生、罗生都是受到他的资助，才得以进入县庠学习的。吴语秩生平保全名节、孝顺母亲之事特别多。吴语秩并不富足，家产还不及一般家庭。有个邻居售卖自己的田产，暗地里从中摘卖了价值数百两银子的土地，打算用偷偷摘卖的土地从吴语秩手里赎回自己的欠条。这位邻居对他说：你本来就不熟悉我们两家田产的界址，我的田地正好与你家相接壤，就用交界处的这块田地抵偿我欠你的钱款。吴语秩义正词严地拒绝了他的这一要求。卖田产的邻居很生气，就没有偿还欠款，吴语秩也没有跟他计较。吴语秩平生好读书，对聘请的老师十分诚敬，数年来从未在老师休息之前就寝。进士曾省三曾经替他撰写传记。原配妻子李氏，两次割下自己的大腿肉救治婆婆，受到旌表。儿子吴江春，廪生；吴江璜，监生；吴江泰，庠生。

吴发南　字超凡，是一位学问深、修养高的名儒。吴发南孝养双亲源自天性，凡是课徒所得的钱财和肉食，从不自己一个人独自享用。双亲去世后，丧葬完全依据礼制，褆躬端谨。吴发南一生所行，皆以朱子《小学》为标准，因为孝顺而受旌表。儿子吴会，举人。

罗仲春　罗开芹之子。父亲去世时，罗仲春才出生三个月。他长大以后对母亲十分孝顺，与异母弟兄三人友恭甚笃，人们都不知道他们兄弟并非一母所生。母亲因生病而失明，罗仲春为母亲舔舐失明的眼睛，三天之后，母亲竟然复明。

但抡元　字龙山，同治间举人。他奉养母亲至孝。云南贼匪祸乱，但抡元在仁寿向家岩救活难民千余人。

朱宗旦　家境贫困，以训蒙为业。父亲身患痼疾，朱宗旦亲自煎煮汤药，不遗余力。母亲八十多岁，体弱多病，朱宗旦就辞去书塾之职，回家悉心照料母亲，五年不入自己的寝室。

谢大谦　字荣山，庠生。父亲去世后，谢大谦奉养母亲极为孝顺。后来他的弟弟也不幸去世，他亲自抚养侄子，非常慈爱。为人正直，判断是非曲直，刚正不阿，在书塾授徒数十年，是乡里人的楷模。谢大谦晚年沉浸于书史研究，惟恐自己无法体会书中深义。

邹秉桂　字月廷，庠生。邹秉桂居住在濑河坝附近，笃信因果报应。奉养双亲极其孝顺，兄弟友爱恭谨，尊师信友，邻里和睦。他还抚恤贫乏之人，对于诵经宣讲等事也乐在其中。他的品德可以称得上是众人学习的榜样。同时他还学习拳击之术，声名远播。为人和蔼，有仁人之气，空暇时便弹琴养性，怡然自得。

李天和　家境富裕，乐善好施，独力修建了李家桥。李天和聘请老师教育自己的儿子，对老师极为尊敬。他的次子李元阳，以孝行著称。有两个女儿，长女嫁给刘月和为妻，次女是但万年的母亲。这两个女儿皆以守节孝顺而受到旌表。三儿子李元图、五儿子李元宦都是九十多岁才去世。人们称赞他们家“一门盛德”。

李元阳　字竹田，庠生，李天和次子。天性至孝，为父亲驾马，常搀扶其上下马。每到夜晚，一定先侍奉父母入寝安歇，之后才回到自己的卧室休息。李家一直以来都富饶丰裕，之所以能够做到让双亲高兴欢喜，自然不只是供养父母衣食这样的事情。父亲卧病在床，李元阳衣不解带地照顾了好几个月，宗族乡党都称赞他是孝子。

李之桢　字玉亭，增生，李元美次子，庠生李文桢的异母弟弟。李之桢奉养父母十分孝顺勤谨，全宗族都没有任何闲言。光绪元年（1875）被旌表为孝子，四川布政使题曰“孝德之门”。李之桢生性嗜学，家境贫困，便在乡间以教授为生，教育子弟循循善诱。次子李䄂也在县庠读书。他生平言行不苟，笃信《阴骘文》诸书，地方上的很多公共事务、良善义举，多数都是经过他的倡导而得以实现。同治十三年（1874）被朝廷旌表。七十六岁去世，乡人至今都在称颂他。

李正彝　年幼时父亲去世，奉养母亲至孝。李正彝的兄长李正达阵亡，他替兄长教养侄子李世荣，就像教养自己的亲生儿子一样。弟弟李正奇很早去世，弟媳黄氏保全自己的名节，没有改嫁。

李正鹤　字松亭。年幼时母亲去世，奉养继母孝顺勤谨。父母去世后，李正鹤对异母弟弟十分友爱。当时小弟弟出生仅百日，李正鹤对弟弟调护周详，就像慈母一般，一直抚养教育，直到他长大成人，有所成就。

李启祥 李文开次子。因为家境贫困而没有继续读书，于是便依靠耕种田地供养父母。母亲去世，李启祥哀毁骨立，好多天都水浆不进。父亲宽慰他，说：我还在奉养你的祖母呢，你怎么可以因为母亲去世就哀毁而死呢？李启祥这才开始饮粥。没过多久，父亲又病重，他想尽办法救治父亲，但用了上百个方子都没有效果，最后他割下自己的大腿肉和药给父亲吃，父亲的病竟然痊愈，又过了一年才去世。李启祥奉养祖母吴氏，吴氏年至八十多岁才离世。

李万洪 李林凤次子。李家最初家境贫困，靠挑担子、背东西、当小商贩谋生，后来依靠努力耕种而致富。李万洪生性耿直寡言，奉养父母，于饮食衣服都尽最大心力，忘记了自己家还处于贫困状态。母亲体弱多病，李万洪曾焚香向上天祈祷，请求母亲可以长寿。他的母亲九十四岁时，李洪年也六十六岁了，但他仍旧像儿童一样在母亲面前尽孝，孝养母亲。

黄承瑛 字玉如，孝敬父母，能忍让，不说长道短。儿子黄书，是举人。

邓恒章 极为孝顺地奉养母亲。盗贼到他家里时，他正准备带着母亲逃难，盗贼胁迫他投降，他坚决不从，被乱刀砍死。

余腾榜 贼匪侵掠桐麻寺，当时，他父亲已九十三岁了。盗贼打算劫持余腾榜离开，他以父亲年老衰弱苦苦哀求，盗贼被感动，得以幸免。后来贼匪又来抢掠，想要焚烧他家住宅，他再次以父老衰弱无所居处，恳切哀求，又幸得免。后余腾榜八十四岁时无疾而终。

吴长泰 奉养母亲至孝，能博得母亲欢心。母亲去世后眼睛没有合上，他在兄弟姐妹之间哭泣周旋，终于使母亲闭上了眼睛。弟弟离家北上，吴长泰为他筹措钱财，而自己则担负所有的债务，没有任何怨言。他为人和善，与乡邻没有任何纠纷。吴长泰七十四岁时去世。

黄世贵 号文林，在成都开设书肆刻书。黄世贵年幼时前去学习雕刻技艺，他的同学们大多都在学习期间嬉戏游玩，而将课业都委托给他，黄世贵全部承担下来，于是刻书技艺进步神速。遇上乡试，发放的考卷需要万余纸，印刷快到一半时，主考官发现考题中有错误，将借此上奏弹劾同考官等人。自监临以下诸人，都惶恐不已。黄世贵悄悄地将错误改正，只花了半夜的功夫就把这件事做好了，弥补了刻错考题的失误。同考官某认为他是个有用之才，赴任荣县县令时将他一同带去。这个官员对他以礼相待，奉为上宾。县里有一些人苦于狱讼，希望通过贿赂官员免于打官司。县令将受贿所得的钱财分给黄世贵，告诉他说：这不是坏良心的钱财，而是为人申冤所得的酬劳。过了一夜，他就把钱财还给了那些打官司的人，并跟他们说：你们本来是有理的，但是却无端贿赂官员，反而让自己理亏，我怎么能接受这样的钱财呢？那些打官司的人坚持不肯收回钱财，黄世贵坚决返还，县令更加敬重他的为人。

黄世贵的母亲喜欢喝浓茶，他便随身携带一个茶壶，凡是头道茶汤，他一定会倒进茶壶里，回家后奉给母亲。母亲在世之时，黄世贵从未喝过头道茶。他的兄长年老无子，他便将自己的儿子过继给兄长为后嗣。饮食上则为兄长亲调匕箸，起居上亲自搀扶照料。兄长在世之时，日常起居侍奉都是亲力亲为，从未借助婢女之手。其子黄茂是举人，黄芝是优贡，黄英是举人，黄芸是廪生。黄世贵一生肃然穆然，终日没有疾言，也没有骄色。光绪十七年（1891）寿终。

李春晖 字晓亭，附学生。居住在北山中。其文清夷，人如其文。李春晖嗜书，就像喝酒之人嗜酒一样。他在读书时，除了睡觉和吃饭之外，常发出喁喁之声，就像梵僧持咒一般。终身没有说过怨恨之语。其女得了痨病，女婿狂暴，将她绑在树上准备用箭射死她，箭还没有射出，女儿便气绝身亡。邻人都对他女儿丈夫的狂暴行为愤慨不已，请求李春晖向官府告发他。李春晖说：凡是生养女儿的人家，多数都会将女儿溺死，但我没有把女儿溺死，我有什么罪责呢。她的丈夫这样丧尽天良，将会死得很惨，上天自然会惩罚他的，哪里用得着我去做什么呢？听到他这么说，人都觉得他十分迂腐。不料她女儿的丈夫后来果然得了怪病，将要死时发出像牛一样哞哞的叫声，乡里人都聚集起来围观，他的叫声越来越大声凄厉，有人拍手称快说，上天果真惩罚他了，李春晖果真没有虚言。李春晖十分淡然，总认为天下并没有什么不平之事，人们始终认为他很迂腐。

李　珍　字楠廷，廪生。兄长去世后，以授徒为生，保全名节，抚养兄长的遗孤。居丧期间不作道场。精通医术，为人和蔼质实。

邹硕辅　字荩臣。邹秉桂之子，也是庠生。邹硕辅和他父亲一样乐善好施，只是没他父亲那么和蔼。邹硕辅体格壮硕而能立横橙之上，即使将他团团围住也无法刺中他。他曾路经一棵梧桐树，用手臂击打树干，梧桐树果实便像雨一样纷纷落下。邹硕辅善写小真书，娟秀如松雪，亦善于抚琴。

吴镇川　祖母余氏得了风痹之症，汤药饮食，吴镇川都一一亲自伺候，直到祖母去世。父亲年老多病，他侍寝时极为勤谨。父亲去世了，他常常怀有许国世子一样的悲痛，于是侍奉母亲更加兢兢业业，小心谨慎，生怕有一点闪失。师事兄长吴济川，吃饭时一定会陪坐于旁，睡觉时一定会卧于旁，兄长生病，汤药也一定要自己亲自调配煎煮。兄长去世一百天内，不喝酒吃肉，不理发；一年内，不穿帛，不参加任何庆贺或者凭吊活动。吴镇川听说嫂子生病了，不辞百里之远，亲自到她家为她煎煮汤药，足可见他孝敬嫂子的诚心。兄长吴永端之子贫弱，吴镇川替兄长抚养孙子；孙子不幸夭折，吴振川又出钱替兄长过继后嗣。他说：有弟弟在，怎么能让去世的兄长没有后嗣祭祀香火，在地下挨饿呢？

举人李栖霞是他的授业恩师。吴镇川自以为自己没有报答老师的恩德，在李栖霞的小妾去世时，于大暑天将李栖霞及其小妾合葬。当时吴镇川已经七十三岁了。吴镇川设教三十多年，终日危坐，白天不睡觉，大热天也从不袒露身体。虽然家中生活还不到中等人家水平，但遇到贫困的人都会给予资助。如果自己财力不足，他还会向别人凑钱资助。吴镇川兼习医药及堪舆之术，向贫穷的人施以医药，替安葬亲人的人相看墓地。光绪中，被举荐为孝廉方正。有人说他应该拜谒官家并送一些礼物，吴镇川说：我是被推举的孝廉方正，孝廉是可以用财物来获取的吗？听闻天子之丧，他蓬头垢面一百多天。宣统逊位，吴镇川哀泣一个多月。他就是礼书中所称的“乡先生殁而可祭于社”者。

钟正朝　生性孝友谦让。兄弟们分家产时，钟正朝甘愿少分万余金，田地也是选取贫瘠的。其子钟英承继父亲的品行志愿，尤其是对公共事务特别积极。钟英议倡修建了永定、乐善二桥，还培修了桥头铺文庙，兴建粮仓储存粮食。从未做任何不好的事情引别人非议。钟英之子钟采章是廪生。

吴鹤龄　字鸣皋。曾经救济别人于危难之际，每次看到贫苦的人，就像自己身处于贫困一样，竭尽全力给予他人帮助。他乐善好施的美名日益远扬。

方文发　侍奉双亲十分孝顺，而且从未做过有违道义的事情。咸丰间受朝廷旌表，王姓教谕以“顺德永年”称赞他。

李国璜　李家场人，荣县儒学生。父亲去世后，李国璜与兄长轮流奉养失明的母亲。在此之前，一直都是李国璜独自奉养父母的。李国璜依靠挑石炭来换取米粮供养母亲，夫妇二人却以菜羹为食。母亲听到他们吃饭的声音，问：你们吃的是什么呢？他们答道说：我们吃的是米饭。母亲伸出手到处摸索，想要弄清楚他们的饭碗里到底是什么。李国璜急忙把粥盛到碗里，牵着母亲的手去触摸，母亲才稍稍放心。

李国璜妻赵氏在快要轮到婆婆到自己家吃饭时，都会先割草去邻居家换酱酢腌菜，或者买豆腐奉养婆婆。她说：母亲没有牙齿，家里贫困没有肉吃，除了这些酱酢腌菜、豆腐，还能用什么做菜呢？有时候亲近的邻居有宴席，赵氏便背着婆婆去赴宴。她扶着婆婆坐在那里，自己站在婆婆旁边，侍候婆婆喝酒吃菜。婆婆如果不去赴宴，赵氏就会把肉带回家给婆婆吃。有人非议嘲笑她，她只是笑着流泪罢了。

李国璜外出，一定会买糕饼、新鲜蔬菜回家奉养母亲，还常常絮絮叨叨地与母亲谈论时事，博取母亲的欢心。回家稍稍晚了一点，就会自责说：你忘记母亲还在盼望你回家吗。母亲去世后，李国璜亲自担土成坟，祭奠母亲如同她在世时一样。常常悲痛自己没办法救济兄长，曾经有族中某人在路上遇到李国璜，想要帮助他，问他近来家里有粮食吗？李国璜放下担子对他说道：我家还可以，只是我的兄长家里着实贫困不堪啊。

云南贼匪袭来，乡亲们都躲进了五福寨。李国璜掩面痛泣，说：我们父子是得到了保护，我的兄长和嫂嫂怎么办呢？牛峰寨人听说了这件事，一并招呼他的兄长同上五福寨，还筹集了三十余贯钱给李国璜。李国璜又哭着说：我今大的富足，全靠诸位恩公的馈赠啊！只可惜我的父母已经不在人世了，我无法好好孝顺他们了。县令上报请求对他旌表，并为他在李家场东柏树坳修建牌坊，同时在上面附刻同里贞节之妇二十多人，有诗歌传世。

张星良 母亲早年去世，家境贫困。张星良跟随父亲往来于大象岭中，以采挖竹笋维持生计。有一天，父子二人在榛莽之间行走，突然发现一只猛虎正横卧在路中间，吓得他父亲直打哆嗦。张星良赶紧将父亲扶到丛林中藏起来，自己挡在父亲前面。他想，如果猛虎要咬人的话，自己可以替父亲挡住猛虎的攻击。不久，猛虎竟然起身自己离去。张星良于是呼唤父亲出来，告诉父亲猛虎已经离去，并且一直安慰父亲。父亲不无感伤地说：你是因为保护我的缘故，才故意把自己委身于猛虎之前啊。后来，张星良在刘家场开设面店，勤劳节约，最终变得很富裕，但他的父亲却去世了。父亲去世，张星良悲痛不已。他奉养伯父就像对待自己的父亲一样。他将伯父迎接到自己家中照顾起居，并为他养老送终。其实，伯父在张星良年幼时，对他并不是特别好，他却不计前嫌，长期奉养伯父。像他这样做，即使对君子来说都是十分困难的。张星良平时沉默寡言，但言出必信，终生没有做过一件有悖道义的事情。他常常因为自己只读过七个月书、识字少而深感遗憾，因此对读书人极为尊重，尤为礼敬师儒。张星良在七十四岁时去世。

赵玉光 光绪乙未（1895），赵熙作《赵孝子传》，人们才知道赵孝子就是赵玉光。赵熙在《传》中云，赵孝子的母亲去世后殡葬在山丘，赵孝子说：自从母亲去世后，我就再也不能见到她了，而只能朝夕看到母亲的棺木。但是如果将母亲葬在山丘，我连母亲的棺木都不能见到了，我只想在母亲去世安葬之后，还能朝夕与母亲的棺木相见。于是，他就在安葬母亲的山丘旁盖了草庐。早晨去那里，就会祝祷说：娘啊，今天儿子要去某个地方，要去做某件事，儿子走了啊。傍晚回来，又会来到母亲坟墓前，祝祷说：娘啊，儿子今天做了某件事，见了某个人，儿子回来啦。有时遇到风雨天气，就会问：娘，您冷吗？需要衣服吗？是否安稳呢？如果遇到高兴的事情，一定会开心地将它一一告知母亲，即使是十分琐碎的小事情也会悉数告知；假如遇到不高兴的事，则用其他的事来替代。祝祷完后，他才睡觉。赵孝子一共在山丘庐墓三年，之后便去世了。

孝子居住在城西三里一个叫望江坳的地方，他们家族世代行医，但是孝子却以耕种为生，可见他的孝行并非受教于书本，而是其天性使然。今取他的孝行汇而纪之。

吴超凡　侍奉双亲有至亲之性，训蒙学生以朱子《小学》为养正之本。儿子吴曾考中咸丰五年（1855）举人。

张廷瑞　张立炳养子。张廷瑞家庭贫困，依靠编织竹篾维持生计，奉养双亲及两位伯父。张廷瑞外出做工，每隔几日便会回到家里看望老人，遇到做工的地方离家太远就推辞不去。张廷瑞说：能时时亲近亲人，就是我的幸运。张廷瑞曾在父亲八十多岁时焚香写疏文为父亲祈祷延寿。久而久之，张家过上了小康生活。

周怀亮　周文琳之子。品行性格端正，不计较个人得失。母亲生病，周怀亮必定亲自侍奉汤药，十多年都没有倦怠。当时周怀亮的父亲也已经衰老，每餐饮食，他必定购买美味食物供养父亲。在服丧期间，周怀亮哀痛不已，悲痛得几乎难以为继，祭奠时悲痛哭泣，久久都不能停止。

杨元郁　杨国伦小妾所生之子。他刚刚十岁便失去了生母。杨国伦正妻方氏得了痿痹症，杨元郁将家里的生计交给同胞弟弟打理，自己以一人之力侍奉嫡母，凡嫡母日常起居事宜都由他亲力亲为。十多年来，嫡母说自己没有受过苦。在为嫡母服丧期间，杨元郁哀痛不已，骨瘦如柴，并依照官定的礼数操办祭祀葬礼。杨元郁立身方正，常常在功过格上登记自己的不足以自勉自省。二十七岁去世。

刘国镇　刘应黉之子。六岁丧母。继母生有一个儿子、两个女儿，刘国镇均屈身抚养，靠耕种田地为业，没有丝毫抱怨。父亲喝醉后跌进池塘，刘国镇跳入池塘营救父亲，最终与父亲一起溺亡，人们将这个池塘命名为孝子塘。

胡华西　殉难死去的监生胡安善之子。胡华西幼时读书，识得大义。咸丰庚申年（1860）五月二十八日，逆贼李氏流窜，过境荣县，胡华西在烟墩崖抗击逆贼。逆贼蜂拥而至，胡华西拼命营救父亲，亲手杀死多名盗贼，但因寡不敌众，最终战死。

周知义　幼年便成为孤儿，依靠祖父抚养长大成人。祖父去世后，在祖父的床上睡了三年，从未进入过内室就寝。邻居们为其宗祠题写“遏欲存诚”匾额。

吴星泮　兄弟们分家产后，家道开始中落。吴星泮独自赡养父母双亲，并在他们去世后依照礼数安葬祭奠父母。兄弟之间没有任何不和。

刘盛斌　字旭江。他被过继给为夫守节的义母邱氏，常常使她欢心。一次因为醉酒，稍有晚归，便自责地说：母亲等我望眼欲穿，我怎能贪恋杯中之酒。自此便把酒戒了。母亲生病，刘盛斌在旁殷勤侍奉，不敢有懈怠。母亲去世后，依照礼数安葬。刘盛斌侍奉自己的亲生母亲亦如此。生平多有善行义举。他在八十岁时去世。

左福彩　侍奉母亲十分孝顺，并在母亲去世后守墓三年。每次吃饭前，都会长时间地哭泣哀号，听到的人无不悲怆至极。左福彩还出资创建了东兴市场，又设立了义学。

辜仕才　他依靠贩卖货物奉养双亲。父亲性格刚烈，辜仕才能够委婉逢迎，让父亲高兴。为人处世宽容，遇到冒犯他的人也不计较，久而久之，那些行为粗暴的人都被他感化了。辜仕才还擅长医术，遇到他人求医治病，没有不答应的，而且从不计较他们是否支付诊费。

张兴发 母亲胡氏一心抚养他成人，以继承张家香火。他们家很贫困，张兴发外出给人做佣工谋生，凡是遇到美味的食物，都会揣回家给母亲吃。张兴发出入必定要叩拜母亲，闲暇时则以歌谣、格言来逗母亲开心，直到五十岁时仍然如此。

王益谦 原本姓祝。父亲去世后，随母亲改嫁到了王家，所以改姓王。幼年时便流落异乡，学习刻匾额的题字。等到四十岁时，家境才稍稍宽裕。后来娶妻，并生有三个儿子。他到犍为灰山井寻找母亲，然而母亲已经去世十多年了。王益谦寻找了多年才找到母亲坟墓，后来碰到祝姓长辈才得以将母亲改葬。让长子姓王，为王氏后嗣；二子、三子改姓祝，为祝氏后嗣。君子评价说：从王益谦的所作所为看来，人生其实并没有所谓的幸与不幸，关键看能否妥善处理。王益谦八十四岁时去世。

刘东泰 善于侍奉母亲。母亲生病了，他为母亲洗脚，母亲不愿意。他就像对待小孩子一样安慰母亲说：儿子年幼时，母亲就像今天这样每日为儿子清洗，现在母亲老了，儿子不给您洗脚，又如何能够报答您养育之恩的万分之一呢。当时，刘东泰已经六十多岁了。他七十岁时去世。儿子刘泽州被推选为孝廉方正。

张星泰 家庭贫困，很小就成了孤儿，靠给人家做佣工过活。张星泰长大后，悲痛悼念他早逝的双亲，每次吃饭时都要祭奠双亲，必定恭敬地沉默片刻才举起筷子，叩问他也不说话，六十年来从没间断过。有人询问张星泰妻子，为何她丈夫总是这样做，原来他的父母当年是被饿死的。

万玉兴 靠做木工为生，家境素来贫苦。兄弟四人，万玉兴排行第三。二哥去世后留下两个儿子，一个六岁，一个一岁多一点。万玉兴请求两位兄弟共同抚养两个孩子，以延续二哥的子嗣，以坚定二嫂守节的志向。但大嫂、四弟妹都不愿意。于是万玉兴独自把两个孩子抚养成人，并且为他们娶妻成家，并将二哥次子过继给自己为子，自己终其一生都没有娶妻。

曹文明 父亲与伯父都早早去世，曹文明奉养母亲特别孝顺。母亲去世后留下的田业店房全都给了弟弟。自己继续孝养伯母，就像奉养自己的母亲一样。对于慈善之事，他都会尽全力去做。对于处于纷难之中的人们，他无不尽力帮其分忧解难。

吴成章 父亲病重后，已经过了中秋还想吃李子，吴成章便在李子树下痛哭，希望能够像古时候的孟宗一样有所得。他哭了三日，果然得到了两个李子，父亲吃了后很快痊愈。

吴明本 母亲重病，医药无治。冬天时想吃李子，吴明本也像吴成章一样到李子树下痛哭。后来果然得到了李子，母亲食后痊愈。

徐淑修 继母姚氏的脚有毛病，徐淑修服事继母起居，从无倦怠。姚氏曾告诉旁人说：淑修就像我的亲生儿子一样。

胡朝恩 父亲去世，在坟边庐墓三年。不吃酒肉，夜夜诵经念佛，祈求超度父亲。

刘金宽 十岁时父亲去世，因孝养母亲，保全母亲名节，得到朝廷的旌表。七十二岁去世。

王永禄 本姓李。父亲去世，母亲再嫁。王永禄的祖父让他做王氏养子。他长大以后得知实情，而此时母亲已经改嫁了三次。王永禄到金花殿找到母亲，将其迎归奉养，后母亲寿至八十多岁去世。乡人视他为闾里榜样，称赞他“令德孝恭”。

刘光仁 奉养母亲至孝。光绪十年（1884），被朝廷旌表。八十多岁去世。

方茂田 母亲去世，方茂田在母亲坟前庐墓三年。生平从无疾言厉色。

胡贵仁 火中救母。

简朝阳 家境贫苦，为人当佣工。简朝阳奉养亲人至孝，母亲病重，便割下自己的大腿肉救治她，母亲痊愈。如今家境小康，子孙也诚信朴实。

邹崇义 邹干贤之子。生性素孝，母亲吴氏病重，与妻子程氏一起割下大腿肉救治母亲，母亲痊愈。援例从九。

丁廷仕 丁玉祥长子。奉养父母至孝，能博得父母欢心。祖母生病，丁廷仕侍奉汤药，又焚香割下自己的大腿肉救治祖母，祖母痊愈。

吴世重 庠生吴国仁之子。母亲病重，吴世忠割下自己的大腿肉救治，母亲痊愈。后来母亲去世，丧葬皆如礼，而且没有让诸位兄长承担丧葬费用。人们都称赞他。

毕凤辉 曾祖父毕惠珉病重，毕凤辉割下自己胸脯旁边的肉和药给曾祖父服用，曾祖父食后痊愈。

虞允先 母亲生病日久，想吃肉。但是恰遇天旱，官府禁止屠杀牲畜，虞允先便割下自己的大腿肉给母亲吃。结果母亲的病痊愈，而他自己也没什么大的伤病。

陈阳淑 光绪丁酉（1897）母亲病重，他与妻子徐氏一起割下大腿肉救治母亲，使母亲疾病愈。后来父亲陈海廷生病，他也像救治母亲一样割下大腿肉救治，父亲亦痊愈。

徐天锡 母亲董氏久病，徐天锡照顾她十分孝顺，数十年如一日。

吴琇生 母亲王宜人病重，他便割下自己的大腿肉和药救治，使母亲病愈。后因为儿子吴俶培而显贵，诰封奉政大夫。

汪敬春 十八岁时，母亲邹氏病重，他割下自己的大腿肉作汤，母亲喝后便痊愈了。

唐昌炽 以医生为业。父亲生病，百般医治无效，唐昌炽便割下自己的大腿肉来救治他，父亲痊愈。母亲又病重，他又割断自己的手指向上天祈求，希望母亲多活几年，后来他母亲果然又多活了三年。光绪中受旌表，并入祀乡贤祠。

辜忠富 母亲得了噎症，濒临死亡。辜忠富割下自己的大腿肉救治，母亲痊愈。过了一年病又复发，他在夜深人静时又向上天祷告，希望减损自己阳寿以为母亲增寿，并且又割下自己的大腿肉救治母亲。最后母亲的病彻底痊愈。

辜大儒 十七岁时，母亲官氏病重，辜大儒割下自己的大腿肉救治，母亲痊愈。

王定国 母亲生病，王定国割下自己的大腿肉救治。母亲痊愈。

张　文 父亲病重，他四十岁时，先后数次割下自己的大腿肉救治父亲。

周才盛 父亲生病，他割下自己胸脯的肉和药救治父亲，父亲痊愈。

廖兴杰 庶常廖扶九次子。母亲生病，廖兴杰割下自己左大腿的肉给母亲和药，母亲痊愈。

程天位 光绪乙酉（1885）大旱，禁止屠杀牲畜。程天位的母亲得了痢病，想吃肉，程天位割肝进献给母亲吃。乡人将他的孝顺行为禀报，县令唐选皋奖励他十缗钱。至民国，驻扎荣县的将领陈洪范也捐金帮助他。

刘克昌 十二岁时，母亲生病，刘克昌割下自己的大腿肉救治，母亲痊愈。过了两年，母亲去世，他竟然因为哀毁而身形骨立。他对于幼弟爱护有加，但是一到没有旁人时就偷偷哭泣。凡是看到这样情景的人都会感到十分悲伤。

此类事迹多处可见，如林文宗、曾贵普、吴建元（烺子）、童藩、吴世重、李缉穗、李清澄等都因父母生病而曾割下自己的大腿肉来救治双亲，让父母痊愈。

民国《志》按：孝为百行之宗。毁坏身体以奉养双亲，圣人不以为训，这是因为行为不足贵但是做起来却十分艰难。然而其他事亲的行为尚可以假装，但是却从没有哪个人用割下自己大腿肉的行为来为自己博得好名声。割自己大腿肉的行为十分危险，如果不是心意至诚格天，是不能够化险为夷的，这可是古今无上的行为啊。但像这样割大腿肉以孝养亲人的事迹，在荣县不计其数。呜乎！此可谓无上的德行了。

黄安泰　年少时父亲去世，黄安泰侍奉伯父黄文进就像侍奉自己的父亲一样。伯父去世，因为有两个堂兄弟，人多，不忍心同他们分家析产。又过了数十年，黄安泰将原来的两份家产均分作三份，又另外给伯母俸养钱三百缗，付出家产可值数千金。

张成文　友爱其兄，读书尊师，是有士品的人。

程国维　生性友爱谦让，二哥借着醉劲发酒疯殴打羞辱他，他也毫无怨言。兄长外出游荡，程国维奉父亲的命令外出寻找兄长，一直找到叙府。他还拒绝少妇的诱惑，恪守道义。程国维晚年精于医术，把治病救人视为行医最大的目的。

刘仁弟　字子敬。与兄弟友爱有加。兄弟分家立业后依然和睦如初，就像没有分家时一样。

徐正魁　徐家弟兄四人，平时和睦相处，其乐融融。兄弟分家产时，都把自己分到的上等田产相互推让。《诗经》说：“式相好矣，无相尤矣。”百姓中有不少谋财害命的事情发生，这是君子所应该担心害怕的。

李世位　父亲李正达。立志经营好长山桥仓谷，结果导致破产。李世位竭力奉养双亲。十年后，他又购置了数百亩田产。光绪甲申（1884）、乙酉（1885）遭遇大饥荒，李世位施粥救济贫苦人家，被乡亲们称赞为李善人。

张正题　字镜临。读书识字，懂得谦让。光绪甲申年（1884）大旱，张正题焚烧数百金券，以求雨救灾。

刘月宇　字上元。曾担任社里仓首。云南贼匪祸乱后，从社里借谷的人都十分贫穷而不能偿还，刘月宇变卖自己的财产来替他们偿还。

刘昌沛　县庠生。刘家场距城百里，刘昌沛向上级禀报，建议在刘家场修建玉成义学，以教育培养更多的士人。

刘月旦　自幼父母双亡，依靠嫂子抚养长大成人。刘月旦侍奉嫂子就像侍奉自己的母亲一样。他捐助百金购置义冢，还经常资助文课、文昌等会。

刘大节　他从筠连迁移到荣县居住。家中十分贫困，以担煤为生。一次，他将煤卖给一个富裕人家，却从这家丢弃的煤灰中拾得两个金耳珰。刘大节将它们还给了主人，主人想要酬谢他，但他不愿接受。等到家境富裕之后，刘大节购买了上百副棺材，施舍给那些去世后没有钱置办棺木的贫苦人家。刘大节还独力修建了一座石桥和数十丈道路。去世时五十多岁。

朱宗煜 依靠贩卖货物和替别人做佣工致富，家中达到中等富裕家庭水平。后来朱宗煜还独力修建了两座桥和数百丈道路。

彭应祯 他捐出变卖自己家产所得的近二百贯钱，以资助振兴应济会。到了年末，通过应济会救济孤贫的人。弟弟彭应祥与他一起促成此事。

范永芳 字一元。好善乐施，尤其喜欢奖掖贫寒人家的可造之才。八十七岁时去世。

樊明朝 幼年丧父，家境贫困，依靠族人的抚养长大成人。樊明朝为人忠厚谨慎，胸中颇能容物。他曾经说：宁愿别人辜负我，我也不会辜负别人。生活小康后，樊明朝有很多善举。

邹全斋 年幼时家境贫困，曾经在骆登榜家当佣人。骆登榜是医生，将自己的医术全部传授给了邹全斋。他也因为医术好而有了自己的名号，被老百姓称为“活生”。骆登榜去世后，骆家家道中落，邹全斋收养了他的两个儿子，并为他们娶妻，还把自己的家产平分给两兄弟。光绪二十四年（1898）遭逢余栋臣之乱，邹全斋逃到牛峰寨。他将骆登榜的名号也传了下去，人们分别把他们称作“骆活生”和“邹活生”。

黄定见 黄定见在路上遇到一个被遗弃的女孩儿，就将她带回抚养。等她长大后，又为她定下好的婚姻。每到年末除夕，黄定见都会布施米粮给穷苦人，四十年间从没有停止过。他 70 岁时还捐出一百缗钱造桥。人人都认为他是个有德之人，把他捐钱造的桥叫作“七旬桥”。

蔡文科 读书好善，终其一生不曾有任何不义之举。

左洪明 不仅捐金修建楚庙，还重新培修胡子昭墓。并出资为胡子昭墓修筑石墙，为之立碑。

张大鹏 靠勤俭节约致富，颇能伸张公义。张大鹏把凤鸣、桂林两处山上的自家产业捐作学田。这件事在县署后玉皇观的碑记中有明确记载。另外，他还在鼎新寺、王家坝、江家山、游家山、来葵湾等地也有一些捐赠。他在来苏、荣川、仁义三个乡内捐献布施的地方就有十多处。前布政使董赞扬他“克襄乐育”，县令称赞他“义助明伦”。因为他的曾孙张廷梁被选为贡生，朝廷按制度册封了他。大鹏的孙子张其泰，一向重视人伦道义。他的哥哥张其翔因贩卖食盐亏损，张其泰把自己的一半财产分给了哥哥，并代替哥哥偿还了三千余缗的债务。有人曾经向他借贷，但他从不催债。他在临死前，一共焚烧了五十多张债券。

张文山 宜宾宣马场人。张文山因贩盐在荣县新桥居住。其兄张文星、其弟张文橦，都靠张文山资助生活。张文山子孙较多，很重视交谊，曾经替别人偿还了上万缗的债务。张文山待人温和宽厚，从未对人说过任何过分的话。

姜宗德 字克明。范氏侵占了他们家族的坟茔，曾以百两银子贿赂他，他予以拒绝并且平息了此事。梅家村桥垮塌，姜宗德独力修复，花费达八百两银子。然而桥修成时，姜宗德已经去世，享年 82 岁。为了纪念他，乡亲们把这座桥叫作“寿星”桥。

谢久征 侍奉双亲几十年，从无懒惰之容，也从不会给双亲脸色看。他以礼仪教育自家子弟。最初，谢久征和兄弟们因为家庭贫苦而分家，各人自谋生计。后来，谢久征靠经营盐业致富，他于是又召集兄弟子侄们一同居住，他的双亲为之甚感高兴。其弟谢久勋在兄长的教育感召下，在程坝修建了谢家祠堂，靠行善事而成名。

刘二姑 刘继尧之女。刘二姑小时就许配了人家，但是长大后眼睛失明，男方因而请求退婚，这让二姑的父亲很为难。刘二姑对父亲说：女儿因病残废，不能尽妇人的义务，那就退了吧。后来，有人听闻刘二姑的贤良，想要下聘礼娶她，父亲非常高兴，刘二姑却哭着说：怎么能把一个人许配给两个人呢？她的母亲劝她说：咱们家贫寒，你以后怎么能养得活自己呢？刘二姑说：我眼睛失明是自己命不好，但幸运的是女儿可以依靠纺织养活自己，不会给父母增添负担。于是杜门勤苦纺织，后来无疾而终，享年八十余岁。

杜　女　杜其泮之女，许配给张氏。庶常廖扶九曾记录过她的事迹，县令王培荀作有《杜孝女》诗，其中有“阿母有女，阿父无儿”句。

黄　女　黄正华之女，割下自己的大腿肉救治父亲的疾病，使父亲痊愈。

林　女　林友礼之女。同治十三年（1874）受朝廷旌表。

丁　女　丁光旭之女。母亲因眼疾致盲。丁女当时虽然才十六岁，却割下自己大腿上的肉给母亲吃，母亲因此恢复了光明。道光二十年（1840）九月一日，荣县贡生周应体作诗称赞她云：“妙药如仙有肉香，依依弱女救亲娘。皇天老眼分明见，寸念真回日月光。”

张　女　张廷英之女。继母生病，当时尚未及笄的张女割下自己的大腿肉以进继母，不久继母痊愈。

刘　女　刘哲文之女。母亲去世后，因为太过悲哀，毁伤身体离世。

吴以材妻龚氏　宜宾县岁贡吴以材之妻。雍正中，曾割下自己的大腿肉和药治愈了婆婆的病。当时，为亲人刲割股肉按例可以请求旌表，但龚氏竭力推辞，说：“侍奉婆婆是我分内之事。”直到最后她都没有同意别人为她请求旌表。龚氏八十八岁时才去世。所生的两个儿子都是县附学生。

曹元亨妻郝氏　婆婆久卧病榻，郝氏割下自己的大腿肉为她治病，婆婆不久便痊愈。公婆寿辰时，郝氏必定会焚香以祝祷，请求上天减少自己的寿命以增加公婆的寿命。婆婆去世后，她悲恸大哭。后郝氏生病，其子曹忠亮虽然年幼，但也效仿自己的母亲，割下自己的大腿肉和药救治母亲，并刺破手臂写血书向天祷告。

朱国亨妻陈氏　朱家极其贫困，但陈氏奉养公婆至孝，从未缺衣少食。婆婆辜氏生病，陈氏端汤送药，三年如一日。继婆婆邹氏，也十分喜欢陈氏。

虞盛先妻李氏　廪生李宗白之女。李氏嫁到虞家八年后，丈夫病故，二人膝下无子，且家庭贫苦异常。李氏取下自己的发簪、耳环等物，筹集钱财安葬丈夫。后来过继侄子虞世继为嗣。全家的吃穿用度都依靠李氏双手劳作。赡养公婆虽然辛苦，但她始终如一，尽到了儿媳的责任。

吴廷祥妻曹氏　曹新凤之女。公公去世后，曹氏听从诸侄的请求，欲拆毁自己的房屋以安葬公公。其孙吴世奎、吴世岐皆为国子监生，她还有九个曾孙。

李应启妻余氏　丈夫李应启病故，膝下无子，余氏依靠帮佣、割草卖柴度日。她外出到别人家做佣人时，常常将晚饭留下来，带回家给婆婆吃。

宋文暘妻徐氏　丈夫宋文暘病故时，子女都还十分年幼，徐氏悲痛欲绝，一连数日粒米未进。公婆指着孙子对她说：你跟着丈夫去地下了，那么这孩子靠谁来养活呢？徐氏才强打精神起来进食。过了八年，公公去世，婆婆黄氏悲伤无比，再次失明，徐氏想尽办法安慰劝解婆婆。咸丰辛亥年（1851），婆婆病危，徐氏割下自己的大腿肉救治她，使婆婆痊愈，后婆婆得以寿终。其子为县学生。

李正满妻王氏　犍为王尚泰之女。公公李元硕、祖父李天长同时生病，药食难进。王氏割下自己的大腿肉救治他们，公公、祖父痊愈。其后祖母刘氏又生了病，王氏再次割下自己的大腿肉救治，祖母痊愈。后来丈夫李正满病重，王氏又割大腿肉救治，丈夫痊愈。

彭俸义妻余氏　婆婆生病，余氏割下自己的大腿肉救治她，婆婆痊愈。

王锡福妻戴氏　婆婆生病，戴氏割下自己的大腿肉救治她，婆婆病愈。儿子王安宇为县学生。

黄朝凤妻赵氏　婆婆古氏生病，赵氏割大腿肉救治，婆婆痊愈。

王锡翰妻涂氏　婆婆生病，大夫称已无药可救，涂氏痛苦了三天，偷偷割下自己的大腿肉熬汤给婆婆喝，很快痊愈。

吴语秩妻李氏　富顺监生李陈动之女。婆婆生病，李氏割下自己的大腿肉救治她，婆婆痊愈。

李九清妻杨氏　杨氏割下自己的大腿肉治愈婆婆。丈夫生病，她又割下自己的大腿肉救治，丈夫痊愈。杨氏无疾而卒，享年九十一岁。

刘文伸妻杨氏　丈夫病故后，杨氏割下自己的大腿肉和在人参里救治生病的婆婆，使之很快痊愈。杨氏之子早逝，因而她又将孙子抚养成人。

黄春衢妻杨氏　婆婆生病，杨氏割下自己的大腿肉救治，婆婆痊愈。

赖文玉妻郑氏　婆婆生病，郑氏割下自己的大腿肉救治，婆婆痊愈。

李长仲妻朱氏　嘉庆十一年（1806）夏，朱氏割下自己的大腿肉救治病危的婆婆，使之痊愈，后婆婆享年八十岁。

周斌妻刘氏　刘氏与嫂子常争着奉养婆婆。婆婆每次到嫂子那里时，刘氏都会哭泣。道光九年（1829）八月二十一日，婆婆病重，刘氏向上天祈祷，并割下自己的大腿肉救治婆婆，使之痊愈。

胡纯阳妻黄氏　黄忠位之女。道光丁未年（1847）二月，婆婆李氏病重，黄氏割下自己的大腿肉救治，婆婆痊愈。但是到了三月，婆婆旧病复发，危在旦夕，黄氏再次割下自己的大腿肉救治她，婆婆终于转危为安。

戴天化妻毕氏　公公生病，毕氏侍奉汤药，数年不知疲倦。

程于逵妻朱氏　朱有成之女。婆婆生病，朱氏割大腿肉救治，婆婆痊愈。

张震霄妻李氏　张震霄，字贡生。李氏，威远举人李廷芊之女。李氏二十岁时，丈夫病故，她奉养婆婆朱氏极为孝顺，婆婆生病，李氏割下自己的大腿肉治疗她。咸丰九年（1859）受到了朝廷的旌表。

吴钟琦妻黄氏　黄清衢之女。婆婆黄氏病重，她割下自己的大腿肉救治，婆婆痊愈。

杨朝端妻陈氏　陈绍钦之女。婆婆患眼疾，陈氏割下自己的大腿肉救治，婆婆痊愈。

邹锡韶的继妻胡氏　邹锡韶因捐钱获道台官衔，但他在胡氏二十八岁时就去世了。胡氏在当时就以孝顺闻名。婆婆生病，胡氏割下自己的大腿肉救治，婆婆痊愈。

李映学妻邹氏　婆婆吴氏病重，邹氏割下自己的大腿肉救治，吴氏痊愈。

邹正林妻丁氏　丁仕槐之女。公公生病，丁氏割下自己的大腿肉入药救治，公公痊愈。丈夫生病，她又割下自己的大腿肉救治。

张朝玺妻程氏　程光辉之女。孝敬公婆，不知疲倦。程氏的生母丁氏孀居且贫困，程氏承担母亲的赡养费及丧葬费，远远超过了自己应有的份额。程氏享年八十余岁。

曹荣炳妻王氏 婆婆李氏非常横蛮暴虐，妯娌们又不断地在婆婆面前诽谤王氏。婆婆李氏对王氏动辄打骂，但她却忍气吞声，从不辩解。婆婆李氏生病年余，王氏白天侍奉汤药，晚上陪伴在床。婆婆李氏还嫌弃王氏身体瘦弱不暖，用手掐她，王氏也默默忍受。有时婆婆还会把王氏当枕头，但不论她如何折腾，王氏都听之任之，甚至还亲自验痰涎以诊断其病症。王氏侍候婆婆终生，毫无怨言，可以说是十分难得之事。

吴赐寿妻李氏 吴赐寿是哑巴，不能说话，由李氏操持家政。婆婆生病，李氏割下自己的大腿肉入药救治，婆婆痊愈。堂弟媳很早守寡，李氏接她与自己同住，并将自己的儿子过继给她作为后嗣。

邹崇义妻程氏 程于炳之女。咸丰壬子年（1852），婆婆病重，程氏割下自己的大腿肉救治，婆婆痊愈。同治丙寅年（1866），丈夫病重，又割下自己的大腿肉入药救治，丈夫痊愈。

张星孝妻汪氏 汪氏六岁时嫁到夫家当童养媳，深得公婆欢心。长大以后，她深知作为儿媳应尊敬公婆，并知道哪些事情该做，哪些不该做。道光戊子年（1828）冬天，婆婆病危，汪氏割下自己的大腿肉救治，婆婆痊愈。

王大宽妻辜氏 公婆病重，辜氏割下自己的大腿肉救治，公婆痊愈。

王道春妻黄氏 婆婆郑氏病重，黄氏割下自己的大腿肉救治，婆婆痊愈。

曹任元妻邓氏 婆婆龚氏病重，邓氏割下自己的大腿肉救治，婆婆痊愈。

黄心儒妻刘氏 富顺刘宏纯之女。婆婆病危，她急忙祭祀灶神，还割下自己的大腿肉和药救治，婆婆痊愈。

曹桂林妻黄氏 黄氏婆婆病重，她割下自己的大腿肉救治，婆婆痊愈。

余静轩妻朱氏 事迹不详。

王九成妻彭氏 彭氏侍奉重病的婆婆，极为孝顺，并教育儿子王士元礼让朋友，得到了乡亲们的称赞。彭氏享年八十四岁。

谈慎宜妻胡氏 祖母、婆婆病重，胡氏割下自己的大腿肉救治，使她们痊愈。

张廷彪妻李氏 李元绍之女。公公病重，她割下自己的大腿肉救治，公公痊愈。

曹箴妻黄氏 公婆多病，黄氏吃素三年，为公婆祈福。为治疗公婆的疾病，她曾两次割下自己的大腿肉和药以进。其祖母郝氏、公公曹忠亮都是至性至孝之人，可谓三代人都继承了孝义的家风。

李国璜妻赵氏 赵士杰之女，有孝称。县北老诸生李春晖、吴生一峰、李生之桢都曾作诗赞扬她，有“一心送母百年后，夫妻穷死归黄泉”等句。

朱朝葆妻龚氏 龚雨村之女。龚氏十八岁时嫁给朱朝葆，二十岁时丈夫病故。龚氏生性正直，持家勤俭，孝顺孀居的婆婆张氏，三十余年如一日。

刘正光妻朱氏 朱维之女。朱氏十九岁时嫁给了刘正光。丈夫刘正光在外乡做贩运生意，最后客死异乡。朱氏靠做女红奉养孀居的婆婆，并为其送葬，可谓克尽其职。朱氏六十多岁了，家境贫困，亦无后嗣，孑然一人。

曹世芬妻李氏 李梁富之女。李氏嫁到曹家才半年，丈夫曹世芬便病故。李氏奉养孀居的祖母及公婆，恪尽妇道。光绪甲辰年（1904）春，李氏回家看望自己的父母，正遇父亲病重，她于是割下自己的大腿肉救治父亲，父亲痊愈。此事无人知晓。直到回到婆家后，在侍奉婆婆吃药时，婆婆发现她抬腿走路十分不便，询问后才知道她割下大腿肉救治父亲之事。

吴玉桥妻虞氏　虞正宗之女。孀居的婆婆邓氏生病，虞氏将自己的床移到婆婆身边照顾，昼夜不倦。

李元碧妻余氏　余凌霄之女。

程天照妻黎氏　黎元怀之女。

陈直端妻曾氏　曾鸿贵之女。曾氏少年丧父，家境贫苦。后来嫁给陈直端，陈家也一样贫苦，曾氏只得依靠做女红来养家。曾氏侍奉公婆，及其孝顺。后公婆相继去世，祖母还在世。祖母生病后想吃肉，但是家贫，曾氏虽然竭尽全力也无法满足祖母长期想吃肉的愿望。于是，曾氏在夜里焚香向灶神祈祷，割下自己的乳房和在羹里给祖母吃，祖母的病很快就痊愈了。又过了三年，祖母去世。后来地方长官获知了曾氏的事迹，旌表其闾“孝然”。曾氏的儿子不幸夭亡，她虽辛苦劳作，养家却极为艰难。县人赵熙有诗云：“苦肉堂前进一餐，刀痕在乳血痕干。人心不似天心转，白发萧萧度日难。”

余元孝妻朱氏　朱氏的婆婆叶氏病危，朱氏割自己的大腿肉给她吃，治愈了她的疾病。清刘督旌表云“纯孝格天”。

刘宗沛妻李氏　李氏二十八岁时，丈夫病故。刘家赤贫，公公生病没钱买药，李氏便割下自己的大腿肉救治公公，最后痊愈。李氏享年七十六岁。

刘永升妻范氏　刘宗沛的儿媳。范氏二十七岁时，丈夫刘永升病故。后来公公生病，吃遍百药都不见好转，范氏多次割下自己的大腿肉入药救治，最初，公公吃后就痊愈了。公公再次重病，范氏又像最初那样割肉入药，不料这件事情被公公知道了，公公心里悲痛不已，拒绝吃药，最后去世了。而范氏割肉的创伤竟然没有医治就愈合了。

邹正旺妻李氏　李氏二十四岁时，丈夫就去世了。她苦苦守节，奉养婆婆。婆婆重病，她割下自己的大腿肉给婆婆入药。

李学东妻胡氏　胡应芳之女。胡氏二十六岁时，丈夫病故。当时他们的两个儿子都还年幼，胡氏一回家就会抱着儿子痛哭，直到眼睛流出血泪，但是她出门时，则笑容满面地侍奉家中的老人。胡氏的公公李长映、继婆婆唐氏性情乖张，很少有人能让这两人满意。胡氏常细细体察他们的心思，唐氏生病数月，胡氏每日侍奉汤药，不解衣带。听说婆婆病危难治，胡氏便叩天尝粪，又割下手臂的肉入药，婆婆的病渐渐痊愈。享年八十一岁。

杨殿卿妻王氏　富顺王俐信之女。王氏二十岁时嫁给杨殿卿，婚后四年丈夫就去世了，留下一个儿子才一岁。婆婆得了中风，瘫痪在床，王氏昼夜服侍在旁边，帮助她翻身、擦洗，无论寒暑，都不曾间断。王氏六十岁后，常年足不出户，族中的那些小辈们都很少看见她。

黄氏的儿媳张氏　张氏名淑修。她十四岁时出嫁，夫家极为贫困。丈夫在外做生意谋生，但总是赔本，几乎没有办法赚钱养家。婆婆黄氏在家中勤苦劳作，日出耕作，夜坐缝纫。张氏嫁过来后孝顺地侍奉公婆，而自己则只吃藜苋之类的野菜。有时张氏一天只吃一顿饭，有时甚至一天都不吃饭。就像这样过了很多年，张氏终于和一起丈夫积攒了家业。家里富裕起来之后，张氏喜欢布施与帮助其他人。她对别人的痛苦感同身受，很多族人都受到他们家恩惠。她还虔诚地信佛，最后因小疾而去世。入殓时，头部犹暖，四五日后竟然脸面呈笑容，像鲜花一样。人们都说这是她往生西方极乐世界的象征。她生有四个儿子，教养有方，儿子们都继承了她的良好品格，不断光大家业。人们都认为这是她勤苦、孝顺所获得的善报。

陶氏妯娌林氏、邹氏 贡井的陶家老太太陈氏有一个女儿，被媒人欺骗做了下贱之人的小妾。而这个媒人正是她儿媳林氏的父亲林述三，陶家族人都觉得此事让陶家蒙羞，于是就去质问陈氏。陈氏知道此事后，悲愤投水。陈氏的儿媳林氏为了救她，婆媳一同溺水，二儿媳邹氏为了救婆婆与大嫂，同样溺水。邻居们听到动静，呼喊着跑去救她们。赶到现场时，他们看见老太太和二儿媳邹氏相拥着泡在水里，于是将婆媳二人救上岸。老太太在获救后，瞪着眼睛说：我的大儿媳林氏快要生孩子了，她还在水里。邻居们赶紧下水寻找，但是毫无所获。当时夜里寒霜凛冽，老太太邹氏不久就气绝身亡。第二天早上，林氏的尸体浮了上来。贡井人为林氏和邹氏请求旌表，称她们就像曹娥一样孝顺。而林述三因为奸媒导致三人丧命，其行径可谓蛇蝎一般歹毒。甲子年（1864）十月依法诛杀无赦。

黄启元妻林氏 孀居的婆婆眼睛失明了，林氏的丈夫黄启元又在外经商。林氏侍奉婆婆，辛勤劳作二十年。后来家道中落，但婆婆去世时，林氏还是按照礼数安葬了婆婆。林氏乐善好施，家境富裕，独力抚养五个儿子长大成人。她七十六岁时，仍旧十分健康。孙子、曾孙子众多，家业兴旺。这就是孝善之行所带来的善报，可谓福禄高寿。

龚尧让妻谢氏 谢氏听大夫说未来的婆婆病重，于是嫁过来侍奉婆婆，但婆婆病情加剧，还是去世了。

第四节 义称者

一、明

吴道宁等 明朝成化年间的义官。明朝以义行受旌表的官员共有九名，吴道宁是其中最有名者。他的父亲吴鼎，兄长吴道弘曾以大理少卿按抚郧阳。吴道宁对于那些依靠俸禄过活的小吏给予了很多恩惠；想方设法周济贫困的民众；发生了灾荒，就赈济灾民。上官将他的事迹禀告朝廷，吴道宁因而被授予七品义官。（另外九人中的赵云山、曹仁，被封为七品散官。曹芝、曹履亨，以廪生赠予他们教职。夏赓、朱莹、刘昌澄，给予冠带。这些都记载在旧方志中。方海的事迹，亡佚不可考。）

刘昌澄、曹芝 廪生，授予教谕。以义行受旌表。

赵昇、赵云山、曹仁、夏赓、朱莹 增生，授儒学。以义行受旌表。

曹履亨 以义行受旌表。

嘉庆《志》按：以上八人，都是因为在灾荒之年输粟赈荒，而被给予冠带旌表的。他们虽然没有什么异于常人的卓越能力，但是他们崇尚道义讲求气节，这样的行为是有助于改善世道风气的。

李国柄 以选贡担任蒙化府经历。任期满后归家。甲申年（1644），张献忠的军队攻陷成都，张献忠在荣县设置伪县令，李国柄被逮捕，不屈，与儿子李元吉、李亨吉一起殉国而死。

李元吉 庠生。甲申张献忠之难，随父亲一起殉节而亡。

李亨吉 县廪生。与父李国柄、兄庠生李元吉誓言绝不归顺张献忠大西政权。张献忠委派的县令到荣县后，将他们父兄三人一同抓捕。他看到盗贼的统领却不下跪，盗贼统帅责问他，说：你们不屈膝下跪，想干什么呢？李亨吉义正词严地说：我所屈膝跪拜的只有天地君亲师，从未听说过跪拜盗贼的。盗贼统帅喝令挑断他的脚筋，李亨吉伸足受刃。盗贼统帅又下令不要挑断他的脚筋，将他留下押解到成都，并下令用开水灌烫他的舌头。李亨吉张口以待，盗贼统帅又下令制止。最后盗贼统帅下令割掉李亨吉的两个耳朵并递给他，李亨吉说：父母给我的身体，怎能随便扔弃！嚼了嚼就把它们吞了下去。最后他被用槛车押送到成都。李亨吉至死一直怒骂盗贼，终与父兄一同罹难。

乾隆《志》按：明季甲申年（1644）张献忠之乱，蜀中哀鸿遍野，血流成河，百姓死亡几尽。那些忠孝节烈而又湮没无闻的人，不计其数。李亨吉以青青子衿，明于大义，视死如归，可以称得上李国柄的孝子，李元吉的难兄难弟，天地之间的完人。我翻检旧志，其中有人用墨笔在“父兄俱罹难”之下批注云：仅仅是一介百姓，并没有担负守护百姓乡土的责任，却至死都不屈服。他与父兄一同为国殉难的事迹，只不过是匹夫匹妇忠君的小信小勇，本不应该记载在方志中，以免为他人所讥笑。有见识的人若仔细玩味这些话，不难发现批注者与那些开门揖盗的人并没有什么区别。试问张献忠蹂躏蜀中之后，姚黄之难又作，盈城盈野，白骨如霜，像李亨吉这样大义凛然、见危授命的又有几个呢？那些所谓“匹夫小信”一类的人，对于风俗人心实在是危害不浅。将李氏父子事迹详细记载在这里，就是为了批驳那些不忠不孝不义的人。

余　智　举人。甲申（1644）之乱，他被张献忠乱军抓捕后，不屈而死。

民国《志》按：旧志中所记的举人并无余智的姓名。看来乱离之后，遗落丢失的东西太多了。

詹应梧　字栖凤，生性友爱良善。明末寇乱，詹应梧与一位族人辗转迁徙，以躲避兵祸，却不料与族人走失。清朝定鼎之后，詹应梧得以回归本籍。归家后生活逐渐富裕，詹应梧挂念那位走失的族人，一想起他就痛哭流涕。詹应梧一直想自己出远门去找他，但家人以他年迈为由加以阻拦，詹应梧很不愿意。家人又提出让别人替他去寻找，他也不答应。最后，家人没有办法，只有同意让他自己亲自出门寻找。数年之后，詹应梧竟然在成都磨廠湾找到了这位族人，当时这个族人已经四十多岁了，正在别人家当佣人。詹应梧急忙将他带回家，并且把自己的财产分给他，为他娶妻，建立家庭。

二、清

丁翼修　年轻时即丧偶，便不再娶妻。弟兄之间十分友爱，起居寝息出入都结伴而行。暂时分开后再次相见，一定会相互作揖问安。丁家兄弟都活到了八十多岁。

冯月作　二十六岁时妻子就去世了，他没有再娶。光绪时，以“义夫”受到旌表。

陈　书　字香亭，壮年失去配偶，以“义夫”受到旌表。陈书平生好义举，有时候明知道自己被人愚弄也不申辩。八十岁时去世。

民国《志》按：男子丧妻而不再娶，终生不渝，这不一定是君子行大义所必须要做的，但能这样的人，一定是性情忠厚而且笃于夫妻情谊的。

类似情形的还有莫玉鍗、吴大中、李可棠、丁德盛、祝三元、赵联、李代疃、龙四兴、周述章、林兴泽、林兴铭、林兴奎、邹熙堂、吴剑光，皆在妻子去世后不再娶，因而获得高寿之福报。

吴占超 庠生吴兆庠之子，以武学生的身份到华阳去服役，通过捐纳获得外委军官之职。嘉庆间随军队征讨剿匪，在宜昌长乐县王家坪被杀害，朝廷评价他“奋勇杀贼，矛伤阵亡”。朝廷后赠予他京制外委之职。

邹坤贵 嘉庆四年（1799），充当营山义勇，与盗贼在开县白岩山战斗，解救了陷于重重包围中的巩昌知府朱尔汉。后来跟随甘肃布政司到处征讨白莲教徒，多次活捉贼首。经过甘肃总督松惠多次上奏，被赐予千总之职。后来在峨边军营效力。

邹攀贵 同兄长邹坤贵充当营山义勇，征讨教匪有功，赐千总职，邹攀贵后效力于甘肃督标。

曹联升 因为战斗有功，被授予千总衔。

王开文 王开文是位农民，因为讼粮案而在县内成为道德楷模，人们都称赞他善于诉讼。川省征粮最为严苛，家中人口越少，负担却越重。往往几分至一钱的粮税，最后花费数千钱都不止。今年交纳若干钱，明年按此数交纳却不行。粮柜仅咫尺之地，主事的吏役却晚来早去，交税的人挤得人山人山却近前不得。往往又离家百余里，十天半月都缴纳不上，所花旅费尚且出人意料，紧接着台粮牌又接踵而至。所谓台粮，就是对不能如期交粮的人的惩罚，会被罚以重贷，并要求其向上级缴纳，于是罚贷费、诉讼费接连而来。因此清朝时国家税收虽并不严苛，但百姓每年却如历劫一般，全是官吏懒怠所致。

王开文非常气愤，欲说理却被无视，故进而上诉，县令却将其绑起来示众。

王开文说：大丈夫要死就死，反正怕死也不能免死。并大声呼喊：同样有此冤屈的有钱出钱。百姓响应之声如雷鸣一般，不一会儿，扔出来的钱就堆积成山。县令大惊，这才同意惩治相关官吏，官吏们才稍稍有所收敛。

米市向来是沿街依次排开售米的，充军的罪犯却常常无理掠夺，号称“仰食”，农人备受其苦，却无可奈何。王开文反抗军犯，拒不交纳粮食，军犯们大闹，动不动威胁要杀人。官吏暗自欢喜，以为可以借此惩治多事的人。王开文说：他们犯了国法被流放到这里，我们老百姓犯了什么罪，要负担侍奉这些畜牲的责任，为什么官府要明确设立囚粮？县令大为窘迫，因而禁止军犯胡作非为。从此，米市得以太平。

道光三十年（1850），郑尊仁来荣县做官，刚入驻西市禹王宫，就赶忙拘禁了王开文。王开文到案后，郑尊仁对他说：你老是诉讼告状，上司命我治你的罪。王开文说：如果一定要治诉讼者的罪，那么就不用设置审理案件的官员。既然设置了官员，我向上申诉有什么罪？郑尊仁瞪着眼睛大怒道：你藐视官府，是大不敬。王开文说：官坐着，我跪着，哪里不敬了？你在皇帝的牌位前大发雷霆，像老虎一样大声咆哮，才是真的大不敬。郑尊仁大惊失色。因按照惯例，寺庙中一定要供奉皇帝的牌位。最后王开文安然无恙地被放了出去。《易经》里说“讼则终凶”，王开文一人诉讼却众人获益。

刘春棠 以字行于世，是荣县的士人。刘春棠为人行侠仗义。光绪年间，梁书安交公粮时受刁难侮辱，县令吴师贤包庇胥吏，梁书安伤心哭泣却又无可奈何。刘春棠很气愤，于是到上级官府控诉，历尽种种艰辛，上级最终颁布了征粮章程，并在城隍庙立了铁碑，荣县的百姓们都为之庆贺。刘春棠活到八十岁，他的几个儿子都很有才能。

李正达 李天和之孙。咸丰九年（1859），李、蓝之乱，李正达充任团正，率领众人击贼，在姚家寺外拥斯茫水之间战死，肢体被割截，头足异处，为国捐躯。其子李世荣，荫袭六品军功。

李万恕 云南贼匪占据天堂寺时，李万恕与叔父李兴崇担心盗贼侵扰，因此在观音寨险要处埋伏疑兵，虚张旗帜，夜里击柝。贼兵看到烽火森然，果然从其他道路逃窜到了镇西场。

曹兆仲 字象田。云南贼匪侵扰荣县时，他协助县令罗公办理防务，负责各方支应，行事从容就像早有准备一样。其他地方来的军队驻扎在城外，以各种理由索要粮饷。曹兆仲都能根据实际情况灵活处理。湘军入城，气焰嚣张，士兵竟然用两把刀压在他的脖子上索要粮饷，曹兆仲鄙夷地看着他们说：杀了我，粮饷就没了。士兵不得已将他释放。最后士兵与粮食都得以保全。当时，荣县百事支应，都需要仰仗他。军费收支纷繁杂乱，但无论何时找他，他都能如数支应，没有任何差错。后来事态平息，官府为曹兆仲建牌坊以示表彰。曹兆仲平时气度宏达，有一天元旦，他冠带整齐地出门拜年，却被平时与他不和的人唾弃，曹兆仲笑着作揖说：元日就不要互相戏耍了。并且向他拜年。那个人羞愧而去。

周永超 字慎斋。云南贼匪流窜镇西场，在途经鸦雀冲时，周永超带着黄体琛驻扎在乱石顶，埋设疑兵。盗贼不敢侵犯，竟自离开。后盗贼从张家场包抄过来，他带领众人在燕子岩抵御盗贼，又在鸦雀冲战斗中大获全胜，他带领的民团遂以英勇闻名。

左福光 云南贼匪侵犯东川沟，在那里驻扎了三天。左福光为了让盗贼迅速离开东川沟，夜里率领子弟偷偷地潜伏在盗贼军营旁边，断绳爇火，挂在树林中，并且放炮大喊。他们见盗贼惊慌混乱，率队逃出，就灭火潜伏；盗贼返回，他们又点燃柴火并大声呼叫以袭扰敌人。整个晚上，盗贼被弄得巢穴鼎沸，不得安宁。最后盗贼烧毁了左福光的家，拔营而去。左福光说：烧毁我两处宅院，但保全了无数宅院，我的计策成功了。此后盗贼再也没有侵犯过东川沟。

邹尚义 字康亭，监生。精于拳术，喜好鼓琴。咸丰庚申年（1860），遇贼匪侵扰观山场，邹尚义召集团练，在观音滩上抵御盗贼，杀死四个盗贼首领。最后因寡不敌众战败，邹尚义刀矛都没有了，便徒手死斗，身无完肤，胸口也受了重伤，与侄子邹立达一同战死，时年三十八岁。同时死难者，另有三十七人：邹启仁、邹奇政、朱映明、朱朝举、朱朝烈、朱心富、但九山、邹善新、邹川新、邹文举、邹于道、邹永有、邹敬桃、刘子年、范大宣、朱朝联、朱尔崖、沈居先、邹敬崇、邹廷耀、徐光级、徐旺、陈国寿、胡文昭、漆洪友、邹敬越、罗富元、邹立达、胡安善、虞正周、杨元华、张星点、蓝应朝、钟正乾、杨纯端、曹世瑗、钟世辅。

荣县之山峭拔挺直，乡人们的性格也都秉直刚介。在与云南贼匪的战斗中，因殉义而远近闻名的人很多，为了永远铭记他们的忠勇与大无畏精神，现将他们的名字事迹胪列如下：

张星点 生平正直。庚申（1860），云南逆贼叛乱，张星点被盗贼劫掠到天堂寺。他大骂盗贼，不屈而死。

王香馥 咸丰庚申（1860），云南逆贼窜至乡里侵扰百姓，王香馥在豹子山协助张协镇杀贼，战死。

胡安喜 号益园，监生胡富恒之孙。性情刚直，好义不欺。咸丰庚申年（1860）五月二十八，云南逆贼窜至乡境，胡安喜率领众人在烟墩岩与盗贼激战，不幸被盗贼抓获。他破口大骂盗贼，不屈而死，时年五十八岁。次子胡华酉为了救父亲，杀死几个盗贼，最后与父亲一同死于贼手。

黄朝定 读书识大义。咸丰庚申（1860）四月十三日，云南盗匪侵扰荣县边境，黄朝定率领百余团丁占据燕子岩抵御盗贼。他们追赶盗贼到后坎子，和邹铁匠一起与盗贼奋战，各自杀死盗贼数名，抢夺了他们的抬枪。不料，盗贼蜂拥而至，终因寡不敌众，团丁们四散逃走，黄朝定与铁匠拼力奋战，直到战死。

彭镇国 监生。辛酉（1861）四月初六，彭镇国在白庙寺遭遇盗贼，不屈而死，时年三十七岁。

晏思襄 在东川沟被抓，盗贼强迫他投降。晏思襄说：我堂堂大丈夫，怎么能投降你们这帮盗贼呢！说罢，忽然夺过盗贼的刀与之搏斗。晏思襄后来躲到田地里，终因身受重伤，两天后去世。

杨有光、杨荣华、杨光喜、陈永良、郑木匠 杀云南贼匪，一同战死。

黄体琛 精通经史，通晓兵事。咸丰年间，李氏逆贼窜扰乡里，黄体琛常率领鸦雀冲的团丁驱赶盗贼，结果惹怒了盗贼。不久，盗贼蜂拥而至，准备报复他。黄体琛嘱咐兄长黄体荣以大炮驻守于大山要害之处，他却与众乡人占据乱石山，以为犄角之势。为了躲避盗贼，乡民们都登上山顶躲藏，其中尤以妇女居多。黄体琛让妇女们以长帕蒙头，砍伐竹子做成长矛，把裙子系在竹竿上作为旗帜，在山后烧草生烟，以为疑兵。盗贼直接攻山，众乡民大惊失色。黄体琛告诉他们：不要轻举妄动。并命令谢竹亭挥舞大旗，指向东西方向，看起来像是在指挥埋而着的军队。盗贼因害怕有埋伏而撤退，奔向镇西场。黄体琛终因寡不敌众，被盗贼抓获，不屈而死。

谭兴发 义勇，杀死盗贼无数，亦战死。

王登祥 乐德镇团练的首领。追赶盗贼至李家堰，在大柏树下战死。乡人为他立祠堂祭祀。

钱天元 庚申（1860）七月十三日，盗贼侵掠钱家坝，钱天元被抓捕后怒骂盗贼。盗贼将他绑在榕树上，残忍地杀害了他。

蓝万兴 率领张家场的团丁抵御盗贼，被盗贼抓住后不屈而死。

徐文泽 号镜堂。盗贼围攻井研时，徐文泽率领族人占据桐麻寺，集结成团以自保。他常常设计引诱盗贼到绝境后再杀死他们。但别的盗贼并不知道这件事，更没有办法来报复他。事后有人问他：假如盗贼们知道了是你设计杀死了他们的同伙，你该怎么办呢？徐文泽回答说：人生祸福哪有什么定数？只要能除掉一个盗贼，国家就会少一个盗贼；能保全一片国土，国家就多一片净土。盗贼来报复我，我又怎么会坐以待毙呢？乡人们都佩服他的英勇与谋略。

刘士诚 向来熟练武艺，有家传。云南贼匪侵扰古文场，刘士诚在烟墩寺设下埋伏。盗贼的前队到达时，刘士诚突然冲出来，杀死盗贼数人，活捉六人。众人大声呼喊，声震山谷，盗贼的后队怀疑有埋伏，纷纷狂奔逃散而去。

黄朝玖 云南贼匪侵扰荣县时，黄朝玖充任长山桥社长。他买谷囤积并购置产业，以防备盗贼可能造成的饥荒。

王登庠 监生。云南贼匪作乱时，王登庠同文生朱泽南出任团总，召集训练乡兵。盗贼侵犯乡境，距乐德镇仅十余里。王登庠与朱泽南约定，让其驻扎马营崖御贼，他自己则率领团丁前往杀贼。王登庠在前进的途中正好遇上贼匪，战死在李家堰。

马明焕 字玉堂，千总衔。咸丰十年（1860）四月，云南盗贼经由长山桥窜掠至杜家井，当时马明焕才十八岁，保护父母及家眷九十六人躲避盗贼追击。当时有数十名盗贼追击他们，从石观音到胡家巷马鞍山有二十八里，马明焕且战且走，一身百臂，最终确保全家无恙。这一方面固然是他的勇猛所致，另一方面也是孝义之气使然。

刘维藩　字石屏。咸丰间李、蓝之乱时，他捐出五百缗创建五福寨，乡里百姓靠此得以保全者就有五百余家。他在防守盗匪劫掠、保护乡人方面尽心尽力。古代凡是贤者、能者和为大众服务者，乡里士绅都十分尊重他们。光绪戊戌年（1898），李正鹏、刘龙江再次培修了五福寨。

龚　潜　1873—1913，字郁文，城西九折屏人。光绪二十八年（1902），龚潜东渡日本，在早稻田大学蚕桑专业就读。光绪三十二年（1906）九月，他由但懋辛、丁厚扶介绍加入同盟会，并于同年回国，任自流井、犍为、仁寿、荣县地区的联络员。出任荣县蚕桑学堂校长期间，龚潜曾先后召集赖君奇、赵叔尧、杨先公等人在北街密商荣县起义事宜，并筹集经费与武器等。罗泉井会议后，他又同王天杰等商议荣县起义等事。宣统三年（1911）九月，龚潜同龙鸣剑、王天杰等率领民军北上攻成都，任军需处长。

民国2年（1913），龚潜出任县民团副团总。八月，他同王天杰等组织义军，宣布讨伐袁世凯。九月十日，川督胡景伊派兵镇压义军，龚潜等率领义军同袁军在白石铺激战。后因弹尽援绝，向重庆方向撤退。义军到达永川时，为袁世凯部所阻挡，龚潜毅然决定入城与守军交涉，但被永川同志某君所劝阻，遂滞留在友人家，遂与王天杰断绝了联系。听说王天杰遇难的消息后，龚潜便改名汪净波前去重庆。九月二十四日，他在金子坊忧愤而死，时年四十岁。十月二十九日，龚潜的遗体运回荣县。民国4年（1915），荣县民众在西街两湖会馆为龚潜和王天杰举行了追悼大会。

晏光耀　字中和，杨家场晏会冲人。晏光耀性情憨厚耿直，清宣统元年（1909）考入成都陆军小学。四川保路运动事起，羌人趁机侵犯成都周边县市，晏光耀转战于新繁、灌口之间，以作战勇猛果敢闻名。民国成立后，他才加入熊克武领导的军队，驻防秀山。他所率领的军队在剿灭悍匪的战事中失利，行将溃散，晏光耀奋然大呼说：连区区盗匪都不能制服，还当什么军人？他组织散乱的士兵，勇敢地击退了悍匪，被提拔为排长。

秀山有一个大家富室的恶霸，行事奸诈狡猾，横行乡里，残害百姓，当地的官吏拿他没有办法，也不敢派兵去抓捕他。晏光耀将此恶霸抓捕到县衙后，县令因为害怕，竟然与他商议，准备释放此人。晏光耀极为愤恨，督促县令诛杀了恶霸。后辗转游击于綦江、江津等地，致力于清缴盗匪。癸丑（1913），熊耀武与杨森开战，晏光耀以一等差遣官的身份督送子弹。在隆昌县驻军，不料杨森的大队人马突然蜂拥而来，而守城的士兵竟然率先逃走。晏光耀毫不畏惧，率领卫队誓死抵抗，最终遇害，时年二十二岁。战事结束后，父兄将他的骸骨运送回荣县老家，但没有钱厚葬，只能草草地将他埋在野客山。后来，熊克武督抚四川，向政府请求抚恤，晏光耀最终获得荣典，入祀荣县义烈祠。

罗　鼎　1878—1911，字叔明，荣县城区人。从小随父习武，擅长剑术，有侠义之气。在成都读书时，罗鼎喜读革命书刊，常与同学议论国事。光绪二十六年（1900），八国联军攻陷北京，他愤然说：我们作为华夏子孙，怎么能忍受列强的凌辱？民族兴亡，匹夫有责！为雪洗国耻而流尽满腔热血，是我罗鼎真正的志向。

《辛丑条约》签订后，罗鼎认为，要反对帝国主义的侵略，就必须推翻清王朝统治。光绪三十三年（1907），他在川南地区秘密组织东山会党，开展反对帝国主义和清朝统治的革命活动。宣统元年（1909）加入同盟会。十一月，他同革命党人李子徐等在川南地区聚集民军230余人，与熊克武、廖腾霄密谋，制订了十一月十六日“捣毁屏山县和攻打叙府”的计划，终因计划被泄密而失败。他又前往自流井与王天杰密谋重整队伍，再举义旗，因计谋泄露，被清政府明令通缉。于是化名马集成，继续在隆昌、自贡一带进行革命活动。

宣统三年（1911）正月，应黄兴电召，他秘密组织人员赴广州参加起义，行至途中，得知起义失败，后返回四川。同年，四川保路运动事起，他同党人杨兆蓉、龚祝三等在泸州、永宁等地进行策反工作。八月初，罗鼎在贵州仁怀县组织义军，率领一千余人挺进川南，与党人王焕卿、韩励生等率领的民军会合，被推为川南民军统领。他率领民军先后攻克了合州（今合江县）、江安、古宋等州县，并宣布独立。

蜀军政府成立后，罗鼎被派去川南各地视察。得知古蔺县宣布独立后，军政大权却仍然掌握在原巡防军管带李晓清手中并继续为非作歹。他遂于十二月六日，前往古蔺县城查处此事。李晓清假意殷勤接待，将罗鼎、王伦等四人安排在城内关帝庙暂住，安排随行士兵驻扎在城郊。当天，罗鼎当众指责李晓清破坏共和，有违孙中山军政与民政分掌的本意，要求李只能二中选其一，李表面表示赞同。会后，李晓清密令亲信哨官包围关帝庙，于次日拂晓向罗鼎住处开枪射击。罗鼎身中七弹牺牲，时年三十三岁。

民国元年（1912），蜀军政府追认罗鼎为四川死义烈士。他的灵柩回乡后，荣县民众为他举行了追悼大会，并将他的遗体安葬在天庆山。民国 35 年（1946）春，罗鼎的遗体被迁葬至县城北郊的烈士陵园。

张良玉、刘海清、陈大兴　参加辛亥（1911）民军起义，均在八月十三日的徐家渡战役中阵亡。

吴大兴　辛亥（1911）革命时，吴大兴参加民军，在战斗中阵亡。

张无咎　县士张景乔的次子。辛亥（1911）武昌起义，年仅十余岁的张无咎投身革命。在一次战斗中，他的手臂不幸中弹，医生将手臂上的一小块骨头和子弹一起取出，这才治愈了他的枪伤。张无咎生性勇敢，身材魁梧高大，常常特立独行，往往招致循规蹈矩者的诋毁，说：这就是张家那个放荡不羁的家伙。但是赵熙在《鲁论》《品目》中对他的评价都颇高，有“仁者必有勇”“君子笃于亲”等赞美之词。张无咎去世时才三十四岁。

林文仲　辛亥（1911）四川保路事起，林文仲加入了保路运动的队伍。辛亥革命后，林文仲解甲归田。后来袁世凯称帝复辟，他再次加入滇军游击队。民国 5 年（1916）正月，他先参加了成都牛市口之战，后转战于石马溪，不幸阵亡。乡民们请示县政府，要求对他进行抚恤。

罗经武　白庙寺人。民国 5 年（1916），盗匪横行，气焰嚣张。同年七月七日，有盗匪头目率领同伙五六十人，蜂拥入场抢劫。罗经武率领团丁抵御盗匪，身受重创，当场遇难，时年二十八岁。佐理县长吴乃赓表彰并祭奠了他。

郝朝宗　字光廷，武生。民国 5 年（1916），因在杜家井办团练成绩显著，省署奖励他二等银质桑梓勋章。同年十一月十八日夜，郝朝宗被盗匪杀害。

李才华　鼎新寺人，民国 5 年（1916）袁世凯称帝，西南各省讨袁义军纷起。乡人们集居在大才寨，不料有一群匪盗前来抢掠。大才寨中有一深塘，妇女儿童一百余人围着深塘哭泣，准备赴水殉节。李才华和兄长李溪华说服阻止了这一行为。在与盗贼的战斗中，李溪华头部中了八刀却没有死。李才华战死后，尸体在大热天放了三天还像活人一样没有腐败。乡亲们都为李才华的义行所感动，于是在大才寨中专门修建祠堂来祭祀他。

张治道　字寿波，曾担任川军连长。民国 9 年（1920），在龙泉驿与滇军交战时阵亡。

黄智平　死时才二十岁。民国 10 年（1921）三月十七日夜晚，盗匪抢劫黄智平的邻居，他于是击毙了两个盗匪头目，剩下的盗匪四散奔逃。黄智平因追赶逃跑的盗匪而被砍伤，很快就死去。上级有关部门旌表了他的英勇行为。

第三章　旌表封赠

荣县山川秀丽，人杰地灵。自古受朝廷嘉奖、封赏与旌表的山川人物、嘉言懿行，一向颇多。如北宋熙宁八年（1075）十月，宋神宗封荣梨山山神为“灵应侯”，清康熙二十三年（1684）御赐的“万世师表”匾额、雍正四年（1726）御赐的“生民未有”匾额、乾隆四年（1739）御赐的“与天地参”匾额等。古代诰命敕封为国家和百姓做出贡献的官员亲属、修建牌坊表彰节烈妇女、褒扬忠孝义举自不待言，中华人民共和国成立以来，受到党和国家表彰的荣县籍革命英烈亦不在少数。

荣县的历史人物，从汉唐而论已经十分久远，一时无法追溯记载。然自宋以来，记载在县志中者颇多。孔子所谓“评价一个人是否是真正的人才是很困难的！”确实如此。考量孔夫子的这句话，值得修志者深思。一个人是否孝顺，从幼童时就可以看出来，而节义之人，则须盖棺后才能有定论，对某一个人是否节义的确不容易下结论。有人说：“这也太狭隘了吧！”笔者自愧蠡测之短，又怎么能有广博的见识，只好把这些人都记在这里等后人来评价。① 乾隆《志》评价说：荣县历史上的绅士，耆英硕德可入选志乘者不乏其人。因此按照盖棺论定的惯例对他们做了记载，以待后来者从中采择。至于节孝这一门类，也不敢随便增删取舍。

第一节　诰命敕封

一、宋

荣州荣梨山神封爵　宋代荣梨山慈云寺中有两个祠堂，一座叫山神祠，一座叫五龙祠。北宋熙宁八年（1075）十月，因为天旱，百姓多次前往这两个祠堂祈雨都十分灵验，宋神宗便封荣梨山山神为灵应侯。

五龙池赐额　即赐给荣梨山慈云寺中五龙池的赐额。

王梦易　因儿子王序而显贵，赠通奉大夫。妻子向氏，赠封淑人。

---

① 旧志云：“按荣之历汉唐远矣，自宋至今岁五百年，而所可名者止于斯。孔子曰‘才难’，信夫！君子观之，可以深长思矣。孝自童稚，节须盖棺，系之人物，不易得也。或曰：‘狭乎！’余自惭蠡测之短，又乌能博识？书此以俟后起。”

二、明

张觉先 因为孙子张彦忠而显贵，敕赠奉直大夫。妻子□氏，敕封宜人。

张 辉 庠生，因为儿子张彦忠而显贵，赠奉直大夫。妻子□氏，封宜人。

吴 鼎 因为儿子吴道弘而显贵，赠中宪大夫、大理寺卿。妻子熊氏、田氏，封为恭人。

吴道弘 授中宪大夫。

伍从政 因为儿子伍性而显贵，赠按察司佥事。

王本初 因为儿子王辅而显贵，赠经历。

刘天秩 因为儿子刘文而显贵，赠监察御史。

曹刘氏、曹张氏 因为儿子曹迈而显贵，俱封孺人。

曹 迈 授征仕郎。妻子杨氏，封孺人。

宋 珪 因为儿子宋洵而显贵，赠文林郎。妻子廖氏，赠孺人。

宋 洵 授文林郎。妻子沈氏，封孺人。

赵克中 因为儿子赵本而显贵，赠监察御史。

杨 石 因为儿子杨易而显贵，赠文林郎。妻子吴氏，赠孺人。

杨易县 授文林郎。妻子张氏，封孺人。

严嘉言 因为儿子严杰而显贵，封文林郎。妻子周氏，赠孺人。

严 杰 授文林郎。妻子李氏，赠孺人。继配妻子万氏，封孺人。

杨地载 因为儿子杨镕而显贵，赠文林郎。

章养淳 因为儿子章琳而显贵，赠文林郎。原配妻子晏氏、继配妻子吴氏，俱赠孺人。

三、清

清康熙二十三年（1684），皇帝御赐荣县文庙“万世师表”匾额。

清康熙二十五年（1686），皇帝御赐荣县文庙《至圣先师孔子赞》。

清雍正四年（1726），皇帝御赐“生民未有”匾额。

清乾隆四年（1739），皇帝御赐“与天地参”匾额。

清嘉庆四年（1799），皇帝御赐“圣集大成”匾额。

曾士元 因为曾孙曾省三而显贵，貤赠通奉大夫。妻子陈氏，貤赠二品夫人。

曾绍明 因为孙子曾省三而显贵，始封文林郎，晋封朝议大夫，又晋通奉大夫。妻子林氏，始封孺人，晋封恭人，又晋二品夫人。

曾习鹏 因为儿子曾省三而显贵，初封儒林郎，晋封朝议大夫，又晋通奉大夫。妻子林氏，初封孺人，晋封恭人，又晋二品夫人。

张敦叙 因为孙子张廷恩捐员外郎加六级，诰封通奉大夫。妻子戴氏、刘氏，俱封夫人。

张必遵　因为儿子张廷恩捐员外郎加六级，诰封通奉大夫。妻子梅氏、陈氏，俱封夫人。

张必达　因为侄子张廷恩捐员外郎加六级，貤封通奉大夫。妻子车氏，封夫人。

曹开卫　因为曾孙曹玉枢捐赠员外郎加六级，貤封通奉大夫。妻子吴氏、龚氏，俱封夫人。

曹中朋　因为孙子曹玉枢捐赠员外郎加六级，诰封通奉大夫。妻子夏氏、王氏，俱封夫人。

曹兆仲　因为儿子曹玉枢捐赠员外郎加六级，诰封通奉大夫。妻子朱氏，封夫人。

曹金仁　因为弟弟曹玉枢捐员郎，加六级，貤封奉直大夫。妻子郝氏，封宜人。

曹象濬　因为曾孙曹俊亮而显贵，貤赠中议大夫。妻子刘氏，封淑人。

曹　极　因为孙子曹俊亮而显贵，诰赠中议大夫。妻子方氏、胡氏，俱封淑人。

曹远谟　因为儿子曹俊亮而显贵，诰赠中议大夫。妻子杨氏、毛氏，俱封淑人。

曾省三　任江西南康府知府，封朝议大夫。妻子黄氏、熊氏，俱封恭人。

吴宣艺　因为孙子吴僻培而显贵，貤赠奉政大夫。妻子王氏，封宜人。

吴宣略　以孙僻培而显贵，貤赠奉政大夫。配王氏，封宜人。

吴　琇　因为儿子吴僻培而显贵，貤赠奉政大夫。妻子王氏，封宜人。

张大鹏　因为孙子张必达捐同知衔，貤封奉政大夫。妻子郝氏，貤封宜人。

王廷芳　因为孙子王士诚捐同知衔，貤封奉政大夫。妻子张氏，貤封宜人。

王九皋　因为儿子王士诚捐同知衔，貤封奉政大夫。妻子郝氏，貤封宜人。

刘继文　因为孙子刘光宇捐布政司经历，貤赠奉直大夫。妻子范氏、继室丁氏，俱赠宜人。

刘廷选　因为儿子刘光宇捐布政司经历，加二级，封奉直大夫。妻子曹氏，封宜人。

钟大昭　因为儿子钟正朗捐职，封奉直大夫。妻子刘氏，封宜人。

萧汝琔　因为儿子萧昌悠捐州同，加级，封奉直大夫。妻子彭氏，封宜人。

王仕桢　因为儿子王朝选捐职，封奉直大夫。妻子彭氏、江氏，俱封宜人。

张　典　因为儿子张轩鹏而显贵，诰赠奉直大夫。妻子吴氏、伍氏，俱封宜人。

林万春　因为儿子林荣捐至圣庙赍奏厅职衔，敕封承德郎。妻子温氏、官氏，俱封安人。

林信漳　因为降服子林荣捐至圣庙赍奏厅职衔，貤封承德郎。妻子涂氏，封安人。

廖世璠　因为侄子廖朝翼而显贵，貤封儒林郎。妻子吕氏，貤赠安人。

廖世琅　因为儿子廖朝翼而显贵，封儒林郎。妻子梁氏，赠安人。

黄家彦　因为弟弟黄家宾捐布政司经历，貤封宣德郎。妻子倪氏，封安人。

王廷举　因为孙子王士容捐布政司理问衔，貤封宣德郎。妻子曹氏，貤封安人。

王九成　因为儿子王士容捐布政司理问，赠宣德郎。妻子李氏、彭氏，俱封安人。

王　桂　因为孙子王九卿捐布政司理问衔，貤封宣德郎。妻子龚氏，貤封安人。

王廷标　因为儿子王九卿捐布政司理问衔，封宣德郎。妻子杨、杨氏，俱封安人。

王九龄　因为儿子王士选捐布政司理问衔，封宣德郎、貤赠奉直大夫。妻子李氏，封安人，貤赠宜人。

钟锡连　因为孙子钟德魁报捐州同，貤封宣德郎。妻子袁氏、童氏，俱貤封安人。

钟相成　因为儿子钟德魁报捐州同，诰封宣德郎。妻子陆氏，封安人。

陈为光　因为儿子陈均远任湖北崇阳县知县，赠文林郎。妻子萧氏、妾雷氏，均赠孺人。

陈秀文 因为孙子陈均远任湖北崇阳县知县，貤赠文林郎。妻子刘氏，貤赠孺人。

吴一恒 因为儿子吴懋仁而显贵，敕封文林郎。妻子蔡氏，封孺人。

吴懋仁 拔贡，癸酉年（1753）举人。因为担任西昌教谕，封文林郎。妻子邹氏、郭氏，俱封孺人。

王廷华 因为孙子王士绍捐按察司经历衔，赠文林郎，晋封奉直大夫。妻子傅氏，封孺人，晋封宜人。

王永明 因为儿子王士绍捐按察司经历衔，赠文林郎，晋封奉直大夫。妻子张氏，封孺人，后晋封宜人。

林常谟 因为孙子林燊署至圣庙知印，封文林郎。妻子廖氏，貤封孺人。

林有聪 因为儿子林燊署至圣庙知印，封文林郎。妻子郑氏，封孺人。

黄　惇 因为孙子黄松而显贵，貤赠文林郎。妻子辜氏，貤赠孺人。

黄龄延 因为儿子黄松而显贵，赠文林郎。妻子周氏，赠孺人。

张宾鹏 因为孙子张铭绅为州判职衔，貤赠征仕郎。妻子王氏，封孺人。

张尚修 因为儿子张铭绅为州判职衔，敕封征仕郎。妻子李氏，封孺人。

曾善文 因为儿子曾习传而显贵，貤赠修职郎。妻子刘氏，貤赠孺人。

吴童俊 因为儿子吴达而显贵，貤赠修职郎。妻子简氏，貤赠孺人。

谭兴讷 因为儿子谭仁源而显贵，貤赠修职郎。妻子辛氏，貤赠孺人。

刘廷俊 因为儿子刘金丽捐按察司知事，封修职佐郎。妻子曹氏，封孺人。

曹纯明 因为儿子曹垲任平武县训导，貤封修职佐郎。妻子张氏，貤封孺人。

刘乙熠 因为儿子刘占鳌而显贵，赠修职佐郎。妻子王氏，赠孺人。

邹昌炳 因为儿子邹赤心而显贵，貤封登仕佐郎。妻子王氏，貤封孺人。

龚膺政 因为孙子龚晋祺而显贵，貤赠奉直大夫。妻子刘氏，貤赠宜人。

龚膺懋 因为孙子龚晋祺而显贵，貤赠儒林郎。妻子杨氏，貤赠安人。

龚常泰 因为儿子龚晋祺任广西西隆州州同，赠儒林郎。妻子曹氏、张氏，均赠安人。

张政清 因为外孙龚晋祺而显贵，貤赠儒林郎。妻子罗氏，貤赠安人。

龙福春 因为儿子龙文捐云南同知，诰封奉政大夫。妻子王氏，封宜人。

张敦叙 因为孙子张廷英而显贵，貤封宣武都尉。妻子戴氏，貤封恭人。

张必达 因为儿子张廷英而显贵，诰封宣武都尉。妻子车氏，封恭人。

张大震 因为儿子张济川而显贵，诰封武德佐骑尉。妻子吴氏，封宜人。

第二节　例　荫

一、明

吴　鼎 吴道弘的父亲，赠予中宪大夫、大理寺卿。母亲熊恭人。

伍从政 伍性的父亲，赠按察司佥事。

刘天秩 刘文的父亲，赠监察御史。

宋　珪 宋洵的父亲，赠监察御史。

赵克中　赵本的父亲，赠监察御史。

杨　石　杨易的父亲，赠知县。

严嘉言　严杰的父亲，赠文林郎。母亲周孺人。

杨地载　杨镕的父亲，赠知县。

二、清

刘乙燿　刘占鳌的父亲，赠修职佐郎。母亲王孺人。占鳌，乾隆年间岁贡，纳溪县训导。

第三节　旌表者

一、明

郝明德妻沈氏　沈氏二十五岁时，丈夫郝明德去世，当时儿子郝彦礼才五岁。沈氏忠贞守节，以纺织养家，抚养儿子长大成人。洪武十四年（1381），知县杨文进将沈氏的事迹上报朝廷，请求朝廷为之旌表。

陈伯伦妻白氏　陈伯伦很早就去世了，白氏守志不污。她的事迹被朝廷知道后，受到了旌表。

龚湜妻刘氏　龚湜去世后，刘氏发誓不改嫁。事迹被朝廷知道后，受到了旌表。

杨健妻江氏、儿子杨沦妻郝氏　杨健很早就去世了，江氏守志五十四年，独自将儿子杨沦抚养成人。不幸的是，杨沦在迎娶媳妇没多久后也去世了。杨沦去世时，他的妻子郝氏才十八岁，郝氏不忍舍弃江氏，与她相依为命。郝氏的父母可怜郝氏年少，想要让她改嫁，但郝氏誓死不从，两次在家中自尽，以死抗争，幸运的是都被江氏救下。从此郝氏父母不再逼迫女儿。江氏、郝氏，婆媳二人都得以高寿。县人将他们的事迹禀告朝廷，御史冯璋表其门曰“双节”。

吴九经妻朱氏　吴九经，县附学生。吴九经去世时，其子吴祐才不到一个月，妻子朱氏才二十四岁。吴九经的丧礼结束后，朱氏矢志不渝，苦苦守节。朱氏上奉孀居的婆婆，下育幼子长大成人。吴祐稍长就外出就学，朱氏对他的教育极为严格，不论出入，都以礼仪训导他。吴祐自幼能文，聪明才识被县令知晓后，免除了他们一家的赋役。万历元年（1573），吴祐考中举人，后官新都县训导。孙子吴世应为万历戊子（1588）举人，曾官延川县知县；吴世衢、吴世衍、吴世衡，都是廪生。过了两代人，朱氏仍然很健康，还能继续处理家政。曾孙吴象铉，中崇祯己卯（1639）解元，官思南府推官。玄孙良璧，清康熙壬子（1672）副贡生。

万历乙酉年（1585），巡按李某曾将朱氏的事迹上疏朝廷。丙申年（1596），朝廷对朱氏忠贞守节、教育后代的行为进行了旌表，巡抚、知府也都表彰了他们一家。朱氏八十岁时才去世。

二、清

吴履泰妻王氏 王氏二十一岁时寡居，苦苦守节五十年。乾隆二十九年（1764），受旌表列入节孝祠祭祀。

吴良屏妻王氏 富顺县附学生王岐凤之女，长大后嫁给荣县吴良屏。张献忠之乱，吴良屏跟随父亲到外地做官，留下王氏独自在家奉养婆婆。贼匪当前，王氏不得不投靠父亲王岐凤，在路上时为了不让贼匪发现，藏身于树林中。随身带的粮食吃光了，王氏晚上就偷偷出来采蕨菜给婆婆吃。张献忠之乱平定后，吴良屏归家，但是回来不久就去世了。当时王氏才二十九岁，但她没有改嫁，忠贞守节，六十一岁时去世。乾隆四十五年（1780）前受旌表。

张之蕃妻李氏 李氏二十三岁时，丈夫张之蕃就去世了。李氏没有改嫁，忠贞守节，六十岁时去世。乾隆四十五年（1780）前受旌表。

谢朝恩妻李氏 宜宾人。李氏二十六岁时丈夫谢朝恩便去世，她忠贞守节四十年。乾隆四十五年（1780）前受旌表。

朱琇妻刘氏 刘氏生下一个女儿后，丈夫朱琇病故，当时刘氏才二十一岁。在丈夫刚去世时，有人将刘氏骗出来想要把她嫁给别人。走到半路上，刘氏忽然发现了这个骗局，在市集中大声哭号，引起旁人的注意才得以幸免。刘氏忠贞守节数十年，独自抚养遗腹女长大成人。后来，其女嫁给了县附学生龚勉学，不幸的是女儿很年轻就守寡了。其女忠贞守节，颇有母亲的风范。乾隆四十五年（1780）前受旌表。

丁汝童妻徐氏 徐氏二十岁时守寡独居，忠贞守节，独自抚养孤儿长大成人。丁家本来就极为贫困，徐氏在其后的寡居生活中备尝艰辛。八十一岁时才去世。乾隆四十五年（1780）前受旌表。

邹峄阳妻童氏 童氏二十一岁时，丈夫邹峄阳病故。童氏矢志不渝，忠贞守节，足不出庭，连妯娌们都很难看到她。乾隆四十五年（1780）前受旌表。

谢官妻邹氏 威远人。邹氏弟弟邹峄阳的妻子李氏也孀居，人们对她们姑嫂二人交相称颂。乾隆四十五年（1780）前受旌表。

谢诰妻邹氏 威远人，庠生谢诰之妻。邹氏二十岁时，丈夫去世。她忠贞守节，独自抚养儿子长大成人，孀居五十多年。乾隆四十五年（1780）前受旌表。

陈存仁妻邹氏 威远人。邹氏二十二岁时丈夫陈存仁就去世了。二人没有生育孩子，邹氏忠贞守节，至死不渝。乾隆四十五年（1780）前受旌表。

王訫仁妻黄氏 陕西庄浪知县、举人黄松之女。黄氏二十岁时，嫁给了富顺县书生王訫仁。婚后第二年，黄氏生下儿子王道纯。不久，王訫仁身患重病，因家境贫困无钱救治，黄氏典当自己的簪子为丈夫治病，并向上天祈祷，希望用自己的命换丈夫的命。王訫仁最终还是病故，黄氏痛不欲生。她念及公婆年老体弱，儿子年幼尚需抚养，于是矢志不渝，忠贞守节五十余年。公婆去世后，所需的丧葬、坟茔等费用都是靠黄氏纺织赚来的。黄氏教养儿子王道纯，严格督促他学习，从不间断，王道纯后来成为庠生。黄氏的事迹已经记载于《富顺县志》，但是因为她本是荣县人，所以也附录在此。黄氏在乾隆中被朝廷旌表。

李苯妻黄氏　也是黄松之女。李苯，富顺拔贡。李苯去世时，黄氏二十四岁。有人劝说黄氏改嫁，黄氏剪断头发以明不嫁之志，极为孝顺地奉养孀居的婆婆。丈夫的弟弟李艺、李荷还十分年幼，黄氏严厉地教育他们，期望他们可以成才。后来李艺被推举为贡生，出任南江训导。黄氏过继李艺之子李世纶为后嗣。李荷，乾隆庚寅年（1770）中举人，但很早便去世，留下孤子李世缙。黄氏将其抚养长大，严格教育，李世缙后考中乾隆乙酉（1825）举人。乾隆四十五年（1780）前受旌表。

黄国权妻李氏　李氏二十三岁时，黄国权去世。李氏苦苦守节五十五年。乾隆四十五年（1780）受旌表。

吴志清妻王氏　富顺县学生王壁藩之女。王氏十八岁时嫁给廪生吴志清。婚后四年，吴志清去世。弟弟吴志睿，恩贡生；吴志浩，廪生，都很早去世，且没有后代。王氏与弟媳黄氏、袁氏，过继抚养从子吴兆祥、吴兆麟长大成人，并以吴兆祥之子为孙。王氏享年九十余岁。乾隆四十五年（1780）受旌表，列入节孝祠祭祀。

谢治中妻李氏　谢治中，监生，去世很早。李氏苦苦守节三十二年。乾隆四十五年（1780）受旌表，列入节孝祠祭祀。

谢宁妻李氏　谢宁，庠生。谢宁去世时，李氏才二十四岁。她苦苦守节五十三年。乾隆四十五年（1780）受旌表，列入节孝祠祭祀。

张弧妻王氏　张弧病故时，王氏才二十三岁。她苦苦守节五十年。乾隆五十五年（1790）受旌表，列入节孝祠祭祀。

赵源漢妻王氏　赵源漢病故，王氏苦苦守节三十四年，乾隆五十五年（1790）受旌表，列入节孝祠祭祀。

杨纻武妻柳氏　杨纻武去世时，柳氏才二十一岁，她苦苦守节三十五年。乾隆五十六年（1791）受旌表，列入节孝祠祭祀。

邓玉珀妻杨氏　邓玉珀去世时，杨氏才十七岁，她苦苦守节五十五年。乾隆五十七年（1792）受旌表，列入节孝祠祭祀。

陈世碧妻邓氏　陈世碧去世后，邓氏苦苦守节三十五年。乾隆五十七年（1792）受旌表，列入节孝祠祭祀祠。

龚勉学妻朱氏　朱琇之女，朱琇之妻也是一位节妇。龚勉学去世时，朱氏才二十二岁。她上奉养公婆极为孝顺，下独立抚养幼子长大成人。朱氏苦苦守节四十年，有她母亲的风范。朱氏之子龚庭肃，廪生；龚庭范，庠生。嘉庆七年（1802），朱氏的事迹上奏朝廷，因此受旌表列入节孝祠祭祀。

刘元珠妻李氏　李氏二十四岁时，丈夫刘元珠病故。她苦苦守节三十六年，嘉庆十年（1805）受旌表，列入节孝祠祭祀。

杨灿阳妻李氏　李氏二十一岁时，丈夫杨灿阳病故。她苦苦守节三十六年，嘉庆十年（1805）受旌表，列入节孝祠祭祀。

邱国元妻罗氏　罗氏二十八岁时，丈夫邱国元病故。她苦苦守节四十一年，嘉庆十一年（1806）受旌表，列入节孝祠祭祀。

邱思诚妻邹氏 邹氏二十二岁时，丈夫邱思诚病故。她苦苦守节三十年，嘉庆十三年（1808）受旌表，列入节孝祠祭祀。邹氏之子邱荣青，府庠生；邱长青，县庠生。

吴光曾妻王氏 王氏在道光元年（1821）受朝廷旌表，并为她在贡井天池山麓修建牌坊。

吴占超妻杨氏 吴占超阵亡。道光三年（1823）受旌表。

王子绶妻张氏 张氏之子王德淳，举人，文学出众，在当时非常出名。道光七年（1827）受旌表。

赵映秀妻杨氏 杨氏有遗腹子赵德修，附学生。赵德修少年时非常聪慧，善书法，作沤波体，又研习唐柳公绰碑，妙得悬解。赵家住在县城北五里的赵湾。当时山乡民风淳朴，极少有读书弦诵之音，而赵德修的大伯父赵芝麟、二伯父赵钟麟、从弟赵国璧及德修，都并列庠序。赵德修聪敏、赵国璧踏实笃学，尤为知名。杨氏苦苦守节三十七年，终于看到了赵家一门人才济济的景象。道光十年（1830）受旌表。

黎学贵妻范氏 范氏二十八岁时丈夫黎学贵病故，她苦苦守节，九十多岁时五世同堂。范氏的孙媳妇周氏，在二十六岁时丈夫也去世了。周氏和范氏一样，矢志不渝，忠贞守节，人称“一门双节”。道光十年（1830）受朝廷旌表。

林高华继妻李氏 林高华，庠生。前妻所生之子林显冈是增生。道光年间受旌表。

吴玕妻王余氏 富顺廪生王余楦之女。王余氏侍奉公婆极为孝顺。丈夫去世后，她独力抚养孤子吴鹤龄长大成人，后吴鹤龄捐官布政司经历职衔，并为其母上疏请求旌表，并在县北观音崖麓为之修建牌坊。咸丰年间受旌表。

李天寿妻吴氏 吴氏，犍为人。十八岁时丈夫李天寿病故。当时她的公婆、父母皆已经去世，也没有兄弟子侄，李家族党图谋她的田产，劝她改嫁。吴氏坚决不同意，李家族人便强迫她改嫁，并在夜晚纠集数十人，想要将吴氏掳走。吴氏想办法逃脱，跑到了自己的叔父家，但追赶她的人仍然偷偷地追踪她。吴氏砍断手指向天发誓永不改嫁，她的叔父也警告李家族人，说要把他们告上官府，这些人才作鸟兽散。吴氏投靠自己的叔父，并在几个月后产下一个遗腹子，取名李子富。孩子长到十二岁时，吴氏才回归李家。但是族人已经侵吞掉她家一大半田产。后来儿子长大了，娶妻成家，却不料与儿媳一起早早去世，只留下了两个孙子。吴氏含辛茹苦地将两个孙子抚养长大，这才将族人霸占田产的事情诉之公堂。但县令一味劝她谦让，并没有为她主持公道。吴氏享年九十六岁，咸丰年间被旌表为“节烈之女”。

曹氏儿媳毕氏 诸生汪涵为之作《筠山曲》并有序云：荣县西边的筠山，毕家之女与曹氏之子订了婚。不料曹家家道中落，毕家准备要悔婚。毕家之女坚决不同意，她的父母大怒，竟然找媒人为女儿另寻夫婿。毕氏整日泣涕而无计可施。有一天，毕氏跟随母亲到外祖家，外祖家离曹家相距不远。她与舅舅家的女儿到田埂边摘花，恰逢一个少年在田间放猪，舅舅之女指着那个少年问毕氏：你认识那个少年吗？那就是你的未婚夫婿，你甘愿嫁给他吗？毕氏无言以对。她回家后就托病在床，趁父母不注意便跑到了曹家。毕氏对那个少年说：你认识我吗？我原本是你的未婚妻，但是我的父母因为你家里贫困，将要把我许配给别人，我很不情愿。某月某日，我的父母要与某家宴饮，到时候你赶紧来迎娶我。少年说：如果不幸生出祸事，该怎么办呢？毕氏说：我既然已经嫁给了你，那么我的父母就拿我们没有办法了。于是毕氏回家，悄悄收拾好自己的衣服，到了约定的日期，果然跟随曹家少年回家。而当时毕家人皆在宴席上大醉，等家人发现，已经追赶不及了。第二天，夫妇二人按照礼数回毕家行回门礼。毕家父母大怒，将要责罚毕氏。毕氏慨然说：女儿以前是毕家之女，可以责罚；如今已经嫁为曹家的儿媳，就轮不着你们责罚了。毕家父母不得已，赔偿了十万钱，解除了前日与别家定下的婚约。

龚于珍妻官氏　官廷彦之女。官氏二十岁时嫁给龚于珍，婚后三个月龚于珍便病故。官氏抱养侄子为后嗣，继承香火。在分家产时亦不与族人计较。咸丰年间受旌表。

伍荣第妻龚氏　龚元栋之女。伍家家境贫困，伍荣第去世后，龚氏依靠母家，以纺绩维持生计。

钟科瑞妻邱氏　邱富仲之女。邱氏活了九十岁，五世同堂。咸丰年间受旌表。

万仕方妻邹氏　邹玉琳之女。学政潘某赐题“葆贞完孝”。咸丰年间受旌表。

郝中瑶妻王氏　王廷彦之女。王氏苦苦守节五十八年，五世同堂。咸丰年间受旌表。

张国珍妻黄氏　黄应仲之女。黄氏的儿媳吴氏才二十一岁，丈夫就去世了，苦苦守节。咸丰年间受旌表。

范国泰妻谢氏　谢上美之女。谢氏性格沉静，识大体。范家一门三节，谢氏是承先启后的关键人物。咸丰年间受旌表。

范绍文妻程氏　程绍庚之女。程氏的曾祖婆婆陆氏、婆婆谢氏，都在丧夫后矢志不渝，苦苦守节。这大概就是被人们所称赞的“三世冰霜”吧。程氏之子范绍文，庠生。咸丰年间受旌表。

蓝兆发妻曹氏　曹荣昌之女。蓝兆发去世后，曹氏独自抚养儿子蓝世橦、蓝世平，对于夫弟遗孤蓝世璋视如己出，饮食、教诲与自己的儿子没有差异。咸丰年间受旌表。

周光宇妻陈氏　陈锳之女。周光宇，庠生。陈氏曾经割下自己的大腿肉入药救治丈夫。陈氏九十岁时去世。咸丰年间受旌表。

朱朋妻陆氏　陆大富之女。陆氏苦苦守节五十八年，五世同堂。同治间受旌表。

吴珍妻王氏　王智馨之女。王氏十六岁时嫁给吴珍，婚后才七个月，吴珍就病故了。王氏过继抚养侄子吴福龄为后嗣，继承香火，矢志不渝，忠贞守节六十四年，八十一岁时去世。王氏与儿媳陈氏、孙媳刘氏，三世节孝。同治间受旌表。

詹九源妻杨氏　杨国信之女。杨氏勤苦持家，辛勤劳作，积攒了数百亩的田产家业。同治间受旌表。

陈九仕妻缪氏　缪学崇之女。缪氏的弟弟去世后，弟媳改嫁，缪氏抚养弟弟留下的两个儿子，与自己的儿子一起教养成人。同治间受旌表。

张德昭妻赵氏　赵氏家族世代居住在宋坝。张德昭长子张永兴，在家族中能持大义。李、蓝之乱，张德昭以里正的身份保卫乡邦。张德昭之女出嫁后不久，丈夫病故，她忠贞守节，孝顺又有义行。同治间受旌表。

刘世月妻余氏　余龙耀之女。余氏丈夫病故，家境极为贫困，她独力抚养两个儿子刘宗蜀、刘宗武长大成人。孀居的婆婆去世后，丧祭的费用都是余氏靠针线女红赚来的，同乡人可怜她，皆捐资帮助她。同治间受旌表。

刘正枢妻王氏　王锡福之女。丈夫刘正枢去世后，王氏抚养儿子刘应双、刘应高长大成人。后刘应高去世，儿媳吴氏过继抚养刘应双之子为后嗣。吴氏和婆婆王氏一样忠贞守节。同治间受旌表。

彭粤宏妻郑氏 郑奇富之女。彭家家境贫困，在彭粤宏去世后，郑氏不得不依靠兄嫂。她善于侍奉公婆，居丧尽礼。同治间受旌表。

张青鹏妻赵氏 赵学发之女。赵氏独自抚养张潜修、张文修两个儿子长大成人，兄弟俩都成了庠生。同治间受旌表。

范永发妻龚氏 同治十一年（1872），浙江道监察御史、四川达县人吴镇向朝廷奏请旌表龚氏守节的懿行。同治间受旌表。

吴恒兴妻杨氏 杨正端之女。同治十三年（1874），浙江道监察御史、四川达县人吴镇向朝廷奏请旌表杨氏守节的懿行。同治间受旌表。

谢绍泗妻李氏 威远恩贡李照之女。李氏独力抚养儿子谢庭芝长大成人，后来谢庭芝成为庠生。同治间受旌表。

萧逢深妻王氏 王敬葆之女。王氏曾经割下自己的大腿肉救治丈夫。她操持家务，可谓辛苦万端。道光《志》旌表。

李文明妻刘氏 刘绍远之女。刘氏侍奉孀居的祖母和婆婆，有“一门三节”之称。道光《志》旌表。

李芝妻张氏 张廷高之女。张氏侍奉孀居的婆婆古氏，极为孝顺。道光《志》旌表。

罗开先妻侯氏 侯家兴之女。侯氏奉养婆婆，教育儿子，备历艰辛。道光《志》旌表。

余欣云妻杨氏 杨时春之女。杨氏独力抚养三个儿子，家贫苦守。道光《志》旌表。

陈大富妻杨氏 杨符玺之女。丈夫陈大富去世后，杨氏奉养公婆，极为孝顺。二位老人去世后，杨氏对他们丧葬如礼。道光《志》旌表。

张怀瑾妻朱氏 朱朝芳之女。张怀瑾是拔贡生，后在京师去世。朱氏生活贫苦，以守节自励。道光《志》旌表。

詹积忠妻杨氏 杨乾泰之女。杨氏二十岁时，丈夫詹积忠病故，二人膝下无子。其后公婆相继离世，杨氏按照礼数将他们安葬。丈夫的弟弟詹秉忠娶妻梁氏，二人也膝下无子。故杨氏及梁氏各自抱养孩子继承香火。其子詹厚泽，十八岁就成了县庠生。道光《志》旌表。

蓝世标妻段氏 段先春之女。段氏独力抚养儿子蓝永丰、蓝永双。蓝永丰，早逝；蓝永双，庠生。道光《志》旌表。

刘忠杰妻李氏 李祈长之女。李氏上事孀居的婆婆，苦节自励。道光《志》旌表。

林常福妻刘氏 刘宗仁之女。刘氏奉养孀居的婆婆，很是孝顺。道光《志》旌表。

左兴仁妻朱氏 朱朝斌之女。丈夫左兴仁病故后，朱氏独力抚养两个儿子左泰勋、左泰芳长大成人。后来左泰勋迎娶伍氏，左泰芳迎娶蒋氏。但婚后不久，兄弟二人便相继去世，且二人皆无后嗣。朱氏的两个儿媳皆立志守节。道光《志》旌表。

胡仕聪妻刘氏 丈夫胡仕聪去世后六个月，刘氏生下遗腹子胡之宁。她苦苦守节，七十二岁时去世。道光《志》旌表。

林高栋妻吴氏 监生吴童俊之女，教谕吴达修的妹妹。学政用“柏年柏节”表彰她。道光《志》旌表。

王世连妻郝氏　郝氏丈夫病故时，儿子王顺先才几个月。她苦苦守节，八十多岁时去世。道光《志》旌表。

罗正礼妻方氏　方氏十八岁时，丈夫罗正礼病故。二人没有生育儿子，方氏忠贞守节，八十岁时去世。道光《志》旌表。

吴元睿妻陈氏　陈氏的丈夫吴元睿身患重病，她曾经割下自己的大腿肉来救治丈夫。陈氏二十三岁时丈夫病故，她独力抚养儿子吴玉璠长大成人。道光《志》旌表。

蓝兆馨妻陈氏　丈夫死后无子，陈氏过继抚养侄子为后嗣，但孩子十岁才会走路。陈氏勤俭持家，家境日臻小康。道光《志》旌表。

吴景汉妻周氏　威远周缙之女。周氏十九岁时，丈夫吴景汉病故。周氏知书达理，曾赋诗有“儿女几时才长大，舅姑何日得安宁”句。道光《志》旌表。

王在琏妻胡氏　富顺胡登笏之女。丈夫死后无子，胡氏过继抚养侄子王恩泰为后嗣，但是侄子也早早去世。胡氏带着孀居的儿媳将孙子抚养成人。王家家境贫寒，胡氏苦苦守节，八十多岁时去世。道光《志》旌表。

陈培远妻张氏　湖北湘阳县张玉宗之女。陈培远，候选通判。陈培远去世后，张氏抚养陈培远前妻之子陈从九、陈有钊长大成人。道光《志》旌表。

廖发珍妻张氏　张升之女。丈夫廖发珍身患重病，张氏多次割下自己的大腿肉救治他，可惜的是廖发珍最终还是去世了。道光《志》旌表。

洪家声妻曹氏　曹荣禄之女。洪家家境贫苦。曹氏在丈夫洪家声去世后忠贞守节。其后但凡洪家儿子娶媳妇的彩礼、女儿嫁人的嫁妆，一切备办都合乎礼数，这些费用都是靠曹氏做女红挣来的。道光《志》旌表。

刘月侯妻张氏　张氏二十二岁时，丈夫刘月侯病故。张氏抱养侄子以继承后嗣，不幸的是没多久侄子也去世了。张氏又让儿媳朱氏抱养了一个孩子，以续先祀。道光《志》旌表。

王思萘妻黄氏　黄天储之女。王思恭家境贫苦，又遭逢李、蓝之乱，黄氏想尽办法保全孀居的婆婆和年幼的儿媳，历经艰辛苦难。道光《志》旌表。

钟贤章妻李氏　李文元之女。李氏的丈夫钟贤章不幸病故，李氏捐出千金修建了桥头铺的永定桥。朝廷于清光绪年间颁赐她“好善乐施”匾额。民国《志》引《乡土志》受旌表者。

丁任笔妻倪氏　丈夫去世时，倪氏才十四岁。倪氏写文章祭奠丈夫丁任笔，并且减掉指甲、头发放在棺材里与丈夫一同安葬。民国《志》引《乡土志》受旌表者。

范光镜妻邹氏　邹学照之女。邹氏二十岁时，丈夫范光镜病故，夫妻二人无子女，范光镜也没有兄弟，邹氏只能依靠孀居的婆婆。范家有田产三十亩，很多人想谋夺这份田产。邹氏贞静自励，抱养丈夫从兄一周岁之子以立宗，含辛茹苦将其抚养成人。1917 年采访受旌表者。

范光庆妻廖氏　井研廖正发之女，天性幽静。廖氏十九岁时嫁给范光庆，当时范光庆已经身患疾病。二人婚后共寝七天就异居，六十天后范光庆去世。廖氏过继抚养范光庆兄次子为后嗣，继承香火。1917 年采访受旌表者。

钟正华妻雷氏　钟正华家境赤贫，雷氏勤苦纺绩，日夜操劳，教育儿子读书，最终使钟家兴盛起来。1917年采访受旌表者。

邱维朝妻康氏 康氏的丈夫去世后，她抚养的儿子也去世了，仅仅留下了一个孙子。邱家贫困，康氏苦苦守节，以纺织女工艰难度日。1917年采访受旌表者。

曾朝伦妻曹氏 李、蓝之乱，曹氏丈夫被盗贼杀死。曹氏矢志守节，上奉养公婆，孝顺勤谨，下抚养孤子，含辛茹苦。曹氏白天种田，晚上纺织，以此来赚取尊老育小的钱物。曹氏八十一岁时，曾家才开始富裕起来，这是曹氏辛苦勤劳积累的结果。1917年采访受旌表者。

刘应统妻胡氏 胡相仁之女。胡氏孝养公婆，独自抚养两个儿子长大成人。胡氏八十六岁时去世，五世同堂。1917年采访受旌表者。

邹国阶妻但氏 但德盛之女。但氏十八岁守节，矢志不渝，乡里百姓对她没有任何闲言碎语。1917年采访受旌表者。

王朝俊妻邱氏 邱文选之女。儿子王怀谦，是县增生。1917年采访受旌表者。

梁书宸妻陈氏 陈永寿之女。儿子梁积仁，官至州同。1917年采访受旌表者。

童汝兴妻官氏 威远官裕民之女。官氏工于纺绩，自己积攒了三百余金，帮助公公购置产业。1917年采访受旌表者。

杨富淮妻周氏 威远周正亨之女。杨家贫苦，周氏忠贞守节，以纺绩养活自己。1917年采访受旌表者。

刘茂麟妻杨氏 杨仲绪之女。十八岁时嫁给刘茂麟，二十六岁时丈夫去世。刘家家境贫困，能依靠的亲戚很少，杨氏只能依靠纺绩和做女工抚养儿子。杨氏八十多岁，身体依然健壮，家境也达到了小康。1917年采访受旌表者。

张廷光妻胡氏 胡天仲之女。胡氏十六岁嫁给张廷光，二十四岁时丈夫因病去世。张家贫苦，但胡氏矢志不渝，忠贞守节，孝养孀居的婆婆，以礼数教养自己的儿子。1917年采访受旌表者。

郝朝安妻吴氏 吴正清的大女儿。郝家生计一直比较艰难，吴氏靠农耕养活自己。吴氏奉养公婆，极为孝顺，自己就算吃粗茶淡饭也毫无怨言。丈夫、公公相继去世，家中一贫如洗，婆婆病弱、儿子年幼。吴氏以双手之劳，养活家人，教育儿子。六十多岁时仍然在辛勤劳作，从未倦怠。1917年采访受旌表者。

郑崇金妻刘氏 刘氏孝顺奉养婆婆，教育儿子科考成名。1917年采访受旌表者。

侯正守妻刘氏 侯正守去世后，刘氏纺绩自养，独自抚养孤子长大成人，为乡里所称道。1917年采访受旌表者。

邱维祐妻蓝氏 蓝氏十八岁时嫁给邱维祐，不料遇到李永和之乱，丈夫被盗贼掳走。蓝氏矢志苦苦守节，过继儿子继承祧祀。七十八岁时去世。1917年采访受旌表。

蓝典章妻刘氏 丈夫去世后，留下才五岁的幼子蓝世扬。刘氏抚养幼子直至成名，八十三岁时去世。1917年采访受旌表。

蓝世扬妻何氏 蓝世扬，贡生，去世时幼子才四岁。何氏将幼子抚养成人，孝奉养孀居的婆婆。何氏九十高龄时，身体仍然十分康健。1917年采访受旌表。

蓝如鉴妻王氏 蓝如鉴，庠生。他去世时，妻子王氏仅二十八岁，儿子蓝文杰仅五岁。王氏奉养孀居的祖母和婆婆，均以孝闻。她们家三世节孝，的确是当时的楷模。1917 年采访受旌表。

何龙纲妻陈氏　陈氏十八岁时，丈夫何龙纲因病去世。陈氏上奉养公婆，孝顺恭敬；下抚养幼子，含辛茹苦。她克尽妇职，忠贞守节。1917 年采访受旌表。

龚显扬妻杨氏　杨氏年过九旬，身体仍然康强无恙。1917 年采访受旌表。

杨元玉妻龚氏　杨家五世同堂。龚氏高寿百岁，受到旌表并建立牌坊。1917 年采访受旌表。

刘沛君妻林氏　林春圃之女。刘沛君去世后，林氏孀居。刘家极为贫困，林氏不得不以做女红维持生计。1917 年采访受旌表。

余肇祥妻彭氏　彭光瀛之女。丈夫余肇祥病故时，幼子余炳灵才两岁。待孩子稍为长大后，彭氏晚上在幽暗的灯火下边纺织边陪儿子读书。后来儿子入县学。1917 年采访受旌表。

万宗培妻裴氏　万家赤贫，二人婚后无子嗣。万宗培死后，裴氏依靠做女红奉养婆婆。1917 年采访受旌表。

谢成元妻吴氏　吴氏持家勤俭，九十八岁时去世。1917 年采访受旌表。

黄纶仁妻曾氏　丈夫去世后，曾氏如同丈夫在世时一样奉养公婆。1917 年采访受旌表。

王士金妻张氏　张兆裔之女。张氏二十九岁时，丈夫王士金因病去世，二人生育的四个儿子都还年幼。张氏把王士金安葬后，有人劝她改嫁。但张氏说：我丈夫的尸骨未寒，我上有年迈的公婆，下有四个幼小的儿子，我难道是禽兽吗？怎么忍心就这样离开他们改嫁呢？张氏忠贞守节不改嫁，虽然历经贫苦艰难，但矢志不渝。后来婆婆去世，张氏好几天都不吃不喝，为婆婆守孝。又过了几年，儿子结婚了，于是张氏便开始长期吃斋诵佛。凡是有向她请求帮忙的人，她都会尽最大力量给予帮助。乡里的百姓都称赞她为"善婆"。张氏长子王浩泽，天性孝顺恭谨。张氏生病了，王浩泽号泣呼天，割下自己的大腿肉来救治母亲。王浩泽友爱弟兄，从未倦怠，这都是继承了他母亲的善德懿行，受到了母亲良好教育的缘故。1917 年采访受旌表。

张大鸣妻虞氏　绿营都司（正四品）虞镇江之女。虞氏二十一岁时，丈夫张大鸣去世。张家赤贫，虞氏依靠给别人当佣人来养活自己。1917 年采访受旌表。

李氏儿媳陈氏　李家赤贫，陈氏依靠勤谨纺织来养活自己。1917 年采访受旌表。

戴国泰妻杨氏　杨正权之女。杨氏十七岁时嫁给戴国泰，二十岁时，丈夫不幸因病去世，当时儿子戴文贵才几个月大。杨氏侍奉公婆，极为孝顺，抚养幼子，含辛茹苦，全家因杨氏的努力而得以保全。1917 年采访受旌表。

戴国犹妻程氏　程玉高之女。程氏十八岁时嫁给戴国犹，二十三岁时，丈夫戴国犹因病去世。戴家赤贫，但是程氏苦守不改嫁。1917 年采访受旌表。

张友妻刘氏　刘维铎之女。丈夫张友病故后，遗留的田产被同族人侵占，但是刘氏没有改嫁。因贫苦不堪又无子，刘氏最后依靠女婿吴占云以终老。1917 年采访受旌表。

曹盛胆妻曾氏　曾鸿信之女。曾氏嫁给曹盛胆，不久丈夫病故，曹家赤贫，曾氏忠贞苦守不改嫁。1917 年采访受旌表。

郝昇杰妻罗氏　威远罗泰和之女。罗氏十二岁时嫁给郝昇杰，婚后一个多月，郝昇杰不幸病故。罗氏矢志守贞，抱养一个儿子取名郝廷梁，可惜还没有长大就夭折了。1917 年采访受旌表。

周隆之妻杨氏 杨氏二十八岁时，丈夫周隆之就去世了。杨氏八十三岁时，仍然勤于纺织，还常常督促子孙勤务耕种。1917 年采访受旌表。

万义德妻黄氏 黄由必之女。万家贫苦困顿，丈夫万义德去世后，黄氏苦苦守节未嫁，以给别人当佣工维持生计。1917 年采访受旌表。

毕明钰妻郝氏 郝光达之女。郝氏嫁给毕明钰一年左右，毕明钰便病故。郝氏忠贞，守节不嫁，因家境贫困，邹氏只能依靠纺绩女红糊口。郝氏后来独自将遗腹子毕盛喜抚养成人。1917 年采访受旌表。

丁俊妻邹氏 处士邹西山之女。邹氏十五岁时嫁给丁俊，婚后生下一子一女。丈夫在外做生意，后不知所终。丁家兴盛时，曾在宅院后面修建有寺院。但丁俊不知所终后，丁家家道中落，最后贫困无依。邹氏的公婆只能在寺院居住，两位老人可怜邹氏，希望她改嫁。邹氏没有听从公婆的建议，反而忠贞守节，靠采野菜养活五口之家。全家所有的衣食皆源于邹氏的辛苦所得，但她自始至终都没有丝毫悔怨。邹氏五十多岁时，儿子丁志群当上了都尉，又将丁氏家族发扬光大。1917 年采访受旌表。

辜训惠妻徐氏 徐大忠之女。徐氏十六岁时嫁给辜训惠，婚后七天丈夫病故。徐氏矢志守贞未改嫁，乡里百姓没有半点关于她的闲言碎语。1917 年采访受旌表。

李万福妻姜氏 姜宗德之女。姜氏十六岁时，丈夫李万福病故。丈夫去世时，儿子李仕唐才一百多天。姜氏矢志抚养儿子长大成人，终身守节。1917 年采访受旌表。

姜绍文妻刘氏 刘氏在二十一岁时，丈夫姜绍文病故。二人无子，刘氏于是过继侄子姜德寿继承祧祀。刘氏年幼读书，知晓大义。家中赤贫，刘氏以女红度日。等到养子姜德寿长大成人，她便潜心修佛，鸣鱼诵经，直到八十三岁去世。1917 年采访受旌表。

张大明妻虞氏 虞松南之女。虞氏嫁给张大明后，张家极为贫困，不久丈夫病故，虞氏苦苦守节。因二人无子，她抱养了一个孩子，但是后来这个孩子也不幸夭折了。尽管如此，虞氏依然矢志不渝。1917 年采访受旌表。

曹廷忠妻刘氏 刘元祥之女。刘氏十六岁时嫁给曹廷忠，婚后数日丈夫病故。刘氏矢志守贞，至老都没有动摇。1917 年采访受旌表。

蔡志春妻胡氏 胡永义之女。胡氏二十二岁时丈夫病故。婆婆生下小叔子，却没有奶水喂养，胡氏便拿自己的乳汁喂养小叔子，而用其他的食物来喂养自己的儿子。胡氏八十一岁才去世。1917 年采访受旌表。

刘仁梁妻邱氏 井研邱道升之女。邱氏嫁给刘仁梁一百天后，刘仁梁就不幸去世。胡氏守节孀居，过继侄子刘德峻继承香火，独力将他养大成人。1917 年采访受旌表。

曹鑫妻李氏 辜氏的儿媳。曹家三代皆守节孝义。1917 年采访受旌表。

江应淳妻林氏、江文华妻温氏 江应淳住县城的西郊，迎娶林朝玖之女。二人没有儿子，于是过继江应淳兄长之子江文华为后嗣，继承香火。但不幸的是，江文华八岁时江应淳就去世了。林氏忠贞守节，独力抚养江文华，并为他迎娶姐夫温义顺之女。温氏与江文华婚后生有一子二女，不久江文华也去世了。温氏和婆婆一样，忠贞守节。婆媳二人相依为命，以种植园圃为生，勤恳劳作，虽无一刻之闲，但一年到头却难得有一顿饱饭。林氏最后因为贫穷而死。温氏之子家境难以为继，辛苦劳作数十年，温氏最终也因贫穷而死。温氏的大女儿嫁给了赵熙。赵熙的父亲中宁大夫赵晓楼，为林氏和温氏著有《一门双节传》。民国《志》所载旌表者。

吴庆荣妻赵氏　吴庆荣去世时，赵氏才二十岁。二人没有儿子，因此同族亲属对待赵氏极不友善。赵氏守节不嫁，很有气节，吴姓亲族中没有人比得上她。赵氏最终孤苦无依，悄然离世。赵氏次女叫吴元贞，因奉养赵氏没有嫁人，年过三十也因贫穷而饿死。赵熙说：赵氏是我叔叔寄养出去已去世姐姐的姐姐。她丰容美貌，精于女红，终日靖默自持，最后竟然绝后，实在是让人心伤啊。赵氏的坟墓在宋家坝。民国《志》所载旌表者。

宋治元妻曹氏　宋治元，城北宋坝人，是一个缝纫工匠。夫妻二人在城中的柴巷租赁了间一丈余的居所，以缝纫衣服为生。夫妇二人既没有不好的名声，也没有什么特别贤良的名声，长期过着平淡生活。后来宋治元不幸因病去世，曹氏便租赁田地，与自己的弟弟努力耕种。其中的劳苦辛酸不是人人皆可以承受的，但他们为了生存也没有比这更好的办法。后来宋治元的祖母也去世了，曹氏独自将祖母安葬。祖母去世没多久，小叔子与她的弟弟也死了，曹氏又将此二人安葬。接连举丧三次，所有丧葬费用及其花销，都靠曹氏一人以血肉之躯劳作而得。曹氏仪容隽秀，又没有孩子，人们都劝她改嫁，说：你改嫁是为了谋生罢了，大家都会理解你。曹氏说道：过去，我把自己的丈夫克死了。现在我如果再嫁，那又会克死别人，这样做就是欠命债。我的命运已经非常凄苦了，死了就一了百了。曹氏一辈子都以务农为生，也不知道世间有因守节而被旌表之事。曹氏安于命运，实际上天性使然，她的心境连君子都感到羞愧不如，真可谓“以奇行为庸德者”。民国《志》所载旌表者。

曹桂洪妻林氏　林乔芳之女。林氏的丈夫病故后，她忠贞守节，八十岁时去世。民国《志》所载旌表者。

曹桂洪之子世泰妻宋氏　宋学章之女。宋氏的丈夫病故，二人没有子嗣。于是宋氏抱养同族人之子芳馥为后嗣，继承香火。宋氏八十一岁时去世。她去世后，将西街一处坐宅捐赠给曹氏家族，为曹氏七房宗祠建主竖碑。曹氏家族能够春冬祭祀，都是依靠这个由家宅改造成的宗祠。民国《志》所载旌表者。

李明星妻邹氏　附生李秾春的母亲。邹氏六十岁时，秾春向朝廷请求旌表，八十二岁时身体依然康健。民国《志》所载旌表者。

李明礼妻江氏　江应明之女。江氏在丈夫去世后孀居守节，独自抚养儿子李秾郁，继承祧祀。儿子后来成为附生。民国《志》所载旌表者。

周莲妻吴氏　周莲，威远人，吴氏也是威远人。其次女之夫去世后，为了照顾女儿，吴氏便带着儿子周翼登、周璪登迁居荣县。吴氏忠贞守节，孀居四十多年。民国《志》所载旌表者。

刘常珍妻黄氏　黄九成之女。黄氏在光绪癸卯年（1903）被朝廷旌表。民国《志》所载旌表者。

王泽涵妻林氏　儒学教谕林茂光的大女儿。林氏独自抚养儿子王杰成为县庠生，后来为儿子迎娶了举人黄书的孙女做媳妇。不幸的是，婚后不久，王杰就因病去世，留下了林氏和儿媳黄氏。婆媳二人孀居，家境日益窘迫。林氏五十九岁时因积忧成疾而去世。黄氏没有儿子，独自抚养待字闺中的女儿。黄氏年近五十岁时，生计日益艰难，十分可怜。民国《志》所载旌表者。

朱朝宸妻聂氏　聂宣蕴之女。聂氏独自抚养三个儿子长大成人。长子朱国经，四川法政学堂毕业，民国第一届省议员。宣统末年，向朝廷上报请求旌表。朱国经详述母亲聂氏的懿行，其略云：

我们朱家明末时期就举家迁移到了四川。清康熙、乾隆年间，再从泸州迁往荣县。到了我（朱国经）这一辈，已经有七代了。我的高祖映阳公，是荣县籍举人。祖父泽南公，是县增生，为县学作为荐用备选共四次，拟推荐参加会试一次。祖父在去世前一个月，拉着我的手送我去上学，流着泪告诉我说：我老了。我们家读书没见成效，留下的“读书债”，今天就交付给你了，希望你能实现家族的愿望。你要好好努力读书，千万不要蒙混时日，以告祖宗先辈在天之灵！我母亲在旁边大声说：三儿，祖父告诉你的事听到了吗？我回答母亲说：听到了。母亲说：好！但愿你不要忘记。一个月之后，祖父就溘然离世了。

我年少时，喜欢浪荡逸游，沉湎于赌博。母亲虽然不断地监督我，甚至责骂我，但是我依然乐此不疲。母亲苦于无法调教，有一天晚上，我从赌博的场所回家时已经很晚了，母亲竟然为此痛哭了一整夜。第二天晚上，母亲依然整夜痛哭。泪都流干了，声嘶力竭，血痕漉漉。这时，我才醒悟。大哭着向母亲发誓，一定戒掉赌博恶习，母亲这才停止痛哭。

我们家族世代以读书为业，而我却屡屡惹出事端，从不曾闭门苦读以成一卷之书，以藏之于名山，让祖父母、父母之名流传于后世。而母亲整整两个晚上的痛哭，是我们家世世代代伤心的历史啊。如今将这件事写下来，传于后代，让子孙勿忘。关于母亲孝养公婆等事，就不再赘述了。

夏元昆妻陈氏 陈正品之女。陈氏抱养儿子继承祧祀，长期吃斋念佛。民国《志》所载旌表者。

冯君德妻王氏 王有桃之女。王氏十七岁时，丈夫冯君德就去世了。她一直守寡孀居，性情恬淡，沉默寡言，孝顺勤谨，奉养婆婆，尽心尽职。民国《志》所载旌表者。

吴世钿妻邓氏 邓代钰之女。邓氏苦苦守节四十三年，光绪十年（1884），县里向朝廷请求旌表。民国《志》所载旌表者。

叶昌祥妻邹氏 邹志和之女。邹氏十八岁时守寡独居，以孝顺友善被乡里百姓所称赞。民国《志》所载旌表者。

刘仁柱妻宋氏 宋氏在丈夫去世后，足不出户，过继抚养兄长之子为后嗣，继承香火。民国《志》所载旌表者。

刘汉俊妻黄氏 太学生黄应禄之女。黄氏二十八岁时，丈夫病故。黄氏对公婆极为孝顺，善于教养子女。她终身持斋礼佛，特别喜欢布施穷人。光绪年间，县里向朝廷上报请求旌表，民国7年（1918），四川省长杨庶堪奖励黄氏，为她立匾额。民国《志》所载旌表者。

吴江治妻郝氏 郝汉亭之女。郝氏曾经生病，性命垂危，她的儿媳龙氏割下自己的大腿肉和药救治她，郝氏最终痊愈。郝氏后来无疾而终。民国《志》所载旌表者。

谢久镇妻张氏 张峻梁之女。张氏苦苦守节，抚养孤儿，含辛茹苦，将儿子抚养成人。民国《志》所载旌表者。

梁槐妻李氏 李保初之女。举人梁谦的大儿媳。丈夫去世后，二人既无儿子，也没有侄子可以过继。李氏守节至五十一岁，经由官府主持公道，她才得以过继孩子以立嗣，继承香火。民国《志》所载旌表者。

沈子芬妻王氏　举人沈维镛的长孙媳。丈夫沈子芬去世后，公婆也相继离世。婆婆在世时，因为中风，只能躺卧饮食，王氏独自照顾婆婆，细心备至，毫无怨言。婆婆去世后，王氏居丧尽礼。她对自己的儿子、侄子们教育有法，不苟言笑，颇有威严。王氏四十八岁时去世，乡人常常称赞纪念她。民国《志》所载旌表者。

范宗德妻朱氏　宿儒朱朝阳之女。结婚三年后丈夫去世，朱氏在私室设灵，出入饮食都不忘祭奠丈夫。范家贫困，婆婆年迈，朱氏身经万苦，每天仅吃一餐稀饭。有时候得到一些肉或者美食，她一定会先给婆婆享用。后经过朱氏数年勤俭积累，家中稍有一些积蓄，不料却被盗贼盗去，朱氏夜里独自睡在牛衣中哭泣。朱氏年近六十岁时，还去牛峰寨给别人当佣人，为人看守门户，每月仅得到三升米的报酬，她就觉得很满足了。范家有祖上遗留下来的微薄家业，租给了佃户，朱氏为了将来有立嗣之地，以继承香火，始终兢兢守业。妹婿邱树棠为她作有传赞。民国《志》所载旌表者。

程宗强妻徐氏　徐龙亨之女。丈夫去世，徐氏抱养别人之子以继承后嗣。光绪三十二年（1906）受旌表。民国《志》所载旌表者。

张昌宦妻罗氏　罗国元之女。丈夫去世，罗氏独自抚养遗腹子张北平长大成人。她侍奉婆婆极为孝顺，丧葬如礼。民国《志》所载旌表者。

张振鳌妻朱氏　朱国滋之女。侍奉婆婆，教养儿子，善于打理家政。民国《志》所载旌表者。

李镜光妻朱氏　朱朝阳的妹妹。朱氏生下两个儿子后，丈夫李镜光就去世了。李家祖业微薄，不足以养家糊口。朱氏任艰茹苦，侍奉婆婆有道，教子亦有方。她六十岁时，孙辈林立。朱氏生平言笑不苟，授受不亲，乡人都很尊重她。民国《志》所载旌表者。

吴朝瑞妻杨氏　宿儒杨廷策之女。杨氏十六岁时嫁给吴朝瑞，二十八岁时吴朝瑞去世。吴家家道中落，杨氏独自抚养遗孤吴绍璘、吴绍玠长大成人。她的孙子吴伯让是县学生。光绪间举人黄茂替杨氏向朝廷请求旌表，获批准题名建坊。民国元年（1912）卒，享年八十一。孙子吴伯让，曾任川军八师陈洪范部的书记官，后任犍为、屏山县的知事及秘书。民国《志》所载旌表者。

徐鉴成继妻范氏　范国华次女。范氏嫁给徐鉴成八年后就守寡孀居。二人生有一子名徐思平，虽然家中贫困，但是范氏仍然尽全力督促他学习。后徐思平因善于测绘而到北京工作。民国 8 年（1919），徐思平为他的母亲请求褒奖，时任大总统题曰“贞顺并全”。民国《志》所载旌表者。

黄金元妻周氏　周德贵之女。周氏十八岁时嫁给黄金元，第二年丈夫便去世了。周氏过继抚养之子后来也去世了。她贫苦终身，死后没有财物入殓，同族亲属共同捐钱买棺木将她安葬。民国《志》所载旌表者。

刘世隆妻蓝节成　蓝世增之女。蓝氏十六岁时嫁给刘世隆，婚后二年，丈夫就去世了。蓝氏生下遗腹女，后寡居三十余年，无怨无悔。刘家家境向来丰裕，蓝氏侍奉病弱的婆婆，勤理家政，施予赈济，从未间断。最初，兄长刘世馨只有一个儿子，不愿意过继给蓝氏兼祧。又过了大概五年，刘世馨生下第二个儿子，蓝氏才得以过继抚养其子为后嗣，继承香火。蓝氏独自抚养这个孩子并教育他长大成人。这个孩子名恺，字体常，高小毕业，按例奖给县附生称号，曾经担任县中公务。民国 11 年（1922），族弟刘纬以国会议员的身份，请时任大总统予以褒奖，获题曰“巾帼垂型”。民国《志》所载旌表者。

张厚新继妻饶氏　郡庠生饶立动之女，郡增生饶殿光妹妹。饶氏十九岁时嫁给张厚新，婚后第二年生下儿子张德祥。又过了一年，丈夫张厚新病故。寡居的婆婆在堂，张厚新的第一任妻子还留下了一子一女。饶氏含辛茹苦，艰难地抚养这些孩子长大成人。在析田分产时，因为家中欠下了很多债务，饶氏不得不把田产抵押出去。面对此种境遇，她依然忠贞守节，勤俭节约，二十年后把债务全部还清，并且赎回了自己家的田产。饶氏后来又增置了一些田产，他们家也成为小康之家。饶氏每日督促子孙耕读，慈爱地训导子孙好学向善。族党称赞她“节孝乡里”，敬其贤能。民国《志》所载旌表者。

刘必海妻张氏 张氏，名全贞，清贡生张锡三之女，参军张慎仪、在京学士张慎伦的妹妹。张氏十六岁时嫁给刘必海，四年后丈夫去世。张氏过继抚养长兄刘泽周次子为后嗣，继承香火。其子名元禄，字博仁，由小学入绅班法政学堂，毕业后充任川军刘师长及成都卫戍总司令部书记官。民国《志》所载旌表者。

曹正乾妻刘氏 耆员刘世光之女，太学生刘重九的妹妹。刘氏二十四岁时，丈夫曹正乾就去世了。她独自过继抚养兄弟曹正邦之子曹续宗为后嗣，继承香火。她侍奉孀居在家的婆婆，和睦妯娌，当时的人们都羡慕他们一家人。民国《志》所载旌表者。

曹续宗妻刘氏 刘重九的大女儿，廪生刘常禄的妹妹。刘氏十六岁时出嫁，婚后才一年多，丈夫曹续宗就病故了。二人没有子女，刘氏先是过继抚养弟弟、举人曹佺的长子为后嗣，继承香火，但是这个孩子在成婚前五日竟然溺水而亡。她于是又抱养另一个弟弟、国学生曹承宗之子曹世樞继承香火。刘氏孀居五十余年，儿子入太学学习，孙子、曾孙众多。后来刘氏在祖业外又增置田产，家业日益兴旺，人们都称赞说，这是婆媳二人双双守节所带来的福报。民国《志》所载旌表者。

夏乾祉妻刘氏 刘氏二十七岁时，丈夫夏乾祉病故，留下两个儿子：四岁的长子夏坤泰，一岁的次子夏坤铭。刘氏独自将他们抚养成人。夏坤泰以监生诰命奉直大夫。刘氏有五个孙子，其中长孙夏永安按清朝惯例授奉政大夫、蓝翎五品衔、补用盐运使运副；有曾孙十二个、玄孙五个。刘氏去世时已八十二岁，苦苦守节五十五年。次子夏坤铭早逝，妻子谭氏时年二十八岁，忠贞守节，矢志不渝。当时夏坤铭长子才四岁，次子则为遗腹子。谭氏去世时才五十五岁。民国《志》所载旌表者。

夏永珍妻丁氏 丁氏二十岁时，丈夫病故。她独自抚养侄子夏远涟为后嗣。民国《志》所载旌表者。

古在吉妻钱氏 钱文馨之女。钱氏二十六岁时，丈夫钱文馨病故。二人没有后嗣，钱氏于是过继抚养兄长之子，以继承香火。儿子娶媳，生子名叫古尚节。古尚节出生十日，他的母亲便病逝了，钱氏雇用乳娘抚育他。古家家境极其贫困，但是钱氏仍然千方百计聘请老师教育她的孙子，以期盼孙子学有所成。孙子古尚节刚满十七岁，钱氏便去世了。钱氏孀居三十余年，所经受的苦难都是别人所难以忍受的。进入民国后，古尚节投笔从戎，易名曰古剑，曾任陆军二十二师团长，兼任苍溪知事。民国《志》所载旌表者。

李加碧妻祝氏 祝氏二十六岁时，丈夫就去世。她忠贞守节，八十二岁时仍然身体康健。民国《志》所载旌表者。

李清银妻胡氏 胡汉阳之女。胡氏十六岁时嫁给李清银，但结婚不到一百天丈夫就去世了。胡氏过继抚养本家族子胡缉珍长大成人。她的婆婆朱氏失明，当时已经九十二岁高龄，胡氏对她孝敬不怠。胡氏后来为了承继母亲的遗训一心念佛，捐钱修建鱼涔滩，做放生立德之事。民国《志》所载旌表者。

何　氏　刘汉裔妻。何氏嫁给刘汉裔时，她的婆婆已经病重，卧床不起。刘家贫困，何氏嫁入刘家后勤劳纺织，用纺织所得换取食物。何氏二十八岁时，丈夫刘汉裔病故。她苦苦守节，六十二岁时去世。何氏的儿子刘锦，孙子刘昌沛、刘昌耀，曾孙刘祝，皆为庠生。人们都说他们家有“孝德之报”。由地邻古元善、王笏等共同推举。民国《志》所载公举者。

刘　氏　胡仕德妻。刘氏孝敬地侍奉公婆。她二十六岁时，丈夫胡仕德病故。丈夫去世六个月后，刘氏生下遗腹子胡之宁。刘氏矢志抚养遗孤长大成人，七十二岁时去世。由地邻戴世仲、张洪宣等共同推举。民国《志》所载公举者。

罗　氏　李茂春妻。罗氏二十五岁时，丈夫李茂春病故。最初，他们并非与婆婆同住，但婆婆生病后，罗氏立刻与婆婆住到一起。经过她的侍奉孝养，病危的婆婆又恢复了健康，并和罗氏一起生活了十多年。罗氏苦苦守节，抚养遗孤长大成人，七十岁时去世。由地邻彭仁贵、胡之宁等共同推举。民国《志》所载公举者。

谢　氏　张应龙妻，贡生张廷桂的母亲，武庠生张联翼、监生张联星的祖母。谢氏生下张廷桂才一年半，丈夫张应龙就病故了，当时谢氏才二十九岁。张氏苦苦守节三十六年，六十五岁时去世。由地邻马应祥、邹秩章等共同推举。民国《志》所载公举者。

龚　氏　周思明妻。龚氏二十岁时嫁给周思明，二人生有一子周元万。六年后，周思明病故。龚氏苦苦守节四十年，六十六岁时才去世。由地邻周岐幹、曹特修等共同推举。民国《志》所载公举者。

徐　氏　黄体荣妻。徐氏十六岁时嫁给黄体荣。成婚三年后，徐氏生下儿子黄性德。儿子出生才五个月，黄体荣就病故。徐氏苦苦守节四十八年，六十六岁时去世。由地邻廖世璠等共同推举。民国《志》所载公举者。

林　氏　王日长妻。武生王书藩的母亲。林氏二十岁时嫁给王日长。婚后四年，王日长病故。林氏过继抚养王日长兄长次子为后嗣，继承香火。林氏苦苦守节四十四年。由族邻王书筌、龚廷筌等共同推举。民国《志》所载公举者。

吕　氏　魏文相妻，吕占魁之女。吕氏二十四岁时，丈夫魏文相病故。吕氏苦苦守节三十年。由地邻曹维镛等共同推举。民国《志》所载公举者。

李　氏　但文照妻。李氏二十六岁时，丈夫但文照病故。李氏独自抚养遗孤但锐长大成人，后进入县学。李氏苦苦守节四十五年，七十一岁时去世。由族邻但缉之、黎光祖等共同推举。民国《志》所载公举者。

李　氏　吴以栋妻，李朝升之女。李氏二十四岁时，丈夫吴以栋病故。李氏独立抚养儿子吴坤。吴坤妻李氏，十九岁时生下了儿子吴襄国。吴襄国三岁时，吴坤也病亡了。婆媳二人寡居，共同抚养吴襄国长大成人。婆婆李氏苦苦守节五十八年，去世时已八十二岁。媳妇李氏苦苦守节五十二年，去世时七十四岁。由地邻吴敕、李幼等共同推举。民国《志》所载公举者。

王　氏　程子忬妻，王之元之女。王氏育有一子程懋。在她二十四岁时，丈夫程子忬病故。王氏上侍奉公婆，孝顺恭敬，下独自抚养幼子。苦苦守节四十八年，去世时七十二岁。由地邻龚于端、吴大修等共同推举。民国《志》所载公举者。

吴　氏　威远人。嫁给荣县人曹楼。吴氏二十一岁时生下儿子曹开元。儿子才半岁，丈夫曹楼就病故了。儿子长大成家，儿媳李氏生有三个儿子，二十八岁时丈夫曹开元又病亡。婆婆吴氏苦苦守节五十二年，卒年七十有三。儿媳李氏苦苦守节四十二年，七十岁时由地邻廖世璠、邹学明等共同推举。民国《志》所载公举者。

余 氏 彭仁泽妻。余氏二十岁时，丈夫彭仁泽病故。二人无子，故余氏过继抚养侄子彭俸义为后嗣，继承香火。她的婆婆身患重病，非常危急，余氏割下自己的大腿肉入药救治婆婆，婆婆病愈。余氏苦苦守节三十九年，五十九岁时，由地邻赵文耀、李子裕等共同推举。民国《志》所载公举者。

周 氏 胡之用妻。周氏二十五岁时，丈夫胡之用病故。因家境贫困，周氏以纺绩养家糊口，独自抚养孤儿。周氏苦苦守节四十五年，七十岁时由地邻彭俸义、戴文超等共同推举。民国《志》所载公举者。

杨 氏 龚元栋妻，庠生龚士悫的儿媳，威远举人杨玉洁的孙女，监生杨鸣皋之女。杨氏十六岁时嫁给龚元栋，婚后才三年，龚元栋病故。二人仅有一女。杨氏矢志守节，上孝养孀居的婆婆，下抚育幼女。她后来听从婆婆之命，立族侄龚绍宗为后嗣，继承香火。三十余年间，杨氏饮水茹蘗，为人知书达理，曾经自己创作了一首《苦节诗》，有“两世冰霜苦，一身慈孝担”句。她的儿子及四个孙子读书时，《诗》《书》都由她口授耳传。由地邻蓝鸣桂、王书藩等共同推举。民国《志》所载公举者。

雷 氏 朱朝谏妻。雷氏二十岁时，丈夫朱朝谏病故，家里还有孀居的婆婆和两个年幼的儿子。雷氏上侍奉婆婆，孝顺恭敬；下养育幼子，含辛茹苦。雷氏忠贞守节三十四年，五十四岁时，由地邻曹大桢、郝三纲等共同推举。民国《志》所载公举者。

左 氏 刘文茂妻。左氏十九岁时，生下儿子刘长富。儿子出生才三个月，丈夫刘文茂病故。左氏奉养公公极为孝顺，还抚养小姑长大成人。左氏苦苦守节四十七年，六十六岁时，由地邻唐信贵、童厚基等共同推举。民国《志》所载公举者。

张 氏 刘子铎妻。张氏十八岁时，丈夫刘子铎病故。丈夫去世五个月后，张氏生下遗腹子刘洪统，后来独自抚养儿子长大成人。张氏苦苦守节四十八年，六十六岁时，由地邻李健光、但朝权等共同推举。民国《志》所载公举者。

杜 氏 李茂朝妻。杜氏二十二岁时，丈夫李茂朝病故。她独自抚养遗孤李霖长大成人。杜氏苦苦守节三十二年，五十四岁时，由地邻彭一元、刘洪秀等共同推举。民国《志》所载公举者。

邱 氏 廖其恺妻。邱氏二十五岁时，丈夫廖其恺病故。二人育有两个儿子：长子廖朝亨，次子廖朝通为遗腹子。公公早逝，邱氏侍奉婆婆，尤为勤谨孝顺。后来婆婆去世，儿子们也相继去世，留下两个孙子，由邱氏抚养成人。邱氏忠贞守节四十一年，六十六岁时，由地邻赖国桢、林文秀等共同推举。邱氏于八十六岁高龄去世。民国《志》所载公举者。

王 氏 张宾鹏妻。王氏十八岁时，丈夫张宾鹏病故，她侍奉孀居的婆婆，极为恭敬。王氏忠贞守节三十年，四十八岁时，由地邻莫于宏、周雄俊等共同推举。民国《志》所载公举者。

吴 氏 庠生张宇鹏妻。吴氏十九岁时，丈夫张宇鹏病故。吴氏苦苦守节三十五年，五十四岁时，由地邻莫于宏、周雄俊等共同推举。民国《志》所载公举者。

周 氏 曹子修妻。周氏二十岁时，丈夫曹子修病故，当时其子曹兆甫才半岁。周氏奉养公婆，孝顺勤谨。周氏忠贞守节六十年，八十岁时，由地邻刘清、晏明元等共同推举。民国《志》所载公举者。

杨　氏　傅乐天妻。杨氏二十八岁时，丈夫傅乐天病故。二人无子，故杨氏过继抚养傅乐天兄长之子为后嗣，继承香火。杨氏苦苦守节五十八年，八十六岁时，由地邻龚于端等共同推举。民国《志》所载公举者。

曹　氏　范朝桢妻。曹氏二十八岁时，生下儿子范应龙，不久丈夫范朝桢病故。曹氏苦苦守节五十一年，七十九岁时，已经是四世同堂。由族邻范际唐、龚于端等共同推举。民国《志》所载公举者。

邱　氏　刘清运妻。邱氏二十岁时，生下儿子刘煌元。儿子刚刚两岁时，刘清运病故。邱氏苦苦守节三十二年，五十二岁时，由地邻张廷桂等共同推举。民国《志》所载公举者。

熊　氏　李宗槐妻。熊氏二十六岁时，李宗槐病故。二人无子，熊氏过继抚养李宗槐兄长之子李恒芳为后嗣，继承香火。后李恒芳入武庠。熊氏苦苦守节三十一年，年五十七岁时，由族邻李春芳、龚于端等共同推举。民国《志》所载公举者。

罗　氏　童子宁妻。罗氏二十二岁时，丈夫童子宁病故，二人无子，罗氏过继抚养童子宁兄长之子童宗裕为后嗣，继承香火。罗氏忠贞守节四十四年，六十六岁时，由地邻龚于端等共同推举。民国《志》所载公举者。

胡　氏　黄膏宇妻。胡氏二十岁时，丈夫黄膏宇病故。胡氏抚养孤子黄正祥长大成人，并入国学学习。胡氏苦苦守节三十年，五十岁时，由地邻朱于瑄、龚廷肃等共同推举。民国《志》所载公举者。

曹　氏　刘纯杰妻。曹氏二十八岁时，丈夫刘纯杰病故，二人无子。曹氏抚养继子长大成人，并为他娶妻，但继子也不幸早逝，曹氏又抚养孙子。曹氏苦苦守节四十三年，七十一岁时，由族人刘纯仕、刘光杰等共同推举。民国《志》所载公举者。

萧　氏　魏仁钦妻。萧氏十六岁时与魏仁钦成婚，不料婚后才三个月，魏仁钦便病故。萧氏遗腹生子，矢志守节三十九年，五十五岁时，因儿子魏义明英敏，儿媳王氏柔顺，孙子魏兼福聪颖不凡，由地邻谭仁源等共同推举。民国《志》所载公举者。

王　氏　富顺县庠生王显仁之女。王氏十七岁时，嫁给了荣县人吴金容。婚后两年，王氏生下儿子吴相商，但是丈夫吴金容却病故了。王氏侍奉祖母及公婆，孝顺恭敬。三位老人的生养死葬，王氏都竭尽全力。王氏忠贞守节六十年，七十九岁时，由地邻梁幹宇、林振纲等共同推举。民国《志》所载公举者。

邹　氏　刘思聪妻。邹氏十八岁时，丈夫刘思聪病故。邹氏抚养孤子刘绍宗长大成人。邹氏忠贞守节六十年，七十八岁时，由地邻曹政、刘绍孔等共同推举。民国《志》所载公举者。

陈　氏　龚勉儒妻，庠生陈子英之女。陈氏二十一岁时，丈夫龚勉儒病故。二人只生有一女，无子，因此陈氏便过继龚勉杰次子龚廷扬为后嗣，继承香火。陈氏苦苦守节三十年，五十一岁时，由地邻伍为旗、曹舜濬等共同推举，嘉庆二十五年（1820）受旌表。民国《志》所载公举者。

李　氏　龚天周妻。李氏二十四岁时生下儿子龚廷辅，此后丈夫龚天周病故。李氏苦苦守节四十二年，六十六岁时，由族邻龚于端、李元泰等共同推举。民国《志》所载公举者。

虞　氏　杨宗元妻。虞氏二十二岁时生下了儿子杨其龙。丈夫杨宗元病故后，虞氏苦苦守节四十五年，六十七岁时，由族邻杨振宇、万善谐等共同推举。民国《志》所载公举者。

张　氏　宜宾县张璠之女。张氏十七岁时嫁给了荣县人刘之璋。成婚十年之后，丈夫刘之璋病故。

二人生有二子，丈夫去世时，长子刘瑞麟三岁，次子刘艳麟才几个月。张氏忠贞守节四十七年，上侍奉公婆，孝顺恭敬；下抚育幼子，含辛茹苦。在她七十五岁时，即乾隆五十六年（1791），长子刘瑞麟入县学。由族邻刘之涣、虞国珩等共同推举。民国《志》所载公举者。

万　氏　伍为礼妻。万氏二十五岁时，丈夫伍为礼病故。万氏孝顺地侍奉祖母及公婆，独自抚养儿子伍荣孝长大成人。万氏苦苦守节四十年，六十五岁时，由族邻伍为旗、龚廷肃等共同推举。民国《志》所载公举者。

陈　氏　王必勋妻。陈氏二十一岁时，丈夫王必勋不幸病故。陈氏守节，独自抚养儿子王廷卿长大成人。不料王廷卿在成婚后不久也病亡了，陈氏又抚养孙子王在琏长大成人。陈氏苦苦守节四十二年，六十三岁时，由地邻邹畧、周仲建等共同推举。民国《志》所载公举者。

丁　氏　谈惟时妻，丁荣之女，贡生谈讷之母。丁氏生下谈讷才四个月，丈夫谈惟时就不幸病故了。丁氏当时才二十三岁，但是她没有改嫁，苦苦守节，抚养孤子长大成人。其后丁氏病重，谈讷妻胡氏割下自己的大腿肉来救治婆婆。谈家一门之内，节孝蔚然成风。由地邻吴达修、谭仁源等共同推举。民国《志》所载公举者。

刘　氏　荣县庠生邓宝谦妻，举人邓锡纶的二儿媳。刘氏侍奉公婆，尽心尽力。婆婆病重，刘氏割下自己的大腿肉入药救治。过了一年，婆婆去世。后来丈夫邓宝谦也得了重疾，刘氏像救治婆婆一样，割下自己的大腿肉救治丈夫。无奈过了两年之后，丈夫还是去世了。夫妇二人只育有一子。刘氏终生守节，由地邻谭仁源等共同推举。民国《志》所载公举者。

陈　氏　吴阐义妻。吴阐义幼年丧父，由他的祖父、武举人吴兆麟抚育长大成人。陈氏是吴阐义的童养媳，长大后婚配。嘉庆十二年（1807）的春天，祖母黄氏病重，陈氏割下自己的大腿肉救治祖母，最终祖母痊愈。可是到了冬天，黄氏再次病倒了，陈氏又像上次一样割下自己的大腿肉救治祖母。由地邻杨章、林振纲等共同推举。民国《志》所载公举者。

彭　氏　晏奇旺妻。婆婆余氏病重，丈夫眼睛失明，小叔子年幼。彭氏不知道如何才能救治婆婆，便割下自己的大腿肉给婆婆吃，不久婆婆病愈。邻人因此私下赠送她牌匾，称赞她“孝行可风”。由地邻刘廷瑞、余仲珊等共同推举。民国《志》所载公举者。

邹　氏　威远人，嫁给荣县庠生谢宏。成亲三年后，谢宏病故，二人无子。婆婆年老病重，邹氏曾经割下自己的大腿肉入药救治。由地邻刘仁、曾鸿序等共同推举。民国《志》所载公举者。

邹　氏　正九品罗荣授妻。邹氏二十四岁时，丈夫罗荣授病故。二人无子，邹氏因而抚养侄子罗科达为后嗣，继承香火。她苦苦守节五十六年，由地邻谭仁源等共同推举。民国《志》所载公举者。

万　氏　荣县人。嫁给富顺县人李彻元。万氏二十三岁时，丈夫李彻元病故。万氏独自抚养儿子李正秾长大成人。万氏苦苦守节四十九年，由族邻李正新、魏份等共同推举。民国《志》所载公举者。

第四章　仕宦名流

荣地人才辈出，渊源有自。自唐而清，堪称能官循吏者代不乏人。如宋宝庆间进士刘光，治政有德，百姓称服，官至礼部尚书；明天顺间进士吴道弘曾官至监察御史，累升大理寺卿；明嘉靖间进士杨镕，初授官为给事中，后升迁为南京礼部郎中；清道光间忠肝义胆的举人蓝玉章，历署甘肃两当、清水、高台等县知县，同治间当地发生动乱，蓝玉章忠于职守，妻子儿女皆以身殉国，可谓满门忠烈。他们为官作吏，或勤政爱民，造福一方百姓；或身任教职，以文心化育一方水土，贡献尤著，无疑是荣县历史上的骄傲。

第一节　科举入仕

一、宋

王梦易　皇祐间进士，担任果州通判。

张照及　皇祐间进士，担任栎阳主簿。

王　颛　熙宁间进士，官至翰林学士，赠大中大夫。

杨　仁　绍兴间进士，担任雅州知州。

陈　宁　淳熙间进士，担任火井县县令。

宋　迈　淳熙间进士，担任洪雅县县令。

张　震　嘉定间进士，累官至右正言。详见《行谊》。

刘　光　宝庆间进士。朝廷先是下诏任命他为仙居令，后擢升台州知州，又改知忠州。刘光为官期间均有德政，累官至礼部尚书。

二、元

赵兴隆　元朝末年中举，明朝洪武二年（1369）授官泸州通判。

三、明

程　逵　洪武间举人，担任沅州知州。

刘文达　洪武间举人，担任褒城县知县。

董文秀　洪武间举人，担任眉州训导。

伍成章 洪武年间贡生，担任归州训导。

聂 籽 永乐间进士，担任徐州同知。

蔡 鼎 永乐间举人，担任湄县县丞。

卢 鹏 永乐间举人，担任汉阴教谕。

宋 珪 永乐间举人，授官应天教授。

周 郁 永乐间举人，担任开封府同知。

赵 本 永乐间举人，担任浙江道监察御史。

张彦忠 永乐间举人，担任云南道监察御史。

刘 文 宣德间举人，正统间进士，历官行人司监察御史、按察司佥事。

张 英 正统间举人，授官江陵县训导。

伍从教 景泰间举人，授官伏羌县教谕。

祁 楫 景泰间举人，担任崇阳县知县。

龚 汇 景泰间举人，授官徐州学正。

吴道弘 景泰间举人，天顺间进士，累官至监察御史、郧阳巡抚，后升大理寺卿。在他去世后，皇帝御赐葬祭礼仪。

鲍 孜 景泰间举人，担任临潼县知县。

何子奇 弘治间举人，担任汉中府同知。

吴 愚 弘治间举人，担任陕西南郑知县。

杨 焘 弘治间举人，担任常德府通判、陆州知州。

韩 超 弘治间举人，担任渭南训导。

邱 岳 弘治间举人，授官户部司务。

李云骖 弘治间举人，授官吉安府通判。

刘存诚 弘治年间在顺天府中式，授官为富民县知县。

伍 性 成化间进士，授官广东参议。

杨桂丹 成化间举人，担任建水知州。

刘景爵 成化间举人，担任归州知州。

吴 冕 成化间举人，担任兴平县知县。

曹 山 成化间进士，授官户部员外郎。

吴 拙 正德间举人，担任叙州府南溪学正、庆阳府通判。

黄 鳌 正德间举人，担任耒阳知县。

杨 易 正德间举人，担任湖州通判。

祁凤毛 正德间举人，担任乐安知县。

曹 迈 嘉靖间进士，授行人，改任南户科给事中，知宁国府、固原副使。

杨 镕 嘉靖间进士，授官给事中，后升迁为南京礼部郎中。

吴于诗 嘉靖间进士，担任监察御史。

伍多庆 嘉靖间举人，担任宜良知县，后升任知州。

陈所达 嘉靖间举人，担任临潼县知县。

吴 谡 嘉靖间举人，担任新野知县，升南阳府知府。

刘一惇 嘉靖间举人，三次担任寻甸府通判，百姓非常感念他的功德。

严 杰 嘉靖间举人，担任高邮州知州。

李桂开 嘉靖间举人，担任公安知县。

张 维 嘉靖间举人，担任元谋知县。

黄纪贤 万历间进士，官至浙江道监察御史、太仆寺少卿，历任郧阳巡抚，有传。

程 挺 万历间举人，担任太康知县。

童世彦 万历间举人，分巡云南金沧道。

吴明昌 万历间举人，担任汀州府推官。

童养淳 万历间举人，担任广州府通判。

程 铤 万历间举人，担任清源知县。

黄 恪 万历间举人，累官至榆林道。

黄 恂 万历间举人，担任广济知县。

吴世应 万历年间拔贡生，由国子监教习授延川知县。

简 敕 天启间进士，担任户部主事。

简文瑞 天启间进士，官至吏部文选司郎中。

简仁瑞 天启间举人，担任平凉府知府。

童 琳 崇祯间举人，授官湖广道监察御史，任惠州府推官。

丁献廷 崇祯间举人，担任磵嘉知县。

吴家铉 崇祯间解元，担任思南府推官，内升兵科给事中、太常寺少卿。

丁若廓 崇祯间举人，担任贵州知县。

袁志中 贡生，担任江浦知县。

张 简 贡生，担任交趾通判。

胡 浩 贡生，担任景陵典史。

刘 暹 贡生，担任兰陵知县。

曹思旻 贡生，担任沙湖驿丞。

尧 辅 贡生，担任潜江县丞。

万 钟 贡生，担任通城知县。

伍 景 贡生，担任兴平县丞。

但 聪 贡生，担任岷王府伴读。

杨 澄 贡生，担任昆阳州同知。

伍从中 贡生，担任平凉府通判。

李 沈 贡生，担任息县训导。

艾　旻　贡生，担任长沙知县。
张　濬　贡生，担任邵阳知县。
余　相　贡生，担任会宁县丞。
徐　瑄　贡生，担任楚雄训导。
易　贯　贡生，担任孝感训导。
熊　威　贡生，担任蕲阳训导。
伍　淮　贡生，担任宣城知县。
刘　本　贡生，担任宁波检校。
赵　昌　贡生，担任淳化知县，升任徐州同知。
王　辅　贡生，担任榆林经历。
吴　渊　贡生，担任道州同知。
李　蕙　贡生，担任获鹿检校。
莫　良　贡生，担任延安府训导。
刘拱南　贡生，担任靖州训导。
李　球　贡生，担任巩昌府训导。
李文英　贡生，担任宿迁知县。
曹　赏　贡生，担任苏州教授。
吴可宾　贡生，会试顺天第一，充贡生，后入国子学。
邓甫济　贡生，担任秦王府教授。
郝　宗　贡生，担任延安训导。
吴　光　贡生，担任寿县教谕。
但一阳　贡生，担任荣府典仪。
张　榜　贡生，担任秦州训导。
伍维贞　贡生，担任易门知县。
吴　诚　贡生，担任延城教谕。
伍自省　贡生，担任崇阳训导。
刘　法　贡生，担任襄阳训导。
刘　密　贡生，担任松溪训导。
程　威　贡生，担任上高训导。
曹　驯　贡生，担任郧西教谕。
程　铸　贡生，担任周王府教谕。
刘辅勋　贡生，担任蜀王府教谕。
税　宾　贡生，担任均州训导。
曹　用　贡生，担任永州训导。
庞天伦　贡生，任重庆训导。

杨汝槐　贡生，担任湘潭知县。

胡世彦　贡生，担任忠州学正。

董　述　贡生，担任井研县训导。

曹仕元　贡生，担任宜宾训导。

简朝正　贡生，担任重庆学正。

刘宗明　贡生，担任岳州教授。

王佐才　贡生，担任澄迈知州。

李国柄　贡生，担任蒙化经历。

陈葵心　贡生，担任柏乡教谕。

曹　鼎　担任单县县丞。

王　卓　担任宁县县丞。

伍从玭　担任江夏县主簿。

伍　阶　担任荆门州吏目。

徐　忠　担任淮安府同知。

杨　荣　担任云南主簿。

程自进　担任武陵驿丞。

程　俊　担任麟游县县丞。

郝　荣　担任麟游县县丞。

曹　彦　以武功授官，担任陕西固原卫镇抚。

伍维扬　以武功授官，担任成都府前卫指挥同知。

徐献斌　拔将。

四、清

杨　焕　顺治间举人，担任汾阳县知县。

税常春　顺治间举人，担任崞县知县。

张　容　康熙间举人，担任青阳县知县。

杨州英　康熙间举人，担任昌化县知县。

吴孔章　康熙间举人，担任新蔡知县。

邹　珇　康熙间举人，担任建阳知县。

邹　炎　康熙间举人，担任阡江知县。

王梦贤　康熙间举人，担任侯官知县。雍正六年（1728），出生地改隶威远。

倪象恺　康熙间举人。旧志记载曾历任天津道，嘉庆《四川通志》记载曾官福建台湾道，《嘉州府志》记载曾任长芦运使。

李　芳　康熙间举人，担任蓬州学正。

邹 瑆 康熙间举人，担任曹县知县。

邹 璋 康熙间举人，担任灵寿县知县。

邹 璲 康熙间举人，担任乐陵县知县。

黄 松 康熙间举人，担任陕西庄浪县知县。

邹士杰 康熙间举人，担任普安知县。雍正六年（1728），改隶威远。

芶丝霖 康熙间举人，担任平乡知县，改茂州学正。

徐若稺 康熙间举人，担任达州学正。雍正六年（1728），改隶威远。

吴良璧 康熙年间的副贡生，担任丹棱县教谕。

赵 琇 康熙年间的副贡生，担任长宁县教谕。

吴益章 康熙年间的副贡生，担任丹棱县教谕，升成都教授。

谢朝玉 康熙年间的副贡生，担任大竹县训导。

邹养浩 康熙年间的岁贡生，担任重庆训导。

邹 玳 雍正间举人，担任苍梧县知县。

吴履晋 雍正间举人，担任龙泉县知县。

官 俨 雍正年间的副贡生，担任郫县教谕。

吴懋仁 乾隆间举人，选授西昌教谕。

邓锡纶 乾隆间举人，授湖北知县。尚未赴任即去世，有贤良之声。

邓绍昆 乾隆间举人，铨选为江西崇仁知县，改任眉州学正。

吴 瓒 乾隆间举人，担任合州训导。

侯镇固 乾隆间举人，铨选茂州学正。

谭仁源 乾隆年间副贡生，担任南川县教谕。

吴达修 乾隆年间副贡生，担任蓬溪县教谕。

刘占鳌 乾隆年间岁贡生，担任纳溪县训导。

邹锡琏 乾隆年间岁贡生，担任温江县儒学。

吴懋敬 乾隆年间岁贡生，担任内江县训导。

温懋猷 乾隆年间岁贡生，担任大竹县训导。

吴兆麟 乾隆年间武举人，准补省提塘。

杨春华 嘉庆间举人，担任双流县教谕。

侯章固 嘉庆间举人，担任垫江县教谕。

王正廷 廪生，捐训导，署石泉、大邑、长宁、昭化等县知县。

陈为光 吏员，杭州税课大使，后升迁任乌程主簿。

古天禄 任湖北大野县道士洑巡检。

陈均远 曾官湖北监利，刑部主事。

曹兆亨 嘉庆间举人，担任江西奉新县知县。

曾习传 嘉庆年间的拔贡生，担任新津教谕，升宁远府教授。

王朝选　知州，分发广东任用。

蓝玉章　道光间举人，历任甘肃两当、清水、高台等县知县。借补肃州州同，正值甘肃动乱，攻陷肃州，蓝玉章殉国。妻子刘氏、女儿蓝适龚于同日投营仓泉井殉节。长子蓝世翼亦被抓住，不屈而死。次子蓝世尊承袭云骑尉。

丁光陛　道光年间副贡生，署理犍为教谕。

廖朝翼　道光十五年（1835）钦点翰林院庶吉士，散馆，即分派为知县，按照惯例分发陕西同知，加知府衔。

曾省三　咸丰二年（1852）翰林院庶吉士散馆，改兵部车驾司候补主事，授江西南康府，后调任吉安府。江苏巡抚沈公上疏，以操行坚苦、勇敢有为向朝廷举荐他，钦命加道衔任用。

曹俊亮　咸丰间进士，钦点主事，签分刑部陕西司，援例分发云南同知，署理武定直隶州。丁忧服阕，改陕西候补同知，署理临潼县及潼关厅、清军厅等缺，特用知府。

吴俶培　咸丰间举人，陕西候补知县，署理清涧县事，钦加同知衔。

赖礼元　咸丰间举人，大挑二等，候选教职。

龚世莹　咸丰间举人，担任彭县教职。

廖兴哲　咸丰年间的拔贡生，担任秀山县训导。

蓝瑾章　同治间进士，广东长宁县知县。

龚晋祺　同治间举人，捐选广西西隆州州同，以军功保升知州，署理西隆州事。

曹　垲　同治间的岁贡生，担任平武县训导。

邹赤心　担任绍兴府经历。

曾义道　担任汀州府经历。

刘存厚　字仲山，四川嘉定府荣县人。事迹详见“艺文著述”。

张轩鹏　号海云，乙未恩科举人，甲辰大挑一等，分发湖北，任枝江知县。

刘存仁　监生。先是官直隶安肃县知县，后任调灵寿知县。

刘锡镛　监生。官云南新平知县。

陈大有　荫生。官广东始兴知县。

陈有珍　监生。官湖南灵知县。

林　端　由附生捐训导，署成都、叙永、蓬州等处。

林茂光　由附生捐训导，署高县、松潘、叙州府等处。

钟　灵　署湖北黄安县巡检。

冯嘉麟　署湖北房县知县。

辜　鑫　选授为湖南辰州府经历。

张济川　嘉庆年间武进士，注册兵部差官、蓝翎侍卫。

胡三元　嘉庆年间武举人，官兵部差官。

张廷英　同治年间武举人，官兵部差官。

龙　文　由增贡生捐为云南同知。

赵　熙（1867—1948）　字尧生，号香宋，又署雪王龛。清同治六年（1867）九月生于荣县城北郊宋家坝。赵家世代耕读传家。其父赵晓楼在乡塾教书，母王氏种瓜菜、织土布；兄弟俩长年耕作，农闲时挑炭下力，以助家用。

赵熙

赵熙幼随父读书，勤奋好学。光绪五年（1879）始作诗文，光绪十年（1884）中秀才，光绪十三年（1887）入嘉定（今乐山）九峰书院读书。山长胡孝博赠诗："尧生年少最工文，鹤立寒鸡总不群。"每次书院月考，他都名列前茅。光绪十六年（1890），赵熙应举人试不中。因家贫，先后在双流、营山等地设馆授徒，受业弟子中，有营山知县周位东之子善培兄弟。赵熙同年又被荣县知县唐选皋纳为门生，并教其子读书。

光绪十七年（1891），赵熙乡试中举人。光绪十八年（1892）进京殿试，获二甲第五十三名进士，朝考列二等，授翰林院庶吉士。赵熙在京结识同乡刘光第、乔树枏等人，以文章志节相砥砺，常"过谈论诗，深夜乃去"。刘光第曾出《甲午条陈》征询意见，赵熙认为应定稿出奏。赵因家贫，久居京城不易，遂于次年回川。他应重庆知府王艺庵（遵文）之聘，主持府考。事毕返乡，赵熙同举人曹佺向县衙门投递公文，指斥吏役苛刻勒索，请改良收粮章程。知县孟积伸怒，牌斥赵、曹，逮捕附名之人，几乎酿成大狱。

光绪二十年（1894），赵熙二次入京应保和殿大考，名列一等，授翰林院国史馆编修。与刘光第、杨锐等交往甚密，情谊在师友之间，对刘的谈论，尤为倾仰，曾云："先生论时事，慨然有世道人心之忧，而精神为之一振。"中日甲午战争爆发，朝臣翁同龢一派主战，李鸿章一派主和，赵熙赞同翁同龢主战自强之论。同年秋，他请假回川。次年春再应王艺庵聘，主持重庆府考。

适逢唐选皋再任荣县知县，延请赵熙回县任凤鸣书院山长。

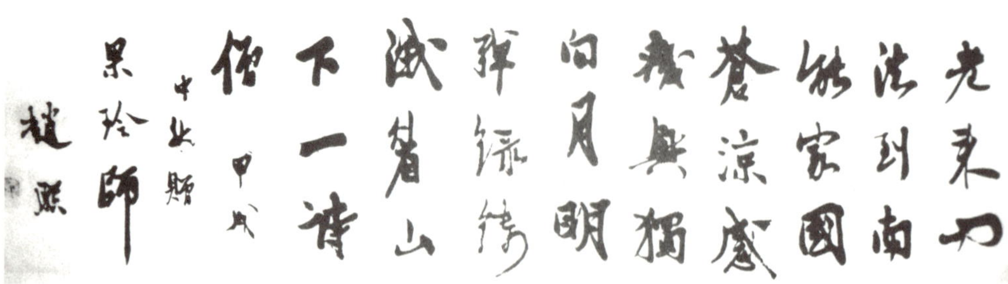

赵熙书法

光绪二十二年（1896），赵母逝世，赵熙丁忧在家守制，旋应川东道黎庶昌聘请，任重庆东川书院监督。三年中，从学者有向楚、江庸、冉慈、肖湘、龚秉权及日籍学生成田安辉等人。光绪二十四年（1898），朝野围绕"戊戌变法"开展新、旧政论之争。赵熙因"守制"不能预政，但他赞同新政。刘光第因参与变法被杀后，赵熙特为其保存《甲午条陈》和诗文手稿，刘子长述等三人均收学门下。同年冬，游重庆大佛寺时，作诗悼念刘杨等人。后又作《刘大夫传》，怒斥慈禧误邦国、害忠良。

光绪二十五年（1899），赵熙服丧期满，第三次赴京复职。光绪二十六年（1900），八国联军攻陷北京，赵熙亲历“庚子”之变，深恶慈禧及其亲信之顽固无能，故作诗多篇以纪其事。光绪二十七年（1901），清廷签订丧权辱国的《辛丑条约》。时朝议“废科举、兴学校”以自强。赵熙与友人书，也主张“讲学兴农”，谋“自立于久远”。这时，泸州知州沈幼岚（秉堃）邀约从日本考察归来的周善培筹办川南经纬学堂，赵熙应聘回川任学堂监督。学堂规模宗旨为“求新于旧”，所教除经史外，尚设日文、算术、地理等新课，并聘日籍教师教学。来学青年百余人，其中有吴玉章、黄树中（复生）、谢持、黄方、曹笃、陶闿等，后均成为辛亥革命的骨干力量。经纬学堂兴办一年，因经费困难而停办。

光绪二十九年（1903），赵熙第四次入京，擢授翰林院国史馆协修，继升纂修。光绪三十二年（1906），父丧返里。宣统元年（1909），赵熙服除后第五次入京，擢任都察院江西道监察御史。他曾上专折，请将杨锐、刘光第之忠烈史实，“宣付史馆”，又致函杨锐子庆昶进京缴呈光绪手诏陈情，并代为草奏，希冀昭雪。奏虽留中不发，而赵熙的风义谠论，由此可见。

宣统登位，醇亲王载沣摄政，清廷暗弱无能。赵熙先后上疏弹劾奕劻、赵尔巽、盛宣怀。庆亲王奕劻任首席军机大臣，贪浊纳贿，赵熙与同官蒋式惺、江春霖、赵启霖、赵炳麟、胡思敬等，互以直节相期许，弹劾奕劻。蒋式惺弹劾奕劻在外国银行私存巨款，被斥外转；赵启霖弹劾署黑龙江巡抚段芝贵厚贿奕劻父子，被革职；江春霖弹劾奕劻父子勾结封疆大吏，徇私纳贿，被斥回原衙门行走；赵炳麟、胡思敬上章力保，留中不报。赵熙独上《为亲贵权势太盛，请加裁抑》专折，再劾奕劻，不被采纳。

武昌起义后，清廷任命袁世凯为内阁总理大臣，他曾向赵熙示意“有借重处”，赵熙以病辞，避居上海。民国元年（1912），赵熙游日本。回国后应熊克武、黄复生要求，为组织蜀军北伐，在上海出面协助向日本大仓洋行购买军械，并亲往苏州请江苏都督兼临时政府内务部长程德全出具书面担保。秋，回川客居重庆，常寓居遗爱祠侧礼园（今鹅岭公园）。赵熙在川东、川南的弟子中多革命党人，还有蜀军政府要人，故备受礼敬，同时他对革命持同情态度。民国 2 年（1913），熊克武、杨庶堪在重庆宣布独立，熊时任四川讨袁军总司令，事败，杨庶堪及向楚等亡命上海。赵熙因负时望，并支持革命党人，袁世凯在川党徒胡景伊扬言：“熊杨之乱，赵为主谋。”欲加害他。经梁启超等人在京解救，方免于难。

民国 3 年（1914），赵熙回荣县宋家坝旧宅居住，虽以野老闲居，但仍关心时代风云。次年，袁世凯称帝，赵熙游荣县大佛寺啸台作诗讽刺。袁称帝，改元“洪宪”。民国 5 年初，蔡锷率护国军入蜀，挥戈北上。各省纷纷讨袁，袁被迫取消帝制。袁世凯死后，蔡锷任四川督军，电邀赵熙游成都，等赵熙到成都时，蔡锷因治病已去上海。护理督军罗佩金转达蔡锷之意，欲让赵出任财政厅长，赵力辞不就任。适朱德任滇军旅长来成都，经孙炳文介绍前来问学，赵熙撰诗赠云：“只有人心能教世，西南半壁赖扶持。读书已过五千卷，一剑曾当百万师。”次年，川、滇军在荣县激战，赵熙出面调和，双方停止战争。民国 9 年（1920），赵熙应四川省长杨庶堪之约，主纂《四川通志》，因政局有变而未成。民国 12 年（1923），曹锟贿选为大总统，赵作《无题》诗，讥斥旧国会议员为“猪仔议员”。次年，段祺瑞任中华民国临时执政，电邀赵熙参加北京善后会议，赵以病辞。民国 14 年（1925），北洋军与川军在荣境激战两昼夜，赵熙出面调停后双方罢兵。七年后，川军二十一军同二十四军，共十万以上兵力在荣县内激战三十五天。赵熙先后作《浪子》《贫家》《乡况》《荒年》《野行》等诗，反映当时千家万户妻离子散、家破人亡的战后悲惨景象。

民国 19 年（1930），赵熙为防止军阀刘文辉部队争夺孔庙庙产，请将庙产产值创办文学舍，文学舍课程以经、史、子、集为主，赵主讲诗词，兼教书法。来学者有县内和重庆、嘉定、犍为等地青年百余人。时任成都大学校长张澜曾函请赵熙前往讲学，并允许他自选舍内部分学生并入成都大学文学院，以扩大教育面。暑期张澜离职，这一建议未能实现。文学舍学生遍能法师、汪德嘉、曾进、陶元用等人，先后在成都、重庆、乐山等地任教。次年中共党员马介民、程觉远先后被捕，赵出面向官府疏通，将二人保释出狱。

民国 20 年（1931）九一八事变后，日本组织"满洲国"，清代旧臣大肆活动，以图进身。赵熙作诗讥刺这些投靠日本的官员，评价他们如抛夫改嫁，卖身求荣。赵熙好友郑孝胥等去"满洲国"后，赵熙与陈衍共约与郑孝胥等断绝关系。民国 23 年（1934），赵熙游重庆，刘湘两次请他一见，均被拒绝。民国 26 年（1937），七七事变发生后，赵熙作《冻雨》诗，有"汉家此日昆阳战，北望金铙奏凯歌"句，表达了他抗日必胜的信心；民国 29 年（1940），赵熙闻川军在山东死守滕县以及台儿庄大捷后，精神振奋，作《闻捷》诗赞之。次年，赵熙游重庆，蒋介石欲以高级顾问名义聘请他，优给薪俸，被他婉言拒绝。蒋介石派孔祥熙邀赵熙宴见，席间，蒋介石以国事相问，赵熙答以老年眼眊，不能阅报，于世事无所知。蒋欲送给"敬贤养老"费，亦被他拒绝。民国 31 年（1942），冯玉祥将军为抗战募捐，来到自贡荣县。赵熙应他之请，书屏联多幅，义卖后作为资助费用。民国 34 年（1945），荣县发生特大水灾，赵熙作书乞赈于自贡盐商，并捐款救济。民国 37 年（1948）秋病逝，享年八十二岁。

赵熙一生勤学，读书不倦。其家有藏书数千卷，多精心评点，今成都草堂藏有赵评点杜诗四部。其文章骈散俱精，以散文为多，今存成都草堂、峨眉山、乐山乌尤诸寺碑文。赵诗学古最精，运用最活，兼擅古体与律、绝，尤精五律。赵熙博学多才，抱负远大，却无法在当世施展，遂寄情于山水之间。他曾五去夔巫，一登嵩山，一游西湖，五游峨眉，其宜"为诗载蜀山蜀水之青碧而出也"。赵熙一生作诗三千余首，解放初，郭沫若自任部分印费，在上海倡印《香宋诗前集》上下册，录赵熙诗一千三百余首。近年，四川又出版《香宋诗钞》，录赵熙诗五百首。于民国 7 年（1918）刻版印行的《香宋词》（收词三百一十三首），人谓"香宋词人，禀过人之资，运灵奇之笔，刻画山水，备极隽妙，追踪白石，而生新过之"，可谓知言。

赵熙书法，字体秀逸挺拔，融诸家为一体，时人称"荣县赵字"。民国 2 年（1913），成都少城公园建立"辛亥秋保路死事纪念碑"，赵为书写碑名于西面。赵亦作画，喜山水小品，颇富诗情。

赵熙极爱川剧，常邀川剧演员、鼓师来家品茗饮酒，切磋技艺。光绪三十二年（1906），他改《活捉王魁》为《情探》，此戏演出后，受到社会好评，成渝艺人纷纷演唱，先后培养了七代表演艺术家和优秀演员。名角周慕莲、萧楷成曾于重庆章华剧院合演此戏。《情探》上演以来，素有"川剧楠品"之称。毛泽东同志对《情探》也极为欣赏，认为它不愧为文辞典雅的艺术精品。王朝闻曾将此剧本油印，发给中央戏剧学院学生学习研究，并撰文介绍。后来，在成都召开的《情探》座谈会上，与会者盛赞《情探》为创新楷模，并称赞它是川剧发展中以高度文学性和鲜明人物形象著称于世的里程碑。赵熙还续撰了《誓别》《听休》《冥判》三折，此三折子与《情探》合到一起，成为《焚香记》。赵熙后来又再编了《渔父辞剑》《除三害》等戏，均获得了成功。

民国8年（1919），赵熙主持修纂《荣县志》，任总纂。该志共分十七篇，附图表数种。赵熙在《志》中自述首："此名叫续修，完全与旧志体例不同，属于创新。"赵熙将"民生"列为修志宗旨之一，并在《叙录》中批评了清代方志界忽视民生的思想，其说在当时重人文、轻经济的修志理论中实素卓见。他在《秩官》卷中，赞扬了那些"见德不见才，见化不见政"的人；在《人士》卷中，收录了"成仁不顾此身残"的"古忠臣"，"托孤之节"的"女中豪杰"，割股疗亲的"孝子"等。荣县"政令首义，实先天下"，在辛亥革命中成立了全国第一个县级资产阶级革命政权，故赵熙在志书中特别表彰了县中先烈谢奉琦、龙鸣剑、王天杰、龚郁文、罗叔明等辛亥革命中的杰出人物，以及牺牲的普通兵民。鉴于民国不国，烈士伟绩无闻，似被人遗忘，赵熙曾感慨地说：荣以山胜，文士没有特别突出的，而志勇先于天下。辛亥革命荣县起义一月，武昌才开始发难。现在海内拥盛名者，都是步谢秦琦后尘，而名声寂寂者，在于没有记载的原因也。全志历时八年修成，较全面、系统地反映了荣县自然和社会、文化各方面的历史源流变化。民国《志》行文严谨得体，反映了荣县社会实际，并加以标点断句，实乃创举，被誉为巴蜀名志，获得广泛赞誉，为荣县的文化建设做出了贡献。

第二节　其他宦途

一、荐举

（一）宋

王　庠　因人品才学被举荐，没有就任。赐号"廉逊先生"，谥"靖节"，朝散大夫。

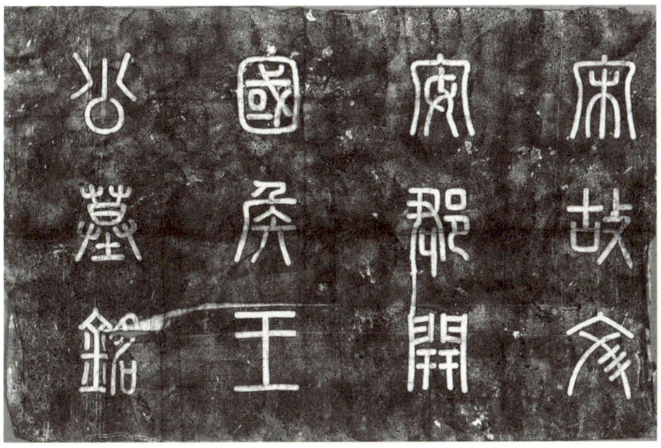

宋故文安郡开国侯王公墓铭碑拓片

王序墓

王　序　因人品才学被举荐，受赐进士。曾任徽猷阁学士，谥"文安"。

杨见素　因人品才学被举荐，曾任卫尉寺丞。

王廷坚　因人品才学被举荐，曾任朝散大夫。

（二）明

伍成章 洪武初年，因明经被举荐。曾任襄阳府教授，参与编纂《永乐大典》。

邹必荣 以孝廉被举荐，任工部屯田司主司。

胡子昭 以明经科被举荐，历任翰林院检讨，官兵部左侍郎。

胡志远 以明经科被举荐，任山东按察司佥事。

江　敏 以明经科被举荐，任成都府训导。考核期满，奉诏去往奉天门参拜，觐见皇帝并议论政事，因通晓音律，皇帝愉悦，下旨授予太子左谕德之职，从而能够侍奉皇帝并当面陈述政事。后改任荣县教谕。

袁桂英 因人才科被举荐，授所吏目，历任两淮都运司同知。

王子清 以明经科被举荐，授予教授。

伍　成 以明经科被举荐，授予本邑训导。

宋　询 以人才科被举荐，任工部检校浙江道监察御史、福建按察司佥事。

宋　洪 以人才科被举荐，授咸宁教谕，后来升任县丞。

二、恩赐

（一）明

吴道宁 兄长道弘巡抚郧阳。资助小吏衣禄，周济贫困百姓，赈恤饥馑灾荒，上司知情后，特授道宁七品义官。

赵云山、曹仁 均授七品散官。

曹　芝 廪生，授教谕。

夏赓、朱莹 乾隆《志》记录他们都是增生，被授予冠带，嘉庆《志》称“增生，授予儒学”。

曹履亨 乾隆《志》称“儒官”，嘉庆《志》称“增生，予儒学”。

刘昌澄、赵昇 捐粮赈灾，授冠带旌表。

（二）清

刘及锋 同治甲子（1864）恩科举人。甲戌（1874）会试，年已百有二岁，恩赐国子监司业衔。

杨梦鱼 咸丰戊午（1858）科恩科副贡。

三、议叙

张敦叙 盐知事。

张敦履、左福彩、张其祥、杨恒春、王九龄、王九成 以上诸人俱道光六年（1826）捐赠义学钱财，议叙正八品。

刘存仁 道光二十二年（1842），捐赠海疆经费，议叙盐知事。

张必达、张必元、罗登仕、蓝兆吉　议叙八品。

林国材、饶清茹、刘荣宗、王正品、杨希宠、梁中林、刘光烈、曹丁福、曹川福、曹芳躅、刘从龙、邱先桂、谷泽融、王正玺、蓝盛章、刘仕崇、李文熙、李兴德、张兆裔、陈巨俊、杨级元、晏林鹏、李化龙　议叙正九品。①

晏　芳　由廪生参与置办团练事务，保举任训导。授予团务保授训导。

四、捐级

（一）明

赵　昌　陕西淳化县知县，升任徐州同知。

汪崇山　县丞。

曹　鼎　单县县丞。

曹　侃　事迹不可考。

王　卓　宁县县丞。

伍从玭②　江夏县主簿。

朱　彬　吏目。

刘其兴　事迹不可考。

赵　符　事迹不可考。

吴可畏　事迹不可考。

伍　阶　荆门州吏目。

吴可止　事迹不可考。

徐　忠　淮安府同知。

李仕清　事迹不可考。

杨　荣　云南主簿。

程自进　武陵驿丞。

陈伯朝　主簿。

王辅英　驿丞。

徐嘉寿　典史。

钟　淮　巡检。

雷蜀山、辜月高　都曾任卫经历。

程　俊　麟游县县丞。

王　泮　驿丞。

---

① 按：李兴德、张兆裔、陈巨俊、杨级元、晏林鹏、李化龙，民国《志》卷八《选举》均失载，今据旧志补。

② 按：伍从玭，光绪《志》卷二十九《选举志·应例》、民国《志》卷八《选举》均作“伍从玼”。

彭　荣　经历。

谢永年　仓官。

李　焘　典史。

伍延庆　巡检。

詹旦阳、潘凤、李惟才　都曾任仓官。

郝　荣　麟游县丞。

刘　甲　县丞。

（二）清

邹赤心　盐吏，捐授浙江绍兴府经历。

谢　诏　雍正十一年（1733）增生，捐贡。

谢　诚　乾隆十三年（1748）监生，捐贡。

谢　宽　乾隆十三年（1748）监生，捐贡。

杨仕健　乾隆十三年（1748）监生，捐贡。

曾义道　福建汀州府经历。

邹锡韶　道衔。

陈为光、古天禄、邱思诠、张廷桂　捐贡。

廖世璠　增贡。

王正廷、谢三锡　州同衔。

王殿相　营千总衔。

王朝选、陈均远、邹定邦　卫千总衔。

林建川、张贵三、张盖川、龙大年　俱卫千总。

王德浩、张建中、王贵仁　均营千总。

陈积昌　布政司理问。

刘光宇、龚膺敕、黄家宾　上俱布政司经历。

辜三级　按察司照磨。

谢时安、黎朝重　俱布政司知事。

吴健融、张宅三、邱华青、王士开　曾任府知事。

曹光耀、朱宗旺、王九皋　俱县丞。

萧昌悠、刘廷选、朱光斗、钟正朗、梁元材　州同。

王士绍　同知。

王士容、刘金丽　布政司理问。

张铭绅　州判职衔。

林东燊　孔子庙知印。

林　荣　孔子庙赍奏厅五品衔。

黄松、曹兆仲　县丞。

曹玉枢　员外郎。

曹玉渲、曹玉光　中书科中书。

曹玉吉　翰林院孔目。

曹之桢　守御千总。

钟德魁　州同。

王九卿、张廷恩　员外郎。

王士选、王士上　布政司理问衔。

王士清　州同。

王士元　同知。

曹崇典　州同。

谢绍安　同知。

周永勋、曹拔　增贡生。

梁栋材　附贡。

五、议员

龙鸣剑　清咨议员。

刘　伟　清宣统间，由咨议局议员选会资政院议员。

第五章　耆寿高龄

《洪范》“五福”，长寿乃居其首。高寿可谓上天对一个人懿行美德的最大福报。高龄高寿之人多的地方必然是福泽深厚之地。荣县自然环境宜人，人文资源深厚，自古以来就是长寿之乡，年近百岁者十余人，九十、八十高龄者更多。历代尊养老人礼遇尤为隆重，所有百岁耆老皆为之赐银建牌坊。百岁以上，恩赏更加优厚。今将他们记录在县志之中，以彰显荣县尊老敬老的乡土风情。这些载入县志的高寿老人亦是荣县的光荣。

第一节 男寿

一、百岁

（一）百四岁者

孙德鳌、丁焕喜。

（二）百三岁者

周子忠 乾隆年间（1736—1795），周子忠捐钱修建西门桥，在修成后亲自走过西门桥。

（三）百二岁者

曹思旻 洪武时人。

梁 湘 80岁时又长出了新牙。

（四）百一岁者

李世斌、杨述先。

（五）百岁者

许凤坤及妻子钟氏 贡井长腰滩人，二人双寿百岁，道光间为之建有牌坊。

丁玉桂 住在插旗山的庙里。民国8年（1919）时已经是百岁高龄，知事廖世英赠给他“盛世人瑞”之称。

范国钟 寿至百岁。

王国虎 弟弟王国彪，九十岁时去世。

龚兴睿 举人龚世莹父。

另有徐光耀、董自举、张超、罗启朝。

二、九十余岁者

（一）九十九岁者

董斯友、龚玉兴、黄吉图、顾耀宗。

（二）九十八岁者

李子荣、黄治平、吴大兴、杨启富、黄吉庆、李钦凤、刘占启。

（三）九十七岁者

刘荣旭、周登交、李元图、张兆邦、张兆仲、张文泰。

（四）九十六岁者

刘懋科　妻子去世后，不再续娶。

官文广　秉性刚直，治学注重躬行，九十六岁时去世，六世同堂。

另有龚守文、蔡运斗、朱辉阳、汪元碧、梁荣超、温光成、陈九有、王书才、邹光宗、祁占朝。

（五）九十五岁者

范永舒、邹正鹏。

（六）九十四岁者

顾永安　顾耀宗之子。

另有刘汉华、黄兴前、黄仕仁、李芝林、辜玉金、张爵寿、龚兴沺、龚世德、王良玉、吴朝宗。

（七）九十三岁者

梁书宁　梁荣超之子。

另有邱有兰、丁正元、陈文举、朱世品、吴超鳌、彭明进、钟岳凤、杨金礼、曹泽然、吴学盛、罗新春。

（八）九十二岁者

许光宗　清代时，因为孝顺守节受旌表。

吴玉彩妻子李氏　二人生卒同岁。

夏元珠　字怀溥，声如洪钟，九十二岁时去世。

另有范廷相、廖世元、朱永升、杨永纲、谢久田、李荣邦、郝权鼎、罗万银、胡朝敏、何玉龙、曹玉亮、李国仲、曹星斗、王廷禄、范峨昌、吴正福、黄九儒、伍廷宝、李元宦。

（九）九十一岁者

范朝举　女儿寿至百岁。五个儿子，都活了九十多岁。

另有谢久序、曾应兴、王荣三、王礼成、杨顺江、王立才、廖兴阳、范永嘉、黄有才、王正修、党峻峰、林常永、庄其顺、杨宗廷。

（十）九十岁者

伍成章　明永乐丁亥年（1407），伍成章参与修撰《永乐大典》，任满辞官归家，九十岁时寿终正寝。

林元贡 乾隆金川之役，贫困的人无钱上缴贡赋，只能被迫充军，林元贡代他们纳贡，使这些人免于征战杀伐之苦。九十岁时去世。

李天和 道光年间，李天和捐款修建李家桥。李天和育有二子（李元图、李元宦），一女（后嫁至但氏人家），都活了九十多岁。孙子李正达，阵亡，受朝廷抚恤。

另有曹朝生、余治春、辜赓凤、冯学银、刘朝廷、陈凤超、张喜阳、党希晋、张怀禄、刘思银、黄偰衢、黄杰广、李永仲、唐元春、赖煜亭、童文炳、范音龙、范永顺、范永康、钟大韶、林常美、杨耿基、曹义江、罗正发、张文忠、毕发珩、辜仕才、刘耀魁、谭一宗、左永祯。

（十一）九十岁以上高龄者

刘洪瑞 充当乾隆癸酉年（1753）乡饮礼众宾，当时已经九十五岁。

吴履晋 由拔贡中雍正己酉年（1729）举人，充当乡饮礼众宾，当时已经九十五岁。

谭仁源 字长卿，乾隆壬申年（1752）举人，嗜好读书。他年近九十时，依然手不释卷。

龚飞熊 县廪生，充任乾隆癸酉（1753）乡饮礼介宾，时年九十一岁。

余腾榜之父 贼匪侵掠桐麻寺，余腾榜之父当时已是九十三岁高龄。

三、八十余岁者

（一）八十九岁者

邹昌炳 字德玉。邹昌炳在康熙中由楚地入蜀，在路上捡到了四百两银子。他没有将银子据为己有，而是坐在那里等待失主，直到将银子归还。邹昌炳先在荣县置业，后又回到楚地重修家谱，以记世系，并培修了楚地的祖墓。邹昌炳为人好义济人，对孤寡之人多有抚恤，尤其厚待族中穷困之人。八十九岁时去世。

（二）八十八岁者

范文忠 好仁义。大年三十夜晚，范文忠抓获一名偷盗他家财物的盗贼，但他并没有将盗贼送交官府，而是让妻子邱氏给了盗贼一些米粮后，让他自行离开。

黄联芳 居心忠厚，处事平和，奉养双亲极为孝顺，是远近闻名的大孝子，八十八岁时去世。

另有朱万灯、左福彰、龙元川、龚杰山、伍平邦、罗国兴、李世春、张应祥、刘汉川、晏日安、唐治章、赵宗瑚、蒋岐山、龚选礼、黄直廉、卢绍伦、李启素、张万坤、李登藩、周文怀。

（三）八十七岁者

张廷良 字存仁，监生，以医术立业成家，八十七岁时去世。

范永芳 字一元，好善乐施，八十七岁时去世。

另有龚训、吴凤祥、魏克隆、范永芳、刘德普、唐历照、唐原春、杨康成、张王东、周禄旸、朱国柱、詹启仁、詹朝钦、龙万川、傅映章、李正鳌、陈富、毕复文、叶世福。

（四）八十六岁者

刘元桐　庠生，恩赐举人，八十六岁时去世。

吴孔章　字绍庵，吴良璧之子，文章与事业都是“三荣”之地的杰出者，八十六岁时去世。

另有周诏文、刘周盟、林正泽、龚适礼、詹汝玠、罗廷山、黄淳、欧盖成、龙文川、刘柱、钟德荣、杨藻堂、毕廷俊、丁长顺、严朝杰、吴学文、余友禄、毕惠珉、胡子凤。

（五）八十五岁者

蓝锦川　儿子是举人蓝玉章。

谢朝选　家境富庶，崇尚节义，敦睦宗亲，与人无争，生平无一字诉讼到官府，八十五岁时去世。

另有刘文保、钟朝凤、赵光照、陈必正、詹大廷、詹在仁、范荣贵、陈朝喜、张文禄、林万有、吴玉彩、龚作肃、王世荣、左兴谟、戴国芳、李光烈、赖荣兴、毕宗岐、毕复海、李正贵、黄学敏、赵兴海。

（六）八十四岁者

宋天锡　居住在耸云山。丙寅年（1866），宋天锡八十四岁时，重游泮宫。

另有杨方伸、周良超、郝令双、周永沛、黄永瑛、张腾涛、詹大昌、詹大佑、戴仁、黄吉典、黄锡逵、陈兴发、詹九皋、詹春义、詹铭义、吴应朝、赵仕忠、杨福珍、程泽、李世德、辜世山、龚德章、雷万扬、张兆斗、吴雄、张文橦、龚维熹、刘汉尧、李世位、刘廷第、刘荣升、张端泰、彭应亭、刘乾相、王益谦。

（七）八十三岁者

胡元福　为母亲建牌坊，捐款修建泰安寨。

吴士毅　吴元祥孙子，吴国儒之子，庠生，四代人都任教职，八十三岁时去世。

另有官凤翔、赵显鹏、林登毕、汤应高、钟秉行、刘永笃、刘荣贵、詹大安、范文理、林万年、林万邦、卿上顺、王祥盛、李松、刘锡升、毕发瑢、毕发玟、毕永达、冯廷锡、李宗兴、虞世琼、刘廷秀、李正开、谢茂士、张俊梁、张国昌、朱朝亮、赵时第。

（八）八十二岁者

李元铉　居亲丧守孝，三年不入自己的寝室。

赵有蔺　本名赵时阳，字晓楼，八十二岁时去世。

范坤洪　白手起家，为人笃亲好义，八十二岁时去世。

姜宗德　字克明，八十二岁时去世。

另有简朝珍、丁大均、李世元、唐光序、温义无、温振梁、刘永庭、张晓阳、朱朝钦、简赟、黄体荣、卿彦章、詹鹏义、吴荣级、范致祥、范国华、范国龙、伍元中、冯积伦、龙世柱、李春晖、欧猷龙、龙世申、戴天青、曹天惠、谢明江、辜成达、吴邦宁、虞世先、周兴和、虞世珉、彭大有、刘廷宽、李正炆、张廷俊、罗九兴、赵兴廷、罗世敏、范立堂。

（九）八十一岁者

伍　性　字宗诚，别号龙溪，成化甲午年（1474）举人，戊戌年（1478）登进士第。嘉靖六年（1527）时去世，时年八十一岁。

刘文灏　捐出财物在半边山修建了一座桥，八十一岁时去世。

莫玉鉡　妻子二十岁时去世，莫玉鉡不再续娶。

詹联义　儿子被乡民尊崇，入祀乡贤祠。

童世彦　童世彦的先祖是湖北孝感人，迁徙至荣。在他八十岁那年，县里长官把他的品德上奏朝廷，朝廷论议以原官起用。县里筹金为他修建牌坊，把他树立为荣县人的榜样。旌表建坊的第二年，童世彦去世。

另有李元美、张芳富、晏中立、钟世训、龚维矩、廖朝清、张腾洪、张腾渐、汤应升、钟锡琏、林一山、吴济川、胡隆清、李世才、詹大川、范国宗、黄仕明、邹锡春、李万寿、胡万荣、龚德儒、刘耀臣、古魁海、童元、谭崇义、罗国品、邱廷梁、吴剑光、张熙泰、张桢泰、张国琳。

（十）八十岁者

李　郁　有节操，对于穷人多所顾惜。有家室。

刘柏山　有孝心，亲手雕刻父亲遗像以祭祀父亲。

李　通　乾隆年间金川之役，因主动为军队筹措粮饷而受旌表。

严元象　儿子严巨川。父子均活了八十岁。后代子孙多在学校读书。

罗正荣　武举人罗朝元的父亲。

廖世璠　号燕溪，增贡生，八十岁时去世。

丁暘阳　字含晖，嗜好读诗书，重节义，八十岁时去世。

吴兆昌　字自能，监生，八十岁时去世。

彭鸣和　字元音，八十岁时去世。

郝干城　武生。他性情刚烈正直，不避嫌怨。八十岁时去世。乡人都称许他的为人品行。

龙　文　字沛然。宣统退位后，他辞去官职，卜居云南省城梅园读书。八十岁时去世。

刘盛斌　字旭江，刘盛斌从小就被过继给节母邱氏为嗣子。刘盛斌生平多行义举，八十岁时去世。

丁翼修　丁翼修正当青壮年时妻子离世，他便不再娶妻，与弟兄们友爱相处。他们兄弟都在八十多岁时才去世。

另有钟维馨、叶世福、黄佐卿、黄仁寿、张鹏抟、阮迪凤、吴国美、马云怡、周应中、方正兴、官燮理、刘福元、钟相成、郭应林、赵朝溪、詹肇春、詹荣义、朱智和、欧盖蛟、林兴岱、林兴县、周善元、张朝书、李永兴、李万才、王光焯、李兴智、郝永昭、刘怀道、廖朝贡、陈荣斌、李世位、郝权修、曾廷瑞、郝安仁、龚希遂、郝瀛洲、谢开弟、杨奇灿、宋占勋、丁廷拔、刘大顺、吴玉祥。

（十一）八十以上高寿者

吴其昌　字自忠，监生，八十多岁时去世。

丁光陛　字紫垣，嘉庆丁丑年（1817）入学，道光乙酉年（1825）中副贡生，八十岁时重游泮宫。

刘春棠　以字行世，为人任侠自喜，荣县士人以其为榜样。八十岁时去世。儿子都是贤能之人。

虞老人　咸丰庚申年（1860）已年逾八十。贼匪从文昌宫奔袭县城，虞老人以片言之词，巧退贼匪。

张元鹏　字春仁，庠生。张元鹏八十多岁时还作文字教授诸孙。

张立炳　其八十多岁时，养子张廷瑞还焚香向上天祈祷，乞求让其长寿百岁。

第二节　妇寿

一、百岁

（一）百十岁以上者

范奕上妻邓氏　邓氏高寿，活了一百一十四岁。

（二）百五岁者

赵世杰妻邱氏　道光三十年（1850），朝廷旌表邱氏“忠贞守节”。

另有邹凤光妻黄氏。

（三）百四岁者

刘瑞斌妻郑氏。

（四）百三岁者

廖朝胜妻吴氏、朱氏儿媳毛氏。

（五）百二岁者

李氏儿媳刘氏　贡井人。

另有杨玉华妻黄氏、李氏儿媳陈氏、王氏儿媳高氏、杨盛梁妻万氏、范永贞妻邓氏、张氏儿媳吕氏、刘鼎顺妻杨氏、张春妻周氏、杨能荣妻徐氏。

（六）百一岁者

王绍贵妻张氏、邓镇章妻林氏。

（七）百岁者

杨元玉妻龚氏 龚氏寿至百岁，五世同堂，被赐旌表“贞寿之门”，朝廷还为她修建有牌坊。

另有张德贵妻刘氏、张德桂妻刘氏、廖朝明妻黄氏、蓝瑾章妻范氏、萧氏儿媳朱氏、钟正华妻邓氏。

二、九十余岁者

（一）九十九岁者

丁荣望妻汪氏、程福廷之母朱氏、王朝俊妻邱氏、虞相臣之母马氏、吴世银妻余氏、戴光盎妻杨氏。

（二）九十八岁者

程琏鹏妻戴氏 孀居。

另有卢世伦妻孙氏、王殿侯妻刘氏、龚氏儿媳刘氏、刘里妻朱氏、林炳菁妻吕氏、黄仁香妻钟氏、詹柱义妻陈氏、龚氏儿媳刘氏、刘名俊妻林氏。

谢成元妻吴氏 持家勤俭，九十八岁去世。

（三）九十七岁者

刘瑞廷之母邓氏、夏成开妻李氏、毕氏儿媳龚氏。

（四）九十六岁者

赖承先妻许氏 许氏幼年便嫁给赖承先。公婆生病，无力操持家务，全靠她理家致富。

李天寿妻吴氏 吴氏，犍为人。九十六岁时去世，后被旌表“节烈”。

另有左明洪妻侯氏、邱应纯妻邓氏、张其让妻卢氏、萧廷榜妻朱氏、林常谟妻廖氏、李世玉妻冯氏、谢代喜妻张氏、邓镇章妻张氏、许三和的祖母饶氏、王兆权妻徐氏、毕氏儿媳虞氏、李应桃的母亲王氏、周文慎妻罗氏、但正模妻李氏、但万年的母亲李氏、李氏儿媳张氏。

（五）九十五岁者

林宗妻王氏 王氏的玄孙林芝兰为拔贡生。

程天照妻黎氏 黎氏多次割下自己的大腿肉救治丈夫，最终丈夫痊愈。

丁联卿之母余氏 在九十五岁高龄时去世。

另有吴慎妻王氏、吕氏儿媳邓氏、虞锡光妻马氏、张元杰妻朱氏、吴氏儿媳曾氏、朱子照妻吴氏、胡锡纶妻彭氏。

（六）九十四岁者

李万洪之母　母亲多病，李万洪曾经焚香向上天祷告，为母亲祈祷长寿。其母享年九十四岁。

另有李级朋之母邓氏、刘氏儿媳谢氏、吴秉忠妻林氏、张其泰妻宁氏。

（七）九十三岁者

徐启伦之母邹氏、晏宗位妻李氏、胡安善妻蔡氏、何正谱妻黄氏、辜成玉妻李氏、彭明进妻蒋氏、詹启仁妻李氏、罗正发妻张氏、张檀妻吴氏、张洪泰妻曹氏、周文恺妻李氏、周氏儿媳陈氏、罗新春妻范氏。

（八）九十二岁者

刘正邦妻绛氏　绛氏十八岁从威远嫁到荣县，三十二岁时儿子就去世了。儿媳改嫁后，绛氏独自抚养孙子长大成人。

另有黄体贵妻林氏、张兆恺妻王氏、张永才妻吕氏、黄松龙妻郑氏、侯绥固妻邱氏、林氏儿媳潘氏、张正明妻赵氏、温氏儿媳黄氏、詹泽仁妻龚氏、罗廷山妻高氏、辜仕芳妻温氏、简朝凤妻陈氏、张元丰母王氏、戴氏儿媳熊氏、吴玉彩妻李氏。

（九）九十一岁者

李九清妻杨氏　杨氏曾经割下自己的大腿肉入药，最终治愈了重病的婆婆。丈夫李九清生病，她依旧割下自己的大腿肉来救治，后来丈夫也痊愈了。杨氏在九十一岁时，无疾而终。

另有刘光宗妻谢氏、张腾源妻龙氏、沈士玉妻朱氏、张元高妻董氏、范间龙妻段氏、李仕庚妻黄氏、毕光明妻郭氏、辜三级妻王氏、钟正毕妻邓氏、林本荣妻钟氏、罗德章妻黄氏、罗开富妻钟氏、詹大书妻李氏、詹氏儿媳李氏、吴氏儿媳熊氏、李世玉妻冯氏、左兴松的母亲蒋氏、刘耀魁妻丁氏、徐仕台妻。

（十）九十岁者

曹禁　字敬姬，周纪妻，九十岁去世。

杨朝凤妻梁氏　九十岁去世。

吴宣略妻王氏　因孙子显贵，诰命封为宜人。

周光宇妻陈氏　陈锳之女。周光宇，庠生。陈氏曾经割下自己的大腿肉入药救治丈夫。陈氏在九十岁去世。

万代兰妻胡氏　因为贞节守孝而被朝廷旌表。

另有夏能礼妻李氏、胡锡政妻古氏、蓝仁惠妻陈氏、钟克昌妻龚氏、范奕策妻黄氏、王贵廷妻吴氏、许光有妻饶氏、李陆妻钟氏、林常永妻龚氏、林友孟妻罗氏、练氏儿媳曾氏、曹氏儿媳蒋氏、詹九源妻杨氏、陈氏儿媳万氏、林氏儿媳马氏、夏干礼妻李氏、张春堂的母亲吴氏、郝氏儿媳张氏、谭斐妻吴氏、李正仪妻黄氏、彭氏儿媳朱氏、张氏儿媳但氏、魏氏儿媳王氏、丁学溥妻曹氏、蓝世同妻赵氏。

（十一）九十岁以上高寿者

龚显扬妻杨氏 杨氏九十岁高龄时，仍然健康强壮，毫无病痛之感。

李清银妻胡氏 胡汉阳之女，九十二岁。她一生侍奉公婆，孝顺尊敬，从不懈怠。

蓝世扬妻何氏 蓝世扬，贡生。他去世时，儿子才四岁，由何氏独自抚养长大成人。何氏奉养孀居的婆婆，极为孝顺，何氏年届九十仍旧十分健康。

钟科瑞妻邱氏 邱富仲之女。邱氏九十岁时家中五世同堂，和睦熙然。

吴国儒妻余氏 附生吴士毅的母亲；增生吴济川，贡生吴永健，附生吴镇川的祖母；附生吴大藩，吴大烈的曾祖母。余氏九十岁时，县里众多士人为其作诗祝寿。

黎学贵妻范氏 范氏二十八岁时丈夫就去世了，她苦苦守节，未曾改嫁。到九十多岁时，范氏一家已经五世同堂了。

吴志清妻王氏 王氏过继从子吴兆祥之子为自己孙子，以继承香火。王氏九十多岁时，受旌表列入节孝祠祭祀。

三、八十余岁者

（一）八十九岁者

涂国现妻朱氏 朱氏割下自己的大腿肉来治疗母亲的疾病，后来母亲痊愈。

李昌富妻钟氏 钟氏与儿子李正鳌、孙子李世德、曾孙李兴智、儿媳谢氏、孙媳杨氏及冯氏，一门皆高寿之人。

另有曾富珍妻黄氏、王正朝妻李氏、戴国黼妻张氏、周万灵妻徐氏、李正秾妻吴氏、陈宗第妻黄氏、伍廷宝妻刘氏、周氏儿媳丁氏、林氏儿媳陈氏、欧氏儿媳曹氏、刘汉川妻黄氏。

（二）八十八岁者

吴以材妻龚氏 八十八岁去世。

另有胡玉印妻鲍氏、钟荣瑞妻刘氏、詹堂义妻吴氏、李氏儿媳邓氏、周氏儿媳陈氏、李氏儿媳黄氏、周氏儿媳陈氏、张氏儿媳马氏、林氏儿媳左氏、李氏儿媳林氏、胡氏儿媳阚氏、刘氏儿媳明氏、左泰宣之母王氏、许宗慎之母虞氏、张文泰妻杨氏、邓兴源妻萧氏、李氏儿媳黄氏。

（三）八十七岁者

詹崇之妻郝氏、龚适礼妻彭氏、张廷扬妻罗氏、欧盖成妻王氏、李氏儿媳林氏、左应麟之母杨氏、古高维妻刘氏、张万坤妻陈氏、谭崇义妻穆氏、钟氏儿媳杨氏、张天锡妻某氏。

（四）八十六岁者

刘应统妻胡氏 胡氏侍奉公婆极为孝顺，都活了八十六岁的高寿，五世同堂。

廖其恺妻邱氏 八十六岁去世。

傅乐天妻杨氏　苦苦守节五十八年，八十六岁去世。

另有吴达修妻雷氏、张国昌妻范氏、王禄妻陈氏、詹居仁妻刘氏、晏思玉妻庄氏、蒋氏儿媳陆氏、朱辉阳妻虞氏、龚选礼妻黄氏、刘华山妻何氏、刘氏儿媳徐氏、詹金义妻陈氏、詹九皋妻焦氏、李氏儿媳范氏、吴氏儿媳曾氏、王氏儿媳朱氏、欧氏儿媳曹氏、刘氏儿媳李氏、黄大朝妻丁氏、赵廷元妻余氏、王朝翰妻余氏、严朝杰妻朱氏、胡天源妻宰氏、吴元溥妻晏氏、谭一宗妻毕氏、刘氏儿媳虞氏、李氏儿媳冷氏、胡子明妻范氏、但氏儿媳龙氏、谢久洪妻吕氏。

（五）八十五岁者

戴鳌妻张氏、马继贵妻刘氏、罗宏章妻刘氏、张廷拔妻王氏、詹福义妻王氏、刘氏儿媳杨氏、黄淳妻伍氏、张灼三之母伍氏、徐世忠的祖母吴氏、毕德馨之母杨氏、张氏儿媳罗氏、邱正罗妻虞氏、彭大有妻董氏、周氏儿媳胡氏、虞允先妻谭氏、刘氏儿媳杨氏、杨氏儿媳虞氏、张国琦妻朱氏、张典泰妻胡氏、李氏儿媳朱氏、欧焕堂之母古氏。

（六）八十四岁者

王九成妻彭氏　她勤谨地照顾生病的婆婆，极为孝顺。彭氏八十四岁高龄时才去世。

另有晏日安妻夏氏、晏思升妻唐氏、陈必正妻周氏、戴氏儿媳黄氏、秦氏儿媳杨氏、李氏儿媳龚氏、程荣发妻王氏、黄氏儿媳丁氏、张氏儿媳何氏、谢氏儿媳向氏、邹氏儿媳董氏、郝氏儿媳张氏、吴学仲妻李氏、吴万绰之母曹氏、刘氏儿媳邹氏、刘氏儿媳吴氏、谭学贤妻杨氏、谢氏儿媳邹氏、吴喜元之母龚氏、但氏儿媳戴氏。

（七）八十三岁者

胡万举之母左氏　胡家家境贫困，在胡万举七岁时，他的父亲就去世了，母亲左氏改嫁。胡万举长大后，接母亲回来同住，直到母亲八十三岁去世。胡万举完全按照礼制安葬母亲，为她治丧，没有丝毫不当之处。

蓝典章妻刘氏　丈夫去世，留下幼子蓝世扬。在刘氏的教育下，蓝世扬五岁时就颇有名气。刘氏高寿，八十三岁去世。

姜绍文妻刘氏　刘氏二十一岁时丈夫就去世了，于是她每天敲木鱼诵经，直到八十三岁去世。

另有周用炳妻蒋氏、詹迁义妻郝氏、詹德斌妻朱氏、黄氏儿媳毕氏、杨氏儿媳卢氏、张义荣妻伍氏、吴氏儿媳刘氏、张氏儿媳伍氏、龙氏儿媳胡氏、吴氏儿媳倪氏、周玉堂之母钟氏、丁长顺妻曹氏、李世坦妻虞氏、李登藩妻刘氏、李正贡妻刘氏、张国顺妻何氏、宋文仕妻朱氏、刘贵章之母谢氏、张兴发之母胡氏、胡了权妻彭氏、刘永廷第二任妻子程氏。

（八）八十二岁者

夏乾祉妻刘氏　苦苦守节五十五年，去世时八十二岁。

吴以栋妻李氏　苦苦守节五十八年，去世时八十二岁。

另有陈能菁妻卢氏、晏中立妻龙氏、吴连翰妻张氏、朱氏儿媳刘氏、郭氏儿媳钟氏、詹全义妻张氏、詹九汉妻陈氏、詹学统妻温氏、赵氏儿媳官氏、范氏儿媳黄氏、林万邦妻杨氏、李氏儿媳陆氏、周氏儿媳王氏、罗氏之女王氏、龙氏之女王氏、夏坤泰妻彭修慈、李氏儿媳杨氏、严朝槐妻辜氏、李加碧妻祝氏、刘氏儿媳董氏、毕氏儿媳祝氏、李世儒妻王氏、张氏儿媳罗氏、张国栋妻曾氏、张庆泰妻童氏、曹氏儿媳李氏、郝栋材妻王氏。

（九）八十一岁者

陈涵妻俞氏　其夫陈涵，县学生。其子陈廷灼，府学生。

蔡志春妻胡氏　胡氏二十二岁时丈夫就去世了，她八十一岁去世。

蔡世泰妻宋氏　其夫蔡世泰为蔡志泰之子。蔡世泰去世时，二人膝下无子。宋氏苦苦守节，八十一岁去世。

李学东妻胡氏　胡氏割下大腿的肉入药救治婆婆，婆婆的病渐渐痊愈。胡氏直到八十一岁去世。

丁汝童妻徐氏　徐氏二十岁时，丈夫就去世了。她于是终身守寡，备尝艰苦，直到八十一岁去世。

吴珍妻王氏　王氏苦苦守节六十四年，在八十一岁时去世。

曾朝伦妻曹氏　丈夫因遭遇盗贼而被杀死，曹氏矢志守节，未曾改嫁，民国初年，就已经八十一岁了。

吴朝瑞妻杨氏　民国元年（1912）时去世，享年八十一岁。

胡天潮妻陈氏　陈氏十八岁时嫁给胡天潮，可是婚后不久丈夫就去世了。陈氏一直寡居，未曾改嫁，直到八十一岁去世。

另有陈兆苏妻张氏、周良超妻张氏、唐世刚妻何氏、张腾涛妻王氏、吴国典妻林氏、朱朝钦妻刘氏、易永修妻王氏、王宗贤妻刘氏、郭氏儿媳吴氏、李氏儿媳邹氏、温氏儿媳李氏、包氏儿媳李氏、吴氏儿媳张氏、范氏儿媳林氏、黄仕明妻温氏、李氏儿媳何氏、林氏儿媳杨氏、刘氏儿媳欧氏、邹氏儿媳李氏、龙氏儿媳林氏、丁端妻童氏、吴复之母王氏、刘月蛟妻杨氏、戴宗延妻谭氏、谢远祯妻吴氏、彭氏儿媳曾氏、邱廷梁妻周氏。

（十）八十岁者

王汝安妻邱氏　因为忠节孝义而被朝廷旌表。

罗正礼妻方氏　方氏十八岁时丈夫就去世了，二人膝下无子。她苦苦守节，没有改嫁，直到八十岁去世。

吴九经妻朱氏　八十岁去世。

曹桂洪妻林氏　丈夫去世以后，林氏苦苦守节，八十岁去世。

（十一）八十岁以上者

胡金奴　胡子昭之女。在胡金奴八十多岁时，因为自己的娘家没有后嗣，向朝廷陈情归乡。朝廷最终准允了她的请求，使其得以归乡。

赵宗瑚妻卢氏　夫妇二人齐寿。

赵光照妻卢氏　夫妇二人齐寿。

赵显鹏妻邹氏 夫妇二人齐寿。

何良书的祖母 其孙何良书生性纯孝。祖母八十九岁时，病重危急，何良书引刀剖腹刳肝，以入药救治祖母，使祖母得以治愈。

廖正玉之女 廖氏在很小的时候就由父母许配给了黎氏。二人尚未成婚，黎氏就去世了。廖女不愿再嫁他人，八十五岁时受到了朝廷旌表。

刘本贞 刘本贞四岁便开始吃素，如果父母强迫她进食荤腥，她立刻就会呕吐。刘本贞喜欢读佛学书籍。在她十六岁时，父母去世了，她于是便长年诵经，不愿嫁人。享年八十二岁。

范曰相之母 范曰相字勉之。因家境贫困，他以教授童蒙学习为业。其母八十多岁时去世，范曰相悲伤异常，八天不进米水，毁损了身体。母亲去世后的第二年，他也去世了。

朱宗旦之母 朱宗旦家境贫困，以教授童蒙为业。其母八十多岁时，体弱多病。他辞去教职，回家专心侍奉母亲，足足有五年的时间没有回过自己的房间。

王永禄之母 王永禄之母改嫁了三次，当她老了，王永禄将她接回家奉养。其母高寿，八十多岁才去世。

刘光仁之母 刘光仁十分孝顺地奉养母亲。光绪十年（1884），其母被朝廷旌表，八十多岁时去世。

刘二姑 她一人闭门勤苦生活，八十多岁时，无疾而终。

李长仲之母 婆婆病危，儿媳朱氏割下自己的大腿肉来救治婆婆，婆婆竟然痊愈。婆婆高寿八十，子孙蕃盛。

张朝玺妻程氏 程氏奉养公婆十分孝顺，且始终不知疲倦，直到八十多岁去世。

王世连妻郝氏 丈夫去世时，儿子王顺先才几个月。郝氏苦苦守节，未曾改嫁，直到八十多岁去世。

王在琏妻胡氏 富顺县胡登笏之女。丈夫去世后，因二人膝下无子女，胡氏便过继侄儿王恩泰为王在琏的后嗣，继承香火，不幸的是王恩泰成婚没多久也去世了。胡氏与王恩泰的媳妇一起抚养孙子直至其成家立业。王家虽然贫困，但是胡氏苦苦守节如一，八十多岁去世。

刘茂麟妻杨氏 杨氏二十六岁时丧夫，她八十多岁时，身体仍然健康，而且家境殷实。

李加碧妻祝氏 祝氏二十六岁时丧夫，她孀居守节不曾改嫁，八十二岁时仍然身体康健。

周隆之妻杨氏 杨氏二十八岁时丧夫，八十三岁高龄时仍然勤于纺织，还常常督促子孙耕种田地。

李明星妻邹氏 附生李秾春之母。六十岁时秾春为她请求旌表，八十二岁身体依然十分康健。

曹子修妻周氏 周氏苦苦守节六十年，八十岁时，由地邻刘清、晏明元等共同推举请求旌表。

余元培妻李氏 光绪二十六年（1900），八十岁。

邹氏儿媳邱氏 光绪二十六年（1900），八十岁。

另有李天福妻吴氏、陈荣位妻罗氏、吴宗让之母李氏、马述忠妻曹氏、周氏儿媳蒋氏、吴氏儿媳唐氏、罗氏儿媳丁氏、罗氏儿媳万氏、林万年妻温氏、朱智和妻吕氏、朱氏儿媳李氏、李氏儿媳何氏、林氏儿媳吴氏、张氏儿媳李氏、龙氏儿媳马氏、龙氏儿媳林氏、龙氏儿媳李氏、朱国棂妻程氏、童氏儿媳王氏、龚作肃妻王氏、郝永昭妻张氏、辜义顺的祖母杨氏、许宗典之母黄氏、李应榜妻吴氏、李正奇妻黄氏、蔡夫统妻王氏、叶世福妻张氏、周开富妻朱氏。

第七卷　宗教礼俗

礼，是圣人因人情风俗而制定的，作为通行的范式，其最精辟的要旨在于沟通天人，通达性命的源头。《礼记》中有《祭法》一篇，详细讨论了有关祭祀的各项事宜，《周礼·春官》则详细记载了祭祀神灵的典礼。在当时的人们看来，人间有礼乐，阴间有神明，祭祀的礼仪是非常重要的。

第一章　祀典礼仪

在中国古代，祀典礼仪与军事战争都是国家政治生活中的大事，此即《左传》中所谓“国之大事，在祀与戎”。祀典礼仪与国家政权密切相连，都是在国家规范指导下进行的，是官定的祭祀，由官方组织进行。同时，祀典礼仪也是人们对天地、自然、祖先、先贤崇敬信仰的外在表现。因此，在不同时期、不同地点，祀典礼仪的对象、内容、仪式等方面均有所不同，往往会随着时代的变化与政权的更替而变化。就荣县而言，由于文献缺失，清以前祀典礼仪的具体情况已不可考，只能根据旧志记载，将清代的祀典礼仪记录于下。从这些祀典礼仪来看，除武侯祠的祭祀主要在四川地区进行外，其余如文庙及附属的崇圣祠、名宦祠、乡贤祠、忠孝祠、节孝祠、奎星阁，以及关圣帝君庙、文昌祠、吕真君、火神祠、龙神祠、城隍庙、社稷坛、神祇坛、先农坛、雩坛、禜坛、八蜡坛、厉坛、勾芒之祀等祭祀，都是《清会典》所规定的全国性祭祀，与当时人们的生产、生活与学习密切相关。

第一节　孔　庙

在清代的制度中，祭孔属于大祀。孔子乃从古至今国家教育之所系。这里记录了《大清会典》中规定的仪式法则。荣县的孔庙建在莲宇山上。明代知县孔克宜是圣人的后裔，他从曲阜取土塑孔子像。嘉靖中，张璁上奏，建议祭祀孔子时改塑像为木主神牌，但对人们已经塑成的孔子像并不敢毁弃。历代对孔子有各种封号，张璁厘正祀典，去“王”称“至圣先师”。清代因袭明代的制度，神牌高二尺三寸七分，宽四寸，厚七分；座高四寸，长七寸，厚三寸四分；红底金字。

孔子神牌东边配复圣颜子，述圣子思；西边配宗圣曾子，亚圣孟子。神牌高一尺五寸，宽三寸二分；红底黑字。

东序排列的先贤有闵子损、冉子雍、端木子赐、仲子由、卜子商、有子若，其西序排列的先贤有冉子耕、宰子予、冉子求、言子偃、颛孙子师、朱子熹。神牌高一尺四寸，宽二寸六分，厚五分；座高二寸六分，长四寸，厚二寸；红底黑字。

东庑排列的先贤有蘧瑗、澹台灭明、原宪、南宫适、商瞿、漆雕开、司马耕、梁鳣、冉孺、伯虔、冉季、漆雕徒父、漆雕哆、公西赤、任不齐、公良孺、公肩定、鄡单、罕父黑、荣旂、左人郢、郑国、原亢、廉洁、叔仲会、公西舆如、邽巽、陈亢、琴张、步叔乘、秦非、颜哙、颜何、县亶、乐正克、万章、周敦颐、程颢、邵雍，先儒有公羊高、伏胜、董仲舒、后苍、杜子春、诸葛亮、王通、陆贽、范仲淹、欧阳修、杨时、罗从彦、李侗、吕祖谦、蔡沈、陈淳、魏了翁、王柏、赵复、许谦、吴澄、胡居仁、王守仁、罗钦顺、黄道周、汤斌。

西庑排列的先贤有林放、虙不齐、公冶长、公皙哀、高柴、樊须、商泽、巫马施、颜辛、曹卹、公孙龙、秦商、颜高、壤驷赤、石作蜀、公夏首、后处、奚容蒧、颜祖、句井疆、秦祖、县成、公祖句兹、燕伋、乐欬、狄黑、孔忠、公西蒧、颜之仆、施之常、申枨、左丘明、秦冉、牧皮、公都子、公孙丑、张载、程颐，先儒有穀梁赤、高堂生、孔安国、毛苌、郑玄、范宁、韩愈、胡瑗、司马光、尹焞、胡安国、张栻、陆九渊、黄榦、真德秀、何基、陈澔、金履祥、许衡、薛瑄、陈献章、蔡清、吕坤、刘宗周、孙奇逢、陆陇其。神牌与十哲同。

明代嘉靖九年（1530），改在乡里祭祀的有三人：郑众，字仲师，东汉时开封人；卢植，字子幹，东汉时涿郡人；服虔，字子慎，东汉荥阳人。

明洪武三年（1370）、嘉靖九年（1530）二次共罢祀了十一人：公伯寮，字子周，鲁国人，因谗毁仲由被罢黜；荀况，字卿，周末赵人，因主张人性本恶被罢黜；戴圣，字次君，汉代梁人，因为官不清廉被罢黜；扬雄，字子云，成都人，因事奉王莽被罢黜；刘向，字子政，汉代宗室，因讲神仙方术被罢黜；贾逵，字景伯，东汉扶风人，因附会图谶被罢黜；马融，字季长，东汉扶风人，因贪鄙依附权势被罢黜；何休，字邵公，东汉人，因主张“黜周王鲁”、注《风角书》被罢黜；王肃，字子雍，魏郯人，因结党司马氏篡魏被罢黜；王弼，字辅嗣，魏山阳人，因崇尚老庄之学被罢黜；杜预，字元凯，晋杜陵人，因攀附权贵、建议短丧被罢黜。

一、赞

孔子赞（并序）

盖自三才建而天地不居其功，一中传而圣人代宣其蕴。有行道之圣，得位以绥猷；有明道之圣，立言以垂宪。此正学所以常明，而人心所以不泯也。粤稽往绪，仰溯前徽，尧、舜、禹、汤、文、武达而在上，兼君师之寄，行道之圣人也；孔子不得位，穷而在下，秉删述之权，明道之圣人也。行道者勋业炳于一朝，明道者教思周于百世。尧、舜、文、武之后，不有孔子，则学术纷淆，仁义湮塞，斯道之失传也久矣。后之人而欲探二帝三王之心法，以为治国平天下之准，其奚所取衷焉？然则孔子之为，万古一人也，审矣！朕巡省东国，谒祀阙里，景企滋深，敬摛笔而为之赞曰：

清浊有气，刚柔有质。圣人参之，人极以立。行著习察，舍道莫由。惟皇建极，惟后绥猷。作君作师，垂统万古。曰惟尧舜，禹汤文武。五百余岁，至圣挺生。声金振玉，集厥大成。序《书》删《诗》，定礼正乐。既穷象系，亦严笔削。上绍往绪，下示来型。道不终晦，秩然大经。百家纷纭，殊途异趣。日月无逾，羹墙可晤。孔子之道，惟中与庸。此心此理，千圣所同。孔子之德，仁义中正。秉彝之好，根本天性。庶几夙夜，勖哉令图。溯源洙泗，景躅唐虞。载历庭除，式观礼器。摛毫仰赞，心焉遐企。百世而上，以圣为归。百世而下，以圣为师。非师夫子，惟师于道。统天御世，惟道为宝。泰山岩岩，东海泱泱。墙高万仞，夫子之堂。孰窥其藩，孰窥其径。道不远人，克念作圣。

颜子赞

圣道早闻，天姿独粹。约礼博文，不迁不贰。一善服膺，万德来萃。能化而齐，其乐一致。礼乐四代，治法兼备。用行舍藏，王佐之器。

曾子赞

洙泗之传，鲁以得之。一贯曰唯，圣学在兹。明德新民，止善为期。格致诚正，均平以推。至德要道，百行所基。纂承统绪，修明训辞。

子思子赞

於穆天命，道之大原。静养动察，庸德庸言。以育万物，以赞乾坤。九经三重，大法是存。笃恭慎独，成德之门。卷之藏密，扩之无垠。

孟子赞

哲人既萎，杨墨昌炽。子舆辟之，曰仁曰义。性善独阐，知言养气。道称尧舜，学屏功利。煌煌七篇，并垂六艺。孔学攸传，禹功作配。

孔庙的牌匾主要有以下几种：檐上的“万世师表”匾，是康熙甲子年（1684）颁发的。“万世师表”匾的左边有两块匾，一为“生民未有”匾，是雍正丙午年（1726）颁发的；一为“与天地参”匾，是乾隆三年（1738）颁发的。“万世师表”匾的右边有两块匾，一为“圣协时中”匾，是道光二年（1822）颁发的；一为“圣集大成”匾，是嘉庆七年（1802）颁的。门楣正中的“德齐帱载”匾，是咸丰元年（1851）颁发的；左边的“圣神天纵”匾，是同治元年（1862）颁发的；右边的“斯文在兹”匾，则是光绪年间（1875—1908）颁发的。

二、释奠

每年春秋两季第二个月的上丁日进行祭祀，称为“释奠”。“释奠”的具体情况如下。

（一）陈设

1. 孔子

孔子的位置前放一卷帛，一头牛，一只羊，一头猪，一个登，二个铏，簠、簋各二个，笾、豆各八个，一个尊，三个爵，一个炉，二个镫，一个祝板。

2. 四配、十二哲、两庑

四　配　每位前面摆放一卷帛，一只羊，一头猪，二个铏，二个簠，二个簋，六个笾，六个豆[2]，三个爵，一个炉，二个镫，东西各一个尊。笾减掉榛、芡，豆减掉韭菹、醓醢。

十二哲　每位前面各摆一卷帛，一个铏，一个簠，一个簋，四个笾，四个豆，三个爵，东西各一只羊，一头猪，一个尊，一个炉，二个镫。簠、簋减掉稷、粱，笾又减掉藁鱼、菱，豆又减掉笋菹、鱼醢。

两　庑　据光绪《志》记载：每位前面摆一个爵，东、西各摆一张香案，每张香案上放一卷帛，一只羊，一头猪，一个簠，一个簋，四个笾，四个豆，三个爵，一个尊，一个炉，二个镫。

民国《志》所载略有不同，曰：两庑二位一个香案，每位一个爵，每个香案上放簠、簋各一个，笾、豆各四，东、西各放三只羊、三头猪、三个尊，统一设两个香案，每个香案上放一卷帛、三个爵、一个炉、二个镫，牲放到俎中。

帛，孔子、四配放到不同的篚中，十二哲与东、西庑都放在同一个篚中。尊里面装酒，粗布盖勺具。

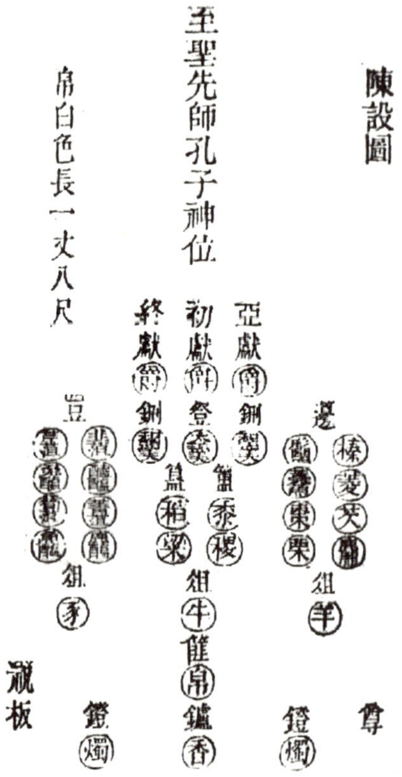

祭孔陈设图[1]

（二）乐器

一个麾，十六个金钟，十六个玉磬，二个搏拊，一个柷，一个敔，六张琴，四张瑟，六支箫，六支笛，二支凤箫，六支笙，二支埙，二支篪，一个楹鼓，一个应鼓，二个田鼓。

节二、羽籥三十六。

---

① 据光绪《志》。

② 笾六，豆六：此据光绪《志》，民国《志》卷十二作“笾、豆各八”。

（三）舞佾

乾隆五十一年（1786）钦定乐章，嘉庆五年（1800）钦颁乐谱。颁定的乐谱、舞谱以及相关执事的工作内容，光绪《志》卷八有详细记载，兹记录于下。

春　祭　春夹钟清商立宫，倍应钟清变宫主调。

迎神，奏《昭平》之章，无舞。乐谱详见文言卷卷七。

初献，奏《宣平》之章，作《宁平》之舞。乐谱、舞谱详见文言卷卷七。

亚献，奏《秩平》之章，作《安平》之舞。乐谱、舞谱详见文言卷卷七。

终献，奏《叙平》之章，作《景平》之舞。乐谱、舞谱详见文言卷卷七。

彻馔，奏《懿平》之章，无舞。乐谱详见文言卷卷七。

送神，奏《德平》之章，无舞。乐谱详见文言卷卷七。

秋　祭　南吕清徵立宫，仲吕清角主调。

迎神，奏《昭平》之章，无舞。乐谱详见文言卷卷七。

初献，奏《宣平》之章，作《宁平》之舞。乐谱、舞谱详见文言卷卷七。

亚献，奏《秩平》之章，作《安平》之舞。乐谱、舞谱详见文言卷卷七。

终献，奏《叙平》之章，作《景平》之舞。乐谱、舞谱详见文言卷卷七。

彻馔，奏《懿平》之章，无舞。乐谱详见文言卷卷七。

送神，奏《德平》之章，无舞。乐谱详见文言卷卷七。

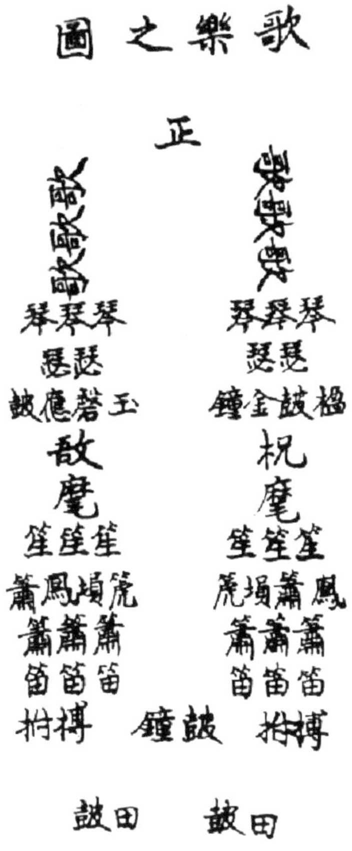

祭孔歌乐之图①

舞佾之图

（四）释奠人员

1. 执事

执事系从本县生员中选派，并提前告知，先令其演习数次。

通　赞　站在堂台阶的左边，负责所有行礼的全过程。

鸣　赞　站在堂台阶的右边，与通赞相对，负责唱、跪、叩三礼。

引　赞　二人相对站立，在祭祀官员的前面引导唱礼。

捧　帛　预先将帛装入筐，等到唱“跪进”的时候，将帛放在神前。

迎　神　预先拿好杯子，等到唱“灌地”的时候，说“降神”，神

① 据嘉庆《志》。

随声而降。

读　祝　预先写好祝文，粘到版上，跪在祭祀官的左边读祝文。

司　尊　预先拿着装了酒的尊，等到唱“举幂”的时候，用勺舀酒。

执　爵　预先将爵洗净，等到唱“捧以授酒”，将酒放在神前。

盥　洗　掌管匜、盘、巾、帨，等候祭祀官洗爵、擦手。

陈　设　负责将牲、馔、灯、炉等各案上的器物，按照规定的位置预先摆放好。

洒　扫　提前打扫殿宇、堂阶。

司　户　殿上、戟门各一人，等到唱“启户”“阖户”的时候负责开门和关门。

监　宰　监督查看宰杀牺牲，去除角与蹄甲，装入俎盘内。

造　馔　所有祭品按照规定的方法烧烤烹煮，按照图例摆放在盘内。

香　烛　预先准备好香烛等候，等到祭祀进行时将其插入炉台。

饮　福　一人拿酒，一人捧盘肉，递给献官。礼毕后从献官那里接酒、接盘肉退下。

燔　瘗　等候唱“燔柴燎炉”，埋毛血到西北坎内。

彻　馔　祭祀前负责打开各牲馔的盖子，等到唱“彻馔”，稍稍移动牲馔。

2. 舞生

舞生计三十六名。

3. 歌童

歌童四名。俱挑选本地的童生教导练习，被选中者豁免当年的租赋、力役。

（五）仪注

1. 嘉庆《志》所载

《大清会典》记载：每年仲春、仲秋上丁日举行祭祀。正式祭祀之前散斋二日，参与祭祀的人员各自住在正室以外的房间。祭祀前一天，相关人员一同住在祭所，不饮酒，不吃葱蒜，不吊丧问疾，不听音乐，不掌理刑法，不判决刑杀的文字，不得做污秽之事，行斋戒之礼，专心准备祭祀之事。祭祀前一天，知县的签榜由县衙的中门送出，演奏鼓乐迎接到文庙前张挂。到晚上，行省牲礼，知县率僚属先到明伦堂观看音乐演奏与舞蹈练习，然后由引赞引导献官穿补服到省牲所（牺牲所），唱“就位”，献官到香案前站立，献爵，奠酒，作三个揖。唱“省牲”，执事者牵牲从香案前经过。唱“礼毕”。宰牲的人用小碟盛毛血，执事生捧送到各神案前供奉，其余毛血则埋于净土中。知县率僚属到文庙前的台阶处，各作一个揖，然后返回。

祭祀当天，当鸡初鸣时，相关人员须将牲馔、乐器、烛炉等摆放整齐。知县率僚属到更衣所等候更衣。通赞赞曰：“签祝版。”引赞唱曰：“更衣。”官员穿上朝服，生员穿上襕衫。曰：“升堂。”从东边的台阶上。曰：“序爵。”曰：“序事。”各生各就各位。曰：“请祝。”请出祝版。曰：“签名。”各官签上名字。曰：“下堂。”从西边的台阶下。通赞赞曰：“启户。”司户生将各门大打开。曰：“乐舞生就位。”曰：“执事者各司其事。”诸生各执其事。曰：“正献官就位。”“分献官各就位。”文官在东边，武官在西边。通赞赞曰：“瘗毛血。”负责毛血的执事生将毛血碟从中门捧出，到西北隅，埋到坎内。

“启牲馔”，执事将牲馔俎盘盖打开。曰：“迎神，乐作。”引赞引导各官，唱曰：“诣西北隅迎神。”众官皆到位，众官躬身作长揖。通赞赞曰：“参神，乐奏《咸平》之章。”鸣赞曰：“跪。”众官皆三跪九叩首，起身后，音乐停止。

初　献　通赞赞曰：“行奠帛初献礼，乐奏《宁平》之章。”引赞引导主祭官，唱曰：“诣盥洗所浴手净巾。”“诣酒尊所。”司尊者将幂巾揭开舀酒。执事取酒后端着爵，由正面的台阶上，从中门入，放到神位前。引赞唱曰：“诣至圣先师孔子神位前，跪，上香，进帛，奠帛，进爵，献爵，俯伏，兴，平身。”又唱曰：“诣读祝位，跪。”鸣赞曰：“众官皆跪。”引赞曰：“读祝文。俯伏，兴，平身。”鸣赞曰：“众官皆兴，平身。”引赞引导主祭官，唱曰：“诣复圣颜子神位前，跪，上香，进帛，奠帛，进爵，献爵，俯伏，兴，平身。”唱：“诣宗圣曾子神位前，跪，上香，进帛，奠帛，进爵，献爵，俯伏，兴，平身。”唱：“诣述圣子思子神位前，跪，上香，进帛，奠帛，进爵，献爵，俯伏，兴，平身。”唱：“诣亚圣孟子神位前，跪，上香，进帛，奠帛，进爵，献爵，俯伏，兴，平身，复位”。通赞赞曰：“行分献礼。”引赞引某官诣东西哲神位前，引某官诣东西庑神位前，俱皆盥洗，跪上香，献帛，献爵，俯伏，兴，皆复位。

亚　献　通赞曰：“行亚献礼，乐奏《安平》之章。”引赞引导主献官到酒尊所在的地方取酒，唱：“诣至圣先师孔子神位前，跪。”其他与初献同。

终　献　乐奏《景平》之章，其他与初献同。各自回到原来的位置。

引赞引导主祭官到饮福位，跪，鸣赞唱：“众官皆跪。”引赞唱曰：“饮福酒。”执事取正中间的一个爵，从右边递给主祭官，饮完后，将爵从左边递给执事。唱：“受福胙。”执事取孔子位前的半个肘膊盛到木盘中，从右边递给主祭官，主祭官接下，递给左边的执事，从中门出，从正面的台阶下去，送到主祭官的官署。“俯伏，兴，平身，谢福胙”，各官俱行三叩首礼，起身，回到原来的位置。

通赞赞曰：“彻馔乐奏《咸平》之章。”执事将牲馔都撤下。

通赞赞曰：“辞神，乐奏《咸平》之章。”各官俱行三跪九叩首礼。引赞引导众官送神至戟门，唱曰：“诣送神所。”曰：“众官打躬。”通赞赞曰：“望燎。”读祝的人捧祝版，执帛者捧帛，各自到燎所。祭祀孔子的帛、祝都从中门出。引赞引导众官唱曰：“诣望燎位，举柴焚祝帛。”把祝文揭下，与帛一起都焚于火，埋到坎下。曰：“复位。”音乐停止。通赞赞曰：“阖户。”鸣赞唱曰：“礼毕退班。”

2. 光绪《志》所载

祭祀前两天，各署设立斋戒牌，承祭、分献官各自住在正室以外的房间。斋戒两天，不饮酒，不吃葱、韭、蒜、薤，不吊丧问疾，不听音乐，掌理刑法者不判决刑杀的文字，不得做污秽之事。前两天，执事官穿补服到牺牲所审查用作牺牲的牲畜。前一天，执事者把祝案送到斋戒所，经承祭官审查后，送到前殿和后殿安放，一跪三叩头，退。知县签榜由县衙的中门送出，演奏鼓乐迎到文庙前张挂，承祭官率僚属到明伦堂观看音乐演奏与舞蹈练习。前一天，执事官穿补服上香，监视宰杀牺牲并供奉毛血。

祭祀当天，鸡刚打鸣，相关人员将牲馔、乐器、烛炉等按规定摆放。主祭、分献、陪祀各官先到更衣所穿上朝服，再到盥洗所洗手并擦干，然后在两旁的门边按顺序站立。通赞唱：“签祝版。”引赞唱：“升堂。”引导各官从东边台阶上；“序爵，序事”；“请祝”，请祝版至；“签名”，各官签名；“下堂”，从西边的台阶下去；通赞唱：“启户。”司户生各自打开大门；“乐舞生就位”，“执事者各司其事”，

“主祭官就位”，“分献官就位”，“陪祭官就位”，文官在东边，武官在西边。“瘗毛血”，负责毛血的执事生将毛血碟从中门捧出，埋到西北隅的坎内。“启牲馔盖”。“举迎神乐，奏《昭平》之章，乐作。”引赞唱：“诣西北隅迎神。”引导众官到西北隅，神降，回到原来的位置。引赞唱：“行上香礼。”司香的人捧香，引导主祭官到孔子的神位前，跪，叩首，上香：司香者跪着进香，先上炷香，接着上三次瓣香，叩首，起身。到四配的香案前，分别上香。分祭官各自到十二哲、两庑上香，完毕后通赞唱：“复位。”置。通赞唱：“参神，行三跪九叩礼，兴。乐止。”

通赞唱：“行初献礼，举初献乐，奏《宣平》之章，作《宁平》之舞。”引赞唱：“诣酒尊所。”司尊者将幂巾揭开舀酒，司帛者捧帛、司爵者捧爵升坛，引赞引导承祭官由东阶上，进入殿左门，到孔子神位前，跪，叩首，奠帛于正中，献爵于正中，叩首，起身。回到读祝文的位置，通赞唱：“跪。”众官皆跪。引赞唱：“读祝生跪，读祝。”读祝生到祝案的左边，一跪三叩，捧着祝文读完后，到正位前跪下，将帛安放到匣内，三叩首，退下。引赞唱：“承祭官及各官三叩首，兴。”众官都起身。引赞唱：“主祭官诣复圣颜子位前，跪，叩首，奠帛，献爵，叩首，兴。”诣宗圣曾子、述圣子思子、亚圣孟子神位前，仪式如前。引赞唱：“复位。”主祭官从西门出门，从西边的台阶下。通赞唱：“行分献礼，引某官诣东西哲位前，某官诣东西庑神位前。”奠帛、献爵需行之礼与主祭官行礼相同。“乐止。”

通赞唱：“行亚献礼，举亚献乐，奏《秩平》之章，作《安平》之舞。”引赞唱“升坛”，从东门入，献爵于左，仪式同初献。献毕，引赞唱“复位”，亚献官由西门出，从西边的台阶下。“乐止。”

通赞唱：“行终献礼，举终献乐，奏《叙平》之章，作《景平》之舞。”引赞唱：“升坛。”献爵于右，与亚献的仪式相同。献礼完毕，回到原来的位置。分献官依次献礼，完毕后，各自回到原来的位置站立。

通赞唱：“饮福受胙。”引赞唱：“诣饮福受胙位。”主祭官到殿内站立，捧酒、胙的两个人取正中的一个爵、羊左边的一个膊，从正位案前拱举到福胙位，又到旁边跪下接福胙，二人在左旁跪下。引赞唱：“跪，饮福酒。”承祭官受爵，拱举拿给接爵执事；“受胙”，承祭官受胙，拱举拿给接胙执事，执事从中门出，自正面台阶下，送到献官的官署。“叩，兴”，承祭官三叩首，起身。回到原来的位置。通赞唱：“谢神。”鸣赞唱：“跪，兴。”承祭、分献及陪祀的各官员俱行三跪九叩礼。

通赞唱：“彻馔，举彻馔乐，奏《懿平》之章。乐止。”

通赞唱：“辞神，举送神乐，奏《德平》之章。”鸣赞唱：“跪，叩首。”承祭、分献、各陪祀官员俱行三跪九叩礼。通赞唱：“捧祝、帛、馔，各恭诣燎前。”捧祝、帛生到各自的位置，一跪三叩，捧起，捧祝生在前面，捧帛生次之，捧馔生只跪不叩，捧起，各送到燎所正位。捧帛、爵生都走中门，承祭官退到两旁，等到祝、帛、馔过去后，仍回到原来的位置站立。通赞唱：“诣望燎所，举望燎乐。”仪式与送神相同。“乐作”，引承祭各官，“至望燎位，望燎，举柴焚祝帛”，祝文和帛焚烧到一半，“音乐停止”。通赞唱：“阖户。”鸣赞唱：“礼毕散班。”

3. 民国《志》所载

祭祀前两天省牲，第二天视察宰杀牺牲。到祭祀当天，日出前六刻，承祭等官换完衣服。通赞赞“启户”，乐舞生登堂奏歌，执事恭敬等候，舞蹈跳文舞六佾，承祭等官皆就位。“瘗毛血”，司毛血生捧毛血从中门出，埋在西北隅坎内。于是迎神，音乐演奏《昭平》之章，司香捧香盘进。赞引引导承祭官从东边的台阶上，由左门入，到孔子案前站立。司香跪着进香，赞引赞“跪”，承祭官跪，一叩，赞“上香”，承祭官上炷香，接着上三次瓣香；一叩，起身，赞“复位”。分献官各自到四配、十二哲、两庑按照此仪式上香，然后都回到原来的位置。通赞赞“跪、叩、兴”，承祭等官行三跪九叩礼。奠帛，行初献礼，音乐演奏《宣平》之章，跳羽籥之舞。赞引引导承祭官盥洗，司帛捧帛、司爵捧爵进，承祭官入，跪，一叩，司帛跪着捧篚，承祭官接受后，祭奠于案，司爵跪着捧爵，承祭官祭奠于正中（亚献奠左，三献奠右），一叩，起身，回到原来的位置。分献官各自到四配、十二哲、两庑按照此仪式上香，然后都回到原来的位置。司祝到祝案前，跪，三叩，捧祝版跪到案的左边。音乐暂时停止，承祭官到读祝位跪，众官皆跪，司祝读祝文完毕，捧祝版，到正位跪，安放于案前，三叩，退，承祭官等三叩，起身，回到原来的位置。行亚献礼，音乐演奏《秩平》之章。行终献礼，音乐演奏《叙平》之章。承祭、分献的礼仪都与初献相同。于是饮福受胙，承祭各官到饮受位前，跪，饮福酒，受福胙，三叩，起身，回到原来的位置。跳文德之舞，跳完退下后，乃彻馔，音乐奏《懿平》之章。彻馔完毕，送神，音乐奏《德平》之章，承祭各官行三跪九叩礼，执事者捧祝文、次捧帛、次捧馔、次捧香，依次恭送到燎所，各官避开，站立到西旁，面向东，等候祝文、帛过，回到原来的位置。引到望燎位，望燎完毕后，关门，各自退回。崇圣祠的祭祀仪式相同，但无音乐。

（六）祝文

雍正二年（1724）所颁祝文：

> 维先师德隆千古，道冠百王。揭日月以常行，自生民所未有。属文教昌明之会，正礼节乐和之时。辟雍钟鼓，咸恪荐以馨香；泮水胶庠，益致严于笾豆。兹当仲春（秋），祇率彝章，肃展微忱，聿彰祀典。以复圣颜子、宗圣曾子、述圣子思子、亚圣孟子配。尚飨！

荣县过去有公会、洒扫会，每个会有四个人。公会的人称为“首”，掌管财产。洒扫会的人称“斋长”，掌管祭祀。民国后，两会合并，原来各自掌管的事务则会同一起处理。文庙的财产：每年租谷八十余石，店房十间，每年收入可达六千余贯。这些财产都是由学子们筹集的。

第二节　崇圣祠

旧称启圣祠，雍正元年（1723）特别颁旨追封孔子五代，更名“崇圣祠”。

一、供奉

光绪《志》载：肇圣王木金父居中间，裕圣王祈父居左边，诒圣王防叔居右边，昌圣王伯夏在次左边，启圣王叔梁纥在次右边，位置皆坐北朝南。神位牌的规格与大成殿的四配相同。民国《志》所载与光绪《志》不同：启圣叔梁纥在中间，肇圣木金父在左边、诒圣防叔在次左边，裕圣祈父在右边、昌圣伯夏在次右边。

东边配的是圣兄孔氏；先贤颜无繇、孔鲤，坐东朝西；西边配的是先贤曾点、孟孙氏，坐西朝东。

东庑是先儒周辅成、程珦、蔡元定，坐东朝西；西庑是先儒张迪、朱松，坐西朝东。

春、秋两季第二个月（即农历二月与八月）祭祀孔子的时候进行祭祀。

二、祭品

正　位　设五个香案，每案一卷帛，颜色、宽度、篚与前殿相同。一只羊，一头猪，二份和羹，二个簠，二个簋，八个笾，八个豆，一个炉，二个镫，三个爵，一个尊，一个祝版。

配　位　光绪《志》云：四个香案，东、西各一卷帛，羊、猪各一头，簠、簋各一个，笾各四个，豆各四个，爵每案各三个，一杯醴酒。民国《志》所载与此有别，曰：“四配各一卷帛，簠、簋各一个，笾、豆各四个，三个爵，东、西各一只羊、一头猪、一个尊、一个炉、二个镫。

两　庑　光绪《志》载：两个香案，东、西各一卷帛，羊、猪各二头，簠、簋各一个，笾各四个，豆各四个，爵每位各一个，尊一个。民国《志》则云：两庑东边二个香案，西边一个香案，都是簠、簋各一个，笾、豆各四个，每位一个爵，东西各一卷帛、一只羊、一头猪、一个尊、一个炉、二个镫，还有俎、篚、幂、勺具等。

配飨从祀，仿此陈设。

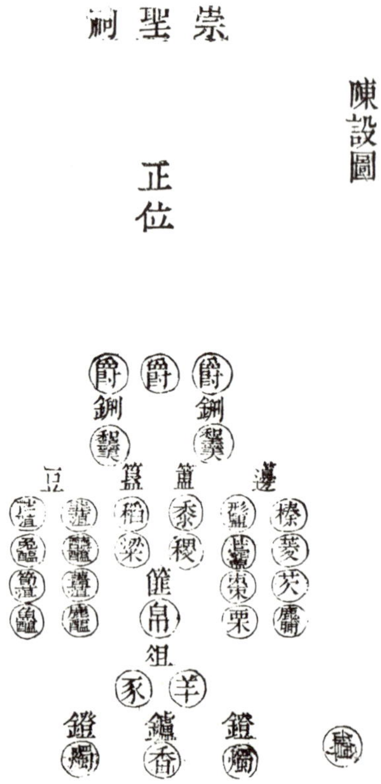

崇圣祠祭祀陈设图①

三、仪注

（一）嘉庆《志》所载

主祭官行二跪六叩首礼，其他的仪式与祭孔相同，没有音乐与舞蹈。

（二）光绪《志》所载

分官同时进行祭祀，穿朝服，行三跪九叩，三献礼，只是没有音乐与舞蹈，没有饮福受胙。

祭祀的当天，先按规定陈设，引赞引导承祭官到祠的左门，分献官跟随进入。承祭官盥洗完毕，被引到殿的台阶下正中位置，分献官按顺序站在后面，均面向北。通赞唱：“执事官各共乃职。”通赞唱：“就位。”引赞引导承祭官到拜位，站立，于是迎神。司香捧香盘进，赞引官赞：“就上香位。”引导承祭官从东边的台阶上，从殿的左门进入，到肇圣王、裕圣王、诒圣王、昌圣王、启圣王各香案前，跪，一叩首。赞“上香”，司香跪着捧香，承祭官开始上炷香，接着上三次瓣香，一叩，起身。赞“复位”，承祭官退到殿的左门，北面作揖出，回到原来的位置。分献官各自到四配位、两庑从祀的位置前，按照此仪式上香，然后都回到原来的位置。赞引官赞：“跪、叩、兴。”承祭官行三跪九叩礼，分献官均跟

① 据光绪《志》。

随行礼。奠帛，行初献礼，执事生各自捧篚、执爵进，承祭官进入殿的左门，来到神位前，跪，一叩。司帛跪着捧篚，承祭官受篚，拱举奠于案上，司爵跪着捧爵，承祭官受爵，拱举奠于正中，一叩，起身，依次奠献完毕。司祝来到祝案前，三叩，捧祝版跪在香案左边，承祭官到读祝文的位置，跪，司祝读完祝文，来到正中神位前，跪着安放到香案上，三叩，退。承祭官行三叩礼完毕，仍然由殿左门出，回到原来的位置。分献官奠帛、献爵各自按照此仪式进行，然后都回到原来的位置。接着是亚献，奠爵于左。接着是终献，奠爵于右。四配、两庑献礼完成。仪式都与初献相同。彻馔、送神，承祭官及分献官均行三跪九叩礼，执事生依次捧祝、帛、馔、香，恭敬相随到燎所，承祭官避让到西旁，面向东，等祝文、帛经过后，回到原来的位置。引赞引导承祭官到望燎位望燎，然后承祭官退下。

四、祝文

祝文如下：

维王奕叶钟祥，光开圣绪，盛德之后，积久弥昌。凡声教所覃敷，率循源而溯本，宜肃明禋之典，用申守土之忱。兹届仲春（秋），聿修祀事，以先贤颜氏、先贤曾氏、先贤孔氏、先贤孟孙氏配。尚飨！

第三节 名宦、乡贤、忠孝、孝义、节孝五祠

春秋两季第二个月祭孔的时候附祀。

祭品为每个祠一卷帛，一只羊，一头猪，四个笾，四个豆，一个尊，三个爵。

光绪《志》所载仪注：教谕一人，穿公服到祠进行祭祀，读祝文，望燎，行三叩礼。按照此仪式进行。民国《志》则云：各个祠由斋长分献，以鸡、鸭、酒、脯为祭品。

一、名宦祠

在戟门左边，祭祀宋代知州王明、李虚己、李畋、罗拯、陈希亮、王淮、李焘、张价、宋中和、吕文修，推官宇文昌龄，助教张颐，长史丁处荣，荣德令杨仲修；明代州判马公辅，知县孔克宜、朱如鲁、雷震、张九思、黄儒、秦民汤，教谕钟诚、王永、谢聘、刘朝用，典史樊资；清代知县刘应时、蔺松、陈士献、王泽、李锁、王国相、黄大本。

祝文如下：

卓哉群公，懋修厥职，泽被生灵，功垂社稷。兹惟仲春（秋），谨以牲醴，用申常祭。尚飨！

二、乡贤祠

在戟门右边。祭祀汉代合浦太守费贻；后汉谏议大夫费诗；晋代散骑常侍费立；宋代通议大夫王梦易，翰林学士太中大夫王颉，进士杨九泽，贤节公王庠，进士尤袤、勾龙传，火井令陈宁，洪雅令宋迈，右正言张震，礼部尚书刘光；明代徐州学正龚汇，汉中府同知何子奇，国学何鲁，两浙都运司杨易，岳州教授刘宗明，苏州教授曹赏，云南金沧道童世彦，奉直大夫童颜；清代重庆府训导邹养浩，举人刘世璋，丹棱教谕吴良璧，尉氏知县吴孔章，翰林院庶吉士廖朝翼，举人张轩鹏，增生詹崇。

祝文如下：

於惟群公，毓秀兹邦，懿德卓行，奕世流芳。兹惟仲春（秋），谨以牲醴，用申常祭。尚飨！

三、忠孝祠

附名宦祠。祭祀明代平凉知府简仁瑞，蒙化经历李国炳，廪生李亨吉，孝孙丁某、程崇德，孝子张世恩，庠生王维屏；清代昌化知县杨州英，建阳知县邹珆，大竹训导谢朝玉，瑚松额巴图鲁候补道刘存厚。

四、孝义祠

在泮池右边。主要供奉的是本地已上报和未上报的已故孝子、义士正魂的总位。

祝文如下：

惟灵禀赋贞纯，躬行笃实。忠诚奋发，贯金石而不渝；义问昭宣，表乡闾而共式。祗事懋彝伦之叙，性挚莪蒿；克恭念天显之亲，情殷棣萼。模楷咸推夫懿德，纶恩特阐其幽光。祠宇维隆，岁时式祀。用陈尊簋，来格几筵。尚飨！

五、节孝祠

在泮池左边，主要供奉的是本地已上报和未上报的已故贞烈节孝妇女的正魂总位。

祝文如下：

惟灵纯心皎洁，令德柔嘉。矢志完贞，全闺中之亮节；竭诚致敬，彰阃内之芳型。茹冰蘖而弥坚，清操自励；奉盘匜而匪懈，笃孝传徽。丝纶特沛乎殊恩，祠宇昭垂于令典。祗循岁祀，式荐尊醪。尚飨！

第四节　乡饮酒礼

乡饮之礼，是为了表达谦让崇敬、尊贤养老之义而举行的。清乾隆以前的荣县旧志中没有这方面的记载，可见乾隆以前这个礼已经废黜，很久没有举行过了。乾隆十八年（1753），因西安布政司张若震奏请，朝廷命令各地通行乡饮酒礼，知县黄大本恪遵典礼，选举绅士、耆民中年高德勋者，充当宾介，恭敬谨慎地举行了乡饮酒礼。因为过去典礼废止太久，礼仪未备，只能酌古准今，间或参以自己的一些意见，宁繁无略，宁丰无亵，使老百姓能感知乡饮酒礼的意义，兴起尊贤敬老之风，这是举行此礼最大的目的。这里一并附上宾介的姓名暨仪注。

一、宾介

（一）乾隆十八年（1710）宾介

大宾吴孔章　本县人，康熙癸酉（1693）举人，历任河南开封府尉氏县（今河南尉氏县）、贵州贵阳府龙里县（今贵州黔南布依族苗族自治州龙里县）知县，丁忧回籍，遂不再出仕为官，时年85岁。子履晋，雍正己酉（1729）举人，任江西吉安府龙泉县（今江西吉安市遂川县）知县。子一恒，拔贡。允观，乾隆丙子（1756）举人。孙子懋仁，乾隆癸酉（1753）举人，由明通授宁远府西昌县（县治在今西昌市）教谕①。

介宾龚飞罴　本县人，廪膳生，年老告给衣顶②，时年91岁。子斯窦、斯宗，孙凌，都是生员。

众宾刘洪瑞　本县人，时年95岁，未曾做官。

（二）乾隆二十一年（1756）宾介

大宾黄松　康熙癸巳科（1713）举人，平凉府庄浪县（今甘肃平凉市庄浪县）知县，孝敬父母，友爱兄弟，为人正直。

介宾邹仕权　廪生，忠厚老成，为人谨慎小心。

众宾刘祥瑞　是遵纪守法的良民，从来没有参与或者卷入诉讼之事。

二、仪注

每年的正月十五日、十月初一日举行乡饮酒礼，在明伦堂设座，以正官为主位，东南以退休官员为

---

① 明通：即明通榜。雍正乾隆间，在会试落第举人中选取文理明通者补授出缺的学官，于正榜之外另出一榜，谓之明通榜。乾隆五十五（1790）后罢止。

② 告给衣顶：是清代科举落第政策的一部分，主要针对屡试不第且身患疾病的生员而制定的一项抚慰性政策。凡身患笃疾或“入学已历三十年，或年届七旬”的生员，朝廷准许他们终身穿着标志其功名等级的衣服和顶戴，但一旦享有衣顶，则不能参加学政主持的岁试和科试，不准参加乡试。

大宾位，西北以年高有德之士为介宾位，西南以年高有德之耆老为众宾位，如果有仕至显官、偶尔居住在乡里来助主人乐宾者为僎，他们的位置则在东北，三品以上的位置面向南，四五品的位置面向西，没有则空缺。学师担任司正监督礼仪的进行，由老成的生员赞礼主持整个仪式。前一天安排座次，司正率执事演习礼仪。第二天黎明宰杀牲口准备酒食，主人率僚属、司正先到，派人去邀请大宾。大宾到来，主人到庠门之外迎接，三让三揖，主人从右边入门，大宾从左边入门，主人走东边的台阶，大宾走西边的台阶，到堂上行完拜礼后各就各位。司正到堂中，面北站立，大宾与主人都站立作揖，执事者把酒倒入觯中递给司正，司正举着酒，恭敬地站着说："恭惟朝廷，率由旧章，敦崇礼教，举行乡饮，非为饮食。凡我长幼，各相劝勉，为臣尽忠，为子尽孝，长幼有序，兄友弟恭，内睦宗亲，外和乡里，无或废坠，以忝所生。"诵读完后，司正饮酒，然后把觯递给执事。司正作揖，宾介以下的人都作揖，司正回到原来的位置，宾介以下的人都坐下。执事把律令拿到案堂中，宾主皆肃立，宣读的人来到案的北面，读曰："《大清律例》载：'乡党叙齿，士农工商人等平居相见及岁时宴会，揖拜之礼，幼者先施，坐次之列，长者居上。如佃户见田主，不论齿叙一律行以少事长之礼。若亲属，不拘主佃，止行亲属礼。'又载：'乡饮坐叙，高年有德者居于上，高年淳笃者并之，以次序齿而列。其有曾违条犯法之人列于外坐，不许紊越正席，违者照违制论。主席者若不分别，致使稂莠混淆，或察知或坐中人发觉，依律科罪。'"读完后回到原来的位置。执事端着馔案来到大宾前，主人向大宾献上佐酒的菜肴，为大宾折断肉的骨节，大宾回敬主人亦是如此。对介宾，主人与客人之间的互敬也是如此，只有作为众宾的客人不回敬主人。主人与客人互敬完毕后，乐工进入，开始鼓瑟唱歌，唱《鹿鸣》时饮酒供汤，乐工唱《四牡》时，饮酒供汤，乐工唱《皇皇者华》时饮酒供汤。演奏笙的人进入，笙奏《南陔》，又奏《白华》，又奏《华黍》，唱《鱼丽》。笙奏《由庚》，唱《南有嘉鱼》；奏《崇丘》，唱《南山有台》；奏《由仪》，然后各种乐器合奏《关雎》《鹊巢》，又奏《葛覃》《采蘩》等诗。饮完酒后，乃彻馔，大宾与主人双方互拜两次，然后宾僎与介宾、众宾拜。拜完后，送宾客，三揖出庠门而后退。

三、民国乡饮、乡射礼

至民国时，每年伏祭与腊祭，乡里也有互相宴请奏乐之事，虽然也主和主敬，但不知其意义与价值在哪里？富顺的宋育仁，犹如汉代的伏生，作有《行乡饮乡射礼演说》，这里谨录全文以供参考：

> 今日与乡人共行乡饮、乡射礼，须当说明理由。固然是行礼，却即是讲学习礼。讲学为是要明理，才能知得修身，就是维持道德。社会须有道德，才成为良好社会。有良好社会，才得有良好民格。此之谓文化。论中国文化，本以王道为主体，就是中国至圣孔圣先师所传之圣道圣教。
>
> 《礼记》载孔子曰"吾观于乡，而知王道之易易也"，就是指乡饮、乡射二礼而言。按：乡饮、乡射二礼，正传是为宾兴贤能而设。三代之宾兴贤能，选士于射宫，比来就是今日之选举。略说其学制选举制，乃是合为一事。其学制：所支配教科系礼、乐、射、御、书、数，学生在党庠，期满卒业，提出特别一班，会经管学、教学之官师，屡次记名注明为贤能有学者，

升送于主管之首长大司徒，咨到典选总管学务之三公，入告于王朝，贡献此班贤能升入国学，名为“大比”。旧日科场考试，所以相沿。

还有一句古语云“大比年间，举办宾兴”，但已属有名无实。按：圣人遗下经书，礼制上规定，系选举时间，主选之地方长官、上级教学官，将所选中贤能有学之人屡次存记，第一名请为大宾，延之首坐，其次副选者为介宾，再其次与选候补者若干人，就此中推为三宾长，奏乐设宴，恭而有礼，款待当选之诸位贤能。有退归林下诸乡宦，及于非地方学务各官长，同来赴此大宴，作为陪客，名之为僎，又称为遵者。为得是三代盛时，凡为公卿大夫者，皆原来如此，从选举出身，都是过来人，后进及现任地方官、教务官，都该向其领教，是有德有度，可令人遵守，所以称为遵者。此一班都是贵人，座次就依官位，不论年齿。再有庶人之老者，同来观礼，便只论年纪，六十者在堂上坐席，五十以下在堂下。其现任地方官，即是学务主管，上两级是大夫，一人为主人，下级官是三等士职，皆为主党，执事有司。此外通一乡之中，凡在学校愿来观礼者，统为宾党，称为宾子弟，亦称宾弟子。就此习射，预备升入大学时，覆选于泽宫，以射中为当选。饮酒时，奏乐以安宾。耦射时，奏乐以节射。习礼即连带习乐，实是一事。射固然是习武，但却要进退揖让，合于礼容，乐武周旋，合于乐节。所以练习军容，胆识坚固，临事不惊，才能说得好整以暇，所以谓之军礼。此是乡饮、乡射正传。

非大比宾兴之时，有属民读法，就是宣讲法律及教民尚齿敬上，名为正齿位。与及每年大社，遍祭群神，均举行乡饮。凡此举行乡饮，必遂养老，系公家设饮，养庶人之老，以养老为正传，便是教社会人民看榜样，家自养其老。《礼记》上载“凡养老，五帝宪，三王有乞言”，又云：凡养老“乞言合语之礼”。“宪”就是依宪法纲要提出读法，“乞言”就是请发训词，“合语”就是堂上宾主介僎，相与上下其议论。此节在将行旅酬之前，旅酬在正献酬合乐毕射之后。所以《记》云：礼，“于旅也语”，即堂上可以语矣。

却问习行此礼，如何便能改良社会，维持道德，提高民格。又如何便说观于乡而知王道之易行？且先说八字提纲，就是“老老、长长、贤贤、贵贵”八个大字，只是四个大字，下一字系名词，上一字系动词。

“老老”譬如习语云“敬老得寿”，但是普通习语是俗情，开口便是为求福，圣人教训不是如此说。《礼记》说明“老老”为其近于亲人也。人皆有父母，便是其家之老。敬人之老者，为是此人年高。在中上流社会上，能出得世面，便与自家家老是同时同等，行辈相当，或有交往，或无交往，不是父执，亦是父行。我自敬自家老亲，此班老者，即是人家家庭老亲，统率其家弟男子侄，我如不致敬，慢视不恭，譬如与我同班之人，见我家老，略无敬意，于情理上便觉过不去。推己及人，就当得敬老，所以说“老老”为其近于亲也。

又说“长长”为其近于兄也。敬兄之理，旧学本未讲明，今以浅显说明。同父而先生者，于侍奉父母，料理家政，服劳在前，即使年纪相若，亦必是遇事先令为兄者当先。其年纪相差较远者，尚有抚养教导弟妹之事，曾尽义务在前。有施就当有报，弟须敬兄，就是讲报施之理由。由家庭推之于社会国家，即是资格年劳之比例，由此才发生长幼有序。凡国家社会，人与人共事，须得分个领班下手，论个先来后到，才能得秩序不乱，井井有条。世界上凡事皆有个位次，位次先后，其居前列者，就比例如家之兄长，所以说“长长”为其近于兄也。《记》又说明乡饮之义云如此如此，而孝弟达乎乡党矣。孝弟之教，本起于家庭，今将此模型拓大，演为乡饮酒礼。六十以上，推为老者，敬养于堂上；未满六十，愿来与会者，亦侍于堂下，与弟子同班观礼，却是不言而喻，大家晓然。为得要大家明白，不是趋重势利，是挨班序齿，日后都有一分。虽是庶人，亦同坐养于堂上，与公卿大夫为礼，就是明示尊重人格。庶人之荣幸，已足满量，就公会会场演出一堂饮酒，宾介、主人、遵者、大夫正式献酬之后，再行旅酬，班次在上者转敬班次在下，以次而下，一直到底，所谓一人向隅，则满堂为之不欢。就是合乡为一家，各还其人身份本位。在堂上饮酒者，皆人家之父兄师长，以任地方教务长官为主席，致敬尽礼，宾主百拜。《孝经》所云“敬其父则子悦，敬其兄则弟悦，敬其君则臣悦，敬一人而千万人悦”，此之谓至德要道，即是挈矩之道。就在此时间，宣讲法律，提出切近条文，说明理由，即是周官行政纲要。所举地方自治政纲，属民读法，以正齿位。彼时州长党正系上级地方官，位为大夫，却仍是乡官。所以在《周官》称为乡吏，就是本地乡人，原从选举为士而来，积资累劳，年至四五十，命为大夫，分任此职，系合地方自治、普及教育、学校选举，并为一组。

注意！注意！其正式之纲领，重在“贤贤”。今外国学者，已能识得中国孔子所传，系贤人政治，却不知从何立根起点，如何始能发展进行。须知得此三条合组，便知得王道郅治、圣人至教，就是要提高人格、选举公开。此一篇乡饮乡射，便是“提高人格、公开选举”八个大字铁板注脚。扬子云《解嘲》有云“家家自以为稷契，人人自以为皋陶”，“士有不谈王道者，樵夫笑之”，今日亦似家家自以为稷契，人人自以为皋陶，却可怪士有谈王道者，樵夫笑之，所谓贤者非贤也。“贤贤”即是尊贤，尊其贤能，才从大众里学校中选出，为其堪膺民社之任，才任之以身膺民社之官，所以位居普通人民之上，称为君子。所以乡饮正传诗歌《鹿鸣》，其词有云“我有嘉宾”，“视民不恌，君子是则是效”，为其人格程度，拔萃于普及教育之中，超出乎普通人格之上。即使不仕无爵，亦仍然贵为君子。故《孟子》云：“用下敬上，谓之贵贵；用上敬下，谓之尊贤。贵贵尊贤，其义一也。”又云：“是以惟仁者宜在高位，不仁而在高位，是播其恶于众也。”如其贤者不贵，贵者不贤，则修德者无所奖劝，不道者无所惩戒，自然道德堕落，人格坠落，社会同齐坠落。历代兴衰治乱，皆系于此。

后世盲从瞎揣，未寻到此地根原，所以根本错误，学界耳语相传，都只道王道迂阔，就是前语所云“士有谈王道者，樵夫笑之”只在秦始皇脚下盘旋，以致学校选举、地方自治，闹到一蹋糊涂。今若寻到此策源地，将贤贤、贵贵、老老、长长合一炉而治之，正所谓“观于乡而知王道之易易”也。此即提高人民程度，公开选举之模范也。

第五节　其他祠庙

一、关圣帝君庙

雍正三年（1725），下诏加关羽尊帝号为“忠义神武关圣大帝”，追封三代公爵。乾隆五年（1740），颁定祭品、仪注。九年（1744），颁定祭文。十年（1745），下诏加尊号“灵佑”。乾隆二十五年（1760），下诏改谥号为“神勇”。乾隆三十三年（1768），下诏加“忠义神勇显佑关圣大帝”，颁定的祭祀仪式与文庙大致相同，但是没有音乐，后殿的仪式也与启圣祠的相同。嘉庆十九年（1814），下诏加尊号“忠义神武灵佑仁勇关圣大帝”，每年春秋二季第二月（即农历二月与八月）上旬的辛日进行祭祀。

（一）关圣正殿

1. 祭品

嘉庆《志》记载当时的祭品为：一卷帛，三个爵，一头牛，一只羊，一头猪；果品有五种：核桃、荔枝、龙眼、枣、栗各一份，一樽酒。光绪《志》所载祭品有增加，即一卷帛，一个樽，三个爵，一头牛，一只羊，一头猪，一个登，二个铏，二个簠，二个簋，八个笾，八个豆，一个炉，二个镫。

2. 仪注

祭祀当天，前后殿的承祭官都穿朝服到庙，赞引、赞礼各二人引承祭官由庙的左门进入，分别到前、后殿，各自从台阶到殿门外的拜位前，面向北站立。赞引、执事各司其职。赞引赞：“就位。”承祭官来到拜位前。于是迎神，司香捧香盘进入。赞引赞：“就上香位。”引导承祭官由殿之左门进入，到香案前。赞：“上香。”司香跪着捧香，承祭官先上炷香，接着上三次瓣香，赞：“复位。”引导承祭官回到原来的位置。赞：“跪、叩、兴。”以下行礼皆有赞，承祭官行三跪九叩礼。后殿赞引引后殿承祭官到三个香案前上香，行二跪六叩礼。“奠帛、初献爵”，司帛捧篚、司爵捧爵来到神位前。司帛跪着奠帛，三叩。司爵站着献爵，奠于正中。然后都退下。司祝到祝案前，跪，三叩，捧着祝版跪在香案的左边。承祭官跪。司祝读完祝文，捧祝版到神位前，跪着安放到香案上，叩如初，退下。承祭官行三叩礼。后殿执事生奠帛、献爵，司祝读祝文，各自都按照此仪式进行。亚献司爵献爵奠于左，终献司爵献爵奠于右。后殿按顺序完成亚献、终献，仪式均与初献相同。送神，承祭官行三跪九叩礼，后殿承祭官行二跪六叩礼。有司依次捧祝版、帛、馔、香，恭送到燎所。承祭官避让，站立在拜位旁，面向东，等祝版、帛经过后，回到原来的位置，引导承祭官望燎，告“礼成”，引退。后殿承祭官望燎、引退也按照此仪式进行。

3. 忠义神武灵佑仁勇关圣大帝祝文

祝文如下：

维帝浩气凌霄，丹心贯日。扶正统而彰信义，威震九州；完大节以笃忠贞，名高三国。神明如在，遍祠宇于寰区；灵应丕昭，荐馨香于历代。屡征异迹，显佑群生。恭值嘉辰，遵行祀典，筵陈笾豆，几奠牲醪。尚飨！

（二）关帝后殿

雍正三年（1725），清朝政府追封关帝三代公爵，曾祖光昭公、祖裕昌公、父成忠公，敕建三公祠。

1. 祭品

后殿共三个香案，每个香案上都供奉一卷帛，一只羊，一头猪，一个铏，二个簠，二个簋，八个笾，八个豆，一个尊，三个爵，一个炉，二个镫。

2. 仪注

二跪六叩。其余与前殿相同。

3. 祝文

祝文如下：

维公世泽贻庥，灵源积庆。德能昌后，笃生神武之英；善则归亲，宜享尊崇之报。列上公之封爵，锡命优隆；合三世以肇禋，典章明备。恭逢诹吉，祗事荐香。尚飨！

二、文昌祠

嘉庆六年（1801），清廷特下圣旨将文昌列入祀典，每年春秋两季的第二月（即农历二月与八月）进行祭祀，春季为二月三日，秋季可挑选吉日举行。祭品、仪注均与武庙（即关帝庙）的礼相同。咸丰六年（1856），奉旨将文昌帝君升入中祀，各省、州、县一体遵行。七年（1857）颁发钦定乐章。

（一）祭祀乐章

迎神奏《丕平》之章，云："秉气兮灵躔，翊文运兮赫中天。蜺旌兮戾止，雕俎兮告虔，迓神庥兮于万斯年。"奠帛、初献奏《俶平》之章，云："神之来兮笾簋式陈，神之格兮几筵式亲。极昭彰兮灵贶，致蠲洁兮明禋。升香兮伊始，居歆兮佑我人民。"亚献奏《焕平》之章，云："再酌兮瑶觞，灿烂兮庭燎之光。申虔祷兮神座，俨陟降兮帝旁。粢醴洁兮斋遬将，绥景运兮灵长。"终献奏《煜平》之章，云："礼成三献兮乐奏三终，覃敷元化兮繄神功。馨香达兮肸蠁通，歆明德兮昭察寅衷。"彻馔奏《懿平》之章，云："备物兮惟时，告彻兮终礼仪。神悦怿兮鉴在兹，垂鸿佑兮累洽重熙。"送神奏《蔚平》之章。送神奏其一云："云軿驾兮风旗招，神之归兮天路遥。瞻翠葆兮企丹霄，愿回灵眷兮福我朝。"望燎奏其二云："烟煜降兮元气和，神光烛兮梓潼之阿。位成耆定兮櫜弓戢戈，文治光兮受福则那。"

（二）祝文

祝文如下：

前殿祭文

维神迹著西垣，枢环北极。六匡丽曜，协昌运之光华；累代垂灵，为人文之主宰。扶正久彰夫感召，荐馨宜致其尊崇。兹届仲春（秋），用昭时祀，尚其歆格，鉴兹精虔。

后殿祭文

祭引先河之义，礼崇反本之思。矧夫世德弥光，延赏斯及。祥钟累代，炯列宿之精灵；化被千秋，伟人文之主宰。是尊后殿，用答前庥。兹值仲春（秋），肃将时事，用申告洁，神其格歆。

以上二文，皆嘉庆六年（1801）颁。

文昌帝君庙春秋二祭祝文

维神道阐苞符，性敦孝友。并行并育，德侔天地以同流；乃圣乃神，教炳日星而大显。仰鉴观之有赫，示明德之惟馨。兹当仲春（秋）用昭时享。惟祈歆格，克鉴精虔。

文昌帝君庙二月初三日告祭祝文

维神功参橐籥，撰合乾坤。溯诞降之灵辰，三台纪瑞；度中和之令节，九宇承晖。若日月之有光明，阐大文于孝友；如天地无不覆载，感至治于馨香。爰举上仪，敬陈芳荐；精禋罔斁，神鉴式昭。尚飨！

文昌帝君庙后殿二月初三日告祭祝文

维文昌帝君道备中和，神超亭毒。禀诒谋而允绍，钦毓圣之有基。云汉昭回，际岳降崧生之会；馨香感格，兴水源木本之思。式肇明禋，用光彝典。尚祈神鉴，享此清芬。

文昌帝君升入中祀告祭文

教严彰瘅，敷经天纬地之文；典重揄扬，显福国佑民之化。俎豆聿隆于往昔，声灵并著于寰区，爰命秩宗，时崇祀享。维神天资孝友，灏气仁慈，统四德而称元，赞三才而立极。阐化启天人之奥，正教宏开；黜邪昭日月之晖，人文蔚起。溯尊崇之告备，礼以明虔；维神圣之垂庥，道皆同揆。敬稽茂典，载陟明禋。彰文治于重光，肃升馨于中祀。拣日奏六成之乐，声协锵鸾；调风陈万舞之仪，诚通肸蠁。洁苾芬而式荐，申向往以维虔。於戏！功荡荡乎无名，声教久孚于六幕；神洋洋其如在，馨香用报以千秋。敬举上仪，尚祈昭格。

文昌帝君升入中祀后殿告祭文

教诒式谷，垂抑邪扶正之规；礼重升馨，著崇德报功之典。载稽谱牒，祇肃苾芬。维文昌帝君学裕本源，道参位育。缅馨香之至治，久极尊崇；申报享之隆文，宜昭诚敬。聿升中祀，式举上仪。於戏！德迪前光，十七世仁恩普洽；庆余积善，亿万年文运长新。敬布明禋，尚祈昭鉴。

以上五文皆咸丰时颁。

三、奎星阁

一个在凤鸣山的半山腰，乾隆四十五年（1780）知县符兆熊修建，祭孔时进行祭祀。一个在大佛山顶，光绪二年（1876）知县徐传善修建。

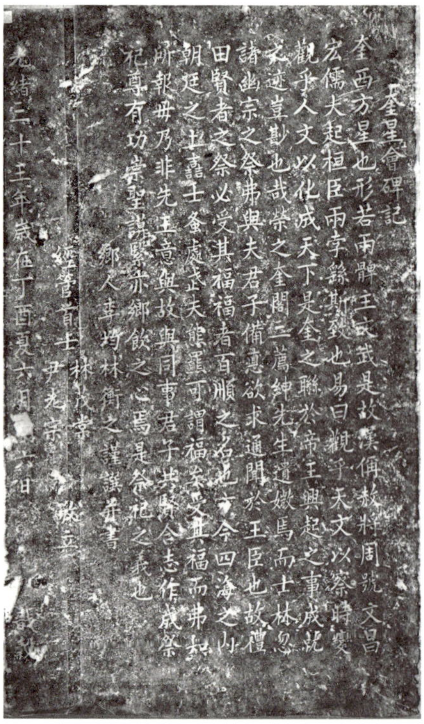

奎星会碑拓片

（一）祭品

三个爵，三具牲，五道馔，一个炉，二个镫，一个尊。

（二）仪注

地方官到阁内进行祭祀，行两跪六叩礼。

（三）祝文

祝文如下：

维神职司教化，护持礼学。笔锋锡福，兆士子之巍科；鳌首钟灵，开棘闱之景运。钦哉学士宗工，允矣文衡主宰。兹值仲春（秋），率申丁祭，谨以牲帛、醴齐、粢盛庶品，式陈清荐。尚飨！

四、吕真君

没有专门为之建祠。曾在万景楼进行祭祀，后移到龙神祠后殿祭祀。嘉庆十一年（1806），奉文加封尊号，载入祀典，钦定“燮元赞运”四字，加到原来的头衔之上，十三年（1808），知县许源在万景楼废址上建吕真君庙，设立牌位祭祀。详参《祠庙宫观》之“吕真君庙”。每年的二月初四日、八月初四日举行祭祀典礼。

（一）祭品

核桃、荔枝、圆眼、枣、栗共五盘，五盘馒头，五盘蒸糕，四盘饼，一盘糕点，三个茶盏，一个炉，二个镫。

（二）仪注

承祭官穿蟒袍补服，行三跪九叩礼。

（三）祝文

祝文如下：

敕封燮元赞运警化孚佑真君曰：维神法判五雷，道通三教。金阙选仙，扫魑魅魍魉之怪；玉清内相，溥风云雨露之仁。术传无极子，启河洛之苞符；《易》注寿山堂，演乾坤之蓍策。屡征圣迹，应答神恩。兹届仲春（秋），用昭时祀。庶几歆享，益巩固夫皇图；爰矢精虔，冀降康于亿兆。神其来格，鉴此飶馨。

五、火神祠

在每年夏天的最后一个月（即农历六月）选择吉日进行祭祀。

（一）祭品

一卷帛，一只羊，一头猪，五盘果食，一个尊，三个爵。

（二）仪注

主祭官穿补服蟒袍，行二跪六叩礼，迎神，上香，奠帛，读祝文，三献爵，送神，望燎，告礼成而退。

（三）祝文

祝文如下：

维神德著离宫，光昭午位。广阳亨之运，象启文明；彰燮理之能，功参化育。土以生而水以济，丙丁之大用常昭；府既修而事既和，虞夏之九功惟叙。丽兹万物，实赖化成；又我生民，咸资利用。仰邀神贶，虔答鸿庥。爰遵祀事之仪，式叶春禋（秋尝）之典，肃陈牲币，敬布几筵。尚飨！

六、龙神祠

在每年春秋二季的第二月（即农历二月、八月）挑选吉日进行祭祀。

（一）祭品

一卷帛，一只羊，一头猪，五盘果实，一个尊，三个爵。

（二）仪注

与火神祠相同。

（三）祝文

祝文如下：

维神德洋寰海，泽润苍生。允襄水土之平，经流顺轨；广济泉源之用，膏雨及时。绩奏安澜，占大川之利涉；功资育物，欣庶类之蕃昌。仰藉神庥，宜隆报享。谨遵祀典，式协良辰，敬布几筵，肃陈牲币。尚飨！

七、武侯祠

嘉庆十年（1805），奏经皇帝批准，奉圣旨列入四川祀典。道光元年（1821），知县在清富山荣王府故址建祠。春秋二季，由官府进行祭祀。

（一）祭品

一卷帛，一只羊，一头猪，二个铏，二个簠，二个簋，八个笾，八个豆，一个尊，三个爵。

（二）仪注

承祭官穿蟒袍补服，行一跪三叩礼。

（三）祝文

祝文如下：

维神道侔伊吕，功失萧曹。揽全局于三分，躬惟尽瘁；著孤忠于二《表》，志不偏安。洵出处之无惭，实圣贤所默契。祚延汉室，泽遍益州，系童叟之讴思，协春秋之祀事。兹逢盛典，用展虔诚。神式凭依，尚其来飨！

八、社稷坛

每年春、秋第二月（农历二月、八月）戊日进行祭祀。

（一）祭品

每个香案一卷黑帛；二个簠，分别装黍、稷；二个簋，分别装稻、粱；一只羊；一头猪；一个铏，盛和羹；四个笾，分别装枣、形盐、栗、藁鱼；四个豆，分别装韭菹、鹿醢、菁菹、醯醢；三个白瓷爵；一个尊。

（二）仪注

祭祀前三天斋戒，前两天签祝版，前一天穿补服上香，监督宰杀牺牲并瘗毛血，搭建献官的帐篷。

祭祀当天的黎明，各官穿朝服行礼，前后各三跪九叩，中间献三次，与文庙前殿相同，只是没有音乐、舞蹈及受福胙、谢福胙两个环节。赞唱改“望燎”为“望瘗”，执事者以祝文焚烧于坎中，焚烧完毕后用土填入坎中。

（三）祝文

祝文如下：

维神奠安九土，粒食万邦。分五色以表封圻，育三农而播稼穑。恭承守土，肃展明禋。时届仲春（秋），敬修祀典。庶丸丸松柏，巩磐石于无疆；芃芃黍苗，佑神仓于不匮。尚飨！

九、神祇坛

雍正十一年（1733）奉旨修建，每年春、秋两季第二月（农历二月、八月）的上戊日进行祭祀，设木主牌位三个，中间为风云雷雨的牌位，左边为山川的牌位，右边为本县城隍的牌位。

（一）祭品

嘉庆《志》载：一只羊，一头猪，一个铏，二个簠，二个簋，枣、栗之属五份。白色帛七卷：风、云、雷、雨、山、川神六卷，城隍一卷。爵的分配跟帛一样。光绪《志》载：设三个香案，祭品与社祭坛相同，只是帛用白色。

（二）仪注

献分中、左、右三位，礼与祭祀社稷坛相同，只是改“望瘗”为“望燎”，不用土填坎。

（三）祝文

祝文如下：

惟神赞襄天泽，福佑苍黎。佐灵化以流行，生成永赖；乘气机而鼓荡，温肃攸宜。磅礴高深，长保安贞之吉；凭依巩固，实资捍御之功。幸民俗之殷盈，仰神明之庇护。恭修岁祀，正值良辰，敬洁豆笾，祗陈牲帛。尚飨！

十、城隍庙

每年春、秋第二月（即农历二月、八月）在神祇坛设位一同祭祀，祭品、仪注、祝文详神祇坛。

十一、先农坛

（一）耕籍祭仪

雍正四年（1726）奉旨建设，每年春季最后一个月（农历三月）的亥日进行祭祀，祭祀完毕后行耕籍礼。

（二）祭品

嘉庆《志》载祭品：一只羊，一头猪，三个爵，一个登，二个铏，十个笾，十个豆，二个簠，二个簋，一卷帛。光绪《志》的记载有所变化，祭品为：一只羊，一头猪，一个铏，四个笾，四个豆，二个簠，二个簋，一卷青色帛。

（三）仪注

1. 嘉庆《志》所载

每年耕籍日，奉上级之文而定。正式祭祀前，先斋戒二日。祭祀当天，主祭官及各官俱穿朝服到坛，先请神牌，安放在坛上。礼生引主祭官到行礼处，文官在东，武官在西排立。唱："乐舞生各就位，执事生各司其事，主祭官就位，陪祭官各就位，瘗毛血，迎神，奏乐。"奏《永丰》之章，主祭官、众官俱行三跪九叩首礼，起身。奠帛，行初献礼，奏《时丰》之章。引导主祭官到盥洗所，递上手巾擦手，到神位前上香，跪着献帛、献爵，叩首，起身，到读祝位跪。众官皆跪，读完祝文后，俱三叩首，起身，回到原来的位置。行亚献礼，奏《咸丰》之章。又引导主祭官到坛上神位前，跪，献爵，叩首，起身，回到原来的位置。行终献礼，奏《大丰》之章。又引导主祭官到坛上神位前，跪，献爵，叩首，起身，回到原来的位置。彻馔，奏《屡丰》之章，主祭官行三跪九叩首礼，起身。捧祝、帛、馔的礼生各自到燎所，奏《庆丰》之章，望燎礼毕，退至坛的侧面。各官都换上蟒袍品服，礼生引到籍田所，行耕耕礼。主祭秉耒，陪祭执青箱播种，由一名耆老牵牛，两个农夫扶犁，推九个来回，然后由农夫耕完整块地。耕完后，各官率领耆老、农夫遥望皇宫的方向，行三跪九叩首礼，完毕后解散。农具都为红色，牛为黑色，种子为青色，为土地所宜播种的作物。

2. 光绪《志》所载

前两天斋戒，前一天省牲，打扫先农坛，搭建帐篷，检查耕作的器具，农具为红色，牛为黑色，装种子的箱子为青色。祭祀那天，各官穿朝服行礼，前后三跪九叩，不饮福、受胙，俱与社稷坛相同，只是献帛、爵不到坛上，与关帝庙的仪式相同。祭祀完毕，遵照颁行的时辰，更换蟒袍补服，行耕籍礼。主祭拿着耒，陪祭拿着青箱，由一名有名望的老人牵牛，二个农夫扶犁，推九个来回，然后由农夫耕完整块地。耕完后，各官率老人、农夫遥望皇宫的方向，行三跪九叩礼。

迎神，演奏《永丰》之章，云："勾芒秉令，土牛是驱。天下一人，苍龙驾车。念彼田畴，民命所需。生民有德，尚式临诸。"奠帛初献，演奏《时丰》之章，云："先农神哉，耒耜教民。田祖灵哉，稼穑是亲。功德深厚，天地同仁。肃将币帛，肇举明禋。厥初生民，万汇莫辨。神锡之庥，嘉种乃诞。

执兹醴斋，农功益见。玉瓒椒醑，肃雍举奠。”亚献，演奏《咸丰》之章，云：“上原下隰，百谷盈止。粒我生民，秀良兴起。乐舞具备，吹《豳》称兕。再跻以献，肴馨酒旨。”终献，演奏《大丰》之章，云：“糜芑秬秠，维神所贻。以神飨神，曰予将之。秉耒三推，东作允宜。五风十雨，率土何私。”彻馔，演奏《屡丰》之章，云：“於皇农事，自古为烈。莫敢不承，今兹忻悦。笾豆既丰，簠簋云洁。神视井疆，执事告彻。”送神，演奏《报丰》之章，云：“麻麦芃芃，粳稻连阡。纵横万里，皆神所赡。人歌鼓腹，史载有年。岁有常典，茀禄绵延。”望瘗，演奏《庆丰》之章，云：“玉版苍币，来监来歆。敬之重之，藏于厚深。典礼由古，予行至今。乐之利之，国以永宁。”

（四）祝文

祝文如下：

维神肇兴稼穑，粒我蒸民。颂思文之德，克配彼天；念率育之功，常陈时夏。兹当东作，咸服先畴。洪维九五之尊，岁举三推之典，恭膺守土，敢忘劳民。谨奉彝章，聿修祀事。维愿五风十雨，嘉祥恒沐于神庥；庶几九穗双歧，上瑞频书于大有。尚飨！

十二、八蜡坛

清代礼部曾议附祭于先农坛。

十三、雩坛、禜坛

乾隆七年（1742），礼部论议答覆御史徐以升条陈祈雨事宜的奏折，奏请皇帝朱批后敕下各省督、抚转发各府、州、县：孟夏（农历四月）择日行常雩礼。如果发生大旱，每七天先祭界内山川，再祭社稷，斋戒虔诚，祈祷下雨，不得用大雩礼，亦不能另设雩坛，即在社稷、籍田等处，恭敬地祈祷。如果遇到水灾，则击鼓、用牺牲，在城门禜祭祈祷天晴；如果雨仍不停，则击鼓、用牺牲，在社内进行祭祀。从宋代以来一直沿袭到寺庙宫观祈祷天晴下雨，用僧道设坛念经，建置道场的做法，实际并非经义与古制，应该停止。

（一）雩坛祝文

祝文如下：

某官恭膺诏命，抚育群黎。仰体彤廷保赤之诚，劝农勤稼；俯维蔀屋资生之本，力穑服田。令甲爰颁，肃举祈年之典；维寅将事，用伸守土之忱。黍稷惟馨，尚冀昭明之受赐；来牟率育，庶俾丰裕于盖藏。尚飨！

（二）禜坛祝文

祝文如下：

某官恭承诏命临民，职司守土。维兆人之攸赖，并藉神功；冀四序之常调，群蒙福荫。必使雨旸应候，爰占物阜而民安；庶其寒燠咸宜，共庆时和而岁稔。仰灵枢之默运，聿集嘉祥；襄元化以流行，俾无灾害。尚飨！

十四、厉坛

每年三月清明节、七月十五日、十月初一日共举行三次祭祀。祭祀的时候，将城隍神像放到坛上主祭，另外用纸写很多无人祭祀鬼神的牌位，放在坛下的左右两边陪祭。

（一）祭品

坛上城隍的位置与坛下左、右两边，各放一只羊，一头猪；在左右两边还设有饭羹、香烛、纸随用。

（二）仪注

祭祀前一日，祭官准备香烛，到城隍庙焚烧告牒，行一跪三叩礼。祭祀当天，各官穿补服一起在坛上城隍神位前行礼，前、后行一跪三叩礼，中间三献爵，读告文。行礼完毕后，执事把告文与纸一起焚烧。

（三）告文

告文如下：

遵依礼部札，为祭祀本境无祀鬼神等众事，钦奉皇帝圣旨：普天之下，后土之上，无不有人，无不有鬼，人鬼之道，幽明虽殊，其理则一。故天下之广，兆民之众，必立君以主之。君总其大，又设官分职为府州县以各长之，又于每百户设一里长以统领之，上下之职，纲纪不紊。此治人之法如此。天子祭天地神祇及天下山川，王国、各府州县祭境内山川及祀典神祇，庶民祭其祖先及里社土谷之神。上下之礼有等第，此治神之道如此。尚念冥冥之中无祀鬼神，昔为生民，未知何故而殁，其间有遭兵刃而损伤者，有死于水火盗贼者，有被人取财而逼死者，有被人强夺妻妾而死者，有遭刑祸而负屈死者，有天灾流行而疫死者，有为猛兽毒虫所害死者，有为饿冻而死者，有为战斗而殒身者，有因危急而自缢者，有因墙屋倾颓而压死者，有远行征旅死未归籍者，有死后无子孙者。此等鬼魂或终于前代，或殁于近世，或兵戈扰攘，流移他乡，或人烟断绝，久缺其祭，姓氏泯没于一时，祀典无闻而不载。此等孤魂死无所依，精魄未散，结为阴灵，或依草附木作为妖怪，悲号于星月之下，呻吟于风雨之时，凡遇人间令节，心思阳世，魂杳杳以无归，身堕沉沦，意悬悬而望祭。兴言及此，怜其惨凄，故敕天下有司依时享祭。在京都有泰厉之祭，在王国有国厉之祭，在府州有郡厉之祭，在各县有邑厉之祭，在一里又各有乡厉之祭。期于神依人而血食，人敬神而知礼，仍命本处城隍以主此祭。钦奉如此。今某等不敢有违，设坛于城北，以某月某日设备牲醴羹饭，专祭阖境内无祀鬼神等，众灵其不昧，来享此祭。尚飨！

十五、勾芒之祀

在立春前一日，长官穿朝服率僚属在东郊祭祀勾芒之神。礼毕迎春，回到官署的仪门外。到立春当天，各官穿朝服祭祀勾芒。用牺牲、水果、酒、醴，拜四次。礼毕，长官击鼓三声，拿着彩鞭，率领各官，围着用泥制的土牛敲打三次，乡人各取敲碎的牛土，以求一年顺利。

（一）迎春祝文

祝文如下：

维神司令元春，参赞化育，祛除寒威，渐回温燠。雨顺风调，禾登麦熟，百谷顺成，群黎蒙福。今于某日恭诣东郊，先期迎神驾。敢告。

（二）鞭春祝文

祝文如下：

化工造物，无私勿愆。雷动风散，雨润日暄。以时宣布，岁则有年。民维邦本，食乃民天。四时之序，春令为先，敢告尊神，发动春鞭。

按：清代的制度，除社稷坛外，如城隍、文昌之类，列入祀典无统一的规定，并没有天神、地祇、人鬼之别。荀子说："礼以顺人心为本。"故在礼经中没有记载，而顺应人心的，其实也都是礼。文字记载的三代礼制，列入祀典的情况也不一样，浅薄之人怀疑为多神教，其实不是这样的。上古时代，老百姓把蛇、石、草、兽都当成祭祀的对象，圣人因老百姓居住的情况，为之设立了坊。故戴德、戴圣二人只要讲到祭祀之义，都引导人们报本返始，做人要诚要正。孔子曰"祭则受福"，指的是人权，不是神权。

城乡神祠不在祀典者，大概都是为了祈福报功，没有特殊的意义，但考察其实际的功用，则成为会馆、公所。《礼记·祭法》云："大夫以下成群立社，曰置社。"《月令》云："择元日，命民社。"后世村庄所建立的神祠，主要用于人群集聚，可能就是古代的民社、私社、里社。

民国时期，这些祭祀逐渐停止。

第二章 祠庙宫观

同其他地区一样，荣地百姓信仰多元，除了儒、佛、道外，还有对自然神灵、祖先及先贤名宦等的崇拜，因此荣地在历史上修建了很多祠庙宫观。综观几部旧志，除了处处皆有的土地庙以外，唐以来至民国初年各种祠庙宫观共计五百余座。这些祠庙宫观按地理位置可分为“县城及郊区”和“乡镇”两类，其中县城及郊区有近八十座，各乡镇有四百五十余座。按其供奉的对象或功能可分为儒家类（如文庙、奎星阁等）、佛寺类（如大佛寺、古佛寺、开化寺、开元寺、道观寺、道澄寺、百福祠、观音庙等）、道观类（如玉皇观、祖师观、东岳庙、吕真君庙、三官堂、三圣宫、三清殿、灵官庙、五皇庙、清水寺、五龙寺、鼎新寺等）、自然神灵庙坛庙类（如神祇坛、火神庙、龙王庙、牛王庙、城隍庙等）、行业神坛庙类（如巧圣宫、社稷坛、靖江王庙、药王庙、井神祠等）、会馆类（五省庙、禹王宫、天后宫、万寿宫、南华宫、萧公庙、武圣宫、荣禄宫等）、先贤名人祠庙类（如土主庙、川主庙、望帝祠、伍子胥祠、汉竹王祠、汉武安公庙、武侯祠、武庙、张爷庙、诸儒祠、先贤祠、太史祠、范荣公祠、胡公祠、张公祠等），其他如儒释道结合的青华寺、既有川主又有牛王的讲教洞、信仰来源复杂的文昌宫等。这些祠庙宫观大多已经不复存在，仅有少数尚存或得到了重建，其中以供奉世界第一释迦牟尼石刻佛像的大佛寺最为有名。

这些祠庙宫观既是民众表达信仰的场所，同时还扮演着其他的重要角色：其一，很多祠庙宫观中设有积仓，是当时基本的粮食储备库，发挥着重要作用。其二，很多祠庙宫观早年还设有社学、义学或者书院，清末民初改为学堂，是近代以来相当长时间内乡村公共教育的主要场地。

第一节 县城及郊区

文 庙 在城北莲宇山麓，有万仞宫墙一座，东西两边下马石碑各一座，左边圣域门，右边贤关门，以及“斯文在兹”“德配天地”“道贯古今”牌坊各一座，泮池一个，六柱棂星门一座，戟门一座，大成殿五间，神库、神厨附在大成殿外左右两边，东西庑各三间，崇圣祠三间，名宦祠、乡贤祠、忠孝祠、崇仁祠、节孝祠、孝义祠。

文庙台阶内外有古柏十余株，白色的树皮，青黑色的树冠，大约十围，已有数百年的树龄，树上有很多鹳鹭筑巢。乾隆己酉（1789），因为重修文庙的原因砍伐殆尽，只留下了启圣宫右墙角的五株。

唐代之际，文庙建在城东的桂林山上，宋乾德三年（965）移到南门附近。绍兴十三年（1143），知州孟侯迁到莲宇山。开禧二年（1206）知荣州军袁桂所立雁塔记载的进士达一百五十五人之多，时任荣州教授刘道成记载说：“凡三迁，始得胜地。”元末，文庙毁于战乱。明代初年，仍然在桂林山重建。天顺元年（1457），本地举人龚汇请求仍在莲宇山复建。天顺三年（1459）开始兴工；四年（1460），按察使佥事汪浩、知县刘清修成明伦堂。成化四年（1468），大成殿五间落成。五年（1469），塑孔子、四贤像。八年（1472），修成东西两庑。九年（1473），塑十哲像。十一年（1475），按察使佥宪江陵戴宾因工程没有完工，委任训导陈源、典史周志荣、县人赵升、袁景徽管理其事，委托叙州（今属宜宾）经历龚华计算资金花费情况。十二年（1476），戟门、棂星门、厨房、库房建成。荣州文庙共花十八年时间才修成。嘉靖中，张璁建议祭祀孔子由塑像改成木主神牌，孔子的称号去“王”，改称“先师”，但已经塑好的孔子塑像并不允许毁弃。相传孔子塑像头部的土取自尼山，往返超过万里。这是对孔子的崇敬。经过一百多年，文庙破损毁坏。万历二十二年（1594），本县人给事中杨镕，知县程梯，士绅黄纪贤、赵可师、尧可近等对文庙进行了修整。此次修整将明伦堂迁到大成殿侧，启圣祠建在左边，名宦、乡贤祠建在右边。不久又修建了堂下书楼，补砌了东西两庑。知县马应泰总负责，教谕罗青，训导吴惟中、黄莪负责具体督办。主簿杨进忠在泮池前修建了照壁，典史赵文臣修建了泮池的石栏，知县朱万元重新修葺了尊经阁，修建的费用都出自他们的俸金。二十八年（1600），知县乐继国改建明伦堂、启圣宫、两庑，不久又修建奎星楼（在旧礼门、文昌祠南）。三十四年（1606），尊经阁又得以修复。崇祯八年（1635），文庙倾颓坍塌。知县杨崇忠、教谕刘朝用改换了屋椽及栋梁，筑墙八十六丈。刘起鸣、曹天相募资修葺东西两斋，用时一年竣工。明季之乱，庙中事务无人管理。

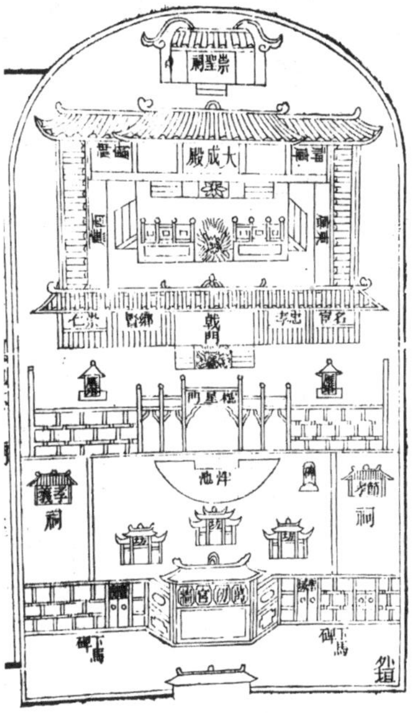

孔庙图①

康熙二十一年（1682）六月六日，文庙坍塌。举人刘世璋先后得到知县荆乔蕃、韩荩光的支持，于二十三年（1684）修成大成殿，但规模形制还不完备。三十六年（1697），知县陈大猷修建戟门、两庑及名宦、乡贤祠。四十四年（1705），知县王泽修建明伦堂（旧学署，临西街）。乾隆十二年（1747），知县徐德龙将明伦堂移到文庙右边，奎星阁移到棂星门左边。十九年（1754），知县黄大本捐俸银三百余金修复，文庙才恢复了原来的面貌。五十二年（1787），知县张兆星、马履中、龚巽依次对其进行翻新，共费二千余金。当时池外很远处有照壁，照壁外为圣门坊，坊外有突出数十丈的复墙。东、西建有礼门、义路二座门，因长期无人管理，长满了荆棘。两翼又被民居所遮蔽。嘉庆十三年（1808），知县许源募集千余金，移“斯文在兹”牌坊到泮池前，旁边新建“德配天地”“道贯古今”二坊，并开门以供师生出入。礼门、义路二门上移到“斯文在兹”牌坊的前面，左右两边用云龙石屏遮挡，如宫墙式，又绘孔子、四子、十哲像于其间。疏通泮池，翻新大成殿、戟门、棂星门，文庙由是焕然一新。道光十八年（1838），为振兴人文，听从堪舆家的建议，改东西向为南北向，接着崇圣门、棂星门、奎星阁均改变其位置。十九年（1839），改建大成殿、大成门、东西庑及宫墙、泮池甬道，共费五千余金。又在明伦堂建寝室，东西两斋，大门甬道亦依次建成。光绪三年（1877），拆迁了照墙外的民房，在文庙四周建围墙，整个文庙规制豁然开朗。光绪二十六年（1900），知县唐选皋修建斋宿更衣所。三十年（1904），添置乐器。光绪末，外国人想在文庙的右边建立教堂，廪生钟星庆等争辩反对，于是教堂移建于清富山。孔子过去一直列作中祀，宣统元年（1909）升格为大祀，墙和瓦都改为

① 据光绪《志》卷八。

黄色。按照惯例，学生入学需捐银二两，曰泮池费，由洒扫会收集，用于购置田地、房产，或充作办理庙中事务事项的经费。

社稷坛 在县城西三里。据乾隆《志》记载，东西长三十八弓，南北长二十九弓，中间修筑台基，四周修有围墙，栅门四座。墙内外共有古柏树七株。另有一块地交给居民邹陞侯耕种管理，所收租息作为培补围墙的经费。雍正二年（1724），清政府将社稷坛的规模和形制刊图颁行全国，规定：垒石为坛，高二尺一寸，纵横各长二丈五尺，四面各修三级台阶，修矮围墙，并以松柏环绕四周，四面都开门，用油漆粉刷。沿袭唐宋时的规定，设立石制神位，高二丈二尺五寸，长宽都是一尺，立于坛上的土中，不雕刻神号。外面放置两个木制神位，高二尺四寸，宽六寸，座高五寸五分，一个神位书“社神”，放在东边，另一个神位书“稷神”，放在西边。依照明朝的礼制，同坛合祭，不设配位，每年春秋二季第二个月（农历二月与八月）上旬的戊日进行祭祀。

神祇坛 在县城外西南，过去叫作“山川坛”，东西长二十八弓，南北长三十三弓。嘉庆十六年（1811），根据上司的来文，做三个木主：中间为“风云雷雨之神”，左边为本境山川之神，右边为“本境城隍之神”。坛的规模形制与社稷坛相同，祭祀的日期也相同。民国6年（1917），在其地基上修建了蚕桑局。祭祀改在社稷坛举行。

先农坛 在县城东北二里的虎洞下。雍正四年（1726），清政府下诏各省建立先农坛。六年（1728），知县陈容捐资购置了籍田。七年（1729），知县王惟滓捐资修建了房屋三间。嘉庆中，先农坛因年久失修而荒废，庙也壁破阶颓。十三年（1808），知县许源按照《大清会典》坛壝遗制修建三间庙，以立神主，建夹室，盖瓦砌砖，用白垩涂饰，并在四周修了围墙，前面竖起了照壁。先农坛按雍正五年（1727）的图式修建，高三尺一寸，广二丈五尺。神位高二尺四寸，宽六寸；座高五寸，宽九寸五分。红色的牌子，金色的字，祭祀神农氏。每年春季第二月的亥日进行祭祀，举行耕籍礼。乾隆七年（1742），颁行雩祭礼，每年夏季的第一个月，选择日子举行常雩礼，遇到水旱不均，发生旱灾时，在先农坛举行临时增加的雩礼。

邑厉坛 在县城北门外。乾隆《志》载：东西长十七弓，南北长二十弓。嘉庆五年（1800），知县席世绸修建墙垣、栅门。已坍塌。古代有国厉、民厉的祭祀之礼。《祭法》：王祭大厉，诸侯祭公厉，大夫祭族厉，属国厉；《士丧礼》：疾病向厉祷告，属民厉。明洪武三年（1370），定国厉、郡厉、邑厉，都在城北设坛，在清明及七月望日、十月朔日，城隍主祭。清代因袭明制，俗称“赏孤”。

奎星阁 县城有两座奎星阁，其一在县城内文庙的棂星门东边，万历三十二年（1604）建，乾隆中邓锡纶等将之移建于凤鸣山麓。其二在县城外东山上，光绪二年（1876）知县徐传善建，刘炳勋为之作记。

武　庙 在南街与桂林街之间。明万历间，本县前辈黄纪贤在郧阳（今属湖北）做府官，辞官后回到荣县捐资创建了正寝二殿，规模狭窄，时间一久就坍颓了。康熙四十五年（1706），知县王泽捐出俸禄并向下属倡捐，用募捐来的钱扩充了基地，改建了殿宇，添立了东西两厢。新修后的武庙与以前相比，感觉宽敞了很多。荣县人为了感谢王泽的功德，在正殿旁塑其像进行祭祀。贡生刘元玉作记。乾隆十九年（1754），庙祝伍来应募集资金改建乐楼、正门，因地势所限，仍然是西向。嘉庆三年（1798），知县龚巽让监生陈利宾等募集资金添建抱厅及春秋阁。武庙有两处常住田：一处是士民一起捐的，在南郊外杨家湾，土贫瘠不肥沃，一年仅收租八石；一处是伍来应报垦西郊外太子山三清殿旧存的常住田，按载粮四钱二分零的标准收税。庙前的乐楼下东西相通，就像闹市一样。后命令保持肃静。前殿祭祀关圣帝君（关羽），其位南向；后殿祭祀关羽的曾祖父、祖父、父三代，位皆南向。民国 2 年（1913），民国政府发文与岳飞合祀，故又称关岳庙。民国 7 年（1918），春秋阁被拆卖。

城隍庙　在县城内东街。最初在县城西边，明成化年间移到城东，地形低洼狭窄。隆庆三年（1569），知县张九思增修护地，南北长八十一弓、东西长十三弓，前面建石坊一座，外屏一座，正门五间，两廓各五间，左右钟鼓楼各一座，正殿三间，寝殿三间，左神库、右神厨、祝房三间。城隍庙修成后，四方之民感戴其功，在左边空地上修建遗爱祠，任有龄作记记其事。后来城隍庙坍塌。乾隆十七年（1752）八月，知县黄大本倡导士民捐资修建正殿前楹五间，由监生丁凤溥管理修建事宜。五十三年（1788），知县张兆星让德高望重的邹正鹏等号召捐资，改前楹为拜庭，重新修建乐楼、两庑、十王殿、坊表。道光十四年（1834），士民改修寝殿及左右房室共十二间。光绪十七年（1891），知县唐选皋改建新修乐楼、两庑。

民国《志》按：城隍是古代坊与沟洫之神。隍就是池，特指无水的壕沟，同门户井灶一样，此就其狭义而言。到城池，则主管一方的灾祥。而为城隍建祠，开始于三国时候的东吴政权，这是因为佛教传入中国，从水路先到吴国，所以吴国佛教很兴盛。并以地狱附会城隍，意思是在人间管理城市政刑时，是城池的首领；在鬼界管理善恶之事时，是城池的神。近来有人以为“城隍”为“虫蝗”的转音，这是受了清代小学风气的影响。至于十王，根据梵文、汉文的各种钞本，也各有来源。一不动明王，在冥途时名秦广王，主管死者的头七日。二释迦，这是如来佛，在冥界称初江王，管二七。三文殊菩萨，在冥途变成宋帝王，管三七。四普贤菩萨，在冥界现身为五官王，管四七。五地藏菩萨，在地狱现身为阎魔王，管五七。六弥勒菩萨，现身为变成王，管六七。七药师，这是如来佛，在冥途变成泰山王，管七七。八观音菩萨，在冥途变成平等王，管百日。九势至菩萨，变成都市王，管周年。十阿弥陀，这是如来佛，在冥途变成五道转轮王，管三回忌。而世人不知十王之意，遂有“生为上柱国，死作阎罗王”的说法。

火神庙　又称离明宫，在和义街。最初附建在关帝庙的东北角，并无专门祭祀。嘉庆九年（1804），知县许源免除油户官役，用换来的钱购地，修建正殿五楹、东西廊各三个、乐楼一座，招募僧人住持。有人作记记载此事。

禹王宫　在西街。最初在县城东南角，雍正八年（1730），知县江夏（今属湖北）人刘宗贤修建。乾隆三十六年（1771），知县武陵（今属湖南）人曾承谟改到现在这个地方，但未完工。嘉庆八年（1803），知县湘潭人许源接着修建完工。楚人主祭祀，曰“湖广会馆”。

民国《志》按：“湖广”是水汇合的意思。禹出生在石纽，在蜀地对之进行祭祀也是应该的。

天后宫　在西街。祭祀莆阳湄州（今福建莆田湄州岛）一位姓林女子，即妈祖，历代都将之奉为神灵，历代也都对其封爵。康熙二十三年（1684）奉旨封为天后；五十九年（1720）将其祭祀编入祀典；雍正十一年（1733）奉旨，各省的天后神祠由总督、巡抚主祭。如果省城没有建祠，应查明所辖府、州、县原来所建的祠宇，令该地方官于春秋进行祭祀。嘉庆六年（1801）奉旨封天后的父亲为积庆公，母亲为积庆夫人。道光二十三年（1843）奉旨加封天后父母“衍泽”二字，令直省府、州、县一体遵照不得有违背。天后宫是嘉庆年间由曹其春修建的，闽人主祭祀，曰“福建会馆”。

南华宫 祭祀唐大鉴禅师，名字叫惠能，也就是禅宗所称的六祖。惠能为新州人，即今肇庆府的新兴县（今广东云浮市新兴县）人。在西街。粤人主祭祀，曰“广东会馆”。

巧圣宫 在西街。祭祀各种工匠的祖师爷鲁班。

荣禄宫 在和义街。黔人主祭祀，曰“贵州会馆”。荣禄宫都是供黑神，黔人祭祀非常虔诚。后来看见富顺的坊刻，才知道刘本是富顺人，明天顺丁丑（1457）科的进士，官至贵州按察御使，有很多惠政，死后托梦给皇帝，为民请求恩典。皇帝惊醒后说：“刘本已死很久了，还惦记着老百姓的疾苦，可授荣禄大夫，为黑煞福神。”因此，祠祀遍布西南。《礼记·王制》称有功德于民就是神，与淫祀不同。

民国《志》按：郑珍《遵义府志》载，四川简州（今成都简阳）黑神，祭祀的是宋州牧李大全。广西省城的黑神，是祭祀元朝平章也儿吉尼。贵州的黑神都是祭祀南霁云。这与民间所传又不同。

萧公庙 祭祀齐武帝萧赜。因为其最初为浔阳国侍郎，到赣县当过县令。在和义街。赣人主祭祀，曰“江西会馆”。

范荣公祠 在城东桂林街，祭祀宋代的范百禄。按《姓氏谱》记载，范百禄为成都人，是大尉范镃儿子，官至中书侍郎，赠荣国公。后来改成了社学。据乾隆《志》载，范荣公祠在乾隆时已废。

武圣宫 在桂林街。秦人主祭祀，称为“陕西会馆”。

古佛寺 在西门外一里，宋代元祐年间修建。曰古佛，则必定是唐代的佛像。马应祥题其匾额曰“绿水西来”，以表明回溪之胜。

古佛寺造像

文昌宫 在凤鸣山顶。乾隆四十三年（1778），知县符兆熊从万寿寺左迁到此地，本为宋代嘉祐寺的旧址。宋代寺僧王祖元曾建此君轩。元符初，黄庭坚经过戎州（今宜宾）时，祖元前去拜访，黄庭坚向祖元展示苏东坡的《醉翁操》，祖元欣然曰：“往年从成都通判陈君颀处得其谱。”遂用琴弹奏，词与声相得益彰。黄庭坚作《题荣州祖元大师此君轩》诗，收入其文集中。祖元姓王，周彦的从兄。晋宋间，学佛的人皆被称为“道人”，尊之则称师或称公。将其堂命名为“霜钟堂”，是因为其能弹蔡邕的《秋思》琴曲。建中靖国元年（1101）正月，黄庭坚在江安（今属宜宾），作赠元师诗后，遂东归。崇宁四年（1105）九月，黄庭坚卒，荣县人在凤鸣岗的北边修祠祭祀他，曰“太史祠”。嘉祐寺在元代末年被毁，明宣德初重建。清嘉庆六年（1801），文昌列入祀典。八年（1803），知县许源增修装饰文昌祠，修正殿三间，后面为启圣宫，左边为三圣祠，右边为龙王庙；并在寺中太史祠旧址建此君轩；附修考棚在正殿的左右两边，作为每年士子考试的地方。咸丰六年（1856），文昌升中祀。科举考试废除后，改为学堂。

民国《志》按：文昌星的第五颗星，就是《周礼·大宗伯》中所谓的“以槱燎祀”的那颗星。第六颗星叫司禄，一般认为它掌管士子禄籍，事关一地文运，应该在学校进行祭祀。这种说法本身是错的。到晋代梓潼神张亚子给姚苌铁如意，姚苌因而取得战功，而末流又作《梓潼帝君化书》，真是错上加错。这里姑且记载嘉祐寺的故址，而详述其变迁衍变。

龙王庙　在文昌宫后面。嘉庆八年（1803），知县许源修建。

龙神祠　在凤鸣山麓。道光二十年（1840），知县胡沄募集资金修建。同治九年（1870），知县马佩玖在此设“龙门书院”，题写匾额的草书，有唐代书法家孙过庭的风格。清亡，市井之人将其毁坏。

万寿寺　在莲宇山左边。清代是士民朝贺行礼的地方。殿后有藏经阁。乾隆末，知县龚巽命邹正鹏、刘纯修倡导募资进行了补修。民国14年（1925），中学堂（今天的荣县中学）从西街移到此地。

武侯祠　在清富山。道光元年（1821）修建。刘兼曾作诗云：“葛亮荒祠古木寒。”则似乎说明荣县在宋代的时候已经有武侯祠了，不一定只是成都锦江畔才修有武侯祠。

张公祠　祭祀成都人张万禄。张氏因咸丰庚申（1860）抵御叛贼，在豹子山殉难。荣县人因此绘像建祠祭祀他。刘炳勋撰有《张公殉难记》。威远县的孝廉吴天成写了一首长诗歌颂他，其中有“豹子山头兵不利，诸君壁上等儿戏。男儿死耳复何尤，但言未报今皇帝”句，在当时广为传诵。

胡公祠　在凤鸣山左边，又名“崇仁祠”。明代四川布政使陈鎏作记云：正德丙子（1516），巡按御史熊相以胡子昭奏请。嘉靖丁西（1537），按察使薛甲与巡按御使金灿商量，改修前巡按御史熊爵所建的乐山九峰山书院为胡子昭专祠，以其弟山东佥事胡志远、女儿胡金奴从祀，但荣县没有对胡子昭进行祭祀。后十余年，知县王梦魁因民众之请向上司请示，巡按御使鄢懋卿回复王梦魁：建一个像九峰山书院那样的祠。过去名“耿忠”，现在改为“崇仁”。当时的督学陈鎏致文遥祭。地址在东门外的曹家街，就在原谷神祠的位置。万历初，知县王建元翻新其祠宇，与教谕石磬、训导陈时敏率领诸生请学使陈文烛为之立碑，作迎神、送神曲，并设崇仁书院。到清代，书院被毁。乾隆中期，知县黄大本将崇仁祠迁到明伦堂的左边。咸丰三年（1853），胡氏后人请于龙神祠中的空地建专祠，知县姚宝铭没有采纳这个提议。光绪十八年（1892），知县唐选皋才开始修建今祠。明代士大夫题咏有的太俗，这里只收录本县人之作。典仪但一阳有诗云：“时事茫茫众所难，成仁不顾此生残。气冲南斗天纯赤，云锁东川水自寒。万古乡邦重河岳，一腔心血照逢干。烝尝祠下钦风烈，王魏功成实可叹。”通判杨易有诗云：“万古纲常重若山，先生负荷出人寰。寸心日月悬双照，浩气星辰塞两间。故国春风啼杜宇，新诗乐府注风鬟。方公大节胡公继，取义成仁总一般。”刑科右给事中杨镕亦有诗云：“节义祠堂秋草深，如君真不负平生。堂堂遗像清霜色，浩浩东川大海声。头上有天无二日，人间大节重三荣。孝陵松柏西风起，长表夷齐万古情。”

玉皇观　在城内天庆山麓，又名“天庆观”。宋大中祥符二年（1009），诏告天下设立天庆观，这是其过去的名字。

民国《志》按：儒家言上帝，没有关于其名声与形迹的文字，《穀梁》定公元年传曰“应上公”，《说文》“媌”字注引《甘氏星经》曰“太白上公，妻曰女媌”，这与青帝灵威仰相等，但于上帝的含义还有差距。佛教说天取自然，或者是最合理的解释，或指一切鬼神名之为天。其认为天有多级，故有多种名称，如忉利天主姓释迦氏之类，都与儒家言上帝不同。至《诸皋记》等记云：天翁张坚，渔阳人，则都是戏谑之说。玉皇之说，与儒佛二家都不同，是道家的说法。

东岳庙 在县城东门外，坐落于跃龙桥，祠内有碑记。明嘉靖间修建。清康熙十一年（1672）重修。乾隆七年（1742），典史张鸿捐白银四十两购置常住田。嘉庆十一年（1806），士民捐资修建前后殿。十六年（1811），知县许源倡导捐资补修东西十殿及乐楼、山门。不为祭祀岳神，而是取《孝经援神契》“太山，天帝孙，主召人魂”之义。

诸儒祠 祭祀本县人王潜夫、尤袤、王觊、勾龙湜、勾龙传。在县城东边。宋知州晁公武修建。据乾隆《志》记载，乾隆时已废。

先贤祠 在县城东边。宋代建立，祭祀知州李焘及张少卫、李巨传、岑求易，范镇。据乾隆《志》记载，乾隆时已废。

太史祠 在凤鸣岗的北边。祭祀分宁黄庭坚及郡人王元著、宋宠光、尤袤。据乾隆《志》记载，乾隆时已废。

汉竹王祠 祭祀夜郎侯多同，在东溪飞仙桥上。《太平寰宇记》有记载。《太平御览》引《蜀记》说：“昔有女人于溪浣沙，有大竹流水而触之，因有孕。后生一子，自立为王，因以竹为姓。汉武使唐蒙伐牂牁郡。竹王因有此地，人不忘其本，立竹王庙祀之。”唐薛涛有诗云：“竹郎庙前多古木，夕阳沉沉山更绿。何处江村有笛声，声声尽是迎郎曲。”明代知县张九思在其空地前改立省耕亭。

旧志载汉代竹王名多同，母亲在遁水边洗纱，剖竹子而生他，于是以竹为姓。多同长大后，勇武有才能，自立为夜郎侯。唐蒙向汉武帝建言，打算劝导其归服大汉王朝。汉武帝命令出使西南夷，以功封夜郎国王。死后，本地人因其出生异于常人，建祠祭祀他，并上报朝廷，朝廷又封他的三个儿子为侯配享。

光绪《志》卷三十八《杂识》对竹王祠有考证。

大佛寺 即陆游诗中所谓的“东山”大佛。根据唐开化寺碑文记载，古代已有大佛殿。《古今图书集成》记载：“唐人刻大佛，与山齐，架殿十层，高四十七丈，阔十五丈。”今大佛巨像在东郊真如崖。清嘉庆十年（1805），峨眉山僧隆辉从南海朝拜观音后回来的途中，经过荣县，见大佛佛像荒凉破败，于是在此斩草结庵。十三年（1808），知县许源修建佛顶。二十一年（1816），宫鉴桂修禅房、方丈室、寺门，刻达摩像，非常工巧。道光二十一年（1841），克星额捐钱募资补修。同治二年（1863），申诰扩建，都是凭借的官方之力。光绪初，僧人请《北藏》全经，高阳人李鸿藻题“藏经楼”匾额。半山腰有啸台。民国4年（1915），赵熙《大佛寺》诗云：“废台文献久无征，宋代题诗屋几层？冷眼看穿司马氏，山中一笑即孙登。”系有感于袁世凯称帝之事而作。

荣县大佛寺

开化寺 在县城东边真如崖下。民国7年（1918），赵熙、张玺方、虞兆清（字白史）在洞中发现了宋代的碑，才知道开化寺是唐代的寺庙。南宋时摩崖刻字至今犹存，俗称“罗汉洞”，古代叫“龙洞”，就是旧志上所称的“龙湫夜月”。唐宋时沿着山边突出的岩石修建屋子，像长廊一样，一直向下延伸到白雀寺。此即《说文》所谓之“广”也。崖半腰，过去的遗迹与石像还清晰可见，远远望去，台殿高低分布，错落有致。陆游《龙洞》诗云：“峭崖磨天如立壁，楠根横走松倒植。呀然一岫惊倒人，空洞坡陀三百尺。幽阴宜为异物托，角爪痕存犹可识。想当蟠蛰未奋时，腥风逼人云触石。一朝偶为旱岁起，卷海作雨飞霹雳。向来伊吕正如此，莘渭千年有遗迹。我欲酌酒招蜿蜒，安用辛苦常行天。太平海内多丰年，归来故祠听管弦。”又《齐天乐·人日游龙洞》词云：“客中随处闲消闷，来寻啸台龙岫。路敛春泥，山开翠雾，行乐年年依旧。天工妙手，放轻绿萱芽，淡黄杨柳。笑问东君，为人能染鬓丝否？　西州催去近也，帽檐风软，且看市楼沽酒。宛转巴歌，凄凉塞管，携客何妨频奏。征尘暗袖，漫禁得梅花，伴人疏瘦。几日东归，画船平放溜。”又《蓦山溪·游三荣龙洞》词云：“穷山孤垒，腊尽春初破。寂寞掩空斋，好一个、无聊底我。啸台龙岫，随分有云山，临浅濑，荫长松，闲据胡床坐。三杯径醉，不觉纱巾堕。画角唤人归，落梅村、篮舆夜过。城门渐近，几点妓衣红，官驿外，酒垆前，也有闲灯火。”

李文简祠　倚龙洞，详见《摩崖记》。

白雀寺　南城外一里左右，在开化寺下面，唐时修建。山径幽邃，摩崖石刻非常古朴端肃。甘泉从石缝中流出，足供僧人厨房使用。报垦有常住田一处，有碑记刻在寺后面。清初，僧性空结草而居。康熙八年（1669），知县蔺松捐俸重新修建。

弥陀阁　在白雀寺的前面。县优贡生黄芝晚年笃信佛典，改其名为觉，既修大佛桥，又创修此阁，引导人们持佛号，入西方极乐净土。

镇南塔　明时修建。清嘉庆十四年（1809）再次培修，知县许源有记。修此镇南塔，本是为了培植文德教化之风。这显然是从堪舆家的角度而言。在风水家看来，修塔或有讲究，但这并不是塔本来的意义。

镇南塔

民国《志》按：塔，梵语云“窣堵坡”，如中国的方坟圆冢，是用来藏佛的舍利并供养的地方，其级数多少本有规定。佛不是一人的私称，而是万德洪名，就像中国的“至圣”一样，故曰“佛觉”。人不觉可以评论，至于佛则不可以被评论，可以被评论就不是佛了，就如人不是圣人可以评论，是圣人就不可以评论一样。先儒不明白这个道理，厌恶有罪行的僧人，于是就高声攻击说“辟佛”，其实是“辟僧”，而误用其名。譬如令世人恐惧的叛乱，不说诛灭贼人，而说我直接诛灭圣人，可以吗？如果仔细研究佛经中三藏之文，也知道过去的说法或有不对。然而舍利又是什么东西呢？舍利是佛身的代表，人看到就能感悟善心，一切邪恶都会祛除。没有舍利而建塔又是为何呢？倚靠至善，不善的东西都会被拔除，万德都在这里。唉！儒者不被异教迷惑没有错，但不崇尚道德则是不行的。天下的善都是一样的，排除善尤其不对。如此看来，建塔培植文德教化之风合宜，保佑本地而镇山川也应是合宜的。

观音阁 在县城南擦耳崖溪边。先刻有观音像，建有亭子。乾隆十七年（1752），本县人程子俊砌石建庙，知县黄大本为之作启文，有募引。明人王三重在石壁上刻有“白云红日”四字。

明月祠 《太平寰宇记》记载：“其神如圆月，民祀以祈福。”民国时已不知道其具体位置。

罗星阁 在锁江桥下。锁江桥是唐贞元间刺史张某修建的，原名“灵济桥”。崇祯时，荣县乡绅简敕捐助千金准备修建桥楼，木石已准备就绪。乾隆十二年（1747），知县徐德龙用简敕所捐的木石重新修了一座桥，取名为“安聚桥”，高度比此前的灵济桥低。又在江心修建罗星阁，但没有完工。乾隆己亥（1779），涨大水，桥和罗星阁都被冲坏。五十二年（1787），知县龚巽进行补修，改名“锁江桥”，拆铙钵顶亭子，改为罗星阁。

二佛寺摩崖造像

民国《志》按：“罗星”二字见于《黄庭经》，此阁则是用唐灵台郎窦州杨益之说。邹学山作有赋，专门言及此事，这里不收录。

开元寺（二佛寺） 又名千佛寺。在城南浮图崖下，沿着岩壁佛像林立，古代称金碧崖，现名千佛崖，寺庙名为二佛寺。《道光碑》云：“前曰‘广志寺’，今曰‘开元寺’。”实则“开元寺”为唐代的寺庙。《宋史·五行志》云：大中祥符五年（1012）十一月，荣州开元寺降下甘露。天禧二年（1018）十二月，荣州开元寺降下甘露。即是指此。乾隆十八年（1753）重建，供养一座铜佛，由本县人刘广募建，知县黄大本捐资助建，有一厢坡土，由住持僧耕种管理。右边有水月寺，清初已废。

水月寺 在城南。地址在千佛寺右边。清初已废。

祖师观 在城南。乾隆时已废。

真如观 在城南。乾隆时已废。

法华庵 尼姑庵。在金碧崖下面，紧邻立有鸳鸯石的溪边。

汉武安公庙 在县城南晴雨崖下。祭祀蜀汉靖侯庞统，庙号通惠威烈显应侯，故又名庞靖侯祠。

蜀广政十七年（954），荣昌有敌军入侵，州守贾武库率贾全胜、田广抵抗，到资阳银山，经过庞侯祠，折枣枝带回荣县，种植在岩上，数年后长成树林，因而觉得神奇，将岩命名为“灵枣岩”。贾全胜等在岩下修建了茅祠，据传有乘白马的人指挥来往的路人，香火于是逐渐兴盛。庙有大门一座，前殿三间，正殿三间，明代知县张九思增修寝殿三间。楼、殿、厅、庑皆备，金碧辉煌，照耀岩日。左边有惠民祠，祭祀隋代嘉州太守赵昱，明代知县张九思将其移到前面。乾隆年间，士民捐建殿宇五间，祭祀秦代蜀守李冰，曰“川主”。宋代夔州路运使张寅《庞靖侯》诗云：“玄德志四海，如龙不可羁。曹瞒鬼蜮才，亦伏英雄姿。荆州暂寓耳，人物取不遗。龙凤同有归，老季当愧之。惜哉神州沉，无路容驱驰。晚迫驻足地，回戈因蜀资。正论出扬觯，伐国何乐为。堂堂士元意，本以王业期。壮岁殒斯人，百志不一施。空山闳孤冢，千载方丛祠。河洛今氛祲，世路犹未夷。谁能作九原，皇明望畴启。刚风九霄来，和我伤怀诗。”户部司务陈其力诗云：“溪上祠堂拜凤雏，可堪王业委西隅。天留正统开炎汉，运去中原有魏吴。剑岭风尘悲往事，银山精气动先驱。赤心枣实灵崖种，品定人间第一株。”明代教谕胡山、训导李遇阳、县人但一阳都有诗，这里不录。

每年正月初十那天，荣地男男女女纷至沓来，竞相进献酒醴，因混淆其名，称“土主庙”。知县黄大本晓谕百姓，禁止妇女入庙烧香，并列举武安公在荣昌曾显灵，众贼人溃败逃跑的故事，说明这不是土主。后来荣县士民到期焚香进献，稍微革除了从前的习气。乾隆五年（1740），士民募集资金购置常住田，东边到塘下一连五块，南至杨姓分岭，西至虞姓的地界，北至黄葛岩仑为界。外面有祠后山坡地角一段，是姜启渭施舍的，永远为常住田，碑记与事情经过记载在碑的后面。

庙里面有一块宋碑，清嘉庆元年（1796）从土中掘出，两面刻字，但所刻时间不同。一面刻“灵枣”两个大字，崇宁四年（1105）九月梦溪沈博毅书。一面刻“通惠威烈显应侯殿”八个大字，嘉定元年（1208）冬月朝散郎新知简州军事临邛杨仲修书。字法都很遒劲。

土主湾　就是庞靖侯祠，兼祭祀土主。《周礼》注：“后土，社神也。”有人以为是土主，这是错的，而到处都有土主庙。

民国《志》按：土主即杜主也，“土”“杜”声通。《诗·长发》“相土”，《荀子·解蔽》作“乘杜”，《诗经·大雅·绵》“自土沮漆”，《汉书·地理志》“土”作“杜”。在古代同用的很多。《华阳国志》载：杜宇称帝，自以为功德比诸王高，号曰望帝。其丞相开明，挖开玉垒山以除水害，望帝遂效法尧禅让舜，传位给开明，自己到西山隐居去了。当时正是二月，杜鹃鸟鸣叫，蜀人为之非常悲伤，感化其教而致力农务。直到今天，巴蜀之民农时还祭祀杜主，这与风俗、祀典均相吻合。

惠民祠　过去在武安公庙的左边，明代知县张九思将其移到庙前，祭祀隋代嘉州太守赵昱。乾隆六十年（1795），士民捐资修建正殿五楹，祭祀秦太守李冰，即今天所说的川主。

嘉庆《志》原按：李冰在灌口凿离堆，对老百姓而言是功德无量的事。雍正五年（1727）敕封敷泽兴济通祐王，载入四川祀典，对其祭祀名正言顺。赵昱与兄赵冕都隐居在青城山，大业末，隋炀帝征辟他为官，他不愿意，隋炀帝又让益州太守强迫他为官，并以上等爵位笼络他，他也没有答应，而是乞求担任蜀地太守，隋炀帝答应了他的请求，拜其为眉山郡守。眉山有蛟龙为害，赵昱到任五个月，蛟龙先后吞没了700艘船。赵昱大怒，率领士兵千人及本州男子数万，在江边擂鼓呐喊。赵昱提着剑跳入水中。一会儿天昏地暗，江水暴涨，发出如雷声般的轰鸣声。这时赵昱右手持剑，左手提着蛟龙的头从波涛中跃出。三条江的水都变红了，蛟龙之害遂除。赵昱当时只有26岁。不久，四方兵起，赵昱弃官，不知所终。有人认为他变成神仙升天了。唐代初年，每当江水上涨，都能看见赵昱在云雾中骑着白马，后面跟着数个打猎的人，他一出现水位就会下降。唐太宗听闻此事后，赐封他为“神勇大将军”，在都江堰建庙祭祀。唐玄宗避难蜀中时，进封“赤城王”。宋代张咏在蜀中为官时，蜀地发生叛乱，他在赵昱祠中祈祷，希望得到帮助。皇帝听闻此事，改封“川主清源妙道真君”。赵昱确实有功于嘉州，祭祀他也是可以的，但所称“川主”者，则是李冰而不是赵昱。

望帝祠　刘兼《登郡楼书事》有诗曰“望帝古祠花簇簇”，可知其在西南门附近。地理位置在民国时的土主庙附近。

光佛寺 唐代寺庙。刘兼有《再看光福寺牡丹》诗。今废。

吕真君庙 又名纯阳阁。在县城西边凤栖山之顶，尚有万景楼废址。嘉庆十三年（1808），知县许源在废址上重建望景岑楼，共三层。在首层奉吕真君的塑像，山门上题“纯阳阁”。春秋二季的第二个月（即农历二月与八月）在这里举行祭祀。有人作记记载此事。后移到了龙神祠。

民国《志》按，济南有明代天启年间的石碑，记载吕洞宾的自述说：吕真君本来是唐代的宗室，名琼，字伯玉，娶金氏为妻，生有四子。五十登科，作县宰。为了躲避武则天之祸，弃官归隐山岩中，故改名为“岩”，号“洞宾”。因与妻子共二口，故改姓吕。妻子死后，他又改号纯阳，意思是没有阴了。碑是明代郡守樊时英所刻。作为异闻趣事，收录于此。

讲教洞

讲教洞 不是寺庙。本地人在洞中塑川主、牛王的像，春天在其中张灯结彩。洞乃开凿石头而成，黄庭坚名之曰“地仙洞”，而高予文《讲教洞》诗写道：“一官羁绊混黄埃，壮抱雄襟久未开。我若有山如此好，挂冠即日赋《归来》。”则宋时候已经名为讲教洞了。

虎洞寺 在东城外二里。洞里有甘泉，四时不绝。有常住田。原是尼姑庵，一名少阳洞，一名飞霞洞。陆游《虎洞》诗写道：“空山秋高木叶黄，茫茫百草凋秋霜。透迤深谷白昼静，群鸦竞噪众鸟翔。洞中有虎何猛烈，牙如利刀爪如铁。奋髯掉尾初出穴，昂头四顾吐其舌。双眸忽动飞电回，层崖长啸阴风来。山中藜藿谁敢采，野外狐兔皆悲哀。嗟虎之猛有如此，自是贪残日无已。岂无壮士裴将军，弯弓射之殄其类。方今上有圣明君，广爱民物怀深仁。推诚不觉祝罗网，登用牧守需贤人。四郊无事民安堵，有若刘琨多善政。嗟虎虽猛当如何，胡为饮泉卷之阿？明当负子东渡河。”

虎洞石刻

文昌阁 文昌阁有二：其一，在县城东十里的龚家坝；其二，在县城东十五里的观音坡。

石燕寺 在县城东十五里，近仁寿崖。

余家寺 在县城东十五里，近龚家坝。

金鱼寺 传说有人在此凿开石头，得到两条金鱼，故取“金鱼寺”这个名字。

五显庙 在县城南五里，靠近麻柳湾。道家言五显神号曰华光大帝，说五行中最显著的莫过于火，故祠虽以“五显”为名，但专管防火救灾的事。

民国《志》按：《纬书》有“赤熛怒”之说。《周礼》云“兆五帝于四郊”。各按时间、地点迎接。至汉文帝在渭水边建庙，五帝均在同一庙中。道家谓火神回禄一帝，共有五个人，所以叫“五显”，这种说法尤为

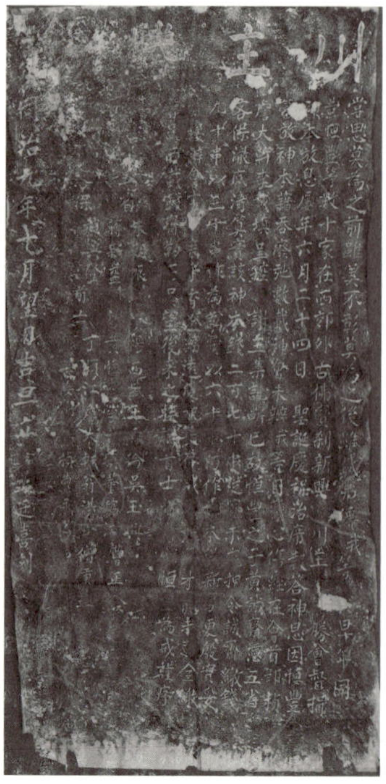

川主庙碑拓片

荒谬。

东岳庙　在县城南八里的棬子坪。

天竺庵　在县城南十八里的钓鱼台。古代有两个寺庙，其一叫开元福寺，康熙时合为天竺庵。乾隆年间，移到今天这个地方。嘉庆、同治间相继修建，乡学与积仓都设在这里。赵熙诗云：“宛之富春渚，吾昔号南漪。鱼影花千片，禽声竹一陂。名高逸民传，地称放生池。樵隐无能别，庵荒坐塾师。”

朝阳洞　在县城西南八里。

川主庙　在县城西南十里。

观音阁　近石碓窠。宣统初，设有学堂。

百福祠　嵌在县北麟崖的半山腰上。咸丰、同治年间，本地人相集而成。《阿含经》云：“菩萨百大劫中，一一各种一百福，感庄严相。”名字即来源于此。赵熙《游麟崖》云：“三面悬崖一面坡，寨门圆顶肖铜锣。来龙隔县陵阳界，怪鸟呼风臭水河。平地测高知几里？晴天泻翠见三溅。余生倦说彭咸则，老上灵山一放歌。”

三觉堂　从翠笔峰进去，有宋碑存其间。三觉是指本觉、始觉、究竟觉，又称“三教”，即渐教、顿教、圆教。

赵家洞　在县城西八里。古代叫“长安洞”，明代时建庙。光绪中，本县人尹光宗书“别有洞天”四字，刻在半山腰上。

赵家洞摩崖石刻

另有普会寺、中安寺、龙藏寺、普贤寺、善化寺、空青寺、白岩寺、宝胜寺等。

第二节　乡镇

一、高山铺

南华宫　道光间修建。在县城东十八里。

万寿宫　咸丰间修建。在县城东十八里。

五省庙　道光间修建。在县城东十八里。

观音阁　过去在阁内设高山义学。在县城东十八里。

清水寺　在舞龙寺下面，近高山铺。明万历间修建。光绪三十一年（1905），在此设学堂。附近的鲤鱼冲有读《易》洞，道光时高峰寺道士萧芳洪开凿，高六七尺，方二丈，里面还凿有石案、石床。

五龙寺　在县城东二十里的荣梨山顶上，宋代敕赐“慈云寺”，寺中左右两边有龙池，右边直下即龙洞。宋熙宁八年（1075），封荣梨山神为灵应侯，诰制碑刻在寺的后面。敕曰：“朕敕：百神之祀，非特以报，亦所以致吾诚也。守臣称尔之灵，能为民除灾而降祉。是用赐之侯爵，昭尔有功。神其鉴哉，永庇于兹土。宜特封灵应侯。牒至准。”十年（1077），赐五龙池会应庙匾额。敕曰：“荣州荣梨山五龙池祠堂，州状称在荣德县界，山高五里，上有池，旱不涸，雨不溢，祈雨有应，《图经》亦载。牒奉敕宣，特赐‘会应庙’为额。牒至准。”在此之前，天禧年间知州皇甫某建了一座亭子，进士鲁清为之作记，但碑文已经模糊不清了。乾隆十九年（1754），知县黄大本在此祷雨，很快就下了雨，因此又在池上修建了灵雨亭，可惜已坍塌。嘉庆十三年（1808），知县许源也因旱灾祷雨，命令清除龙洞里的淤塞之物，果然下了雨。于是翻新前后殿，新修了一个拜庭、两个抱厅，龙池与龙洞都环以石栏，山门、围墙比以前高大一倍。有记专门记载此事。

民国《志》按：《遁甲开山图》载，五龙者，长曰角龙，是木仙；次徵龙，是火仙；次商龙，是金仙；次羽龙，是水仙；次宫龙，是土仙。管理五方。今俗所谓“舞龙”者，与古代相悖。

青阳寺　在县城东二十二里。宣统时修建，与城南的青阳洞相呼应，俗作“青羊”。

湘阳洞　在县城东二十五里。寺庙以洞名字命名。洞深不见底，岩泉琤琮有声，即使发生旱灾也不干涸。

二、镇安场

灵山寺　在县城东三十里。过去叫尖山寺，为保甲办事之处，内设积仓。

牛王庙　在县城东二十四里。

天人寺　在县城东二十八里。

丑宿宫　在县城东二十八里。

观音阁　在县城东三十一里。里面曾设有学堂。

新　庙　在县城东三十二里。

三、墨林场

墨林寺　乾隆四十年（1775）修建。光绪末年，内设学堂。在县城东北三十二里。

天宫堂　明时修建，在县城东北三十二里。

宝胜寺　建在县城东北十八里的松山中，古迹也。

云峰寺　在县城东北三十五里，乾隆时修建。

东岳庙　明时修建，在县城东北四十里。

朝阳洞庙　嘉庆八年（1803）建，在县城东北四十里。

墨林狮子寨石室

希夷观　在荣德山上。相传宋代的道士陈抟曾在此修炼。观中有二十四个石室。

民国《志》按：《宋史》陈抟本传没有记载其到过蜀地，文同、陆游在元代所修的《宋史》之前，都说石晋天福年间，陈抟曾到蜀地，则或是《宋史》有疏漏。荣县有很多传说是陈抟笔迹的刻石。《渑水燕谈》云，宋太宗赐希夷诗曰：“曾向前朝号白云，后来消息杳无闻。如今若肯随征召，总把三峰乞与君。”这是说周世宗赐陈抟号为“白云先生”，所以祭祀陈抟的庙宇多名白云寺。

仙岩寺　在吕仙岩，本叫李家岩，咸丰、同治时建。赵熙有诗云：“老树霜红满卦坛，神京曾自觅微官。片时春梦三山晓，万里秋风一剑寒。”吕仙岩下有观音阁，沿壁塑有佛像，题云“绍兴二十九年任文顺修”。

四、鸦鹊冲

三圣宫　乾隆时修建，在县城东三十里。

岳峰寺　在县城东三十五里，近鸦鹊冲之方家坝。万历时修建，名岳峰庵，雍正间培修的时候，改成现在这个名字。民国6年（1917），本地人将此作为处理保甲事务的地方，并设立了学堂。

铁板寺　在县城东二十里，近方家坝。嘉靖间建，万历时培修，当时叫云峰庵，乾隆五十九年（1794），改成今名。内有池塘，清澈幽深。

龙王庙　在县城东二十五里的龙神口。

宝山寺　在县城东二十六里。

观音阁　观音阁有三：一在冷水桥，一在羖牛滩，内有学堂。这两个观音阁都在县东二十五里的地方。还有一个在县东三十里的太平桥。

五、张家场

凤凰寺　乾隆十六年（1751）建。又叫凤凰庵。里面曾设有学堂。在县城东四十里。

高峰寺　近方家坪。

三圣宫　在县城东四十里。

张家庙　在县城东四十五里猫儿山。

永福寺　在县城东四十八里。

赵家洞　在县城东五十二里。

老虎洞　在荣县与威远接界的地方，有很多佛像，石壁上刻有“迎猫祭虎”四字。在县城东五十二里。

惠观寺　在县城东五十二里的锅底荡。

隆兴寺　在县城东五十二里的石凤山，近程家场。

公王庙　在县城东五十五里。

周宗庙　明万历年间，周宗父子善于塑像，因此以“周宗”为庙名。在县城东六十五里。

晏家庙　在县城东六十五里，近程家场。相传名叫“天宝山”。

象鼻寺　在县城东六十五里。

水口寺　在县城东六十五里，近桥楼子。

六、程家场

禹王宫 在县城东程家场上。乾隆初开始筹集资金，道光三年（1823）建成。曾设女子学校于其中。

文武宫 在县城东六十里的程家场。嘉庆间修建，曰“文昌宫”。光绪中，武举人罗朝元把程家寺的关羽像移到此合祀。清代在此设云程义学，后改为学堂。

炎帝宫 在县城东六十里的程家场。乾隆时修建，山门外的右边有仁义仓五间。

川主庙 咸丰元年（1851）修建。在县城东六十五里。

丑宿宫 嘉庆中修建。在县城东六十五里。

天后宫 乾隆时修建。在县城东六十五里。

万寿宫 在县城东六十五里。

火神庙 在县城东六十五里。

牛王庙 在县城东六十五里。

程家寺 在县城东六十五里，近程家场。相传为玉鼎古刹。

石　庙 石庙有二：一在县城东六十八里，万历间建，里面塑有孔子像；一在县城东八十里，四壁石立，故叫此名。

川主庙 或曰川主殿，在县城东七十七里。

文昌宫 在县城东七十七里。

朱家庙 县东七十七里。

金华庵 在县城东八十里，俗曰饶家寺。

蓝家庙 在县城东南四十七里。

天宫堂 在县城东南五十二里。

吴家寺 在县城东南六十里，近白庙寺。明万历间有佛像，康熙中建庙，后曾在内设学堂。

郑家观 在县城东南七十二里，近白庙寺。

朝阳寺 在县城东南七十三里的魏家洞。

神农庙 在县城东六十七里，离程家场两里。古代除社祭之外，祭祀神农也很重要，籍田有祭祀，就是《周语》所说的“籍礼”；祈祷丰年有祭祀，就是《周礼》所说的“田祖”；蜡飨有祭祀，就是《郊特牲》所说的“先啬”。这个庙建立的年月不可考。而在相距二十里的地方，又刻有“迎猫祭虎”几个字，像是奉行此礼。庙内设中和仓三间。

南华宫 在城东程家场。

七、贡井

东岳庙 在下桥附近。相传神龛下有一口井叫“贡井”，即《元和郡县志》中的“大公盐井”。

古佛寺　明代修建，清代培修。

文武宫　明代修建，称天宫堂。后在内设学堂。

紫云寺　在艾叶滩。明代修建，过去称杨泗庙。

兴龙寺　嘉庆间修建。

慈云寺　清灭亡后修建。

天池寺　在县城东九十里，近贡井。在天池山上，山顶有池。明代为平方禅院，万历间，铸有七座金像。

井神祠　在老鸦坡。光绪二十三年（1897），设有办公场所，有仓库。盐业始于夙沙氏。这里祭祀的王公、梅公，亦是开创盐井之神。

文武宫　在县城东九十里的贡井。正殿祭祀文昌帝君，前殿祭祀关圣帝君。每年春秋两季，县丞与附近的绅士自行采办祭品进行祭祀。嘉庆二十二年（1817），知县宫鉴桂在庙内添设旭川书院，并出文晓示不能添塑佛像。后改成了学堂。

城隍庙　近下桥。唐代公井为荣州治所，宋熙宁四年（1071）又改公井县为公井镇，这里有城隍祭祀，就是因为此地曾经是城市。

禹王宫　在贡井。乾隆十八年（1753）设社仓三间，也曾设米市于此。

南华宫　在枣子园。乾隆间修建，光绪己亥（1899）培修。

天后宫　近草市坝。嘉庆中修建。

江西会馆　在贡井新街。乾隆间修建，同治年间培修。

荣禄宫　在茨芭街。明代始建，道光间重修。

武圣宫　近下桥。

五皇洞寺　在县城东九十八里。明代建。

圣水寺　在县城东百里。万历间建，后改成学堂。

洞云寺　在县城东八十里，属贡井。

顺水寺　在县城东九十里，近贡井。

乾坝寺　在县城东八十里，近贡井。

另有文昌宫、靖江王庙、观音阁、张爷庙、周家庙、临江寺。

八、汪家滩

关帝庙　咸丰二年（1852）修建。

合圣宫　乾隆间修建。同治六年（1867）培修，设积仓在这里。

文昌宫　光绪十六年（1890），设社仓在这里。三十一年（1905）后，内曾设学堂。

东岳庙　道光间修建。

显圣庵　在县城南十八里的大坡。嘉庆间修建，同治二年（1863）培修。

观音阁　在双河口。乾隆五十九年（1794）修建。内曾设学堂。

万寿庵 在麦子山。乾隆二十八年（1763）建，嘉庆六年（1801）培修。内曾设小学。

九、董家镇

青崖寺 在县城南二十五里。康熙中，张容在这里讲学。后来毁于火灾，张容族人筹资重建。旧志称吴三桂占据云南、四川，开科取士，张恕为解元。清朝平定吴三桂之乱后，恕改名为“容”。康熙甲子（1684），其又参加乡试，中举为第九名。张容门下弟子很多都中了进士，荣县人交相推崇。诗云：“文章有价世争传，一卷摩挲在此间。同是青崖名字好，思量甄济读书山。”

青华寺 在县城南二十八里的董家镇东华山。左边为佛殿，右边为五皇、东岳、十王、城隍诸殿，后面为文庙，有孔子像。有碑记载云：“明万历二十五年建，康熙二十一年重修。”董家镇在明代为桐麻盐司，有衙门官署，故兴建了各种庙宇。

十、过水坳

文武宫 明代修建。清时内设逢源义学，后改为学堂。

天宫庙 清初修建。

刘家庙 在县城南十四里。明时名叫福寿庵。康熙七年（1668），知县蔺松监督修建。

曹家庙 在县城南十八里。明代嘉靖间修建，相传为曹家场。

新会寺 在县城南二十五里。明代万历间修建。

十一、乐德镇

碧云庵 最初叫五皇庙。明代成化年间，本地人张碧云施舍土地给五皇庙，因此改名碧云庵。在县城南三十里。

万寿宫 光绪二十四年（1898）修建。在县城南三十里。

南华宫 同治六年（1867）修建。内曾设女子学校。在县城南三十里。

天后宫 乾隆四十四年（1779）建。在县城南三十里。

重华寺 同治间建。内曾设小学。在县城南三十里。

天宫庙 在乐德镇西八里。明代修建。内曾设学堂。

广佛寺 在县城西南五十里，近乐德镇。

广福寺 在县城南四十三里龙山。明代成化十八年（1482）修建，知县李锐作诗记其事，其诗虽通俗，但足以证明广福寺当时的盛况。康熙九年（1670）重修。

常兴寺 在乐德镇西南十五里。清初，当地人占据寺庙的土地。雍正九年（1731），僧祥云赎还建庙。嘉庆十四年（1809）补葺。

十二、双石桥

南华宫　道光六年（1826）修建。在县城南三十里。

万寿宫　嘉庆七年（1802）修建。在县城南三十里。

禹王宫　乾隆四十七年（1782）修建。在县城南三十里。

文昌宫　道光二十四年（1844）修建。内曾设学堂。在县城南三十里。

明山古刹　所在地叫大明山。《寺记》载：明万历十九年（1591）修建。在县城南三十里。

方家寺　在县城南三十里，近双石桥。

大才寺　近双石桥，在县城南三十五里金台山（又叫荣陵山）。大才寺旧名普照寺，明代成化间建。嘉靖二十四年（1545），修建后殿。

新华寺　在高滩。同治八年（1869），刘成钦捐资修建。

破塘寺　在县城南四十里鼎凤山。雍正元年（1723），张容募资修建。

石堰寺　在县城南四十里翔凤山，近双石桥，是一座古刹，乾隆三十五年（1770）重修。

张家寺　在张家洞。过去叫于古洞，洞又深又大，可容纳百人。

十三、李家堰

回龙庵　明万历时修建，光绪二十八年（1902），内曾设学堂。在县城南四十里。

天后宫　光绪三十三年（1907）修建。在县城南四十里。

南华宫　咸丰九年（1859）修建。曾设积仓于此。在县城南四十里。

三官庙　光绪二十八年（1902），内曾设学堂。在县城南四十里。

川主庙　在县城南四十二里的马营崖。相传有姓马的人率领士兵抵御盗贼，其与女儿都因此而死，葬在崖上。这个崖是野客山的一个出口。

宝泉寺　在县城南五十里。近李家堰。明末时寺已坍塌。雍正九年（1731），僧坚通由福建到蜀地修茅屋于此。乾隆二年（1737），本地人阚开文募资修建，寺周围所种梨树、橘树如帐幕一般。光绪二十八年（1902），内曾设学堂。

金台山寺　在县城南三十五里，近李家堰。

十四、李子桥

天后宫　咸丰、同治年间修建。在县城南五十里。

南华宫　光绪中修建。在县城南五十里。

关帝庙　过去叫土门寺。内曾设社积仓和女子学校。在县城南五十里。

文昌宫　光绪十八年（1892）修建。内曾设小学。在县城南五十里。

禹王宫 宣统二年（1910）修建。在县城南五十里。

玉皇观 在县城南四十五里。又名凌霄殿，因地处凌霄坡而得名。内有玉皇大帝像，明弘治十六年（1503）塑。

陈家殿 在凤凰山。

道岐寺 在县城南六十里。明代修建。

豆巴寺 在县城南六十里。明代修建。

松林寺 近李子桥，在县城南五十二里的鹤鸣山。是一座古刹，明代末年被毁。清初，僧乐璋、乐玄重建，本地杨姓女施舍田地给寺庙，乾隆间重新修建。明代副使桂阳范渊作诗写道："晚凉驱马来山寺，山寺晚钟还未鸣。云翠半连天脚近，松荫一路石头平。老僧饷客茶香出，古佛传灯夜气清。半世不知尘里过，偶闻仙梵万缘轻。"锦衣都指挥使青神余承恩《宿松林方丈》云："浩荡荣州策马行，夜眠多雨昼多晴。赋归已足闲居好，再出休夸宦况轻。万里秋风横一剑，数松凉月梦三生。荒鸡夜半催人起，经略西南拜孔明。"布政司参议余承业《过松林寺读兄诗》云："将军雄笔留僧舍，一剑秋风客思深。万里山河消马足，百年身世宿松林。我来梅树家家雨，春尽鹃声夜夜心。归骑嘶风应熟路，中宵月出照东岑。"《再过松林方丈》云："六年两度饭松林，倦客栖迟万树荫。不尽浮屠桑下意，西堂夜雨谢公吟。"佥事徽州刘儒《松林寺》云："夜来匹马度禅林，一杵疏钟满地阴。夜久山寒僧卧稳，万松风作老龙吟。"佥事南阳焦市程《雨中晓发》："山寺鸣钟杳霭间，夜阑灯火宿禅关。梦回苦海鸡初唱，人老恒河僧未闲。风雨那堪三宿恋，关河能计几时还。传家得举焦先例，愿托松风住此山。"

民国《志》按：余承业，嘉靖二年（1523）进士。

十五、鼎新寺

鼎新寺 在县城南四十里，因所在山之名而得名，而场又以寺之名而得名。万历三年（1575），县人程甫运捐资修建。乾隆十九年（1754），本场居民报请交纳官租，获准充拨囚粮。又于场后清查划定边界，留下一部分地作为官山义冢。其常住田亩已全部被居民占垦，并按规定缴纳赋税，寺基因此不能恢复原样。民国时尚存玉皇殿、文昌宫。玉皇像乃用铜铸成，高八尺。内曾设社积仓。

民国《志》按：程甫运为明代道士的后裔，斯文之家于明不绝。

天后宫 嘉庆十二年（1807）修建。

禹王宫 乾隆三十年（1765）修建。内曾设学堂。

万寿宫 乾隆二十一年（1756）修建。

观音庙 近鼎新寺。乾隆十八年（1753）修建。

照石寺 在县城南四十里。顺溪流建寺，岸边有巨石，太阳照在上面，光芒四射，所以叫"照石寺"这个名字，近鼎新寺。

回龙殿 在县城南五十里，近鼎新寺。

黄家庙 在县城南五十四里，鼎新寺场北六里。明代建，乾隆时重修。

药王庙 在县城南五十六里，鼎新寺场西四里。始建于唐朝，明万历三年（1575）扩建。

慈云寺 在县城南六十里卧龙山，鼎新寺场西八里。万历间建。内曾设小学。

复兴寺 在县城南六十三里庵子冲，鼎新寺场南三里。明代修建，清代在此设复兴义学，规定不能添塑佛像。后曾改设学堂。

云忠庵 又叫五皇庙。在县城南七十里叶家滩，鼎新寺场东南十里。嘉靖十二年（1533）建。内曾设小学。

极乐庵 在县城南八十里乌龟坡，鼎新寺场南二十里。明代修建，乾隆间重修。

文武庙 在茶子湾。内曾设小学。

新观音 在张家岩。

广宁寺 在石骨冲。

高　庙 所在地名叫高庙山。道光甲辰（1844）修建。

十六、古文场

文昌宫 清代在其内设学，即古代的义学。

南华宫 光绪三十年（1904），内曾设小学。

禹王宫 内曾设女子学校。

安家庙 民国元年（1912），内曾设小学。

烟墩寺 在野客山，此地古代为交通要道。《舆地纪胜》：景龙二年（708），废云州，将罗水、云川、胡连三县并入大牢县，应该就在野客山的范围内。

另有万寿宫、三官堂、分水庙、金川寺、福川寺、柏家庙、谢家庙、三星殿、五显庙、五皇庙、川主庙、三清殿。

十七、五宝镇

天圆寺 在县城南六十里，近桥楼子。宣统二年（1910），内曾设小学。

水口寺 在县城南六十里，近桥楼子。

文昌宫 近五宝镇。同治十三年（1874）募资修建。清时曾设五桂义学，光绪三十一年（1905）改为学堂。

南华宫 民国 4 年（1915）设学堂。

恒丰庙 光绪三十一年（1905）设学堂。

八角庙 民国 10 年（1921）设学堂。

云峰寺 在县城南八十里，近五宝镇。民国 11 年（1922）设学堂。

鼎新庵 民国 12 年（1923）内曾设学堂。近蔡家店。

观音寺 在县城南八十里，近蔡家店。

新定庵 在县城南九十里，近蔡家店。

极乐庵 在县城南八十里，近五宝镇。

宝鼎寺 在县城南八十里，近五宝镇。

慈云寺 县南九十里，近戴家山。乾隆时已废。

观音庵 在县城南九十里。僧文峰十六岁时即能作诗，如其所作《和云空早凉》云："闲庭落叶早凉侵，嘒嘒秋蝉助客吟。崖树影疏飞鸟下，寺钟声断暮云深。山间访友时携酒，村外寻花又抱琴。飞锡再来幽径熟，青猿接我上高岑。"

十八、龙潭场

川主宫 嘉庆间修建，同治间培修。在县城南七十里。

文昌宫 在县城南七十里，近龙潭场。咸丰九年（1859），增生吴腾蛟等募资捐修。

天后宫 嘉庆间修建。在县城南七十里。

东岳庙 在县城南七十里龙潭场。嘉靖中，刘一惇、刘一会二人修建，并施舍祭祀田，其后裔刘启俊让僧人自行管理。乾隆十八年（1753），吴明聚、邱洪按照上房原来的样子修建社仓八间，并设立龙潭义学。

龙潭寺 县城南七十里，原名武圣宫，又名红庙子。光绪年间建。

禹王宫 嘉庆间修建。内曾设学堂。在县城南七十里。

南华宫 光绪间修建。乃聚会讨论公共事务的地方。在县城南七十里。

万寿宫 在县城南七十里的龙潭场。即江西会馆。乾隆间修建，道光间培修。

道澄寺 在县城南六十里的西冲铺，近龙潭场。明成化时，僧源洁筹资修建，在寺院中很有名。康熙间重修。内曾设玉成讲社。

关帝庙 距龙潭场六里。嘉靖间修建。

将军庙 传说一将军在明代末年攻打匪人时被害，本地人在此对他进行祭祀。

五皇庙 在县城南八十里，近龙潭场。

葛麻寺 在县城南八十五里，近高坳。嘉靖间修建。兵燹过后保存完整。

十九、白庙子

白庙寺 在县城南六十里，近程家场。

二圣宫 在高石坎。光绪三十一年（1905），内设小学。在县城南七十里。

骡岭寺 近程家场。所在之地名骡子岭，所以名曰骡岭寺。乾隆年间，知县黄大本改"骡"为"乐"，寺内曾设云程讲社，进士曾省三、蓝瑾章，举人杨调元先后担任讲席。在县城南七十里。

武圣宫 在县城南七十里。

二十、桥头铺

南华宫　光绪间修建，内有放生池、学堂。

川主庙　光绪壬寅（1902）修建。

万寿宫　光绪乙巳（1905）修建。

禹王宫　同治癸酉（1873）修建。

张爷庙　乾隆癸亥（1743）修建。

杨泗庙　明代修建。

天后宫　光绪己卯（1879）修建。

靖江王庙　明代修建。

玉皇观　在县城南九十里，近桥头铺。光绪庚子（1900）修建。

文武宫　嘉庆己未（1799）修建。

棬子坪庙　在县城南八十三里。

五皇庙　在县城南八十四里。

雨坛寺　嘉靖间修建。寺外古柏，数人方能合抱，有石头像蛤蟆，适合纳凉。在县城南八十五里，近桥头铺。

天宫堂　在县城南八十五里。

熊家庙　在县城南八十五里，近桥头铺。

程家庙　在县城南九十里。

程家寺　在县城南九十五里。

灶王庙　在观音岩。在野外祭祀，不合礼仪。

灵官殿　在县城南八十五里。乾隆四十三年（1778）修建。

民国《志》按：灵官姓王，名善，故曰“王灵官”，宋徽宗时随蜀人萨坚学符法，此即林灵素所传之法，就是《莼乡随笔》所谓“松郡史道人传萨法，能召灵官王善”之法，王善为天庭二十六天将之一，《明史》谓为“玉枢火府天将”。永乐中，周思得能传王灵官之法，于是在紫禁城的西边建造了天将庙。宣德中，改为火德观。颇荒谬。

道观寺　在县城南九十里，近沙溪口，古代叫龙泉庵。万历二年（1574），僧祖续、登常、登正刊刻大字《法华经》，字体有唐人之法而兼苏轼之体，宝光四溢，可以说是天下刻得最漂亮的一部《法华经》。刻版不知何时移到了大佛寺。光绪初，《法华经》毁于火灾。

二十一、莲花场

莲华寺　在县城南九十里。明代末年，寺僧擅长拳法。张献忠之乱，县城被攻破，知县秦民汤依靠莲华寺僧人逃身，张献忠乱兵以此为借口大肆杀戮，株连各寺，一直延续到火了坡、沙河与宜宾接界的地方。

圆明寺 在县城南八十里，近沙溪口。

东岳庙 光绪十九年（1893）修建。

三官堂 雍正八年（1730）修建。

川主庙 雍正七年（1729）修建。

葛麻寺 在县城南百里，万历五年（1577）修建。

凤翔庵 在县城南一百里。庵旁边有过街楼，台基已废。近沙河。

南禅寺 所在地叫南禅山，一名钵盂山，抵牛尾河，与宜宾交界。道光中，寺僧云空俗姓白，人称白和尚，喜欢作诗。知县王雪峤对之礼遇有加，摘其诗句云“看经鱼食字，听偈鸟传声”，“风定数声钟，梵音花外发”；又云“樱桃花放家家雨，杨柳村啼处处莺”，“秋老白云山影外，诗成黄叶雨声中”，“深山不解春来未，新种花开当历看”。

二十二、牛尾河

文武庙 内曾设学堂。

二十三、文昌宫

文昌宫 在县城西南十八里。原建之庙废弃，同治二年（1863）在原庙址重修建文昌宫。光绪末，内设学堂。场以文昌宫而得名。

佛圆寺 在县城西南十五里。

观木洞 清嘉庆二十三年（1818），本地人因为洞里有佛像而建庙。

万民寺 县城西南二十里。明万历时修建。原来是吴春士施舍的土地，故叫“吴施庵”。清雍正时，吴伍二姓为此庙相诉讼，后改成今名。内曾设学堂。

五圣庵 在县城西南二十五里，近土地场（今过水镇土地场村）。

二十四、杨家场

三圣宫 乾隆五十三年（1788）修建，清道光二十九年（1849）培修。

天后宫 乾隆五十九年（1794）修建，清道光间培修，设有贮存粮食的仓库。

王家庙 在杨家场东八里。明崇祯间建，康熙中重修。内曾设学堂。

周家观 在杨家场北五里。明天启七年（1627）修建，康熙十年（1671），知县蔺松监督整修。

川主庙 在胡家巷，清嘉庆七年（1802）修建。

二十五、杜家井

万寿宫　嘉庆时修建，在县城西南三十里。

南华宫　嘉庆时修建，在县城西南三十里。

川主庙　道光时修建，在县城西南三十里。

文昌宫　清代曾在此设汲古义学，后改为学堂。在县城西南三十里。

灵官庙　道光十三年（1833）建，在县城西南三十里。

观音庙　在县城西南三十里。

华严寺　在县城西南三十里。

白云寺　县西南四十六里，俗曰“太子殿”。

觉参寺　在县城西南五十里，近杜家井。明代叫万寿寺，万历三十二年（1604）改名为回龙庵，光绪三十三年（1907）改为学堂。

周家观　在县城西三十里，近杜家井。

二十六、镇紫场（今正紫镇）

文　庙　光绪九年（1883）修建，二十三年（1897）内曾设镇心义学，后改为学堂。

万寿宫　乾隆四十三年（1778）修建。

川主庙　嘉庆七年（1802）修建。内曾设贮存粮食的仓库。

禹王宫　乾隆五十五年（1790）修建。

丁家庙　在县城西南五十四里西阳山，近镇紫场。嘉靖间修建。

回龙寺　俗称张家庙。在县城西南六十里兴隆山，近镇紫场。清初修建。

太子殿　县南四十里，近镇紫场。

二十七、河口

清凉寺　在县城西南六十里，近双河口。乾隆十八年（1753）在此设立社仓五间。下有池塘六十余亩，俗名红花池，是因古代此处多荷花的缘故。

川主宫　光绪三十二年（1906）在此设学堂。

吴家庙　内曾设学堂。

满庭寺　在县城南六十里，近五宝镇。内曾设学堂。

谢家庙　内曾设学堂。

金川寺　在县城南七十里，近双河口。

另有五省庙、禹王宫、南华宫、解脱庵、安家庙。

二十八、新桥

三圣宫 乾隆三十七年（1772）修建，嘉庆十年（1805）培修。曾在此设日新义学，后改为学堂。

吴家庙 在县城南六十里，距新桥场五里。

白马庙 在新桥场。成化十七年（1481）修建。

玉皇观 靠拥斯茫水。明代修建。

云台观 在县城南八十里，下临拥斯茫水，近新桥场，又名毕家观。祭祀东岳最灵，东西分列十二殿。明天顺七年（1463）建。

兴圣庵 在县城南七十里，近新桥场。俗曰兴庵寺。虞沈二姓施舍土地修建。

资国寺 在县城西南七十五里，近新桥场，紧邻拥斯茫水水滨，隐藏在一片瓦砾中。经常出现铁钱等物品，寺后堂的台阶遗址尚存。民国10年（1921），有人在此发现一座碑，上面列有四界与县丞、县尉的姓氏，都是宋时的阶官，此地当是镇的所在地。按宋代的制度，在人烟繁盛的地方置镇，设立监官，掌管火禁。凡是杖罪以上者，都押解到本县裁处，其余的都由监官审判发落。旧志说资国镇已废，就是指的这里。碑云“西止资官县界溪水”，据此知其为荣德县所辖。

伍子胥祠 在拥斯茫水南边，即县城南五十里的闻喜桥右边。祭祀将军伍员（伍子胥）。旧志记载本地人传其非常灵应，香火极盛。

二十九、永兴场

白庙寺 在县城西南七十里。明代修建，康熙时重修。光绪三十一年（1905）在内设学堂。

文昌宫 在县城西南七十里，近永兴场。乾隆时修建。

华严寺 近永兴场，在县城西南七十里。

三十、保华场

关帝庙 在县城西南七十里。

玉皇观 在县城西南七十里。

白云寺 在县城西南七十里。

川主庙 在县城西南七十里。

东岳庙 在县城西南七十里。

双观音 在县城西南七十里。

九皇殿 在县城西南七十里。

文昌宫 在县城西南七十里。

观音堂 在县城西南七十里。

文昌庙 在县城西南七十里。

二郎庙 在县城西南七十里。

观音庙 在县城西南七十里。

三十一、古家场（今古佳场）

川主庙 清初修建。光绪三十一年（1905），内曾设学堂。

文昌宫 清初修建。

灵官庙 清初修建。

金凤山 距古家场八里。清初，本地人募资修建大成殿，塑有孔子像。

道果寺 在县城南六十里，距古家场二十里。清初，虞邓二姓共同施建。

金相庵 在古家场西南二十里，位于荣县与宜宾交界之处。清初修建。

三十二、李家场

三圣宫 乾隆十七年（1752），李通、李郁、李岱施建。光绪三十年（1904）在内设学堂。

云峰寺 在县城南七十里，李家场东南八里。为宋代寺庙，康熙十一年（1672），李仁春、学增、应孝重新修建。

石檐庙 在县城西南九十里，近李家场。成化间修建，在拥斯茫水边，一名深渊祠，又称庙合寺。

五皇庙 即古时蜘蛛寺。在县城西南九十里，近李家场。

青杠坪 在县城西南九十里，近李家场。

中华庙 在县城西南九十里。

天池口 在县城西南一百里，在荣县与犍为交界处。万历间修建。

黄鹤寺 在县城西南九十里。

三十三、董家场

旺兴坪 在县城西南九十里的董家场，是存放社谷的地方。

文昌宫 在县城西南九十里的董家场。初设有正德义学，光绪末改建学堂。

禹王宫 在县城西南九十里的董家场。

万寿宫 在县城西南九十里的董家场。

东岳庙 距董家场四里。

涧山寺 宋代建的寺庙。前曰涧山沟。俗曰高庙。对着太平寨，已废。

九龙庙 距董家场六里。

虞家庙 在县城西南九十里的仙马桥，近新桥场。乾隆十八年（1753）在内设社仓五间。

雷音寺 距董家场二十四里。因寺钟声音如雷，故得名雷音寺。寺后面有古塔，附近有龙王殿、土粉庙、华藏寺、圭山寺。在县城西南一百里，位于荣县与宜宾合江镇交界处。

华藏寺 在县城西南一百里，位于荣县与宜宾合江镇交界处。

圭山寺 在县城南一百里，近宜宾县合江镇。

三十四、老农场

万寿宫 光绪三十二年（1906）曾在内设学堂。

玉皇庙 在县城西南一百里。

余家庙 成化间建。在县城西南一百一十里，位于荣县与犍为交界处。

金花殿 在县城西南一百一十里，位于宜宾、犍为、荣县三交界之处。五座山峰耸峙，中间的叫金花山。清时，香火非常兴盛。

金川寺 近金花殿。乃尼姑庵，俗曰南川寺。在县城西南一百二十里。

三十五、铁厂铺

川主庙 在县城西二十五里。道光九年（1829）修建，在此设有社积仓。

南华宫 在县城西二十五里。清乾隆三十四年（1769）修建。

天后宫 在县城西二十五里。清乾隆五十一年（1786）修建。

万寿宫 在县城西二十五里。

达摩寺 仅有一间屋。在县城西二十五里。

五皇寺 在县城西二十六里。清乾隆时，本地人在藤蔓杂草中发现神像，开始修建该寺。清嘉庆二十三年（1818）扩建。

观音庙 观音庙有二：一在大树坳，清咸丰五年（1855）修建；一在小桥沟，清道光十一年（1831）修建。

杨泗岩 洞穴宽数丈，深三丈。

地理寺 一名定理寺。在县城西四十里，近栗树坪。明末被屠烧。乾隆时僧人建茅庵，占地耕种作为常住田。

三十六、长山桥

东岳庙 在县城西五十里长山桥官山，近场口。里面设有社仓五间。民国 5 年（1916），在此建立公所。

文昌宫 在县城西六十里。清时在此设云龙讲社，光绪三十二年（1906）改为学堂。

川主庙 在县城西六十里，道光十七年（1837）修建。

南华宫　在县城西六十里，道光年间建。

禹王宫　在县城西六十里，同治二年（1863）修建。

天后宫　在县城西六十里。

万寿宫　在县城西六十里。

古佛寺　在县城西五十里，近来牟铺。附近有观音阁。

真武庙　位于县城六十里五通坝的真武山。本名玄武，后因宋代避讳改为真武，靖康三年（1128）修建。附近有筲箕石庙，光绪二十二年（1896）修建。

姚家寺　在县城西六十里，近长山桥。

莲花寺　在县城西七十里，俗称姚家寺，清初又叫古泉寺，宏伟壮丽，民国时只剩下几间破屋。

盂兰庵　在拥斯茫水的鱼溶滩边。万历十七年（1589），湖州通判杨仲联捐其住宅改建寺庙，故名杨家寺。后改今名。内曾设学堂。

三十七、踏紫山

川主庙　在县城西七十里。

禹王宫　内曾设学堂。

龙潜寺　在县城西七十里，近踏紫山，在荣县与犍为交界的地方。旧时“龙潜”曾作“龙泉”。

金山寺　在县城西七十里，近龙潜寺，有前后二殿。

龙窠寺　在县城西七十五里的石笋山，一名银窠寺。有明代方海的遗像，匾上题“承恩”二字，左书“恩授义官方海承”，右书“弘治三年六月知县鲍珪建”。额上有篆文“皇明宗室”，楷书所记“衡阳王书”，末刻“义官赵云山、何本新、陈骥、李德俊贺”，与前面字迹不符，疑为附刻。相传明代弘治二年（1489），蜀地发生灾荒，方海捐出粮食赈饥，第二年设预备仓。方海热心公益事业，因而得表彰尊崇。

民国《志》按：明孝宗弘治二年，赈济四川的饥荒。三年，命天下皆设预备仓，每乡的数量因人数多少而不同，达不到规定额度的要获罪。事与史实相合。在龙窠寺西南八里有黄鹤寺，嘉靖十年（1531）修建，顺治十八年（1661），但应寿施舍产业重新修建，后为石笋铺学堂。溪对岸的郑家观，明代修建。

另有宋家庙、执通寺。

三十八、来牟铺

川主庙　咸丰间修建。

五皇庙　在县城西六十里，有两所，都在来牟铺。万历间修建。

土主庙　乾隆时在来牟场东边新修土主庙，祭祀宋人牟子才兄弟。

文昌宫　清时在此设有思文义学。

二郎庙 万历间修建。

大佛寺 嘉靖间修建。

普济寺 在县城西七十里，来牟铺南三里。嘉靖间建，光绪三十年（1904）在此设有学堂。

毛家庙 距来牟铺四里。

隆合寺 在县城西七十里，近来牟铺。

千佛岩 在县城西八十里。

艳阳洞 在县城西八十五里，近竹园铺。附近即桐麻寺。

宝光寺 在县城西七十里，近来牟铺。

来牟千佛岩摩崖造像

三十九、竹园铺

禹王宫 在县城西九十里。

万寿宫 在荣县、井研、犍为三县交界处。

龙鹤庵 万历九年（1581）修建。

万年台 万历十三年（1585）修建。

照觉寺 在县城西九十里，在荣县与犍为的交界处。

四十、刘家场

广教寺 在县城西一百里白象山，近刘家场。明成化间建，万历十四年（1586）更名云龙庵，康熙间按察使胡升猷改其名为广教院。明代叙州（今宜宾）通判赵远有诗。近代赵熙《香宋集》有《张玺方邀游广教寺却寄》云："古寺招游岁事阑，亦思隋县考咨官。几人史志心能了，百里乡程老畏难。西望铁山横碧落，近宜银杏护朱栏。春风倘到谈经所，便作《珠林法苑》看。"并自注云："玺方治佛乘，能研法相宗。"寺有银杏，中空藏蟒，殆数百年树矣。

东岳庙 在刘家场。一名梓潼观。曾设有玉成义学。

川主庙 在刘家场。

谷王庙 在刘家场。

关帝庙 在刘家场。

机仙庙 在刘家场。

酩然公 在刘家场。

万寿宫 在刘家场。

金鳌寺 在县城西八十里，近刘家场。

留佳文昌宫

玉皇堂　在县城西八十里，近刘家场。

新　寺　在县城西六十五里，近踏紫山。

白镇庵　在县城西七十五里，近踏紫山。

周端寺　距瓦滓滩二十里。清初，本地人伐树得一碑，上有“周端”两字，故名周端寺。

另有文昌宫、仙佛岩、观音阁、石庙、八角庙、莲花寺等。

四十一、东川沟

三圣宫　咸丰时，左福彩捐一间店宇和八百缗钱，请设东兴义学。

高峰寺　在县城北六十里。

罗汉寺　在县城北四十里。俗曰大度（肚）罗汉。

兴禅院　在县城北五十里。

天堂寺　在县城北五十里。明代修建。万山环绕，是荣县境内第一大刹。门外有一土山叫木鱼山，下即悬崖。相传庙中汲水时，多名僧人站立，用手传递而上，其繁盛可想而知。张献忠之乱，天堂寺与地理寺僧人均被杀于和尚滩。清代咸丰、同治间，该寺恢复振兴，僧舍多达234间，是按新都宝光寺的规制来修建的。廖扶九题写了很多匾额。然而因其地偏僻，往往有很多贼人在此聚集，寺里的僧人不能禁，有的甚至与之结交，久而久之则染上了相同的习气。光绪中，官府以寺产当归公家管理以限制庙中僧人的数量。二十八年（1902），毁于火灾，遗砾满山。清亡后，赵熙《纪游》云：“青山二百四房栊，第一荣州古梵宫。粥鼓钟鱼归劫火，兔葵燕麦立春风。坏廊经雨明碑尽，环海无尘佛力雄。人世兴亡亦如此，起看天地乱云中。”

王家庵　在县城北五十里，距天堂寺五里，离脚庵颇近。赵熙《山行至庵》云：“洞然肝肺化青霞，半日经行画不差。非雨非晴好天气，有松有竹众人家。乱山疲路欣逢寺，近水分秧坐听蛙。若问谢公今日屐，蚁萦苔岛蝶穿花。”

四十二、双古垃

近仙庵　在县城北六十里的大刀寨。寨是宋代宝祐五年（1257）修建的，石壁上刻有“西湖”二字，其下面的井叫西湖井，又有“海眼”二字，从此可见宋代南渡以后的人心所向。附近有倒坐庙。

万寿寺　在县城北六十里的牛峰山，近双古垃、濑河坝，即明代的定惠寺。掘地得到一块铁版，知道古时此山名叫云台山。赵熙题云：“乱山青兕杂黄熊，浩浩千崖万壑风。掌故断从明代始，角圭藏在翠微中。平生熟路今初到，是处芳畇气不同。老合华阳号真逸，仙人山是比邻翁。”

东岳庙　宣统二年（1910），与川主庙相合为公所，过去在此设有临江义学。

南华宫　乾隆十八年（1753）修建。

万寿宫　乾隆二十二年（1757）修建。

禹王宫　乾隆间修建。

兴隆庵 在县城北五十里，近双古坟。明代修建，康熙六十一年（1722）重修。

龙泉寺 在县城北六十里，近双古坟。旧作龙井寺。

万寿寺 在县城北五十里，近双古场。

宝胜寺 在县城北六十里，近双古坟。俗名石塔寺。

四十三、濑河坝

仙圣庵 在县城西北七十里观山场。场地本是官地，官租用来充僧人的伙食费。乾隆十九年（1754）在庵后捐立六间社仓。

顺江寺 在县城西七十里，近双古坟。是滨溪之胜地。

郑家庙 在县城北七十里。

观音寺 县北七十五里，近濑河坝。

宝光寺 在县城北九十里，万历二十年（1592）修建。

四十四、余家场

西禅寺 在县城北六十五里，近双古坟。明正德八年（1513）修建，乾隆间重修。赵熙诗“一坳松树西禅寺，半坝梨花下濮田”，写的就是这里。

吕家寺 在县城西五十五里的戈铲山，近双古坟。光绪三十二年（1906）在内设立学堂。赵熙题句云：“苍龙叫夜千松树，白虎传经两汉人。”

峨峰寺 在县城北七十里，原名兴佛庵。成化十四年（1478）修建，康熙十八年（1679）僧龙池重修，买井研余家坝的田作常住田。

志发庵 在县城北九十五里，位于荣县与井研的边界上。万历间建，俗名大石门。

仙人山

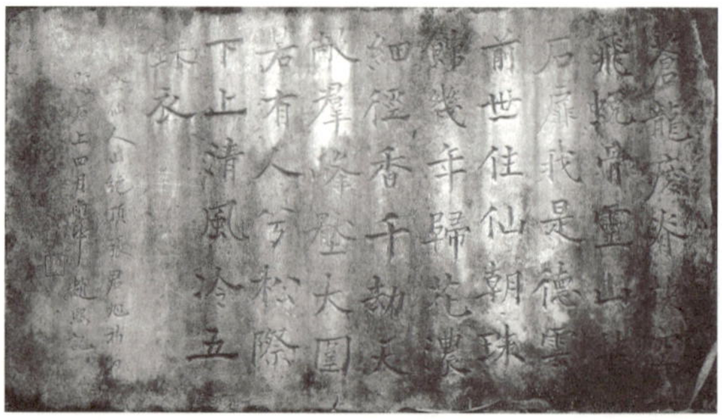

仙人山石刻

仙人山寺 在县城北七十五里。本唐代寺庙，崇祯十五年（1642）重新翻修。高山之顶，奇石林立，仙人山寺处在山中最紧要的位置。殿后过去有座铁瓦塔，石板上有仙人脚掌形，刻有“唐仙”二字，左边崖上刻“佛日仙风”四字。山后与仁寿接界。清亡后，赵熙曾到仙人寺，寺里的僧人烹茶，请题山门。赵熙题写“明月来投玉川子，晓云遮遍仙人山”，还作长诗云：“苍龙瘦脊抉天飞，蜕骨灵山挂石扉。我是德云前世住，仙朝珠馆几年归。松摇古径生千籁，天敞群峰压大围。若有人兮空际下，上清风冷五铢衣。”

四十五、复兴场

三圣宫　在复兴场上。

祇树庵　在县城西七十里，近漱河坝。一名但家寺。嘉庆中姓但的人施舍产业修建。内曾设学堂。附近有王家庙，一名朝阳府。

袁家庙　在县城北八十里云凤山，与井研县交界处。

观音寺　在振势山上。

万灵寺　光绪十四年（1888）募资修建。

妙觉寺　在县城西八十里，近赖河坝石凤山。万历间修建。

桐麻寺　在县城北一百里，近竹园铺（今井研竹园镇），万历三十五年（1607）修建。

朱家庙　在龙龟山。

佗子寺　在县城北一百里，近竹园铺。

但家庙　一名云台府，崇祯二年（1629）建。

四十六、其他

土地庙　到处都是，说明不是祭祀鬼的地方。而《资治通鉴》载：韦皋在蜀地二十一年，蜀人服膺其智慧而畏惧其威严。其辞世后，家家都将他作为土神进行祭祀。沈括《梦溪笔谈》说：张咏以前知蜀，蜀人为之建庙，过去祭祀韦南康（韦皋），今改祭祀张忠定（张咏）。说明蜀地祭祀的土地神当是逝者的灵魂。

泰山的石敢当是用来压鬼的。愚昧庸俗之人怕鬼，凡是意想多鬼的地方，命名为“歹”，立一块山魈形的石头，称为“吞口”，在上面刻上“石敢当”几个字。

民国《志》按：《急就篇》，石敢当，人名。颜师古言：“所当无敌也。”《淮南毕万术》“埋石四隅家无鬼”，庾信《小园赋》“镇宅神以薶石”。现在要冲与阴僻的地方，往往要立石肖像，就是根据《淮南子》所载而立。

兴圣寺　在县城西一百二十里。清代王橡山诗云：“一径松风好，小祠花气多。开樽承北海（友人饯送），留带愧东坡。是事随云去，怀人奈月何？山僧勤过我，燃烛诵维摩。”

赵熙说：祭祀是国家的大事，礼家已有非常详细的说明。但直到今天，不仅到处都是不合礼制的祭祀，即使是朝廷所颁发的祀典，合乎礼义的又有多少呢？然而《礼记·祭法》中说：“大夫以下成群立社，曰‘置社’。”《礼记·月令》：“命民社。”古代一百家以上共同立一社曰“里社”，二十五家立私社，都是民社。今凡是村子里面的神祠，或者是会馆，或者当成公所，这在古代就是民社吧。民国二三年间，有些荒谬之人为了谄媚袁世凯，占据四川发号施令，侵吞庙产，卖官地。唉，这简直是妖孽，神都害怕了！

第三章　民情礼节

从古至今，荣县民风淳朴，人民勤劳质朴，崇文好礼，但因为时代变迁，各个时期的民情礼节又有所不同。清以前文献不足，详情已不可考，幸好几部旧志对清代及民国初年的民风做了详细记述，使我们能了解其大概。

明代末年战乱，荣县境内人口锐减。清初，从福建、广东、贵州、湖北、湖南等地涌入了大量外来移民，移民与移民之间，本地人与移民之间时有摩擦与冲突，且外来移民风俗不同，对荣县民风产生了很大的影响，以致当时有荣县难治之说。不过，经过一段时间的融合，民风回归朴实。具体而言，当时的荣县人民男耕女织，勤俭节约，崇文习武，好善乐施，虽不喜迎神赛会，但喜欢新年点灯，成为现在世界闻名的自贡灯会的源头。

生辰礼、冠礼、婚礼、丧礼、祭礼等古已有之，而且儒家经典《仪礼》《周礼》《礼记》等对这些礼仪有详细论说，但因时代变迁与地域环境的变化，这些礼仪与风俗因时因地又各不相同。从清代到民国初年，荣县的这些礼仪风俗与古代相比，有的简约，有的则增加了新的内容：冠礼不再专门举行，而是在临结婚时顺便举行；婚礼中的“六礼”也主要执行纳采与亲迎二礼，减少了很多环节；祭礼也不是朝夕祭奠，而是在四时、岁暮、诞辰、忌日、元旦、清明、中元、中秋等节日举行；丧礼则较古礼复杂，有的人家增加了做“道场”的仪式，来吊唁的客人都要分发白布裹头。

第一节　民情风俗

一、民情

荣县境内山水环绕，地势迂回，土地非常肥沃，便于人口繁殖与物力聚积。《图经》说：荣地之民有简朴勤俭的风气。《隋志》说：荣地之民聪明有智慧，喜爱文学。旧志说：荣地地旷人稀，人民善良，风俗朴实。康熙《嘉定州志》说：荣地之民勤于稼穑。古州志①说：荣地老百姓多朴实，士崇尚诗书。

宋人张仲说：荣地界属东、西，没有桑麻以便农民，没有船只以便商人，过去因盐利而非常富饶。因其民风淳朴事少，可以教化，所以被称为东州道院。

---

① 古州志：乾隆《志》引，具体为何志已不可考。

明人杨仲淳说：荣县风俗，冠礼、婚礼、丧礼、祭礼、服舍。士大夫之家颇知礼节，乡人自好者受其影响而懂礼。家里有丧葬之事，多以鼓乐迎接前来吊唁的客人，客人喝着酒吃着饭菜守灵，此类情况在村落中尤其盛行。懂礼者指出其不合礼，却几乎没有什么转变。只有士大夫家有四时之祭，有岁暮之祭，有诞辰忌日之祭。元旦、清明节、中元节，老百姓都要一起祭祀祖先，拜扫坟墓。其他节气，大概与全国没有太大的差异。这是与礼制相符的。风气改变民心，如同风吹草偃。老百姓改变风俗习惯，比江水流向下流还快。移风易俗，教化引导，哪里只能归功于官吏呢？荣县东南部的人机警敏捷、崇尚文才，西北部的人质朴正直、崇尚义气，所以文士多出于东南，喜好打官司之人多出于西北。有人将其原因归结为水土习气，未必正确，因为也有能洁身自好的特别之人，我想是可以引导教化的。

明代末年兵祸惨烈，原来的人口与风俗只存十之一二，福建、广东、贵州、湖北、湖南等地的人接踵而来，各有其地方风俗，牢不可破。从川东一带至此，风俗敝陋、百姓刁蛮的情况大体相似。嘉州的七个属县中，向来也是以荣县为难治。清朝大兴教化，休养生息，到一百多年后的乾隆时期，荣地语言不通、嗜好不一的外来人口逐渐本地化，在礼乐诗书的浸润下，不断涌现出杰出有才之人，五方杂处之乡的风俗渐归于统一，礼让盛行，耕种与读书并重。

康熙、乾隆时，荣县地广人稀，田价最为便宜，白银一两可值铜钱八百文，可以购买到十亩田地。中表之亲，经历七八代还情谊深厚。婚姻也很俭朴，白头到老者比比皆是。

据光绪《志》记载，当时荣县人的生产、生活状态总体来讲是男子从事农业生产，女子从事纺织；愚笨之人清贫自守，聪明之人谋利；贫困之人自食其力，富有之人专注于购置田地。只是他们每年将谷物都全部卖出，很少储存。

具体而言，农事以积冬水较为重要。在山上者须修堰塘，靠近河边者须购置筒车用以灌溉。在秋天收采棉花时，附近贫穷家庭的妇女都会到种棉多的人家来帮工。主家用秤称重，按所拾棉花的重量付其工钱。农村居住的妇女从事蚕桑养殖，进行纺织，城市居住的妇女则多做女红。商人则以贡井的盐商最多。其余的商人，有的开设店铺卖本地稀有之物，有的则把货物储存起来贩卖。赚大钱获得高利益的主要以陕西人、江西人居多，本地人仅占十分之四左右而已。衣服则冬天多用棉，夏天多用纻麻，穿华丽服装的人不多见。饮食没有珍异食品，白米之外有时兼用杂粮、红薯。酒有常酒，用糯米酿成；有烧酒，用高粱酿的为上品，玉米酿的稍差一些。

歌谣，农夫栽秧有歌，石工拉石头也有歌，一人主唱，众人附和，这样就可以忘掉劳累，可以齐心协力。村童牧童信口所唱者谓之山歌，虽近浅陋，也足以展现荣县老百姓无忧无虑、怡然自得的景象。

荣县在明代时科举还比较兴盛。清初，读书人家所藏经史典籍已不多见。后来，荣县学人逐渐走向夯实根柢，鼓励实学的治学之途。士绅大户之家，或立家塾，请老师教课，或在乡馆共同聘请师儒教学，加上书院增多，不断建设义学，荣县士子才拥有专门治学的地方，发奋读书的人才也随之增多。乾嘉时，学海堂的治学与教学风气如暴风骤雨般影响全国，荣县人似乎乐于坐井观天，竟不知道还有乾嘉汉学。至于文学的风格，大概言之，西汉、唐、宋之文为散文；东汉、六朝之文为骈文；诗则五言之诗流行于汉魏到齐梁之间，七言歌行体主要流行于唐代，不过宋代也有，律诗的体裁则以唐人所作最好，绝句则由唐至清，各有名篇佳作。而荣县人仅乐于功名科举考试。光绪中，举人黄茂开始读许慎之书，而李均林、黄芝将许慎之学发扬光大，一时文字音韵训诂之学超过邻县。宣统后，黄芝改名觉能，读佛释之书，东山大佛寺中所藏的全部佛经，他都曾一一翻检涉猎过，但鲜有应和者，遂特仿净土宗持名念佛。清末至民国初，只有优贡刘光璧的文章可与晋宋之人相比；拔贡虞兆清能通文字音韵训诂之学，读经史。后因学校办学风气大变，两千年国学一扫而弃，能于无人之地仍坚持解读介绍斯文者，实在是凤毛麟角。

孔子之学，以民为主体。《论语》及《礼运》“大同小康”之言说得清楚明白。到孟子“民为贵”“君为轻”“残贼之人谓之一夫”，好似宇宙中之晴天霹雳。有人怀疑《春秋》尊王为帝制派，这种说法其实与事实相差太远。《春秋》三传，《公羊》主张“新周王鲁”，是倡言革命之书，但是亦认为事事均当有治理之法，不是要让每一个人都成为乱民。《左氏》《穀梁》或善于言礼，或善于解经，持论虽不尽相同，然而以鲁史来定天下者，则显然是假立法制以乱天下，这与行夏代的时令、用殷代的车辂之意颇相类。所谓王者，天下归附向往之意也，即民心所向者为王。《史记·儒林列传》说孔子“因史记作《春秋》以当王法”。“当”的意思就是特立“为王者之法”，其实并没有真正的“王”。列国之君王滥用民力，平民百姓无权制衡，孔子假借一王之法以褒贬，故曰“尊王”。《公羊传》言：“王者孰谓？谓文王也。”王法立后，王之义乃确定，非此义则无所谓王。本指确定正确的标准，用以扫除后代篡乱称王的人，而误认为是官僚依靠君主谋取自己的利益，其所犯的错误真好像是坚信太阳从西边升起一样。经文大义所在，直言不隐地说出来很容易祸及其身，所以孔子隐晦以作微言，宣扬大义。荣县有很多智慧超凡的深思之士，不以众人的各种议论为是非。《春秋》是刘歆曾研究的经典，愿他们像刘歆一样光大经术，揣度圣人用心，以行拨乱反正之事，故凭借学制而有望培养通达治世之材。

列入士籍的人，每当出门时必然穿上士的衣服，戴上士的帽子，都市之民人人对之心存敬意。士也自任四民的表率，稍有行为不检点者，就会在庠序中被交相非议。在乡教书的老师去世后可在社中进行祭祀，几乎成了荣县通行的习俗。当时之人只要拿着一部经典，都非常严肃，就好像神鬼就在旁边一样。如此一来，大凡放荡不羁的言论自然就消失了。

试假想一邦，人人丰衣足食，礼让兴盛乃其常事。果真如此的话，可以直接称之为西方净土了。孔子治理国家的要点，是富与教，三《礼》中就有若干篇是关于谋衣食的内容，有若干篇是关于明礼让的内容。天下本来没有事，最无端生事的就是战争，这是国际强弱之势造成的。然而中国只有甲申、甲午、庚子年是与外国人开战，民国初年年打战，跟国际全无关系，只是以老百姓为消耗品罢了。如果能稍微减轻老百姓的负担，让他们能各自做点自己的事情，大约生活会稍微好些，衣食足，人才会守礼仪，懂谦让，社会才会和谐。

二、礼俗

（一）冠礼

冠礼之不行已经很久了，不只荣县这样，其他地方亦如此。有清一代，荣县有类似冠礼的仪式，且前后期有差别，旧志记载了当时的情况，现抄录如下：

乾隆《志》卷一：士大夫家的子弟，如果有以总角参加童子试的，十余岁后辫发上加冠，这是复行冠礼的征兆。

嘉庆《志》卷二：冠礼之不行已很久了，然而听闻本县士大夫家中的子弟在举行婚礼前夕，在鼓乐伴奏下拜祭祖先，父母为其命名并请其上座，亲友都向其敬酒，还存有冠礼的遗意。

光绪《志》卷十八：冠礼之不行已很久了，然而士大夫家在举行婚礼的前夕，设酒祭神，请显贵之人或尊长，为即将结婚之人加冠命字，在鼓乐伴奏下拜祭祖先，向父母以及众宾客致礼，众宾客乃给其花红表示祝贺，还存有冠礼的遗意。

（二）婚嫁

荣县的婚俗随时代的变化而变化，从中也能看出女子地位的变化。旧式婚姻，须听父母之命，凭媒妁之言，讲求门当户对，以亲上加亲为荣。婚礼烦冗，耗资费力。综观各志，所记如下：

民国《志》卷十二：婚礼是嘉礼，与冠礼不相关。今风俗在临结婚时顺便加冠，遂称婚礼为“荣冠”，赵熙认为这是错误的。

乾隆《志》卷一：荣县的风俗，婚姻只需要一个媒人，嫁娶都从俭，只用结婚两家的名帖为据就行，没有听说要遵照礼制明立婚书（相当于现在的结婚证）的。兵燹过后，各地移民杂处，议婚各自遵照自己的风俗。嫌贫爱富，动不动就悔婚，以此增加了很多诉讼案件，乾隆年间这种情况稍有好转。

嘉庆《志》卷二：婚礼遵循纳采（提亲）、纳币（送聘礼）之制。有的乡人图俭省，仅以结婚两家的名帖为据。各地杂处的移民，各自遵照自己的风俗。

光绪《志》卷十八：婚礼先请媒人传话，接着议定聘礼、填写生辰八字、交换庚帖（上面写有姓名、生辰八字等）。结婚日期议定后，男方准备聘礼，请媒人报知女方家。到议定的日期，新郎家仍然请媒人带领家族人员携带礼物去新娘家迎接，以香、烛、牲、酒祭告新娘家的祖先，新娘家的兄弟、亲戚、朋友送坐着彩轿的新娘来到新郎家。彩轿到时，新郎出大门外作三个揖，迎彩轿入堂内。新娘从彩轿中出来，与新郎行交拜礼。礼成后，拜祖先、父母及尊长，乃入洞房。婚娶的前一天，新郎、新娘家都有夜宴，新郎家的叫“花烛”，新娘家的叫“花宵”。结婚当天的筵席称为“正筵”。第二天，女方家请女婿，称为“回门宴”。

民国《志》卷十二：古代女子年满十五岁准许嫁人，纳彩、问名、纳吉、纳征、请期、亲迎，称作“六礼”，祭告于家庙。订婚以“纳征”为断，而亲迎尤其重要，即使天子也不例外。礼虽有六个环节，但大都是一次同时进行两个环节。民国初年，到纳彩即已完成订婚，到请期后就亲迎。礼节从简，无可厚非，但如果转而讥讽古代的礼仪烦琐累赘，则是大错而特错。六礼是人道之极致，全世界都没有这样的文明，这是为什么呢？女性在还没有称妇以前，用以表达尊重女性的方式极其细致且谨慎，而不只是通过男女有别的方式。两家应对酬答，也可免去很多欺瞒的事。其婚事经过详细审查，其情敦厚和谐，百年好合，永不变心，故曰“房中者，情性之极”。观亲迎的次序等仪式，情感真挚，礼制完备。古文“妻”字从“肖”从“女”，“肖”为古“贵”字，意思是以女为贵。在门口迎接嫁过来的新娘，视新妇如天人一般。

媒妁多系亲朋邻里，提婚经同意后，男方备酒肉、纸烛、衣料等送女家，女方将女儿生庚年月日时回复，男家将庚帖置神龛上，三天内家中无异常事故，便以为是吉兆。踏子乡一带，男方在提婚后，用碗盛清水装黄豆二粒置神龛上，三日后如豆嘴相对，则为吉兆。旋即请卜者合八字，送庚书，婚约即成。如一方悔婚，有“男退三千，女退八百”的习俗。

男家择定吉日后，将期单交由媒人送至女家，双方便各自准备。女家要制作衣被、床柜、箱匣、器物等，富家还以田产、房产等作嫁妆。牛尾、莲花、古佳等乡，还制作咸菜陪嫁，以示新妇能干。男方准备彩礼、婚宴、新房等。迎亲前一天，男家备衣饰、酒肉等，请吹鼓手、炮手、花轿去女家过礼。男方夜宴，请多福多寿的长者为新郎披彩红，插金花，于堂屋行加冠礼。女方夜宴，亲邻中女性陪母女哭嫁，主要内容为母亲告诫女儿做媳妇的规矩，女儿赞父母教养恩情、称颂邻里或嘲讽搬弄是非者。

婚期当天，新娘开容挽髻，头戴花冠，盖红纱，拜别祖宗、父母，进入由父兄试坐过的花轿。鸣炮起程，媒人轿导前，花轿居中，送亲轿断后，中间夹以陪奁抬盒，一路唢呐鸣奏，逢坳放铁炮三响。到男家门前，送亲者取新娘用的火笼向顺、反方向倒灰，新郎向花轿做三个揖，厨师杀鸡在花轿四周淋鸡血驱邪，主仪人在桌围前向花轿洒米“回车马”，口念“吉日良辰，天地开张，新人到此，车马回乡”。花轿抬入堂屋，由多福多子的妇女扶新娘下轿。下轿后，新娘与新郎按男左女右并立，拜天地、祖宗、父母，然后入洞房，揭盖头，并坐吃交杯酒。稍后到堂屋拜客，受拜者“丢拜钱物”。中午正宴，新人逐桌敬酒，午后亲友到新房看嫁奁，晚上闹洞房至深夜。

男家为媒人披彩红、放鞭炮送行，并以猪头、财物等谢媒。

婚期次日，新人同去女家回门。去时女前男后，返时男前女后。至女家后，同到堂屋拜祖宗、岳父母及亲友等。新郎是回门酒的上客，坐首席。

婚后第三天早晨，新妇下厨做“三朝粑”，以示融洽持家，此后能担当操持家务的职责。

贫苦人家，婚礼从俭。

寡妇再嫁，不准坐花轿，小轿也不能从正门而入。到夫家后，先在屋后沐浴才能进洞房，婚礼也在深夜举行。

旧俗，有婚约的男方病危，逼女方提前结婚叫冲喜。男方已死，逼女方过门戴孝，永不另嫁叫守节，俗称守活寡。姐姐死后，妹妹嫁给姐夫称填房。兄长死后，嫂子嫁给弟弟称转房。因生活困难，忍痛将未成年女儿出嫁称小接媳妇。也有指腹为婚的习俗。除此外，旧式婚俗还有年龄悬殊、近亲婚配、买卖婚姻等问题，而且富者可三妻四妾，贫者不少孤独终生。

古时妇人结婚三月以后才行庙见之礼，平民则是在当晚就成婚。民国时则以入堂拜祖为庙见礼。风俗既已形成，于理而言也没有什么过错。只是乡村老百姓愚昧无礼，喜欢闹洞房，男女都开玩笑，评头论足，下流嘲笑，轮番欺侮，像狐狗一样成群而来。晚上则列举亲戚与宾客，要求新娘子依次斟酒，眉目传情，心神勾引，又喊又叫，亲昵如妓女一般，或者窥视床笫之事。《诗》曰“相鼠有皮”。这真是祖训不良，家风至贱啊。家庭生活混乱，老天爷都能听闻其丑陋的行为和酒腥味，为什么还要身陷其中不能自拔呢？

荣县历史上的节孝妇女，被旌表的极多，而生活极其贫苦，终生不为人所知的，不知道有多少。而有节义的男子，所闻所见者寥寥无几。对于男子来说，当自我警醒，就女教而言，则是古今无上的光荣。圣人主张合乎中庸的典章制度，继父死后有丧服，并非禁止人改嫁，亦非要求每个人都要至死不变、忠贞不贰。但贞烈的人能自贵其身，独保其性，实在是可钦可敬。至于风气变化，改嫁不被流俗责难，也是从人道主义出发，而不是增长奸淫的风气。如果说必须在同一条河流中洗浴、“翻墙相从”才是新法，那人与禽兽还有分别吗？

旧时妇女中有非常冤屈的人，勤劳辛苦至死，还背上了无能之名。就荣县来说，富人家丫头老妈子一大堆，主妇只需修饰仪容，确实是坐享庸福。富人以外的家庭中，妻子需料理的事情非常烦琐，千头万绪。就拿抚养孩子一事来说，从分娩到长大成人，过程非常辛劳。而当这个抚养孩子的劳苦过程结束时，妇女也老了，离死也不远了。民国时的荣县北乡可以说家家都很贫穷。贫穷人家养孩子，都是在艰苦中求生活。男子通常仅仅是帮忙挣吃的粮食，其他的万般辛苦都是妇女的职责。所幸母子有天性之爱，以苦为甘，不然的话，每时每刻都像是行走在地狱中。

（三）丧葬

从清代到民国初年，荣县的丧俗有尊《家礼》的，有引入佛教仪式做道场的，也有遵循乡俗的，而且随着时代的变化，风俗也略有变化。现在记录各旧志所载如下：

乾隆《志》卷一：凶丧，背弃《家礼》，而按照佛教的规矩办理，并用鼓乐闹灵。吊唁的客人来了必须以酒食招待，并且分给客人白布，让其用以裹头。三年的丧服制度，按定例不计闰月，当以二十七个月为准。据荣县的风俗，做官的人丁忧为父母守丧期限应当以官方规定的二十七个月为准，但现实中，除灵撤席却是整整三周年的时间，近来经多次告诫晓谕，才稍微有所改变。

嘉庆《志》卷二：乾隆中期以来，行丧礼，有知遵《家礼》的，有引入佛教仪式做道场的，也有很多遵循固有传统乡俗的人家。

光绪《志》卷十八：道光以来，行丧礼，有知遵循《家礼》的，而引入佛家仪式做道场的也很多。如果不如此，就会遭到其他人的讥笑。吊唁的客人来了以后，则马上分给白布，让其马上以白布裹头。当然，并非所有人家都会做道场。总之，对亡灵进行祭奠，则是普遍通行的。

民国《志》卷十二：丧礼属于凶礼，各自遵循乡俗。而袝身、袝棺以及殓葬这些程序，大致相同。古代士大夫没有牌位，而是选择两个代表死者的受祭人。今温饱之家在下葬以前，都要题写一块写有作者名号的牌位，并对之行礼。所题写的牌位，是桑主呢，还是栗主呢？所行之礼是祭礼呢，还是虞礼呢？混淆在一起已经分不清楚了。然而已家家通行题写牌位的做法了。葬三日曰复山，以方便行事。下葬当天虞，第二天再虞，第三天三虞，这个礼是很可行的。总而言之，古代风俗之遗，良心之表达，虽对礼不精通，也可以义遵照执行。丧礼中搞浪费非常不好，比如给亲友广发白布，称为回帛，就是可以革除的一种浪费现象。

治丧，民间特别通行的做法是做佛事，今称道场。凡是号称儒者的人，皆对此嗤之以鼻，皆以为是迷信；更有甚者，对这种行为常以诬亲行为判其重罪，并斥责其为“不孝之尤”，但乡野之民对此却笃信不疑。对做佛事，有人真诚，有人虚伪，但都必须以此来了却其内心的哀伤。市井中有自称道士者，大都是靠替人做道场以谋生，其可恶程度几乎与女巫有得一比。虽然知道做法事的仪轨，但不知道佛到底为何事？扬幡振鼓者，与牵引灵柩唱挽歌的人号哭以助哀、送葬吹箫等行为别无二致，但二者本身却各有短长，那么，人们到底该如何选择呢？赵熙认为佛教学说将生死之理说得很明白，鬼神之情状、天人之感应，都言之凿凿，应该认为这都是荒诞无稽之事。试观《禅波罗蜜法门》，其所谓“六通”（神足通、天眼通、天耳通、他心通、宿命通、漏尽通），实可通过学习依次达到通灵的境界，这固然不是粗疏的说法、空洞的道理，但考校无征。如果想安顿死去父母的亡魂，舍弃做佛事的话，则无法做到尽心尽意，也无法了却自己安顿父母亡灵的愿望，实现孝子孝亲尊亲的目的。因此，佛事宁可信其有，不可疑其无。不要以忏悔为羞耻，不要以为因果报应为妄说。如果信口开河斥责佛为邪说，与甘心抛弃死亡的亲人又有什么区别呢？但是，过分注重排场与装饰，仅仅是为了让乡村老百姓观赏取乐，这也无疑是一种罪过。如果真有诚心尊佛礼佛，即使只是念佛也是可以的。

结婚和丧葬之事古今都有，绝对没有古代可行而今天不可行之事。这并非是说所有事情都要返古，而是要充分表达其意旨。有人曾对韩愈所谓“《仪礼》难读”之言表示怀疑，殊不知宫室、器物、度数那些礼仪制度，写在书上很烦琐，但做起来却很容易。此正是所谓“见之文字则琐碎深奥，按图索骥则有条不紊”。有人说，这是唯家族主义者的行为，那么请有大智慧的人用其慧眼来考量：由内而言，从盘古开天地以来，从外而言，则全世界之众，所有人的一切得失，又有哪些是事关家族的存亡与延续的呢？其所失误者，实乃人们之私欲。尸子曰：“孔子贵公。”倘若人人有公德之心，不只是考虑本家族的利益。帝制的利与敝，这在秦以后就已经彰显出来了。唯独古代的官学士子们，身份高贵，而且对于社会的治理来说很重要。比如汉代、唐代和宋代，官学士子不只身份高贵，甚至颇有左右国家大政方针的力量。上考周代的制度，明堂、太庙，用水环绕起来，名之曰辟雍。天子敞开上衣而割牲肉，说明把主持辟雍的人当作老师而不是臣子来看待。天子的嫡长子像士一样，王的太子、王子，四方诸侯及九州牧伯的太子，卿大夫及元士的嫡子，都要到辟雍接受教育与培训。凡国家有大政大典，无不跟辟雍关系密切。比如在辟雍奏凯报捷，在辟雍进献俘虏，说明即使是军事上的胜利也要在辟雍举行仪式。辟雍春秋教以《礼》《乐》，冬夏教以《诗》《书》，培养的是文武兼备的人才。辟雍的高贵与尊严，就如后代的皇宫一般；官学士子众多，就像列仙班一样。当时在州乡，学校的典礼最大。所以二十八篇的《尚书》，三百篇的《诗经》，其道德文章，都能被乡下的妇女儿童所了解。按清代的制度，官学士子只是不能做皇帝，其他的公侯将相，其实士子都可以充当。班固讥刺这是利禄之途，但若从造士育才的角度看，难道只能听其自沉自浮、自生自灭吗？

除以上旧志所载外，荣县的丧葬还有以下这些习俗：

旧俗视人死在床上为不祥，须由病榻移至堂屋停放，亲人环跪哀哭送终。断气时烧纸钱，放鞭炮，谓“烧落气钱”“放落气炮”。遗体前点过桥灯，门上贴草纸，屋前立竿挂“望山钱”（一岁一纸）。为死者沐浴，换寿衣、寿鞋、寿帽，入棺，设灵堂，摆供品，发讣告。后代头顶粗白布拖至臀后，谓“拖长孝”（长子长孙为重孝，套麻冠、麻衣、系麻带、布袜草鞋，称“披麻戴孝”）。旁系晚辈用半截白布包戴称“短孝”。亲友街邻，发半幅孝白布。

富家讲究久丧厚葬，做五至七天道场，再停丧择吉殡葬。按古期一般三日入葬，做三天道场。个别做个昼宵（一天）、或开灵即算丧事完毕，信佛者亦有请和尚转佛念经的。

做道场通常有以下过程：封斋，由道士中的掌坛师主持祭灶，丧家自即日起禁食油荤。请水，道士领孝子去取食用水祭祀。踩八卦，用石灰绘图于地，众道士列于图内做法事。招亡，制一纸或木质灵牌，书死者姓名，道士作法招亡魂于牌上奉祭。坐高台，用饭桌垒砌成台，道士于台上作法，结束时向台下洒米糕，围观者抢食，据说能免灾、除病。送亡，做法事送亡灵到西方，同时将灵房子等纸扎品及纸钱、死者衣物、床单等置院坝中焚烧。

葬前一日举行家祭，读祭文。富家有的要行三献礼，放天灯（孔明灯）、河灯（莲花灯），耍龙灯、狮灯，川剧座唱，设“家祭酒”宴客。

汉族普遍采用土葬。葬日清晨，丧家办开奠酒宴客，亲属与遗体告别后封棺，称闭殓。孝子用衣角擦棺材，意为财源不让亡灵带走。用香火灰洒四周，以雄鸡血点于纸帛后系在棺木盖正中，表示清宅。棺木抬起后，将所垫砖石掷门外，用弯刀砍门槛，表示无阻，称发丧。在鞭炮和乐器声中，引魂幡导前，孝子手捧灵牌，丧棺居中，亲友列队于棺后的白布“拉纤”中送葬。沿途撒纸钱，谓丢买路钱。城镇中，还有亲友在店铺门前设供桌、点香烛、放鞭炮以示悼唁，称路祭。

棺木抬至坟坑落葬，阴阳先生用罗盘校正方向，放置装有纸钱灰的金银罐（又叫老纸罐，里面装“落气钱”焚烧后的灰）和盛有盐、茶、米、豆的衣禄罐，添土垒坟。富者以石砌穴安置棺木，俗称“修山”“修生基”，并刻石立碑。孝子解去孝服，将孝帕叠于头顶，再次哭拜辞坟。

葬后坟前点灯三宿，燃烧竹制火烟包，次日复山。自头七、五七、百期、周年，丧家都要到坟前烧钱化纸，以示哀悼，还有在坟前建屋、守孝三年者。

贫苦人家无力做道场，连棺木也买不起，只有向慈善会领取用四块木板钉成的“火匣子”入土，有的甚至用草席裹尸软埋。

回民去世，清水净身，白布包裹，请阿訇念经后，用塔铺（放遗体的木棺）送往坟地软埋土葬。

（四）祭礼

清代到民国初年，荣县的祭礼随着时间的变化而有所不同，这里记录旧志所载，以备详考：

乾隆《志》卷一：祭礼，荒废省略已经很久了。新年正月、清明两个节日，拜祭扫墓者居多。而对于祠堂祭祀等礼，即使是旧家大族也无人举行。举行祭礼在整个四川都非常少，实不只是荣县荒废省略得厉害。

嘉庆《志》卷二：祭礼，有四时之祭、岁暮之祭、诞辰之祭。至元旦、清明、中元等节日，其祭祀祖先拜扫坟墓几乎都一样，都没有固定的祭品。

光绪《志》卷十八：在城市，祭礼在每月的初一与十五进行，乡村则很少举行祭礼。元旦、上元、中元、下元以及端午、中秋、除夕、忌日、诞辰等日子，一般在家里举行祭礼，清明节则需要在墓地进行，祭品也不固定。但是清明节祭祀必须采摘甜艾做成糕，就像端午用粽子，中秋用月饼一样，沿袭已久，在荣县早成定例。

民国《志》卷十二：家祭，以其生前居住的地方为庙，这是古代诸侯大夫奉行的制度，不能责怪老百姓沿袭。城市居住的人们大多是早晚烧香，这是古代朝夕祭奠之义的延续。祭祀不能太多也不能太少，各自按照其所传习的习俗祭奠就好。礼不变则风俗不变，是说不变其旧有之风俗的意思。《礼记》一书的《曲礼》篇，对此有详细的记载。

修建祠堂，其目的是为了报本反始，敬宗收族。其功用实际上重在人群集合，而浅薄之人动不动就认为这是封建宗法，殊不知“分封建邦”制度，早在秦朝就已经废止了。真正意义的宗法制度，从汉代起也不存在了。两千年的陈案虽欲恢复，实际上不可能做到。又或者说这是家庭主义，岂不知近世的家庭，父亲爱儿子的确非常真诚，但儿子能孝顺父亲者却较少。兄弟分家后能骨肉相依的尤其少。至于乡风凶恶好斗，有家族间持械打斗者，这不过是假借解救危难的名义进行斗殴罢了，实则跟彝伦之礼没有什么关系。观哥老会的伙同以及数年前的党争，其所表现出来的激烈程度，难道跟宗族有什么关系吗？家族多是本地农民，像士人与商人在异地往来，举目者都不是亲友故人，他们怎么能说得上是家族呢？全国的江边、海边的大城市没有聚族而居的情况，这难道就是高高在上的文明了吗？由此可知，人情的喜好、国势的强弱，都不能归罪于家族。而《大学》中的齐家，也只是格物、致知、诚意、正心、修身、齐家、治国、平天下八条目中的一件事而已，非只有专修家族这一条。

（五）贺礼

庆贺之礼，海内通行。清代初年荣县风气非常吝啬，礼金以一钱到三四分为准。凡婚嫁、搬家、入学、科举考试等喜事，主人家设筵席款待宾客，竟然有穿白色衣服、戴白色帽子而来的，这种事情太奇怪了。乾隆时稍微知道忌讳。根据光绪《志》记载，当时婚娶则贺以花红，生子则送粥米，而送鸡与鸡蛋、布的尤其多，老人每当逢一年龄的寿辰，通常制锦表示祝贺，或者仅送酒肴衣服等物品。

（六）祈禳、神会（庙会）

祈禳、神会是人们通过祷告、祭祀等各种方式向神灵祈求幸福、消除灾祸的活动。从清以来，随着社会的发展，这些活动在荣县不断演变，反映了荣县风俗民情的变化。

1. 祈禳

光绪《志》卷十八记载了当时祈禳的情况：正月人日即初七以后，各祠庙都要燃火树，各大门上都要点上红灯，谓之天灯，寓意人寿年丰。兼有仿照古人的傩礼，鸣金执梃来驱除瘟疫者称之为狮灯。场市仲春（农历二月）设有清醮、建火醮。田家季春（农历三月）有谷花醮，实际就是酬谢农神之意。

2. 神会（庙会）

据乾隆《志》记载，乾隆时期，四川的神会最多，但荣县向来没有迎神赛会之事。当时的神会不过是在庙中各立领头人聚财获利，作为支付酬谢神灵的酒食之费罢了。乾隆时期，竟然有借孔子生辰的名义，生员与监院者借机集聚钱财的事情发生。孔子生辰那天，进大殿行释菜礼，设席宴饮，尤为狂悖荒谬。后来县令黄大本严禁邪教，一概不准举办神会。经再三规劝，孔子诞辰的聚会宴饮，终于不禁而止了。这种情况后来逐渐发生了变化，光绪《志》便记载：赛会，正月初十日土主会，士女云集；四月初八日大佛会，进香；五月二十七日城隍会，抬城隍出游，有还愿者跟随其后，以扇扇风。

（七）灯会

现在自贡灯会闻名遐迩，这是有历史渊源的。荣县灯会古已有之，民国《志》就记载说：荣县新年灯火非常兴盛，正如唐人苏味道在《元宵》诗中所云“火树银花合，星桥铁锁开”那样，与树木林立、星光灿烂的景象很像。而其中的楼台是最为出彩的地方，乡人通称此为“亭”。一城中有数座亭，亭的样式也多种多样，一般高数重，雕梁画栋，到春节时组合在一起，用彩笺画画，装饰一新，嵌入灯后如星空一般。一座亭燃四五百盏灯，辉煌富丽。西方人来观看，也高兴地说这是在北京、上海所没有见到过的景象。七月十五日，各乡会馆举行盂兰佛事，晚上张开花伞（其形制大小不一），点火之后，瑰丽异常，令人目不暇接。这些都是太平时的游戏，兵荒马乱后财力枯竭也就无暇顾及了。狮灯是西凉舞蹈，木婴、絙索等杂技，唐、宋的时候就已经有了。

（八）节日

春　节　腊月三十叫过年，全家团年会餐，挂红灯，贴春联，打扫庭院，洗澡换新衣，长者给孩子压岁钱，晚上守夜，农村守田坎，谓守岁。半夜烧“子时香”，放鞭炮，点香烛拜祖宗。正月初一日，早晨吃汤圆，以示吉祥如意，到祖坟叩拜，晚辈向长辈拜年。亲友见面，互致新年贺语：“过了闹热年啰!”市民多到大佛寺、城隍庙敬神求签，爬白塔山“游百病”。农民到附近场镇或寺庙游玩，打牌娱乐。在旧社会，穷苦人家有的外逃躲债，过年如“过关”。

元宵节　正月十五日俗称过大年，从初一至十五，人们走亲拜年，互以拜年酒宴客。龙灯、狮灯、花灯、牛儿灯挨户朝贺，一些场镇用烧花炮或放焰火架闹元宵，乡民扶老携幼，争相围观，一直到深夜。以前有偷青习俗，就是大年晚上在别人菜地砍青菜一窝，菜心燃放蜡烛一支，如果主人发现，也不声张。据传，煮食此青菜能治百病。

清明节　有踏青扫墓习俗，置办香烛、鞭炮、酒肉等供品，去坟地扫墓祭祖；在坟头插坟标，以示哀思。

端午节　农历五月初五，又叫端阳节。门上挂菖蒲、陈艾，吃粽子、盐蛋，饮雄黄酒，并将酒涂在小孩脸上，遍洒屋前屋后，妇女佩带彩线缝制的香荷包，小孩挂布猴子（内装草药粉），扯草药煎水洗澡等，以防虫除病。午后，有些地区小伙子们以未熟果物互相戏打，谓“打桐子”。

中元节　农历七月十五日又叫鬼节。大寺庙要举办盂兰会。民间不论贫富，于十三日为亡人烧赙子（成封的纸钱）；十五日夜，在户外燃烛烧纸泼水饭，叫“偿孤”。

中秋节　农历八月十五日，亲人团聚，拜月、吃月饼、麻糖、糍粑、水果。

重阳节　九月初九叫重九。古时，文人登高吟诗作赋，民间用糯米蒸醪糟庆杜康生日，说重九登山能辟邪消灾。

冬至节　冬至祭祖，富家开始杀过年猪腌肉，吃猪、羊、狗肉炖补药，以保身体一冬暖和。

（九）禁忌

民间禁忌多，主要如下：

正月初一忌扫地，否则会扫走财源、跳蚤多；忌动土、挑水、除粪等，否则会一年不吉利。正月忌搬家，谓“正月忌头，腊月忌尾”。七日忌出门，八日忌归家，谓“七不出，八不归”。“初五、十四、二十三，太上老君不炼丹”，这是唐代风水宗师杨筠松所定的忌日，这三天不宜办事，称诸事不宜。洞房忌入寡妇、孕妇，说有“煞气”。产妇卧室忌孕妇，说会带走奶汁。婴儿忌孕妇抱，说“四眼人”抱后病痛多。早晨忌说鬼，不然当天不吉利。过道处忌晒妇女下装、内裤，谓在下面通过要倒霉。餐馆忌敲筷子，茶馆忌敲茶碗，谓对营业不利。媒人忌称“媒”（与“霉”同音），要称“红媒”“红爷”。男忌摸头，女忌摸腰。船工忌说“沉”，矿山忌说“榨”“压”。梅姓称“喜”，龚姓称“弯”。

（十）迷信

求　雨　旧时，如遇久旱不雨，地方人士、宗教行会乃至官府，均出面主办求雨活动。具体形式为：请僧道设坛斋诵三至五日，法事期中禁屠宰，谓打醮；组织草把龙游街，市民向舞龙泼水，谓耍水龙；抬泥塑川主神像游行，谓抬菩萨；乡民穿黄裙，戴斗笠，背柏桠、稻草，结队去县东舞龙寺龙洞焚烧，谓烋龙洞。

算　命　又叫“算八字”。说是能算人的吉凶祸福，男女婚姻也得合八字才能成。

测　字　又叫“拆字”，城乡皆有。民国十几年，一外地测字人在衙门口摆摊，每天桌上放五十个纸卷，问事人随手拈一个，他按纸卷上的字和要问的事，察言观色做解答，多说奉承话，使人满意为止。信者很多，依秩排队，纸卷拆完即收摊。

送财神　春节期间，常有戴纸帽假须，手持扫帚，自称财神的人，走乡串户。他们进门即送一纸财神像，念：“财神进门庭，家和万事兴。”又边扫地边念“金银财宝扫进来，臭虫跳蚤扫出去……”等吉祥话，主人打发财物始去。还有的以一枝柏桠，上挂铜钱若干，谓送摇钱树。

画　符　端公、仙婆、道士在黄纸上画一符令，用鸡毛沾血贴于符上，谓灵符。叫病家贴在门上或蚊帐上，以“驱鬼治病”。旧戏班唱大戏时，也卖符骗钱。

仙　婆　又叫师娘子，设坛于僻静处，以指画蛋“治病”，谓烧胎。作法时着红衣，摇司刀，双目微闭，口中念咒，突然装作昏迷，自称是问事人的先辈从阴间显魂。问事人急忙叩拜，并应承其所要财物，谓“下阴”。

拜保保　有的父母希望子女消灾祛病，健康成长，就在亲友中找多福多寿的人，或端公道士中的掌坛师，或“灵官”扮仙者作“保保”（干爹），确保孩子平安，有的借此拉关系、结人缘，达到争名夺利的目的。

靖　坛　旧时富家多供奉坛神，如遇家务不顺，或遭受天灾人祸，则认为是坛神震怒，就得请端公作靖坛法事。有正坛和耍坛两项活动。正坛在白天做法事，耍坛于晚间在院坝或阶檐演出小川戏，一般为一个昼夜。

看风水　据称，为求祖宗荫庇，保佑子孙后代荣华富贵，县人的阴地阳宅都要请“阴阳”（又称地师、风水先生）看风水，以“山管人丁水管财”的原则寻找龙穴沙水，确定位置，谓找龙脉。破土动工、建房上梁、生意开张等要选黄道吉日。阴阳借此故弄玄虚。

看　相　城乡皆有手持写有“麻衣相法”招牌的看相人走街串乡，言能从人的面相预知吉凶祸福。民国十几年，程佳场看相人李良能言会说，掌握很多模棱两可的语言和歌诀，以一观气色，二听说话，边看边问，掌握心理，用迎合或恐吓手段达到骗钱的目的。

泼水碗　木版印制的《玉匣记》载有病人在何时犯病，系犯何方的神仙鬼怪等内容。为了病愈，病家用碗盛清水，内放盐、茶、饭、豆，更深夜静时去三岔路口焚香化纸，按书上指点的方向将水泼出，扣碗于地，回家路上不能回头，否则不灵。

妥　位　僧道利用人们孝敬父母的心理，使其为死去的亲人在庙内设一灵位长期供俸，叫“妥位”。民国初年，天堂寺即有此项祀务，设一灵位需出功德大洋一百元。

放　生　有些人追求来生幸福，今生不伤生害命，故买鱼类到南门外擦耳崖、钓鱼台等处放生。民国时慈善会在全县各地开辟多处放生沱。

画神水 有称能画神水治病者，挽诀念咒，画水为人治病。因旧时缺医少药，有些人寄希望于“神水”。

做道场 城乡均有专为丧家做道场的道士，制有法衣法帽，有一伙能吹能打乐器、能书符念咒的人，为死者忏悔罪过，超度轮回，指引亡人早归西方乐土。不做道场的丧家，会遭到亲友讥议或斥责。民国时期，城内的黄幺道士和吴道士较有影响。

（十一）其他

1. **忠义之节**

荣县的胡忠节公子昭参与了建文之难，死得最为惨烈，《明史·方孝孺传》里有记载。这不是殉难于别人的家祸吗？朱棣是篡国之贼，人人得而诛之，难道还可以做他的大臣吗？近来如袁世凯改称帝号，自以为乐，海内志士，谁肯甘心做他的臣子奴才呢？忠是大道，本来就不是只有臣子才应该有的气节。曾子曰“为人谋而不忠”，假如遇到这样的人，一同做事必然要遭其陷害。五代有个叫冯道的人，王安石把他推尊为“菩萨”。嗟哉，假使今天的人大多数都像冯道，不顾廉耻，今日投向东边，明日投向西边，党还能成其为党吗？我县有忠节公胡子昭这样的乡贤，而东川之山直冲云霄，士子果真希望向前辈学习，切记不要讳言“忠”。

2. **乐善好施之风**

平民的生活，大概是一点一点积累而逐渐达到小康的，然而人在此过程中也因此变得刻薄吝啬。积盈久了，子孙豪奢，必然败家，这是因为他们只知道自己享用，而对他人薄情寡义的缘故。近年来因为战争，穷人与富人的家业几乎同样遭遇毁灭。所谓民劳苦则善心生，故人人乐于做慈善之事。荣县有两位姓黄的先生。一位是黄绶，字敦三，贡井人。年少时家里很贫穷，自己仅免受饥冻之苦，却以爱世济人为务。黄绶才能过人，其办理盐务，他人都失败了，只有他能成功，成功之后必然拿出若干钱财做善事，这都是常事。到中年后家产越来越多，善事也越做越大。世道混乱之时，有匪徒想要焚烧黄绶的住所，他全然不顾，而是更加积极地做善事。他 60 岁以后，修建了一座善堂，规模浩博，费资巨大，他也因此而声名远播。有人诽谤他说：“黄绶所施舍的都是公家之财，他只是占用其名罢了。”然而井肆中号称财团者，除黄绶外没有听闻有行善事的，由此可知，诽谤之言实为虚妄之说。另一位是黄九文，城北人，靠帮人做事谋生。光绪甲申（1884）乙酉（1885）的灾荒，因为向官府求赈灾米谷一无所获，遂发誓要以救济他人为务。他一生勤劳节俭到了极致。他在把自己少量的田地分给侄儿后，更加用心地做善事，凡修桥修路，即倾尽所有资产也在所不惜。还常常参与到路、桥的修建中。尤其值得称道的是，乱时赈饥，他开始得比官府早，结束得却比官府晚。北乡的众多劳苦贫穷之民，都倚仗黄氏得以活命。老天爷也在帮他，大险中不遭兵祸。戊辰（1928）正月，命其子芝三督修一桥，芝三被石头砸死，赵熙题曰“大悲桥”。虽然如此，但九文从不后悔做善事没有善报。九文行善事花费颇巨，但观其家财，实不如中等收入的家庭。

如二位黄先生，修德行仁，以做善事为乐，按照圣人之说，他们一生理应平安顺利。与以上二位相比，过去之人的所谓善言善行，真可谓不值一提。

3. 大力、技巧之艺

荣县山多，遂出力大之人。道光时有个叫张济川的人，一个人的力量可敌三头牛。他常在耕田归来时，抱牛到溪滨为其洗脚。有县衙役预谋，苛索其钱财，张济川像举车轮一样举起废石磨，在上面放茶以招待客人，衙役大惊，遂逃走。此即《月令》所谓“壮佼”也。时局太平时无用武之地，故张氏的名字不记载于史册，非常可惜。今荣地山中的农民勤劳勇敢，在相邻几个县中是最为出名的。山中梯田的产量，超过日本农事试验场收获的数倍。

人生来就有争斗之心，本有天然的拳头勇力，后又借助木、石以彰显其力。兵刃更是后来之物，读《吕氏春秋》即可了解其大概过程。许氏《说文解字》自“捲”至“挌”三十多个字，仔细考察，讲的都是拳法的技巧。荣县在咸丰、同治时，有陈氏、翁氏、邹氏、吕氏四家家传拳法，今简单介绍其传人。

陈氏传人名士魁，住在北郊，在拳法中称为长手，但他并不以拳法为业，而是乐于从事农业生产。传说他曾在竹园铺与人打斗，打得连墙壁都振动了，而他在屋脊上跳跃却像猿猴一样轻盈。他的师傅叫朱砂罐，是一名很神秘的拳师。

翁氏名月廷，胆小如妇女和孩子，但行走的速度可以超过飞奔的快马。一次翁月廷与他人比试武艺，对手是一个善于使矛的人，可用矛尖弹中碗口那么大的花上的苍蝇和蚊子。翁月廷腹部紧贴着一张有漆的桌子站立，矛光如电刺来，只见他用一个指头就按住了矛，矛尖便停止下来一动不动。根据双方约定的比赛规则，如果桌漆有划痕，则使用矛刺的人认输，如果矛峰刺到翁月廷腹部上的肉或者肉上有微红点，则翁月廷认输。由于翁月廷按住了刺来的矛尖，验看结果，自然是双方都没有输。此二人真可谓是目精手捷。

至于邹氏、吕氏的事迹，说来不过是增加谈资而已，就不详述了。

技艺精湛的人都非常谦虚谨慎，在人群中受侮也不生气。他们习武不过是为了提升自我修养。如果追问其方法，他们会回答说“练习”而已。

近年来又有学蹻法的，一天可走五六百里。蹻法的大概情况《抱朴子》中已有记载。

4. 不良之习

荣地整体来讲民风淳朴，但因为各种原因，在一些特殊时期也出现了一些不良之习气。

清初，因本地原著居民、外来移民之争，再加上地势迂回、位置特殊，诉讼成风，加之时常有奸拐窃盗案件发生，民风不纯可见一斑。如乾隆《志》详细记载当时的情景曰：

荣县一直被称作好诉讼之地，或许与地方官懒于听讼裁断，案牍越来越多有关。查找诉讼的根源，无外乎与过户、婚姻、田土买卖有关。原著居民雄视一方，养成“谁也不敢把我怎样”的观念，外来移民则结交衙门中的贪赃吏役，竞相崇尚蛮横之风、狡诈欺骗之术。如果能有哪位贤明父母官主政荣县，常常耳提面命，哪里用得着担心这些低劣丑陋之习俗不会转变呢！只要实事求是推行风教，言传身教，世风定能转变。此外，县官大人还应当时刻以鳏男旷女（没有配偶的人）的存在而忧虑。

荣县与叙州府的宜宾、富顺，嘉定府的犍为、威远，资州的仁寿、井研等地交界，东边则是重庆、泸州一带往来的门户，西北则是简州（今简阳）、资阳、内江等地违法作乱之人出没之地。对于那些游手好闲、偷牛盗马的匪徒，虽然稽查十分严密，但难免有所疏忽，尚须除恶务尽。就老百姓而言，占垦开荒者本该交田地税，但大多数人却采取欺瞒隐藏的方式逃避税收。县境四至内的山冈荒地在招佃时竟然有不问来历者，所以招佃过程中实则藏匿或包庇了很多坏人。其实，县境之内的奸拐窃盗等案件，主要都是这些人所为。近年来奉行保甲制度，严肃户口稽查，并严惩招佃者藏匿收容之罪，荣县境内的社会治安才逐渐得以好转，真心希望相关责任人对此不要有丝毫的懈怠。

民国《志》也记载了一件军队开戏园谋利之事：荣县百姓本生活朴实，只有五月赛城隍的时候，才会演数十天的戏。除此以外，人民各自辛勤做事，少有纵欲作乐之人。戊辰（1928）正月，驻防军队通过开梨园唱戏的方式谋取财利。其行为固然惊世骇俗，但县令只能奉行驻军的命令。幸好后来该军官因贪污被撤职，否则后果不堪设想。本县除那些性同倡优之人外，其实人人都希望终止这种不良行为。而军队驻防往来更替，变本加厉，日盛一日，其卑贱污秽，说出来简直丑陋无比。幸好在九月，曾言枢团长驻防荣县，坚决制止了这种丑陋的行径。曾团长真可谓是民国17年来荣县的第一好军官。有人说，军队在哪里，梨园戏子就在哪里，远比说军队在哪里，匪徒盗贼就在哪里要好一些。

第二节　方音

按现代语言学对方言的分类，荣县方言属西南官话仁寿富顺小片，与普通话、成都话、重庆话等差别很大。荣县话有去声，无入声。现代语言学者对荣县方言的研究重在客观描述，以及与其他方言相对比，没有分析其原因，而赵熙民国荣县《志》则利用传统的音韵训诂之学分析了荣县话中一些特殊的用语、发音的来源，有些虽不一定正确，但非常具体地展示了民国初年荣县方言的情况，可供我们现在研究参考。今详述如下。

人所处的环境有方位山水等不同，因此产生了不同的方音。汇集方音就成为方言的一大重要组成部分，各种方言各有得失，因多是各自自相论证，故都以对方为非。但如果以古今音的分别来考察，则都是相通的。荣县方言中有去声，无入声，与威远、富顺两县相同。阳、唐韵近寒、近盐，先、仙韵近真、文，近青、蒸，这是荣县所独有的。段玉裁说古音有入声，无去声；孔广森说古音有去声，无入声，所说都有依据。但陆法言《切韵序》说：“秦陇去声为入，梁益平声似去。”不言有入声。总之，古音没有去声、入声的分别，则是真实的。《广韵》共二百零六韵，音韵学者对此做了阴阳区分。以类来判别，钟、覃属为一类，寒属为一类，青、真、蒸、侵诸属各自为一类。其中没有分别的，则是干、冈、甘、寒、行发音一样，则阳、覃、寒不分；真、征、蒸、琛发音一样，则真、青、蒸、侵不分。以先、仙两韵为例考证之。“天”，古与“人”叶韵，《说文》“天，颠也”，“颠”从真声，古在真部。《诗经·车邻》中“颠”与“邻”“令”同韵，《采苓》中“颠”与“苓”“信”同韵。圆从“员”声，《诗经·玄鸟》“景员维河”，郑玄《笺》“员，古文作云”，《出其东门》中“员”与“门”“云”“存”同韵。“田”，《说文解字》（以下简称《说文》）“陈也”，在《诗经》中与“仁”“人”“零”“渊”“千”同韵。“年”从千声，千从人声。“仁”，古文作“忎”。“郇”读作宁，在《诗经》中“年”与“薪”“宾”“人”“田”“命”同韵。“先”，从人，《诗经》“骁骁征夫”，《韩诗》作“辛”，与“堇”“忍”“陨”同韵。“坚”，从臤声。“臤”，从臣声。“贤”，在《诗经》中与“丁”“臣”“均”“坚”“钧”同韵。“怜”（憐），从粦声，在《楚辞》中与“清”“人”“新”“年”“生”“赓”

“鸣”“征”同韵。“扁”，在《诗经》中与“民”“信”“频”同韵。《说文》中“蹁”读作“苹”，“鯿”或作“鳊”。“煙”，或写作“烟”，从因声。“艰”，从艮声，在《诗经》中与“门”“殷”“贫”“玄”同韵。“玄”，古音如“训”。“牵”，为轻，玄声。在《易》与“宾”“民”“正”“命”同韵。“渊”，在《诗经》中与“人”“身”同韵。“旋”，古读“巡”。“全”，趣元切。“选”（選），从巽声。“典”，在《诗经》中与“禋”同韵。“禋”，古读“因”。“免”，在《诗经》中与“洒”“殄”同韵。“殄”“腆”读音相同。《仪礼》注“腆，古文作‘殄’”，“腆”，典声，在《诗经》中“典”与“禋”“成”“桢”同韵。《曲礼》注：“缮，读曰‘劲’。”《檀弓》注：“原”误为“京”。“奠”，《释名》解释为“停也”，古代假“奠”为“定”。“便”，从更声；“更”从丙声。“凡”，从丏声。在古代，字都在真部。“宾”，从丏声。“眼”，《释名》解释为“限也”。在《周书》中“限”与“慎”同韵。此类情况不能一一列举。

唯独荣县的方言发音与古音合，不是土音。下面以阳、唐韵为例考证之。《诗经》“笃公刘，既溥既长，既景乃冈。相其阴阳，观其流泉。其军三单，度其隰原，彻田为粮”中，以“泉”与“阳”同韵，以“粮”与“原”同韵，其诗逐句押韵，“单”读如“当”，与上章“逝彼百泉，瞻彼溥原，乃陟南冈，乃觏于京”同义。《诗经·抑》“告之话言，顺德之行”，“言”“行”是韵脚。《诗经·桑柔》“惟此惠君，民人所瞻。秉心宣犹，考慎其相”，“相”“瞻”是韵脚。《诗经·殷武》“天命降监，下民有严。不僭不滥，不敢怠遑”，“遑”“监”“严”“滥”是韵脚。《淇澳》传：“谖，忘也。”《说文》云：“萱，忘忧草也。”“谖”有“忘”音。“民人所瞻”，校之汉官碑，作“民人所彰”。《尚书》“皇自敬德”，《后汉书·杨震传》作“还自敬德”；“勿士行枚”，郑读“行”为“衔”。《周礼·浆人》注“凉以水和酒也”，《礼记·内则》以“滥”即“凉”也。《说文》中“矿”或作“卝”，《周礼》“卝人”注：“卝之言矿也。”《礼记》“相近于坎坛”，郑读“相近”为“禳祈”。《礼记·郊特牲》注“禓或为献，或为傩”。《礼记·杂记》注“坎”读为“圹”。《诗经·大雅》“实覃实订”，《传》“覃，长也”。《春秋繁露·祭义》：“尝言甘也。”《中庸》注“方，板也”。《大雅》“惟师尚父，时维鹰扬”。班固《燕然山铭》，以“鹰扬”与“螭虎”对举，是以“扬”为《尔雅》“白鹰”之“鸉”，实为两种鸟。《后汉书》高彪作箴“诗人作歌，如鹰如鹯”，可知鹯、鸉可以通假。《夏小正》“蘩，旁勃也”。《尚书大传》“降谷”或作“函谷”。《释名》：“板，般也。般般平广也。”《诗经》郑玄笺注有：“康，安也。”《广雅》：“边，方也。”“杨陓”，《周礼》作“弦蒲”。《左传·襄公二十四年》“皆踞转而鼓琴”，杜预注：“转，衣装。”孔颖达《疏》中有“弑者，试也”“戕者，残也”；“構木”，“構”音“郎”。郑庶其“以滥来奔”，滥，汉为昌虑县。《春秋》“齐人取讙及阐”，阐水，郦道元作“洸水”。《庄子》：“千岁厌世，去而上仙，乘彼白云，至于帝乡。”《战国策》“楼缓”一作“楼昌”。《列子》“宋有兰子”，应劭注：“兰，妄也。”《韩非子》“章胥己”，《吕览》作“胆胥己”。《琴操》卞和歌：“于何献之楚先王，遇王暗昧信谗言。”《易林》：“举家蒙欢，吉利无殃。”《山海经》：“蠃”或作“蛮”，“鲂”一作“鳊”，蟟者，蝗也。《说文》：“关西谓榜曰篇。”《水经注》“沧浪洲”一作“千龄洲”，“盐石”一作“阳石”。《说文》：“泛谋曰访。”“鞔”后通作“帮”。《淮南子》注：“坛，场也。”《说文》“香，从甘”；“衍，从行”。“愆”或作“寋”，籀作“諐”，皆从衍声。《文选》王逸注：“坛，犹堂也”。后汉国家避讳，“庄”与“严”意义相通，也是因为读音相近。《庄子·则阳》注：

"樊，傍也。""孟浪"，向秀读为"漫澜"。《楚辞·天问》中"亡""严""飨""长"为韵脚。颜师古《汉书·高帝纪》注："戇，古音下绀反，今音竹巷反。"《急就章》"谈""阳""桑""让""庄"为韵脚。张衡《四愁》次章以"怅""伤"与"玕""盘"同韵，与余三章同例。佛教语言中"空"为"昙"，读音又作"唐"，"南无"又为"曩谟"。北魏晏次将造像，"观世音"作"光世音"，西域"乌苌国"一作"乌缠国"。《黄庭经》"琅玕"一作"兰玕"。这类情况不能一一列举。荣县方言发音独与古音相合，并不是土音。方言与今音有相违背的地方，仔细考究起来都有其本源。现在审查其读音，考证其含义，以下根据韵部大概列举之。

《左传》"风马牛不相及"，孔颖达《正义》引服虔云："牝牡相诱谓之风。"《尚书》称"马牛其风"。现在男子争淫曰"争风"，只要是放荡的行为都称"风"，人畜癫狂曰"风"，因酒使性曰"酒风"，儿童游戏曰"风"，跳到半空中曰"跳风"。《释名》："风，放也"。

《诗经·小雅》有"饛簋飧"，《传》："饛，满簋貌。"现在市井中超过碗平面位置的饭叫"冒头"，"饛""冒"声转。《说文》："冒，蒙而前也。"《周礼·考工记》"冒鼓"，注训"蒙鼓"。

扬雄《方言》载："倮傗，骂也。燕之北郊曰'倮傗'。"现在说人形卑鄙可憎曰"傗"，又曰"庸倮傗"。

《说文》："扐，裂也，许归切。"民国《志》按："蘤"，古"花"字，"花"古作"华"，"扐"为声，故转"华"。《礼记·曲礼》："为国君者华之。"注："华，中裂之，不四析也。"今劈木材曰"华"。

《说文》"斯，析也。"厮，散声。《方言》："东齐声散曰'㾷'，秦晋声变曰'㾷'，器破而不殊，其音亦谓之'㾷'。""厮"，斯也，音转为"沙"。《周礼》："鸟皫色而沙鸣。"今天说声音嘶哑者曰"沙喉咙"，读音就是"沙"字本音。《释文》："一音所嫁反。"与"嗄"同。《老子》："终日号而嗌不嗄。"今天声音嘶哑曰"声气嗄"。嗄，平声。

《诗经·大雅》"无为夸毗"，《传》"夸毗，体柔人也"，谓取媚于人者。今称懦弱曰"夸毗"。夸，铺巴切。

《说文》"人相笑相歋瘉"，就是邪揄的意思。许本无"瘉"，"俞"声古在侯韵。《史记·万石君传》注"腧，音投""愉，偷也"。今戏弄人曰"瘉"，音"兜"。《说文》："孚，卵孚也，芳无切。"古读保，字从古文"保"。《方言》："朝鲜洌水之间，谓伏鸡曰抱。""伏""抱"都是"孚"的意思。今草木发芽曰"苞"，怀孕曰"包胎"，胎衣曰"胞"，膀胱曰"脬"，皆"孚"语。

《仪礼·士丧礼》注："綦，屦系也。"今线带曰"鸡肠带"，实际就是"綦缠带"。《说文》无"綦"字，"系"就是"綦"。"系""係"相通，故注为"係"，转为"繫"。张衡《思玄赋》"繫幽兰之秋华兮"，注："繫，系也。"又为"篾"，《南齐书》：虞玩之"蹑屐造席，篾断以芒接之"。今凡是系东西都称为"篾"。

《方言》："鼃，律始也。"《广韵》："鼃，乌蜗切。"刚生的男孩曰"鼃儿"，俗语借为"娃"。"鼃"，从圭声。《说文》："哇，读若医。"《释名》："人始生曰嫛婗。"嫛婗即鼃儿也，本义为"基"。《尔雅》："基，始也。"

《方言》："台、敌，匹也。东齐海岱之间曰台；自关而西，秦晋之间物力同者，谓之台敌。"今合力把物举起曰"台"，台榭之名就本此而来。凡是柱子，肯定要立在地上，台则是用大木头在中间支撑，今曰“台梁”，故用台来命名。《左传》“仆臣台”，是说做体力活的，就用其职业命名。因此凡举事之称都可以用“台”，事情开始说“上台”，事情结束说“要台”。《诗经》传：“要，成也。”又说“下台”。

《说文》：“趯，留意也，读若小儿孩，户来切。”今天人们谓留曰“趯”，阴平声。会党入会曰“趯耍”，俗作“耍”，本为“待”。《说文》“待，竢也”。“竢”，巳声。“相”或作“梩”，是“趯”“待”相同。“待”，又曰“等”，汉时已有“等”语。《说文》：“赵”云“疑之，等赵而去也。”“待”急读为“等”。

《说文》：“兽足谓之番，附袁切。”古代无轻唇音，“番”读作“班”，今音同“板”一样。手掌曰“手番”，足掌曰“脚番”，双声转“爬”。《说文》：“爬，搥击也。”今爬掌、耳爬。北方人强以“刮”字当之，是不对的。

《说文》“撣，提持也”，是说“提”与“持”同。今凡拿东西曰“撣”，平声，俗以“担”字代之，是不对的。

《说文》“𠬜，引也”，今天的“攀”字，普班切。谚语说“巴结”，“巴”就是“𠬜”，音又为“般”。《说文》：“般，辟也。”上引曰“𠬜”，平转曰“般”，用手转动物体曰“般”，转家曰“般家”，“般运使”即“转运使”，俗作“搬”。转动眼睛看，《说文》作“督”，俗曰“督视”。

《诗经》“如蛮如髦”，《广雅》“蛮，傷也”。今粗鲁曰“蛮”，亦曰“髦”。

物体悬挂谓之“佻”。《方言》：“佻，县也”，赵魏之间曰“佻”。郭璞注：“了佻，县物貌，丁小反。”今作去声，音“吊”。民国《志》按：“佻”本为“了”。王延寿《王孙赋》就作“了”。《说文》中“了”字像悬挂的形状，连语借“佻”足之，字遂作“佻”，或作“𠄏”。《广韵》：“𠄏，县物貌，都了切。”他书引《方言》注亦作“了𠄏”，“𠄏”为“了”俗字，以别于“明了”之“了”。《说文》：“卣”，读若“调”；禾危穗曰“杓”，都了切；苇华曰“艻”，徒聊切，到首曰“県”，古尧切。最初古文只作“了”。

《说文》：“覒，择也，读若苗。”今说看曰“覒”，发音为古音。取准曰“覒准”。

《说文》段注：“搔，刮也，苏遭切。”今“搔痒”读音为苦侯切，如“离骚”为“离忧”。

《说文》：“誂，相呼诱也，徒了切。”《战国策》：“楚人有两妻，人誂其长者。”今曰“誂戏”，音“调”，语又转“謏”。《广雅》“謏”，俗。

《说文》：“幺，小也。”俗谓小儿曰“幺儿”，小弟曰“幺弟”。幺、幼声转。幼，少也，与“夭”同。《诗经》“桃之夭夭”，《传》“少壮也”；《诗经》“夭之沃沃”，《传》“夭，少也”。今天人们爱怜少者称“夭夭”。

《方言》：“婬，媱游也。江沅之间，谓戏为婬。”“婬”本为“媱”。《广雅》曹宪音“遥”。《说文》：“媱，曲肩行貌。”连文曰“要媱”。王逸《九思》注：“要媱，舞容也。”今艺人装扮成女者非常要媱，故称“媱但”。《淮南子》注：“但，犹诈也。”俗作“摇旦”。要媱，别作“妖娆”。《方言》：“遥、窕，淫也，九疑荆郊之鄙谓淫曰遥。”今娼妓曰“遥姐”，所住的地方叫“遥子”。“遥”当为“媱”，娼乐也，媱戏也。

《仪礼·士丧礼》“皋某复”，注：“皋，长声也。”今一起用力喊曰“喊皋子”，或作“嚆”。《庄子·在宥》释文引《字林》："嗃，大呼也。"本为"号"，《说文》："号，呼也。"最初古文作"丂"。

《方言》："茫，遽也，吴扬曰茫。"民国《志》按："茫"即"駫"。《说文》："駫，马奔也。"在古代与"茫"同声。《周礼·考工记》注："'慌'读为'芒芒禹迹'之'芒'。"俗语作"慌忙"，在汉代已作"忙"。

《周礼·考工记》"轮虽敝不匡"，注："匡，枉也。"今凡是以力让人屈叫"匡人"。《诗经》"或王事鞅掌"，《传》："鞅掌，失容也。"《释文》："鞅，于两反。""鞅掌"音切为"鞅"。今天人生病羸弱称"鞅"，平声，即面容变色的意思。与人搏斗而无力称为"鞅人"。

《说文》："定，歫也，丑庚切。"今用语言抵抗他人称"定"，去声。眼睛直视曰"瞠"，衺柱曰"樘"，俗皆作"撑"。音又为"堂"。因事情拖延时日曰"定"，音"堂"。

《说文》："綷，紆未萦绳也。"《仪礼·士丧礼》"不绪"，注："绪，读为'綷'，屈也。江沔之间，谓萦收绳索为'綷'。"今纸鸢曰"风綷"。

《说文》："汉律：齐人予妻婢奸曰姘。"《尔雅注》："江东谓萍为薸。""萍""姘"音近，今曰"姘头"，"嫖"就是"姘"。

《说文》："甹，亟词也，三辅谓轻财者为甹，普丁切。"音转为"拌"，普半切。《方言》："拌，弃也。楚凡挥弃物谓之拌。"今天人相互冲撞曰"甹命"，又曰"拌命"。扔东西到地上叫"拌"，音"半"。

《诗经·桑柔》"捋采其刘"，《传》："刘，爆烁而希也。"《尔雅》："毗刘，爆乐也。"今天说不修边幅为"毗刘刳滴"，又为"毗刘杷刺"。

《方言》："竘，貌治也。吴越饰貌为竘。"注："音恪垢反。"竘即鲰，《史记·项羽本纪》"鲰生"注："鲰，士垢反。服虔曰：小人貌也。"今谓人妄自尊大曰"竘"，音讴，又曰"鲰"，徂钩切。没有士君子的行为而在外表上模仿叫"文鲰鲰"。

《仪礼·士丧礼》"幅三袧"。注："袧者，谓辟两侧空中央也。"今凡中凿曰"袧"，苦侯切，与"娄"叠韵。《说文》："娄，空也。"今匽沟曰"娄匽"。

《说文》："探，远取之也。"今流落在外求取衣食曰"跑探"，胡作非为的人叫"探探匠"。

《方言》："濉，或也。沅澧之间，凡言或如此者曰濉如是。"北方通行俗语，偶尔有说"或有"者为"濉有"。"濉""或"声转。或，胡国切。

《方言》："䵝、貜、畯，多也。南楚凡大而多谓之䵝，或谓之貜。凡人语言过度及妄施行亦谓之'貜'。"注："䵝，恶孔反；貜，奴动反。"民国《志》按：䵝貜，惊词，就像"多"说成"夥颐"一样。今人胡乱行事曰"乱貜"，阴平声，本为"动"。《说文》："动，作也。"

《说文》："侗，大貌。"《广韵》："他孔切。"《方言》："侗，状也。"今人谓大曰"侗"，发音如"董"。木梡者曰"榴木櫳侗"。

《方言》："怂恿，劝也。""怂恿"合为"怂"，亦作"耸"。《方言》："中心不欲而由旁人之劝语，亦曰'耸'。"

《说文》："母，牧也。""马"的古音如"母"，故曰"妈"，今入麻韵。

《方言》："帬，自关而东谓之䙌。"注音碑。帬，下裳也，因为衣下之称。其侧曰"䙌"，音"摆"，字本为"綼"。也就是《仪礼·既夕》"縓綼緆"注："饰裳在幅曰'綼'。"《说文》"鞞"，读若罢。

故“緈”转为“襬”。

《说文》：“幨，以囊盛谷，大满而裂也，方吻切。”俗作“奔”，去声。奋裂曰“幨滥”，与“璺”同。《方言》：“器破而未离谓之璺。”音“问”。俗语云“打破炉缸璺到底”。

《说文》：“緶，緁衣也。”《丧服》“齐衰”疏：“齐，緶也。”《广韵》：方典切。今衣之下畔曰“佻緶”，以疏针缝之曰“敹緶”。《尚书》“敹乃甲胄”，《释文》“了凋反”。

《说文》：“伴，大貌，薄满切。”今肥大曰“伴”，普半切，亦作“胖”。《大学》“体胖，郑注：‘胖，犹大也。’”曰犹，“胖”当为“伴”。

《说文》：“儹，最也，作管切。”聚积也。今谓积累钱财曰“儹钱”。读“赞”上声，连语曰“儹积”。

《淮南子》“草驹”，注：“五尺以下为驹，放在草中，故曰草驹。”《礼记·月令》“游牝于牧”，注“其牝欲游，则就牧之牡而合之”，是雄性在牧场。牧场是草地，雌性去那里，所以谓牝曰“草”。雌性的狗叫“草狗”，兽类求交配曰“叫草”，曰“走草”。雌性的马今天称为“廓马”。廓，郭也。古代在郊外放牧，就是“游牝”的意思。

《说文》：“攷，敂也。”通作“考”，俗作“拷”，声转为“敲”。敂头曰“敲头”。《说文》：“敲，击头也，口卓切。”头见击曰“挨敲敲”，音如“科”，即“口卓”重音也。“攷”“敲”均为击，犹“考”“课”都是考试的意思。

《匡谬正俗》谓“轻忽其事不甚精明为砢（力可反）么（莫可反）”，即《庄子》“卤莽”之讹。民国《志》按：卤、莽义近，其本意则不同。“砢么”者，莫奈何也。奈何为“砢”，古作“那”。莫何为“么”，语有分合缓急。今以不了了之称为“砢”，又说“么”，或者说“那何里何”，又说“么何而兮”，都是同一个用语的衍生。《论语》：“不曰如之何如之何者，吾未如之何也。”古音“如”读“奴”，“奴何”为“那”，“末何”为“么”。

《唐书》：“十人为火。”准备所有需要的物品与工具，因此将这些物品与工具叫为“家火”，就像称“什”与“东西”一样。同列曰“火伴”，见《木兰辞》。今凡是有共同利益者称为“同火”。

《方言》：“隅，益也。”今用画来代替数字叫“隅子”“隅号”。“隅”，汉代时候的俗体字，今天写作“码”字。“隅”当为“马”，在古代校人掌管马的牧养、训练、使用和采购等事务，马二百十四匹为一厩，六厩为一校。校，考也，比也。厩就是“究”，谓探求其数量。因以为凡数的称呼，与乘为积数相同。《礼记》投壶“为胜者立马”，“马”即“隅”。今秤曰“马子”，尺子曰“尺马”。轻重、多少、长短都要用数来表达。

《说文》：饟，昼食也，书两切。俗作“晌”，是“暂时”的一种称呼。顷刻就消失的，言“一晌亡”。去喝酒辞谢同辈，曰“饟偏”，音为“相偏”。

《说文》：“绺，纬十缕为绺，读若柳。”今谓线曰“绺”，线一束曰一绺，音如字。

《诗经·周颂》“有喷其馌”，《传》“喷，众貌”，《释文》“敕感反”。“万亿及秭”，《笺》：“言得多也。”今说人多，曰“亿万喷秭”，一辈人曰“一喷人”，音贪。

《方言》：“冯，怒也。楚曰冯。”《诗经·大雅》“内奰于中国”，《传》：“不醉而怒曰奰。”《释文》：“奰，皮器反。”“冯”“奰”，声转，“冯”即“奰”。今发怒曰“发气”，“气”当为“忾”。《左传》“敌王所忾”，注：“恨怒也。”

《仓颉篇》：“厕，次也。”（《文选注》）俗谓厕曰“次”。《说文》：“次，不前不精也。”古文“茍”象屋相次形，凡不是正居曰“次”。《周礼》注“王行所止”“宿卫所在”，《仪礼》“张帷”，均曰“次”，其名或许比“厕”更古。《仪礼·士丧礼》“隶人涅厕”，已作“厕”。俗又称“茅次”。

《周礼·八则》注：“废，犹退也。”今物品褪色曰“废”。

《说文》：“𦍐，有所依据也，于谨切。”今以出租田地收租曰“安稳”。《玉篇》：“稳，蹂谷聚。”在意思上不合，字当为“𦍐”，有所依靠。《方言》：“依，禄也。”

《说文》：“聿，聿饰也。”俗语以书法好为“聿”，读若“津”，与“隽”同。隽，鸟肥也，鸟肥则美。今人谓美曰“隽”，音转为“将”。《管子·形势解》：“将将鸿鹄，貌之美者也。”今逗小孩子说衣裳漂亮曰“将将”。

《方言》：“戏、惮，怒也。”《说文》：“惮，忌难也。”“难”读为“问难”之“难”。今双方相互责难曰“惮”。“惮”，即“不惮”。郭璞注：所谓“难而雄也”。又曰“否惮”，否，不也。

《说文》：“垸，以桼和灰丸而㯱也。胡玩切。”古与“刮”同音。《周礼·考工记》“刮摩之工五”，注：“故书‘七’为‘十’，‘刮’作‘捖’”，郑司农云：“‘捖’读为‘刮’。”《礼记·檀弓》“华而睆”，注曰“说者以‘睆’为刮节目，字或为‘刮’”。今人以漆和灰来染物，又摩刮之，曰“推垸”，音“灌”，又曰“刮灰”，与古代相同。

《说文》：“屰而夺取曰篡。”通作“篹”。《方言》：“凡取物而逆谓之篹。”郭璞音“馔”。今帮人打理钱财物品而暗中据为己有称为“篹”，买卖获得利益也曰“篹”。《尔雅》：“篡，取也。”因此凡是取都说“篹”，也就是所谓的“美恶同辞”。俗作“赚”。

《诗经·小雅》“维禹甸之”，《传》：“甸，治也。”《尚书》“五百里甸服”，《传》：“为天子服治田。”《周礼》有“甸师”一职，主要职责是供给薪柴。今天租田来耕种曰“甸”，俗作“佃”。《说文》：“佃，中也。”《春秋左氏传》释文曰：“乘中佃，一辕车也。”没有管理田地的意思。《晋书》：“吴人大佃皖城。”《玉篇》云：“佃作田。”是汉代以后就是如此了。

《礼记》“枉矢哨壶”，注：“枉、哨，不正貌。”《释文》：“哨，七笑反。”壶，圆的器物。《周礼·考工记》注：“哨，顷小也。”《说文》：“哨，不容也。”惟小不容，亦作“肖”。《方言》：“肖，小也。”今音如“皭”，凡物小曰“哨”，要小曰“哨要”，人小曰“哨小”，又小又高曰“哨顤顟”。

《大雅》“反予来赫”，《笺》：“口距人谓之‘赫’。”《释文》：“本亦作‘嚇’，许稼反。”今人恐惧曰“嚇”，亦作“赫”，与古代同。

《仪礼·少牢》：“放于西方。”《广雅》：“放，置也。”今放置物品曰“放”。

《方言》：“透，惊也。”今惊战曰“透栗战”，上声。“透”，《说文》新附字，一音式六反。古宜为“肃”，《说文》：“肃，持事振敬也，振动也。”《诗经·豳风》“九月肃霜”，《传》：“肃，缩也。”“肃”“缩”音同。“缩”，宿声。星宿，一音“秀”，故“肃”转为“透”，犹“尗”转为“豆”也。《通俗文》：“斗薮谓之𣫍𣫍。”《一切经音义》。斗薮，透也。𣫍𣫍，肃也。

《三仓》：“‘柿，札也。’今江南谓削木片为‘柿’，关中谓之‘札’。”《一切经音义》。今音如“渣”。

《说文》："铅，青金也。"《汉书·食货志》："磨钱取铅。"今刀钝曰"铅"，俗作"鉛"。

《周礼·小宰》注"谲觚非常"，疏："兵书有'谲觚之人'，谓谲诈桀出，觚角非常也。"今人言狡诈曰"觚丫"。丫，羊角也。

《说文》："匹，四丈也，普吉切。"古代解释为配也、偶也、合也。而中从"八"，其意思是由分而合，故二说"匹"，一也说"匹"，取义相成。今说马以"匹"为单位，瓦以"匹"为单位，桷以"匹"为单位，篾条以"匹"为单位。其它与之相同。

《诗经·周颂》"有飶其香"，《传》："飶，芬香也。"今形容香曰"飶飶"，形容甜也曰"飶飶"。蜜从"宓"声，甘、香同。《说文》："香，甘也。"

《方言》："黜，短也。"郭璞注"音疣赘"，从叕声。《广韵》"吴人呼短，侧律切"，从出声。今人说短曰"短黜黜"，音如杵，绵衣短的曰"絮黜黜"。出、叕都有短的意思。《说文》："屈，短尾也。"山短而高曰"崛"。郭璞注《尔雅》："短尾曰鶌鸠。"《说文》："窡，短面也。"《庄子·秋水》："掇而不跂。"《淮南子·人间训》："愚人之思叕。"郭璞、高诱二人的注都解释为"短"，都是声转，本意为"襡"。《说文》："襡，短衣也，市玉切。""梀，短椽也，丑录切。"短的衣服叫"襦"，短的羽毛飞起来曰"几几"，矮人称"侏儒"，襜褕短的叫"裋褕"，"裋"犹"竖"也，短衣曰"祇裯"，入声，皆与"襡"近，则"襡"为语源，声转为"出"，为"叕"。

《说文》："厥，发石也。""觼"，角有所触动而发也。今恶骂曰"詈觼"。"詈"音同"日"，谓由外部触动内部而发。

《说文》："𡚸，囚突出也，胡八切。"今凡是私自逃跑曰"𡚸"，音如"下"。收留者称"𡚸家"。

《说文》："搰，掘也，户骨切。"《国语·吴语》："狐埋之而狐搰之。"韦注："搰，发也。"挖土引之曰"搰"。今人有所埋瘗曰"搰土埋之"。葬后曰"复山"，宜为"搰"。

《说文》："糣粲，散之也，桑割切。"今谓散曰"粲"，散声曰"糣粲"。雨声曰"糣糣粲粲"。糣粲，小声。蚕曰"蟋蟀"，也是以其声音命名的。"粲"为"散"转声。

《说文》："撆，反手击也。"《广韵》："蒲结切。"今用左手者曰"撆手"，音如字。以掌击人为"批頬切"。

《说文》："箸，饭攲也。"谓攲褱取物也。今曰"快"，取夬的意思。《说文》："夬，分决也。"箸有取舍，故中曰"箸"。《广韵》"直略切"，字为"著"，俗作"着"，北方语言如"招"。遣人曰"箸"，就是舍取之义，俗亦作"着"。

《方言》："扬越之郊，凡人相侮以为无知谓之眲。眲，耳目不相信也。"郭璞注"眲，诸革反"。今天说不相信曰"那"，诸驾切，即"眲"也，"彼哉"的意思。

《方言》："辟，商人丑称也。"今责骂曰"辟"。

《易》用簭草占卜再扐而后卦，谓合挂左手小指为一扐。《释文》："扐，郎得反。"今凡是系带都曰"扐"，妇人的首饰叫"帕扐"。

《说文》："德，升也。"《公羊传》曰"登来"，齐人曰"得来"。《周礼·考工记》"得则无槷而固"，"得"即"德"也，声转为"侻"。《广雅》："侻，可也。"事成功曰"侻"，不成功曰"诡"。"侻"即"对"也；"诡"，同今天的"拐"也，可参见扬雄的《法言》。

《说文》："入，内也，人汁切。"俗称男女相交合，就是这个字。

《方言》："殗殜，微也。宋卫之间曰殗，自关而西，秦晋之间凡病而不甚曰殗殜。"郭璞注："病半卧半起也。"今连语曰"殗殜習習"，習、葉同韵，故"揲"转为"摺"。

《诗经·大雅》"会朝清明"，《传》："会，甲也。"今时间短曰"一会"，又曰"一甲"，音侯沓切。转语为"霎"，山洽切。

《说文》："㚔，所以惊人也。读若籋，尼辄切。"今人突然有所闻而吃惊曰"㚔"，人有所加于己而惊讶也曰"㚔"，音叶。语言上相互呵斥对抗曰"哰"，五葛切。刿骨残忍曰"歺"，五割切。不知所说的内容而感到惊讶曰"曷"，胡葛切。都是惊讶时所发出的声音。凡是自然的喉音，古今都相同。由于反切注音的限制，有天天在讲而不知者。

第三节　祥瑞灾异

祥瑞灾异实际是麒麟、凤凰、龟、龙、白虎、甘露、嘉禾、灵芝、彩云以及日食、地震、水灾、旱灾、彗星等自然生物或现象，但却被古代君主和各级官僚赋予了各种神秘色彩与特殊意义，以为是天命的象征，是上天对人间政事的肯定或谴责，体现了天道与人事的一致性。以现在的科学常识来判断，祥瑞灾异的内容基本上都是虚妄的，但在古代的政治生活中却扮演着重要的角色，成为规范君主政治行为、调节王朝政治的重要武器之一。因此，寻找、记载祥瑞灾异成为古代地方政府日常事务中的重要内容，荣县自然亦不例外。因唐以前史书不载，有清一代相对来说不以祥瑞灾异为重，故在此主要记录了唐、宋、明三代的祥瑞灾异情况。

《洪范》以金、木、水、火、土五行分别配言、貌、听、视、思五事，吉祥的征兆与过失的报应历来都应验不差，则阴阳吉凶之说不能都说是不着边际的事情。清初不注重符瑞之说，笔者不能编造傅会，故特意将前代史书所纪、老人所流传下来的详细记录下来，以广见闻，故记《祥异》。

一、宋

淳化三年（992）十二月，荣州进献异竹图。

景德三年（1006）九月，荣州发现一根禾秆上结出了十八穗；十二月，荣州降下甘露。

大中祥符二年（1009）九月，在荣州官府的庭院中生长了两株灵芝；六年（1013）十二月，荣州降下甘露；八年（1015），荣州应灵县弥陀佛舍生长出三株紫色的灵芝，其中一株有两根茎，顶部像伞一样。

大中祥符八年四月，旭川县（治所在今旭阳镇）民任庆和家田里一株禾秆结了九穗。（据《宋史》卷六十四《五行志》补）

天圣四年（1026）九月，荣州长出了灵芝，一株禾秆结了九穗。

景佑元年（1034）五月，荣州一株禾秆结了九穗。

庆历七年（1047），荣州有嘉禾一茎长了两穗。

皇祐五年（1053）六月，荣州长出了灵芝。

政和元年（1111），荣州的粟禾一茎长了九穗。

绍兴三年（1133），荣州发生了大瘟疫。

绍熙二年（1191），荣州发生大旱灾。三年（1192），荣州麦子没有收成。

二、明

万历年间，有两条蛟龙从山谷中游出，一条经过东溪，一条经过北溪，到县城南会合，戌时水涨到与城垛平，南郊外一带的民房都被洪水冲垮了，淹死的人不计其数。

天启辛酉（1621），本县人户部主事简敕参加乡试留在成都，听闻重庆发生奢寅之乱。当时有老人说，二十年前有童谣曰“五人要占重庆府，城门紧闭一百日”。到奢寅乱军进攻成都时，关闭城门恰好一百天。成都城外从十月十八日奢寅乱军放火，共烧了七昼夜，一切都化为灰烬，被戮之人不可胜计。徐巡抚（名可求）发兵之日，怪风将船吹翻，妖鸟停留在树上，种种异兆就像是劫数厄运使其产生。成都之围被解后，简敕回到荣县讲述了这件事，并记载于旧志中。

崇祯十年（1637）九月，黄时太家中的地发出鸣响，半里外都能听到响声。

第四节　轶事传说

一、轶事

劳工神圣　民国 12 年（1923），曾莱考上成都高等师范学校，入学那天，他挑着行李，汗流满面地到新生报到处签到，传达员把他误认为挑夫。民国 17 年（1928）3 月，他挑着行李到荣县旭阳中学任教，迎接他的老师也把他当成了挑夫，问道：“曾老师好久才到？大家等着开欢迎会哩。”“我就是曾莱。”他回答。那位老师愣住了，曾莱打个哈哈：“怎么，不像吗？劳工神圣嘛。”

溺子失教　民国 15 年（1926），陈硕甫任县团练局长，对儿子修吾溺爱失教，致使其仗势欺压邻里，横暴如父。某日，其在白塔崖逞能，由塔最高层的窗口钻出至塔顶捣巢取雀，下来时脚蹬不着窗台，若失足必下跌身亡。此时修吾盛气全消，惊恐万状，大声呼救。消息迅即传遍全城，人素怨其狂暴，皆幸灾乐祸，拍手称快。陈硕甫赶至现场，命人运圆木搭木架救人，无奈天色已晚，又恐其子疲劳或打瞌睡坠下，即令团丁向各旅栈强借棉被铺于塔下，派数十人轮番呼唤其名，免其入睡。次日清晨，正拟施工搭架，适来一老石工，用长木板一块，一端置塔内固定，一端伸出塔外，一人由塔内从窗口至塔外木板上将其扶下，始免于难。

修吾自幼好吃懒做，成人后嗜烟滥赌，家财荡尽，穷愁潦倒，想起其父生前镶有金牙，遂掘坟破棺，取金变卖。乡俗以挖祖坟为莫大仇恨，今自挖父坟，闻者叹息。养子不教，害人害己，县人以此为鉴诫。

二、传说

牛峰山的传说　双古乡境内，有一座形似卧牛的山峰，矗立于群山之间，牛头向东，端望亮洞山，因山有洞，天光透明，状如满月，人们给它一个雅名叫“犀牛望月”。传说很久以前，在苍松翠柏覆盖的青山脚下，有一座庙宇，叫滴米寺，寺内有一个和尚叫阿三。一天，他看见一头黑牛在田里吃嫩绿的秧苗，他不停吆喝，但那黑牛好像没听见似的，从这块田吃到另一块田。第二天，黑牛又到田里吃秧苗，阿三照样吆喝，总无法制止。后来，阿三注意到，这黑牛不是近处农家的，而是从亮洞山附近跑来的，他把这事告诉了师傅，师傅向他耳语了几句。于是这天半夜，阿三连夜赶到亮洞山，借着皎洁的月光，很快找到了黑牛，将它拴住，用师傅传授的办法将牛弄死，为当地农民除了一害。黑牛死后，化为一座山峰，后来人们将此山取名为“牛峰山”。

师徒造像　师徒二人到荣州凿石造像，师傅来到城南灵枣崖，认为山崖自青阳洞向西绵延至土主湾，全长约两华里，石质坚硬，凸凹各异，是凿刻佛像的好地方。徒弟见城东的东山拔地而起，像一座昂首侧卧的雄狮，心想在狮的头部凿一尊佛像，一定雄伟、壮观。

师徒二人到达荣州时，已是金乌西坠、玉兔东升时刻。二人约定天亮必须完成离去。他们借助月色星光，神通仙助，一锤锤凿石声在空中回荡，一尊尊佛像脱手而出，栩栩如生。星移斗转，时辰如梭，转眼鸡叫声四起，徒弟由于年轻见浅，认为鸡一叫，天就亮了，因此他草草收工，背起工具箱，来喊师傅。他走拢一看，满壁佛像大小不等，神态各异，或坐，或卧，或立，使他敬佩万分。遂从崖头向崖尾逐一数去，到他师傅身边，一共是九百九十九尊。师傅问他：“你来做什么？”“鸡都叫过了，我们该走了”，徒弟回答。师傅说：“鸡叫头道，只是三更，离天亮还有两更呢！你刻了几尊像了？这样心慌意乱的。”徒弟回答：“只刻了一尊。”

师傅听后非常气愤，以为是徒弟躲懒，顺手给他一锤，不幸失手竟将徒弟打死了。师傅一是心痛，二也感到奇怪：“我刻了九百多尊，他才刻一尊？其中恐怕有假。”于是他亲自到东山察看。

不看则已，一看他大吃一惊，悔恨自己太鲁莽，“千尊万尊，也抵不上他的一尊啊”。为纪念徒弟，他匆匆赶回工地，在崖的最末处，刻了一个一手持铁锤，一手握钎子的石像，才稍感心安而离去。至此，整个崖壁刚好一千尊佛像，故俗称“千佛崖”。

孝子碑　礼佳场侧，曾立有一块孝子碑，一面刻：“羊有跪乳之恩，鸦有反哺之义，何况人乎！”据传，此地有个儿子对母亲十分凶残，动辄打骂。一天，儿子在田间劳动的间歇，看见树上有小鸦含食养老鸦的情景，深受感动，于是悔恨前非。这时，其母亲正好像往常一样，提着篮子给他送饭来，他奔走上前迎接，而母亲却误认为他又要毒打自己，顿时吓死在田头。儿子抱起母亲的尸体对着天嚎哭，痛不欲生，乡邻闻讯赶来劝说，才阻止了他轻生，避免了更大悲剧的发生。后来，这个儿子为了警谕后人，出钱勒石立碑于此。据说，这一带敬老蔚然成风，民事纠纷也较少发生。

抬子坳　从前，有一家很贫苦的人，靠抬滑竿谋生，后来为生活所迫，将儿女都丢弃了。儿子被一善良人家捡去抚养，那家人视如己出，长大后让其读书求学，后来考中了举人，当了县知事。这个儿子当官后怀念家乡，回家探望父母，到了荣县城，雇乘滑竿至一山顶时，见其中一 60 岁出头的脚夫已满头大汗，气喘吁吁，便叫停下休息。在歇脚时，他顺便打听亲人下落，才知道那老年脚夫就是他亲生父亲。于是父子团圆，抱头痛哭。后来，人们将此地取名抬子坳，即今台观乡。

五宝的来历 据传，五宝镇是因有五个“宝”而得名：

犀牛望月 从东岳庙至禹王宫的山形，像一头睡卧的犀牛，对面的月亮坡就是月亮，每年中秋子夜，犀牛要望月，大地呈现异彩奇气。据传，龙氏先辈，在犀牛头上修了一座禹王宫，月亮坡修了一座文昌宫，对面山上修了座魁星阁，之后，龙家就发迹了。此事激怒雷神，一次大雷雨时，把魁星的笔抓来丢了，从此，龙家倒了霉，大地再不出现异彩奇气了。

天鹅抱蛋 往古罗方向约一华里的松树坡，形似天鹅，对面有一圆坡形似鹅蛋，在旧历年节的深夜，天鹅就要来抱蛋，附近的人都能听见天鹅的鸣叫声。后来，松树被砍，山上开了石厂，再也听不到天鹅的叫声了。

鲤鱼朝石 蔡家殿附近田壁下，顺路卧有一块大石，形似鲤鱼。涨大水时，有很多大小鲤鱼经过小河逆水而上，冲向鲤鱼石，欢跃嬉戏，形似朝拜，水一消逝，鲤鱼不复见。

照石明灯 照石寺门前有两块大石，大的靠庙门附近，小的在河沟中央，石头顶上各有一个坑凼，人称公母石。每天清早，大石坑凼满盛白米，小石坑凼满盛菜油，足够庙内和尚三餐食用，但无剩余。这一带每晚似有盏明亮的“天灯”，照亮方圆14里，人称“照十四”。后来有和尚贪心，想多得油米出卖，就把石上坑凼凿大，结果油、米都没有了，天灯也不亮了。

黄桷丁当 镇西三里，有一地名黄桷凼，上横跨一小桥，桥头有一棵三人合抱的大黄桷树，枝叶繁茂，四季常青。树下有浸水，树上常有一层细白光亮的白膜，与月光交相辉映，晶莹的水珠不断滴入凼中，发出丁当声响，夜深人静之时，这声音更是清晰悦耳。人们把这一景观称作“黄桷丁当”。行人都喜欢在此处的幺店子歇脚。有一年夏天，一位陌生老人来此投宿，日夜守在黄桷树附近，似在欣赏滴水声，仰望白膜光彩。秋后，老人不辞而去，盗走了一个很大的红蜘蛛，从此，“黄桷丁当”也就不响了。

大事记

民国《志》卷十五《事纪》以纲目体备举荣邑开辟以来的大事要事，详略得当，颇便观览。兹以该卷为蓝本，探其史源，正其纰缪。大事纲目与史源颇有异同，故于条目下备举史料出处；同一史源者，仅列最早问世者。民国《志》大事纲目之下原有注文，系编纂者细述或考证内容，亦予保留。民国《志》原文疏漏之处，则于正文中径自改正，并加脚注予以说明。

周

赧王元年（前314）

秦惠王任命张若为蜀郡守，今日荣县全境属南安县，隶蜀郡。

汉

武帝建元六年（前135）

设犍为郡，南安县由蜀郡改隶犍为郡。荣地随之属犍为郡。

昭帝始元元年（前86）

益州、牂柯两郡少数民族起兵反抗，朝廷派遣水衡都尉吕破胡招募吏民，并征发犍为、蜀郡犇命前往讨伐。荣地民众参与其役。

平帝元始四年（4）

王莽当权，改犍为郡为西顺郡。

新莽始建国四年（12）

益州少数民族再次起兵反抗，朝廷征调各地吏民、兵力、钱粮，前往讨伐。荣地民众参与其役。

后汉光武建武十二年（36）

费贻被任命为合浦太守。费贻，南安县人。

灵帝中平元年（184）

黄巾军攻陷犍为，益州从事贾龙率领家兵数百人，又征发吏民千余人，于犍为东界发兵放打乱军。黄巾军败逃。

献帝建安十八年（213）

汉献帝建安十八年，汉安县人程徵、石谦上书益州牧刘璋，请求单独立郡。刘璋从之，遂分犍为郡置江阳郡，以广汉人成存为江阳太守。今荣之东南境属江阳郡。

献帝建安十九年（214）

刘备与刘璋争夺益州，诸葛亮、赵云、张飞分三路入援。诸葛亮遣别将由铁山路趋成都。

三国

蜀汉先帝章武元年（221）

蜀中群臣劝刘备称帝，费诗提出异议，被贬为部永昌从事。费诗，犍为南安人。

后主建兴二年（224）

诸葛亮领益州牧，任命五梁为功曹。五梁，犍为南安人，以儒学节操著称于时。

晋

惠帝永兴元年（304）

八王之乱中，晋惠帝车驾播迁长安，费立兼任尚书，与其他大臣居守洛阳。费立，犍为南安人。

康帝建元元年（343）

成汉政权末年，国主李势骄奢淫虐，不理国事。僚人自犍为、梓潼等地出，遍布山谷。荣地北境则有“铁山僚”据守。

穆帝永和三年（347）

东晋大司马桓温率军入蜀讨伐李势，遣别将由铁山路趋成都。

安帝义熙十年（414）

分南安县立冶官县，地域涵盖今荣县全境。荣地出铁，汉代以来置铁官，“冶官”之名本此。

齐

东昏侯永元三年（501）

侨置南安郡，治所在今荣县来牟铺。

梁

梁元帝承圣二年八月（553）

西魏尉迟迥攻占成都。益州归入西魏。

陈

武帝永定元年（557）

陵、眉、戎、江、资、邛、新、遂八州各部族首领同时起事，军众数万人，攻破郡县。北周陆腾讨平之。治官县不免于难。

文帝天嘉三年（562）

铁山僚抄断内江路，驿路不通。陆腾率军击之，一日破三城，斩其魁帅，俘获三千人，招纳降附者三万户。

宣帝太建十二年（580）

北周杨坚秉政，益州总管王谦起兵讨伐，治官县从之。

隋

文帝开皇元年（581）

在原有的威远戍基础上设威远县，属资阳郡。

文帝开皇十年（590）

于今旭阳镇置大牢镇。

文帝开皇十三年（593）

改大牢镇为大牢县，隶属资州。

文帝仁寿元年（601）

十一月，僚人围攻大牢镇，时任资州刺史卫玄单骑前往敌营，晓之以理，僚人首领悦服，解兵而去。僚人前后归附者十余万口。

炀帝大业中

袁天纲受命为咨官令。袁天纲，益州成都人，擅长相术。

唐

高祖武德元年（618）

割资州之大牢、威远二县置荣州，治所位于公井镇。又升公井镇为公井县。又于荣州置都督府。

高祖武德六年（623）

高满政受命为朔州总管，封荣国公。高满政，马邑（治今山西省朔州市）人。

太宗贞观元年（627）

省并州郡，分天下为十道，荣州属剑南道。置旭川、婆日、至如三县。割泸州之隆越县来属。荣州至此领七县。

太宗贞观六年（632）

割嘉州资官县属荣州。荣州治所自公井迁至大牢。

太宗贞观八年（634）

割泸州和义县来属荣州，省婆日、至如、隆越三县入威远。荣州至此领六县：大牢、公井、旭川、资官、威远、和义。

太宗贞观二十二年（648）

右武侯将军梁建方征发蜀地十三州之兵，讨伐松外诸蛮，荣州亦在征调之列。

高宗永徽二年（651）

荣州治所自大牢迁至旭川。

高宗永徽六年（655）

七月戊寅，吏部尚书柳奭被贬为遂州刺史；行至扶风，再贬为荣州刺史。奭，蒲州解县（今山西运城）人。

高宗显庆二年（657）

八月，又贬荣州刺史柳奭为象州刺史。

高宗显庆四年（659）

八月乙卯，太子太师于志宁被贬为荣州刺史。

高宗乾封元年（666）

武则天既立为后，赐号其母杨氏荣国夫人。

则天长安三年（703）

于州衙子城门外立大周圣德碑。

中宗景龙二年（708）

省云州及罗水、云川、湖连三县入大牢县。

玄宗开元二十年（732）

荣州刺史薛高邱竖碑于荣德山，碑文多载神仙灵异之事。

玄宗天宝元年（742）

诏天下改州为郡，置太守。荣州更名为和义郡。大牢县更名为应灵县。

肃宗至德二年（757）

分剑南道为东西二道，于东道设立剑南东川节度使，荣州隶属之。

肃宗乾元元年（758）

和义郡恢复荣州旧名。

德宗贞元十九年（803）

荣州刺史张某在城南修建灵济桥。

宪宗元和二年（807）

于真义侯庙建真义侯碑。

文宗开成四年（839）

剑南东川出现饥荒，地方酋豪招纳亡命之徒乘机作乱，波及荣州。东川节度使卢弘宣发表檄文招降，恩威并施，乱党解体。

懿宗咸通十年（869）

先是，定边军节度使李师望杀南诏来使杨酋庆等，南诏入寇。十二月，南诏军进入陵、荣二州，焚庐舍，掠粮畜。

僖宗广明元年（880）

京兆人王知珏出任和义令。王知珏，王序六世祖。

昭宗乾宁四年（897）

冬十月，王建攻破梓州，并有两川之地。荣州随之。

五代

后周世宗显德三年（956）

十二月，陵、荣二州僚人反叛，后蜀弓箭库使赵季文讨平之。

宋

太祖乾德三年（965）

后蜀降兵发动叛乱，荣州从之。

太祖乾德五年（967）

废和义县。盗贼围攻荣州，王蕴舒乘夜缒城而出，乞师于邻境。援军闻讯而至，荣州转危为安。蕴舒，王知珏之孙。

太祖开宝三年（970）

秘书丞刘蔚出任荣州知州。于城东立菩提碑。

太宗太平兴国八年（983）

州民李祚之妻一胎产三男。

太宗淳化三年（992）

富顺监少数民族抢掠荣州，梓、遂等十二州都巡检使卢斌率军来援，招谕其首领甫羌一阿奴纲，歃血会盟，遣还之。不久荣州、戎州、资州、富顺监等地又有土匪抄掠乡邑，卢斌俘虏三百人，押解至京城。

太宗淳化四年（993）

贼王尽复起兵于荣、资二州，卢斌击溃之，并向朝廷献俘。十二月，据传荣州境内出现异竹，遂进献异竹图。

太宗淳化五年（994）

李顺率起义军攻陷成都，荣州应召赴援。秘书丞、荣州知州张枢向义军投降。十二月，张枢因此被朝廷处决。

太宗至道元年（995）

荣州司理判官郑蛟违反朝廷禁令，偕妻子一同入蜀赴任。适逢李顺起义，郑蛟因军功升任推官。梓州知州张雍告发其携妻赴任之事，宋太宗下令诛杀郑蛟。

真宗咸平二年（999）

七月，资官县吏董昭美向朝廷贡献嘉禾两株，一茎九穗。

真宗咸平三年（1000）

益州兵变，乱兵推举王均为首领。九月，王均败兵由广都劫掠陵、荣二州，趋富顺监。十月，王均至富顺。富顺人丁处荣置宴席以待，即于席间擒之，因功擢升荣州刺史。

真宗咸平五年（1002）

五月，荣州知州褚德臻因盗取官银被当众处死。

真宗景德三年（1006）

九月，荣州再现嘉禾，一茎十八穗。

真宗大中祥符元年（1008）

十二月，广陵郡王赵元俨进封荣王。元俨，宋太宗第八子。

真宗大中祥符二年（1009）

九月，荣州官舍庭中生两棵灵芝。

十一月，朝廷颁布《文武七条》以诫官吏，荣州奉条诏。

真宗大中祥符五年（1012）

十一月，荣州开元寺降甘露。

真宗大中祥符七年（1014）

三月，应灵县弥陀佛舍生出三棵紫芝，其中一棵有两条茎，其顶如盖。

真宗大中祥符八年（1015）

四月，旭川县农民任庆和田中生出嘉禾一株，一茎九穗。本年春，荣州大旱。五月，知州皇甫某祈雨于荣梨山龙洞，始降雨。

真宗天禧二年（1018）

十二月，开元寺再降甘露。

仁宗天圣四年（1026）

九月，荣州境内出现灵芝和嘉禾，嘉禾一茎九穗。

仁宗天圣九年（1031）

十月，公井县两棵冬青木枝干合生在一起。

仁宗明道元年（1032）

七月，荣州境内出现灵芝。

仁宗景祐三年（1036）

五月，荣州再现嘉禾，一禾九穗。

仁宗庆历七年（1047）

九月，荣州境内有禾苗一茎生二穗。

仁宗皇祐元年（1049）

朝奉郎王梦易登进士第。

泸州地区少数民族起事，梓夔路兵马钤辖宋定率军增援，荣州子弟参与其役。

仁宗皇祐五年（1053）

闰七月，荣州境内出现灵芝。

仁宗嘉祐二年（1057）

荣州有盐井，依靠民力煎盐，每年以定额输送官仓。长此以往，盐水枯竭，而有司征税如故。民间因此破产者三百余家。进士王梦易上书三司，极言其弊。判三司户部勾院陈希亮从之，蠲免荣州盐课岁额三十余万斤。

仁宗嘉祐间

荣州处两江之间，遇江水上涨，城郭即受冲击。荣州知州罗拯建东、西二堤，以御水患。罗拯，祥符（今河南省开封市）人。

英宗治平四年（1067）

为避宋神宗赵顼名讳，旭川县改名荣德县。

神宗熙宁四年（1071）

降公井县为公井镇，隶属荣德县。

神宗熙宁七年（1074）

六月，木征受命为荣州团练使。木征，吐蕃大首领，唃厮啰之孙。

神宗熙宁八年（1075）

十月，敕封荣梨山神为灵应侯。

神宗熙宁十年（1077）

荣梨山五龙池祠堂被赐予匾额“会应庙”。

神宗元丰五年（1082）

二月癸酉日，因梓州出兵参与征伐金国，朝廷大赦梓州路，囚犯减刑一等，因兴兵而服役的百姓可免除赋役。

哲宗元祐元年（1086）

八月十五日，王梦易卒于家中。

哲宗元祐四年（1089）

荣德县境内出嘉禾，一茎九穗。

哲宗元祐六年（1091）

王庠通贯经史百家之学，吕陶推荐他应贤良方正直言极谏科试。王庠认为宋邦杰学术精深而乏人推荐，于是将机会让给邦杰。吕陶因而对王庠愈加敬重。

哲宗元符元年（1098）

荣州大旱，州人在荣梨山上立《祷雨碑》。

徽宗崇宁元年（1102）

王庠应试能书科，成绩为首选。

徽宗崇宁三年（1104）

州城城墙原为土筑，知州岑象首创石城。

徽宗大观四年（1110）

朝廷颁行三舍法，荣州以王庠应诏。王庠因反对王安石新法，与旧党人士过从甚密，拒不应诏。

徽宗宣和元年（1119）

荣州知州宋昌宗将宋真宗所颁诏条刻石，后世称《真宗御制碑》。

徽宗宣和三年（1121）

十一月八日，刻《九域图》于碑，立于文庙内。

高宗绍兴二年（1132）

五月，荣州大旱。

高宗绍兴三年（1133）

夏，荣州大旱。

高宗绍兴五年（1135）

王序退居乡里，其子某州税官王兴孙请求调任荣州税官，以便奉养父亲，得遂所愿。

高宗绍兴十三年（1143）

荣州知州孟某迁孔庙于莲宇山。

高宗绍兴二十一年（1151）

晁公武由恭州知州转任荣州知州，重修荣门山四座环城石桥，又撰《郡斋读书志》。

孝宗隆兴元年（1163）

荣州教授勾演撰《荣州图经》。荣州知州李焘筑堤，以御水患。

孝宗乾道二年（1166）

六月庚辰，皇嫡孙赵挺受封为荣国公。挺，恭王赵惇（即后来的宋光宗）长子。

光宗绍熙元年（1190）

荣州大旱。

光宗绍熙二年（1191）

十二月，荣州旱。

光宗绍熙三年（1192）

荣州小麦绝收，荣州出现饥荒，饿死者众多。一千多饥民流亡至成都府，威远县遗弃婴儿达六百人。冬季，潼川路又大旱，荣州尤为严重。

光宗绍熙间

重修城墙，开辟五座城门。

宁宗嘉泰四年（1204）

七月二十九日，荣德县北菁口民女牟阿回牧牛于龟子山。傍晚，其母王氏来接牟阿回，路遇一虎，衔走王氏。牟阿回手持牧牛竹梢赶上，以竹梢抽打虎背，虎惊逃而去。牟阿回当时年仅十余岁。事闻于州县，知州某公嘉奖，荣德县令莫伯祥刻石纪其事。

宁宗开禧元年（1205）

五月乙亥日，朝廷下诏以卫国公曮为皇子，进封荣王，并颁条教于荣州。知州袁桂手书刻石。

宁宗开禧二年（1206）

知州袁桂于学宫建雁塔，题刻荣州进士姓名，共一百五十五人。

理宗绍定六年（1233）

二月丁亥日，朝廷下诏，升荣州为绍熙府。

理宗端平三年（1236）

蒙古军队入侵，蜀中残破，公井盐监废，荣州迁至其他地方。

理宗宝祐二年（1254）

李鼎汉任荣州知州。荣州治所此时已回归故地。

理宗宝祐五年（1257）

蜀地烽火连绵，人民纷纷结寨自保。荣州修建大刀寨，并于山崖上刻“西湖海眼”四字。

元

顺帝至元四年（1338）

绍熙府故地移民达二十余万户。十一月丁卯日，朝廷于旧地设置绍熙府军民宣抚司。

顺帝至元六年（1340）

十一月，因台臣建言裁减冗官，废绍熙府军民宣抚司。

顺帝至正十七年（1357）

明玉珍入蜀，随即攻陷荣州。

顺帝至正二十二年（1362）

明玉珍于县署旧址建万户府。

明

太祖洪武二年（1369）

自湖北迁入四川者，往往自称本年由麻城县孝感乡入川。

太祖洪武四年（1371）

明军入蜀，明昇出降，明夏政权覆亡。曹诗时任州判官。荣州幸免于兵燹。

太祖洪武六年（1373）

四月八日，朝廷下发荣州儒学印信，荣州判官马公辅、学正张朝祖于桂林山建孔庙。

十二月，设置荣州。

太祖洪武七年（1374）

荣州判官马公辅修复州署，东西三十四丈，南北六十五丈。

太祖洪武九年（1376）

四月，降荣州为荣县，隶属嘉定州。

太祖洪武十年（1377）

五月，裁撤威远县，并入荣县。

太祖洪武十二年（1379）

知县马福增修县署。

太祖洪武十三年（1380）

十一月，割荣县复置威远县。

惠帝建文四年（1402）

六月，胡子昭死于靖难之役，夫人黄氏一同赴死。姻亲被发配及籍没者达五十八家。荣县每年加赋八百石。

成祖永乐六年（1408）

胡子昭殉难后，其女金奴销籍为官婢。至此，恢复其门籍。

英宗天顺元年（1457）

孔庙毁于元末兵燹，明初复建于桂林山。本年，荣县举人龚汇请求移至莲宇山。

胡子昭之女金奴被放归故里，时年已八十余岁。后终老于东川祖居之地。

英宗天顺三年（1459）

经过龚汇等人呼吁，莲宇山孔庙开始重修。

宪宗成化五年（1469）

孔庙内孔子及四贤像落成。

宪宗成化十二年（1476）

八月，设置大坪隘口。

宪宗成化二十二年（1486）

知县鲍珪鉴于荣县旧城不便守备，因而减小规制予以重修，新修城墙周长九百九十八丈，高一丈八尺，厚一丈五尺。

宪宗成化中

荣县出现饥荒，典史樊资捐献俸禄赈灾。群盗啸起，樊资修缮城池，加强守备。然后单骑前往招谕，群盗被其诚意打动，就地解散。

孝宗弘治十三年（1500）

荣县父老为樊资竖功德碑于名宦祠。荣县进士伍性作《樊公清斋碑记》以纪其事。

武宗正德二年（1507）

教读吴天禄重建四柏堂于荣德社学，三月丙午日落成。荣县举人杨桂丹为其作《四柏堂记》。吴天禄，以孝友见称于时。

世宗嘉靖二十一年（1542）

知县熊大辂认为南山山形如猛虎蹲踞，城门不宜与之正面相对。于是将城南兴贤门右移百步，改称会流门；同时将城南清富门向左移百步。

世宗嘉靖二十九年（1550）

荣县原无胡子昭专祠。县令王梦魁代荣县士民致书巡按御使鄢懋卿，鄢懋卿当即下令，以嘉州九峰山书院规制建祠，并改旧名“耿忠祠”为“崇仁祠”。督学陈鎏致文遥祭。

世宗嘉靖三十三年（1554）

知县熊大辂修筑城内马道。

穆宗隆庆三年（1569）

知县张九思扩建城隍庙，修缮县署，又立省耕亭于竹王祠畔。

神宗万历二年（1574）

冬，荣县县令王建元重修崇仁祠，并设立崇仁书院。四川提刑按察司副使陈文烛撰《重修崇仁祠记》。

荣德乡道观寺刊刻《法华经》。

神宗万历间

荣县水灾。传说有两条蛟龙分别自东溪、北溪，至城南相会，恶斗于水中。洪水与城墙持平，冲毁南郊一带房屋，溺死者无数。

神宗万历二十二年（1594）

邑人杨镕等人倡议重修孔庙。杨镕作《重修学宫记》。

神宗万历二十八年（1600）

冬，知县乐继国改建明伦堂、启圣宫及两庑等处。

神宗万历三十二年（1604）

夏五月，知县乐继国建奎星楼。

神宗万历三十四年（1606）

秋八月，尊经阁重修完成。嘉定知州袁子让撰《尊经阁记》。

熹宗天启元年（1621）

奢寅之乱，叛军攻陷荣县。僧官古泰率领僧兵退至城外屏风山，吹海螺为号，叛军遂出城围攻屏风山。适逢千总梁伟之率军增援，也以海螺为号，角声相应。叛军以为官军援军将至，遂奔逃至威远县。此后，叛军又自威远来攻，云南按察司金沧道副使童世彦致仕家居，率乡勇与叛军战于观音坡，斩其首领，俘虏极多，荣县得以保全。

思宗崇祯七年（1634）

荣县大旱。十月，县令杨崇忠于荣梨山祷雨，立碑。

思宗崇祯八年（1635）

荣县文庙于崇祯七年（1634）七月开始重修，本年三月竣工。户部主事简敕作《重修文庙记》。

思宗崇祯十年（1637）

九月，县民黄时太家里有地鸣声，方圆半里之内均可听闻。

思宗崇祯十三年（1640）

张献忠入蜀，荣县陷落，典史马如圮战死，知县孙光烈仅以身免，和义、柱史及西南诸街道破坏殆尽。

思宗崇祯十六年（1643）

李自成农民军进入关中，平凉知府简仁瑞拒绝招降，自杀。仁瑞，荣县人。

思宗崇祯十七年（1644）

张献忠农民军由重庆分道进取成都，路经荣县，知县秦民汤率莲花寺僧兵抵抗，战死。此后不久，农民军再至荣县，县人曹璜率千余人迎敌，力量悬殊，败退。荣县遂遭屠城。

清

世祖顺治三年（1646）

明将杨展占据嘉定府，荣县为杨展辖地。

世祖顺治五年（1648）

姚黄农民军至荣县境内，县人范继尧、范继商、范继禹三兄弟率军迎战，范继尧兵败战死。

世祖顺治六年（1649）

明川南巡抚李乾德杀害杨展，夺取嘉定府。

世祖顺治八年（1651）

正月，张献忠余党刘文秀退归云南，留白文选守嘉定。三月，清兵南征，赶走白文选，平定嘉定府。

世祖顺治十三年（1656）

因钱粮入不敷出，裁减官府支出。

圣祖康熙二年（1663）

丈量土地。

圣祖康熙六年（1667）

裁撤威远县，并入荣县。

圣祖康熙七年（1668）

因钱粮不足，再减衙役俸银，每人每年俸银一两一钱五分，共计银四十二两五钱五分。

圣祖康熙十三年（1674）

割荣县设威远县。

圣祖康熙十九年（1680）

三藩之乱，吴三桂占据成都，荣县未遭骚扰，大批自流井百姓前来避难。

圣祖康熙二十年（1681）

威远县并入荣县。

圣祖康熙二十一年（1682）

六月六日，孔庙坍塌。

圣祖康熙二十三年（1684）

复建孔庙。

圣祖康熙二十四年（1685）

六月，丈量城垣，裁减县学生员的膳食补贴。廪生原有二十名，每人每年补贴银九两六钱，逢闰年加八钱。至此裁减至原来的三分之一，每人每年三两二钱，逢闰年加银二钱多一点。遂为定制。

圣祖康熙二十五年（1686）

免予征收明年赋税。知县易其极修建县署大堂，纂修《县志》。

圣祖康熙三十二年（1693）

免予征收明年赋税。

圣祖康熙三十七年（1698）

发生水灾。

圣祖康熙四十二年（1703）

免予征收明年赋税。

圣祖康熙四十四年（1705）

知县王泽重修明伦堂。

圣祖康熙四十五年（1706）

增修武庙。

圣祖康熙四十九年（1710）

知县李鏻修建凤鸣书院，免予征收明年赋税，多年积欠的税负悉数免除。

圣祖康熙五十七年（1718）

增加衙役俸禄。每人每年俸银四两八钱五分、工食银六两。

圣祖康熙五十八年（1719）

设置二十四个铺驿，每铺配备司兵一人，岁银六两。

世宗雍正二年（1724）

颁布社稷坛图式。

世宗雍正五年（1727）

裁撤半数铺驿，每铺衙役中裁减鐙夫四人。确定武庙祭银为十六两，颁布籍田坛位图式。

世宗雍正六年（1728）

分荣县之东里益昌乡设立威远县。裁撤铺驿。知县陈颙捐俸置买籍田。

世宗雍正七年（1729）

免予征收明年赋税，丈量新开垦的耕地。修建先农坛房舍。确定盐引分配额。

世宗雍正中

配备把总额兵五名，属峨边厅管辖。

世宗雍正八年（1730）

在贡井镇配备县丞，负责稽察盐政，佐理县事。每年俸银四十两。下辖衙役十人，每人每年支取俸银六两。

世宗雍正九年（1731）

增加衙役员额：禁卒十人、更夫八人，每年俸银共计一百零八两；斗级二人、仓夫二人，每年俸银共计十八两。确定文庙、山川、社稷等各祠庙每年支出额度为四十八两。实行耗羡归公，于正俸外增加补贴，谓之"养廉"。至此，荣县知县年俸银六百两，县丞一百二十两，典史八十两，教谕四十两。

世宗雍正十一年（1733）

啸天龙、竹园铺两处铺递各增加塘兵四名。

世宗雍正十二年（1734）

嘉定由州升为府。

世宗雍正十三年（1735）

裁减衙役员额。原有民壮二十人，减少四人，工食钱不变，每年增加器械银二两。

高宗乾隆元年（1736）

恢复铺驿。共计八处铺驿：底塘、东高山、界牌、西白石、�山、青冈、踏紫山、竹园；司兵共计十六人，每年支出银九十六两，逢闰年一百零四两。知县刘宗贤建退思堂。

高宗乾隆二年（1737）

裁留衙役三十人、民壮六人。工食钱外增加器械银十六两。贡井镇县丞裁减民壮六人，增设盐役十四人，每年俸银各六两，从盐税耗羡中支出。

高宗乾隆十年（1745）

免予征收明年赋税。

高宗乾隆十二年（1747）

知县徐德龙修建罗星阁，用以镇水。县举人邹学山作《罗星阁赋》。

高宗乾隆十四年（1749）

缓征本年赋税。

高宗乾隆十六年（1751）

知县黄大本莅任。

高宗乾隆十八年（1753）

拓修社仓。重修学宫，举行乡饮酒礼。举人吴孔章为宾，廪生龚飞熊为介，耆寿刘洪瑞为众宾。

高宗乾隆十九年（1754）

清理保甲制度，制订粮册。

高宗乾隆二十年（1755）

知县黄大本捐出俸禄，加固城垣，重建堞楼。

高宗乾隆二十三年（1758）

六月二十一夜，发生水灾。

高宗乾隆二十四年（1759）

修缮城池。北溪环绕城外，泥沙易于淤积。从康熙到乾隆年间，多次发生水灾，人称“蛟孽”。知县黄大本组织民力疏浚河道，泽被后世。

高宗乾隆三十五年（1770）

免征明年赋税。

高宗乾隆四十年（1775）

缓征本年赋税的十分之七。

高宗乾隆四十一年（1776）

缓征本年赋税，免除其中的十分之五。

高宗乾隆四十二年（1777）

免征明年赋税。当时，一两白银价值铜钱八百枚。城北赵、李、侯三家买宋坝地，以白银四百两买得全坝土地的三分之一。

高宗乾隆四十三年（1778）

改建文昌祠于凤鸣山。

高宗乾隆四十五年（1780）

在凤鸣山半山腰修建奎星阁。

高宗乾隆五十五年（1790）

免征明年赋税。

高宗乾隆六十年（1795）

免征明年赋税的十分之二。

仁宗嘉庆五年（1800）

王三槐率白莲教徒起义，荣县向官府输送军粮，并修建来安寨、东汇寨。知县龚巽撰《新修来安东汇两寨碑记》。

仁宗嘉庆七年（1802）

以津贴代缴本年赋税的十分之三。

仁宗嘉庆八年（1803）

增修凤鸣山祠庙。

仁宗嘉庆九年（1804）

修建火神庙。

仁宗嘉庆十一年（1806）

知县许源于县署内修建镜香亭。

仁宗嘉庆十三年（1808）

改建修葺孔庙。

仁宗嘉庆十四年（1809）

增修先农坛。

仁宗嘉庆十五年（1810）

整修城池。

仁宗嘉庆十六年（1811）

于县署内增修退思堂。

仁宗嘉庆十九年（1814）

设立桂林书院、旭川书院。

仁宗嘉庆二十三年（1818）

设立普济堂、养济院。

宣宗道光元年（1821）

知县宫鉴桂于清富山荣王府故址修建武侯祠，时任四川学政聂铣敏作诗，题写于壁。

宣宗道光六年（1826）

裁撤铺驿，仅留下底塘铺、高山铺两处。

宣宗道光十年（1830）

知县马映辰修建听雨楼、停云阁、知稼亭。

宣宗道光二十年（1840）

改变孔庙朝向，修建明伦堂。

宣宗道光二十一年（1841）

典史郑之模捐款修建典史署。

宣宗道光二十四年（1844）

知县王培荀修建西北城楼。

宣宗道光二十九年（1849）

知县洪瞻陛莅任，制订社仓章程。

文宗咸丰元年（1851）

确定茶引分配额度。

文宗咸丰四年（1854）

太平天国起义期间，荣县修建了不少寨堡。其中牛峰寨计口出谷，物资储备充足，军器完备。本年四月，知县赵友泰垂涎其财富，于是借口牛峰寨储备军饷器械，图谋不轨，突然前来搜查。适逢寨人诵读《信皇经》，陈设神幄黄帜等物品。赵友泰以此作为谋反证据，查封牛峰寨仓，没收器械，拘押牛峰寨执事王安宇，发公文斥责举人李希白、副贡丁光陛。李希白等人赴成都上诉。事闻于上，赵友泰被撤职。翌年四月，新任四川总督黄宗汉指派成都府会审此案，发还查封资产。

文宗咸丰九年（1859）

十二月，云南李永和、蓝大顺从宜宾经五宝镇，进军犍为县。正月初一到达董家场，街市被毁。

文宗咸丰十年（1860）

正月，李、蓝军据守贡井镇，与官军战于豹子山，副将张万禄战死。五月，李、蓝军进军至西南文昌宫。十月，再次进攻富顺。

文宗咸丰十一年（1861）

三月，官军与李、蓝军战于碓丘崖，官军败退。四月，李、蓝军破白庙寺土寨。六月，李、蓝军乘夜攻陷程家场。

荣县大旱，发生饥荒。贫民在南门桥变卖家具，售价极低廉，有人购买回家，发现其中藏着婴儿，饥荒惨状可以想见。

穆宗同治二年（1863）

九月，李永和、蓝大顺军被剿平。

穆宗同治五年（1866）

因每年上缴津贴，增加生员名额六个。设立三费局。

穆宗同治九年（1870）

向上级请求增加拔贡名额，与威远县各分其一。

穆宗同治十年（1871）

修建张公万禄祠。张万禄，成都人，死于豹子山之役。

穆宗同治十二年（1873）

荣县知县沈鑫，县民称之为“沈马棒”。离任时，有公款尚未结清。局士李龙骧等人得知详情，发动县民阻止。沈鑫自己毁掉轿窗，卧地不起，被众人抬至城隍庙，观者云集。新任知县吴师贤派人护送沈鑫离开，免除所欠债务。

德宗光绪二年（1876）

新的赋税章程被铸为铁碑，立于城隍庙，以避免浮收滥征之弊。

德宗光绪三年（1877）

四月，大佛崖发生火灾，明刻《法华经》雕版被焚毁。

城外大佛山奎星阁重建工程竣工。刘炳勋撰《新建奎星阁记》。

德宗光绪六年（1880）

募捐谷物，以备灾荒。

德宗光绪七年（1881）

有县民讼冤，在县署大堂当众自刎而死。

大佛寺请得《北藏》全经，时任总理各国事务衙门李鸿藻为藏经楼题写匾额。

德宗光绪九年（1883）

知县葛起鹏在县城东郊设立栖流所。

德宗光绪十年（1884）

公井镇土匪抢劫青㭎林、五家坡，与乡勇战于艾叶滩。清晨，土匪溃散。居民四处奔逃。

知县唐选皋莅任。

德宗光绪十一年（1885）

荣县出现饥荒。自光绪十年（1884）六月到本年五月持续干旱，稻田无法耕作，米价高达每斗千余钱，街市出现弃儿。可见钱币兑换率古今差别之大。有人将这次灾荒与明清之际的张献忠之乱相提并论。本年春，赵熙家椿树开花。

德宗光绪十三年（1887）

有老虎出没于鹿角岩，县人捕杀之。

德宗光绪十五年（1889）

荣县请求增加廪生员额四名，费用暂时从县局列支。

德宗光绪十八年（1892）

兴办学田，士子入学免交学费。知县唐选皋调任兴文，离任时，荣县士民依依相送，六十里不绝；贫民呼号痛哭，唐选皋也潸然泪下。此情此景，堪称太平佳话。

德宗光绪十九年（1893）

知县孟积伸在任，县人赵熙以翰林院庶吉士的身份回到故里，会同县举人曹佺向荣县当局投递公文，请求改良收粮章程，连带指斥吏役苛刻勒索。孟积伸大怒，发公文斥责赵熙、曹佺，又大肆逮捕附名人士，几乎酿成重大冤案，幸而孟积伸数月后离任。后因腹胀，死于重庆。

德宗光绪二十一年（1895）

荣县境内地震，自正月至二月，大小地震多达七十余次。

德宗光绪二十四年（1898）

六月，拥斯茫水泛滥成灾。冬十月，设立团练。

德宗光绪二十五年（1899）

秋，贡井发生数十次地震。

德宗光绪二十六年（1900）

设立邮局。马蹄沟有地鸣声。

德宗光绪二十八年（1902）

开办新式学校。余家场有饥民聚集，把总骆富桢前往弹压，饥民们以瓦砾击伤骆富桢头部。知县杨锡澍震怒，准备请兵会剿，被钟星庆劝阻。于四乡设粥厂施粥，饥民方才四下散去。杨锡澍处理赈灾事宜，确实不遗余力。

德宗光绪三十年（1904）

洋人于县城修建教堂，地逼文庙。荣县士子群起抗争，迫使教堂选址于清富山。

德宗光绪三十一年（1905）

义和团运动兴起，波及荣县，被团丁击溃。

德宗光绪三十二年（1906）

设立劝学所、高小校。

德宗光绪三十四年（1908）

赵尔巽任四川总督，专意于搜刮民财，取悦西太后。增设酒税、糖税、油捐等名目，又加征肉厘及牛羊皮税。设立经征局，开设新税目，已有的税目增加税额，增加幅度从四五倍到十倍以上。物价因此飞涨，四川的穷困肇端于赵尔巽。

宣统二年（1910）

有人在大坪山拾到豹子尸体，据说是因互相争斗而死。

四川总督赵尔巽奏请改革盐务。旧例，盐有官盐、票盐之分：官盐为官运之盐；票盐为民贩之盐。赵尔巽奏请将票盐一律改为官盐，断绝小商贩的生活来源。又，赵尔巽认为盐务萎靡不振是因为盐井过多，于是奏请核并查限制盐井数量，规定必须废弃一口旧井，方可开凿一口新井。蜀人生计面临严重威胁。赵熙当时在朝中任职御史，极力阻止。赵尔巽未能得逞，愤愤不平，然而四川盐务已经大受影响。

宣统三年（1911）

七月十五日（9 月 7 日）四川掀起保路运动。县人龙鸣剑在成都发出“水电报”后，同王天杰组织民军北上成都，攻打赵尔丰。

八月初四日（9 月 25 日）由吴玉章宣布荣县独立，成立军政府，推选蒲询任知事。

中华民国

民国元年（1912）

1月1日，军政府更名县公署。

县设议事会。

基督教会在县城北街办华英男、女小学。

民国2年（1913）

春，建县立中学。校址万寿寺。1950年11月，改名荣县中学。

9月10日，王天杰率讨袁民军于县西白石铺与胡景伊部激战，后撤至永川，王天杰遇害。

民国3年（1914）

9月，基督教会在清富山开办福音医院，后为仁济医院。在高石梯建避暑住所。

民国4年（1915）

改银两为银圆。

美国地质学家劳德伯克在县城东南约3公里处发现恐龙化石，定名为“甘氏四川龙”。

民国5年（1916）

秋，护国军过县境，军纪严明。

民国6年（1917）

8月，川、滇军混战于县境观音坡、白石铺、胡家巷、老林口、耗子石等地。

设修志局，始纂民国《荣县志》，廖世英等修，赵熙任总纂。至民国17年修成，次年刊刻成书。

民国7年（1918）

刘湘军驻县城，借口粮饷缺乏，拍卖社仓、积仓黄谷。

民国8年（1919）

5月，荣县学生联合会成立，开展“还我青岛”、反对“巴黎和约”的斗争。

民国9年（1920）

秋，县地震。

民国10年（1921）

黄觉募捐铜钱2280吊，修成长十丈，宽五尺，高六尺的石平桥，名大佛桥。

民国11年（1922）

6月，在县城凤鸣山修建钟楼。

民国12年（1923）

成都高师学生曾莱、罗纲举、赵鹤仙等暑假回县，组织“平民社”。发表《告全县人民书》，开展反帝、反封建、反军阀活动。

民国13年（1924）

1月，县旭阳中学校长谷醒华出席在广州召开的国民党第一次全国代表大会。

2月，宜宾共产党人郑佑之来县五宝等地进行活动。次年夏，发展程慕仁等三名党员，建立第一个党小组。

5月，吴玉章回县。在旭阳中学接见部分师生，宣传反帝反封建的斗争形势。

长山、留佳、小井沟一带发生地震。

在五宝高峰寺、大堰、土地坳、水口寺建立农民协会小组。

民国14年（1925）

3月，杨森、陈洪范两军在县境踏紫山激战。

民国15年（1926）

1月，国民党临时县党部为抵制日货，发动学生罢课、商人罢市、工人罢工、清查日货，举行示威游行。

夏，建立中共荣县五宝支部。

10月10日，国民党荣县党部正式成立，谷醒华任书记长。

县人吴匡时、吴剑秋，分别当选为国民党四川省第一次代表大会执行委员、监察委员。

五宝镇缝纫业张九如、染布业虞明光等组织工会小组。

民国16年（1927）

3月，县成立抗捐委员会，组织民众武装，反对“一岁两征”。

秋，建立中共荣县特别支部，时有党员三十余人。不少乡镇相继建立农民协会组织，有会员一万六千余人。

秋，国民党（右派）荣县党部整理登记委员会成立，解散国民党（左派）县党部，建立右派县党部。谷醒华公开退出国民党。

民国17年（1928）

1月，共青团荣县委员会成立。

夏，中国共产党荣县委员会建立。书记程慕仁，时有十七个支部，七十多名党员。

夏，荣县农民协会在威远县破头山（荣县金台乡洞口村）成立。

民国18年（1929）

3月，农协会员龚泽然等三人被捕入狱。中共荣县县委组织营救，发动近万农民围攻县公署，县知事被迫放人。

5月25日，双石桥党组织在双石桥召开群众大会，斗争恶霸地主张树安、赵炳江。县知事江载英派马弁镇压，酿成“五二五”事件。

10月，改县知事公署为县政府，改知事为县长。

参考文献

经 部

[清] 阮元校刻：《十三经注疏》，影世界书局缩印本，中华书局，1980年。
[清] 徐乾学编：《读礼通考》，光绪七年江苏书局刻本。
[元] 许谦撰：《读四书丛说》，《四部丛刊续编》影元刊本。
[汉] 扬雄撰，周祖谟校笺：《方言校笺》，中华书局，1950年。
[汉] 许慎撰：《说文解字》，文渊阁四库全书本。
[三国] 张揖撰：《广雅》，明刻本。
[宋] 陈彭年编：《玉篇》，文渊阁四库全书本。
[宋] 洪适撰：《隶释》《隶续》，影洪氏晦木斋刻本，中华书局，1985年。

史 部

正 史

[汉] 司马迁撰：《史记》，点校本，中华书局，1959年。
[宋] 范晔撰，[唐] 李贤等注：《后汉书》，校点本，中华书局，1965年。
[晋] 陈寿撰，[刘宋] 裴松之注，陈乃乾校点：《三国志》，中华书局，1959年。
[唐] 房玄龄等撰：《晋书》，点校本，中华书局，1974年。

［唐］魏徵、令狐德棻撰：《隋书》，点校本，中华书局，1973年。
［唐］李延寿撰：《南史》，点校本，中华书局，1975年。
［后晋］刘昫等撰：《旧唐书》，点校本，中华书局，1975年。
［宋］欧阳修、宋祁撰：《新唐书》，校点本，中华书局，1975年。
［宋］欧阳修撰，［宋］徐无党注：《新五代史》，点校本，中华书局，1974年。
陈尚君辑纂：《旧五代史新辑会证》，复旦大学出版社，2005年。
［元］脱脱等撰：《宋史》，校点本，中华书局，1977年。
［明］宋濂等撰：《元史》，点校本，中华书局，1976年。
［清］张廷玉等撰：《明史》，点校本，中华书局，1974年。
［清］赵尔巽等撰：《清史稿》，校点本，中华书局，1976年。

编　年

［宋］司马光编撰，［元］胡三省音注，标点《资治通鉴》小组校点：《资治通鉴》，中华书局，1956年。
［宋］李心传撰：《建炎以来系年要录》，文渊阁四库全书本。
［宋］李焘撰，上海师范大学古籍整理研究所、华东师范大学古籍研究所点校：《续资治通鉴长编》，中华书局，1995年。
［元］陈桱撰：《通鉴续编》，文渊阁四库全书本。
［清］徐乾学撰：《资治通鉴后编》，文渊阁四库全书本。
佚名：《两朝纲目备要》，文渊阁四库全书本。

纪事本末及传记

［宋］袁枢撰：《通鉴纪事本末》，校点本，中华书局，1964年。
［明］陈邦瞻编：《宋史纪事本末》，校点本，中华书局，1977年。
［明］焦竑撰，吴相湘主编：《国朝献征录》，影北平图书馆明刻本，学生书局，1965年。

别史杂史

黄怀信著：《逸周书校补注译》（修订本），三秦出版社，2006年。
［宋］郑樵撰：《通志》，文渊阁四库全书本。
［明］谈迁撰，张宗祥校点：《国榷》，中华书局，1958年。
中国台湾历史语言研究所校印：《明宪宗实录》，影北平图书馆红格钞本微卷。
［清］嵇璜、刘墉等编：《钦定续通志》，光绪十二年浙江书局刻本。

［明］张萱撰：《西园闻见录》，民国二十九年哈佛燕京学社印本。

职官政书

［唐］杜佑撰：《通典》，清武英殿刻本。

［宋］陈骙撰：《南宋馆阁录》，文渊阁四库全书本。

［元］马端临撰：《文献通考》，清浙江书局刻本。

［清］徐松辑，刘琳、刁忠民、舒大刚、尹波等校点：《宋会要辑稿》，上海古籍出版社，2014 年。

载　记

［晋］常璩撰，刘琳校注：《华阳国志新校注》，四川大学出版社，2015 年。

［清］吴任臣撰：《十国春秋》，点校本，中华书局，1983 年。

［清］张澍编辑：《蜀典》，清道光武威张氏安怀堂刻本。

［清］刘绎纂修：《白鹭洲书院志》，清同治十年刻本。

地　理

［北魏］郦道元撰，陈桥驿校释：《水经注校释》，杭州大学出版社，1999 年。

［宋］王存撰，王文楚、魏嵩山点校：《元丰九域志》，中华书局，1984 年。

［宋］乐史撰：《太平寰宇记》，文渊阁四库全书本。

［宋］王象之撰，李勇先校点：《舆地纪胜》，四川大学出版社，2005 年。

［宋］张礼撰：《游城南记》，文渊阁四库全书本。

［宋］祝穆撰，［宋］祝洙增订，施和金点校：《方舆胜览》，中华书局，2003 年。

［宋］范成大著，胡起望、覃光广校注：《桂海虞衡志校注》，四川民族出版社，1986 年。

［明］曹学佺撰：《蜀中广记》，文渊阁四库全书本。

［明］何宇度著：《益部谈资》，中华书局，1985。

［清］顾祖禹撰，贺次君、施和金点校：《读史方舆纪要》，中华书局，2005 年。

王仲荦著：《北周地理志》，中华书局，1980 年。

郭声波著：《四川历史地理与宋代蜀人地图研究》，西安地图出版社，2014 年。

目　录

［宋］陈思撰：《宝刻丛编》，文渊阁四库全书本。

［宋］王象之撰：《舆地碑记目》，文渊阁四库全书本。

[明] 赵崡撰：《石墨镌华》，文渊阁四库全书本。
[清] 刘喜海编著：《海东金石苑》，影南林刘氏嘉业堂刊本，文物出版社，1982年。
高文、高成刚编：《四川历代碑刻》，四川大学出版社，1990年。

方 志

（一）总志

[唐] 李吉甫撰：《元和郡县志》，文渊阁四库全书本。
[明] 李贤等撰：《明一统志》，文渊阁四库全书本。

（二）省志

[明] 王元正、杨慎等纂修：嘉靖《四川总志》，明嘉靖刻本。
[明] 虞怀忠、郭棐等纂修：万历《四川总志》，明万历刻本。
[清] 黄廷桂等编：雍正《四川通志》，文渊阁四库全书本。
[清] 常明、杨芳灿等纂修：嘉庆《四川通志》，清嘉庆二十一年刻本。
[清] 觉罗石麟等纂修：雍正《山西通志》，文渊阁四库全书本。
[明] 赵廷瑞等纂修：嘉靖《陕西通志》，明嘉靖二十一年刊本。
[清] 刘于义、沈青崖等纂修：雍正《陕西通志》，文渊阁四库全书本。
[民国] 宋伯鲁、吴廷锡等纂修：民国《续修陕西通志稿》，民国23年铅印本。
[清] 长庚修、安维峻等纂修：光绪《甘肃新通志》，清宣统元年刻本。
[民国] 杨士骧、孙葆田等纂修：民国《山东通志》，民国7年铅印本。
[明] 胡宗宪、薛应旂等纂修：嘉靖《浙江通志》，明嘉靖四十年刻本。
[明] 林庭棉、周广等纂修：嘉靖《江西通志》，明嘉靖刻本。
[清] 郝玉麟、谢道承等纂修：乾隆《福建通志》，文渊阁四库全书本。
[清] 李瀚章、曾国荃等纂修：光绪《湖南通志》，清光绪十一年刻本。
[清] 金鉷、钱元昌等纂修：雍正《广西通志》，文渊阁四库全书本。
[明] 谢东山、张道等纂修：嘉靖《贵州通志》，明嘉靖刻本。
[民国] 刘显世、杨恩元等纂修：民国《贵州通志》，民国37年铅印本。
[明] 李中溪纂修：隆庆《云南通志》，民国23年龙氏重印本。
[民国] 龙云、周钟岳等纂修：民国《新纂云南通志》，民国38年铅印本。

（三）府志

[明] 范涞、章潢等纂修：万历《新修南昌府志》，明万历十六年刻本。
[明] 朱懷幹、盛仪等纂修：嘉靖《惟扬志》，明嘉靖二十一年刻本。

［明］唐懋德纂修：万历《临洮府志》，明万历三十三年刻增修本。
［明］刘广生、唐鹤征等纂修：万历《常州府志》，明万历四十六年刻本。
［明］陈以跃纂修：万历《铜仁府志》，明万历间刻本。
［明］李采、范醇敬等纂修：万历《嘉定州志》，民国钞本。
［明］冯任、张世雍等纂修：天启《新修成都府志》，钞本。
［明］董斯张纂修：崇祯《吴兴备志》，文渊阁四库全书本。
［清］何源浚纂修：康熙《四川叙州府志》，清康熙刻本。
［清］张嘉颖、刘联声等纂修：康熙《楚雄府志》，清康熙五十五年刻本。
［清］尹会一、程梦星等纂修：雍正《扬州府志》，清雍正十一年刻本。
［清］曹抡彬、曹抡翰等纂修：乾隆《雅州府志》，清乾隆四年刻本。
［清］吕燕昭、姚鼐等纂修：嘉庆《重刊江宁府志》，清光绪六年刻本。
［清］王梦庚、寇宗等纂修：道光《重庆府志》，清道光二十三年刻本。
［清］文良、陈尧采等纂修：同治《嘉定府志》，清同治三年刻本。
［民国］喻长霖等纂修：民国《台州府志》，民国 25 年铅印本。

（四）州志
［明］孙臣鲸、王崇庆等纂修：嘉靖《开州志》，明嘉靖刻本。
［明］潘庭楠纂修：嘉靖《邓州志》，明嘉靖刻本。
［明］李采、范醇敬等纂修：万历《嘉定州志》，民国间钞本。
［清］陈毓鸾纂修：乾隆《巴州志略》，清钞本。
［清］多泽厚、陈于宣等纂修：乾隆《涪州志》，清乾隆五十年刻本。
［清］王如玖纂修：乾隆《直隶商州志》，清道光四年刻本。
［清］朱庆椿、陈金堂等纂修：道光《晋宁州志》，民国 15 年铅印本。
［清］王鳞飞、冉崇文等纂修：同治《酉阳直隶州总志》，清同治三年刻本。
［清］邓仁垣、吴钟仑等纂修：同治《会理州志》，清同治九年刻本。
［清］董贻清、何天祥等纂修：同治《直隶绵州志》，清同治十二年刻本。
［清］罗廷权、何衮续等纂修：光绪《资州直隶州志》，清光绪二年刻本。
［清］梁悦馨、季念诒等纂修：光绪《通州直隶州志》，清光绪二年刻本。
［清］熊祖诒纂修：光绪《滁州志》，清光绪二十三年刻本。
［清］联瑛、李镜清等纂修：宣统《狄道州续志》，清宣统元年刻本。

（五）厅志
［清］周伟业、褚彦昭等纂修：嘉庆《直隶叙永厅志》，清嘉庆十七年刻本。

（六）县志

[清] 黄大本纂修：乾隆《荣县志》，乾隆二十一年刻本。

[清] 熊葵向、周士诚等纂修：乾隆《富顺县志》，清乾隆二十五年刻本。

[清] 李光泗、彭遵泗等纂修：乾隆《丹棱县志》，清乾隆二十六年刻本。

[清] 许源等纂修：嘉庆《荣县志》，嘉庆十七年刻本。

[清] 谢惟杰、黄烈等纂修：嘉庆《金堂县志》，清嘉庆十六年刻本。

[清] 刘元熙、李世芳等纂修：嘉庆《宜宾县志》，民国重印清嘉庆刻本。

[清] 濮瑗、周国颐等纂修：道光《安岳县志》，清道光十六年刻本。

[清] 王培荀等纂修：道光《荣县志》，光绪三年重印道光二十五年刻本。

[清] 李玉宣、衷兴鉴等纂修：同治《重修成都县志》，清同治十二年刻本。

[清] 张龙甲、吕调阳等纂修：光绪《重修彭县志》，清光绪四年刻本。

[民国] 张骥、曾学传等纂修：民国《温江县志》，民国9年刻本。

[民国] 王佐、黄尚毅等纂修：民国《绵竹县志》，民国9年刻本。

[民国] 王铭新、郭庆琳等纂修：民国《眉山县志》，民国12年石印本。

[民国] 郑国翰、陈步武等纂修：民国《大竹县志》，民国17年铅印本。

[民国] 廖世英、赵熙等纂修：民国《荣县志》，民国18年刻本。

[民国] 王文照、吴江等纂修：民国《重修什邡县志》，民国18年铅印本。

[民国] 杨维中、钟正楙等纂修：民国《渠县志》，民国21年铅印本。

[民国] 陈法驾、曾鉴等纂修：民国《华阳县志》，民国23年刻本。

[民国] 夏时行、刘公旭等纂修：民国《安县志》，民国27年石印本。

[民国] 陈习珊纂修：民国《大足县志》，民国34年铅印本。

[清] 陈元京、范述之等纂修：乾隆《江夏县志》，清乾隆五十九年刻本。

[清] 金大镛、王柏心等纂修：同治《续修东湖县志》，清同治三年刻本。

[清] 胡复初、黄昺杰等纂修：同治《大冶县志》，清同治六年刻本。

[清] 邹景文原本，吴洪恩续修：同治《临武县志》，清同治增刻本。

[清] 蒯正昌、刘长谦等纂修：光绪《江陵县志》，清光绪三年宾兴馆刻本。

[清] 张行简等纂修：光绪《汉阳县志》，清光绪九年刻本。

[清] 严宗嘉、李其旋等纂修：雍正《高阳县志》，清雍正八年刻本。

[清] 庆之金、赵文濂等纂修：光绪《正定县志》，清光绪元年刻本。

[清] 韩志超、张瑨等纂修：光绪《蠡县志》，清光绪二年刻本。

[民国] 高凌霨、高锡畴等纂修：民国《临榆县志》，民国18年铅印本。

[民国] 李晓泠等纂修：民国《高阳县志》，民国20年铅印本。

[明] 李汝宽、晁瑮等纂修：嘉靖《新修清丰县志》，明嘉靖三十七年刻本。

[清] 贵泰、武穆淳等纂修：嘉庆《安阳县志》，民国22年重刊本。

[清] 萧济南、吕敬直等纂修：宣统《续修宁陵县志》，清宣统三年刻本。

［民国］陈善同纂修：民国《重修信阳县志》，民国 25 年铅印本。

［民国］孟广赀纂修：民国《宁陵县志》，民国 30 年铅印本。

［清］吴启元纂，宋之树续修：雍正《猗氏县志》，清雍正七年刊本。

［清］巫慧、王居正等纂修：乾隆《蒲县志》，清光绪六年刻本。

［清］李培谦监修，士骧纂辑：道光《阳曲县志》，民国 21 年重印清道光二十三年刻本。

［清］方家驹、王文员等纂修：光绪《汾阳县志》，清光绪十年刻本。

［明］胡时化、魏豫之等纂修：万历《合肥县志》，明万历元年刻本。

［清］潘世仁、王麟征等纂修：乾隆《阜阳县志》，清乾隆二十年刻本。

［清］陆延龄、桂迓衡等纂修：光绪《贵池县志》，清光绪九年活字本。

［民国］朱之英、舒景蘅等纂修：民国《怀宁县志》，民国 7 年铅印本。

［清］杜林、彭斗山等纂修：同治《安义县志》，清同治十年刻本。

［清］项珂、刘馥桂等纂修：同治《万年县志》，清同治十年刻本。

［清］黄寿祺、吴华辰等纂修：同治《玉山县志》，清同治十二年刻本。

［民国］包发鸾、赵惟仁等纂修：民国《南丰县志》，民国 13 年铅印本。

［清］刘业勤纂修：乾隆《揭阳县志》，民国 26 年重印本。

［清］王崧、李星辉等纂修：光绪《揭阳县续志》，民国 26 年重印本。

［清］黄思藻纂修：道光《广宁县志》，民国 22 年补刻本。

［清］吴大猷纂：光绪《四会县志》，民国 14 年刻本。

［清］王鹏翼纂：康熙《朝邑县后志》，清康熙五十一年刻本。

［清］刘毓秀、贾构等纂修：嘉庆《洛川县志》，清嘉庆十一年刻本。

［清］吴纯、施鸣銮等纂修：道光《紫阳县志》，清光绪八年吴世泽补刻本。

［清］陈嗣良、孟广来等纂修：光绪《曹县志》，清光绪十年刻本。

［清］沈世铨、李勖等纂修：光绪《惠民县志》，清光绪二十五年柳堂校补刻本。

［民国］梁秉锟、王丕煦等纂修：民国《莱阳县志》，民国 24 年铅印本。

［明］杨逢春、方鹏等纂修：嘉靖《昆山县志》，明嘉靖刻本。

［清］李景峄、史炳等纂修：嘉庆《溧阳县志》，清嘉庆十八年修，清光绪二十二年重刻本。

［民国］王祖畲纂修：民国《镇洋县志》，民国 8 年刻本。

［清］张景垣、张鹏等纂修：同治《安仁县志》，清同治八年刻本。

［清］关培钧、刘洪泽等纂修：同治《新化县志》，清同治十一年刻本。

［清］齐德五、黄楷盛等纂修：同治《湘乡县志》，清同治十三年刻本。

［清］江峰青、顾福仁等纂修：光绪《重修嘉善县志》，清光绪十八年刻本。

［民国］余绍宋纂修：民国《龙游县志》，民国 14 年铅印本。

［清］陈锳、叶廷推等纂修：乾隆《海澄县志》，清乾隆二十七年刻本。

［民国］欧阳英、陈衍等纂修：民国《闽侯县志》，民国 22 年刻本。

［清］苟廷诚纂修：光绪《通渭县志》，清光绪刻本。

［民国］董杏林、赵钟灵等纂修：民国《徽县新志》，民国13年石印本。
［清］陈惟清、闵芳言等纂修：同治《建昌县志》，清同治十年刻本。
［清］李芳春、李鼎玉等纂修：顺治《沈丘县志》，清顺治十五年刻本。
［清］梁蒲贵、朱延射等纂修：光绪《宝山县志》，清光绪八年刻本。
［清］全文炳、武嘉猷等纂修：光绪《平乐县志》，清光绪十年刊本。
［清］戴絅孙纂修：道光《昆明县志》，清光绪二十七年刊本。

子　部

儒释道

［三国魏］王肃注：《孔子家语》，《四部丛刊》影明翻宋本。
［南朝梁］释慧皎撰，汤用彤校注，汤一玄整理：《高僧传》，中华书局，1992年。
［晋］张湛注：《列子注》，《诸子集成》本，中华书局，1954年。
［清］王先谦撰，沈啸寰点校：《庄子集解》，中华书局，1987年。

农　医

［后魏］贾思勰著，缪启愉校释：《齐民要术校释》（第2版），中国农业出版社，1998年。
［明］王路撰：《花史左编》，明万历刻本。
［宋］唐慎微撰：《证类本草》，《四部丛刊》影金泰和晦明轩本。
［明］李时珍撰：《本草纲目》，文渊阁四库全书本。
［清］汪昂编撰，余力、陈赞育校注：《本草备要》，中国中医药出版社，1998年。

杂　家

王焕镳著：《墨子校释》，浙江古籍出版社，1987年。
［宋］沈括著，胡道静校证：《梦溪笔谈校证》，上海古籍出版社，1987年。
［宋］高承撰，［明］李果订，金圆、许沛藻点校：《事物纪原》，中华书局，1989年。
［宋］江少虞撰：《新雕皇朝类苑》，日本元和七年活字印本。
［宋］吴曾撰，中华书局上海编辑所编辑：《能改斋漫录》，中华书局，1960年。
［宋］周密撰，张茂鹏点校：《齐东野语》，中华书局，1983年。
［明］陶宗仪纂：《说郛》，影涵芬楼本，中国书店，1986年。

小说家

袁珂校注：《山海经校注》，巴蜀书社，1993 年。

［南朝宋］刘义庆撰，［南朝梁］刘孝标注，龚斌校释：《世说新语校释》，上海古籍出版社，2011 年。

［唐］段成式撰，方南生点校：《酉阳杂俎》，中华书局，1981 年。

［宋］李昉等编，汪绍楹点校：《太平广记》，中华书局，1961 年。

［宋］王辟之撰：《渑水燕谈录》，《知不足斋丛书》本。

［宋］邵伯温撰，李剑雄、刘德权点校：《邵氏闻见录》，中华书局，1983 年。

［宋］李石撰，李之亮点校：《续博物志》，巴蜀书社，1991 年。

［宋］委心子撰，金心点校：《新编分门古今类事》，中华书局，1987 年。

［清］纪昀撰：《阅微草堂笔记》，清嘉庆五年望益书屋刻本。

类　书

［唐］欧阳询撰，汪绍楹校：《艺文类聚》，上海古籍出版社，1965 年。

［唐］林宝撰，岑仲勉校记：《元和姓纂》，中华书局，1994 年。

［宋］王钦若等编：《册府元龟》，影明刻本，中华书局 1960 年。

［宋］李昉等撰：《太平御览》，影宋本，中华书局，1960 年。

［明］凌迪知撰：《万姓统谱》，文渊阁四库全书本。

［清］陈梦雷等编：《古今图书集成》，清雍正四年铜活字印本。

［清］汪辉祖辑：《九史同姓名略》，清广雅书局《广雅丛书》本。

艺　术

［清］孙岳颁等纂：《御定佩文斋书画谱》，文渊阁四库全书本。

集　部

全　集

［明］梅鼎祚编：《东汉文纪》，文渊阁四库全书本。

［清］曹寅等编：《全唐诗》，文渊阁四库全书本。

［清］董诰等辑：《全唐文》，清嘉庆内府刻本。
［清］陆心源辑：《唐文续拾》，清光绪刻本。
［宋］李昉等编：《文苑英华》，中华书局，1966 年。
四川大学古籍整理研究所编，曾枣庄、刘琳主编：《全宋文》，巴蜀书社，1989 年。
［明］杨慎编，刘琳、王晓波点校：《全蜀艺文志》，线装书局，2003 年。
［清］李调元选：《蜀雅》，《函海》排印本，中华书局，1985 年。
龙显昭、黄海德主编：《巴蜀道教碑文集成》，四川大学出版社，1997 年。
曾枣庄主编：《宋代序跋全编》，齐鲁书社，2015 年。

别　集

［唐］顾况撰：《华阳集》，文渊阁四库全书本。
［唐］白居易撰：《白氏长庆集》，《四部丛刊》影日本翻宋大字本。
［宋］梅尧臣撰：《宛陵先生文集》，《四部备要》据翻宋本排印。
［宋］蔡襄撰：《端明集》，文渊阁四库全书本。
［宋］文同著，胡问涛、罗琴校注：《文同全集编年校注》，巴蜀书社，1999 年。
［宋］曾巩撰，王瑞来校证：《隆平集校证》，中华书局，2012 年。
［宋］苏轼撰，张志烈、马德富、周裕锴主编：《苏轼全集校注》，河北人民出版社，2010 年。
［宋］黄庭坚著，郑永晓整理：《黄庭坚全集辑校编年》，江西人民出版社，2008 年。
［宋］张纲撰：《华阳集》，文渊阁四库全书本。
［宋］洪迈撰，孔凡礼点校：《容斋随笔》，中华书局，2005 年。
［宋］陆游撰，钱仲联、马亚中主编：《陆游全集校注》，浙江教育出版社，2011 年。
［宋］戴复古撰：《石屏诗集》，《四部丛刊续编》影明弘治刻本。
［宋］李刘撰：《四六标准》，《四部丛刊续编》影宋本。
［宋］魏了翁撰：《鹤山先生大全集》，《四部丛刊初编》影嘉业堂藏宋刻本。
［宋］汪元量撰：《水云集》，清《武林往哲遗著》本。
［明］程敏政撰：《篁墩集》，明正德二年刻本。
［明］归有光撰，严佐之、谭帆、彭国忠主编：《归有光全集》，上海人民出版社，2015 年。
［明］李贽撰，张建业主编：《李贽全集注》，社会科学文献出版社，2010 年。
［明］张岱撰，刘耀林校注：《夜航船》，浙江古籍出版社，1987 年。
［清］王培荀撰：《听雨楼随笔》，清道光二十五年刻本。
［清］王培荀撰：《寓蜀草》，清道光二十七年刻本。
［清］沈葆桢著：《沈文肃公政书》，光绪十八年重刻本。
［清］李心衡纂：《金川琐记》，《丛书集成初编》本，中华书局，1985 年。
［民国］赵熙撰，王仲镛主编：《赵熙集》，巴蜀书社，1996 年。

诗文评

［清］厉鹗辑撰，胡道静、吴玉如等校点：《宋诗纪事》，上海古籍出版社，1983年。

工具书类

《汉语大字典》编辑委员会编纂：《汉语大字典》，四川辞书出版社、湖北辞书出版社、四川省新华书店，1986年。

邱树森主编：《中国历代人名辞典》（增订本），江西教育出版社，1989年。

俞鹿年编著：《中国官制大辞典》，黑龙江人民出版社，1992年。

《中国历史大辞典·魏晋南北朝史卷》编纂委员会编：《中国历史大辞典·魏晋南北朝史卷》，上海辞书出版社，2000年。

龚延明著：《中国历代职官别名大辞典》，上海辞书出版社，2006年。

朱金甫、张书才主编：《清代典章制度辞典》，中国人民大学出版社，2011年。

吕宗力主编：《中国历代官制大辞典》（修订版），商务印书馆，2015年。

后 记

“治天下者以史为鉴，治郡国者以志为鉴。”编志以存史、资政、教化，一直是中华民族的优秀文化传统。盛世修志，实为功在当代、利在千秋的不朽盛事。

荣县乃千年古县，历史悠久，人文富盛。历史上纂修荣志者代有人在，而以唐人王禹所编《荣州志》最古。总计历代各种荣州、荣县志，达十余种之多，其中不乏“良志”者。但由于历时久远，记载疏略、误漏舛错，所在皆有，已经影响了人们的阅读与利用。为了充分挖掘整理荣县历史文化资源，服务新时代荣县文旅融合发展，增强荣县人的文化自信，2017 年 12 月县委、县政府决定启动《荣县旧志通编》编纂工程。

此项工作由中共荣县县委副书记、荣县人民政府县长郑小清同志任编纂委员会主任，四川省历史学会会长谭继和研究员任编纂委员会名誉主任，成都师范学院研究员刘平中博士任主编，在充分搜集有关荣县历史人文资料基础上进行编纂。根据不同的需要，该书分为“文言卷”和“白话卷”。“文言卷”采用“旧志新编”的方法编纂，“白话卷”则在“文言卷”基础上进行新编与译写，旨在顺应现代人的阅读习惯以及满足读懂荣县丰富的历史与人文精神的需要。

谭继和研究员对本书体例构架以及编纂方式提供了宝贵意见；刘平中研究员负责本书编纂体例设置与统稿工作，负责整理校点并译写“学校教育”“名人乡贤”；曹鹏程副研究员负责整理校点并译写“疆域山川”“沿革建置”；郑伟博士负责整理校点并译写“食货赋役”“分封职官”，整理校点了“艺文著述”之一部分；张尚英副教授负责整理校点并译写“宗教礼俗”；彭东焕助理研究员负责整理校点“艺文著述”的一部分；任利荣博士对“名人乡贤”中的一部分做了译写；刘用副研究馆员校点了“大事记”。此外，特聘四川大学博导李文泽教授为全书审稿人。《荣县旧志通编》工作小组李国权主任以及余仕清、周宇、曾德、钟学惠、罗秀能、曹洪、李锦梅、陈静、黄静、钟琴等对全书进行了审校。四川省社科院硕士研究生王莉、刘紫月、苟宁对“艺文著述”做了部分校对工作。

《荣县旧志通编》继承古代志书编修的传统，具有“贯通”“联通”“融通”三通编纂理念与特色。所谓“贯通”，是指从时间上贯通古今，上溯先秦，下迄近代，纵横数千余年，传承赓续一览无余；所谓“联通”，是指从空间上“联通”万物，但凡疆域山川、沿革建置、食货赋役、分封职官、学校教育、名人乡贤、宗教礼俗、艺文著述，靡不备载，辨章学术，考镜源流；所谓“融通”，是指包容兼并、融通古今以致用。

“不忘本来，吸收外来，面向未来。”发挥方志优势，拓宽服务领域，彰显时代特色，构筑中国精神。在编纂方法上，本书以“新编”“集成”为最大特色，搜罗众本，广集史料，科学分类，审慎选材，采用传统文献学、古籍整理学、编译学方法，对所载内容进行科学整理、客观描述，力求达到“信、达、雅”的效果，成为各类读者喜闻乐见的方志类读物。

“睹乔木而思故家，考文献而爱旧邦。”《荣县旧志通编》的出版，有助于彰显荣县厚重的历史底蕴，有助于保存乡邦文化，必将为荣县经济、社会与文化事业的大发展大繁荣提供精神动力与智力支持。

该书在编纂译写过程中，得到了四川大学、四川省社会科学院、成都师范学院、中共荣县县委、荣县人民政府的有关领导和专家的支持。刘世昌博士对“食货赋役”之动植物进行了科学分类，虽然最终因体例问题未能采用，但依然需要向他表达诚挚的谢意。四川大学出版社编辑舒星、刘慧敏女士为该书的编校与出版也付出了很大努力。正是各方众志成城，通力合作，才使本书得以面世。在此一并感谢各位的辛劳与付出！

该书是对传统地方史志文献加以整理利用的一次创新性实践，由于我们水平有限，本书难免有谬误遗漏之处，恳请社会各界批评指正。

刘平中

2020. 09